An Introduction to Sociology

社会学概论

社会学是对社会进行综合性研究的学科，它是社会科学的重要组成部分。社会学是现代社会的产物，一百七十多年来，随着社会的变化，社会学逐渐发展、壮大、成熟起来。

尹保华⊙编著

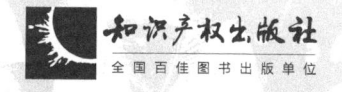

知识产权出版社
全国百佳图书出版单位

图书在版编目（CIP）数据

社会学概论/尹保华编著. —北京：知识产权出版社，2018.9
ISBN 978-7-5130-5720-2

Ⅰ.①社… Ⅱ.①尹… Ⅲ.①社会学—概论 Ⅳ.①C91

中国版本图书馆 CIP 数据核字（2018）第 177440 号

内容提要

本书在比较系统地介绍社会学基本理论的基础上，尽可能地联系我国社会发展的实际，试图对我国的社会发展实践作出积极地回应。在这方面，本书强化了对我国社会发展中一些重大议题的关切，诸如关系或涉及我国全面深化改革、经济社会转型与科学发展、城镇化与乡村振兴、越轨行为与社会治理、社会问题及其应对机制、全面建成小康社会与社会现代化等，在对之进行比较深入分析的基础上，也在一定程度上探讨了应对策略。这些理论结合实际的内容，在本书的绝大多数章节部分都有相应的体现，其目的主要是让社会学的学习和研究，尽可能跟进时代步伐，充分体现社会学为我国现代化建设实践服务的应用性特质。

本书不仅可以作为高等院校社会学以及其他专业所开设的社会学课程的教科书，而且也可以作为政府机关、社会团体、企事业单位以及相关科研人员等的参考书。

责任编辑：石红华　　　　　　　　　　**责任印制**：刘译文
封面设计：刘　伟

社 会 学 概 论

尹保华　编著

出版发行	知识产权出版社有限责任公司	网　　址	http://www.ipph.cn
社　　址	北京市海淀区气象路 50 号院	邮　　编	100081
责编电话	010-82000860 转 8130	责编邮箱	shihonghua@sina.com
发行电话	010-82000860 转 8101/8102	发行传真	010-82000893/82005070/82000270
印　　刷	北京建宏印刷有限公司	经　　销	各大网上书店、新华书店及相关专业书店
开　　本	787mm×1092mm 1/16	印　　张	30
版　　次	2018 年 9 月第 1 版	印　　次	2018 年 9 月第 1 次印刷
字　　数	495 千字	定　　价	98.00 元
ISBN 978-7-5130-5720-2			

出版权专有　侵权必究
如有印装质量问题，本社负责调换。

前　言

多年来笔者一直从事《社会学概论》的课程教学工作，既有社会学与社会工作本科的专业性质的课程，也有行政管理、法学、中国语言文学等文科的专业基础性质的课程，还有包括了理工科学生在内的全校公共选修性质的课程。多年的教学实践使自己受益匪浅，不仅深化了对社会学理论知识的理解，也积累了一些"个人化"的认识和经验。因此，这些年来也的确有自己动手编写一本该方面教材的想法，但考虑到个人才疏学浅，又苦于没有时间保证，所以迟迟未能付诸实施。最近几年，恰逢中国矿业大学公共管理学科和专业建设，以及教学改革迎来新契机，自己也被委以重任，负责为公共管理专业以及相关专业的学生编写《社会学概论》课程的教材，多年的愿望有机会得以实现，自然十分欣慰。

为了满足《社会学概论》课程教学的需要，本教材内容结构体系的安排如下。

首先，立足于能够为学习者提供比较全面系统的社会学基础知识安排全书各章节的内容，主要包括：社会学的学科对象、学科特点与功用，社会学的产生与发展，社会与文化，人的社会化，社会互动，社会结构，初级社会群体和社会组织，社区与城镇化，社会制度，社会分层与社会流动，社会变迁与社会现代化，社会问题及其对策，社会控制与社会治理，社会保障、社会政策与社会工作，以及社会研究方法等。

其次，本书在比较系统地介绍社会学基本理论的基础上，尽可能地联系我国社会发展的实际，试图对我国的社会发展实践作出积极地回应。在这方面，本书强化了对我国社会发展中一些重大议题的关切，诸如关系或涉及我国全面深化改革、经济社会转型与科学发展、城镇化与乡村振兴、越轨行为与社会治理、社会问题及其应对机制、全面建成小康社会与社会现代化等，在对之进行比较深入分析的基础上，也在一定程度上探讨了应对策略。这些理论结合实际的内容，在本书的绝大多数章节部分都有相应的体现，其目的主要是让社会学

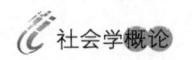

的学习和研究，尽可能跟进时代步伐，充分体现社会学为我国现代化建设实践服务的应用性特质。

　　本书的写作与出版得到了很多方面的关心和支持，在此我谨向大家表达最真诚的谢意。首先，作为编著类的教材，本书参考了学界同仁的众多相关研究成果，尤其是引用和转述了王思斌教授等的大量研究成果，在此一并表示真诚的感谢，如若本书中有引用或转述不当的现象，恳请各位予以批评指正和谅解。其次，由衷感谢中国矿业大学公共管理学院领导给予的关心、公共管理系领导的大力支持以及同事们的鼓励和帮助。再次，本书的出版得到了知识产权出版社的鼎力相助，真诚感谢本书的责任编辑石红华女士及出版社的相关负责人和工作人员，对各位付出的辛勤劳动表达由衷的敬意。最后，也是最应感谢的当然是家人对我生活的贴心照料和工作的大力支持。

　　需要说明的是，本书的编写的确给我提供了一个深化学习的机会，期盼藉此也能够促进自己教学和研究水平的再提升。从这个角度说，编写本教材，与其说要使人昭昭，不如说更使己昭昭。当然，由于个人水平所限，本书中肯定会存在这样或那样的缺陷、不足甚至错误之处，在此笔者恳请读者予以批评指正。

尹保华
2018 年 3 月 1 日
于中国矿业大学文昌山麓

目 录

第一章 导 论 …………………………………………………（ 1 ）
  第一节 社会学的研究对象及特点 ……………………………（ 1 ）
    一、社会学的研究对象及研究领域 …………………………（ 1 ）
    二、社会学的学科特点及与相关学科的关系 ………………（ 5 ）
  第二节 社会学的产生与发展 …………………………………（ 10 ）
    一、社会学的产生的条件与发展过程 ………………………（ 10 ）
    二、社会学在中国的发展 ……………………………………（ 17 ）
  第三节 社会学的功用与学习方法 ……………………………（ 23 ）
    一、社会学的主要功用 ………………………………………（ 23 ）
    二、学习社会学的方法 ………………………………………（ 28 ）

第二章 社会与文化 ……………………………………………（ 32 ）
  第一节 社 会 ……………………………………………………（ 32 ）
    一、社会的含义 ………………………………………………（ 32 ）
    二、社会的类型划分 …………………………………………（ 39 ）
  第二节 文 化 ……………………………………………………（ 43 ）
    一、文化的含义与特性 ………………………………………（ 43 ）
    二、文化的结构与文化分析 …………………………………（ 53 ）
    三、文化自觉、文化自信和中国的文化建设 ………………（ 67 ）

第三章 社会化 …………………………………………………（ 72 ）
  第一节 社会化的含义和可能性 ………………………………（ 72 ）
    一、社会化的含义与意义 ……………………………………（ 72 ）
    二、社会化的可能性 …………………………………………（ 76 ）
  第二节 社会化的内容和场所 …………………………………（ 80 ）
    一、社会化的基本内容 ………………………………………（ 80 ）

二、社会化的主要场所/机构 ……………………………（82）
　第三节　社会化的过程 ……………………………………（85）
　　一、社会化过程的理论研究 ………………………………（85）
　　二、社会化过程阶段的划分 ………………………………（94）
　　三、社会化与人的自由 …………………………………（100）

第四章　社会互动 ………………………………………………（103）
　第一节　社会互动的含义与类型 …………………………（103）
　　一、社会互动的含义与维度 ……………………………（103）
　　二、社会互动的类型与方式 ……………………………（106）
　第二节　社会互动的理论模式 ……………………………（115）
　　一、社会交往理论 ………………………………………（115）
　　二、符号互动论 …………………………………………（118）
　　三、拟剧论 ………………………………………………（121）
　　四、本土方法论 …………………………………………（122）
　　五、社会交换论 …………………………………………（124）
　第三节　社会网络与社会互动 ……………………………（126）
　　一、社会网络的含义与功能 ……………………………（126）
　　二、网络背景下的社会互动 ……………………………（127）

第五章　社会结构 ………………………………………………（130）
　第一节　社会结构的含义与单位 …………………………（130）
　　一、社会结构的含义与特征 ……………………………（130）
　　二、社会结构的单位/要素 ………………………………（133）
　第二节　社会角色 …………………………………………（142）
　　一、社会角色的含义与类别 ……………………………（142）
　　二、社会角色的扮演 ……………………………………（148）

第六章　初级社会群体 …………………………………………（156）
　第一节　社会群体的含义及其类型 ………………………（156）
　　一、社会群体的含义与特征 ……………………………（156）
　　二、社会群体的类型划分 ………………………………（158）
　　三、社会群体的结构 ……………………………………（161）
　第二节　初级社会群体 ……………………………………（166）

一、初级社会群体的概念与形成条件 ………………………… (166)
　　二、初级社会群体的特点与类型 ……………………………… (167)
　　三、初级社会群体的功能与发展趋势 ………………………… (171)
　第三节　初级社会群体的典型——家庭 ………………………… (174)
　　一、家庭的含义与类型 ………………………………………… (174)
　　二、家庭的功能及其变迁 ……………………………………… (177)
　　三、婚姻与家庭问题 …………………………………………… (180)

第七章　社会组织 …………………………………………………… (185)
　第一节　社会组织含义与结构 …………………………………… (185)
　　一、社会组织的定义与特征 …………………………………… (185)
　　二、社会组织的构成要素与类型 ……………………………… (188)
　第二节　社会组织目标、结构与组织环境 ……………………… (193)
　　一、社会组织的目标 …………………………………………… (193)
　　二、社会组织的结构 …………………………………………… (197)
　　三、社会组织的环境 …………………………………………… (201)
　第三节　社会组织的管理 ………………………………………… (202)
　　一、社会组织的管理理论 ……………………………………… (202)
　　二、理想类型的组织管理方式 ………………………………… (205)
　　三、中国单位组织的管理模式及其改革 ……………………… (208)

第八章　社　区 ……………………………………………………… (212)
　第一节　社区概述 ………………………………………………… (212)
　　一、社区的概念与构成 ………………………………………… (212)
　　二、社区的类型与结构 ………………………………………… (216)
　　三、社区研究 …………………………………………………… (220)
　　四、社区发展 …………………………………………………… (223)
　第二节　农村社区与城市社区 …………………………………… (227)
　　一、农村社区 …………………………………………………… (227)
　　二、城市社区 …………………………………………………… (230)
　第三节　城市化 …………………………………………………… (235)
　　一、城市化的含义与后果 ……………………………………… (235)
　　二、中国城市化：历史演变与策略选择 ……………………… (238)

第九章　社会制度 ·· （247）
第一节　社会制度的含义与构成 ······························ （247）
　　一、社会制度的含义与特征 ································· （247）
　　二、社会制度的构成要素 ···································· （254）
第二节　社会制度的类型与功能 ······························ （255）
　　一、社会制度的类型 ··· （255）
　　二、社会制度的功能 ··· （260）
第三节　社会制度的变迁与创新 ······························ （262）
　　一、制度变迁的含义与制度的生命周期 ·················· （262）
　　二、当代中国的体制改革与制度建设 ····················· （264）

第十章　社会分层与社会流动 ··································· （270）
第一节　社会分化与社会阶级 ·································· （270）
　　一、社会分化的含义与类型 ································· （270）
　　二、马克思主义的阶级理论 ································· （272）
　　三、等级、身份与种姓 ······································ （275）
第二节　社会分层 ·· （276）
　　一、社会阶层的概念与特征 ································· （276）
　　二、社会分层与社会不平等 ································· （278）
　　三、社会分层的理论模式 ···································· （281）
　　四、社会分层的标准与方法 ································· （283）
第三节　社会流动 ·· （286）
　　一、社会流动的含义与类型 ································· （286）
　　二、社会流动的模式与影响因素 ··························· （289）
第四节　当代中国的社会分层与社会流动 ···················· （293）
　　一、改革之前的社会分层与流动 ··························· （293）
　　二、改革以来的社会分层与流动 ··························· （294）

第十一章　社会变迁与现代化 ··································· （299）
第一节　社会变迁 ·· （299）
　　一、社会变迁的含义与类型 ································· （299）
　　二、影响社会变迁的因素 ···································· （302）
　　三、社会变迁的理论模式 ···································· （304）

四、社会规划——有计划的社会变迁 ……………………………… (310)
　第二节　社会的现代化 …………………………………………………… (315)
　　一、现代化的含义、内容与特征 ………………………………… (315)
　　二、理解"现代化"的理论模式 …………………………………… (321)
　　三、发展中国家的现代化 ………………………………………… (331)
　　四、中国现代化的进程与模式 …………………………………… (335)

第十二章　社会问题 …………………………………………………………… (340)
　第一节　社会问题概述 …………………………………………………… (340)
　　一、社会问题的含义与特征 ……………………………………… (340)
　　二、社会问题的类型 ……………………………………………… (345)
　　三、解释社会问题的理论模式 …………………………………… (347)
　　四、研究社会问题的原则和方法 ………………………………… (349)
　第二节　几种主要的社会问题 …………………………………………… (351)
　　一、人口问题 ……………………………………………………… (351)
　　二、劳动就业问题 ………………………………………………… (358)
　　三、贫困问题 ……………………………………………………… (364)

第十三章　社会控制 …………………………………………………………… (373)
　第一节　社会控制的含义、功能与手段 ………………………………… (373)
　　一、社会控制的含义与类型 ……………………………………… (373)
　　二、社会控制的功能 ……………………………………………… (376)
　　三、社会控制的方式 ……………………………………………… (379)
　第二节　越轨行为 ………………………………………………………… (384)
　　一、越轨行为及其类型 …………………………………………… (384)
　　二、对越轨行为发生原因的解释 ………………………………… (386)
　　三、中国社会转型期的越轨行为及其控制 ……………………… (389)
　第三节　社会控制与社会治理 …………………………………………… (393)
　　一、社会治理及其与社会控制的关系 …………………………… (393)
　　二、当代中国的社会治理创新 …………………………………… (398)

第十四章　社会保障与社会工作 …………………………………………… (400)
　第一节　社会保障 ………………………………………………………… (400)
　　一、社会保障的含义与内容 ……………………………………… (400)

  二、社会保障的理念与类型 ………………………………………（407）
  三、中国社会保障制度的改革与重构 ……………………………（412）
 第二节　社会政策 ………………………………………………………（415）
  一、社会政策的含义、类型与功能 ………………………………（415）
  二、社会政策过程 …………………………………………………（421）
  三、中国社会政策的发展 …………………………………………（423）
 第三节　社会工作 ………………………………………………………（426）
  一、社会工作的含义与功能 ………………………………………（426）
  二、社会工作的价值观和方法 ……………………………………（429）
  三、中国社会工作的发展 …………………………………………（433）

第十五章　社会研究方法 …………………………………………（436）
 第一节　社会研究方法概述 ……………………………………………（436）
  一、社会研究的概念与类型 ………………………………………（436）
  二、社会研究方法体系 ……………………………………………（439）
 第二节　社会研究的一般过程 …………………………………………（446）
  一、社会研究的五步工作程序 ……………………………………（446）
  二、社会研究一般过程简析 ………………………………………（449）
 第三节　研究方法运用和研究成果表达 ………………………………（451）
  一、基本研究方法的操作运用 ……………………………………（451）
  二、研究成果的表达 ………………………………………………（457）

第一章　导　论

社会学是对社会进行综合性研究的学科，它是社会科学的重要组成部分。社会学是现代社会的产物，一百七十多年来，随着社会的变化，社会学逐渐发展、壮大、成熟起来。学习社会学，首先需要了解它的研究对象与研究领域、学科性质及特点、发展历史以及学科功用等方面的知识。

第一节　社会学的研究对象及特点

一、社会学的研究对象及研究领域

（一）社会学的研究对象

1. 社会学研究对象的不同观点

社会学的对象问题，与其他学科一样，也是一个十分重要的问题。因为这个问题的确定，规定了社会学的理论框架，规定了这门学科的特有角度，规定了这门学科与其他社会科学的区别和联系，规定了这门学科为实践服务的方向和途径，从而也规定了这门学科存在的必要性。但是，社会学的对象问题又是一个十分复杂的、争论多端的问题，自社会学产生两个世纪以来，这一问题一直是它的创始人及后辈社会学家力图明确回答而又不容易回答清楚的难题。孙本文在《社会学原理》一书中，曾系统介绍过从 19 世纪中叶到 20 世纪 30 年代为止国外 9 种关于社会学的定义，即社会学是研究社会现象、社会形式、社会组织、人类文化、社会进步、社会关系、社会过程、社会现象间的关系及社会行为的科学。有美国社会学家统计了 1951—1971 年二十年间由美国出版的 16 种社会学教科书关于社会学研究对象的 8 种提法：社会互动、社会关系、群体结构、社会行为、社会生活、社会过程、社会现象、社会中的人。当然，社会学在它发展的近两个世纪以来，所积累的定义远比上述概括要多，综合这些众多的定义或研究对象的理论，西方社会学界的观点主要分属于三大类。第一，侧重以社会及社会现象为研究对象。这类观点在西方社会学传统中的主要代表有孔德、斯宾塞、迪尔凯姆等人，形成社会学中的实证主义路线。第二，侧重以个人及其社会行动为研究对象。这类观点在西方社会学传统中的主要代表有韦伯等人，形成社会学中的反实证主义路线或"理解社会学"（或称"解释社会学"）的路线。第三，不属于上述两类的观点均可归入为第三类。其中有些观点有较大影响，但都没有成为社会学发展的主流。

需要说明的而是，属于马克思社会学传统的学者中，既有主张第一种类型的观点的，也有赞成第二类观点的。但他们都是以社会和个人的统一为指导，都赞成马克思关于"社会"的本质的基本论点。

中国社会学界近一百年来，关于社会学对象的认识，参照上述分类标准，也可大致分为三类。

第一，侧重以社会为研究对象。其代表性的观点有：①"治乱兴衰说"，即认为社会学是用科学方法研究社会的治和乱、盛和衰的原因，揭示社会达到治的方法和规律的学问。这是严复在1903年出版的《群学肄言》的序言中首先提出来的。另外，20世纪80年代郑杭生提出的"社会运行论"，即把社会学的对象界定为"社会良性运行和协调发展的条件和机制"的观点基本上也属于这一发展思路。②"普遍规律说"，即认为社会学与历史唯物论一样，也是研究社会普遍发展规律的学说。1949年前中国的马克思主义社会学者如李大钊、瞿秋白、李达、许德珩、陈翰笙等均持此观点。③"整体系统说"，即认为社会学是研究社会整体系统的学问。费孝通等人的社会学定义应该属于此类观点，由他主持编写的《社会学概论》（试讲本）和由韩明谟、王思斌主持编写的《社会学概论》（修订本）等书中对社会学研究对象的理解是其代表。他们对社会学是这样定义的："社会学是从变动着的社会系统的整体出发，通过人们的社会关系和社会行为来研究社会的结构、功能、发生、发展规律的一门综合性的社会科学。"[1]另外，台湾的一些社会学者如杨懋春也持有类似的观点。

第二，侧重以个人及其社会行为为研究对象。其代表性的人物有：①中华人民共和国成立前主要以孙本文为代表，他从芝加哥互动学派心理行为理论出发，批评前述他所列举的8种定义虽没什么错误，但均不能认为是适当的定

---

[1] 韩明谟，王思斌. 社会学概论（修订本）[M]. 北京：中央广播电视大学出版社，1997：14.

义,而适当的定义是"以社会学为研究社会行为的科学"。②台湾学者龙冠海认为,社会学的主要旨趣"是在社会互动或社会关系中的人"。③1979年社会学恢复重建后,杨新恒等认为"社会学是研究人们的社会性行为规律的科学"。

第三,还有一类观点大都属于比较直观的认识。其代表性意见有:①"剩余说",即认为社会学是一门"剩余社会科学",它的研究对象是其他社会科学不研究的"剩余领域"。②"学群说",即认为社会学不是单一的一门科学,而是一群科学,是一个学科群。③"调查说",即认为社会学是关于社会调查研究的学科。④"问题说",即认为社会学是一门研究社会问题的学说。

上述国内外关于社会学研究对象的种种不同观点,是由于研究者对社会观察的角度不同、强调的重点各异、各国的国情有别等原因造成的,但不论什么原因,我们都要对此一问题有一个科学的态度和正确的把握。[1] 第一,应当肯定的是,社会学有自己独特的研究对象和研究领域,否定这一点的态度是不对的。否定了它的研究对象,也就等于取消了社会学这门学科的存在,这不仅与历史不符,而且也有悖于现实,社会学产生近二百年来的发展史和它在现实中的蓬勃发展的事实,就足以说明该问题了。第二,社会学对象问题上的众说纷纭亦属正常现象。这除了多种缘故外,也是它逐渐走向成熟的必然,同时还是该学科领域学术气氛活跃的标志。另外,这也说明社会学的对象问题,往往也是研究者不可回避的一个重大问题。第三,在对社会学研究对象的理解问题上,不应强求一致。有一个基本的事实是明显的,即尽管社会学的定义众多,但有影响的不过数家。有些定义正如孙本文先生指出的,"或失之抽象,或失之宽泛,或失之含糊,或失之狭隘"。读者完全可以根据自己的理解去判断,去比较,只要能够提供社会学的视角,能够易于把握社会学的内容,能够较好地做到理论上的前后一贯,就应该在学术界占有一席之地。

2. 社会学研究对象的界定

从社会学历史发展角度看,在社会学的创立时期社会学家多是将社会整体作为研究对象,并力图从宏观上去认识社会,发现其规律,这是社会学还没有从哲学中分化出来的反映。当社会学作为一门学科被确立之后,学者们对社会学的研究对象的认识就更加具体化,实际上这些不同的对象只是社会现象的某一个特定的层面。王思斌教授从综合的和较具包容性的角度对社会学的研究对

---

[1] 郑杭生. 社会学概论新修(第三版)[M]. 北京:中国人民大学出版社,2003:11-12.

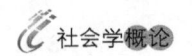

象进行了界定,较全面地反映了社会学的研究视角和特点。他对社会学对象的界定是:社会学是从社会整体出发,通过社会关系和社会行动来研究社会结构及其功能、社会过程及其原因和规律的社会科学。关于这一界定有几个方面需要予以说明。第一,社会学将各种类型的社会都看做整体。社会学以社会为研究对象,从全球社会、国家到各种社会组织及群体,这些研究对象都被看做由不同部分组成的整体,这里所说的整体是指社会学的整体观,它在分析具体社会时不是采取孤立态度,而是把它置于内部、外部的普遍联系之中。第二,社会关系和社会行动是社会学研究的具体入手点。社会现象的基本组成单位是具体的社会关系和社会行动,它们所反映的是作为社会成员的个体或社会群体之间的联系,这种联系在一定程度上反映了社会的性质。第三,社会学要探索的是部分对于整体的意义,社会关系、社会结构变化的原因及其规律性。社会学要探索的是社会运行的规律性,即对社会的普遍性的认识,这一点是社会学家的共同追求。社会学创立初期的学者们主要致力于从宏观上认识社会兴衰之规律,后来的社会学家则从更具体的方面发现社会产生、发展、发挥功能、矛盾冲突及变化的规律。第四,社会学是一门社会科学,它是对社会现象的具体研究。社会学是因为社会问题的凸显和人们探索解决这些问题的途径而产生的,社会学的具体研究主要是面对现实,其目的是增强对社会的理论性的认识,并在这种认识的指导下去改造社会,这是社会学的应用性特征。[1]

(二) 社会学的知识体系与研究领域

社会学发展至今,形成了十分庞大的学科知识体系。它包括既相互区别又有密切联系的三各部分。①理论社会学,又称纯粹社会学(pure sociology)。即从纯理论的角度来研究社会现象,探析社会现象的原因及其相互关系。它的研究主要包括社会发展动力、社会因素、社会过程、社会组成、社会控制等方面。它是社会学有史以来传统的研究中心,从孔德的实证哲学开始,诸如斯宾塞、迪尔凯姆、韦伯等,其研究的中心都是理论社会学的内容。②应用社会学(applied sociology)。即把社会学的理论知识(包括观点、方法、原理以及一些新的研究结论)应用于社会实际生活、社会现象和社会问题等的研究,诸如应用于家庭、教育、犯罪、宗教、社会工作等方面的研究。③经验社会学(empirical sociology)。即指以历史或现实社会中具体的社会现象和社会问题为对象,采用科学的手段搜集资料,用定性或定量的方法,描述社会事实以推导

---

[1] 王思斌. 社会学教程(第四版)[M]. 北京:北京大学出版社,2016:15-16.

出社会的因果联系。经验社会学并不完全排斥理论建设，但它重点是从社会变动的现实情况中，科学地进行调查研究，总结出理论的假设，从而进行必要的检验和修整。经验社会学最突出的特征是重视感性资料的具体收集方法和经验研究的方法论；同时，它还注重使用数理统计的方法，在当前更注重使用当代新兴科学成果如信息论、系统论、控制论等横断学科的新理论、新方法以及数理分析模式和电子计算机的应用等；另外，它还注重对社会现象的文献、历史资料和人种志等资料的研究。上述三个部分并不是决然分立的，事实上它们是相辅相成、相互促进的。当然，上述三个部分也可以分别称为社会学理论、应用社会学和社会研究方法。❶

需要指出的是，由于社会学的研究领域不断开拓，形成的分支学科（包括与别的学科的交叉学科）已不下百种。按照当前国际上一般的分类，社会学研究和应开拓的领域，有三十五类左右，并且这三十五大类也是不完全的。❷ 中国社会学自1979年恢复以来，大多已经进行了研究。例如社会学理论、社会学研究法和社会调查、人口问题、劳动问题、社区研究等，这是我国社会学过去较有基础的门类，已经做出相当成绩；有些领域，如工业社会学、农村社会学、城市社会学、社会心理学、科学社会学、医学社会学、教育社会学、社会保障等，也都有了一些比较深入的研究；有些门类，如比较社会学、外国社会思想史、小群体社会学、知识社会学等，还有待于花费更多的精力展开研究。

二、社会学的学科特点及与相关学科的关系

（一）社会学的学科特点

社会学近二百年来的发展，已经逐步形成了其独特的学科特点。

1. 整体性特征

即社会学把社会作为一个系统整体来看待。社会学把社会视为一个系统、一个整体的思想由来已久。可以说自从孔德、斯宾塞、迪尔凯姆等经典社会学家起，就一直把社会视为一个整体、一个系统。至现代美国结构功能主义社会学兴起后，更加明确系统地提出了这种看法。所谓系统，就是相互联系的要素的复杂组合，系统本身就是一个有组织的复杂整体。社会学主张，各种社会和

---

❶ 王思斌. 社会学教程（第四版）[M]. 北京：北京大学出版社，2016：12－13.
❷ 韩明谟，王思斌. 社会学概略（修订本）[M]. 北京：中央广播电视大学出版社，1997：18.

群体，不论其规模大小，都是一个系统、一个整体，都有其内在的联系性；每个整体在内容上都多于其部分的总和，整体不是部分的累加而是部分的有机结合。由此，要研究某种社会和社会现象，就要把它放入复杂的关系之中，分析各种因素的相互影响，并从中找出主要关系和次要关系，以解释所研究的社会现象之所以如此的原因。这种整体观不仅适用于宏观社会研究，也适用于微观社会研究和各种社会现象的研究。

2. 综合性特征

首先，社会学研究运用的知识具有综合性。社会学研究的问题十分广泛，需要运用多种知识。比如关于人的成长问题的研究要用到生物学、心理学知识，研究地区发展要用到经济学、地理学和环境方面的知识，研究社会阶层、社会控制要用到政治学、法学等方面的知识。总之，社会学研究要以社会学的知识为主，综合利用其他相关学科的知识和方法，这是由社会现象的复杂性所决定的。社会学研究的综合性特点并不是说它是各种知识的综合或者社会学本身没有主体性知识，而是说社会学在研究和分析问题时以本学科的知识为主，同时综合利用其他学科的知识，以便全面地认识社会现象。其次，社会学的研究方法具有综合性。人类社会和人的社会关系是复杂多变的，人的行为也是复杂多变的。社会学的整体系统观和从行为入手的方法论，导致社会学研究方法上的综合性，即社会学的研究方法既有定量研究方法，又有定性研究方法，从具体技术上来看无论资料收集还是资料分析均需要综合运用多种技术和方法，以便更全面、更深入地探索社会运行和社会发展。在这里，需要强调的是，社会学非常重视社会调查研究，这是社会学的一个突出特点，一个作为实证科学的突出特点，一个优良传统。可以说，社会学是从实际调查研究中发展起来的，也是从调查研究的基础上建立其理论和学说的，并由此而立足于科学研究之林。在社会学的知识领域中，调查研究占有重要位置，并自成体系。

3. 科学性特征

社会学的科学性主要是指其研究方法的科学性。当一门"学科"尚处于猜测和无实际根据的理论述说时，它还不能说是真正的科学。孔德提出的社会学之所以被认为是社会学学科之肇始，除了明确这门学科的独特的研究对象外，重要的是指出了研究社会的科学方法，即实证研究方法。经过160多年的发展，社会学已从"前科学"的阶段走出，也走出了孔德最初对于社会学的包罗万象的设计。社会学的研究对象已经比较具体，社会学的各种研究方法已经比较科学化和系统化。在社会学研究中定量方法的运用大大提高了这一学科的科学水平。抽样调查方法和技术的发展、统计分析技术的发展将对社会现象之间关系的分析和判断建立在科学的数据之上，超越了纯理论性的（纯粹思辨）甚至是主观判断的因果关系分析方法，使得对于社会现象的研究更加科学。另外，社会学研究也注重科学的定性方法的运用，注重社会现象不同于自然现象的特点，强调去深入地理解社会现象所包含的意义。社会学强调将定量方法与定性方法结合起来去研究社会现象，这也是其科学性、科学态度的表现。

4. 应用性特征

社会学的应用性是指其务实取向和追求。社会学是由于社会上存在着诸多社会问题，学者们企图寻找解决问题的途径而产生的。这样，社会学一开始就有应用性的特点，即研究社会学的目的就是解决社会问题，推动社会进步。社会学的应用性特点在美国社会学中表现得尤为明显。美国是崇尚实用主义的国家，社会学研究诸如城市化、失业、医疗等问题，发现问题并提出解决问题的建议以便得到政府和社会的支持，这也造就了美国社会学的基本风格。在其他国家也是如此，社会学之所以得到政府和社会的支持，就是因为它能发现问题和有助于社会问题的解决。当然，这并不是说社会学只注意现实问题而不注重理论建设。实际上，社会学在研究现实问题的同时也发展了自己的理论。

5. 建设性和批判性相统一的特征

社会学建立之初有两个基本取向，即维护改良取向和革命批判取向。孔德创立的社会学基本上是维护资本主义制度，这一派社会学对社会问题也有批判，但其总体上是改良主义的。自孔德以来，西方社会学的主流价值并没有发生根本性变化。在某些具体问题上的批判态度和对整个制度的维持构成了西方主流社会学的基本特点。当然，由于不同流派的理论立足点不同，它们对社会问题、社会制度批判的程度也不尽相同，比如结构功能理论的维护性特点比较明显，社会冲突理论的批判性取向更为突出。西方社会学的批判传统来自于马克思对资本主义制度的批判。马克思揭露了资本主义条件下生产力与生产关系矛盾的不可调和，批判了资本主义制度对人性的压抑，并在此基础上指出资本主义制度的不合理性，对资本主义作了深刻的、实质性的批判。马克思对资本主义的批判影响了一些有社会主义思想的社会学家，法兰克福学派是批判取向的代表，他们指出了资本主义制度的非人道性，倡导建立更加人道的社会。需要说明的是，在社会学研究中，建设性和批判性常常是相互依存的两个方面。当社会学家指出他生活其中的社会的弊端时，他的取向是批判性的。也是在此基础上，他们希望建立起消除了某些弊端的社会，这就是建设性取向。所以，批判常常是建设的前提，认识不到社会中存在的问题，不能清楚地分析出其原因，就不可能有社会的进步。当我们认识到批判不仅仅是革命性的否定，也包括善意地指出社会的不足时，就很容易理解社会学兼有建设性和批判性这两种看起来矛盾、实际上相通的特点。❶

（二）社会学与相关学科的关系

我们可以把与社会学有关的科学分为三类：第一是对社会生活进行某些侧面的、特别的、分领域研究的社会科学，包括政治学、经济学、法学等；第二是对人类社会和人类行为进行综合性研究的社会科学，包括历史学、心理学、人类学等；第三是对社会作哲学概括性的研究，如历史唯物主义，它虽不属于社会科学，但却与社会学有特殊关系。

1. 社会学与政治学、经济学、法学等学科的关系

政治学是研究国家、政府以及它们为行使职能而建立的各种机构的科学，它对政治进程进行系统研究。经济学是研究各种经济关系和经济活动规律的科学，如政治经济学、工业经济学、农业经济学和部门经济学等。法学是以研究法律为主的科学，包括法学基础理论、法律思想史、法律制度史、比较法学和各个部门法学以及国际法等。该三者分别是以社会生活的政治、经济和法的不同侧面作为研究的对象，而社会学则是将社会的整体、全方位的生活关系作为研究对象的。在社会学的研究中，由于人们的经济活动、经济生活是一切活动的基础，政治是经济的集中表现，政治、法律都是社会的上层建筑，因此诸多研究成果，吸取它们作为分析整个社会的有力的论据。另外，由于现代社会生活的组织紧密性，各种关系的沟通越来越显得无法分离，这些分门别类各有侧重研究对象的社会科学，也不断吸取从社会学研究获得的成果，来拓宽和深化自己的研究，并从这样的基础上产生了一些边缘学科，如经济社会学、工业社会学、政治社会学、法律社会学等。

2. 社会学与历史学、人类学、心理学等学科的关系

历史学是研究人类社会历史的科学，它的侧重点，一是关于人类社会已经

---

❶ 王思斌. 社会学教程（第四版）[M]. 北京：北京大学出版社，2016：18.

走过的历程的活动规律,二是关于历程中史实的确认。人类学是介于自然科学和社会科学之间,研究人类的综合性的边缘科学,即如恩格斯所说:"从人和人种的形态学和生理学过渡到历史的桥梁。"[1] 它包括体质人类学、文化人类学和语言人类学三个分支。人类的体质、文化和语言便是它们各自的研究对象。心理学是研究人类心理规律的科学。心理规律指认识、情感、意志等心理过程和能力、性格等心理特性的规律。从这几门学科的研究对象看,它们的共同特点是对人类社会和人类行为进行综合性的研究。它们研究涉及的范围虽然都是整个的社会生活,但研究的侧重点还是有很大的不同。历史学着重研究人类过去的历史,它与社会学的区别,正如李大钊所说:"纵观人间的过去者便是历史,横观人间的现在者便是社会,所以可把历史和历史学与社会与社会学相对而比论。"[2] 虽然李大钊把历史学和社会学研究的范围规定得有些宽了,但这种区别的方法还是可取的。人类学的研究重点是远古人类或文化比较落后的民族的体质和社会文化生活,由于它的触角逐渐延伸到人类现代社会,所以它与社会学的观点、方法和研究内容上有相互沟通的趋势。但它们之间的根本侧重点还是明确的。心理学的研究,侧重于人的心理活动,社会学研究的是人的全面的社会活动。从这三门社会科学的研究对象看,它们与社会学的关系的密切性也是显而易见的。因此多年来它们之间的交叉和边缘学科就越来越多。比如社会史、社会心理学这已经是20世纪末就有的,而逐渐地又产生了文化社会学、人才社会学、两性社会学、发展社会学、管理社会学、民俗社会学。这些学科都是在上述几门学科的基础上产生的。

3. 社会学与历史唯物主义的关系

社会学与历史唯物主义的关系渊源已久。当孔德和马克思、恩格斯在世时,孔德所创立的社会学在理论上的唯心主义倾向和在政治运动中的反动立场,遭到过马克思、恩格斯不止一次的批评,但并未因此否定孔德所创立的社会学。至列宁1894年发表了《什么是"人民之友"以及他们如何攻击社会民主主义者?》一文,引证马克思《政治经济学批判》序言中关于历史唯物主义经典性的定义,来批评当时俄国以米海洛夫斯基为首的持主观主义社会学观点的民粹派错误观点与方法时,提出马克思的论点,"第一次把社会学提到了科

---

[1] 恩格斯. 自然辩证法 [G]. 马克思恩格斯选集(第3卷)524.
[2] 李大钊. 马克思的历史哲学 [G]. 李大钊选集. 北京:人民出版社,1959:292.

学的水平"❶。实际上,社会学与历史唯物主义的关系是一般社会科学和哲学的关系。具体说来可以概括如下：第一,历史唯物主义是社会学研究的哲学基础,是社会学研究的科学的世界观、方法论。历史唯物主义把辩证唯物主义应用于社会历史领域,是科学的社会历史观。作为科学的社会历史观,历史唯物主义从社会存在决定社会意识的基本原理出发,考察生产力和生产关系,经济基础和上层建筑的社会基本矛盾在社会发展中的决定作用。从而对社会发展的基本规律作了科学的说明。马克思主义、毛泽东思想对社会学具有多方面的指导作用。我们要想保证社会学研究的高度科学性,就必须自觉地以马克思主义,特别是历史唯物主义为指导。第二,社会学与历史唯物主义是有区别的。历史唯物主义是一门哲学的历史观,属于哲学的范畴,而社会学是一门具体的社会科学。历史唯物主义是从哲学的角度研究社会发展的一般规律,而社会学则是对社会现象,运用自己特有的方法进行具体的研究。第三,社会学的科学研究成果,是历史唯物主义发展的源泉之一。历史唯物主义与社会学的关系是共性和个性的关系。历史唯物主义只有不断吸取具体社会科学包括社会学的成果,扎根于具体社会科学之中,才能更加充实、发展自己。

第二节　社会学的产生与发展

一、社会学的产生的条件与发展过程

(一) 社会学产生的条件

社会学是对社会进行综合性研究的学科,是社会科学的重要组成部分。社会学是现代社会的产物,其产生后的近二百年来,伴随着社会变化而逐渐发展、壮大、成熟起来。当然,社会学的产生绝不是偶然的,而是有深刻的社会历史、思想及科学发展背景和条件。❷

1. 社会历史条件

任何社会科学都是面对现实的,社会现实的发展和变化促进了社会科学学科的产生和发展。在欧洲,11—15 世纪的被视为中世纪最黑暗的时代。在这一时代宗教神学处于至高无上的地位,人类则成了卑贱的婢女。这种对人类精

---

❶ 列宁. 什么是"人民之友"以及他们如何攻击社会民主主义者？[G]. 列宁选集（第 1 卷）.8.
❷ 王思斌. 社会学教程（第四版）[M]. 北京：北京大学出版社, 2016：2-3.

神的禁锢严重地阻碍了人类和社会的发展。思想启蒙运动从思想上实现了人的解放，工业革命则推动了经济的快速发展。正如马克思、恩格斯在《共产党宣言》中所说："资产阶级在它的不到一百年的阶级统治中所创造的生产力，比过去一切世代创造的全部生产力还要多、还要大。"❶ 这些对于长期禁锢于神学统治下的人类来说是一个巨大的进步。但是，资本主义的经济发展也带来了迅速的社会变迁和众多社会问题。正如马克思、恩格斯所说，金钱关系代替了一切，社会发生了严重的分裂。于是，研究资本主义和人类社会发展的逻辑就成为社会科学面临的基本问题。

2. 思想条件

社会学的产生是以对以往思想家们关于社会的探索为基础的。社会学产生之前有许多思想家对社会的结构、社会变化的规律和未来图景进行了探索，并形成了丰富的经济思想、政治思想、社会思想、哲学和伦理观念以及宗教观念。这些思想成果作为基础促进着人们对社会的进一步认识。在西方，古希腊思想家们的睿智也深深地影响着人们对社会的认识。当然，对社会学的产生影响最大的还是西方近现代以来的社会思想，比如十七八世纪以来英国及欧洲大陆思想家（霍布斯、洛克和卢梭等）的政治思想和社会思想，特别是圣西门、傅立叶、欧文的空想社会主义思想，对孔德的社会学思想的形成有着直接的影响。

3. 学术条件

社会学的产生与当时自然科学的发展是分不开的。欧洲文艺复兴以来自然科学得到迅速发展，天文学、地理学、数学、物理学、化学、生物学等都取得了突破性成果。特别是牛顿力学体系的完成，更加显示了自然科学方法的巨大威力，这些也启发了社会思想家对社会的认识。孔德将自己的社会学分为社会静学和社会动学的做法，清楚地反映了自然科学方法对他建构社会学的影响。当然，用自然科学的方法去研究社会绝非孔德一人之所想。实际上，圣西门在《人类科学概论》中就曾指出，要将关于人的科学提高到以观察为基础的科学水平，赋予它以实证的性质，把它建立在像物理学等其他领域中所使用的那种观察和研究方法的基础上。孔德将这种想法推进了一步，创立了社会学。

---

❶ 马克思恩格斯选集（第1卷）[M]. 北京：人民出版社，1995：277.

（二）西方社会学的产生与发展的过程

1. 社会学的产生与形成

社会学产生于欧洲，在学科形成的过程中，一批早期社会学家发挥了奠基性的重要作用。社会学创立和形成时期的主要代表人物有很多，从西方学术界通行的说法来看，社会学奠基时期最具代表性的人物是迪尔凯姆、韦伯、马克思，他们三个分别代表着社会学的三大理论传统，即实证主义社会学传统、人文主义社会学传统、冲突论或批判主义社会学传统。当然，孔德作为社会学的创始人，其历史地位不容置疑。另外还有斯宾塞、滕尼斯、齐美尔和帕累托等，都在社会学的初创时期作出了各自独特的理论贡献。可以这么说，在他们的共同努力下，社会学才有了发展的根基，并在以后众多研究者的努力下逐渐发展起来。

在以下的内容安排方面，我们首先简要介绍除了马克思以外的西方社会学早期代表人物及其思想、社会学在美国的发展、社会学的当代发展，然后再用一定的篇幅单独介绍马克思主义社会学的一些基本信息。

(1) 孔德（Auguste comte，1798—1857）

法国哲学家，1830—1842 年他出版了六卷本名著《实证哲学教程》。该书第一次从哲学高度系统地论述了作为一种方法论的实证主义的认识论基础，确立实证主义在科学史上的地位，开创了实证主义社会学的理论传统。在孔德看来，"实证"一词具有如下含义：现实的而非幻想的；有用的而非无用的；可靠的而非可疑的；确切的而非含糊的；肯定的而非否定的。孔德认为，科学的任务是发现和描述事物现象之间重复出现的规律，而超出这些可描述现象之外的认识就失去了科学性。他认为，对于社会的科学研究应该采用实证方法。在 1838 年出版的阐述社会哲学原理的《实证哲学教程》第四卷中，孔德第一次提出了"社会学"这个新名词以及建立这门新学科的大体设想，这标志着社会学学科的产生。在这之前，他曾经将用自然科学的精确方法研究社会的学科称为社会物理学。他认为，社会学是以经验的实证方法研究人类社会现象的科学。在孔德那里，社会学包括所有对社会现象进行的科学研究，实际上是社会科学的总称，即"包罗万象"的社会学，它要揭示的是社会现象之间的规律。孔德认为，对社会现象的研究主要包括社会静学和社会动学，即从相对静态和动态的角度去研究社会。其基本内容包括：既要考察社会生活的精神方面，也要考察其物质方面；通过考察人们的道德活动来揭示人们的道德意识和社会意识的发展;通过考察家庭关系来理解社会关系的性质;要研究政治管理机构和教会这两种主要的组织制度,并注意它们的功能互补;要通过动态考察来把握社会发展的时代特征。

孔德不但提出了社会学的概念和学科的基本框架,而且提出了用科学方法研究社会的基本想法。这些对后来社会学的发展具有重要影响,因此,他被称为社会学的创始人。孔德的突出贡献主要是:他提出了"社会学"这个名词,指出了社会学的研究领域和研究方法。他对社会静学和社会动学的区分和研究对象的概括——社会静学研究社会结构和社会秩序,社会动学研究社会过程和社会进步的观点——至今仍是社会学的基本分析框架。

(2) 斯宾塞(Herbert Spencer, 1820—1903)

英国哲学家和社会学家。受达尔文生物进化论的影响,他将社会与生物有机体相类比,从而成为社会进化论(也称社会达尔文主义)的创始人。他认为社会的进化过程同生物进化一样,生存竞争、优胜劣汰、适者生存也在社会中起支配作用。斯宾塞撰写了《社会静力学》《社会学研究》和《社会学原理》等大量社会学专著,阐明社会学的基本原理。他用增长、分化等概念分析社会结构的变化(进化)规律,强调结构的功能,并以功能为分析的出发点。他把社会作为一个整体并把结构和功能联系起来考察,这对后来功能学派社会学的发展具有深远影响。他对社会学的具体对象的研究,比起孔德的"包罗万象"的社会学来,也是学科发展上的进步。

(3) 迪尔凯姆(Emile Durkheim,也译涂尔干,1858—1917)

法国第一个获得任命的社会学教授。迪尔凯姆明确指出社会学有独立的研究对象,即社会事实。为了回答法国当时社会动荡等现实问题,他撰写了《社会分工论》《自杀论》和《宗教生活的基本形式》等著作,他提出的机械团结、有机团结等概念和进行的深入分析至今都有重要价值。他用统计方法研究自杀现象,实践了孔德开启的实证主义社会学的构想,并成为最早用实证方法研究社会现象的社会学家。他的《社会学方法的规则》系统、详细地论述了实证主义社会学的方法论,主张用社会事实来说明社会问题,确立和巩固了孔德所开创的实证主义社会学传统,对社会学研究方法的发展作出了重大贡献。

(4) 韦伯(Max Weber, 1864—1920)

德国社会学家和历史学家。韦伯认为社会学是一门致力于解释性地理解社会行动并通过理解对社会行动的过程和影响作出因果说明的科学,并开创了与实证主义社会学相对立的"理解的"社会学传统，成为理解社会学的奠基人。在方法论上韦伯提出"理想类型"的观点以及"价值中立"的主张。韦伯对于社会行动的分类、关于权威的分类，他对于科层制度的论述，以及关于新教伦理与资本主义发展的关系的研究极大地影响了后来社会学的发展。尽管后人对韦伯的观点和理论有所争论，但是他仍是世界范围内最有影响的社会学家之一。

自孔德以来，经过社会学先驱们的努力，到20世纪初社会学的研究对象逐渐明确，研究方法不断系统化，它的科学性也逐渐得到学术界的认可。西方社会学作为一门学科已经基本形成。

2. 美国社会学的发展

社会学产生于欧洲，但蓬勃发展于美国。19世纪末至20世纪初，美国的工业化、城市化的快速发展带来了巨大的社会变迁，与此相伴随的是社会问题丛生。在实用主义的影响下，社会学在美国获得了蓬勃发展。早在1873年W.G 萨姆纳就在耶鲁大学讲授社会学课程。19世纪末20世纪初芝加哥大学形成了社会学的"芝加哥学派"，大大推动了城市问题研究和社区研究。后来，帕森斯（T. Parsons）将欧洲社会学理论引入美国，建立了结构功能理论，形成了结构功能学派，对美国和世界社会学的发展产生了长远而广泛的影响。另外，符号互动理论、社会交换理论等理论和学派发展迅速，美国社会学的理论研究和实证研究都取得了快速发展。20世纪60年代以后，新的社会理论也不断在美国崛起。美国社会学的特点是注重应用研究，实证研究一直是美国社会学的主流，这也是社会学被美国社会广泛接受的原因之一。另外，学术自由也是美国社会学理论不断创新的社会条件之一。至今，美国仍然是世界上社会学最发达的国家。美国社会学的成就极大地推进了社会学在世界范围内的发展。

3. 当代社会学的发展

（1）欧洲的社会学

西欧国家的社会学对美国乃至世界社会学都发生了积极影响，但在两次世界大战期间发展却相对缓慢，甚至德国的一些社会学家被迫移居美国。第二次世界大战以后，西欧国家的社会学得以恢复并获得明显发展，并形成了一些有自己特点的理论流派。西欧国家社会学与美国社会学的一个明显差异是其理论思维和批判色彩。在德国，作为批判理论的代表法兰克福学派在批判现实的资本主义社会方面令人瞩目。达伦多夫（R. Dahrendorf）的社会冲突理论发起了对帕森斯的结构功能理论的巨大挑战,并成为当代社会学的重要流派。以卢曼(N. Luhmann)为代表的系统学派也在学术界有重要地位。在法国,布迪厄(Pierre Bourdieu)的结构主义建构论以对文化资本和社会资本的研究,以及对实践、场域、惯习的分析在社会学界吹起一阵清风;另一位法国思想家福柯(Michel Foucault)通过对权力、权力的诺系学的分析,展示了后现代主义的观点和对现代权力观的否定。这些都是社会理论界的新理论、新思想,并在学术界、思想界发挥着重要影响。至于当代英国社会学家古登斯(Anthony Giddens)的结构化理论在弥合行动与结构的二元对立方面的努力,也得到社会学界的称赞。或者可以说,当代欧洲社会学家正在以其特有的形式影响着社会学的发展。

(2)发展中国家的社会学

第二次世界大战以来,发展中国家的社会学也得到一定发展。这些国家的社会学家面对本国众多的社会问题,力图以西方社会学的知识为基础,研究本国的社会结构与社会进程,这些主要是一些应用性研究。虽然这些国家的社会学家都有发展本土社会学的愿望,并形成本土社会学理论,但因时日尚短还难以取得突出的成果。值得一提的是拉丁美洲国家社会学家关于发展问题的研究。在世界经济体系业已形成的背景下,发展中国家如何谋求经济发展又保持政治上的独立,已成为一个普遍性问题。比如"依附理论"作为发展中国家社会学研究的一项成果,已成为世界社会学知识体系的重要组成部分。

概括地说,近二百年来社会学作为一门学科已经得到了较大发展。它在服务于各国社会发展的需要及发展知识方面扮演着重要角色,社会学已成为重要的社会科学学科。

(三)马克思主义社会学的发展与贡献

1. 马克思与社会学

卡尔·马克思被西方社会学界称为经典时期的三大社会学家之一或社会学的创始人之一。西方社会学界认为他开创了"冲突论社会学"以及"批判主义"的理论传统。

与资产阶级的社会学者不同的是,马克思从另一种角度分析资本主义的成就和弊端,深刻地分析了资本主义社会的发展动力和固有矛盾,并科学明确地指出资本主义的归宿只能是社会主义和共产主义。马克思同样主张用经验的方法去研究社会,《资本论》就是马克思用经验方法研究社会的经典之作。他对社会学发展贡献和影响极其巨大,比如他对批判理论的贡献主要体现为催生了法兰克福学派以及社会冲突论的社会学理论;对实践理论的贡献集中体现在其名著《关于费尔巴哈的提纲》中,对后来布迪厄的实践社会学的形成具有重大影响。美国社会学者理查德·谢弗认为,马克思从经济角度对人类历史进程的解释,他的阶级理论和冲突理论、关于异化的思想等都是社会学理论中永久的组成部分。"即使不谈被他的著作激励而产生的政治革命,马克思对当代思潮的影响力也是极为惊人的。马克思所强调的可以影响一个人社会位置的群体归属与结合,正是当代社会学中最重要的主题。所以贯穿本书(即谢弗所著《社会学与生活》——作者注),我们所要探讨的,正是作为某一个特定群体的一员如何被他的社会位置影响的,比如说,若以性别、年龄、种族或者社会阶级来划分,这些类别如何影响一个人的态度和行为。我们现在用来了解社会的方法,有很多都是从马克思的著作而来的。"❶

2. 马克思主义社会学的发展脉络、特点与贡献

从发展脉络看,马克思恩格斯的社会学思想蕴含在他们的丰富著作之中(比如《共产党宣言》《德意志意识形态》《资本论》《英国工人阶级的状况》《反杜林论》等)。列宁坚持和发展了马克思主义的社会学思想,他明确赋予马克思主义社会学以"科学的社会学",提出唯物辩证法是"社会学中的科学方法"。毛泽东等中国共产党人丰富和发展了马克思主义社会学的思想,比如毛泽东的《中国社会各阶级分析》《中国革命和中国共产党》《新民主主义论》等均是极具中国意义的社会学作品,1930年他在《反对本本主义》中更是提出了"没有调查,就没有发言权"的著名论断。改革开放以来形成的中国特色社会主义理论体系,以及习近平新时代中国特色社会主义思想中,也都蕴含着十分丰富的马克思主义社会学思想,有待于认真研究、深入发掘和科学阐释。马克思主义社会学的主要特点:一是坚持实践的原则,二是坚持科学分析的视角,三是坚持辩证的思维方式,四是坚持研究方式的批判性,五是坚持理论视野的开放性。马克思主义社会学的主要贡献可以概括为两大方面:一是为社会学的发展奠定了科学的理论基础,提供了正确的立场、观点和方法。二是提出了一系列观察和解决社会问题的科学思想和方法。❷

---

❶ [美] 理查德·谢弗. 社会学与生活 [M]. 北京:世界图书出版公司,2006:15.
❷ 编写组. 社会学概论(马工程重点教材)[M]. 北京:人民出版社、高等教育出版社,2011:10–14.

二、社会学在中国的发展

(一) 1949 年之前社会学的传入与发展

1. 社会学的传入

社会学是 19 世纪末传入中国的,与其他事物一样,社会学的传入也是与我国当时的国情密不可分的。近代以来,帝国主义列强的入侵和国内政治的腐败,使得中国社会一直处于一种恶性循环的运行状态之中,此时的仁人志士曾先后掀起了一次又一次救亡图存的爱国运动,尤其是 19 世纪末的维新变法运动,是向西方寻求先进的思想和理论,试图找到挽救中国的良药的又一次高潮。这样,便引发了西方社会科学的传入,当然也包括社会学思想和理论的引进和传入。这也就是社会学传入中国的基本社会背景和原因。

据现有史料记载,我国近代思想家、伟大的爱国主义者康有为(1858—1910 年)是第一位在我国进行社会学教学活动的学者,他在 1888 年上书变法未被采纳后回广州,于 1891 年在那里开设长兴学舍进行讲学,在课程中设有"群学",我们可以把它看成社会学的原型。而后,1896 年谭嗣同在他所著的《仁学》一书中,最先采用了日文的"社会学"一词;1898 年严复在《国闻报》上发表了英国社会学家斯宾塞的《社会学研究》一书的头两章,题为《群学肄言》,1902 年吴建常译了美国吉登斯的《社会化理论》。上述社会学家的理论宣扬生存竞争、优胜劣败,或强调人的主观能动作用,这正迎合我国改良派的需要,因为他们认为实行变法维新有助于民众奋起救国图存,可使国家由弱变强,免遭淘汰的厄运。

在这期间除了英文和日文翻译的社会学著作外,社会学的教学和科学研究活动也开始生根发芽。1910 年,在京师政法学堂设置的课程中,社会学定为 2 小时;同时,京师大学堂(即现在的北京大学前身)也设置有社会学学科,京师以外各高等学校,如上海南洋公学、天津中西学堂也相继开设社会学一类的课程。1912 年京师大学堂正式改名为国立北京大学,首任校长严复在文科课程中设有社会学,1916 年该校第一班的社会学课由康宝忠教授担任,已故著名社会学家孙本文当时曾研习该课程。1917 年清华学校也开设了社会学课程,由美国人狄德曼(C. Dittmen)执教。但把社会学作为一门系统的知识学科讲授并开始培养专业人才的要推上海的沪江大学,该校于 1913 年设置了社会学系,均由美国教授授课。这时,在科学研究方面,用社会学观点来研究中国社会的有陶孟和梁宇皋，于1915年出版《中国乡村与都市生活》一书。陶氏曾留学英国伦敦大学，攻读社会学，受业于霍布豪斯和魏斯特马克。

1917年俄国爆发了伟大的十月社会主义革命，马克思主义开始在中国传播，使我国人民社会政治生活发生深刻变化。《青年杂志》从第二卷起改名为《新青年》，开始宣传马克思主义。李大钊在宣传马克思主义思想时，为马克思主义社会学在中国的催生起了重要作用。1919年我国爆发了震撼全国的五四运动，运动的队伍是由工人阶级、学生、群众和新兴的民族资产阶级所组成的。为马克思主义思想所武装的一部分知识分子开始用无产阶级的世界观来观察问题。在这期间社会学也较前活跃，出现了区别于英、美社会学的马克思主义社会学。在中国共产党成立后的第二年，即1922年，中国共产党在上海开设出版社，介绍马克思、列宁的著作并创办上海大学，聘请共产党人和有威望的社会进步人士任教。该校设有社会学系，瞿秋白担任系主任并亲自讲授"现代社会学"和"社会哲学概论"。据同时代人回忆"瞿秋白讲的社会学就是马克思的辩证唯物主义和历史唯物主义的哲学"。在这一时期，中国共产党也很重视农村和农民问题，曾在广州举办农民运动讲习所，在武昌创办中央农民运动讲习所，以培养农民运动的干部。毛泽东也曾在《中国农民》杂志发表《中国农民中各阶级的分析及其对于中国革命的态度》《中国社会各阶级的分析》以及李大钊的《土地与农民》，这些都是用马克思主义观点来分析中国国情和社会的出色文章。另外，一批曾在英、美、日学习的留学生学成回国。他们也在不同程度上推动国内社会学的发展，首先成立了厦门大学社会学系（该校1922年又增设历史社会学系），上海复旦大学于1921年左右也开设了社会学课程，1925年建立社会学系，北京燕京大学于1922年建立社会学系，1926年上海光华大学、大厦大学也设立社会学系，清华大学于同年建系，1927年中央大学、暨南大学也相继办系，1928年东北大学，1929年上海劳动大学、西安中山大学也都增设了社会学系或专业。此外，如安徽大学、福建协和大学、上海中国公学、政法学院等也都添设了社会学课程。

伴随着全国高等院校增设社会学系，各种书籍、刊物也相应地得到普及和传播，其中影响较大的有，1920年商务印书馆出版的美国早期社会学家爱尔渥特的《社会学及现代社会问题》的中译本，1926年再版的陈长蘅著的《中国人口论》，法国早期心理学家列庞的《大众心理学》，英国社会心理学家麦独孤的《社会心理学绪论》，陆志韦著的《社会心理学新论》，许德珩译的法国社会学家迪尔凯姆的名著《社会学方法的规则》（中译本为《社会学方法论》）。特别值得指出的是，1922年2月由归国留学生余天休发起在北京创立"中国社会学会"；同时，创办《社会学杂志》，由上海商务印书馆出版。余氏在中国社会学草创时期是一位相当活跃的人物。

2. 社会学的发展

社会学传入后的20世纪20年代到新中国成立这段时期，社会学的成长与发展主要体现在以下几个主要方面。

第一，重点围绕中国社会问题展开社会调查。以中国共产党领导的农村革命根据地开展马克思主义的社会调查，把马克思主义普遍真理同中国革命具体实践相结合的思想，旨在了解国情民情，指导新民主主义革命走向胜利。为此，毛泽东作了大量的社会调查，1928年发表了《湖南农民运动考察报告》《兴国调查》和《长岗乡调查》等著作。陈达40年代在西南组织了大规模的人口调查，写出了许多有意义、有价值的调查报告，如《中国人口问题》就享誉海内外。另外，陈翰笙在国统区开展了农村调查，于光远等在解放区开展了农村调查等。特别需要说明的是，在这一时期，费孝通先生所做的实证研究派的调查工作取得了在国内外都产生了较大影响的成果，诸如《江村经济》（1939）、《禄村农田》（1943）、《生育制度》（1947）、《乡土中国》（1948）等；其他被称为"社区学派"的重要人物如吴文藻、林耀华等的调查工作也是比较著名的。❶

第二，社会实践活动是这一时期社会学成长发展的主题之一。最著名的社会实践活动是晏阳初的平民教育运动和梁漱溟的乡村建设运动，他们被合称为"乡村建设派"❷。20世纪30年代，中国的社会学家们为了解决中国的农村危机，掀起了乡村建设运动的高潮。晏阳初以医治中国社会"愚、贫、弱、私"四大病症为目标，把教育作为改造社会、建设社会的基础，广泛开展了平民教育活动。而梁漱溟则主张中国的出路在于复兴农村，只有搞好乡村建设，建立新的乡村社会组织，中国才能发展。乡村建设派的活动在当时虽然未能达至预期目的，但他们所做的各种社会调查工作和开展的各种改良农村的乡村实验活动，对社会学在中国的发展起到了不可忽视的重要作用。

第三，学术理论研究和学术机构建设也有很大成绩。首先，在学术理论研究方面，为了认清中国社会的性质问题，在1927年至1937年期间，我国学术

---

❶ 郑杭生，李迎生. 20世纪中国的社会学[M]. 北京：党建读物出版社，1999：144.
❷ 郑杭生，李迎生. 20世纪中国的社会学[M]. 北京：党建读物出版社，1999：121.

思想界掀起了三次关于中国社会性质的论战、中国社会史论战和中国农村社会性质论战,其目的是要进一步阐明中国革命应采取的目标、方针、政策以及我国社会应往何处去的问题。讨论中国社会性质的问题,焦点是围绕对帝国主义、民族资本主义和封建主义三种社会势力及其关系的认识。关于中国社会史的论战,揭示了中国历史发展的规律。关于农村社会性质的论战结果,得出中国农村社会性质是半封建半殖民地的结论。这些共识的取得无疑对于而后所进行的新民主主义革命是一个不可估量的贡献。其次,在学术机构建设方面,前已介绍过,余天休曾主编过《社会学杂志》,但该刊于 1925 年停刊,继之而起的是燕京大学于 1927 年 6 月创办《社会学界》年刊,该刊出版后当即引起学术界的瞩目,特别是第一期发表的梁启超的《社会学在中国方面几个重要问题研究举例》一文,他提出了社会学需要研究土地问题、阶级问题、妇女问题、职业团体问题、宗教信仰问题及公共娱乐问题,可惜的是,《社会学界》只出版到 1938 年。在这期间,孙本文于 1928 年发起并由一批著名社会学教授参加,同年 10 月 29 日组成了东南社会学会,翌年 7 月出版《社会学刊》。1929 年冬,东南社会学会负责人孙本文与北京大学社会学教授陶孟和、许仕廉、陈达等商定将东南社会学会改组为中国社会学社,大会成立作为第一届年会;第二届年会于 1931 年在南京中央大学举行,讨论主题是"人口问题";第三届年会于 1933 年在北平举行;第四届年会于 1935 年在上海举行;第五届年会于 1936 年在南京举行;第六届年会原定于 1937 年在上海举行,因抗日战争爆发,推迟到 1943 年分别在重庆、成都、昆明同时举行,主题为"战后社会建设",并同时举行第七届年会;第八届年会分别在南京、北平、成都、广州四地举行,南京区主题为"中国社会学会后应采取之途径"。

第四,社会学教育也有所发展。七七事变后,抗日战争烽火燃遍全国,我国半壁河山处于日寇铁蹄之下,华北和沿海城市的陷落导致大批高等学校迁往西南各省,社会学的人才也流向内地,社会学家大都集中在重庆、成都和昆明三个城市的高等院校。在重庆地区有四个大学,中央大学、复旦大学、中国乡村建设学院开设有社会学系,社会教育学院设有社会事业行政系。在成都地区有五个大学,即金陵大学、金陵女子文理学院、齐鲁大学、华西大学和燕京大学都设有社会学系。在昆明地区有西南联合大学社会学系和云南大学社会学系。上述三个地区荟萃了全国著名的社会学学者和专家约百人。

(二) 1949 年之后社会学的曲折发展

中华人民共和国的成立是新旧社会的分水岭。1950 年 8 月,我国教育部成立"高等学校课程改革委员会",着手开展高等学校的系科及其课程的改革。为适应革命形势的需要,社会学系在人才培养和课程设置上也有很大的变动。1952年接着又掀起了学习苏联先进教学经验的改革运动。高等学校的社会学突然被取消了,教学和科研也被迫停止了活动。许多社会学工作者便纷纷改行,有的去教民族学,有的被安排在行政部门从事行政工作。1956年中国共产党提出"百家争鸣,百花齐放"的"双百方针",接着便有人提出了社会学的地位和作用问题,报刊上也有登载恢复社会学的文章及报道第三届世界社会学大会的消息,一些学者提出在马列主义基础上建立社会学的可能性和借鉴西方社会学的方法等问题。遗憾的是,1957年在整风反右运动中不少著名的社会学者被错误地划为右派,至此,社会学成为禁区,使人望而却步。

1979年召开了党的十一届三中全会,由于恢复了实事求是的光荣传统和马克思主义的思想路线,邓小平指出"政治学、法学、社会学以及世界政治的研究,我们过去忽视了,现在也需要赶快补课",这就是著名的"补课论"。紧接着1979年3月在北京举行了社会学座谈会,在这次会上,成立了中国社会学研究会,通过了《中国社会学研究会工作条例(草案)》,选举了由50人组成的理事会,推选费孝通为会长。当时摆在面前的问题是:中断了将近30年的学科形成一个断层,重建它应从何着手?为了搞好人才建设和教材建设,研究会举办了两期社会学讲习班,请国内老一代学者和美国社会学家授课,之后不久出版了一本由费孝通教授主编的《社会学概论》试用本,并从1981年起在北京大学、南开大学、中山大学和上海大学设置社会学系招收本科生和硕士研究生。1982年5月,中国社会学研究会在武汉召开年会,会上将中国社会学研究会正式改名为中国社会学会,费孝通再次当选为会长。为了普及社会学,1985年北京成立了中国社会学函授大学,全国各地的学员有2万多人。在组织建设上,在中国社会科学院设立社会学研究所,各省市也相继建立社会学研究机构和成立社会学会,它们在传播和普及社会学知识及开展社会学调查研究方面起着重要的作用。1990年8月,中国社会学会在北京举行第三届理事会,选举了新的领导机构,推举费孝通、雷洁琼为名誉会长,袁方为会长。经过十年的艰苦创业,由300名社会学工作者三年的经营,我国于1991年12月出版了第一部权威性的社会学文献——《中国大百科全书·社会学》卷,全书共1450000字,1000词条。这应是中国社会学界的一件大事。这样,一度中断的社会学已经基本恢复重建并逐渐走上正轨。

社会学恢复重建以来,在理论研究和应用研究方面亦取得了大量有价值的成果。首先，在基础理论研究方面，关于社会学的对象、社会学与历史唯物主义的关系、社会学的学科性质、社会学学科的理论体系等方面的研究有了一定的进展。其次，在社会学史方面，包括西方社会学、国外社会学史、中国社会学史，以及社会学方法方面，包括方法论、研究方法、具体技术等三个层次的研究，也都取得了一定的成绩。其三，在社会结构和社会运行方面，包括社会分层、城乡社会结构、"单位制"社会结构、社会运行的条件和机制等的研究，出现了有较高水平的成果。其四，在现代化理论和社会转型理论的探讨方面，包括现代化的概念、市场经济与现代化、社会转型的具体方面等的研究，国内学者也已给予充分的关注；最后，社会学的应用研究方面，包括社区研究、婚姻家庭研究、社会问题研究、社会保障及社会工作研究等方面，不仅有的已取得了很有影响的高水平成果，而且有些方面的研究势态出现了火爆的情况。另外，在人口流动、劳动就业、知识分子、城市规划、青少年、妇女、老年人、残疾人、犯罪等方面也都出现了许多有价值的研究成果。同时，社会学的专业建设和学科建设也有了长足发展，截止到2014年底，全国高等院校建立社会学系（专业）近百个，与此密切相关的社会工作系（专业）300多个；硕士、博士点学科建设也取得了很大成就。近些年来，社会学在政府等社会各界的认同度也不断提升，在国家经济建设、社会建设和社会发展过程中扮演着越来越重要的角色。

（三）社会学的本土化/中国化

一定意义上说，中国社会学的产生和发展主要是"西学渐进"的结果，因此从它产生的那天起，就面临着一个本土化或中国化的问题。对于本土化，20世纪30年代就有人开始讨论并大力提倡，曾有"资料本土化"（理论是国外的，资料是中国的）、"对象本土化""理论本土化"以及"理论——对象本土化"等诸多说法。同时，自20世纪30年代起，直到1979年恢复与重建社会学以来，不少中国社会学工作者为社会学本土化作出了艰苦的努力。但由于多种原因，时到今日，这方面的任务还很艰巨，任重而道远。我国著名社学家郑杭生教授在研究社会学本土化问题时认为，中国社会学百年的发展轨迹，可以简明地概括为"立足现实，开发传统，借鉴国外，创造特色"。同时他根据费孝通先生提出的"文化自觉"理论，强调"理论自觉是提高中国社会学理论地位的有效途径，即它是中国社会学在世界社会学格局中由边陲走向中心的必由之路,改变话语权状况的必要条件,增强自主创新力的必具前提"❶。

关于社会学本土化的问题,有几点应该引起注意:①所谓中国社会学的本土化,从本质上说,就是要求中国社会学能正确地描述和解释中国的社会现实,预测社会发展的前景,从而指导社会的发展;其标志是有中国特色的社会学理论和方法的形成。②在当今中国,社会学本土化的问题是与社会学的发展方向紧密联系在一起的:本土化问题的正确理解,是以社会学发展方向的正确选择为前提的。这里问题的关键是要解决一个指导思想问题和一个中国特色问题。所谓指导思想,就是我国的社会学必须坚持以马克思主义、毛泽东思想、中国特色社会主义理论体系和习近平新时代中国特色社会主义思想为指导,一方面从中学习他们贯彻社会生活的立场、观点和方法,一方面掌握他们对中国社会一些基本问题的论述。离开这些,中国社会学本土化的问题就会失去正确的方向,从而不可能得到正确解决。所谓中国特色,就是我国的社会学必须首先立足于我国的社会实际,去调查,去研究,去概括,去总结,同时,又要深入研究中国社会思想史,从我国丰富的社会思想资料中,从我国悠久的优秀传统中吸取养料。③本土化并不是排外化,可以说,本土化本身就包括借鉴、扬弃国外社会学,特别是西方社会学的成果。

第三节 社会学的功用与学习方法

一、社会学的主要功用

(一) 从社会学的应用研究看其功用

社会学不仅具有其独特的研究对象、学科特点和研究领域,而且还具有其他学科难以替代的功用。具体来说,社会学的功用表现为对社会的功用和对个人的功用两个方面。社会学对社会的功用在其应用研究方面表现得最为突出。这些应用研究的类型主要包括政策咨询、社会批评、社会监测、社会预测、评估研究及"诊所社会学"等。❷

---

❶ 郑杭生. 社会转型与中国社会学的理论自觉 [M]. 北京:中国人民大学出版社,2011;杨敏. 中国社会学的理论自觉与社会学的本土化和中国化——访中国人民大学一级教授郑杭生 [J]. 马克思主义研究,2014 (12).

❷ [美] 戴维·波谱诺. 社会学 (第十版) [M]. 李强,等,译. 北京:中国人民大学出版社,1998:24-27.

1. 政策咨询

社会学家能够通过大规模的政策研究，为政府官员提供有关国家所面临的重大政策问题的意见与建议，作为政府决策人员的参考。国家所面临的政策问题很多，如在现代社会，任何国家都面临着大量的社会问题需要解决，而对社会问题进程综合研究，描述其状况和程度，分析其产生的原因，找出症结所在，提出解决的意见和办法，这正是社会学的责任和优势所在。国外许多重大社会问题的解决，都是在社会学家进行了大量的分析研究并提出了切实可行的咨询意见的基础上实现的。我国今天所面临的许多问题，如婚姻与性的问题、劳动就业问题、农业剩余劳动力转移问题、犯罪问题、交通问题、住宅问题、环境污染问题等，如果没有社会学家参与研究并提供咨询性意见，要想得到完满解决，将是难以想象的。

2. 社会批评

社会学家不仅仅满足于被动性地为社会提供咨询意见，而且还要更加积极主动地干预社会生活。社会学工作者对社会生活的积极干预的一个重要内容与手段，即是"社会批评"。这是通过对社会生活领域中所存在的常人难以发现的种种矛盾，进行具有很强的批评色彩的理论分析，向社会敲起警钟。丹尼尔·贝尔的《资本主义文化矛盾》一书便是这方面的代表作。贝尔指出美国资本主义正在被两种对立的价值观分裂着。传统的价值观强调自立、温和、勤劳和节俭，而现代的价值观却注重直接的个人满足。我们需要第一种价值观来使人们去生产商品和资本，又需要第二种价值观使人们去购买和消费这些商品。这两种价值观对我们的经济都是必需的，但它们又是相互矛盾的。因为人们越来越重视直接的满足，生产和服务就少了。该书出版后，在美国乃至整个西方社会产生了重大影响。今天，有关社会批评的社会学著作在政府高级官员乃至各阶层成员中都拥有庞大的读者群。

3. 社会监测

社会学家能够运用科学的方法，对各种社会现象进行客观的监视，这种监视不仅能够获得有关社会现象的大量的静态资料，而且由于这种监测往往是长期进行的（为了追踪有关社会现象的发展变化，社会学家往往要作长期的监测），这样，也就能够获得有关社会现象的大量动态资料。这些相对来说真实可靠和有效的社会资料对于深入地认识社会、掌握国情和有效地管理社会，无疑具有重要的意义。

4. 社会预测

在自然科学中，进行科学预见是研究的主要目的。但由于社会相当复杂，研究方法又不够精确，所以对社会事件进行预测往往要困难得多。即便如此，社会学研究还是可以被用来作大致的预测，而且往往能够产生实际的效果。例如，通过监测，发现现代社会离婚率提高了，这就意味着有更多的孩子的幼年时代将在残缺家庭中度过，于是残缺家庭中的孩子的成长与教育问题应当是一个可以预见的问题。再如，通过监测发现我国人均预期寿命在不断上升，于是若干年后我国将进入老年社会便也是一个可以预见的问题。甚至根据监测数据和有关标准，我国究竟何年进入老年社会也能被大致地计算出来。又如，我国2016年之前长期实行的一对夫妇只生一个孩子的计划生育政策，据此，可以预见到若干年后社会上可能会出现"四、二、一"家庭结构及由此而产生的各种连带问题。社会预测对于制订科学的社会发展规划有着极为重要的价值。

5. 评估研究

这也是一种常见的应用研究，它是对已经实施的项目、方案的效果作出评价。评估研究常用来回答这样的问题，如项目成功了吗，它达到预期的目标了吗等。据戴维·波谱诺的介绍，评估研究的一个很好的范例涉及著名的电视连续剧《芝麻街》。这个连续剧是由儿童电视剧制作中心设计的，其目的是促进学龄前儿童（特别是劣势学龄前儿童）智力与文化的发展。其目的达到了吗？研究人员发现，优势儿童比劣势儿童看该节目更频繁。结果，该节目在一定程度上扩大了优势儿童与劣势儿童的学习差距。因此，《芝麻街》虽然对学龄前儿童起到了某些帮助作用，但是它并没有实现设计者所期望的目标。[1]

6. 诊所社会学

西方国家的社会学研究者和实践者，现在开辟了一个新的应用研究领域，称做"诊所社会学"。即像在诊所诊断人们的精神和感情问题的心理学家或像临床诊视病人身体的医生一样，这种新发展出来的社会学，设计了一种直接帮助人们解决其社会问题的方法。诊所社会学积极参与社会事务，改善社会状况。像其他的诊所实践一样，社会学家在实施参与之前，也要对问题作出专业诊断。其客户的范围从个人、家庭直到大型的社会组织等。诊所社会学家帮助

---

[1] [美]戴维·波谱诺. 社会学（第十版）[M]. 李强，等，译. 北京：中国人民大学出版社，1998：26-27.

客户实现的是他们自己所陈述的目标,而不是通过介入带来制度的或社会的变迁。诊所社会学的一个很好的例证是凯·埃里克森（Kai Erikson）在西弗吉尼亚布法罗溪对社区生活所做的工作。1972年那里山洪暴发,冲垮了水坝,席卷了整个山谷。由于失去了那种曾经能将居民们联络在一起的社区的支持,很多灾民失去了精神上的力量,失去了精神上的健康,失去了对法律的信任。埃里克森评估了洪水对居住在山谷里的5000户家庭的个人的与社会的影响,通过对社区生活被损害的原因一针见血的分析,他成功地帮助受害者从灾害中犯有疏忽罪的煤矿公司那里赢得了1350万美元的受害补偿费。❶

除了上述几种应用研究的类型外,还有社会实验、政策取向的社会调查等。

(二) 从社会学对个人发展的意义看其功用

社会学知识对个人发展的功能、作用和意义是多方面的,它对我们对社会和自己的理解、就业选择、日常生活的决策等都会产生相当大的帮助。譬如,就日常生活中的决策而言,我们凭借社会学的方法和社会学的视角及社会学关于社会、世界的客观知识,更理性地探索我们在日常生活中所面对的决策。运用社会学的发现、社会学的想象力以及社会学的技术,我们更有可能作出对我们的幸福生活有利的决策。再如,一个受过社会学训练的人,在他所获得的有用的技能中,能在任何一种场合或工作中用得上的,是他客观地观察社会情势的能力。这种能力包括学会了组织各种复杂的观点,运用数据检验各种直觉判断和各种理论,以及能清晰和符合逻辑地推理等。这方面的能力,对许多人进行职业选择都是十分必要的。

社会学对个人的功用,借用社会学家米尔斯（C. Wright Mills）的说法,是能够使人们通过社会学的学习获得一种"社会学的想象力"。"社会学的想象力,使人看到个人层次的问题与看似毫不相干、超越个人的因素的联系"。表面看来,日常生活是够平凡、够庸俗的了,然而,社会学的想象力,却让他看到绝不平凡的景象：社会规范是如何约束人的行为,使社会形成秩序;人与人之间,群体与群体之间,组织与组织之间,怎样形成关系、等级和层序。这些结构,既把一些人、群体和组织团结起来,又在他们与其他人、群体、组织之间,造成分化;超越个人的社会力量,怎样在不知不觉之间,改变了人的机会与命运……。不论是在家里,在单位,在公共汽车上,在街上,日常生活中

---

❶ [美]戴维·波谱诺. 社会学（第十版）[M]. 李强,等,译. 北京：中国人民大学出版社,1998：26-27.

的"一草一木",所见所闻,都能够牵动他的社会学想象力。尽管他和其他人一样平凡地生活,但社会学的想象力却使他不断超越:在平凡的生活中,他看到宽广的意义,看到个人与群体的关系,看到人在流变的历史中所处的位置。社会学的想象力,也使他更具透视社会现象的能力,使他体会到社会现象的复杂性,令他不敢放言高论,也令他更有把握独排众议,把一般人看不到的隐蔽问题揭露出来。荒谬怪诞的现象(如封建迷信)的背后,他看到理性;理性发挥得淋漓尽致的情况下(如科层组织中循规章而不讲人情的情况),他见到荒谬与扭曲。然而,他并不会因而变得愤世嫉俗,他仍然以关切的眼神,默默地注视着周围的一切,并根据自己的判断,作出相应的对策。虽然社会学的想象力的获得不是一件容易的事情,但一旦最终获得了它,便对一个人的为人处世、工作生活乃至成长与进步产生巨大的影响力。

阅读与思考:我应该与几个人住一屋?

(资料来源:霍华德·L.尼克松:《小群体》。转引自波谱诺《社会学》第180~181页。)

当学生开始上大学时,通常他们所做的第一个独立决定是住哪里。如果不是住家里,那么他们就有广泛的选择——他们可以独居,可以与一个室友住在一起,可以与两三个人共住一套公寓,或者甚至与四个或更多的学生共租一座房子。显然,每一种选择都既有长处又有局限。即使学生相互之间非常了解,也会发生些问题,所以选择住的方式是一个很难的决定。

社会心理学的研究揭示了一些有趣的知识信息,它们可以帮助学生在居住安排方面作出合理的选择。这种知识可以帮助学生了解,在选择居住方式时,哪些行为模式是可以期望的。

有关社会群体的知识会告诉我们,最小的群体,二人群体,最大程度地提供了潜在可能的亲密关系,这可能为群体成员提供很大的满足之源。但因为二人群体依赖于一种单一的关系,当他们在一起时,为保持与另一个人的连续交流,每个人都有一种特殊的责任。

这对大学室友来说意味着什么呢?二人群体可以保证两个参与者的情感支持。然而群体规模也可能是一种紧张之源,它可能使这样一种关系很难维持。两个群体成员间的亲密无间可能妨碍他们的隐私。他们也许因要常常检点自己的行为和感觉而感到有压力。那些想要扩大社会生活、去体验许多新事物的学

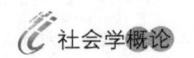

生，也许会感到不得不经常与某个人在一起是一种紧张。但对那些想要开始努力学习并要取得好成绩的学生来说，只有一个室友也许会是件很有益的事，尤其是那些志同道合的室友。

当第三个人加入这个二人群体时（形成了一个三人群体），他们的关系就起了戏剧性的变化。如果第三个人起调解者的作用，就会加强群体的稳定性。若第三个人受人尊重，两个人都对他或她很信任，当群体中两个成员间发生了触忤，他或她就可以帮助缓和气氛并弥合他们之间的差异。但社会学家注意到，第三个人如果试图成为主导者，他或她也可能就是关系紧张的来源。三人群体碰到的另一个问题是，如果其中的两个成员经常是意见一致的，则有可能将第三者晾在一边，使这个人感到受侮辱、被拒绝。

很明显，不会有对每个人都会是最好的群体规模，因为没有哪两个人会有同样的需要。但研究表明，一个小群体的最合适的规模是五个人。大多数人发现，在一个很小的群体中，经常面对面地互动但又缺少平等，会显得太紧张。并且他们感到，如果群体超过五个人就太大，这也许是因为他们相信，在这样的群体中，每个人只能扮演一个很有限的角色。

五人群体似乎具有了三个稳定的、令人满意的特征：（1）奇数的成员数目使犄角平衡成为可能；（2）这样的群体倾向于分裂成一个三人的多数派和一个两人的少数派，因此没有人会完全感到被抛弃；（3）这样的群体大小足可以使其成员轻易地从一种角色转到另一种角色，例如从领导者转变为协调者，而不会使某个人总处在一种位置。所以，那些将选择在校园外同租一栋房子或较大公寓的学生，可以考虑这样一种居住安排，因为它似乎提供了最好的机会，限制也最少。

二、学习社会学的方法

学习社会学首先要系统学习和扎实掌握社会学的基本理论和基础知识，打牢专业知识根底；同时更为重要的是，学习社会学还必须学习马克思主义的基本理论，努力掌握马克思主义的基本立场、观点和方法，理解和掌握马克思主义社会学思想尤其是中国马克思主义社会学思想，运用马克思主义理论分析认识不同派别、不同旨趣的社会学理论，以科学的态度认识和对待社会学这门独立的社会科学知识。需要注意的是，由于社会学是一门实践性、应用性、时代性很强的学科，因此，学习社会学还需要注意把握以下几个方面的要求。[1]

一是要把理论学习与深入实践结合起来。社会学是一门以研究社会运行和发展为主要内容的社会科学，具有强烈的实践性。离开火热的社会实践是难以学好社会学的。社会学者既是专业人员，又生活在社会中，是普通社会成员的一分子。我们在研究社会学的同时，也有意无意地参与改造社会的进程，影响我们的研究对象。由此，我们学习社会学也有两条重要的路径：一是在课堂上学，跟老师学，从书本中学，扎实掌握社会学基本知识、基本理论、基本观点，掌握社会学的基本思维模式、社会研究方法以及学科概念、话语体系；二是在实践中学，通过深入社会、观察社会、体验社会生活来了解社会，增进社会知识，获得丰富生动的社会感受，检验课堂上的理论学习和书本上的理论知识，在实践中不断深化对社会学理论的认识。中国社会主义现代化建设实践是当代中国最大的社会实践，是学习社会学、社会科学知识的最好课堂。因此，在进行好课堂学习的同时，深入实践，紧密联系改革开放实际、新时代中特色社会主义建设实际，联系国家的发展实际，才能更好地认清当代中国国情，认识我们每个人自己的历史和时代使命，找到自己的用武之地，从而激发学习社会学的激情。我们在学习社会学的过程中，要将理论学习和深入实践有机结合起来，学会阅读现实社会这本无字之书，这样不仅有利于真正科学地认识社会，也有利于更好地理解和发展社会学理论，更好发挥社会学的社会服务功能。

二是要把专业学习与政策学习结合起来。执政党的路线方针政策来源于实践又指导实践，是关于中国社会主义经济建设、政治建设、文化建设、社会建设、生态文明建设之系统化的认识，是所有哲学社会科学工作者进行科学研究的重要依据和领域。学习社会学，要养成学习党的路线方针政策的习惯，了解这些政策产生的时代背景、科学内涵、实践要求等。只有这样，才能从我国经济社会发展全局上认识和把握社会问题，正确认识社会主义现代化建设"五位一体"总体布局和"四个全面"战略之间的关系，了解当前我国社会发展中的突出问题和关键议题，思考从社会学的角度如何应对这些矛盾和问题，进而把社会学专业知识的学习与领会、落实、改进政策实践有机结合起来。

三是要把了解中国与了解世界结合起来。当今世界，经济全球化深入发

---

[1] 社会学概论编写组. 社会学概论（马工程重点教材）[M]. 北京：人民出版社、高等教育出版社，2011：28-29.

展，各种文明之间的对话、交流不断加深，哲学社会科学的发展越来越离不开学术交流，特别是国内外哲学社会科学之间的交流。当前，国外社会学发展较快，新的理论和流派层出不穷，为我们研究分析中国社会现状、解决中国社会问题提供了重要参考。因此，学习社会学不仅要立足于本土，还要有世界眼光，密切关注世界社会学的发展，跟踪世界社会学发展的前沿，充分借鉴和吸收国外社会学中的合理成分。当然，对国外社会学的学习决不能照抄照搬，而是要以马克思主义为指导，立足中国，立足实践，真正做到科学分析、科学借鉴，洋为中用、推陈出新，把我国马克思主义社会学不断推向前进。

除了上述《社会学概论》（马工程重点教材）中提出的"三结合"以外，我们认为在学习方法上还须强调两点：

第一，重视社会学经典著作的阅读和理解。经典著作凝结着社会学经典作家的心血和智慧，包含着社会学会的基本理论和方法论原则。可以说，每一部经典著作都是一座金矿，都闪耀着人类智慧的光芒，都可以为人们提供科学的理论指导和宝贵的精神滋养，可谓博大精深。实践证明，要掌握任何一门学科的基本理论知识，十分重要的途径就是研读经典著作。其实，马克思主义经典作家在这方面早就有了十分清醒的认识并做出了表率。1884年，恩格斯在致福尔马尔的信中就指出，研究原著本身，不会让一些简述读物和别的第二手资料引入迷途。列宁也曾告诫大家，要花些时间多读几部马恩著作。当然，研读经典著作，必须真学真懂、掌握精髓。但是，经典著作有的篇幅较长，内容抽象，读起来有一定难度，这也使一些人产生畏难情绪，不敢去读，不愿去读，或者虽然初步读了却不知其中真味。这就需要调适心态，掌握科学方法。对此，毛泽东同志的一段精彩论述很有启发，他说阅读马克思主义经典著作的"再一个问题是看不懂。这种情形的确存在，有的同志'宁可挑大粪，不愿学理论'。忙可以'挤'，这是个办法；看不懂也有一个办法，叫做'钻'，如木匠钻木头一样地'钻'进去……在中国，本来读书就叫攻书，读马克思主义就是攻马克思的道理，你要读通马克思的道理，就非攻不可，……非把这东西搞通不止，这样下去，一定可以把看不懂的东西变成看得懂的"❶。

第二，重视社会研究方法的学习和运用。社会研究方法是社会学知识体系的重要组成部分，正如本书后面有关章节内容所述，社会研究方法不仅仅是社

---

❶ 徐中远（中共中央办公厅老干部局原局长；毛泽东晚年的图书管理员，主要负责毛主席的读书和住地书房存书的管理等服务工作）．毛泽东——与书为伴［EB/OL］．http：//www.southcn.com/nflr/wszj/200609060253.htm.

会学研究的方法，它也是各门社会科学研究都必须使用的方法。因此，在社会学的学习过程中，深入领会社会研究方法的知识和技术，并把它灵活运用到实践之中，是学习和研究社会学的不二法门。

思考与研讨

1. 社会学的研究对象及学科特点。
2. 社会学与相关学科的关系。
3. 社会学的产生条件。
4. 社会学奠基时期的主要代表人物及其思想。
5. 社会学在中国的发展及其本土化。
6. 马克思主义社会学的发展、贡献与影响。
7. 社会学的功用与学习方法。

推荐阅读书目

1. 《社会学概论》编写组：《社会学概论》（马工程重点教材），人民出版社、高等教育出版社，2011 年版。
2. 王思斌：《社会学教程》（第四版），北京大学出版社，2016 年版。
3. 郑杭生：《社会学概论新修》（第三版），中国人民大学出版社，2003 年版。
4. 编写组：《社会学概论》，天津人民出版社，1984 年版。
5. 戴维·波普诺：《社会学》（第十版），中国人民大学出版社，1999 年版。
6. 理查德·谢弗等：《社会学与生活》（插图第9版），世界图书公司，2006 年版。
7. 安东尼·吉登斯等：《社会学》（第七版），北京大学出版社，2015 年版。
8. 贾春增：《外国社会学史》（第三版），中国人民大学出版社，2008 年版。
9. 杨雅彬：《近代中国社会学》（上、下），中国社会科学出版社，2001 年版。
10. 郑杭生、李迎生：《二十世纪中国的社会学》，党建读物出版社，1999 年版。
11. 刘易斯.A. 科赛：《社会学思想名家》，中国社会科学出版社，1990 年版。
12. 赖特·米尔斯：《社会学的想象力》，生活·读书·新知三联书店，2001 年版。
13. 英克尔斯：《社会学是什么》，中国社会科学出版社，1981 年版。
14. 马克思、恩格斯：《共产党宣言》，人民出版社，1997 年版。

第二章 社会与文化

社会学界对于社会与文化二者关系的认识，更多地是把文化作为社会的基础构成要素之一来讨论，比如大多数教科书中关于社会构成要素的讨论中，都把自然环境（资源环境）、人口、文化看做三个基本要素。美国学者戴维·波普诺在解读文化的含义时指出：从最为一般的意义上讲，文化是代代相传的人们的整体生活方式。虽然"文化"的概念时常可与"社会"互换，但这两者不应混淆。严格地说，社会指共享文化的人的相互交流，而文化指这种交流的产物。事实上，人类社会与文化不能相互独立存在。文化是人们在交流中创造的，但人类互动的形式又来自于对文化的共享。❶ 从这种意义上说，"社会"与"文化"好比是一而二或二而一的关系，好比是一个硬币的两面，谁都不能脱离对方而存在。出于对二者的独特关系的考虑，我们把社会和文化整合在一章里进行论述。

第一节 社 会

一、社会的含义

（一）社会的概念

1. 中国典籍中的"社会"

在我国的古籍中，"社会"作为一个概念使用较少，使用较多的是"社"或"会"。在我国的古典文献中，"社"的第一层意思是指用来祭神的地方。《孝经·纬》中说："社，土地之主也。土地阔不可尽敬，故封土为社，以报功也。"即说社是祭祀土地神的地方。《古今类书纂要》对社作如下解释："社

---

❶ [美]波谱诺. 社会学（第十版）[M]. 李强，等，译. 北京：中国人民大学出版社，1998：26-27.

无定日，以春分后戊日为春社，秋分后戊日为秋社。主神曰勾芒。民俗以是时祭后土之神，以报岁功，名曰社会。"这里的"社"的活动反映了农业社会的特征。"社"还有第二层意思，即指中国古代的地区单位或一种乡村基层组织，如"二十五家为社"❶。顾炎武在其《日知录》中指出："社之名起于古之国社、里社，故古人以乡为社。""社"的第三层意思是指信仰相同、志趣相投的人而结成的团体，如"诗社""茶社"是具有相同爱好的人组成的团体，像《红楼梦》中所描写的"诗社""文社"等，与之对应的活动是结社。"会"是指集会、聚会，如庙会。会有时也指民间团体。

"社"与"会"有相近的含义，二者的连用基本上是指志同道合者的聚会或者由此结成的或紧密或松散的团体。如宋孟元老在《东京梦华录·秋社》中说："八月秋社……市学先生预敛诸生钱作社会。"明冯梦龙在其《醒世恒言·郑节使立功神臂弓》中也说："原来大张员外在日，起这个社会，朋友十人，近来死了一两个，不成社会。"宋代的程伊川在《二程全书》与《近思录》中有"乡民为社"之说，指的是有一定联系的乡民形成的社会生活形式。在中国历史上，社会也有民间的意思。《旧唐书·玄宗本记》记载："礼部奏请千秋节休假三日及村闾社会，并就千秋首先赛白帝，报田祖。然历坐饮，散之。"❷ 意思是说，从唐玄宗生日那天起（唐玄宗钦定他的生日八月五日为千秋节——引者注），全国上下，放假三天。规定首先祭祀西方之神，再祭神农，然后聚会畅饮，直到散会。这里的"社会"意为"民间"。即使现在，人们常常说的"社会上"指的也是民间的意思。另外，"社会"一词也有"世道"的含义。

总的说来，我国古籍中的"社会"基本上是指民间的、有一定联系的人形成的社会活动的形式。❸

2. 社会学中的"社会"

在社会学中"社会"一词是英文"society"的译语，而它又来自于拉丁语"socius"（伙伴）一词。西塞罗曾用"societas"来表示人类的共同体，后来这一概念用来表示人与人结合的存在关系，而使其含义变得越来越抽象。在罗马法中，"societas"指的是自然人格的自由契约关系，与之相对的概念是指国家

---

❶ 陈宝良. 中国的社与会 [M]. 杭州：浙江人民出版社，1996：1-6.
❷ 旧唐书·玄宗本纪（卷第八，玄宗上）[M] //缩印百衲本二十四史《旧唐书》，商务印书馆.
❸ 王思斌. 社会学教程（第四版）[M]. 北京：北京大学出版社，2016：25.

社会的"universitas"。17—18世纪，欧洲的自然法论战就是争论上述二者何者居上，即谁更重要。随着欧洲资本主义社会的形成，一种与以前的专制主义国家相对立的人与人结合的新的关系形式普遍形成，于是，抽象的社会概念也就成为表现具体的资本主义社会的语言。

社会学产生之后，社会也自然成为社会学的一个核心概念。在孔德那里，社会实际上成为社会学的研究对象，以至于在不太严格的意义上可以说，社会学是研究社会的。斯宾塞认为社会是超级有机体，是个体活动与族类活动达到相互一致的整体状态。斯宾塞认为社会像生物体一样具有完备的器官构成和内部功能系统。社会的器官包括家庭制度、礼仪制度、政治制度和教会制度。社会的功能系统由支持系统、分配系统和调节系统组成。社会的支持系统即社会的生产系统，主要由工人、农民等劳动者组成；社会的分配系统上要由商人阶级及其活动构成；社会的调节系统由管理阶级、统治阶级及政府活动构成。斯宾塞认为这些器官和功能系统相结合发挥作用，使社会成为有机的整体。斯宾塞是用同生物有机体类比的方法来说明社会是一个超级有机体。由于社会相当抽象和庞杂，所以后来的以实证主义为传统的社会学家并不把宏观的社会作为研究对象，他们对社会这一概念的分析也并不深入。不过，大多数社会学对于社会还是有一个基本的共识，即在社会学中，社会指的是由有一定联系、相互依存的人们组成的超乎个人的、有机的整体，它是人们的社会生活的体系。

从上面所征引的古籍文献中对"社"与"社会"的理解可见，"社会"这个名词早年的意思基本上与我们现在表达的社会的意思是差不多的。所以"社会"这个词不能说是外来语。在西方，英语Society和法语Societe均源于拉丁语Socius一词，意为伙伴。日本学者在明治年间最先将Society一词译为汉字"社会"。近代中国学者在翻译日本社会学著作时，袭用此词。因此，可以说，正是在中西文化的交流中，才形成了今天汉语里"社会"一词的含义。

需要指出的是，西方社会学者对社会的解释多种多样，但概括起来，主要有两大派别。一派叫做社会唯实派或实体派，他们认为社会不仅仅是个人之集合，它还是一个客观存在的东西，是真实存在的实体。其代表人物有德国的齐美尔、法国的迪尔克姆等。另一派叫做社会唯名派，他们认为，社会是代表具有相同特征的许多人的名称，是空名，而非实体，真实存在的只是个人。这一派的代表人物有美国的吉丁斯、法国的塔德等。我们认为，这两大派别各执一端，他们的观点虽然包含了某些合理的因素，但未免失之偏颇。法国早期社会心理学家塔尔德认为，社会是具有共同心理的人们的集合；美国社会学家帕克认为，社会是一种包括人类习惯、情操、民俗等在内的遗产；法国社会学家迪尔凯姆认为，社会就是集合意识，是一种建立在个人意识之上的独立实体；美国社会学家帕森斯和金斯伯格等都把社会看作是人类社会关系的总体，金斯伯格说，"社会是人类关系的整个组织；一切人与人的关系，无论是直接的还是间接的有组织的或无组织的，有意识的或无意识的，互相的或敌对的，都包括在这个名词之内"；德国思想家费希特等则把社会解释为人类团体——常用以指个人所属的最大团体，他说，"社会是有组织的人们的一个集体，在一共同地区内一块生活，在各种群体中合作，以满足其基本的需要，有共同的文化，并且在功能上是一特殊的复杂单位"。后两类学者所理解的社会，与我们今天所说的"社会"比较接近。

3. "国家与社会"语境中的"社会"

"国家与社会"关系的讨论，是政治学、社会学、法学等社会科学都涉及的一个重要理论领域。这里涉及对"社会"这个概念的理解。实际上，"国家与社会"关系的讨论可以追溯到英国政治学家霍布斯和洛克的相关理论。霍布斯认为，人类在"自然状态"下处于无序的竞争之中，如果没有外部约束就会演变成"每个人对每个人的战争"。人类摆脱这一困境的唯一出路就是要订立契约，放弃自己的权力，并交给一个中立的实体——国家。所以国家高于人们的自然聚合状态（社会）。洛克认为人类的自然状态是一种自由平等、和平和睦的状态，每一个人与每一个人的契约形成公共社会，人们与统治者的契约产生政府（国家），但国家必须服从于人们的公共目的，所以公民社会高于国家。此后，关于国家（政府）与社会（公民的自我组织）的关系，即何者更加重要的问题一直成为社会科学争论的焦点。黑格尔与马克思后来都分别深入阐述了"国家与社会"关系的理论——"市民社会理论"；20 世纪 80 年代德国著名学者哈贝马斯进一步演化出了"公民社会理论"。

在我国，改革以来"国家与社会"关系问题也成为学术界讨论的重要话题。中共中央十八届三中全会指出要正确处理政府和社会的关系，实现社会治理体制创新，即是在与"政府（国家）"相对应的意义上使用"社会"的概念。在相关讨论中，学术界一般使用"社会""公民社会""市民社会"等名词进行学术表达。在这里，社会或公民社会是指与以强制力量为基础的国家（政府）相对应的人类生活的一种存在形式，即人们生活的共同体或以自由契约关系为基础的人类生活形式。它是指人们按照契约规则，以自愿为前提和以自治为基础进行经济社会活动的领域。可以发现，在社会科学的知识体系中，

"社会"一词有不同的含义,但在本质上含义是一致的。在"国家与社会"关系的语境中,学者们是从狭义上,即从与政府(国家)相对应的意义上使用"社会"这个概念的。但在社会科学中或日常话语中,人们使用的广义的"社会",却是包含了"经济、政治、文化、社会"等一切人类生产生活方面的"总体性存在"。

(二) 社会的本质内涵

1. 马克思主义的社会本质观

马克思主义认为,所谓社会,它是人类历史发展的产物,是人们按照自己不断增长和提高的劳动和生活的需要,创造性地结合成不同社会关系,进行不同社会活动的生活共同体。马克思科学地论述了社会的本质含义,他从整体论的角度概括地指出,社会(不管其形式如何)都是人们交互作用的产物。"生产关系总和起来就构成所谓社会关系,构成所谓社会"。在这里,马克思从一般的意义上指出了社会的本质,即社会是人们通过交往而形成的社会关系的体系。

马克思主义关于社会本质含义的论述,可谓是博大精深,是我们以后各章讨论社会学各主要问题的基本理论依据,在此仅把其要点归纳如下。

第一,社会是人们交往的产物,没有交往,便没有社会。马克思说:"社会——不管其形式如何——究竟是什么呢? 是人们交互作用的产物。"[1] 人不能离群索居,人是生活在社会中的;生活在社会中,就要与人交往,不论是自觉的还是不自觉的,是主动的还是被动的。

第二,社会是各种社会关系的总和,生产关系是各种社会关系的基础。马克思在《雇佣劳动与资本》这篇文章中写道:"生产关系总合起来就构成所谓社会关系,构成所谓社会。"[2] 历史唯物主义认为,人类要生存,就必须进行两种生产:一方面是生活资料,即食物、衣服、住房以及为此所必需的工具的生产;另一方面是人类自身的生产,即种的繁衍。"生命的生产——无论是自己生命的生产(通过劳动)或是他人生命的生产(通过生育)——立即表现为双重关系:一方面是自然关系,另一方面是社会关系。"[3] 这就是说,人如果不以一定的方式结合起来,便不能进行生产,因此人们就结合成以生产关系

---

[1] 马克思恩格斯选集(第4卷)[M].北京:人民出版社,1995:320.
[2] 马克思恩格斯选集(第1卷)[M].北京:人民出版社,1995:363.
[3] 马克思恩格斯选集(第1卷)[M].北京:人民出版社,1995:34.

为首的社会关系，而社会关系总合起来就构成以生产关系为首的社会关系，而社会关系总合起来就构成所谓社会。

第三，人的社会区别于动物"社会"的根本特征是劳动。动物也有所谓的"社会"，或亦有群体活动。然而，动物的群体活动与人类的群体活动是有根本区别的，动物的群体活动是出自本能的，而人类的群体活动却超越了本能，是出自有意识的活动。所谓本能，就是在动物进化过程中形成的，由遗传固定下来的，对个体和种群（族）生存具有重要意义的活动。例如鸡孵蛋、鸟筑巢、蜂酿蜜等。这些本能的东西，严格意义上说不能把人与动物区别开来，把二者区别开来的真正东西是人类群体生存中所特有的生产劳动。恩格斯在《自然辩证法》一书中指出："人类社会区别于猿类的特征又是什么呢？是劳动。"❶"动物仅仅利用外部自然界，单纯地以自己的存在来使自然界改变，而人则通过他所作出的改变来使自然界为自己的目的服务，来支配自然界。这便是人同其他动物的最后的本质的区别，而造成这一区别的还是劳动。"❷

第四，人类社会是自然界长期发展的产物，但人类社会又是与自然界有重大区别的特殊领域。劳动的最初形式，存在于人类祖先古猿的动物式的本能活动中，还不具有自觉的性质。古猿由于生存的需要，把简单的天然棍棒和石块作为工具，用来获取猎物、食物，预防野兽的袭击。这些简单的活动，孕育着人类劳动的萌芽，它是原始的劳动。马克思把它叫做"最初的动物式的本能的劳动形式"❸。但人类的祖先，没有停留在这个阶段，他们逐渐地学会了制造简单的、粗糙的劳动工具，这样由粗到精，由动物式的本能的劳动形式就逐渐过渡到真正人类劳动的形式，这标志着猿类最终从自然界中分离出来而转变为人类。人的身体、人类的特有的语言和思维、人的大脑都从劳动的过程中逐渐成长起来，使古猿变成了真正的人，从而在自然界中生长出新的因素——社会。恩格斯在《自然辩证法》中指出："由于随着完全形成的人的出现而产生了新的因素——社会。这种发展一方面获得了有力的推动力，另一方面又获得了更确定的方向。"❹这里所谓"更确定的方向"，在劳动的基础上，在社会的共同作用中，人类发展出了更为复杂的创造性劳动的能力，不仅逐渐创造了农业和简单的工业，还创造了艺术和宗教，即除物质文化外，还创造了精神文

---

❶ 马克思恩格斯选集（第3卷）[M]．北京：人民出版社，1995：513．
❷ 马克思恩格斯选集（第3卷）[M]．北京：人民出版社，1995：516．
❸ 马克思恩格斯选集（第1卷）[M]．北京：人民出版社，1995：202．
❹ 马克思恩格斯选集（第3卷）[M]．北京：人民出版社，1995：512．

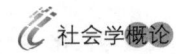

化。正是沿着这个创造性劳动的方向，人类社会由简单到复杂、由低级到高级发展。人不仅有一个物质世界，还有一个精神世界；人不仅过着物质生活，还过着精神生活。人类文化的发展和积累，一代高于一代，把一些与人类原来距离不远的高等动物，远远地撇在多少万年之后，使这些动物只能作为动物园或马戏团中的玩笑品。总之，人类社会是自然界长期发展的产物，是自然界的一部分，但人类社会又是自然界中特殊的一部分，是本质上不同于自然界的社会有机体，它有着自己的特点和规律，是与自然界有着重大区别的特殊领域。

2. 社会的一般特点[1]

第一，社会是由人群组成的。人是社会系统最基本的要素，没有人也就无社会可言。人是社会生活的开拓者，人是社会活动的发起者，人是社会关系的承担者，人是社会过程的推进者。当然，这里所说的人，是人群而不是单个的个人，单个的人是不能成其为社会的。

第二，社会以人与人的交往为纽带。人与人的多方面的联系，形成了整个社会系统。这些联系概括起来是横向与纵向两个方面。所谓横向联系，即同一时代人们之间的联系。社会分工越发达，这种联系就越发展。所谓纵向联系，即历史联系，它表现为人类文明前后相继的无止境发展过程。

第三，社会是有文化、有组织的系统。人类社会与动物结群不同，社会创造出了原来自然界中所没有的文化与文化体系。文化形成后，又成为社会的最主要构成因素，这样社会便按照一定的文化模式而组织起来。

第四，社会是以人们的物质生产活动为基础的。马克思主义指出，人类社会的联系尽管复杂，但却是有规律可循的。由于物质资料的生产活动是社会系统的基本活动，所以人们在这一活动中所结成的生产关系是社会系统的基础和本质。

第五，社会系统具有心理的、精神的联系。人类具有高级神经活动，这是任何其他动物、电脑、计算机的活动所无法比拟的。在高级神经活动的基础上，人类社会创造出了一系列的语言、文字、符号及多种非本能的通信方法。这些符号及通信方法，反过来又大大加强了人们之间精神上的互动与联系。

第六，社会系统是一个具有主动性、创造性和改造能力的活的机体。社会的主体——人，能够主动地发现社会自身以及社会与自然之间的不平衡，并主动地进行调整，使之实现平衡。不仅如此，社会还不断创造着维持自身生存和

---

[1] 郑杭生. 社会学概论新修 [M]. 北京：中国人民大学出版社，1998：68-69.

发展的物质条件。在这种创造性活动中，社会自身也得到了发展，因而可以说，社会具有自我再创造的能力。除社会以外，其他系统都只能适应自然，而社会却具有改造自然与社会的能力。

二、社会的类型划分

（一）两种社会观：唯实论和唯名论

如前所述，社会是各种各样的社会关系体系，而社会关系只有靠人们的行动才能表现出来，于是，社会是否是实在的就成为有争议的问题。在这一问题上有两种不同的观点，即社会唯实论（也称社会实在论）和社会唯名论。

社会唯实论认为，相较于个而言，社会是实在的，是客观存在的。社会是由各种规范和制度构成的有机整体，社会外在于个人，超越个人，并对个人具有强制性。社会实在论认为社会并不简单地是个体之集合，而是客观存在的东西，是真实存在的实体。虽然人们并不能具体地拿出一个社会（因为它是社会关系的体系），但是人们却可以感受到社会的存在，这反映出生活于其中的成员要受到来自于外部社会的、客观的约束。孔德和斯宾塞的社会有机体理论是社会实在论的代表，迪尔凯姆的社会学理论将社会实在论作了具体论述。迪尔凯姆认为，在社会中起决定作用的是集体意识，个人因为具有这种意识而服从于社会。在他看来，人的行为是由人的社会性决定的，社会是一个精神或道德的实体。帕森斯的结构功能理论认为，社会是由相互依存、相互作用的部分构成的系统，这个系统以其包括的规范、制度影响着成员的行为。

社会唯名论的观点与社会唯实论相反，它认为个人和个人行动是实际存在的，个人及其行动相对于社会来说是先在的，社会只是个人行动的产物或互动的形式，只是一个名称；对社会的认识是以对个人的认识为基础的，认识社会的目的最终也是为了认识个人。在个人与社会的关系上，社会唯名论坚持还原论观点，即要研究社会就必须先研究个人。在社会学中，韦伯的理解社会学带有社会唯名论色彩。

社会唯实论和社会唯名论从两个不同的角度去看待社会，也就得到两种不同的对于社会的本质性认识。社会实在论认为社会是客观存在的，在个人与社会的关系上，社会对个人的行为发挥主导作用，因此社会学的主要任务是研究社会的结构、社会制度和社会规范，研究这种既定的结构如何去指导、塑造其成员。社会唯名论则站在个人优先的立场上，认为人们的行动建构着社会，只有了解每一个行动者才是真正了解社会。这两种社会观各执一端，既有长处也有

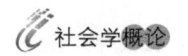

不足，在社会学研究中将两种观点进行综合利用会更有利于对社会的认识。❶

(二) 宏观社会的类型

早期的社会学家倾向于从宏观上去认识社会，这种宏观分析的结果也就是从所谓社会形态的角度对社会进行分类。关于社会形态或社会类型，学者们从不同的根据出发，作出了不同的划分。

马克思主义经典作家以物质资料的生产方式为根据，将社会形态区分为五种，即原始社会、奴隶社会、封建社会、资本主义社会和共产主义社会（社会主义往往被理解为共产主义的初级阶段）。孔德以人类智慧的发展为标志，将人类社会的发展分为三个阶段：把社会看成上帝的产物的神学阶段，用抽象的自然力来说明一切事物的形而上学阶段，以科学的方法去探索社会规律的科学阶段。斯宾塞以社会内部的管理类型为主要依据将社会分为军事社会和工业社会，军事社会的特征是其强制性，这表现为社会的各个组成单位的各种联合行动都是被强制的。工业社会的基础是自愿合作和个人的自我控制，其特征表现为个人自由。除此之外，社会学上对社会类型的划分，比较著名的还有德国社会学家藤尼斯、法国社会家迪尔凯姆、美国社会学家伦斯基等对社会形态的区分。

藤尼斯从社会组织形式上，把社会系统区分为"礼俗社会""法理社会"两种。前者是指传统社会，其特征是：规模小；分工与角色分化少；家庭是社会中最重要的单位，亲缘关系（首属关系）是所有社会组织的基础；社会关系大多数是个人之间的，充满感情色彩，且往往稳定持久；人的行为主要受习俗与传统的约束与控制。"礼俗社会"具有很强的同质性。"法理社会"是指现代工业社会，与礼俗社会相比其特征有：规模大；有复杂的分工和角色的高度分化；经济的、政治的、职业的正式组织取代了家庭在社会中的核心地位；非个人的、不具感情色彩的且短暂的业缘关系（次属关系）居统治地位；人们的行为主要受正式的规章、法律等约束与控制。"法理社会"具有很强的异质性。

迪尔凯姆从社会结合的基础上，把社会形态区分为"机械团结"和"有机团结"两种。前者指传统社会，后者则指现代社会。以下是两者的简要对比：

---

❶ 王思斌. 社会学教程（第四版）[M]. 北京：北京大学出版社，2016：27-28.

机械团结（传统社会）	有机团结（现代社会）
1. 社会的生物形态 地小人稀，社会分化程度低，人际关系较简单，整个社会基本上是"片段式"（sesmental）及"机械式"（mechanical）的。	1. 社会的生物形态 地大人多，兼人口密度高，社会分化程度高，人际关系复杂，为一种"有机（organic）的社会生活"。
2. 社会制度 社会制度分化低，亲属网络、宗教、政治制度等没有明确的分野。 社会控制较为封闭和严厉，要求行为齐一，严惩一切越轨行为。 没有独立的法律制度，法律基本上受礼教统辖，法律及惩罚皆以抑制、发泄公愤和报复为出发点。	2. 社会制度 高程度的社会分化，有独立的司法制度，而一般的道德观念已脱离宗教的影响。 社会控制较为开放，容忍一般无伤大雅的越轨行为。 有高度独立的司法制度，法制精神强调抽象原则（如法律面前人人平等）。违法者不一定遭受处分，而可能以较"人道"的方法加以处理或"教育""改造"。换言之，惩罚的重点在于令社会关系还原，恢复未被破坏前的常态。
3. 社会结合基础 机械团结（mechanicalsolidarity），其凝聚力根自人们意识上及价值观上的同一性。	3. 社会结合基础 有机团结（organic solidarity），其凝聚力来自对个体的尊重，鼓励个人发展；在尊重个人这个抽象原则的大前提下谋求互利、合作。

伦斯基从社会赖以生存的方式上，把社会形态区分为"狩猎和采集社会""园艺社会""农业社会"及"工业社会"四种形态。①狩猎和采集社会。这是最古老、最简单的社会形态。这种社会人口稀少，过着游牧生活，所拥有的仅仅是原始的技术；家庭是非常重要的；很少有什么专业分工，每个社会成员都能够担任绝大多数重要的社会和经济角色。②园艺社会。它是在人们初步掌握耕作方法基础上而出现的。在这种社会，种植农作物上升为主要生存方式，狩猎与采集果实降为次要方式；出现了较大规模定居的社会群体；固定的生活方式导致社会成员制造出了大量的工具，这又逐渐导致了农业生产效率提高；开始出现剩余产品，财产和权力的不平等开始产生；社会的政治、经济、宗教、文化制度开始形成。③农业社会。它是随着"犁"的发明而出现的。犁的发明，铁具的使用，畜力、风力、水力的应用，为较发达的农业生产和小作坊手工业奠定了基础；随着剩余产品的大量出现，社会阶级体系和分层体系更加巩固，官僚机构和官僚阶层有了很大的发展；货币经济产生；生产技术取得

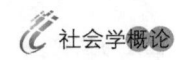

重要进展。④工业社会。它是自17—18世纪的工业革命以来产生和发展起来的，随着蒸汽机、电力等机械动力代替人力、自然力之后，大规模的工业体系开始形成，出现了人口向城市集中的城市化；随着工业和城市的发展，产生了大型的政府和官僚机构，以及从未有过的更加专业化的社会机构（如现代教育、医疗、保险、服务等社会机构）与社会角色；不具人格的社会关系逐渐取代了血缘的、亲属的社会关系。

20世纪80年代以后，以美国社会学家丹尼尔·贝尔为代表的一批学者，根据西方工业社会所出现的一些新的变化提出了"后工业社会"的概念，作为对伦斯基上述社会形态划分的补充。所谓的后工业社会是指：①在这种社会中，自动化、信息技术将得到普及与发展；②服务性经济将取代产品性经济而成为社会主要的经济部门；③专业与技术人员在社会中将居于主导地位，集中的理论知识是形成社会创新及政策的来源；④由于在极端的经济系统里，监督的重要性不断增加，政府机构及其他公共部门的重要性亦将增加。

在我国，社会学界对社会的宏观分类有传统社会与现代社会、农业社会与工业社会以及工业社会或信息社会等。

这些宏观上的分类都是从认识人类社会发展规律的角度出发的，带有社会哲学的性质。这些宏观分类主要是指出了某种社会的最基本的特点，对具体研究社会现象有一定指导意义，但是难以对宏观社会作进一步的实证研究。

（三）具体社会的类型

社会学作为一门科学要求对社会进行科学的认识与理解，其中包括对其进行实证研究和深入理解，这种科学上的要求决定了实际的社会学研究对象应该比较具体。实际上，当我们说社会是由人们组成的社会关系体系和人们共同活动的系统的时候，指的是各种类型的社会形式。具体说来社会学研究的具体社会有：以血缘关系为纽带形成的社会生活共同体，如家庭、家族；以地缘关系为纽带形成的生活共同体，如邻里、村落、城镇、社区；以业缘关系为纽带形成的社会，如各种经济组织、政治组织、教育卫生组织、宗教组织等；还有因兴趣而形成的各种非正式群体等。社会学不仅研究这些具体社会的结构，也研究其过程。

社会学研究这些具体的社会形式并不是要以此替代对宏观社会的认识，而是力图从具体社会着手，科学地认识社会，通过积累对具体社会的研究达到认识较宏观社会的目的。这样，社会学认为，宏观社会与具体社会是相通的。见微而知著，社会学可以通过研究家庭而认识宏观社会的变迁，通过研究某些社

会组织而发现社会制度的变化。❶

第二节 文　化

一、文化的含义与特性

（一）文化的含义与分类

1. 文化的含义

（1）典籍中的"文化"

中国古代典籍中，早就有文化的字样。"文"字的本义，是指各色交错的纹理。《易·系辞下》云："物相杂，故曰文。"《礼记·乐记》云："五色成文而不乱。"许慎《说文解字》中追根溯源，认为"文，错画也，象交叉"。由此原生之义衍生，文遂有了文字、文章、文学之义。《尚书·序》上称伏羲画八卦，造书契，"由是文籍生焉"。进而"文"字有了与"质""实"相对的精神修养与美善德行之义。《论语》称"质胜文则野，文胜质则史，文质彬彬，然后君子"；郑玄注《礼记》曰："文犹美也，善也。"可见，"文"字自其始，便与今日之"文化"一词有着不解之缘。"化"字本义指事物动态的变化过程。如《易》曰："男女构精，万物化生"，《中庸》曰："赞天地之化育。"后又延伸出造化、大化等义，并由自然万物（造化）的生成、变易引申出伦理德行的化成。

"文""化"合用，则见之于《易·贲卦》："（刚柔交错），天文也。文明以止，人文也。观乎天文，以察时变；观乎人文，以化成天下。"在这里，天文与人文相对，天文是指天道自然，人文是指社会人伦。治国家者必须观察天道自然的运行规律，以明耕作渔猎之时序；又必须把握现实社会中的人伦秩序，以明君臣、父子、夫妇、兄弟、朋友等等级关系，使人们的行为合乎文明礼仪，并由此而推及天下，以成"大化"。显然，"文""化"从其最初的联用起，便具有明确的文明教化之义。这一用法延至后世，进一步引申出多种义项，分别与自然、神理、朴野、武功相对举。与"自然"对举，取其人伦、人文主义。如李百药《北齐书·文苑传序》称"夫玄象著明，以察时变，天

---

❶ 王思斌. 社会学教程（第四版）[M]. 北京：北京大学出版社，2016：29.

文也;圣达立言,化成天下,人文也。达幽显之情,明天人之际,岂在文乎?"与"神理"对举,取其相近的精神教化之义。如南齐王融的"设神理以景俗,敷文化以柔远"、与"质朴""野蛮"相对举,取其文明、文雅之义。如前述孔子"文质彬彬,然后君子"之论与"武功""武略"对举,取其文治教化之义。如刘向《说苑·指武》云:"圣人之治天下,先文德而后武力。凡武之兴,谓不服也;文化不改,然后加诛。"又晋束晳曰:"文化内辑,武功外悠。"所谓"以文化辑和于内,用武德加于外远也"。

西方语言中的"文化"一词与汉语的文化有相近的一面,又有相异之处。英语中的 Culture 和德语中的 Kultur 均由拉丁语 Cultura 转化而来。拉丁语的 Cultura 原文有耕作、掘垦、居住、动植物培育等与物质生活相关的意义,这种用法至今仍在"农业"(agriculture)和"园艺"(horticulture)中保存着。《牛津词典》把 1510 年作为文化的精神人文用法在应用中首次出现的日期。这里的文化已意味着为增某种东西的质量而作出的努力。后来在这种物质性的栽培、种植的意义上逐步引申出神明拜祭、性情陶冶、品德教化等含义。自中世纪起,文化已大致与今日西方的文化概念相当。德语 Kultur 的本义指精神文化,即人文——宗教文化,英语 Culture 则与政治、法律、经济、教育等社会生活有关,二者有差异。中国文化一开始就有一种精神和人文的指向,而拉丁语系的 Cultura 则是从对物质文化的解说开始的。[1]

(2) 文化的定义

近现代以来,人们从来都没有停止过对"文化"这一范畴的探索,并出现了对文化理解的两大类观点,即对文化的广义和狭义的理解之分。

广义的文化理解又称做大文化观。大约从文艺复兴时代开始就有了这种观点,此时人们将农业、手工业、商业、教育等活动都归入了文化范畴,认为凡是与自然状态、天然状态相对立的都属于文化现象,即文化涵盖了人类的全部文明成果。德国学者普芬多达(1632—1694 年)曾这样定义文化概念:文化是社会人的活动所创造的东西和有赖于人和社会生活而存在的东西的综合。按照这个定义,文化包括物质因素,也包括非物质因素。近现代以来,社会学家与人类学家对文化的共同定义是:文化是人类群体或社会的共享成果,这些共有产物不仅仅包括价值观、语言、知识,而且包括物质对象。所有群体和社会的人们共享非物质文化——抽象和无形的人类创造,如"是"与"非"的定

---

[1] 金元浦,等. 中国文化概论 [M]. 北京:首都师范大学出版社,1999:2-4.

义，沟通的媒介，有关环境的知识和处世的方式；人们也共享物质文化——物质对象的主体，它折射了非物质文化的意义，它包括工具、钱、衣服以及艺术品等。❶ 这个定义也指出了文化包括物质因素和非物质即精神因素两个方面。我国文化学家梁漱溟先生认为："文化就是吾人生活所依靠之一切。……文化之本义，应在经济、政治，乃至一切，无所不包。"❷ 著名学者钱穆亦主张大文化观，他认为，文化即是人类生活的大整体，汇集起人类生活之全体即是"文化"。

不过，也有些学者认为，文化不包括物质因素，只包括精神因素；文化应主要指人类精神文化方面的创造性成果，而不包括物质生产及其器物性、实体性成果。这也就是对文化的狭义理解。持这种文化观的，最著名的是英国人类学家爱德华·B. 泰勒。1871年泰勒在其《原始文化》一书中曾给文化下了个定义，后来为人们所广为引用。他认为：文化是一个复杂的整体，其中包括知识、信仰、艺术、道德、法律、风俗以及人作为社会成员之一分子所获得的任何技巧与习惯。泰勒认为，文化的特点是：它是人类后天习得的，它为人类所共同享有。泰勒的定义主要强调了文化是一个"精神文化"的综合体。

另外，美国社会学家波谱诺在其《社会学》一书中对文化进行了这样的诠释：从最为一般的意义上讲，文化是代代相传的人们的整体生活方式。虽然"文化"的概念时常可与"社会"互换，但这两者不应混淆。严格地说，社会指共享文化的人的相互交流，而文化指这种交流的产物。事实上，人类社会与文化不能相互独立存在。文化是人们在交流中创造的，但人类互动的形式又来自于对文化的共享。这一解释的特点是从文化与社会的关系的角度，对文化进行了阐释。

需要注意的是，在现实生活中，还存在着一种对"文化"一词更为狭窄的理解，即人们习惯上将文化理解为文学、艺术、音乐戏剧等所谓的艺术文化，如我国公众所熟知的对我国文化部门所管辖的"文化"的理解就属于这一类。

以上仅列出了关于文化的几种有代表性的定义。由于文化现象是如此之重要，以至于有众多的学者都论述了文化的基本含义。事实上，关于文化的定义

---

❶ ［美］波谱诺. 社会学（第十版）[M]. 北京：中国人民大学出版社，1999：63.
❷ 梁漱溟. 中国文化要义 [M]. 上海：上海人民出版社，1949.

不胜枚举。美国文化人类学家克罗伯和克拉克洪曾对文化的概念进行了详细的考察和整理，专门撰写了《关于文化的概念与定义之述评》一文，文中述及关于文化的164种定义。不过，关于文化的定义虽多，但所定义的内容却大致相近。这些内容有：认为文化是社会成员所享有的一切知识、思想、价值观和物质财富（近似于前述普芬多达的定义）；认为文化是在社会互动中产生的，是社会成员在社会化过程中习得的（近似于前述泰勒的定义）；认为文化是社会成员获得的、经社会认可的、满足生理和精神需要的方式、方法等等。

总之，我们认为，文化是与自然现象不同的人类社会活动的全部成果，它包括人类所创造的一切物质的与非物质的东西；也可以说，自然界本无文化，自从有了人类，凡经人"耕耘"的一切均为文化。这也就是马克思所说的，文化就是"自然的人化"。在马克思看来，自然包括两个部分，一部分是人之外的自然，即不依赖于人而独立存在的自然界，马克思称之为"无机身体"；另一部分则是自身的自然，即人的"有机身体"。自然的人化，一方面包括人类对外在自然的能动的现实的改造，另一方面包括人自身的躯体和全部感觉（内在自然）发生属人的变化。说到底，文化就是人类主体通过社会实践活动，适应、利用、改造自然界实体而逐步满足自身需要，包括肉体和精神观念的两种需要的过程。

2. 文化的分类

如果把相关学科关于文化的概念作一些划分，可以发现文化有三个层次的含义。广义的文化指物质文化和精神文化的总和，这是对于文化的最宽尺度的理解。中尺度的文化主要指制度和规范文化，它是人们在长期的共同生活中通过创造、选择、积累而形成的行为规范、习惯和生活方式。小尺度的文化指科学文化知识，它是文化的最狭义的理解，也是对文化的非学科化的理解。

有的研究将文化分为三类。一是有形的、具有物质特征的物质文化，这些人类创造的器物不但具有实际的使用价值，而且带有某种文化价值。二是以行为规范为主体的规范文化，这是人们的行为方式、办事规则和共处规范。三是认知文化，指人们的各种知识，包括态度、价值和信仰等。

我们还可以以文化发生的领域为标准对文化进行分类，如下图所示：

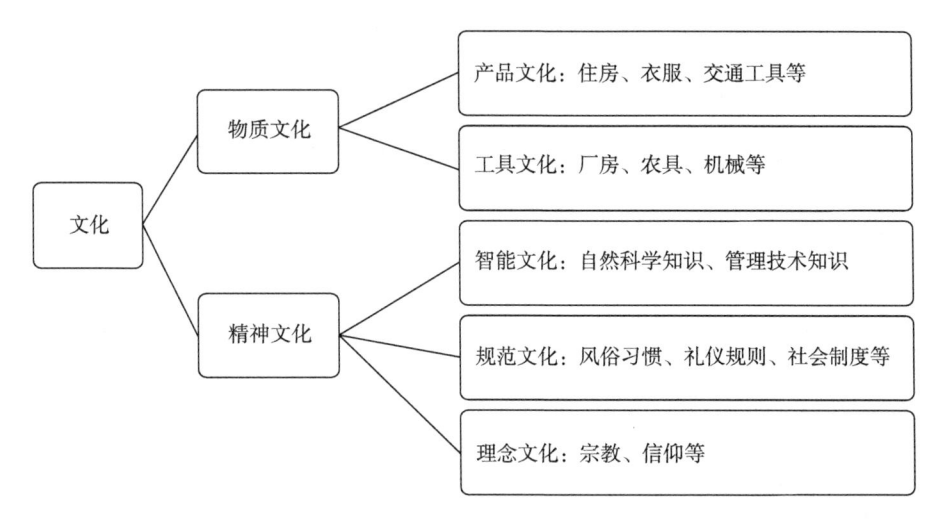

```
                    ┌─ 产品文化：住房、衣服、交通工具等
        ┌─ 物质文化 ─┤
        │           └─ 工具文化：厂房、农具、机械等
  文化 ─┤
        │           ┌─ 智能文化：自然科学知识、管理技术知识
        └─ 精神文化 ─┼─ 规范文化：风俗习惯、礼仪规则、社会制度等
                    └─ 理念文化：宗教、信仰等
```

在上述文化的分类图中，产品文化、工具文化基本上是人类在处理人与自然的关系时的产物，而规范文化是处理人与人关系的经验。智能文化是人与自然关系的知识与人与人关系的交叉领域，其中的自然科学知识属于前者，而某些管理科学的知识属于后者。至于理念文化一般与人类的宇宙观、人生观等理念相关。

当然，要对文化作出完全科学和清晰的分类并不容易，因为文化现象具有复杂性、综合性的特点，有些文化现象具有复合性。正如英国人类学家弗思所说，文化就是社会，社会是什么，文化就是什么。由此可见文化之广泛性及反文化现象之复杂。这样，上述我们对文化的分类只是为了认识上的方便，也是一种较细的分类尝试。

从最宏观的层面上来划分，文化可以分为不同的类型，如农耕文化和工商文化、东方文化与西方文化等，这些文化类型是较大的群体在生产和生活活动中所拥有的文化的体系。不同的文化类型之间会有一些共同之处，但是它们之间的差异是十分明显的。

不同学科会涉及文化的不同组成部分。考古学关注的是器物文化，并通过器物文化去理解逝去的生活。文化（社会）人类学综合地研究文化现象，特别是研究精神文化，它主要研究的是一定族群的生活方式。社会学则主要研究规范文化，即研究带有意义的社会行为规范对人们的行为及社会生活的影响。[1]

---

[1] 王思斌. 社会学教程（第四版）[M]. 北京：北京大学出版社，2016：36–37.

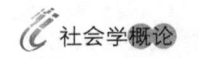

（二）文化的特性与功能

1. 文化的特性

第一，文化具有超生理性和超个人性。所谓文化超生理性是指任何文化都是人们后天习得的和创造的，文化不能通过生理遗传，遗传学上也从未发现过文化的遗传因素。所谓文化的超个人性，指个人虽有接受文化和创造文化的能力，但是形成文化的力量却不在于个人。个人只有在与他人的互动中才需要文化，才能接受文化，才能影响文化。

第二，文化的复合性。任何一种文化现象都不是孤立或单一存在的，而是由多种文化要素复合在一起。例如电视、电影、宗教等文化现象都是多重因素的复合体。构成文化复合体的元素很多也极其复杂，比如一个角度的分析式文化大体上可分为物质文化与精神文化两大类，而物质文化与精神文化两者又可以再细分为众多要素。再比如，文化的结构要素又可以分为符号（包括语言文字、动作、象征符号等）、价值观、规范（包括习俗、民德、法律、约制等）以及物质或器物性要素等。关于文化的复合性，在后面论述文化的构成要素等内容时还要提到。

第三，文化的象征性。象征性是指文化现象总是具有广泛的意义，文化的意义要远远超出文化现象直接表现的那个狭小的范围。例如，白与黑本来是自然现象中的两种颜色，当人们将其作为文化因素后，它们便具有了广泛的象征性。在汉语中，白有"一无所有"之意。如：一穷二白；白旗又意味着投降；白衣是我国古代的孝服，而现代的"白衣战士"又是护士的称谓；中国革命史上，白区、白军又有政治上的反动势力之意。黑色，在汉语中常有贬义。如黑帮、黑社会、黑市；黑人又有没有登记户口的人之意。而在其他国家、其他语言中，黑色又有了其他的象征。例如，在种族主义问题比较严重的美国，黑色有人种的象征意义，而且具有贬义。20世纪60年代，在美国民权运动高涨的时期，人们曾针对黑色的文化贬义而提出："黑色是美的！"（Black is beautiful！）的口号。文化的象征性由此可见一斑。由于文化具有广泛的象征性，我们无时无处不生活于象征性的社会之中，人们的衣、食、住、行，行为举止交往都具有象征性。文化的象征性充斥于全部社会活动、社会秩序之中。人的一生，在很大程度上就是学习文化象征性的过程，人类社会的发展也体现为文化象征性的发展。

第四，文化的传递性。传递性，指文化一经产生就要被他人模仿、效法、利用。传递有两个方面：纵向传递和横向传递。纵向传递指人类将文化一代一代地传下去，这种传递在社会学上称为"社会化"。横向传递指文化在不同地域、民族之间的传播。不同民族文化之间的交流极大地促进了各民族社会的发展。仅以饮食文化为例，现在世界上为人们所享用的食品并不是由一个民族提供的，番茄、土豆、玉米、可可出自美洲，咖啡来自非洲，啤酒源出古埃及，蔗糖引自印度，我国为这张食谱提供的是大米、茶叶等。

第五，文化的变迁性与文化堕距。文化不是静止不动的，而是时刻处于变化之中。一般认为，大规模的文化变迁无不因三种因素引发。第一，自然条件的变化。气候变迁、自然灾害、资源匮乏、人口变迁，都会引起文化之变迁。第二，不同文化之间的接触。不同国家、民族在技术、生活方式、价值观等方面的角落会引发大的文化变迁。第三，发明与发现。各种技术的发明、创造，导致人类社会文化的巨大变迁。

在研究人类文化变迁的特性时，美国社会学家威廉·奥格本提出了"文化堕距"（Culture Lag）的理论。该理论认为，有相互依赖的各部分所组成的文化在发生变迁时，各部分变迁的速度是不一致的，有的部分变化快，有的部分变化慢，结果就会造成各部分之间的不平衡、差距、错位，由此造成社会问题。该理论认为，一般说来，总是"物质文化"先于"非物质文化"（奥格本称之为"适应文化"）发生变迁，物质文化的变迁速度快于非物质文化，两者不同步，于是就产生差距。就非物质文化的变迁看，它的各构成部分的变化速度也不一致，一般说来总是制度首先变迁，或变迁速度较快，其次是风俗、民德变迁，最后才是价值观变迁。

我国现阶段社会正处于快速转型与重大的改革变迁之中，因此，文化各部分失调或曰"文化堕距"现象就十分突出。例如，不少地区虽然引进了先进的物质设备，但由于技术知识、人的素质、观念等的滞后，而限制了物质文化、经济的进一步发展。为此，我们就应更多地注意文化各部分的协调问题。

2. 文化的功能

文化是改造世界的一种巨大力量，可以称之为"文化力"。文化在历史中发展，文化即历史。由历史形成的文化模式深刻地影响着人们的行为方式，但身处一种文化之中的人们往往对此会浑然不觉。事实上，无论你自觉与否，文化时时刻刻都在发挥着适应和满足个人与社会多种需要的重要功能和作用。

（1）区分功能——文化是社会或民族分野的标志

在不同的国家、民族或群体之间，文化所表现的区别要比人类的皮肤颜色或任何其他生理现象所表现的区别深刻得多。地域、疆界只能划出两个国家、民族形式上的区别，只有文化才能表现出其内在本质上的区别。下面，我们在表中仅以中国和美国的几个方面的文化为例，说明一下文化所表现出的差异。

中美文化差异比较

文化内容	中　国	美　国
物质生产	农村经济为主；	城市工业经济为主；
社会关系	注重家庭、家族等血缘关系；	注重事缘、业缘等非血缘关系；
价值观	强调集体主义、集体成就；	强调个人主义、个人成就；
妇女形象	以贤妻良母为典范、妻子要协助丈夫；	强调妇女的独立；
子女要求	要求子女和年轻人服从家长、尊敬老人；	要求子女独立，自己决定事情，给子女以较多自由；
谈话方式	在进入主题前有较多的寒暄、客套；	喜欢开门见山，直接进入主题；
感情表达	含蓄、不外露；	直接表达、外露；
异性交往	男女之间在公开场合不宜过多接触，不宜过于亲密，同性之间可以有身体接触；	男女之间在公开场合可以相互挽手、亲吻；同性之间不宜有身体接触；
生日、逝世	重视纪念死者	重视庆贺生日

（2）规范功能——文化使社会有了系统的行为规范

文化给一个社会提供了材料与蓝图。有了文化，人们便有了行为标准。文化也使人们相互间的行为功能协调和相互配合。文化使一个社会的规范、观念更为系统化，文化集合、解释着一个社会的全部价值观和规范体系。文化所包含的规范体系有：①风俗。它是人们在长期的社会生活中自发形成的、历代相传的日常行为规范的总和。如，衣着、饮食、接人待物、婚丧嫁娶、庆贺等的方式。②道德。它是调整人们之间相互行为的一种较为长期、稳定的规范体系。③法律。它是由国家制定、强制实施的规范体系。④价值观念。它是人们评价、判断事物的思想标准。它表现为人们对于受到赞许的事物的追求。

（3）整合功能——文化使社会团结有了重要的基础

文化的整合（integration）功能也常被称做凝聚功能，即文化能使社会形成一个整体。仅有了社会要素还不等于一个社会，社会要素之能形成社会是靠了文化的联系作用。

从文化整合的观点出发，社会上的各种文化机构都从不同侧面维持着社会的团结。政治机构实现着社会控制，协调着群体利益，教育机构驯化着社会成员，使之更符合社会之需要，军队保证着社会的安全，等等。

另外，由于文化已经形成了一个整体的体系，文化的各构成部分相互依存，因而，如果文化的某一部分出现解体，它也可能威胁到整个文化体系，并进而导致社会团结、社会整合的瓦解。这方面的一个典型例子是人类学家对于澳大利亚的亚尤伦特部族文化的研究。在人类学家去考察的时候，这个部族还处在石器时代。部族对石制工具怀有敬意，尤其对石斧这种加工复杂的石器更是如此。平日，石斧由酋长等社会地位较高的部落成员保存，只有宗教集合时，才拿出来放在祭坛上作为部落祖先的象征受人顶礼膜拜。作为生产工具，石斧可以借给部落成员使用，但批准使用的手续十分烦琐。哪一个成员要使用石斧，首先要向保存石斧的部族领导提出申请，是否能被批准不仅仅取决于这个人生产上的急需，还要取决于他平日是否遵从了部族的行为规范。只有当这个人通过这些考核，被证明有了使用石斧的资格，才能从部族领导的手中借出石斧。这样，亚尤伦特的文化就围绕着"石斧"这个文化特质而形成一个整体。石斧作为"祖先象征"承担了宗教功能，石斧的保存方法巩固了部族中的等级制度。部族通过批准石斧使用的程序建立了行为规范，它也成为社会惩罚的手段。我们看到，围绕着石斧，文化的其他部分，如宗教、社会控制、行为规范、权力结构也都相互联系，于是，亚尤伦特社会便通过文化而整合起来。

亚尤伦特社会后来的发展又从反面证明了文化的整合功能。人类学家到后不久，白人的传教士、商人也接踵而来。传教士与商人带来了钢斧，钢斧比石斧更锋利，更有用，而且可以通过贸易交换而自由获得。于是钢斧便取代了石斧在亚尤伦特部族内流传开来。然而这一外来文化的移入却不是简单地表现为"钢斧文化"替代了"石斧文化"。钢斧在替代石斧的过程中也斩断了与石斧相联系的其他文化构成部分。斩断了部族原有社会控制系统，斩断了部族成员对传统习俗的敬畏，部族酋长不能再随意发号施令，随着社会权力结构的崩溃，原始的亚尤伦特社会也就瓦解了。

（4）教化功能——文化塑造了社会的人

文化被人们创造以后，就成为人们生活环境中的有机组成部分。这种不同于自然界的人造环境，我们称之为文化环境。它一旦产生就反过来影响人，塑造人，发挥其教化功能。

人刚生下来时还只是一个生物的人，没有思想，没有知识。人怎样从一个生物的人演变成一个社会人的呢？最主要就是一步步接受了文化。在人由生物人转变为社会人的过程中,文化起的作用最大。人从呱呱坠地开始,就生活在一定的文化环境中,父母教他学话,教他识别器物,教他爱憎;稍稍长大一些,学校教他知识,教他做人;同时,社会的各种规章制度、风俗习惯、言行举止,教他理解社会,适应社会。更为明显的是,文化环境的变化,还促使人们在思维方式、价值观念、行为习惯、审美情趣等方面随之发生变化。譬如,改革开放之初,迪斯科跳起来,红裙子穿起来,流行歌曲唱起来,男女青年手拉手地在大街上走起来。在当时,不少人慨叹人心不古,世风日下,但如今,强烈反对的人,早就默默无言了;诧异的人,早就习以为常了;变化快的人,自己也跳起了交谊舞,唱起了流行歌曲……文化的这种教化功能,不仅是十分明显的,而且是潜移默化、耳濡目染的。文化的教化功能,使人社会化,使之成为社会的人。

(5) 传播功能——文化能够记录、传承人类实践活动中积累的经验、知识和观念

文化从被人类所创造的第一天起,就起着记录和传播的作用。当文字还没有出现时,人们就利用口头语言,将人类社会实践活动的经验、知识等口耳授受,世代相传。世界各民族的文学几乎都是在口头文学的基础上发展起来的,直至今天,一些没有文字的民族还是如此。文字产生后作为文化的载体,更是大大扩大了文化的记录和传播功能。中国的甲骨文、巴比伦的楔形文字等,都给我们留下了人类早期社会实践的记录,让我们窥见了远古先民们的智慧和能力。随着造纸术、印刷术以及现代科学技术的发展,文字的记录和传播功能也得到了飞速的发展,史书典籍、学术著作、报纸杂志、录音磁带、激光唱盘、缩微胶卷等,无不在发挥着巨大的文化记录和传播的作用和功能。

不仅语言、文字具有这种功能,实物即物质文化也有这种功能。一种社会用具、一件兵器、一个艺术品都可以使我们感知到彼时彼地人类的实践活动、风土人情;西安、徐州的秦汉兵马俑,使我们重睹了秦汉王朝的风采;一副《清明上河图》,又使宋代都市繁华嘈杂的社会生活图景呈现在现代人们的面前。正因为如此,1939年,美国的威斯汀豪公司挑选了一批能够反映当时美国和世界科技发展水平的代表性物品装进一个精致的金属容器中埋到地下;1965年,该公司又将一个特制的密封金属容器埋到地下,里面装有星条旗、信用卡、《圣经》、维生素、世界地图、人造卫星零部件,以及美国的各种数据资料和据约5万页资料摄制的200英尺缩微胶卷。两个金属容器都标明公元6939年为启封时间。其目的都是利用文化记录和传播的功能,让5000年后的

人类，再睹 20 世纪人类文化发展的水平。另外，1977 年，美国先后发射了两艘宇宙飞船，载着地球上人类的各种信息包括莫扎特乐曲、中国的《二泉映月》，以及许多数学符号等，飞向茫茫的太空，向宇宙传播人类的文化。

二、文化的结构与文化分析

（一）文化的结构

1. 符号

文化的存在取决于人类创造和使用符号的能力。符号是指一群人所认可的任何能有意义地表达其自身之外的事物的东西。所有的语言文字和数字都是符号，此外，紧握的拳头、美国国旗、十字架也都是一种符号。和原始祖先不同，现代人类可以和他人交流十分复杂的信息——从"我爱你"到关于浩瀚宇宙的技术数据——而且，他们能从他人的经验中学到很多东西。人类拥有这种能力的关键就是符号的使用。通过符号，我们能够理解现实，能够交换和保存复杂信息。简而言之，我们既能创造文化，又能从文化中学到很多（盖斯菲尔德和米恰诺维茨，1984）。

符号在帮助我们理解诸如"上帝""正义""爱国主义"等抽象概念时显得尤为重要。由于这类概念往往难以理解，我们总是把它们和我们已理解的事物加以比较。这样，隐藏在我们法律体系之后的理想和情感常常是由一个掌握正义尺度的蒙眼女性来代表的。这种符号履行了这样一个重要的功能，即通过把复杂概念与简单概念联系起来，从而帮助我们最终达到对前者的理解。通过这种方式，符号帮助我们理解现实，并使沟通变得简单。

符号有时和它们所代表的事物很相像。例如，鸟可能代表"自由"，因为在受地球引力束缚的人类看来，鸟儿似乎可以到达它们想要去的任何地方。然而，这样使用符号，可能会影响我们对符号意义的理解。当符号未被理解为自身之外的其所象征的事物时，就会产生许多文化和社会意义上的混淆。符号不仅代表了某种其他事物，而且同时也暗示了对象征事物的态度（戈夫曼，1976）。一些符号承载了如此确定的意义，以至于它们预先就定义好了其所代表事物的社会含义。

语言，简而言之就是指人们所使用的口头和书面的言说方式，它是最重要的符号系统。通过语言，观点、价值观和文化的标准都能找到它们最完整的表达方式。虽然我们也使用许多其他的媒介——如绘画、音乐、雕塑及舞蹈——

来表达文化，但只有语言才能最灵活、最准确地传递所有人类所能理解的负责而精微的含义。实际上，如果没有语言，大部分人类思想将不复存在（克里斯特尔，1988）。通过语言，孩子们学会了他们的社会理解世界、过去和将来的方式。也主要是通过语言，孩子们知晓了父母、老师和朋友们对他们的期待。因此，语言对社会的建构而言是最重要的。它比任何其他符号体系都更为全面地使我们能建设和传递文化。

2. 价值观

价值观是一个社会中人们所共同持有的关于任何区分对与错、好与坏、违背意愿或符合意愿的观念。价值观是决定社会的目标和理想的普遍和抽象的观念。价值观通常是充满感情的，它为一个人的行为提供正当的理由（克拉克洪，1961；威廉斯，1986）。文化的主要价值观是通过其符号系统而传递下来的。价值观可从民间传说、神话、艺术、娱乐及其他媒介得到体现。例如，在英国亚瑟王传奇中有着许多丰富多彩的形象：亚瑟王、圭尼威尔王后、兰斯洛特爵士、莫林、龙和其他四角兽等。今天当我们阅读这些故事时，我们会崇拜亚瑟王对他的臣民慈父般的关怀，会赞许兰斯洛特的勇敢和忠诚，也会为莫林的神奇力量和智慧所惊叹。这些品质体现了中世纪文化的价值观。

像符号一样，价值观不能孤立地存在。它们相互关联形成了一个集合模式。在中世纪，人们对慈父国王的理想往往是和对臣民忠诚的要求是分不开的，部属被鼓励把自己视为"家庭"的一员而不是看做一个个体。因此，我们现在对个人主义的强调和中世纪英国的价值观显然是不一致的。同样，对通过家庭纽带而连接在一切的中世纪人而言，我们经济生活中利益趋向的价值观显然也是难以理解的。

典型的价值观往往成对出现，有正面的价值观，必有反面的情形。有被崇拜的价值，就必然有被唾弃的价值。例如，中世纪的人们崇拜勇敢，就必然厌恶懦弱。有时，在兰斯洛特的故事中，我们能看到同一人物身上体现了正反两种品质。他既是一个恶棍（因为他对亚瑟王的妻子——圭尼威尔王后有一种婚外恋情），又是一个英雄（因为他把圭尼威尔王后从不忠中解救了出来）。价值观如何与行为联系起来呢？关于这一问题有两种相反的观点（斯帕特斯，1983）。一种理论宣称价值观决定行动。按照这种理论，基本价值观在个人生活的早期就已被接受。一旦价值观形成，它们就成为个人行为选择和态度形成的指南。塔尔科特·帕森斯认为：有理由可以使我们相信，从某些方面看，人类后天习得的个性因素中最稳定和持久的即是主要的价值倾向模式。有理由相信这些模式在儿童时代就是"定型"的，而且到了成年时代也不会有很大的变化。

这种理论还认为，行为方式的变革是社会价值观的外在逻辑结果。例如，在美国，商品的定价取决于商人对顾客支付能力的估计，政府一般不予干预。这种行为反映了个体自由经济的基本价值观。这一价值观的逻辑结果是，使人民认为政府对自由交易的限制是错误的。

反对意见则更关注行为在创造价值观方面的重要性，就像早期著名社会学家威廉·D. 萨姆纳所指出的那样。这一理论认为社会习俗是在较长一段时间内自然形成的（萨姆纳，1906，1960）。为了证明继续沿用习俗的合理性，或者说是为了掩盖这些习俗可能是非理性的事实，人们就试图对它们进行抽象的解释。换句话说，价值观是一种事后的解释，通过它们，社会已存在的习俗就变成一种需要的产物。

这种理论可以应用到自由市场商品定价的例子中。从这个角度看，美国的价格体系是在移民涌向一个富有同时又缺乏控制的国家时出现的，在那里政府的权力十分软弱，对个人而言，致富最有效的途径就是定出了市场所能承担的最高价格。这逐渐形成了一种商业习惯，后来又通过建构自由经济这一价值观而获得了合法性。

以上两种观点都有正确之处，很难说谁对谁错。因此许多相关理论中都是两种观点并存的。一方面，确实存在一系列基本价值观，它们成为每一个既定社会的基础。另一方面，价值观并不是突然形成的，它们通过日常生活而形成、强化和改变。在这个意义上，有理由认为价值观取决于行为，行为又决定于价值观。换句话说，价值观与行为是相互作用的关系。

3. 规范

社会学家把人们在特定环境下被要求如何行动、如何思考、如何体验的期望称为规范。规范既有正式的，又有非正式的。正式规范通常以法律的形式固定下来，对违反者有特定的惩罚。非正式规范是不成文的，但往往能被社会成员普遍理解。最重要的规范往往是社会中绝大多数人公认的规范，如一般美国人都能遵守严禁谋杀、抢劫、裸体出行等的规范。然而，大部分社会规范都与人们的社会地位及所承担的社会角色如母亲、男人、雇员等密切相关。举例来说，医生处理病人时就应包含着一整套规范。他们始终应表现出镇定、稳重、富有同情心和责任心。许多与医生相关的规范就不见得同样适用于别的身份或位置。不过从事医疗工作的其他人员也可以模仿医生的行为，以使自己显得和医生一样，从而像真正的医生一样获得他人的尊重和实际利益。规范主要包括：

社会习俗。不同的规范其社会重要性同样也极不同。许多规范被违反后并不会产生严重后果。例如，虽然男性通常被要求留短发，但还是有许多男性留长发甚至还有人留辫子。虽然存在反对这种行为的规范，但它们没有太强的约束力，因此在很大的范围内很轻易地就被突破了。类似于这样的规范，我们就称之为社会习俗（folkways），或称之为社会习惯（萨姆纳，1906，1960）。餐桌上的礼仪规则和其他礼仪规则都属于社会习俗的范畴。

民德。其他规范几乎都被视为神圣的，对它们的违反将带来严重的后果。当一个人违反了严禁杀人的规范时，就不能仅仅因为他是初犯就可以原谅他或原谅他的行为，杀人者将得到惩罚。这种得到严格执行、被认为是关键的和必须严格实施的规范，我们称之为民德（mores）。民德可以是提倡性的，也可以是禁止性的。提倡性的民德表明人们应该怎么做，如关心不能照顾自己的婴儿和儿童。禁止性的民德表明人们不应该做什么，如不能闯入他人家中。特别严格的民德被称为禁忌。乱伦禁忌就是一种普遍接受的禁止性民德——它禁止任何一种近亲间的性关系。

法律。法律是一种正式的规范，通常也是民德的一种，它是由国家颁布的用以控制人类行为的规范。同一种行为很可能既是非法的（违背了法律），但如用某种非正式规范来判断又是可以接受的。比如，美国大部分21岁以下的人都喝含酒精的饮料。虽然这种行为严格地说是违法的，但社会非正式规范有时却允许这一法律被忽视。大部分警官都不会拒捕一个让他14岁的儿子喝一小口啤酒的父亲，而大学校园里未到喝酒年龄者喝酒也往往被视而不见，只要这一行为不是公开的。

约制。一个社会要运作，就必须强化它的规范。人们被迫遵从，或者说以一种社会可接受的方式去行动，即使这样做对他们来说是困难和不愉快的。对社会规范的违反称为越轨。对规范的遵从通过约制的压力而得到强化，即一种社会控制的过程（吉布斯，1966，1981）。约制既可以是正面的，也可以是负面的。正面约制是对那些行为正当的人的奖励。负面约制是对违反重要规范者的惩罚。约制有正式的（这种约制由具有权威地位的个人或群体实施），也有非正式的（这种约制由朋友或同辈人实施）。对一个抢劫杂货店的人判处三年徒刑就是一个正式的负面约制的例子。对一个忠实服务于公司的员工予以提升，或者是给一个在现场看见抢劫银行匪徒的汽车号码并报告给联邦调查局的姑娘以现金奖励，都属于正式的正面约制。

必须加以说明的重要一点是，我们并不要求人们永远严格地遵守规范。文化和社会必须能适应改变的环境。允许对现行规范的一定偏离有助于社会保持灵活性（默顿，1968）。

4. 器物

器物亦即物质层面的文化要素。一个社会普遍存在的器物或物质形态（机器、工具、书籍、衣服等）称为物质文化。一直以来，人类利用周围的自然环境为人类生活服务，以提高人类生存的机会并丰富人类的生活。他们把土地、树木、岩石、金属、动物及其他自然资源转化为房屋、工具、服装和交往的手段。

一个特定社会所产生的物质文化，其实质是技术水平、可开发资源和人类需求的集合体。现代社会拥有丰富的资源、充足的劳动力和高度发达的技术。当我们把这些物质及非物质的资源用于解决交通问题时，就产生出了汽车、卡车、火车、飞机及其他交通工具。20世纪前的印第安人只有非常有限的资源和简单的工具，但由于他们的需求也更加朴素，因此他们解决交通问题就更加简单。在需要运东西时，他们要么肩扛，要么利用拖橇——一种用两根拖杠支撑着木板或绳网的马车。当考古学家们发掘出一座古城的遗址时，他们发现了如下物质文化：一个破裂的罐子、一条被精心保存在小木盒里的项链、房屋的基石。从这些人造制品中——人造的或人使用的——考古学家们就能重构当时社会中非物质的价值观和文化的规范。

同样一个人工制品在不同文化中意义是各不相同的，在不同的社会中其意义甚至完全相反。许多印第安部落在宗教仪式中所发出的声音，在我们听起来就像是小孩的尖叫声。一种文化中用来吃饭的碗钵，在别的文化中可能会被用于乞讨。我们对国旗会感到骄傲和崇敬，但对其他文化而言，它只是一块布料而已。

人类创造了物质文化，人类也能改变物质文化。我们可以把物质文化视为社会生活的一部分，非物质文化的所有因素——规范、价值、语言、传统及其他——都必须去适应物质文化。举例来说，汽车被20世纪早期的社会批评家称之为"轮子上的卧室"，避孕药的出现在很大程度上改变了现代人关于性的规范和价值观。同样，现代医学技术的进步也迫使我们围绕着什么是真正死亡，而重新思考许多重要的伦理问题。

（二）文化的分析

1. 文化分析的视角

（1）功能主义的视角

从功能主义的视角来看，一个特定的文化特征的存在是由于其履行了某种重要的社会功能。功能主义是文化分析中使用最广泛的方法之一，在第二次世界大战后的美国大行其道之前，它曾是英国人类学家的主要研究方法。在回答为什么某个文化特征能够存在时，功能主义论者会进一步提问："它承担了什么功能？"这一视角强调文化的各个组成部分对文化整体所做的贡献，既包括正向的贡献，也包括反向的贡献。

英国人类学家 A. R. 拉特克利夫－布朗（A. R. Radcliffe－Brown, 1952）对印度洋边的安达曼岛居民孩子出生时一些社会习俗的解释，就是一个杰出的功能主义方法的例子。布朗需要解释以下文化事实：当一个安达曼岛的妇女希望有一个孩子时，婴儿还在胎中的时候姓名就已经取好了。从那时起到孩子出生时为止，大家都不许直呼孩子父母的名字。相反，在称呼他们的时候必须指明他们和孩子的关系。同时，在孩子出生期间，父母将忌食一些原来是正常饮食的食物。

岛民们坚信这些习俗具有某种魔力，能保证孩子的安全出生。但布朗认为这些习俗同时还履行了岛民们自己可能并未意识到的重要社会功能。在布朗看来，通过强调和孩子的关系来称呼父母的习俗可以强化他们即将成为父母的意识，提高他们完成其父母角色的可能性。同样，忌食某些食物是为了表明他们为其新的父母角色而作出的自我牺牲的态度。这样，看上去毫无实际作用的文化行为实际上满足了重要的社会需求。

关于美国文化的讨论中最富争议的功能主义分析是由赫伯特·甘斯（Herbert Gans）提出的关于美国贫困正向功能的分析。与其他发达的工业化社会相比，美国具有相对更高的贫困人口比例，政府在这方面的措施也较少。对这一政府决策，通常的解释是因为美国是一个"机会之邦"，因此人们一般认为贫困是由穷人自身的原因造成的。在大家看来，只要一个人想成功，他就一定能成功。但是，甘斯认为美国政府对贫困如此漠不关心有其潜在的原因，即贫困履行了重要的社会功能。最重要的一点是，如果没有贫困，那么，社会的"脏活"——不需要任何特殊训练或知识的体力劳动——就会没人去干。这样，虽然平等这一价值观被赋予很高的评价，但美国社会还是有一个杠杆以保持一定比例的贫困人口。

（2）冲突论的视角

从冲突论的视角看，文化之所以存在是由于它保护或促进了某一社会集团的利益。这一视角的基本假设是，一个社会存在着，或者说也许存在着许多相互冲突的文化要素，不同的文化要素代表着不同利益群体或社会阶级的利益。通过这一视角，社会学家试图发现哪个集团支持哪种观念和价值观，并试图弄清原因。

这种冲突论视角的核心是意识形态——指某一阶段、群体或其他社会部分在与其他群体为争夺特权与统治的斗争中，为使自己的利益合法化或正当化的一套文化信念。马克思主义的文化理论认为，意识形态的主要作用和目的就是维护（或挑战）在经济上占统治地位的社会阶级的权利。从这种角度出发，美国所普遍接受的只要努力就能获得经济上的成功的观念，其真正作用在于反对根本的经济变革，从而维护经济精英们的权利和特权。

盖伊·斯旺森（Guy Swanson）的著作《宗教与政体》（1967）提供了一个用冲突论的视角进行文化分析的例子。斯旺森试图说明16世纪欧洲的君主们分别信奉天主教和基督教的原因，在于哪种宗教能更好地成为维护他们政治权力的意识形态。君主们发动了一系列的宗教战争，其真正的原因可理解为小君主和中央王室之间的权力斗争。根据天主教的教义，教皇，或从更小一点的范围而言，由教会控制的国王，是上帝在人间的代表。斯旺森分析，拥有强大集权势力的国王会倾向于这一信条，从而选择天主教，因为天主教将起到其政治权力的文化屏障作用。相反，基督教更强调对上帝的一种更私人和个人化的感受，因而有可能瓦解中央王室的权威。斯旺森坚信，小君主们会很自然地倾向于这一信念。

斯旺森发现，中央王室和诸侯们都支持能促进和维护其利益的宗教意识形态。国王们信奉天主教，因为它们维护中央政权的权威；诸侯们则信奉基督教，因为它的作用恰恰相反，强调个人主义，削弱了对中央权威的遵从。

（3）生态学的视角

文化分析的第三种视角援用的是研究有机体及其环境间关系的生态学的观点。文化生态学断言，文化特性由资源及周围环境的限制所决定，并随环境的变化而变化。

人类学家朱利安·斯图尔特（Julian Steward，1955）奠定了这种生态探讨法的主要基础，他对不同社会的文化与相同水平的生存技术作了比较，发现每

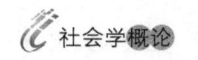

个社会都使用了弓箭、长矛和陷阱以狩猎。斯图尔特提出，社会文化将随着狩猎对象的变化而变化。他提出这样一个假设，认为如果主要的狩猎对象是较大的迁徙动物群，如驯鹿，则这个社会往往规模较大，组成多个家庭的群体。这是因为他们必须发展较大规模的协作狩猎。如果正好相反，狩猎对象是分散而不是迁徙的小兽群，该社会的规模往往较小，有可能组成一种单一家庭的群体。为了证明他的假设，斯图尔特提出了三个环境完全不同、但都以小动物为狩猎对象的社会为例子。森部落（生活在沙漠中）、尼格利特斯人（生活在雨林中）和福吉安斯人（生活在寒冷、多雨的沿海平原）都表现出了一种小动物狩猎者的社会文化。

虽然我们已经发现社会经济活动很容易受到环境条件的影响，但实际上，在别的领域中——宗教、科学和艺术——文化要素受环境因素的影响程度更加明显。在另一项可能引发争论的研究中，马文·哈里斯（Marvin Harris, 1989）试图用当时人们的营养需求去解释阿兹台克人的牺牲习俗和食人肉的习惯。哈里斯认为，只有能够帮助人们适应环境，一种习惯才能得到生存和延续的机会。由于阿兹台克人不饲养大牲畜，所以他们的食物中缺乏足够的蛋白质。食人肉的习俗之所以出现并得以延续，就是因为它满足了这种营养需要。

尽管生态学探讨对解释某些文化的特征是有用的，但它不能解释一切问题。例如，我们很难纯粹用环境的差异来解释现代世界中各种政府的差异。哥斯达黎加、洪都拉斯和尼加拉瓜处于基本上是一样的生态环境中，但哥斯达黎加是民主政府，而洪都拉斯和尼加拉瓜两国则在大部分历史中都处于独裁体制之下。

2. 不同向度的文化分析

（1）文化特质、文化丛、文化模式

文化特质。文化特质是组成文化的基本要素或最小单位。一个社会的文化内容就是各种文化特质的总和。文化特质表现为物质文化的形式，也可以表现为非物质文化的形式。例如，中国传统文化中物质文化的特质有：象形字（汉字）、纸、墨、笔、砚，乐器中的编钟、笙、瑟、琵琶等，建筑中的大屋顶建筑及各种象征物等。中国传统文化中的非物质文化特质有：儒家的四书五经教条，作揖、下跪、磕头等各种礼仪。

文化特质的特点是，每种特质都可以独自成一个单位，有它的特殊历史和特殊形式，不会与其他特质相混淆。当然，文化特质仅仅是社会学研究中的一种特定单位，其界限是相对的，常视研究者的目标而设定界限。

文化丛。文化丛亦称文化特质丛，指因功能上相互联系而组合成的一组文化特质。它往往与人们的某种特定活动有关，而且往往是物质文化与非物质文化的特殊组合。例如，迎宾活动可以看成是一个文化丛，这个文化丛包含着许多文化特质，诸如检阅仪仗队、奏国歌、鸣放礼炮等。又如，我国春节的民间庆祝活动可以视为一个文化丛。在庆祝活动中，各种文化特质以一定方式结合起来：放炮竹、点灯笼、贴窗花、吃饺子、串亲戚等。

文化特质和文化丛构成了文化的基本内容，但它们还不等于社会文化的全貌。要了解社会文化的全貌就必须研究第三个层次的文化，即文化模式。

文化模式。所谓文化模式就是一个社会中所有文化内容（包括文化特质与文化丛）组合在一起的特殊形式和结构。这种形式往往表现了一种社会文化的特殊性。在社会学关于文化的研究中，关于文化模式的研究具有最重要的意义。因为，这种研究是将各个层次上的文化结合起来加以研究，因而研究者可以获得对于社会文化的总体认识。只有研究文化模式，我们才能认识到一个社会或民族文化的优点与缺点，才能进行文化比较。

在文化模式的研究中，有特殊的文化模式与普遍的文化模式之分。特殊的文化模式指不同国家、不同民族，甚至不同地区、不同社会群体的多样的文化结构与文化内容。各种特殊的文化模式，受到各国、各民族、各地区、各阶层等多种因素的影响。其中有物质环境的影响，如气候、地理条件、资源、人口的影响等。另外也受到社会环境的影响，如科学技术的发展、社会制度的特点、意识形态、外来文化等。

所谓普遍的文化模式，指各种文化模式虽各具特点，但是就其基本结构看却有着共同的东西。美国社会学家 C. 威斯拉曾在《人与文化》一书中提出了普遍的文化模式的九个方面：第一，语言，包括语言、文字、符号等。第二，物质特质，如饮食习惯、住所、运输用具与旅行用具、衣着、器皿、工具、武器等。第三，艺术，如雕刻、绘画、音乐等。第四，科学，如自然科学知识——数学、物理、化学，又如社会科学知识——经济学、政治学、社会学等。第五，习俗，如各种各样的礼仪、礼节等。第六，家庭与社会制度，如婚姻形式、继承制度、社会控制、教育制度等。第七，财产的占有方式与交易方式。第八，政府，如政体、司法、法律程序等。第九，战争。威斯拉的这个归纳并不周密，只不过是通过它可以使我们认识到，各民族的文化确实具有很多共同的基本方面。

(2) 物质生产文化、制度行为文化和精神心理文化[1]

物质生产文化。物质生产文化是指人类物质生产过程及其物质生产的实体性、器物性成果，它们当中也凝聚了人类认识、改造自然的精神因素，但主要显示物的实体性质，它在物质生产领域内显示人的本质力量的对象化、客观化程度。物质生产文化主要包括由劳动者、劳动资料、劳动对象构成的现实生产力和满足人类最基本的衣、食、住、行的生存需要的消费资料。

制度行为文化。制度行为文化是指人类在社会实践中建立的各种规章制度、组织形式，以及在人际交往的历史中形成的风俗习惯。制度行为文化包含两个层次，在上的层面为制度文化，而制度文化的长期运行又形成在下的民俗民风文化，所谓"在上为礼，在下为俗"。制度文化是指人类依据一定的思想观念建立起来的国家根本制度，如经济制度、政治制度、法律制度、教育制度、婚姻制度等，还包括社会组织机构和工作部门的设置形式及其结构以及与之相应的制度、规章、条例等。行为文化是在制度文化影响下长期形成的民族的、地域的风俗习惯、行为礼仪、交往方式和节庆典礼等。这种行为文化从属于一定文化体系，往往超越制度文化的变更而更具有历史性。

精神心理文化。由人类社会实践和意识活动长期孕育而成的价值观念、思维方式、道德情操、审美情趣、宗教情感、民族性格等因素构成。它所反映的是人的内心世界，潜伏在整个文化系统的深层。如果细致地加以区分，精神心理文化又分为与制度文化相对应的意识形态，和与风俗习惯行为文化相对应的社会心理文化。意识形态层次包括政治理论、法权观念等基础意识形态和更高地"悬浮"在空中的哲学、宗教、文学、艺术等更具观念特征的意识形态。马克思、恩格斯曾说，任何一个时代的传统思想都是统治阶级的思想。同样，统治阶级的文化也是该社会占统治地位的文化。政治理论、法权观念等意识形态是经济基础的集中表现，同时又是制度文化的观念内核。但这一层次文化的发展、变革还要经过社会心理文化这一中间环节的中介。更高地悬浮在空中的哲学、宗教、文学、艺术，相对而言离经济基础更远，其发展变革除了经过社会心理文化的中介外还要经过政治、法权观念等中介层次。精神文化层中与意识形态有所区别的、更为广泛深刻的层次是社会心理文化层。社会心理文化是某一时代、某一地域、某一民族、某一社会形态下长期形成的集体文化心理结构，是风俗习惯等行为文化的内化方式。它特别表现为思维方式、价值取向、

---

[1] 金元浦. 中国文化概论 [M]. 北京：首都师范大学出版社，1999：11-13.

伦理观念、宗教情感和审美情趣的不同。我们说，某一民族或某一地域的文化之所以表现出鲜明的独特性，与其民族（或地域）文化形成的心理结构密切相关。

在文化结构的三层次中，外显的物质性的文化往往随着生产力这一最为活跃的因素的变革而迅速变革，它的外在的物质实体比较容易产生变化。处于中层的制度文化随着社会革命和社会变革或快或慢地发生变化，并由于统治阶级文化的改变而影响人们的社会行为方式。而精神心理文化则内化于人类文化发展的各个层面，它长久地积淀于各民族文化深层，构成民族的独特心理结构。它最难于发生变化，其核心的部分是思维方式、价值观念和对生活意义的体认。比如，对于外来文化，人们最容易理解和接受的是外来的物质文化，即西方文化中外显的物质实体性文化，对中层的制度行为文化已有很大的选择性，而对于深层的精神心理文化则很难认同和接受。西方人也是这样，他们欣然接受了中国发明的火药和鞭炮，却无法认同中国人以鞭炮驱鬼辟邪的传统观念。马可·波罗很容易地接受中国的许多发明和先进的技术文明，却无法接受中国人见着皇帝行三拜九叩大礼，仰视"天子"的心理现实。文化差异的关键是深层文化的不同。

（3）主文化、亚文化与反文化

主文化与亚文化。主文化是在社会上占主导地位的为社会上多数人所接受的文化。主文化对社会上大多数成员的价值观、行为方式、思维方式影响极大。亚文化指仅为社会上一部分成员所接受的或为某一社会群体特有的文化。亚文化一般并不与主文化相抵触或对抗。亚文化又可分为不同的类别：

民族亚文化。它是社会中少数民族群体所特有的文化。例如，我国50多个民族在参加社会整体生活的同时，也都保留着本民族的语言、文字、生活方式等。当然，民族亚文化与主文化并不是泾渭分明，而是彼此交融的。中华民族文化就是汉、满、蒙、回、维、藏等多种民族亚文化交融的结果。

职业亚文化，指为各种职业群体特有的文化。各种专业性较强的职业都有一些专门的训练，有专门的职业术语、职业道德、职业习惯等，这样，不同职业就形成了不同的职业亚文化。在中国，传统上，不同职业集团有着不同的祖师爷和祭祀对象。木匠的祖师爷是鲁班，商人礼拜的是赵公元帅，郎中的护法神是药王。

越轨亚文化，指为一些反社会集团所特有的文化。反社会集团的行为规范往往偏离主流文化所规定的行为规范，相对于主流文化来说，反社会集团的群体规范是越轨行为。比如，一些犯罪集团制定的一些团体规范，确定每个人的角色和权利义务，要求成员对群体首领效忠。又如在群体内创造了一套联络暗语或黑话等。越轨亚文化反过来又成为犯罪行为产生的重要根源，犯罪团伙成员的犯罪行为虽被主流文化视为违法，但在犯罪团伙内的亚文化中却是被肯定的，受到同伙的赞扬。因此，越轨亚文化为犯罪行为提供了容易滋生的环境。

从发展的角度看，主文化与亚文化的区分不是绝对的，两者都在发生变化，也可能互相转化。主文化可以转变为不占主导地位的亚文化，亚文化也可以转变为占主导地位的主文化。例如，现代科学技术在20世纪初从西方传入中国时，它是当时中国社会的亚文化，然而在目前的中国社会已上升为主文化。对于主文化与亚文化的性质或是非曲直，只能具体问题具体分析。新兴的、符合历史发展方向的文化，在开始时常常并不是主文化，而仅是一种亚文化，但由于它有发展前途，往往最终上升为主文化。因此，仅凭主文化、亚文化的地位并不能判断其性质，只能根据它们在社会上所起的作用而对它们作出判断。

主文化与反文化。这是根据文化在社会中的地位、作用，从对立、冲突的角度对文化作的区分，也有学者认为，反文化是一种特殊的亚文化。一般说来，在这里，主文化指在社会上占主导地位，对现存社会秩序起着维护、支持作用的文化。反文化是对现存秩序的背离和否定，是对现存主文化的抵制和对抗。例如，20世纪60—70年代，西方社会中青年人兴起的一种"嬉皮士"运动，就是否定当时西方主导价值观的一种反文化。当然，反文化不一定都是坏的东西，反文化的性质取决于它所反对的是什么样的文化。否定有发展前途的优秀文化的反文化，当然是有害于社会的。反之，如果反文化所反对的是阻碍社会发展的文化，那么它就是有益于社会的文化。例如，我国1915年兴起的新文化运动，它所反对的是封建专制、旧礼教，它所提倡的是科学、民主，这种反文化是有进步意义的。

（4）评比性文化与非评比性文化

就不同民族文化比较而言，文化或外来文化可以区分为评比性文化和非评比性文化。

评比性文化。所谓评比性文化是指有好坏、高下之分的文化，即在两种文化的比较中，可以评出孰优孰劣的文化。一般说来，评比性文化都是比较容易鉴别其价值的文化。例如在美国文化中，先进的科学技术、发达的教育、优质的服务，以及价值观念中的强调独立性反对依附性、重视现实讲究实际、赞赏创造性和奋斗精神而反对墨守成规和不求进取等，都是它的优秀文化成果，或称优秀性文化。而吸毒、赌博、卖淫、同性恋、高犯罪率和颓废思想等则是其文化中的糟粕，即劣性文化。由于评比性文化有明显的优劣之分，因此，人民对它的态度也比较明确，即吸收和发展优性文化，剔除和抛弃劣性文化。这也是我们在改革与对外开放中必须坚持的。

非评比性文化。所谓非评比性文化，也可称做中性文化，是指在文化比较中没有明显的优劣、高下之分的文化。这类文化多与人们的行为方式、习惯、习俗相联系。属于这类文化的有庆典方式、拜访方式、赠礼方式、玩笑方式、哀悼方式以及礼仪、禁忌、姿态、发式等。例如，我们中国人吃饭用筷子，西方人用刀叉，有人说刀叉容易使用，有人说筷子有益于人脑发展。其实，它们是中性文化，并无严格的好坏之分。又如，中国人通常以握手互致问候，而西方人习惯于拥抱，这也难分优劣。承认非评比性文化的存在，意味着承认各民族的平等和尊重各民族的文化差异。

由于中性文化与人们的日常生活密切相关，因而它是任何一个民族文化中不可或缺的一部分。它在社会中发挥着重要功能。一般来说，中性文化是民族分野的重要标志，它有助于维系社会的团结与稳定，有助于增强社会的内聚力。中性文化的大规模变迁，即人们行为方式的大幅度变化，往往会引起社会的较大的动荡，因此是应尽力避免的。中性文化具有重要功能，正确对待中性文化就是我国的改革与对外开放中的一个十分重要的问题。由于中性文化没有明确的优劣之分，因而我们的改革与吸收外来文化的重点绝不是中性文化。相反，如果在吸收外来优秀文化的同时，注意维持我国传统的中性文化的稳定性，将有利于社会的安定团结，有利于改革开放的顺利进行。另外，由于中性文化与人们的行为方式、习俗等联系密切，且无明显的高低之分，因此，我们对它的演变与发展不应该采取过多的干预政策，而应听任其自然发展，既没有必要大张旗鼓地提倡某种外来的中性文化，也不应采取禁令方式阻止某些外来中性文化的发展。

（5）文化中心主义与文化相对主义

在文化模式的评价上存在着"文化中心主义"与"文化相对主义"两种倾向。

文化中心主义。文化中心主义，英文是 ethnocentrism，亦称种族中心主义，指各个国家、各个民族都常有一种倾向，常易于将自己的生活方式、信仰、价值感、行为规范看成是最好的，是优于其他人的。文化中心主义将本民族、本群体的文化模式当做中心和标准，以此衡量和评价其他文化，常常敌视和怀疑为自己所不熟悉的文化模式。例如，西方的文化中心主义者将西方社会的价值观视为真理，而否认具有东方人色彩的东方社会价值观。我国在1979年改革开放以前，也有明显的文化中心主义倾向。极端的文化中心主义会盲目排斥一切外来文化，这是根本错误的。

文化相对主义。文化相对主义，英文是relativism，它认为，各种不同的文化模式是不能评价和比较的，因为，如果从各种不同的文化模式所赖以生存的环境看，每一种文化模式都有其存在的合理性，它们之间没有优劣之分。它的口号是：好的民德就是适合当时环境的民德。虽然文化相对主义表现出了一种对外来文化的容忍，但是，由于它否认了事物绝对的一面，因而具有明显错误。

我们认为，文化中心主义和文化相对主义分别从两种极端的立场看待文化模式，它们都未免失之偏颇。两者都具有明显的形而上学倾向，而缺少辩证法。仅从对待我们中华民族的文化模式的态度来看，我们应该继承和发扬我们中华民族五千年文化的优良传统，同时也要剔除有害的文化糟粕，吸收外来文化的精华，同时防止外来文化糟粕的入侵。

(6) 边际文化与文化震惊

边际文化。边际文化的英文是marginal culture，指文化的边缘地带，或两种文化的交界地带。一般说来，一种文化的中心地带，往往位于该文化的起源地或附近，往往具有比较稳定的、最能代表本文化特色的文化特征。该文化的力量在中心地带最强，因而它接受外来文化或受外来文化影响相对较小较弱。然而在文化模式的边缘地带，本民族的文化特征大大减弱，外来文化的影响较中心文化增强，边际文化也常出现两种以上文化的混合。例如在我国北方的北京、中原地带的黄河流域是中心文化比较雄厚的地区，它接受外来文化的速度就远不如广州、深圳、上海这些边缘地带迅速。中国近代以来，由于外来文化主要是从东部、南部沿海传入的，因此，这些文化交际的边缘地区在吸收利用外来文化方面十分突出。这些文化边际地带，由于能对各种文化模式进行比较，能吸收多种文化营养，因而发展较快。

当然，边际文化还有另一种情况，就是虽远离中心文化，但并不能接触到其他的发达文化，因而，这类边际文化处于一种不太发达的状态。例如中国西部、西南、西北的文化就具有这种特征。

文化震惊。文化发展的一个巨大动力就是不同文化模式之间的交流。然而，文化的交流从来不是一帆风顺的，在不同文化的交流中常发生的一种现象就是"文化震惊"（culture shock）。所谓文化震惊指生活在某一种文化中的人，当他初次接触到另一种文化模式时所产生的思想上的混乱与心理上的压力。例如，1979年以来，我们结束了过去多年的封闭政策，采取了对外开放政策，当大量外来文化涌入中国时，国外的服装、生活方式、高消费、高收入等都曾在国内引起了文化震惊。又如，当我们请一位乌干达客人吃饭时，这位客人会两眼盯着饭菜开怀大嚼，吃完最后一道菜后，他还会从胃里呕出一两个干嗝。尽管我们事先了解了乌干达的文化，也知道这位客人正在努力按自己民族的礼节来表达对主人盛情地感谢，我们心里仍然会不舒服，更不愿意去效仿。

文化震惊不仅发生在民族之间，在不同的社会群体之间、地区之间也会发生。农村人到了城市，会对喧闹、快节奏的城市文化不适应。相反，城市人到了农村，也会对农村时间观念不强、做事离不开人情的文化感觉不适应。茅盾小说《子夜》中，吴老太爷从农村到上海见到一种新的文化模式时，心中惊恐不已，一个劲儿地念《太上感应篇》，不久便一命呜呼了。这也是一种文化震惊。

文化震惊是一种客观现象，并没有善恶之分，但是对文化震惊的处理却可能产生两种不同的效果，如果处理不当就可能发生盲目排外现象（即文化自负）。如清朝末年，清政府视西方科学技术为"奇技淫巧"，或可能发生盲目崇拜，对自己的文化丧失信心，以为一切都是外国的好（即文化自卑）。如果处理得当，则可吸收外来文化为我所用，增强自身的文化自信。近代以来，在中西文化交流中，中国曾出现几次大的文化震惊，一方面客观上促进了中国社会、文化的发展，但是另一方面也导致了长期的文化自卑与文化自信问题。

三、文化自觉、文化自信和中国的文化建设

（一）文化自觉与文化自信

2017年中共十九大报告指出，坚定文化自信，推动社会主义文化繁荣兴盛。如何从文化自觉走向文化自信，是需要深入探讨的重大问题。文化自觉是文化自信的基础，文化自信是在文化自觉的实践中生成的，文化自信是文化自觉的最高形态。费孝通先生的"文化自觉"观是非常好的典范，他提出的"各美其美、美人之美、美美与共、天下大同"，以博大的胸怀和恢宏的气度，指出了中华文化在同世界各种文化融合的过程中应该秉持的态度和发展的基本路径。文化自觉是对文化的自我觉醒、自我反思和理性审视，是指生活在一定文化历史圈子中的主体对自己的文化应该有自知之明，既清楚长处，也了解短

处，同时也要了解和认识其他文化，处理好本土文化与外来文化的关系。文化自觉的主体既可以是个人，也可以是共同体，如民族、国家、政党、团体等。但一般意义上所说的文化自觉更多的是指国家、民族层面的文化自觉，而非其他意义上的文化自觉。中华文化自觉就是对中国文化的反思、反省和审视。中华文化自产生以来，中国人民的文化自觉过程就从未停止过。特别是到了近现代，中国人民对中国文化的反思、反省和审视达到了空前广泛和深刻的程度，掀起了一波又一波的高潮，涌现出严复、鲁迅、章太炎、梁启超等一大批文化名家。他们从不同角度、不同方面对中华传统文化进行了反思、反省，不乏真知灼见，对中国的文化自觉不无启迪。即使他们所持观点迥异，但他们均为中华文化自觉作出了不可忽视的贡献。但是，中国真正的文化自觉，是在马克思主义指导下和中国共产党的带领下，对中华文化的组成要素和总体构成，对中华文化的历史、现在和未来作全面、客观的分析和认识，是对中华传统文化积极因素和消极因素的辩证分析和科学认识。

  文化自信是主体对自身文化的认同、肯定和坚守。文化自觉是文化自信的前提，文化自信是建立在文化自觉的基础上的。没有深刻的文化自觉，就不可能有坚定的文化自信。中国人民的文化自信是在文化自觉的过程中逐渐建立起来的，是对中华文化的高度认同和充分肯定。中华文明具有五千多年的悠久历史，是世界古老文明中唯一传承至今的文明。中华文明之所以能够薪火相传、生生不息，其根本原因在于中华传统文化源远流长、灿烂辉煌、博大精深、开放包容，具有强大生命力。中华文化积淀着中华民族最深沉的精神追求，代表着中华民族独特的精神标识，是世界文化大花园中绚丽多彩的一簇，对人类文明的发展发挥着重要作用。中华传统文化中"自强不息""天人合一""和而不同""厚德载物""见贤思齐"等理念和情怀，有着不可低估的当代价值。中国共产党在领导中国人民进行革命、建设、改革的伟大实践中，自觉肩负起传承发展中华传统文化的历史责任，创造了马克思主义的革命文化和社会主义先进文化，为建设社会主义文化强国，增强国家文化软实力作出了卓越贡献。中国特色社会主义文化，是在继承中华优秀传统文化的基础上，以马克思主义文化为主导，吸收古今中外一切优秀文化的积极因素，弘扬革命传统文化，在改革开放实践中创造出来的文化。正是基于以上文化自觉，我们才有道路自信、理论自信、制度自信、文化自信。习近平总书记指出："没有高度的文化自信，没有文化的繁荣兴盛，就没有中华民族伟大复兴。""文化自信，是更基础、更广泛、更深厚的自信，是更基本、更深沉、更持久的力量。"这不仅深刻揭示了文化自信在"四个自信"中的地位和本质,而且深刻阐明了文化自信的作用与价值。从文化自觉到文化自信,不仅使我们对中国特色社会主义文化有了更深刻的认识,而且进一步坚定了我们实现中华民族伟大复兴的决心、信心,是中华文化发展的重要路径。❶

与文化自信背道而驰的就是文化自卑和文化自负问题。所谓文化自卑是一种在对待自身文化价值上的轻视、怀疑乃至否定的态度和心理。在中国,文化自卑是近代以来的事情。自第一次鸦片战争后,中国社会逐渐开始进入殖民地和半殖民地时代,伴随着第二次鸦片战争、中法战争、中日甲午战争等一系列军事、政治事件,西方列强不仅用坚船利炮打开了中国的大门,也击碎了国人唯我独尊的民族优越感,民族文化的自信心可谓一落千丈甚至丧失殆尽。人们开始认识到了我们在制度上的腐败和无能,也感受到了科技和文化上的落后与不足。其中的每一次民族危机都加重了人们对自身文化的失望,甚至都伴随着对自身文化的否定,并进而出现了严重的文化自卑心理。"在19世纪末至20世纪20年代初,自卑于自己的民族文化是当时中国人普遍的文化心理。""中国人在屡遭顿挫中产生了对自身文化认知上的自卑。这种文化自卑心理在'五四'运动中就集中表现为对中国文化的彻底否定,甚至产生了对民族文化的罪恶感和'赎罪'意识。……文化自卑最为极端的表现是有的人甚至对中华民族在种族方面的品质也产生了怀疑。……在中国这个历来以血缘为根本的宗法道德社会中,国人在潜意识中居然已经发展到对自身血统的鄙视,足见文化自卑程度之深了。"❷

我国近现代多次出现的"全盘西化论""全方位西化论"所表现出的,就是一种在文化自卑心理基础上对传统文化的否定。时至今日,这种文化自卑心理依然在许多方而有着突出的表现。比如那种认为全球化就是全球资本主义化的观点,以及盲目崇拜欧美文化,幻想或试图通过全盘西化,或完全移植西方文化以彻底改造中国的观点,都是一种对民族文化缺少自信的表现。与这种文化自卑心理相反,同时存在的是文化自负心理。文化自负是一种对待自身文化态度上的自满自足和妄自尊人。这种心理的思想根源是"天朝"意识和"中央之国"情结,其特点是唯我独尊,以及民族本位意识和强烈的文化优越感。这在文化上导致的实际结果就是自我满足,自我陶醉,自我封闭,不思进取。

---

❶ 张友谊. 从文化自觉到文化自信[N]. 光明日报,2017-11-29.
❷ 封海清,从文化自卑到文化自觉——20世纪20—30年代中国文化走向的转变[J]. 云南社会科学,2006(5).

正因为如此，当而对外来文化时，往往不能以正确的、积极的态度加以对待，反而产生对立、排斥和抗拒情绪，固守传统，盲目排外，致使闭关锁国政策占据上风，失去了本应获得社会经济、政治、文化发展和中兴的机会。直到今天，不少人依然保留着一种习惯，世界上一有什么先进的或者进步的东西出现，就有人去查点自己的文化存货，说多少年前我们在这方面就有所发现了，我们的老祖宗那里早就有了，如此等等。与这种文化上的自满、自大和自负相伴随的，往往是文化上的故步自封，因循守旧；同时，也包含和折射出一种对外来文化的恐惧和戒备心理：自我封闭，处处设防。其实，文化自负或者文化自大，在一定意义上，所表现和反映出的也是一种极度的文化不自信，即文化自卑心态。[1] 总之，不论是文化自卑还是文化自负，都是一种对于自身文化的片面的态度。在经济全球化以及文化普遍交往和碰撞的时代，整个世界已经连结成一个整体，成为"地球村"，人类面临着空前的文化整合，世界各国各民族的文化都面临着如何发展的问题，在这样的文化大背景下，我们只有克服文化自卑和文化自负心态，保持清醒的文化自觉和确立坚定的文化自信，才能以一种开放的姿态对待文化多元化的浪潮，从容应对西方文化的冲击和挑战，并在全球化浪潮中不断扩大中华文化在全球范围内的传播和影响。

（二）当代中国的文化建设

文化建设是中国社会主义现代化建设事业"五位一体"总体布局的有机组成部分。中共十九大报告提出了新时代文化建设的基本方略。第一，进一步明确了文化建设在中国特色社会主义新时代的基本定位。报告指出，中国特色社会主义新时代的主要矛盾是人民日益增长的美好生活需要和不平衡不充分的发展之间的矛盾。这意味着当代中国从站起来、富起来向强起来的转换中，当代中国人的需求也在发生深刻变化，已经由主要满足物质需求，转化为主要满足精神需求。文化建设的核心就是满足人的精神需求。满足文化需求是满足人民日益增长的美好生活需要的重要内容。正如习近平所说，满足人民过上美好生活的新期待，必须提供丰富的精神食粮。这说明，在中国特色社会主义新时代，文化建设的地位更加重要，作用更加凸显。第二，提出了新时代文化建设的目标。就是坚持中国特色社会主义文化发展道路，激发全民族文化创新创造活力，建设社会主义文化强国。第三，指出了新时代文化建设的着力点。一言以蔽之，当今和未来相当长一段时间，建设中国特色社会主义文化，就是秉承

---

[1] 杜振吉. 文化自卑、文化自负与文化自信 [J]. 道德与文明，2011 (4)：18-23.

中国的文化价值理念，坚持中国的文化立场，立足于当代中国的文化发展现状，思考和解决当代中国人关心的文化问题，提出中国的文化方案。第四，提出了新时代文化建设的基本要求。就是三个坚持：坚持为人民服务、为社会主义服务，坚持百花齐放、百家争鸣，坚持创造性转化、创新性发展。❶

思考与研讨

1. 社会的含义与特点。
2. 社会的类型划分。
3. 社会结构的含义与特征。
4. 社会结构的构成单位。
5. 文化的含义与特性。
6. 文化的特性与功能。
7. 文化特质、文化丛与文化模式。
8. 中国的文化自信与文化建设。

推荐阅读书目

1. 《社会学概论》编写组：《社会学概论》（马工程重点教材），人民出版社、高等教育出版社，2011年版。
2. 王思斌：《社会学教程》（第四版），北京大学出版社，2016年版。
3. 戴维·波普诺：《社会学》（第十版），中国人民大学出版社，1999年版。
4. 理查德·谢弗等：《社会学与生活》（插图第9版），世界图书公司，2006年版。
5. 安东尼·吉登斯等：《社会的构成》，生活·读书·新知三联书店，1998年版。
6. 陈宝良：《中国的社与会》，浙江人民出版社，1996年版。
7. 费孝通："美美与共"和人类文明，载费宗惠、张荣华编：《费孝通论文化自觉》，内蒙古人民出版社，2009年版。
8. 梁漱溟：《中国文化要义》，学林出版社，1987年版。
9. 张岱年、方克立：《中国文化概论》，北京师范大学出版社，1994年版。
10. 露丝·本尼迪克特：《文化模式》，生活·读书·新知三联书店，1988年版。
11. 马林诺夫斯基：《文化论》，中国民间文艺出版社，1987年版。
12. C·恩伯、M.恩伯等：《文化的变异》，辽宁人民出版社，1988年版。

---

❶ 祁述裕. 深入理解国家发展新的历史方位［J］. 行政管理改革，2017（11）.

第三章 社会化

人是社会的主体,社会是人的社会,但是社会又不是由生物人组成的。一个人要在社会中生活必须增强其社会性,这就是人的社会化的过程。社会化反映着个人与社会的复杂关系,这也是一种有复杂意义的社会过程。

第一节 社会化的含义和可能性

一、社会化的含义与意义

(一) 社会化的含义

所谓社会化就是指作为个体的生物人成长为社会人,并逐步适应社会生活的过程,经由这一过程,社会文化得以积累和延续,社会结构得以维持和发展,人的个性得以形成和完善。

在社会学研究领域,对社会化这一概念的理解经历了一个由狭义到广义的发展过程。一般说来,20世纪50年代以前的社会化研究主要以少年儿童为对象:社会化研究在这一历史阶段形成的范围和重点,以及由此沿袭下来的传统,属于狭义的社会化的研究。从50年代开始,人们对社会化问题的思考范围扩大了,其特点是不仅研究童年期的问题,还包括了一切角色学习在内的社会化,从不同角度对社会化的研究出现联合趋势,社会化被认为是内化、角色学习和获得价值标准统一的过程,从此形成并出现了广义社会化的研究。广义社会化研究全面发展于60年代。直接促成和推动这一研究的是社会学中以帕森斯为代表的结构功能论。其中,帕森斯本人的有关研究为60年代新研究方向的出现奠定了基础,他在提出社会化即角色学习这一观点的同时,研究了童年社会化和成年社会化,即初级社会化和二级社会化。他认为前一种社会化并不具有特殊性,只是角色扮演的过渡阶段,后一种才是真正有益于整个社会体系的阶段。60年代以后,在社会化问题上,社会学家们普遍接受了广义社会化的观点。对此,著名社会学家英克尔斯认为社会化的研究应当在两个方面加以改进。即一方面要加强父母与子女间的相互作用,充分考虑社会因素的影响;另一方面应在研究儿童及成年人个性形成的同时,研究成年人重要社会角色扮演的内容。英克尔斯还具体分析了社会结构的四个方面对社会化过程的影响,即社会的政治、经济组织的影响;依据经济、权力和地位的划分的社会阶层对人的自我观念,以及通过文化差异和职业地位对人的社会化过程的影响;社区、家庭规模和类型以及家庭内外环境等"生态因素"的影响;角色模式的影响。这种观点逐渐得到了人们的公认。也就是说,社会学家们对社会化的对象和社会化过程范围的看法越来越扩大,人们不仅在童年、少年期有社会化问题,在青年、成年期,甚至老年期也有社会问题,社会化过程贯穿人的一生。由于这一变化,社会化的含义也随之扩大,它已不仅仅指"生物人"成长为"社会人"的过程,同时还包括个人适应社会生活的整个过程。

当前在社会性研究领域中,对有关社会化的解释又出现了两种新的倾向。首先,人们大多认为,社会化要研究有社会意义的问题。这也就是说,尽管社会化研究的是个体成长的过程,但研究必须注意个体成长与社会协调发展之间的关系。特别是在现代社会发展变化较快时,例如社会发展处于转型时期时,社会规范、价值标准和行为方式可能在较短的时期内出现较大的、跳跃性的变化和多元化的倾向,使人们在社会化过程中感到迷惘和无所适从,造成个体社会化的偏差或失败,使个体无法适应社会生活,进而引起一系列社会问题。因此,社会化研究应根据当代社会发展特点,对这些现象和问题给予重视,使我们的研究有利于促进社会的运行和发展。其次,个体概念的泛化。为了更有利于研究有社会意义的社会化问题,人们对进入和经历社会化过程的个体的理解有所改变。以往的研究把社会化过程中的个体视为处于不同年龄阶段的个人,这种观点往往使社会化研究难以具有社会意义,或至少是限制了它的社会意义。于是人们在研究中就形成了一种改变个体概念内涵的倾向,即人们现在对个体概念的使用和理解,既可以指个人,也可以指一个有社会意义的群体和社会单元,像一代人、一个文化群落、特定发展水平上的文化传统,都可以认为是一个有社会意义的社会单元。

由于这两种新的研究倾向的出现,就使得社会化研究的范围迅速扩大,而且变得异常复杂。我们因此会从中发现许多具有重要社会现实意义的、新的研究领域,同时也会发现社会化的过程已经由个人扩大到社会或一种文化。如下表所示的这些无所不包的题目,是广义社会化研究对社会化的最新理解。

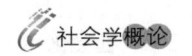

广义社会化研究领域举要

研究领域＼对象角度	个 人	群 体	一代人	社会或文化
文 化	社会文化的内化	特定社会群体的文化	文化代际传递、代际关系及代差	文化交流、文化变迁及跨文化研究
个性发展	自我	群体意识与群体心理特征	社会心理变迁与时代特征	国际性或民族性
社会结构	角色	社会群体、组织及阶级、阶层	社会分层及流动	社会发展

(二) 社会化的意义

人在被社会化的同时，他又在参与创造社会。人与社会总是处在复杂的相互联系和制约的关系之中，从根本上说，这是一种双向的适应和改造的关系。首先，人必须适应社会，个人在所处的社会关系中被塑造成具有特定思想观念、心理倾向和行为方式的社会群体中的一员，社会的发展水平和个人的社会地位确定了一个人的社会属性和行为方式。其次，人在适应社会和被社会所塑造的基础上，发挥人的主动创造力，根据自己的社会需求去从事改造社会的活动，维持社会的运行，推动社会的发展。人在改造社会的同时，也改造了自己，并且为社会塑造一代新人创造了条件。社会化在形成和维持人与社会这种相互关系中起着重要作用。社会化的意义从个人角度和社会角度两个方面进行分析。

1. 社会化是个人得以适应社会、参与社会生活、在社会环境中独立生存的必要前提

从这个角度说，社会化就是把"自然人"或"生物人"塑造成社会人的过程。所谓"自然人"或"生物人"是指仅具有自然属性的人。每个人在出生之时，都只是自然人、生物人，而不是社会人，他没有社会观念和社会技能，只有一些最基本的生理本能。个人仅凭生而具有的自然属性和生物本能是不能在社会中生存的。社会环境不同于自然环境，它是一个人造的世界，是人类物质文明和精神文明的结晶，是人类文化的表现形式。这种表现形式既包括人类创造物质财富和精神财富，也包括人们在社会环境中的生产方式和生活方

式，如社会劳动方式、生活消费方式、婚姻家庭形式、社会的各种规章制度、习俗传统等行为规范。对每个人来说，都必须首先通过社会化的途径接受社会文化，学习社会生活的技能，掌握社会生活的方式，才能适应社会，才能在特定的社会环境中生存。相反，如果一个人没有经过必要的社会化教育，没有掌握社会生活所必需的规范和技能，就无法在社会中生存。例如在世界一些地区发现的狼孩、熊孩、猪孩，他们作为人类的个体，在出生后不久因某些原因落入动物的群体和社会环境之中，被动物哺养长大，与动物一起生活，失去了接受人类社会化的条件和机会。当他们再次被人们发现时，已变得和动物一样，不会言语，不能直立行走，只能像动物一样爬行和号叫。因此，个人要想作为一名正常的社会成员在社会中生活，就必须首先经过社会化的训练。

2. 继续社会化是个人适应社会变迁所必经的途径

人类社会是一个不断发展变化的系统，总是处于变迁之中，特别是当今社会处于发展的转型时期，变迁的速度之快更是惊人。在这一时期，往往十几年甚至几年之内，社会的制度、体制、设施、观念、心理及行为方式上的巨大变化，就会使人产生恍如隔世的感觉。社会变迁会造成人们的思想观念、行为方式由与整个社会相互适应变为相互不适应，从而使个人在社会生活中感到严重的心理紧张感和压迫感，甚至使个人的生存活动及发展出现困难。这时个人就必须有意识地重新适应社会生活，进行继续社会化，更新观念，转换意识，不断学习新知识，接受新事物，克服心理障碍，以便适应变化和发展了的社会，跟上时代发展的步伐。

3. 社会化是人类社会运行及人类文化不断延续和发展的前提条件

具体表现在以下三个方面：第一，没有经过社会化的人也就没有社会，没有那些具备与社会发展水平相适应的知识、能力和素质的人，社会就不能维持其正常的运行。第二，对一个社会来说，如果没有社会化，社会及其文化就不能保持其一致性，共同的社会目标也就无法实现。社会成员在文化上的一致性是确保社会的稳定和正常秩序的一个重要因素。而这种一致性主要是通过社会化来实现的。第三，没有社会化，社会文化就不能世代延续和发展一下去。没有社会化，社会文化就不能顺利地传给下一代。新的一代如果不能通过社会化从上一代人手中接过社会文化发展的接力棒，社会发展将会因后继无人而中断。

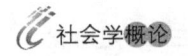

二、社会化的可能性

个体的社会化是以人的生物遗传素质为基础的。在生物界中,只有人类个体能够接受社会化的训练而具备社会属性并参与人类社会生活,人以外的其他动物则没有这种能力。也就是说,离开了人类特有的生物素质,社会化的活动就无法进行。这种社会化所依赖的生物基础主要在于人类具有经生物进化和人类长期劳动实践而形成的高度发达的大脑。人脑在结构和容量上与其他动物的脑有很大差别,从而使人脑在功能上大大超过动物的脑,形成了人类具有接受社会化的一系列潜在能力。概括而言,个人社会化的主要条件主要包括以下几个方面。

(一)脑力劳动的特性

人类在生命进化中获得了只有属于人的生命特性——大脑神经系统和抽象思维能力。从而使人们能够在实践活动中对外部世界的各种事物产生由感性到理性并指导自身行为的认识活动。人的意识活动,能够对事物的质和量,现象和本质,通过人的感觉、知觉、概念、判断等心理机制,印入到主体内部而形成人类意识,并且再通过分析、综合等加工过程进而变为符合外界环境的行为方式。由于长期进化的结果,人类的脑容量约为 1400 毫升,而猴只有 400 毫升。人类的脑重量约为 1400 克,如果将人类的脑重指数(脑重量与体重之比)定为 1.0,那么最接近人类的黑猩猩的脑重指数只有 0.52,而兔则仅为 0.1。人类的大脑,虽然其智力功能,在每个人之间有很大的差别,但从大脑生理解剖学中我们得知,人类大脑约有 5000 亿个神经元,其组成复杂的神经网络,它的功能可以说是无限的。人类具有脑力劳动的能力,不单表现在人类的遗传是作为人的生物个体的延续,而且还表现在漫长的进化过程中不断分化成人类自有的趋势和路线。每个人都是人类遗传信息的携带者,每个人内部都潜在地存在着由上代所遗传给他的思维、心理和行为方式的结构和机能,(并不是指思维、行为本身),只要在一定的社会条件的影响下,这些先在的人类进化而来的结构和机能就能赋予现实的社会内容。这就是为什么每个儿童能够从一个小小生物个体转变为一个社会成员的平时称之为"可塑性"重要的生物基础之一,人是具有脑力劳动的动物。

(二)较长的依赖生活期

许多哺乳类动物的初生幼仔发育良好,能够很快地独立活动,属所谓早熟型。而人生下则有一个较长的生理上、心理上不能独立生活的依赖期。这个依赖期，一般说要在 16 年以上，其中最初 6 年的幼儿期，是完全依赖时期，而随后的 10 余年的青少年期是部分或大部分依赖时期。因此，人的全部生活中约有 20% 的时间都要依赖于父母或其他抚养人。与其他动物相比，甚至与其他灵长目动物相比，这是一段较长的时期。猴类和狒狒的依赖生活期为 5 年至 8 年，黑猩猩更长，约为 12 年。正是由于人有较长的依赖生活期，才成为人能够接受广泛而深入的社会化的重要条件。人的心理活动的过程和生理机制，是人类长期发展、进化的产物。一个人一生下来，生理上几乎完全不能自理，因而不得不依赖父母和其他养育者的关怀和照顾。正是这种生活上的依赖性，决定了一个人生理和心理上的成熟过程，要从乳儿期一直拖到少年期甚至青年期。特别是人脑的结构，要从十三四岁后才能成熟，才能进行较完备的脑力劳动，从而积累大量知识，为继承社会事业、从事新的创造奠定坚实的基础。人类之所以能够不断延续并向前发展与人的依赖生活期间社会提供的学习条件是分不开的。各个人的学习，首先是自我的认识，认识自己在环境中的地位以及与别人的各种社会关系，学习在不同的社会关系中怎样与他人相处，然后学习各种科学文化，进入更加广阔的知识领域、精神领域。正因为如此，社会行为方式经过一代一代人的学习和实际表现，才能够传递和发展下去。所以说，人的依赖性生活期是人类历史传递的桥梁。

人为什么会有这么长的依赖生活期，这既是一个自然科学和生物学的问题，也是一个社会科学，特别是社会学和心理学的问题。早在 19 世纪，生物学就有一种理论称做"复演说"，认为胎儿在母亲子宫内的生长发育复演了动物进化的过程。这个学说，从胚胎学的研究结果已经得到了一定的验证。从这个理论出发，美国儿童心理学家霍尔又延伸了它的外延，在他的《青年期》（1904 年）一书中，又提出了另一个"复演说"，认为儿童时期的心理发展复演了人类进化的过程。这个"复演说"，在心理学界一直有争议。其实霍尔的思想，早在恩格斯的《自然辩证法》一书中已有所论述。书中说："正如母腹内的人的胚胎发展史，仅仅是我们的动物祖先从虫豸开始的几百万年的肉体发展史的一个缩影一样，孩童的精神发展是我们的动物祖先，至少是比较近的动物祖先的智力发展的一个缩影，只是这个缩影更加简略一些罢了。"当然霍尔的说法又进了一步，不仅复演了"比较近的动物祖先"，而且复演了人类进化的过程。既然是复演生物，包括人类心理发展进化的历史，那么就需要一段比别的动物更加长的一些时期的复演时间，那就是可以认可的了，因为人类是迄今为止的生物进化的最后的、最高的、最复杂的成果。但霍尔的学说，把个体的发展史同种系的发展史等同起来，也是值得商榷的。

（三）较强的学习能力

人有很强的学习能力，这也是接受社会化的基本条件之一。通过近年对高等动物行为实验研究，发现它们也有学习和积累一些知识的能力。但是这些能力和人类的学习能力是无法比的，动物没有抽象思维的能力，它们所谓的学习，只不过是一些直接或间接的模仿，没有创造力。因而把人的学习和积累知识的能力作为人的特点未可厚非。例如，小黑猩猩所学的东西，一般最初与同龄的小孩一样好。但是，随着年龄增长，黑猩猩的学习速度很快就相对落后了。这充分说明，人类学习和积累知识的能力是优于其他动物的，其中一个重要原因，是人能进行思维活动，人能通过实践使知识内化，变成自己的观念、思想、动机和行为，形成独特的见解，达到认识事物本质的水平。一个人在看到他人如何寻找食物，寻找欢乐，如何避免危险保护自己等行为后，自己遇到同样需要或者类似情况时，就模仿着去做，一旦有效，他就会对这些方式记住，必要时就重复表现出来。反复次数多了，就在头脑里打下深刻的烙印，储存了生活的知识。在开始的时候，一个人往往只限于模仿别人表现于外的动作，随着生活知识的增多，终于能体会出他人在内心的想法与计划。最后使外表的动作和内心的计划一致，变成自己的观念和知识，变成自己行动的指导思想，并把这种思想和自己的行为结合起来，使人成为一个能动的主体。人类学习和积累知识的能力，可以达到这样的水平，那就是人们的行为具有经过事先考虑的有计划的向着一定的目标前进的特征。人的学习能力是由个人的天赋、社会的教化和个人的努力三方面因素互相作用造成的。这三方面能够很好地配合，就能创造良好的学习成绩。

解释人类学习活动、学习能力的一个比较权威的学说，就是巴甫洛夫的条件反射学说。前苏联生理学家巴甫洛夫（J. P. Pavlov，1849—1936）在研究消化生理的过程中，发现当一个本来对于某种反射无关的刺激与这种反射的自然刺激多次伴同出现后，这种无关的刺激成为也能引起这种反射的刺激，即成为与这种反射的条件刺激。由条件刺激引起的反射，巴甫洛夫称做条件反射。

所谓反射，在生理学和心理学上对作用于有机体并引起其反应的任何因素，不分来自外界还是内部，都叫做刺激物，有机体对刺激的回答叫做反射。反射可以分为无条件反射和条件反射两种。无条件反射是动物生来就有的，是在神经系统发育过程中所形成而遗传下来的。其神经联系是固定的。而条件反射是动物个体生活过程中,为了适应环境变化,在无条件反射的基础上形成的,其神经联系是暂时的。如食物直接刺激口腔而引起唾液分泌为无条件反射,动物听到盘声或铃声而分泌唾液则为条件反射。条件反射学说,说明了动物学习可能性和学习的机理。巴甫洛夫又进一步说,条件刺激也称为信号刺激,又分为第一号系统和第二信号系统。第一信号系统指直接作用于各种感官的具体刺激,如声、光、电、味等刺激,这种信号刺激是动物和人类都有的。(如铃声可以引起唾液的分泌)。第二信号系统,是指作为信号刺激的语言,这是只有人类才有的。第二信号系统学说,揭示了人类特有的思维的生理基础。在人类思维能力的发展中,语言、概念等的运用起着巨大的作用。这一学说,也说明了人类思维活动和动物心理活动间的区别。

(四) 特有的语言能力

人类具有很强的学习能力是与自己的语言能力及其第二信号系统密切相关的。语言是人类特有的现象,它是客观事物在人头脑中形成的表象、概念和思想的外部表现。人可以通过口头,特别是文字或符号等语言形式传达信息,沟通思想。因此人能借助语言学习社会文化,了解他人的经验,积累生活知识,指导自己的行为,参与社会生活,处理社会关系,创造社会财富。语言是个人社会化的强有力的工具和杠杆。正因为有了语言,才丰富了人的社会化的内容,扩大了社会化的范围,加速了社会化的进程。

语言是人们相互传递信息、感情的象征性符号之一。有了对某事物的概念,以及代表这些概念的象征符号,即令某种事物未在面前,发生某种事物的情形已过,或某事物可能尚未产生,是属于未来的情况,都可以用象征性符号以达到表达和传递某事某物的信息。象征性符号不止语言一种,一面旗帜、一幅画、数学的许多符号、化学元素符号都是,但主要的则是语言系统。

人类在长期的劳动中,发展了语言的器官,发展了听觉的能力和大脑的有关结构。人的大脑皮层覆盖在大脑半球的表面,主要由神经细胞的细胞体构成,是高级神经活动的中枢。动物愈高等,大脑皮层愈发达。人类由于社会集体生活和劳动中相互交往,产生了语言和思维,促进了大脑皮层的发展。这是其他动物,即使是最高等的猿类也望尘莫及的。其他动物对外界和内部刺激的声音所作的反应是一种与生俱来的本能的反应,而不是对声音刺激物本身有什么回答。而人类的语言,则是另一回事。客观的刺激物在人们的头脑中形成表象、概念或思想,因此,人类对语言的反应是反映了语言所代表的那件事物的本身,使人们彼此之间传达他们的头脑中所反映的东西,使人们交流思想。从此可知，人类的语言能力是人的社会化的基础，没有语言，也就谈不上社会交往，谈不上什么社会化。

如果动物所发出的声音可以叫做"词"的话，猪通常有23个，狐狸有36个，猫有21个，山魈的信号不少于40个。但与人类相比，动物的语言就相当贫乏了。一个两周岁的孩子可以掌握300个词，三周岁时可增加到500个词，到了上学年龄时可以掌握3000~5000个词。但问题还不仅仅是数量。动物的"语言"与人的语言主要差别在于："它们不可能交谈过去的事情和未来的事情。即使目前的事情，如果不是发生在视野范围之内，也不可能交谈。它们不会用'词'来表达抽象的概念，即信号的信号。而人类的词汇代表一定的概念，帮助我们了解周围的世界，使我们对生活中从未遇到过的、从未见到过的或从未听到过的东西都形成概念。用词语表达概念在人的思维中起着重要的作用。"[1]

人类的语言，还不仅是上述直接交往的工具，那只是所谓口头语言。人类还在口头语言的基础上，创造了书面语言，即文字。口头语言只是能够听或说出的语言，文字则是在听到和说出的语言的基础上形成的一种能够看到的语言。从生理的机制来说，它是一个极其复杂的人类独有的更高级的现象。口头语言可以伴有手势、表情，带有很大的情景性质，而文字则完全不可能。掌握和运用文字，这就意味着不但会说，还要求会写，有运用文字和其他符号的能力。这是一系列复杂的过程。人从小学开始，就开始这方面长期的训练，人们的思维可以在书面语言中表达得最充分、最完整、最精练。人们的书面语言，反过来又不断地丰富和改进口头语言。

第二节 社会化的内容和场所

一、社会化的基本内容

（一）学习生活的基本技能

一个人出生之后有相当长一段时间在生活上不能自理，无论衣食住行，他都要靠别人的帮助才能完成。一个人连基本生活都不能自理，更谈不上广泛地参与社会生活和为社会创造财富。这样，作为一个人，其首要任务就是学习衣

---

[1] 苏斯齐什考夫斯卡娅. 动物的语言 [M]. 上海：上海知识出版社，1985.

食住行方面的基本技能。吃饭、穿衣、走路,这些与人的基本的生物性需要密切相关的技能并不能在短时间内学会——这与个体生物机能的发展相关,也与人的智力的发展相关——通常需要几年时间。应该指出的是,这些衣食住行的技能并不是简单的动作,而是一种文化,在这些活动中包含了人们赋予的某种意义。比如,中国人吃饭用筷子、穿衣整洁、走路要规矩等,都是包含着特定文化意义的。

(二) 学习谋生的基本手段

作为一个社会成员。人不但是一个消费者,也应是一个生产者。人不但要通过生产而自食其力,而且要向家庭成员中的非生产者提供消费资源,另外,他还要为社会作出自己的贡献。这样,人就必须学会谋生的技能,即通过劳动创造财富。不同时代人类通过劳动获取财富的方式,即生产方式有不同。在农业社会,人们的主要的生产方式是在自然条件制约下的农业耕作,在工业和后工业社会,机械化生产乃至自动化生产成为主导的生产方式。显而易见,在不同生产方式下,人们学习谋生手段的内容、过程和方法也是不同的。在自然经济条件下,家庭是基本的生产单位和生活单位。一个人学习谋生手段常常是通过由幼跟随长者、耳濡目染及模仿而获得的,这一过程可以在十几岁时完成。在工业和后工业社会,生产技术变得越来越复杂,一个人谋生技能的获得需要通过正规的学徒、通过学校的学习和职业培训,这一过程一般到二十多岁才能完成。但是,无论如何,这些谋生是必须通过学习才能获得的,这是人的社会化的一项重要任务。

(三) 学习社会行为规范

社会行为规范也称社会规范,它是一定群体和社会中社会成员的行为准则。为了保障群体生活的有序进行,人们通过长期摸索形成了与特定的群体活动相适加的、说明其成员应该如何及不该如何的不成文或成文的规定与共识,这就是社会行为规范。行为规范是人们进行群体活动的伴生物,并作为一种潜在结构指导着群体成员的行为。在群体生活和人的社会活动中,行为规范是无处不在的,这也是人类群体的社会性的证明。群体和社会的性质不同、活动的领域和场景不同,指导社会成员的行为规范也不同。比如,人们在家庭中、朋友圈子里、工作单位上所应遵守的行为规范是不同的。

社会行为规范是人们在共同生活中创造出来的,但是,并非所有的行为规范都由当事人创造而产生。对于后来人来说,社会行为规范就是先于他们而存在的,他们必须学习和遵从这些规范才能有效地参与群体生活。学习和认同了这些行为规范,人们就会减少由于其生物性所驱使的混乱行为,能与他人进行更好的沟通与合作,更有效地参与社会生活。

(四)明确生活目标

对于群体和社会来说,对其成员进行社会化的一项重要任务是向其灌输主导的价值观,并向他指点生活目标。无论从群体成员的成长还是从群体发展的角度看,任何群体和社会都对其成员寄予某种期望。这种期望主要表现为对其价值观、人生观的培养,即期望后来者成为群体所期望的人,这些集中表现为对人的生活目标即基本的生活目标的指点。这种生活目标的指点常常具体地表现为群体中的权威者对后来者未来职业的指点,通过对具体职业优劣之评价来引发后来者对某职业的兴趣和好感。在宏观上,这种指点则表现为对后来者人生发展方向的引导。群体对后来者生活目标的指点受群体目标、群体中权威者对自我人生历程的反思及社会价值系统的影响。

(五)培养社会角色

社会角色是指与某种社会结构中的社会地位(或社会位置)相一致、社会对占据该地位的人的权利和义务的规范性期望的体系。具体地说,社会角色是指一定群体和社会中有特定权利和义务、并按照特定行为规范活动的人。比如,老师、学生、母亲、儿子等都是既抽象又具体的社会角色,他们都代表着社会所期望的一系列权利、义务和行为规范。社会角色是社会结构中具体位置的表现,一个具体的社会就是由一系列相关的社会角色结合而成的。从综合的角度来看,人的社会化就是要培养社会角色,即将他培养成群体和社会认为合格的角色。比如,父母希望儿女能够成才,成家立业,为家庭发展作出贡献;教师希望学生全面发展,成为优秀学生,将来成为社会栋梁。在这里,后者都是社会角色,而那些具体的儿子、女儿、学生都是角色的扮演者。社会化的基本任务就是培养他们能按照要求成为合格的社会角色。

二、社会化的主要场所/机构

(一)家庭

几乎对每个人来说,家庭都是个体出生后接受社会化的第一个社会环境,家庭的教育和影响对个人早期社会化甚至一生的社会化都具有重要意义。可以这么说,家庭是最重要的社会化场所。

首先，家庭教育和家庭环境的影响是一个人社会化的开端，它为个人一生的社会化奠定了基础，家庭社会化的结果将对个人的一生发生影响。对于个体早期社会化来说，家庭环境因素对个人的观念、心理和行为习惯会发生潜移默化的深刻影响，例如家庭在种族、阶层、宗教等方面的社会特征，父母的经济收入、生活方式和文化教养等，都通过日常的家庭生活和交往活动对儿童的行为规范、心理特征、价值观念、生活习惯等产生重大影响。其次，家庭环境对个人社会化的意义在于对儿童感情和爱的培养。在各种社会环境中，家庭所可能给予个人的感情的交流和爱的体验是最多的，人一出生就接受母亲的哺乳，接受父母及其他亲人的搂抱、亲吻、爱抚、逗乐和安慰，这一切活动都伴随有丰富的感情交流，让儿童体验到亲人的爱和家庭的温暖。一个人的感情能否正常发展，他能否理解爱，既懂得接受别人的爱，也能给予别人爱，这种感情方面的社会化很大程度上取决于他所处的家庭环境条件。再次，家庭中父母的权威对儿童社会化具有重大影响。一般来说，儿童的依赖生活期都是在家庭环境中度过的。由于儿童在生活上和心理上对父母的依赖，很容易使父母成为儿童心目中全知全能的权威。而父母借助于这种权威形象对子女所进行的社会化指导，是子女所无法抗拒的。家庭环境中的权威形象和亲子之间的感情交流，使家庭社会化对个体的心理和观念具有强大的渗透力和塑造力。

（二）同辈群体

所谓同辈群体指由那些在年龄、兴趣爱好、家庭背景等方面比较接近的人们所自发结成的社会群体。同辈群体也是个人社会化的一个重要环境因素。从人际互动的角度上说，那些在家庭背景、思想观念和兴趣爱好等方面具有较大相似性的同龄人之间，最容易彼此发生人际吸引和人际影响。同辈群体对个人有较强的吸引力和影响力，它的群体规范和价值往往被个人作为社会化过程中的重要参照系，而成为个人社会化的一个重要环境因素。当儿童逐渐长大，发现自己的一些兴趣和爱好在家庭和学校中不能得到满足时，便开始寻找同龄伙伴。

在同辈群体中，儿童感受到一些不同于家庭和学校环境中的新的东西。首先，在同辈群体中的大多数活动不是由某种权威事先为他安排好的，他可以以一种独立的姿态，在平等的基础上和他人进行交往，建立或中断某种人际关系。这种活动可以使儿童大大提高自身的独立意识，学会灵活地扮演多种社会角色，增加人际交往和解决人际冲突的能力。其次，个体在同辈群体中接受大量亚文化的影响。由于在同辈群体中个体可以摆脱像家庭或学校环境中的那些

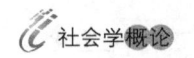

社会权威的约束，因此他们可以自由地从事自己喜爱的活动，讨论大家共同感兴趣的话题，从而使个体某些朦胧的感受在群体成员之间的沟通中发生共鸣，而形成较为明晰的群体亚文化意识。在年轻人组成的同辈群体中，往往有着独特的亚文化，包括共同的思想观念、价值标准、兴趣爱好、服饰发型、隐语、符号等。这些都构成了对个体社会化发生重大影响的环境因素。

（三）学校

对于进入学校的儿童和青少年来说，随着年龄的长大，在社会化方面学校和教师的教育作用逐渐超过了家庭和家长的教育作用，而成为儿童和青少年社会化的最重要的社会环境因素。

学校作为社会化的社会环境条件之一，其特点主要有几个。首先，学校是专门为社会化目的而设立的学习机构。在这个特定的学习环境中，给学生提供了有组织、有目的的系统化受教育的各种条件。如果说家庭里的社会化是以一种耳濡目染、潜移默化的形式在日常生活中自然而然实现的，那么学校中的社会化则强调专门的学习，带有半强制性。学校教育对人的社会化具有更强的指导作用。学校受社会的正式委托，负责年轻一代的社会化工作，帮助他们学会特定的适应社会生活的本领。学校的社会化具有系统性，它一方面传授各种科学知识和技能，同时也努力培养和树立学生的价值观念，使学生在德、智、体、美等方面全面发展。其次，学校是一个有组织群体结构。学校有一系列的规章制度，学生必须学习和遵守这些行为规范和准则，按照规范的要求去扮演自己的社会角色，并理解和把握这种有组织群体中的人际关系。在学校里，儿童第一次面对次级群体中的社会权威，要遵守那些带有强制性的行为准则；儿童不再像在家庭中那样被视为宠儿，而要在更大的群体中作为一个普通的成员去努力培养自己与他人交往的合作性和独立性，学会参照他人的评价来评价和调整自己的行为。

（四）工作单位

当一个人结束自己的学校生活后，就要走入社会，在工作单位里开始自己的职业生涯。这个过程并不意味着个人社会化的结束，而是社会化在工作单位这一新的社会环境中又开始了一个新的阶段。

首先，工作单位是个人进行职业社会化的主要场所。个人要在工作单位的职业活动中学习职业技能，遵守职业规范，学会扮演职业角色等，个人在工作单位中通过自己的职业活动和职业成就来确立自己的社会地位，实现个人的人生理想和价值，并在这一过程中形成个人的能力、品格、气质、性格等心理特征。因此，工作单位是成年人社会化不可缺少的社会环境条件。其次，工作单位给人们提供了一个检验和发展家庭及学校社会化成果的场所。一个人离开了学校，进入工作单位，意味着他开始真正地走入社会，他在家庭和学校中所受的社会化训练能否使他适应这个社会，需要在工作单位这一社会生活环境中加以检验。人们会在工作单位中发现许多书本上没有或与书本上不相符合的文化因素，这些新的因素甚至会冲击和威胁他们在家庭和学校中所形成的价值观念。这种新的社会环境必然促使个人开始一轮新的社会化活动，调整和发展自己的价值标准和行为方式，达到真正适应现实社会生活的目的。

（五）大众传媒

所谓大众传播媒介是指社会组织为在广大社会成员之间传递信息、互通情报所采用的各种通信手段，如报纸、书籍、杂志、广播、电影、电视、互联网等。大众传播媒介通过新闻报道、舆论宣传、知识教育、生活娱乐等方式，为广大社会成员理解和接受社会所倡导的价值观念、奋斗目标、社会规范和行为方式等，提供了一个广泛的社会环境条件。

在现代社会中，随着大众传播的日益发达，它在人们社会化方面的影响显得日益重要，这种影响表现出形式上的多样性、内容上的丰富性和受众的广泛性，对人们的价值观念具有导向作用，对人们的行为活动具有暗示作用。例如，在社会生活中，报纸杂志特别是电视上的商品广告，实际上在引导着人们的消费行为；电视和电影中所描写的生活历程和塑造的人物形象，经常被年轻人当做自己的人生追求目标和直接模仿的对象。甚至在美国等西方国家，电视被社会学家称为是儿童的"主要社会化力量"。在当代，互联网更是发挥着巨大的社会化作用。总之，现在看，电影、电视、电脑、互联网对儿童青少年社会化的影响不仅十分强烈，而且极其复杂。

第三节　社会化的过程

一、社会化过程的理论研究

（一）查尔斯·库利：镜中我

查尔斯·霍顿·库利（Charles Horton Cooley，1864—1929）是最早提出自

我发展理论的社会学家之一。按照库利（1902）的说法，自我作为一种社会产物，它的出现有三个阶段。首先，我们察觉到我们在他人面前的行为方式；其次，我们领悟了别人对我们行为的判断；第三，基于对他人反应的理解，我们也许也会赞成我们自己所做的这个行为。这样，由于我们对自我的认识，我们也许说是对他人是如何想象我们自己的反映，因此库利就称这种自我为"镜中我"（looking-glass self）。

库利相信，自我在初级群体（Primary groups）中得到了充分的发展。库利认为，家庭就是这样的一个最重要的群体。在家庭中，孩子对他们父母的意见抱有"同感"，由此而形成自我意识。通过注意父母的手势与话语，孩子们开始认识到父母对他们期望什么，父母如何评价他们的行为，父母对他们的意见是什么。有了这些知识和认知后，孩子就试图形成一种父母所期望的自我。

（二）乔治·米德：角色借用

乔治·赫伯特·米德（George Herbert Mead，1863—1931），一个符号互动论发展中最重要的人物，他认为他自己主要是一个哲学家。他的著作为社会学家们所接受，主要是由于在他死后，他的学生发表了他在芝加哥大学的讲学笔记。

米德认为，在孩子出生的最初几个月里，他们并未意识到自己与他人是有所区分的。随着语言的发展和对符号的理解，自我概念开始发展。当他在思维中把自己当做客体并与其他事物区别开来加以想象和思考的时候，自我就形成了。他们可以与自己的自我"交谈"，可以对自我作出反应。他们本身成了自我的客体。

米德将自我分为两个部分："主我（I）"与"客我（me）"。"主我"包括每个人自发的、独一无二的"自然"特征，如在每个正常婴儿和儿童那里都有的无约束的冲动和动力。"客我"是自我的社会部分——对社会要求的内化和对那些要求的个人意识。"主我"首先发展起来。由于婴儿必须首先领会社会对他们的期待，因此"客我"要经过很长时间才得以出现。米德认为自我的发展包含主我与客我之间的影响力连续交流，在这种交流过程中，主我不断地对变化着的客我作出反应。

从米德的观点看，客我在社会化过程中经历了三个极不相同的阶段，表现为三种形式：模仿、嬉戏与群体游戏。

①模仿阶段（imitation stage）包括人的一生中最初的两年时间。在这个阶段，儿童仅仅从事米德所说的与父母"手势交流"（conversation of gestures）活动，模仿父母的动作。在这个时期，真正的"客我"尚未发展起来。

②嬉戏阶段（play stage）从两岁时开始，大约持续几年的时间，这时孩子开始从事角色借用（role taking），他们把自己想象为处于他人的角色或地位，从而发展起从他人的角度看待自我与世界的能力。这一实践最先使他们发现自己的思想和目标与父母之间存在很大差异。大多数情况下，这又多产生于父母未能满足他们某种或多种需求从而遭受挫折的时候。起初，儿童开始借用的角色是重要他人（significant others）的角色。重要他人即指与儿童相处十分密切、同时对他们自我发展影响最大的那些人。一般说来，第一个重要他人是父母或代理父母之职者；到后来，兄弟姐妹、家里的朋友以及其他一些非亲非故者陆续加入到儿童的借用角色之列中。在这个阶段，当儿童模仿他人角色的时候，他们实践着重要他人所期待的态度和行为。儿童也许首先扮演偷饼干的"坏孩子"，然后假扮呵斥坏孩子的"父母"，最后扮演解决问题的"警官"。就是在这个阶段，儿童才开始第一次把自己看做是社会客体："我在做此事"，"玛丽要糖果"。虽然"客我"在这个阶段开始得到发展，儿童还是不能理解角色借用的意义，他们只是在玩耍生活中的社会角色。

③群体游戏阶段（game stage）三四岁以后就立即开始了。在这个阶段，儿童开始走出家庭，与更多的人和群体发生联系，同时他们也把家庭看做是他们所隶属的群体。儿童开始关心在非家庭群体、包括作为整体的社会中所扮演的角色。他们发展起了一般意义上人们对他们的要求和期望的观念，即米德所说的一般他人（generalized others）。在游戏中，如玩垒球，儿童必须考虑许多人在同一时间扮演许多不同角色时的相似行为。他们必须知道周围的整个情势。这样做时，他们借用的是一般他人的角色。当能够这样做时，他们已将"社会"内化了，"客我"的形成过程已经完成。

德和库利的理论在现代社会学中仍然有很大的影响，但两个理论中对社会现实的想象比我们今天所真正面对的现实要简单得多。例如，库利就没有对初级群体之外的那些迅速出现的社会力量对自我的影响给予足够的关注，如大众传媒。米德关于一般他人的概念，同样没有注意到今天的多元社会现状，比如在当代美国等国家和地区，随着大量的亚群体和亚文化的出现，若认为一个"较大的社会"服从于单一、统一的要求和期望，那是十分困难的。

（三）西·弗洛伊德：无意识

西格蒙德·弗洛伊德（Sigmund Freud，1856—1939），出生于维也纳，心理分析奠基人，是在人类行为研究领域的一个关键性人物。如果不提到他的著作，那么关于如何社会化的讨论就是不全面的。与库利和米德不一样，他们强

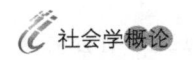

调的是个体与社会之间的协调,而弗洛伊德则看到在这两者之间更为基本的是冲突。他甚至走得更远,说我们越是文明,我们就必定越不幸。这是因为,文明的生活要求我们去压抑许多深层的生理欲望。库利和米德把自我解释为一种社会的产物,并强调语言和其他符号系统的重要性,可弗洛伊德则强调在社会化过程中的生理基础和情感的力量。最后,弗洛伊德认为,我们大量的心理活动产生于无意识领域,这是我们的意识和"理性"难以进入的领域。事实上,弗洛伊德对无意识的"发现",被认为是20世纪的重大成就之一。

弗洛伊德认为,人的人格分为三个部分:本我(ID)、自我(ego)和超我(superego)。超我大致相当于米德的"客我",即对从社会中习得的"应该如何"和"必须如何"的内化。这就是对人格的审查、意识和社会监控。本我包含无意识记忆和生理的、心理的冲动,尤其是性冲动。对本我的强调是弗洛伊德理论的一个重要标志。自我在超我和本我之间扮演着一个中介角色,大多数情况下处于无意识之中。按照弗洛伊德的说法,如果一个人要达到心理健康,人格的这三个部分必须终其一生都是和谐的。

一个简单的例子有助于说明本我、自我和超我的功能。想象一下,你正驾车走在一个开得非常慢的人后面。你要急于在8点钟去赴约,但如果你只能以每小时25公里的速度驾车的话,你是不可能在8点钟赶到的。你按响喇叭,打亮前灯,但走在你前面的那个司机仍然拒绝开得再快点。这个时候,你的本我也许就会要你猛踩油门向前面那辆车冲过去以教训一下那个司机。而自我则可能考虑这样做会导致什么后果:车损坏了,保险费将会提高,甚至还会丢了性命。超我或意识可能会提出关于你的行为的道义与"正当性"的问题,我有权把自己的汽车撞向另一辆汽车吗?难道司机没有权利走得慢些吗?最后的结果是,你可能会沮丧地嘟嘟囔囔(或者也许是尖叫),但你不愿把汽车向前面那辆撞过去。

弗洛伊德受到了来自不同方面的批评者的攻击。他们认为,弗洛伊德的理论根植于他所成长于斯的维也纳中产阶级社会,而那种文化几乎不能算做是普遍的文化。实际上,跨文化的研究挑战了弗洛伊德所描述的一些性心理冲突的普遍性。对他的著作的最尖锐的批评来自女权主义的心理学家和社会学家,他们感到他的理论深深地浸透了性别主义,甚至露骨地厌恶女人的假设。例如,正统的弗洛伊德主义者认为,当小女孩意识到她们没有阴茎的时候,她们就假设已被"肢解",她们未来的发展也就由这种"阴茎"情结所支配。他们还认为,一个心理正常的女性,总是降服于人甚至是受虐狂,而不是显示自己权威的、自信的人。

另一种对弗洛伊德的共同批评是认为，他的理论声称儿童在早年社会化过程中形成的人格终其一生而不变，而这也过于教条化了。大量证据表明，在人的一生中，人们都在某种程度上改变自己的人格。并且，弗洛伊德还暗示，如果性爱更开放一些的话，人们就不会那么容易成为受挫者或不幸福者。可是，从弗洛伊德那个时候起，西方的性道德观就已变得较为松弛了，但这似乎并没有减少多少不幸。这表明，在性爱冲突之外，还有许多因素是人格问题的根本。最后，弗洛伊德的理论因缺少经验证据而遭到猛烈的抨击。

今天，许多社会学家感到，弗洛伊德太过于强调生理因素对人格塑造的影响，而对社会因素强调不足。但弗洛伊德在很大程度上也强调了儿童在家庭中的社会经历。除了他关于无意识的理论之外，弗洛伊德广为人接受、流传最久的理论贡献也许就是他关于儿童期的事件对后来生活的影响。

（四）埃·艾里克森：认同危机

艾里克·艾里克逊（Erik Erikson，1902—1994）深受弗洛伊德的影响。然而，由于他修正了弗洛伊德的理论，大家都称他为"新弗洛伊德主义者"。弗洛伊德强调本我的冲动，艾里克逊主要关心的则是更为"理性"的自我的世界。艾里克逊把自我的发展分为八个心理阶段，它随着我们一生不同时期的发展要求而变化。弗洛伊德重点研究的是儿童期，艾里克逊的发展阶段一直延续到老年期。这样，艾里克逊相信，人格发展是终其一生的事情，而不仅仅在儿童期。

根据艾里克逊的观点，人格发展的每个阶段是由"认同危机"（identity crisis）来定义的。一个稳定的自我认同源自于对这些认同危机的积极解决，在现代社会中，这也囊括了人们对生活的许多基本关怀。下面是对艾里克逊八个认同危机的概括。

1. 信任与不信任（婴儿期）

婴儿的需要如果得到充分的满足，就会产生信任，即产生世界是安全的感觉。但是，如果对婴儿的照料不是稳定的或不是充分的，或者如果婴儿感到被拒绝，就孕育了一种基本的不信任，而这将在往后的发展阶段起作用。这个信任与不信任的问题（像后面的问题一样）在人的一生的头一年并没有完全得到解决。在人的一生中，信任可变为不信任，反之亦然。

2. 自主与怀疑（儿童早期）

自主（独立）的感觉意识/在第二个阶段开始出现，它是儿童运动机能和大脑智能发展的结果。如果父母认识到他们的小孩需要做他们力所能及的事，就让他们去做，这样儿童就会感到，他们能够控制自己的肌肉、他们的冲动、他们的自我以及周围的环境。另外，儿童有时候会感到怀疑或者害羞，例如，如果他们受过上厕所的训练，但却失禁于照看者的膝上。当父母没有耐心而代儿童去做他们自己能做的那些事情的时候，儿童就强化了这种怀疑意识。儿童进入其他发展阶段后，就会更加感到害羞和怀疑而不是自主，这就影响到了他们在青春期与成人期的自主意识的获得。

3. 主动与内疚（学龄前）

儿童进入这个时期时，他们已能控制自己的身体。现在他们开始了新的机体运动活动，同时还包括语言与一些好玩的事。在这个阶段，无论孩子是获得了主动首创性还是内疚感，都依赖于父母对儿童的自发活动的反应。如果父母让儿童感到他们的行为是坏孩子行为，他们的问题是幼稚的，他们所玩的东西愚蠢可笑，他们就可能产生一种强烈而持续的内疚感。

4. 勤奋与自卑感（学龄期）

这个阶段包括整个小学阶段。在这个时期，儿童要知道什么东西是由什么做成的，它们是怎样运作的，它们在做什么。如果成年人鼓励儿童努力去制作、构筑某些实际的东西，允许他们完成他们的计划，对他们所做的结果提出表扬，这就会加强儿童的勤奋感。但父母如果把孩子努力制作或做的事情看成是"捣乱"或"搞得乌七八糟"，或者教师要求孩子遵守成人那样严格的规则，就会使儿童产生自卑感。

5. 认同与角色混淆（青春期）

儿童进入青春期的时候，他们身体起了变化。青少年看待世界和思考问题有了新的方法。他们的角色除了儿童时期的女儿、儿子、朋友、学生等外，又加进男友、女友、运动员、学者及许多其他的角色。这些新角色必须平缓地与原来的角色结合成新的角色集，以促进强烈的自我认同。在这之前的早些阶段，如果他们已形成了较强的信任感、自主感、主动性和勤奋感，进入青春期后，他们就比那些没有形成这些感觉意识的人有更好的机会获得强烈的自我认同感，避免角色混淆。

6. 亲密与孤独（青年时期）

这个阶段包括求爱与建立家庭。艾里克逊所说的亲密，即指一个人在无须虑及自我认同丧失的情况下去爱另一个人和关心另一个人的能力。如果一个人不能与他人亲近，他或她就会生活在一种孤独感之中。亲近他人的能力很大程度上依赖于一个人的自我认同强度的大小。

7. 代际关怀与自我沉浸（中年期）

中年期的人已有了丰富的人生阅历，他们的关怀开始超出自己的家庭，更加关心未来一代的成长，关心下一代将要生活于其中的社会状况。艾里克逊把这种关怀称为"代际关怀"（generativity）。那些没有形成代际关怀的人，则会沉溺于自我，个人的需要和舒适成为他们的主要关怀。

8. 完美与绝望（老年期）

在这个最后阶段，个人的主要活动接近尾声，他们已有了更多的时间来思考。完美的感觉来自一个人对他或她的一生的满足。而另一个极端则是，如果一个人认为自己的过去失去了一系列机会，或者走错了路，那么就会陷入绝望之中。

艾里克逊的批评者认为，他的发展模型是以中产阶级的生活经验为基础的，因而有失偏颇。大多数情况下，艾里克逊把他的模型建立在中产阶级的研究的基础上，这是不争的事实。他还研究了人格的一般发展（像其他理论家所做的那样），而没有去考虑社会阶级、种族群体或可得性机会的影响。另一个对艾里克逊的批评认为，他的模型很难进行经验研究。比如，我们怎样来衡量一个人在他发展的每个阶段是成功的呢。最后，艾里克逊的模型暗含了一种关于人格发展的抽象理想，但这个理想是什么呢？是幸福？对中产阶级价值观的遵从？心理健康？艾里克逊并未给出答案。

（五）瑞·哈维格斯特：人生六阶段

哈维格斯特在《人类发展》一书中，把人一生的社会化过程分为六个阶段，并具体描述了各阶段的发展任务（参见下表）。

人生发展六阶段理论

幼儿期	（1）学习走路 （2）学习吃固体食物 （3）学习说话 （4）学习大小便的方法 （5）懂得脾气的好坏，学习控制自己的脾气	（6）获得生理上的安定 （7）形成有关社会与事物的简单概念 （8）与父母、兄弟姐妹及他人建立情感 （9）学习区分善恶

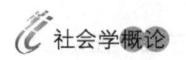

续表

儿童期	(1) 学习一般性游戏中必要的动作技能 (2) 培养对于自身有机体的健康 (3) 和同伴建立良好的关系 (4) 学习男孩或女孩的角色标准 (5) 发展读、写算的基础能力		(6) 发展日常生活必要的概念 (7) 发展道德性及价值判断的态度 (8) 发展人格的独立性 (9) 发展对于社会各个单位和团体的态度
青年期	(1) 学习与同年龄男女的新的交际 (2) 学习男性与女性的社会角色 (3) 认识自己的生理结构，有效地保护自己的机体 (4) 从父母和其他成人那里独立地体验情绪 (5) 有信心实现经济独立		(6) 准备选择职业 (7) 做结婚与组织家庭的准备 (8) 发展作为一个市民的必要的知识与态度 (9) 追求并实现有社会性质的行为 (10) 学习作为行为指南的价值与伦理体系
壮年初期	(1) 选择配偶 (2) 学会与配偶一起生活 (3) 家庭中添了第一个孩子 (4) 教养孩子		(5) 管理家庭 (6) 就职 (7) 担负起市民的职责 (8) 寻找合适的社会团体
中年期	(1) 形成作为市民的社会责任 (2) 建立一定的经济生活水平，并维护这种水平 (3) 帮助十几岁的孩子成为一个能被人信赖的幸福的成人		(4) 充实成人的业余生活 (5) 接受并适应中年期生理方面的变化 (6) 照顾年老的双亲
老年期	(1) 适应体力与健康的衰退 (2) 适应退休和收入的减少 (3) 适应配偶的死亡		(4) 与自己年龄相近的人建立快活而亲密的关系 (5) 承担市民的社会义务 (6) 对于物质生活的满足方面的要求降低

（六）让·皮亚杰：认知发展

前面我们讨论的理论都是把人格发展当做一个整体。这里要讨论的理论是瑞士学者让·皮亚杰（Jean Piaget）发展起来的只是关心人格发展的某个局部——认知的发展，或者说，我们学会思考的途径。

许多人认为，皮亚杰是儿童如何学会思考和推理研究方面的先驱者。他试图回答这样一些问题：孩子刚出生时候，知道些什么？他们用什么工具来获得的知识？在每个具体的年龄，哪些知识是他们所必需的？皮亚杰对我们认识社会化过程的主要贡献是，他描述了儿童在不同发展阶段是如何思考的。

皮亚杰断言，在每个发展阶段，从婴儿期到青少年期，儿童所有的活动都标记着确定的智力操作类型，这些智力操作类型为儿童活动知识给定了某种结构。他相信，尽管有些儿童比另外一些走过这些阶段要快些，但所有的儿童都必须按同样的顺序走过所有的阶段。由此，皮亚杰感到，像"可以在任何时候对任何孩子教以任何东西"的说法，不仅是错误的，而且事实上也是荒谬的。

皮亚杰认为学习是一个积极的过程。为了学习，儿童必须吸收知识并加以消化。皮亚杰相信，儿童智力发展要经过下列几个阶段。

1. 感觉运动阶段

在孩子1岁半到2岁时，他对世界的了解，是完全通过他们的感觉器官的。儿童伸手够、触摸、坐、走路、探索。起初，他们的行为很偶然，但随着一天天长大，就变得越来越有目的了。在这个最初阶段，儿童学会在大脑中建构和再构（construct and reconstruct）客体。例如，如果把一个新生儿注视的物体从其视线中移走，婴儿的眼睛是不会跟着物体走。对婴儿来说，"视线之外"的东西，就意味着"存在之外"。如果物体不在视线之中，它就不存在。然而，在感觉运动阶段的末期，儿童就能在大脑中获得对客体的影像。

2. 前操作阶段

这个时期从2岁左右持续到7岁。在这个阶段，孩子学会使用和理解符号，学会说话，并且第一次有了描摹客体的企图。前操作阶段的儿童在同一个时刻只把精力集中在情境中的一个方面而忽视其他。他们可能不正确地坚持认为，一个高而窄的玻璃杯比矮而广的玻璃杯要盛水更多，即使他们看到第一个杯里的水倒进了第二个杯子而未溢出。这是因为在这个阶段，儿童还未能理解宽、深、厚度、数量和因果之类的抽象概念。在这个阶段，儿童是高度的自我中心主义者——也就是说，他们几乎完全是从自己的角度来看待世界的，因而也就不能领悟他人的角色并从他人的角度来看待世界。

3. 具体操作阶段

在7～11岁之间，儿童懂得如何去构想一个具体的客体，或者以不止一种方式来认识客体的类属，他们能够形成关于事物之间联系的概念。例如，在这个阶段，儿童知道一个客体可以同时是一个球、一个玩具、一个圆的东西，并且他们能根据事物的因果关系来加以联想。他们也开始发展起了从他人的位置

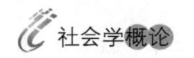

来想象自我的能力。

4. 形式操作阶段

这个最后阶段大约从12岁开始,到15岁结束。这时的青少年发展起了高度抽象思考的能力。他们可以对现实的可能性进行思考,建构理想,以及对未来进行实际的推理。这种能力也使青少年能够逻辑地推敲与事实相反的陈述。

尽管皮亚杰的工作在发展心理学家之间形成了一个主要的思想流派,也影响了许多其他的理论家和研究者,但并不是说就没有批评者。一个主要的批评是认为他的工作并不系统或科学。人们很难重复他的研究过程并达到相同的结论。

二、社会化过程阶段的划分

(一)划分社会化过程的要点

无论社会化过程的具体划分如何,一般说来,必须注意以下这样一些要点或环节。

第一,年限或时间界限。即我们如何把人一生的发展从时间上区分开,或者说,我们划分人成长过程的时间标志是什么。这是理解社会化过程的最基本条件。

第二,不同年龄阶段上的人具有的个性发展或心理发展特征。人在不同年龄阶段上各具特点,年龄阶段不同,人具有的社会化条件或要求也不同,划分社会化过程必须回答社会化对象的这些不同特点。

第三,目标。不同社会化阶段中各具特色的内容之一,就是人在该阶段要达到的目标。如果对社会化过程的划分不能说明目标,只是用自然的时间界限或特征加以分割,是不完全、不科学的。

第四,方法。即人们使用了什么样的方式方法,或准备使用什么样的方式方法,去完成时间、特征及目标各异的各个社会化过程。例如,是强制性方法或非强制性方法,是被动的方式或主动的方式等。

第五,执行者。不同社会化阶段上需要有特定的条件或环境作为执行者。一个人成长初期,父母、家庭是其社会化执行者,随后还有同伴、学校、教师、同事等。人一生并不是总处于父母或家庭的环境中,人最终的社会属性是由一系列环境塑造的。所以,我们说诸如"唯成分论"或"唯出身论"一类的观点是很片面的、不科学的,它不能不说是一种落后的、狭隘的小农意识的反映。

第六，发展的两种可能性。有人曾经用社会化发展的"正向"或"反向"表示过这个意思。也就是说，人的社会化过程，无论在哪个阶段，都有两种发展可能，或者是正常发展，或者是非正常发展。对此，人们在儿童社会化、青少年社会化问题上有十分明确的理解。事实上，从人出生到年老的整个社会化过程中及这个过程的每一个阶段上都会有两种发展的可能。

（二）社会化过程的主要阶段——生命历程的角度

1. 婴儿的情感发展

大约三个月，婴儿就能够认出人的面貌，如其父母的面貌。为了其成长为情感健康的成人，在这个阶段，婴儿必须开始发出和接受强烈的情感信息。开始时这些信息是非语言的，例如身体或面部表情的变化。在一个观察研究中，研究者们发现，婴幼儿能够区分出母亲对他（她）所做的微笑或恐吓面孔，并能恰当地作出反应；然而，他们却不能对陌生人做的不同的面部表情作出反应。

一些研究表明，人类情感的发展，有一个固定的顺序（参见下表）。新生婴儿似乎只会四种情感：满足感、惊讶、厌恶和沮丧。6～8周以后，婴儿才会有快乐感，3～4个月后，才会生气，悲哀与害怕到8～9个月后才出现。

情感发展的连续过程

情感产生时的平均年龄	情感	情感产生时的平均年龄	情感
出生	满足感	2岁	骄傲感
	惊讶	3～4岁	内疚感
	厌恶	5～6岁	社会性情感
	沮丧		无安全感
6～8周	快乐		谦虚
3～4个月	生气		信任
8～9个月	悲哀		嫉妒他人
	害怕	青少年	罗曼蒂克激情
12～18个月	亲切感		哲学沉思
18个月	害羞		

资料来源：丹尼尔·戈勒曼：《情感发展的秩序》，载《时代》，1984年6月19日。

在12～18个月时，儿童就足可以为获得来自母亲或扮演父亲角色的人的喜爱而对外部世界加以注意了。害羞、骄傲与内疚，分别在孩子18个月、2

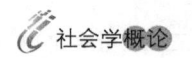

岁、3岁与4岁的时候,进入孩子的行为系统之中。

直到孩子五六岁时,他们才开始表现出所谓的社会情感,如无安全感、谦虚、信任他人和嫉妒。一些更复杂的情感,像罗曼蒂克激情、对生命意义和善恶本性的哲学沉思,到青少年时代到来之前是不会出现的。

尽管探索这个发展顺序的研究者们认为,这种顺序有其生物本质的根源,但他们也发现,一个人的生命历程可能将这个"时间表"加以颠倒。例如,受虐待的儿童三个月时就可能表现出害怕,而不必像通常那样等到 8~9 个月大。

2. 青春期与青年期

青春期是一个敏感期。由于青少年的身体和思想都戏剧般地发生变化,也由于他们必须提高获得新的社会地位、扮演新的角色的能力,因此,他们有许多东西要去学习,要去适应。

成年人与青少年的关系每个社会都不一样。在美国及其他现代社会,人们倾向于把青少年当做孩子,而在前现代社会,青少年则要从事劳动,因而被当做成年人。事实上,把青春期当做一个单独的或延续的人生阶段,在前现代社会实际上是不存在的。

在现代工业社会,大多数青少年与他们在更年幼时相比,较少受到来自其直系家庭的影响,而更多地是受到了同辈群体与学校的影响。对那些不能将新旧两种情况加以整合的青少年来说,他们就面临一个疑惑和混乱的时期。

与儿童期相比,青少年能在更大程度上采纳别人的观点,仔细审查他们自己的人格。然而,他们的世界观仍然是高度可变的,也就是说,会根据他们的切身经历和感觉发生变化。他们经常过分地意识到其他人在评价他们的行为,并且他们容易在唯我主义(经常地,在说或写的时候过多地提到自己)与自卑之间来回变动。

青年期是一个人发展抽象思维能力的时期。这个时期也是大多数人发展幽默感的时期。显然,随着理解能力的增强,欣赏幽默的能力也会提高。

大量青少年期的社会化是以预期社会化(anticipatory socialization)的形式出现的,即指向未来角色的社会学习过程。尽管预期社会化跨越了整个生命周期,但"预演"未来的成人角色在青春期少年身上表现得特别明显,如配偶(通过求爱)、父母(通过做保姆)及工作(通过兼职)。许多观察者声称,近几十年来,青少年与父母之间的联系纽带已经弱化了,尤其是在中产阶级家庭,产生了我们前面提到的所谓代差。当青少年逐渐成长并在某些方面更为独立的时候，他们大多数在财政方面还是依赖家庭的。这就产生了颇为棘手的情感冲突。其中三个重要的也是被广泛讨论的冲突就是在衣着、发型及宵禁方面。青少年另一个共同抱怨的问题是，父母有时候把他们的目标强加到青少年身上，而没有费神去了解一下孩子到底是否愿意。然而，近来一些美国与英国的研究已经表明，尽管有这样的冲突，大多数青少年与他们父母之间的相互关系还是肯定性的。

在近些年来，学者们开始注意到青春期与成年期之间，也即在生理上的成熟与完全进入成人世界之间，有一个不明朗的时期。在这个时期，青年人的年龄可以参加选举、结婚、生孩子了，但经常依赖于父母或家庭以获得经济上的支持。由于大学教育在劳动力市场上的重要性，许多年轻人直到 25 岁左右还留在前成人阶段。这个时期的生活被称为青年期。比如在美国，普查数据表明，部分地由于 20 世纪 90 年代的经济不景气，青年期的成人一直留在家里的人数在增加。事实上，在 1991 年，大约有 30% 的 25~29 岁之间的未结婚的成人，都没有与他们的父母分开另立新居。如果这种趋势继续下去的话，它似乎会延迟成千上万的年轻美国人进入真正的成年状态。

3. 成年期

进入成年期后，所谓的初级社会化（primary socialization，指在一个人的早期阶段为各种成人生活角色所做的基本准备）已经完成。进入成人期后，正常来说，人们已经发展起了关于自我的形象，既包括真实的，也包括理想的；遵从社会的规范和价值；达到一定的自我控制的程度；使个人的欲望服从社会的规则。但成人的人格还没有完全定型。事实上，不断出现的证据表明，他们的人格在继续成长并在整个成人期都在变化。此外，许多新的社会角色（如丈夫、妻子、父亲、母亲）必须在成人期去学习。就是这些原因，使得社会化终其一生都在继续。

成人社会化与儿童期社会化在几个主要的方面有所不同。成人社会化的动机比儿童更明确，他们能够按照自己的愿望去选择角色。如果他们想的话，他们可以改变自己的宗教、婚姻或工作状态，或者他们可以回到学校。儿童一般还没有这样的自由去作这些选择。成人社会化还包括，当角色内容发生变迁的时候，他们可以重新定义或再创造现行的角色。与儿童社会化的"角色借用"不一样，成人是在"制造角色"（role making）。关于角色内容变迁的一个很好的例子就是对妻子角色的新定义。在过去，妻子的角色是期望去照料她们的家庭，去帮助她们的丈夫感到充实和宁静，而对家以外的责任，如果有，那也很

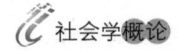

少。这种角色定义现在受到了严厉批评，对妻子角色的重构工作正在顺利地进行。

在40岁左右，许多人发现他们对自己成就的价值感到怀疑，害怕他们无法完成他们开始想做的一切。有时，这种"更年期"（midlife transition）展示着一个再评价和变更的时期。一项研究发现，经历更年期的人，似乎尤其全神贯注于他们的工作。他们选择的工作类型，源于工作的自我认同，以及在成年初期是否对职业生涯作出了合适的选择。有些人不能设法对此作出再评价，他们就进入了一个称为"中年危险期"的时期。这种危机可能以巨大的悲哀与不幸为特征，但那些安然渡过这些灾难风暴的人，经常会发现他们往后的成人生活是一生中最为快慰的时期。

4. 晚年生活

像艾里克逊那样的学者相信，一向最困难的态度和行为变迁发生在一生中最后岁月里。在这一时期，一个人必须调整自己，以求与社会声望的降低、身体机能的下降、面临死亡，以及一个人的生活失败等相适应。

在现代社会，老年期有时被当做是无助的、无用的、依赖别人的时期。也许也是一个自我认同弱化的时期。大多数美国人的自我认同有赖于他们的工作角色及他们独立性和自我支持的程度。退休导致了工作时的自我认同的突然中断，这对许多人来说都是痛苦的。妇女的自我认同基于她们作为妻子和母亲的角色，如果她们丧偶或离婚，或者当她们的孩子离开家的时候，她们有时就感到失落或者说感到没用。

5. 死亡与濒临死亡

戈勒尔令人信服地证明，现代美国人把死亡看做是与无性色情一样的令人倒胃的东西。我们拒绝死亡，对濒临死亡的人掩盖他们的处境，并把死亡的所有蛛丝马迹都从我们日常生活中赶走。我们把濒死的人送到医院，不仅仅是减弱垂死者的痛苦，也是将其从我们的视线中移开。我们压抑自己的哀思并把死亡带来的影响尽可能快地从我们的生活中去除。结果是，死亡的社会化通常被限制了或不再存在。

濒临死亡的体验。尽管有些人似乎镇定自若地面对死亡，但这样的镇静通常是长期的情感斗争的结果。面对死亡从来不是容易的，即使对那些似乎很勇敢地面对它的人也是这样。一位名叫库布勒罗斯的内科医生，花了一些年研究那些不治之症患者对死亡前景的反应，他认为，大多数人接受死亡经过了五个阶段。首先是拒绝并与他人隔绝；其次是愤怒；第三是讨价还价（临死的人与死神作交易，上帝或命运是否让他活得稍长些）；第四阶段是沮丧；第五阶段是接受。大多数人并没有严格按照这个顺序经历了这些阶段，他们有时仅在闪念之间接受了死亡，有时是在希望和绝望之间摇摆。

库布勒罗斯勾勒临死的过程，起初是想帮助医生、护士理解他们的病人正在经历什么。然而，有时候这些"临死的阶段"解释得太字面化了。医生和护士试图引导病人机械地从一个阶段走向另一个阶段，一些病人由于没有处在"适当"的阶段就对此感到焦虑。

悲伤、哀痛与失去亲人。当我们面临失去亲人（bereavement，即失去所爱的人）的时候，我们就在经历悲痛的过程。如果病人在苟延残日，悲痛就通常开始于死亡之前，对临死者及活着的人都是这样。某个人要死的消息会产生一阵预期的悲哀（anticipatory grief），它几乎与死亡消息本身一样震撼人心。为了从因所爱的人面临死亡而悲哀的境遇中解脱出来，许多人试图把临死者健康时的形象在心理上固定化下来。未预料到的丧亲之痛为什么使活着的人尤为难过？一个原因是突然死亡没有机会让人经历"预期的悲哀"。然而，不清楚的是，预料到死亡，是否总是有助于活着的人调整自己去面对失亲之痛？

当死亡确实发生，对死亡的反应也会经历几个阶段。典型地，有四个连续的情感阶段伴随着失亲之痛。首先是震惊，麻木地拒绝所发生的一切；其次是拒斥死亡事实，经常盼望死者重新出现；第三是绝望，常常是极度消沉；最后是适应，活着的人试图建立新的生活。然而，这些阶段也许不会按照一定的顺序发生。

尽管悲哀是普遍的，但每个人经历悲哀时则表现不同。失去亲人的人，有的也许流泪悲伤，然后又突然愤怒地诉说死者"抛弃"了他们。或者生者重温死者20年前所说的话，与死者默默地交流，或者实现死者的愿望。这种内疚和愤怒的情感就是生离死别的一部分，它最终使失去亲人的人认识到，人死不能复生。

（三）继续社会化、再社会化和特殊社会化

人的社会化既是人从出生到成长发育为一个社会成员，能够独立地参与社会生活的过程，也是人与环境相互作用的过程。但是，社会化的过程，并非至此为止，只能说是告一最基本的段落。因为实际上人的整个一生都是在不断的社会化的过程中。由于社会和个人这两个方面都在不停地变动，个人的变动如果赶不上社会的变动，就有被社会抛弃的危险。俗话说，活到老，学到老，正是这个意思。当社会处于相对静止，变动不大的时候，如像中国长期的封建社会那样，人们除了在未成年时期的那一段塑造成人的社会化过程以外，好像在参与社会生活时，对继续社会化的需要并不那么迫切。但当社会急剧变动，社会结构重新组合，各种行为规范和职业素质要求有所变动时，就迫使人们不得不加紧继续学习。尤其在现代的信息社会时代，要求每个人的一生都要进行不断学习、不断更新知识技能的社会化，这种情况在社会学里被称做继续社会化。

还有一种社会化，称做再社会化，意指人们在社会生活中犯有越轨行为，被有关司法、公安部门收容，强制性地进行教化的过程。再社会化的对象一般为成年人，但也包括过早地从家庭、学校游离到社会上有了越轨行为的青少年。再社会化的目的是由特定的机构对越轨者进行世界观改造，使之接受社会规定的符合大多数人民利益的生活方式和行为方式。

另外还有一种专门意义的社会化，称作特殊社会化。所谓特殊社会化，是指对于某些遭受身心损伤不能进行正常社会生活的一些人而进行的特殊措施的社会化过程，通常指对残疾人，包括盲、聋哑、智力落后、肢体残废和病弱的儿童、青少年和成人，以及超常儿童、有品德缺陷的儿童和患有精神病的儿童和青少年的教育。对他们进行社会化，一方面是通过家庭、学校以及其他有关组织，运用特殊方法、设备和有关措施，进行社会规范、文化知识、职业和技术教育，提高素质，使其能够参与适宜的社会生活和工作；另一方面是培养他们能够正视自己存在的价值和权利与义务，不再小看自己，认为自己是国家、社会的包袱，而是鼓励其热爱生活，追求生命，对社会贡献出自己力所能及的聪明才智。须知每个人都有成才的可能性，社会也并不只需要拔尖的少数人才，社会需要多方面、多层次的人才。

三、社会化与人的自由

社会化中所讨论的人们如何学会接受社会所期望的思想、感觉与行为模式，似乎暗含着这样一个结论，即人们仅仅是被动的墨守成规者。人们似乎经常屈服于学校、工作机构及其他社会力量的要求。然而，人远非是由社会通过社会化来操纵的木偶。社会是由人来创造的，尽管不是某个人所为。人是社会的一部分，就像社会是人们的一部分一样。人们通过他们的互动创造了社会规则。

关于个人与社会的关系，历史上许多思想家都对此进行过思考。尽管社会科学家们的哲学前提不同,但大多数人都倾向于把人看成是积极的存在物,他们能够,也确实创造和改变了文化和社会结构,即使经常是按照某种为社会所期待的方式在行动。

尽管社会化过程似乎限制了个人的创造性和人的自由,但注意到社会化也为人的创造性作出了积极的贡献是非常重要的。具有创造性的人必须具有高度的自信以开展新的、有时是冒险的工作计划,也必须能够忍受与此类工作相伴随的孤独与寂寞。这种自信最终来自于父母及同辈群体所提供的社会化。

进一步说,所有的社会化形式,甚至包括婴儿期的社会化,都需要个体的合作。除了一些特殊情况外(如某些全面控制机构中),一个非自愿的主体是不能得到社会化的。我们每个人都有能力拒绝社会的某些教导。当人们感到某种行为不可能受到嘉奖的时候,他们就会拒绝所学到的或曾经履行过的行为期望。

随着人的长大,他们控制自己生活的能力通常会增强。我们都知道,有些个体在成年生活期改变了他们的"生活剧本",这与大多数人的社会模式是相反的。放弃回报丰厚的商业生涯去做一名牧师、家庭主妇在中年时开始新的职业生涯都是其例,学院院长放弃在名望很高的大学中的职位而到小的南部黑人学院去从教也是这样。所有这些人都拒绝"社会剧本",寻求他们相信能更为满足其人格要求的角色。当人们为满足他们变化的需要而调整其角色的时候,每天都有少量的"剧本"变化的例子发生。

总而言之,不管一个社会看起来多复杂,也不管它怎样要求人们去遵从它,它仍然是可以改变的人类创造物。有时一个特殊个体的行为改变了社会,如拿破仑或亚历山大大帝。更多的情况下,变迁来自诸多无名个体的恒定压力。一个不遵从的行为也许就是一种偏离行为,但当这种行为一次又一次地重复出现的时候,它就可能成为一种社会革命。

思考与研讨

1. 社会化的含义与意义。
2. 社会化的基本内容。
3. 社会化的主要场所。
4. 社会化过程的理论研究。
5. 社会化过程的主要阶段。

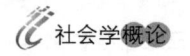

推荐阅读书目

1. 《社会学概论》编写组：《社会学概论》（马工程重点教材），人民出版社、高等教育出版社，2011年版。
2. 王思斌：《社会学教程》（第四版），北京大学出版社，2016年版。
3. 戴维·波普诺：《社会学》（第十版），中国人民大学出版社，1999年版。
4. 理查德·谢弗等：《社会学与生活》（插图第9版），世界图书公司，2006年版。
5. 黄育馥：《人与社会——社会化问题在美国》，辽宁人民出版社，1986年版。
6. 朱少华、刘豪兴：《人的社会化》，上海人民出版社，1993年版。
7. 李亦园、杨国枢：《中国人的性格》，台湾桂冠图书公司，1988年版。
8. 玛格丽特·米德：《代沟》，光明日报出版社，1988年版。
9. 科特·W. 巴克：《社会心理学》，南开大学出版社，1984年版。

第四章 社会互动

社会是一个动态的体系，个体之间、不同群体之间的合作、竞争使社会展现出复杂、变动的局面。人们在复杂的社会交往中追求着自己的目标，也推动着社会的变化。社会互动是社会存在的动态体现，本章我们从这一重要的社会现象入手来分析社会。

第一节 社会互动的含义与类型

一、社会互动的含义与维度

（一）社会互动的含义与特征

社会互动（social interaction）是一种普遍的社会现象，是人类社会生活的现实内容。作为一个重要的社会学概念，尽管人们在对它的解释上有不同形式的表达，但它的意义却是非常明确的。就这一概念的核心意义而言，它就是人与人之间的相互作用。孙本文认为："社会互动就是由接近而发生的互相作用。"❶ 巴克则更为具体地解释了这种相互作用："一方或多方的反应，取决于或依赖于另一方所说、所做的程度，社会情境则随着这种程度而变化。"❷ 根据社会学领域的研究成果，我们可以简要地把社会互动定义如下：社会互动就是个人与个人、群体与群体通过接近或直接与间接地接触等方式而发生的交互作用的过程。

综合人们对社会互动含义的解释，我们可以从以下一些方面来把握社会互动的特征。

首先，社会互动必须发生在两个或两个以上的人之间，一个离群索居的人

---

❶ 孙本文. 社会学原理（下册）[M]. 北京：商务印书馆，1945：3.
❷ 巴克. 社会心理学 [M]. 天津：南开大学出版社，1984：76.

不能互动。其次，个人之间、群体之间只有发生了相互依赖性的行为才存在互动，并不是任何两个人的接近都能形成社会互动。例如，许多在机场静候飞机的单个人之间并没有任何形式的社会互动，但是，当播音员通知说由于天气原因飞机将晚点几小时时，一些人可能开始与周围的旅客交谈，这时互动就产生了。第三，社会互动以信息传播为基础。如果没有信息的交流，互动双方互不理解，互动就无法进行。大多数互动过程中，人们不仅交流信息，而且还交流思想和情感。第四，社会互动并不是非要在面对面的场合下才能发生。有时，人们虽然远隔千山万水，却可以通过信件、书籍、图画、电话和国际互联网等手段进行信息交流，形成社会互动。第五，社会互动总是在特定的情境下进行的，同一行为在不同的时间、不同的场合具有不同的意义。例如，同是一记耳光，如果发生在两个正在争吵的成人之间，就是一种侮辱人的行为；如果发生在正在嬉戏的父亲与其出生几个月的婴儿之间，就只是父子之间愉快的逗乐。第六，社会互动还会对互动双方及他们之间的关系产生一定的影响，并有可能对社会环境形成一定的作用。例如，在一个班级中，如果同学之间经常一起讨论各种问题，交流学习经验，一起外出游玩，那么每个人都可以感受到同学的友谊和集体的温暖，同学关系就会比较和谐，班集体也会有较强的凝聚力。相反，如果班级内人际沟通和互动不够充分，同学之间就难免发生误会和矛盾，班集体就可能十分涣散。对整个社会来说，互动也具有重要的意义。人际层次上的种种互动会影响到宏观层次上的社会状况，例如，夫妻之间的互动好坏，会影响到离婚率的变化，甚至影响青少年犯罪率的改变。

（二）社会互动与社会交往

在科学研究中，以人类社会为研究对象的许多社会科学，诸如社会学、社会心理学、文化人类学、民族学、教育学等都把社会互动作为重要的研究领域。但是，由于各门具体社会科学以及同一学科的不同学者研究社会的角度、层次及侧面的不同，由此而对社会互动含义的理解和认识也就不尽相同。仅在社会学领域，关于"社会互动"与"社会交往"两个范畴的使用和理解的含混就能略见一斑。

首先，许多学者都把社会互动与社会交往（social intercourse）在同等意义上理解和使用。有的学者认为，社会互动也就是社会相互作用（interaction），这种"社会"的相互作用与生物有机体之间的相互作用是不同的，生物有机体之间的相互作用基本上是对一系列刺激所作出的机械的反应，它们不能赋予自己的行动以明确的意义；而人类的相互作用是有意义的，他们不仅知道相互作用产生的背后动机,而且知道相互作用可能引起的后果。因此,在这个意义上说,社会交往与社会相互作用是含义相同的两个概念,社会相互作用或社会交往,通常又被人们称为"社会互动"[1]。还有的学者明确指出社会互动又称为社会交互作用或社会相互作用,并用社会交往来定义社会互动,即社会互动也就是指社会上个人与个人、个人与群体、群体与群体之间通过信息的传播而发生的相互依赖性的社会交往活动。[2]

其次,也有不少学者在有区别的意义上使用社会互动与社会交往这两个范畴。譬如,有的学者认为,社会交往应该比社会互动包括更多的含义,社会互动只是从一个侧面揭示了社会交往的功能和内容,并不能概括社会交往的全貌。社会互动是与社会沟通、社会知觉等属于同等层次上的概念。社会互动(social interaction)是指人们之间的相互作用过程;社会沟通(social communication)是指人们之间相互交流信息的过程;社会知觉(social perception)是指人们之间的相互认识和相互理解。而社会交往则是一个多层次多方面的动态系统结构,它既包括社会沟通、社会互动、社会知觉等方面的内容,又包括人际、群际、区际乃至国际等多层次的交往。[3]

(二)社会互动的维度

对互动本身的构成进行分析,即要找到一些具体的指标来描述特定互动的状态,这就是互动的纬度分析。一般来说,互动有下列五个维度。

1. 向度

向度反映社会互动的方向,表明互动双方的关系的性质,主要包括有:①情感关系——是亲和还是排斥?是融洽还是对立?②利益关系——是一致还是冲突?冲突程度多大?③地位关系——是平等的还是不平等的?权力分配的格局如何?不同方向的互动在模式上、结果上都大不相同,在一定条件下,互动方向也可能发生变化,研究这种条件和机制是调解人际冲突的重要前提。

2. 深度

深度反映社会互动的程度,表明互动双方相互依赖的大小。我们可以从互动双方利益关联的大小、情感投入的大小、互动延续的时间长短和互动规范的

---

[1] 韩明谟,王思斌. 社会学概论(修订本)[M]. 北京:中央广播电视大学出版社,1997:55.
[2] 郑杭生. 社会学概略新修[M]. 北京:中国人民大学出版社,1998:163.
[3] 刘祖云. 从传统到现代——当代中国社会转型研究[M]. 武汉:湖北人民出版社,2000:347.

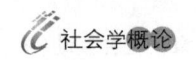

复杂程度等几方面来分析互动的深度。一般来说，如果利益上事关重大、情感上涉入很深、时间上持续较久（或其结果的影响很深远）、规范上较为复杂，则是深度互动，反之只是表层的互动。异性之间见面打个招呼，只是非常浅层的互动，如果他们一起跳舞，就更进了一层，如果开始恋爱，那就进入了深度互动。

3. 广度

广度反映社会互动的范围，表明互动双方交往领域的大小。有些互动局限于特定的领域，有明确的行为规范，如上课只是为了传授、学习知识，学术会议只是为了讨论某个问题。有些互动则涉及很多方面，互动方式上较为灵活，如朋友之间、家庭成员之间的互动大多是全面的互动。

4. 频度

频度反映一定时间内发生社会互动的多寡。同一个班级里，我们与有的同学经常来往，与另外一些同学则只是偶尔交往。互动频度的差别往往影响到人际关系的深浅和好坏。

5. 强度

强度反映存在情感投入的社会互动的强弱，表明互动双方交往时情感的强烈程度。有时人们心平气和地交往，有时人们又会情绪冲动地行动。情绪控制的大小与互动参与者的个性有关。

二、社会互动的类型与方式

（一）社会互动的基本类型

1. 人际互动与群体互动

人际互动是指个人与个人之间的相互作用及相互影响的活动方式。人际互动又称为人际交往。人际互动是人类社会最古老、最普遍、最基本的交往方式。人际互动具有以下特点。第一，人际互动大多为直接进行的面对面交往，一般不使用机械媒介，主要通过语言、手势、面部表情、行为动作进行。在特殊情况下，人际互动虽也使用某些媒介，例如书信、电话、电报、扩音器等，但这些媒介一般不属于大众传播媒介。第二，人际互动的双方是明确的，交往的双方都很明白各自的位置、交往的性质、内容及所产生的后果。第三，人际互动的效果及反应大都是及时、迅速和直接的。交往的双方很容易看到、听到或感受到某种行为所产生的效果及对方的反应，并能及时根据双方的反应作出决断，中止或持续某种行为。

群体互动是指群体与群体之间的相互作用与相互影响的活动过程。任何群体都有一定的群体目标，为了实现群体的目标，群体的成员，尤其是群体的代表人物利用各种宣传手段，宣传本群体的立场、观点和主张。以取得其他群体的支持。与人际互动相比，群体互动具有以下特点。第一，群体互动较多地需要利用诸如书信、函电、会议、互联网等传播媒介，以扩大交往的范围和达成多方面信息沟通的效果。第二，由于群体目标的多重性，因此，群体互动的过程更为复杂，参与互动的行为主体也是多方面的，互动过程中的协调难度大大增加。

2. 直接互动与间接互动

间接互动是借用大众传播媒介或通过代理人与其他个人或群体进行的互动。直接互动是互动双方面对面的相互作用与相互影响的活动方式。比如面谈、开座谈会等，这种互动是面对面进行的，因而互动双方能直接观察和感受到对方的情绪、态度和意见，并能根据对方的反应及时调整自己的行为。所以说，直接互动具有针对性，能够提高互动的效果。直接互动的顺利与否取决于以下条件：第一，互动的双方要清楚互动往的目的、内容，建立共同的认识。第二，互动双方要有诚恳的态度，以便互动是在一个信任、轻松的气氛中进行。第三，互动所使用的语言及方式必须是双方所能接受的，不会产生歧义。

（二）社会互动的主要方式❶

1. 竞争

竞争是不同的社会成员或社会团体为了各自获得同一目标而进行的相互作用方式。比如，奥林匹克运动会上各运动员之间、各运动队之间对于冠军的争夺，生产同类商品的厂家对于同一个销售市场的争夺等都属于竞争。竞争的成立需要满足以下条件：第一，它必须是不同的成员或团体对同一目标的争夺，争夺的目标不同就不会形成竞争。第二，这个被争夺的目标必须是相对缺少的，即一个人或一个团体夺取到了这个目标就意味着另一个人或另一个团体失

---

❶ 一些教材中把这里所论述的竞争、合作、冲突、调适等称做社会互动的基本或主要类型（比如，王思斌. 社会学教程（第四版）[M]. 北京：北京大学出版社，2016：71；郑杭生. 社会学概论新修（修订本）[M]. 北京：中国人民大学出版社，1998：178.），本书认为还是称做社会互动的方式比较妥当。

去了得到的机会。追求的目标数量很多,很容易得到的目标,一般不容易形成竞争。第三,竞争虽有相互排斥、相互对立的性质,但竞争者最关心的是目标的获得,而不是反对其他竞争者。

竞争有其积极的作用,它能够刺激效率与能力的发挥,增强竞争者的上进心与奋斗精神。但竞争对失败者可能造成消极影响,另外,竞争可能会在竞争者之间滋生敌对情绪。为了防止竞争所引起的消极影响,就必须制定一些竞争各方都必须遵守的规则,以求竞争在公平的基础上进行。例如,参加足球比赛就必须遵守相应的规则,如果不遵守规则,裁判就会亮出黄牌以示警告,严重违反规则者,裁判还会亮出红牌以取消运动员的比赛资格。对于涉及政治、经济、文化、社会生活领域中的一些较大规模的竞争,往往需要借助政权、法律、制度等来保证公平原则的贯彻与实施。

2. 合作

合作是不同个人或团体为了达到同一目的而互相配合的相互合作方式。合作的功能在于达到只靠单方不能达到的目的。根据合作的方式可以把合作分为共同合作与分工合作两种形式,共同合作是指合作各方共同参与某种事件,以便实现某种共同的目标;分工合作是把同一目标分成若干小目标,合作中的各方分别完成某个小目标,最终求得总目标的实现。一般来说,人类社会生活中的许多活动都是建立在合作基础之上的,没有合作,个体就难以生存;没有合作,就没有群体或社会。在我国古代,较早意识到合作对人类生活意义并进行概括的当推春秋战国时期的荀子。荀子指出人类能"群"(即能够合作)的特性既是人区别于其他动物的本质特征,又是人类满足自身社会需要的先决条件。他指出:"(人)力不若牛,走不若马,而牛马为用,何也?曰,人能群,彼不能群也。"人就是因为能群,所以能增强自身的能力。就是因为能合作,所以能产生一种合力,从而改变自然,获取万物。

合作的顺利进行需要满足以下条件:第一,合作者具有一致的目标,合作总要有某种共同的目标,缺少一致的目标,就无法进行合作。第二,合作者具有相近的认识。合作是一种互相配合的行为,合作各方在目标及实现目标所采取的方式上的共识,势必有助于合作的顺利进行。第三,合作者具有切实的行动。合作是一种现实行为,一定要落实在行动上。离开了实际行动,任何合作都将成为一纸空文。第四,合作在某种意义上说是一种利益的结合,为了使得合作能够顺利进行,必须采取相应的措施,制定必要的规则,保证合作各方在目标达成后,各自能够获得相应的利益。

3. 冲突

冲突是人与人或群体与群体之间为了各自获得共同珍视的目标而采取的斗争、压制、破坏，甚至消灭对方的相互作用方式。冲突与竞争虽然都是为了实现一定的目标而采取的相互排斥或反对行为，但冲突的注意力多集中在敌对者而不是目标上，目标的完成主要不在于自身的努力与奋争，而在于击败敌对者。

冲突的产生根源于社会资源相对有限，而人类追求稀有资源的欲望又难以抑制。在追求有限资源的过程中，常常会产生利益上的冲突，每个人都想除掉敌对者以获得利益。我国战国时期的韩非子曾认为，社会资源的相对贫乏、人口增长与物质财富增长比例失调是造成冲突、战争的根源。他指出：古代人口稀少，食料能够维持人民生活，所以相安无事。后来，人口增多，食料不能满足人们的需要，就必然产生冲突与争夺。

冲突的类型多种多样。从冲突的规模上划分，有个人之间的冲突、团体之间的冲突；从冲突的性质上划分，有经济冲突、政治冲突、文化冲突、宗教冲突、思想冲突、种族冲突、民族冲突等；从冲突的程度上划分，依次有口角、徒手武斗、械斗、群架、小规模摩擦、大规模战争等。

冲突最显著的特征就是它的破坏性，这种破坏通常包括生命的丧失与财产的毁灭。不同性质的冲突带来不同的社会后果，反映广大人民群众的利益和要求的冲突对社会的发展起着积极的促进作用。正是在这个意义上，毛泽东指出，要营造一个新社会，必须首先砸烂一个旧社会。与人民群众的利益相违背的冲突对社会的发展起着破坏和阻碍作用。如非正义的战争。同时，冲突可以转移团体内的矛盾，起到整合的作用。

4. 调适

调适亦称为顺应，是指相互作用的各方通过调整自己的行为，以相互适应的行为。它是避免冲突产生的一种手段，又是群体乃至社会运行的先决条件。

调适的种类通常包括以下几种：和解，即相互作用的双方或各方改变敌对态度，消除紧张状态以建立持续和平的友好关系；妥协，即相互作用的各方在一定的条件下各自作出相应的让步，以求冲突得以暂时的平息；容忍，即相互作用的一方或双方暂时采取克制态度以避免发生冲突，在一定限度内，容忍能够延缓或终止冲突的发生。

（三）集体行为：一种特殊的社会互动

1. 集体行为的含义与特征

集体行为又称集合行为、大众行为，它是指一种人数众多的自发的无组织的行为，或者，它是指缺乏组织的一群人受到某一因素的刺激或影响所采取的群体行动。集体行为一词是由美国社会学家帕克（R. E. Park）提出的。在他看来，集体行为是一种共同的集体活动行为。人们在参与集体行为时，通常表示对某种行为有一个共同的态度，并且表现出类似的行动。这种共同的态度和类似的行动是人们在相互交往的过程中，受彼此情绪的感染而形成的。一般说来，集体行为具有如下特征：第一，非组织性。集体行为是一群无组织的人采取的无组织、无计划的活动。这些人之间没有固定的联系，在遇到某些突发事件时只是临时采取了大体一致的行为，既无事先计划，也无过程中的组织。第二，突发性。集体行为常常是现场突发的群众行为。由于某种因素的刺激，群众彼此相互在情绪上感染，而引发出类似的共同行为。比如，在足球场上，由于观众同时感觉到裁判的不公平，发生的观众攻击裁判的行为，是一种现场突发的集体行为。一时兴起的抢购也是集体行为的表现。集体行为的突发性说明他是在无组织的情况下而发生的。第三，反常性。在平常的状态中，人们因受种种社会规范的制约，表现出来的行为大多是规则的。但是，在集体行为刺激因素的影响下，人们往往表现出打破常规的行为。

另外，从与组织行为的比较中我们可以更好地理解集合行为的特征：在行为产生的原因上，组织行为主要是解决那些程序化了的经常事件，而集合行为往往是处理某个社会突发事件；在行为方式上，组织行为一般遵循正常的社会规范和角色关系，而集合行为往往采取非常规的方式；在互动特点上，组织行为一般是经过政治层次产生的制度化行为，而集合行为是通过个人情感相互刺激产生的；从持续时间看，组织行为是长期的重复行为，组织可以通过自己的行为达到长远目标，获得长期利益，而集合行为持续时间短，主要是为了应付突发事件。

2. 集体行为的理论

（1）斯梅尔塞的基本条件说

在1963年出版的《集合行为理论》一书中，斯梅尔塞（N. J. Smelser）试图对集合行为进行综合解释。他认为，集合行为实质上是人们在受到威胁、紧张等压力的情况下，为改变自身的处境而进行的尝试。如时髦、狂热可视为是对无聊状况的反应；恐慌是对威胁状况的反应；骚乱是对紧张和不满状况的反应。集合行为的发生有六个"必要且充分"的基本条件。第一，环境因素。它是集合行为产生的背景，包括物质条件和社会条件两类。例如，没有一定的空间场地，群众就无法聚集，集体行为就不能产生，因此一些公共场所如公园、广场、剧场、街道、体育场往往成为突发性集体行为出现的地方。又如，抢购风的出现是因为存在通货膨胀，或者出现了通货膨胀的趋势。第二，结构性压力。这是指经济萧条、自然灾害、贫困、种族歧视、前途渺茫等社会因素对人们产生的心理压力，这些压力促使人们自发地集体努力去解决问题。第三，催发因素。环境条件和结构性压力本身并不足以引发集体行为，集体行为的出现往往需要一个"导火线"。催发因素的作用在于肯定人们中间已经存在的怀疑与不安，助长普遍性的社会情绪。第四，行为动员。这是在以上各条件具备的情况下，传递信息和压力感，唤起大众情绪的行为。这一工作可以使许多最初仅仅旁观的人，经过鼓动而成为实际的参加者，可以使原本松散的无组织群体产生一致行动的倾向。第五，一致性信念。要出现集体行为，人们还必须对他们的处境形成某种共同感受，对某些问题产生共同的看法，出现相似的普遍情绪。第六，社会控制能力。集体行为是否产生还取决于社会控制的成败。社会控制是社会组织运用社会规范对人们的社会行为加以约束的过程。政权、法规、纪律、道德、风俗、信仰都是进行社会控制的基本要素。社会控制如果十分强大有力，就可阻止集体行为的发生；如果软弱无力，或者措施不当，集体行为就难以避免。一些社会学家提出社会减压阀理论，认为为了防止破坏性集体行为的发生，社会应该有自己的减缓结构性压力的机制，例如可以通过协商对话方式来疏导群体中的一些不满情绪。

（2）模仿理论

法国社会心理学家塔尔德在其1901年出版的《模仿律》一书中，试图用"模仿"来解释集体行为的一致性。社会学家勒庞和心理学家弗洛伊德都对模仿与集体行为的关系进行过深入分析。模仿论认为，当人们面临突发事件时，他们往往处于丧失理智的状态，失去自我控制能力，出现哭泣、吼叫、模仿等简单的初级行为，这时他们便会本能地彼此模仿，力求与在场的多数人的行为一致，由此导致集体行为的产生。

（3）感染理论

这一理论认为集体行为是人们情绪感染的结果。勒庞在其1895年出版的《乌合之众：大众心理学》一书中，认为群众的特征表现为有意识的人格已经消失，无意识的人格占据主导地位，情绪和观念被感染、暗示影响，使群众心理朝着某一方向发展并具有将暗示的观念立即转变为行为的倾向。在群众中，个人的文明程度降低，理性思考和自我控制减弱甚至消失。在感染的作用下，个体会被一种一时的冲动所主宰，卷入非理性的狂乱之中。

（4）紧急规范理论

这一理论认为在集体行为中虽然没有群体规范，但面临突发事件时，人们之间通过互动会产生一种"紧急规范"，紧急规范一旦产生同样会对在场者形成规范压力，迫使他们去仿效和遵从，从而产生集体行为。比如在火灾发生后，大家可能都惊慌失措，不知该干什么。但只要有人提第一桶水来救火，这个行为就成为紧急规范，大家都会去救火。相反，如果有人第一个逃走，这也将成为紧急规范，大家同样会仿效，出现争先恐后逃跑现象。紧急规范理论往往将集体行为中最先出现又迅速得到其他人效法的某种行为方式看做是"紧急规范"。

（5）匿名理论

匿名是指没有明显的群体或个人标志。匿名理论认为，在集体行为中个体之所以做出他平时很少出现甚至根本没有做过的越轨行为，是因为他处于匿名地位。人处于匿名时，没有明确的个人标志，不必承担破坏规范的后果，由此而产生责任分散的心理，同时，匿名状态也会使人的群体遵从性降低，这两个因素都会降低人的社会约束力，使他容易从事越轨行为。事实上，人在破坏规范时往往想使自己处于匿名状态，强盗作案时要戴上面具，诬陷者写诽谤信时要署上假名。

（6）控制转让理论

上面的几种理论都把集体行为视做非理性行为，把其参与者视做违反常规、情绪冲动的非理性行动者。控制转让理论却不同意这种分析。这种观点认为，正常情况下，每个行动者都控制着自己的行动，而在集体行为中，行动者已经把对自身行动的控制转让给他人。这种控制转让并不是一时冲动的感情用事，不是对外界刺激的本能反应，而是理性行动者采取的有目的的明确行动，当人们认为保持自主地位所付出的代价超过所获得的利益时，他们就可能将控制转让给他人。控制转让的目的是最大限度地获取效益。大多数成员转让控制并非必然导致恐慌或聚众生事，也有可能导致某种秩序井然的活动，转让控制的结果如何取决于接受转让的行动者最初采取的行动。如果接受转让者控制不了形势，就可能出现集体行为。

3. 集体行为的常见类型

集体行为可分为初级集体行为与高级集体行为。初级集体行为包括骚动、传闻、社会动荡不安、时尚等；而高级集体行为就是通常所说的社会运动。

①骚动。大多数集体行为开始发生时，往往经历一个人们互相激励的过程，在这个过程中，人们盲目活动，毫无目的，情绪高昂但很急躁，在相互激励之下盲目行动，这种现象被称为骚动。

②传闻。传闻是人们相互沟通的惯常形式。对于人们共同感兴趣的消息，大家口传耳接，并根据自己的理解或增或减。通过传闻，人们期求对模糊的问题找到比较"合理"的解释。谣言与传播小道消息都是传闻的表现形式。

③社会动荡不安。骚动的增强、传闻的增多，就可能发生社会动荡不安。动荡不安的一般特点是：人们社会生活的正常秩序受到影响；人们对事物的反应敏感；人们的情绪和行为具有传染性和多变性。

④社会运动。社会运动是集体行为的高级形态，是初级集体行为不断发生的结果。他与其他集体行为最主要的不同在于它是一种持续性的、有一定组织的活动。由于参与者有一定的目标，因此，社会运动是有组织地进行的。参与者有效地使用组织的力量，积极推动运动向前发展。

⑤时尚。时尚也称流行，是社会生活中某种行为模式相互效法并广为流传的现象。当社会上出现某种新奇行为时，如果它得到许多人的肯定和赞赏并竞相效仿，就会产生一时的流行现象，即谓时尚。能够成为时尚的大多数是新奇的行为模式。一些人追求新奇，也效而仿之，成为规模不小的行为，成为一时之尚。另外，时尚常具有时效性，即某种行为模式为一定时期内的众人的行为模式。一般说来，这一时期相对短暂，从而，众人竞相效仿某一行为模式为赶时髦。这段时期一过，新奇感丧失，赶时髦也就没有意义了。还有，时尚是众人在无计划、无组织的情况下，通过暗示、模仿等相互作用机制产生的，所以，时尚也是一种集体行为。时尚可能产生于日常生活的各个领域，从而以多种形式表现出来，如说某种时髦的话语、某种时髦的服装和采取某种时髦的办事方式等。依其表现的热烈程度，时尚可分为热、时髦和时狂。热是一种流传较为迅速、存在时间较为短暂的流行现象，如近些年来我国出现的"足球热""出国热""气功热""考研热"，都是一定范围的时尚。时髦是众人对新颖现象的追求和效仿的社会现象，它存在时间较短，但对人有较明显的刺激或引诱。它常具有某种外在表现性，即做给别人看，如新发型、新服饰、新的言谈举止风格等，总希望引起别人的注意。时髦的时效性表现于我们通常所说的赶

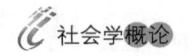

时髦。因为多数新奇现象刚一出现才有新奇感，一旦人们纷纷效仿，新奇之意会逐渐消失，因此必须赶快效仿。当时髦达到狂热程度时，就变为时狂。时狂是时尚的一种极端表现方式，是人们为追求时尚表现出来的狂热的行为现象。它一般影响面大，对人的影响较深，持续时间较长。比如"文化大革命"时期的"穿绿军装，戴红袖章""早请示晚汇报"，就是规模巨大的时狂。时髦之所以变为时狂是由于人们在赶时髦的过程中相互比较、互相攀比乃至竞争造成的，它有时会使一些人不能理智地考虑问题以致发狂。

作为一种大众型、无规则的趋新行为，时尚有以下特点。第一，新奇性或非常规性。时尚作为一时流行的行为模式，与常规性的惯常行为不同，而正因为其新奇才被一些人，特别是善于反传统的人所崇尚，进而效仿。第二，流行时间较短。时尚的魅力在于其适当的新奇，而一件新鲜事物的新奇不会经历较长时间。随着时间的推移和众人效仿，新奇感逐渐消失，对赶时髦者的吸引力就会降低，此一时尚就可能过去。第三，显示与炫耀。由于赶时髦者追求新奇和攀比，因此其行为常带有显示自己的特点。这种显示有时是十分明显的，如赶时髦者善于"招摇过市"，一些人为了表明自己用品的高贵而把其商标置于最显眼处等等。当然也有一些显示行为是经过精心修饰的。炫耀也是一种显示，但有显示奢侈的含义。一般说来，赶时髦不但能满足人们的心理追求，也能满足人们的某种物质需要。然而由于这种需要的满足方式中包含着攀比和显示因素，因此它常常是炫耀性消费，带有一定的奢侈性。

时尚形成有其社会心理及社会客观环境等条件。从心理角度来看，人们都有求新以满足心理和生活需要的愿望。当社会上出现某种新颖现象并能满足人们的需求时，通过新旧两种价值观念的斗争，并在客观条件允许的情况下，人们就可能投身一试。时尚形成的社会条件是多方面的：第一，社会对新思想、新价值观和新行为的宽容。一个控制比较严格的社会难以出现众多时尚。相反，一个开放的、允许多种价值观、行为方式并存的社会则易于产生和容纳新的行为模式。第二，社会中有影响的人物（名人）的示范也常对时尚的流行起推动作用。如我国领导人带头穿西服，行政干部穿西服就蔚然成风。再如影星、歌星、球星的某些行为也常常引起"追星族"的效仿。第三，大众传播媒介的鼓吹对时尚的形成有重要作用，特别是商业社会中的广告时常掀起一起起赶时髦的热潮。第四，时尚发达与否受社会的物质生产发展水平的制约。一般说来，经济越发展，物质生活水平越高，人们赶时髦、进行炫耀消费的可能性越大。

时尚是一种复杂的社会现象，从一般的意义上看它有自己的流行规律。第一，自上而下的传播。这里包含两层含义：一是时尚由上流社会创造出来并逐渐在大众社会中广泛流行；二是上层人物的某些行为易为民众所效仿，即上行下效。第二，由核心群体向边缘人群的传播。当一种新奇行为出现后，先是被某一思想较为开放的群体所接受并效仿，他们漠视或顶住来自传统的压力，成为核心群体。随着社会对这种新行为、新观念的容忍程度增加，它会获得更多的追随者。第三，时尚的流行具有循环性。由于时尚的特点是追求新奇，而新奇总是相对的，因此，那种被新奇的时尚否定过的东西可能会作为更新奇的东西来否定正在走下坡路的时尚。比如时髦服装，紧瘦型替代了传统的宽大型，但又可能被新款式的宽大型所替代。正所谓"三十年河东，三十年河西"，没有"独领风骚数十年"的时尚，它会被来自对立方向的新奇事物所替代。当然这新奇又绝不是对传统的简单重复。

时尚的社会功能有健康与否之分。健康的时尚具有如下功能：第一，时尚可满足人们的心理需求和物质需求，从而获得精神上的愉快。第二，时尚作为对惯常行为模式的偏离，其流行可能会给社会带来清新的空气，使社会生活变得生动活泼。第三，健康的时尚对落后观念的冲击可能会导致社会生活方式的革新。第四，在商业社会，时尚会刺激消费，活跃经济。不过也要看到，当时尚的新颖并不代表健康和进步时，它的负面效应就十分明显。第一，污染以致毒化社会空气。比如一段时间盛行的用公车举行婚礼。第二，炫耀消费造成浪费。许多时尚具有新、奇、贵的特点，那些赶时髦者往往为此投入不少花费。在时尚不断翻新的情况下，一些人为了"面子"，常弃"旧"图新，这不但造成浪费，也可能造成经济上的困难。

第二节　社会互动的理论模式

一、社会交往理论

（一）社会交往的概念

与其他社会学家不同，马克思并没有自称为社会学者，没有对孔德创立的实证社会学的认同。但是，在马克思的著作中却有丰富的社会学思想，其中有些思想（包括社会交往思想）成为现代社会学的重要组成部分。

社会交往是马克思分析人类社会过程的重要概念，由于马克思的目的是阐

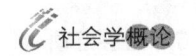

明人类社会形成和发展的规律，而不是像某些社会学家那样目的在于分析日常生活，所以，马克思的社会交往理论也就宽泛一些。马克思并没有明确地对交往或社会交往下定义，在马克思那里，交往是指个人与个人、个人与群体、群体与群体之间的相互作用的所有方式，这些交往是人的从事共同活动的过程。这里包括人们之间的生产活动和产品交换，人们之间思想的交流和沟通，代际的交流和文化的传播，甚至也包括民族、国家之间的文化交流和战争。所以，马克思是从最广泛的意义上来使用交往这一概念的。

马克思认为交往是由个人来完成的，但又不是单纯的个人交往。交往具有社会性，因为任何交往都是在一定的历史背景和现实条件下进行的。出于解释人类社会形成和发展的需要，马克思更多地关注劳动这一重要的社会交往形式，并把它视为人的实践。

（二）社会交往的意义

在马克思看来，交往对于满足人们的需要、促进社会的发展有重要意义。第一，交往是个体生存的需要。马克思认为，人们只能在社会中满足自己的需要，正是由于这一点，人们之间发生了交往。第二，社会交往是人自我显现的方式。马克思认为，人通过社会交往才能表现自己。作为社会性生物，人只有在社会中才能展示自己的真正的天性，直接同别人的交往是个人的生命表现的一种形式，也是自我认识的一种形式，因为人是以别人来反映自己的。第三，社会交往建构着社会，马克思认为，人们相互之间是作为处在生产力和需要的一定发展阶段上的个人而发生交往的，同时由于这种交往又决定着生产和需要，所以人们之间的交往每天都在重新创立着现存的关系。

马克思的交往理论是其实践理论的组成部分，而后者对当代社会理论家产生了重要影响。

（三）社会交往与"世界历史"

在马克思的理论论述中表明生产力与世界交往是世界历史的经纬线。马克思的世界历史的社会发展理论从方法论上说包括一纵一横两条基本线索。纵的线索指以生产力、生产关系的相互作用为基础的社会形态的依次更替和发展，横的线索指世界范围内不同国家、民族，特别是不同形态的社会之间的相互交往、相互作用。也就是说，生产力和世界交往是马克思的世界历史的社会发展理论的两大基石。由于把"世界交往""世界历史"等概念引进对社会发展规律、发展道路等问题的考察，并进而把纵横两条线索有机地结合起来，就使得唯物史观对历史发展规律的揭示深入、全面和具体。❶ 根据马克思的观点，从横向考察的角度说，普遍交往是"世界历史"形成和发展的重要条件。❷ 马克思在《德意志意识形态》和《共产党宣言》中对于世界历史的形成都作了详尽的论述。在《德意志意识形态》中对于世界历史有这样一句经典的概括："各国相互影响的活动范围在这个发展进程中越是扩大，各民族的原始封闭状态由于日益完善的生产方式、交往以及因交往而自然形成的不同民族之间的分工消灭得越是彻底，历史也就越是成为世界历史。例如，如果在英国发明了一种机器，它夺走了印度和中国的无数劳动者的饭碗，并引起这些国家的整个生存形式的改变，那么，这个发明便成为一个世界历史性的事实。"❸ 也就是说，由于生产、交往活动空间范围的扩大，促使人类社会普遍交往。这是世界历史形成的一个前提。在走向世界历史的过程中，人类的生产、交往活动的空间范围不断地扩大，从而打破了"各民族的原始封闭状态"，人类活动空间范围的扩大，相互交往的日益普遍及深化，是由民族历史走向世界历史的重要途径。总之，在前工业文明的历史时代，人类社会并不是以世界历史的形态存在的。正是由于资本主义工业文明的形成，商品经济的产生与发展，才使社会群体打破了孤立的封闭状态，在空间上把世界各地的人们联系起来，从而形成了以普遍交往为特征的世界历史。在马克思看来，世界历史是由资产阶级所开辟的、以世界市场为纽带联结起来的全球交往格局。"随着美洲和通往东印度的航线的发现，交往扩大了，工场手工业和整个生产运动有了巨大的发展。从那里输入的新产品，特别是进入流通的大量金银完全改变了阶级之间的相互关系，并且沉重地打击了封建地主所有者和劳动者；冒险的远征，殖民地的开拓，首先是当时市场已经可能扩大为而且日益扩大为世界市场——所有这一切产生了历史发展的一个新阶段。"❹

---

❶ 王霁. 马克思世界历史的社会发展理论与当代社会主义［J］. 理论教学，1991（6）：13-17.
❷ 我们认为，根据马克思的观点，从纵向考察的角度说，生产力的发展是"世界历史"形成的根本原因；从横向考察的角度说，普遍交往是"世界历史"形成和发展的重要条件；从纵向与横向互动结合考察的角度说，生产力与交往之间的相互作用是"世界历史"形成和发展的动力机制。参见尹保华：《中国马克思主义社会发展理论研究》，知识产权出版社，2017年，第283-286页。
❸ 马克思恩格斯选集（第1卷）［M］. 北京：人民出版社，1995：88-89.
❹ 马克思恩格斯选集（第1卷）［M］. 北京：人民出版社，1995：110.

二、符号互动论

（一）基本概念和内容

符号互动论也称符号相互作用理论，是一种通过分析在日常环境中的人们的互动来研究人类群体生活的社会学理论派别，它主要研究的是人们相互作用发生的方式、机制和规律。符号互动论这种社会学视角强调符号和意义在微观社会学层次的重要性。

社会心理学家乔治·赫伯特·米德（G. H. Mead）被认为是符号互动论的开创者，除了米德之外，托马斯、库利等人也对符号互动论作出了重要贡献。后来，布鲁默和库恩等发展了米德的思想，并形成了以布鲁默为首的芝加哥学派和以库恩为首的衣阿华学派，它们在研究方法等问题上形成了不同的看法。

米德在1894年到1931年是芝加哥大学的一名教员。他的研究集中在他所认为的人类行为的基本单位，即行动。按照米德的观点，行动是指某个人在特定情境下的全部反应。它不仅包括人们的实际行为，而且包括他们对环境中特定事物和人的注意，以及他们对那些事物或人的感觉和想法。人类并不像动物那样，只是毫无思考地对别人的行为作出简单反应。他们非常仔细地考虑他们正要作出的回应。他们在行动之前计划他们的回应，甚至在他们的脑中进行预演。米德还说，人类与动物的不同，还在于人类拥有自我。米德用"自我"这个词强调这样一种事实：我们针对自己采取"行动"，就像我们针对另外一个人一样。我们赞美我们自己，也与自己辩论，在内心感到自豪，或陷于自责。在所有这些"行动"中，我们在与我们的自我交流，与一个内在的"人"交流，就像我们与另外一个人交流一样，按照米德的观点，这种与自己"交谈"的过程，是人类意识的最重要的独一无二的特征。此外，米德强调人类互动在很大程度上受文化意义的影响，并且多数文化意义是象征性的。旗杆上一块彩色的布象征着我们的国家，一个微笑可能意味着某个人很高兴。

米德认为，符号是社会生活的基础，人们通过各种符号进行互动，人们可以借助于符号理解他人的行为，也可以借此评估自己的行为对他人的影响。符号互动论认为，人的行动是有社会意义的，人们之间的互动是以各种各样的符号为中介进行的，人们通过解释代表行动者行动的符号所包含的意义而作出反应，从而实现他们之间的互动。

在符号互动论那里，符号是基本的概念。符号是指所有能代表人的某种意义的事物，比如语言、文字、动作、物品甚至场景等。一个事物之所以成为符号，是因为人们赋予了它某种意义，而这种意义是大家（相关的人们）所公认的。文字是一种符号，它是认识或使用该种文字的人的沟通工具。语言是所有符号中最丰富、最灵活的一个符号系统，通过口头语言、身体语言（包括表情与体态）等人们可以传达各种意义，实现人们之间的复杂交往。物品也是重要的符号，比如校徽是一个大学的代表，国旗是国家的象征。一定的社会情境也具有符号的意义。比如，中国人认为红色代表吉祥，于是人们把婚姻的场合布置得红火热烈。组织中的成员遇到领导在场且凝重的场面，他会意识到可能发生了什么事，因为在人们的经验中这种场合代表了特殊的意义。

在符号互动论那里，情境是指人们在行动之前所面对的情况或场景，包括作为行动主体的人、角色关系、人的行为、时间、地点和具体场合等。因为人们可以将上述因素进行组合以表达自己的意义。实际上，任何具有意义的符号只有在一定的情境之中才能确切地表示出其意义。同样，人们只有将符号视为一个系统，或者在一定背景下去理解符号才能真正领会其中的含义。比如，"打了人一巴掌"这一动作在各种不同的背景下意义会有不同，甚至意义完全相反。于是，解释情境对于理解人的行为和进行互动就十分重要。

托马斯认为，人们在自觉的行动之前总有一个审视和考虑阶段，即要对他所面对的情景作出解释，赋予这一既定情境以意义，他称此为"情境定义"。托马斯认为，一个人对情境的主观解释（或定义）会直接影响他的行为。在这里，主观的含义包括他把哪些因素纳入考虑之中和怎样去解释它们。当然，所谓主观解释并不完全是主观的，实际上一个人对情景的解释是他以往社会化成果的反映。

（二）基本理论

对符号互动论作出突出贡献的是米德的学生布鲁默（Herbert Blumer），布鲁默花了很多时间和精力对他老师的思想进行提炼和发展，他总结了互动论的三个基本假设或原理。第一，我们依据我们对事物所赋予的意义而对其采取行动；第二，我们所赋予的事物的意义源于社会互动；第三，在任何情况下，为了赋予某种情境以意义，并决定怎样采取行动，我们都要经历一个内在的阐释过程——我们"与我们自己交流"。

例如，试想一个顾客在饭店收银台埋单的情景。顾客把账单交给收银员，并且掏出她的钱包。收银员准备收钱并找零。他们对于账单的行动都是基于他们所赋予账单的意义，这种意义是他们所共享的（互动论的第一原理）。他们之所以知道账单的意义，是由于他们通过以前许多类似的互动学习的结果（互动论的第二原理）。现在，假定顾客没有足够的钱埋单。那么，她会表现得很尴尬，并且会说她到隔壁的银行取一些钱，马上就回来。收银员对这种新的情境进行阐释，赋予它某种意义，并且决定怎样行动。他自问是否应当相信这位顾客或是去叫经理。这个顾客看上去诚实吗？她是常客吗？收银员是否遇到过类似的情况？类似的情况遭遇如何？所有这些因素都有助于收银员作出某种阐释，并且，按照布鲁默的观点，理解这一阐释的过程正是互动论分析的重要目标。

按照符号互动论的观点，在我们行动时，我们必须考虑与其他人在同一社会情境下的行动和思想一致。要做到这一点，我们首先必须阐释他人行为的象征意义。当一个年轻的推销员与老板和一个潜在的客户共进午餐时，由于他（她）没有正确理解这种情境，而冒失地提到了最近办公室发生的恶作剧。在这个时候，如果这个推销员还不能明白老板对他（她）瞪眼的意思，那么，他（她）在未来的这种互动中就会被排斥在外。

人们如何理解他人对于某些符号所赋予的意义？米德认为，这种重要的理解是经由他所说的角色借用（role taking）过程而获得的。人们往往站在他们互动对象的角度来想象自己。通过密切注意互动对象使用语言或其他符号的方式，我们可以领悟到对方通过语言和行为所要传达的意思。因此，上面讲到的那个推销员，可以在脑海中扮演老板的角色，以领会老板试图向客户传达的信息，即他们公司的员工是严肃的、有能力的。这样，推销员就与老板有了关于上述情境的共识。通过扮演老板的角色，推销员明白了老板行为的意义，并且会相应地调整自己的行为。

许多社会情境需要某种创造性的定义和再定义过程。每个人必须不断地理解互动之另一方的行动，并调整他（她）对这些行动的反应。例如，某个妇女在作严肃的演讲时，有可能稍稍放慢音调，以表明她将讲一个笑话。听众们意识到这种变化，所以调整他们对于演讲者的注意力，以便他们在适当的时候笑出来。采用同样的方式，演讲者也反思自己的讲话，根据她所认为的能够感染听众的方式调整其措辞。如果看上去听众对她的幽默没有反应，演讲者就可能采取更为直截了当的讲笑话的方式。很多社会互动的"剧本"正是按照这种方式在现场创作出来的，而不是一经写出就可以反复使用的。

符号互动论的批评者们认为，符号互动论仅仅关注的是个体的互动方式，这种理论方法不能够解释个体无法控制的力量对其行为的形塑。换句话说，它忽视了社会结构对于我们生活的很多影响。符号互动论似乎否认历史、社会和经济对我们的约束，并且它造成了一种个人拥有无限自由的错误印象。在回应这些批评时，布鲁默和其他符号互动论者指出，无论那些更为强大的社会力量具有何种影响，人们总是在相互的互动过程中体验到它们。他们强调，如果不能首先理解人们的互动方式，我们就不可能真正地理解社会。

三、拟剧论

（一）基本概念

拟剧论是从符号互动论发展出来的、具有自身特点的、说明日常生活中人与人之间相互作用的理论。其倡导者是美国社会学家戈夫曼，他把社会比做舞台，把社会成员比做演员来解释人们的日常生活，其代表作是《日常生活中的自我呈现》。戈夫曼采用戏剧分析的方法，从印象管理的角色来揭示人们社会互动的特点。他认为，生活就是演戏，表演者最关心的是留给观众什么样的印象，所以又称为"印象管理理论"或"印象整饰理论"。这一理论认为，互动的一方总想控制对方的行为，使对方通过对自己行为的理解，作出符合自己计划中的行为反应。日常生活中有很多这样的事例。例如，人们在开始谈恋爱时会尽量表现自己优秀的一面；大学毕业找工作时，会很注意自己的衣着与言行，希望给用人单位一个好的"第一印象"。印象管理不仅包括用自己的行为去直接影响对方，也包括建造自己表演的舞台布景，这实际上是对互动情境的设计。

（二）前台与后台理论

戈夫曼认为，人们在社会生活中以不同的角色、在不同的场次进行表演，如果能够按照剧本（即预想的方式）表演就按剧本表演，当剧本不明确或不完整（即情况更加复杂或发生变化）时就要随机应变，临时创作。

戈夫曼提出，人们为了表演，可能会区分出前台和后台。前台是让观众看到并从中获得特定意义的表演场合，在前台，人们展现的是能被他人和社会所接受的形象。后台是相对于前台而言的，是为前台表演做准备、掩饰在前台不能表演的东西的场合，人们会把他人和社会不能或难以接受的形象隐匿在后台。在后台，人们可以放松、休息，以补偿在前台区域的紧张。前台和后台可以是但又不一定是一个固定的地方。比如对于工作组织的成员来说，工作场所是前台，人们要按照工作规则行事，但下班以后去聊天的地方就是后台了。有时，前台和后台可能是同一个地方，只是情境发生了变化，前台变成了后台。

工作之后人们回到家里是进入了后台,在夫妻因为家务而唠叨甚至争吵时,如果有客人敲门进来,夫妻会停止争吵,向客人显示出和睦的样子,这时,后台已经变成了前台。戈夫曼认为,人们不能将前台行为用于后台,也不能将后台行为用于前台,而是应该在不同的场合表现出该场合应有的行为,而其标准是社会的规范,即社会对角色行为的规定。一个成功的社会成员就是要知道在什么场合应该怎么做,判断场合并用适当的方式去行动。实际上,在日常生活中,"观众"也知道表演者有前台行为和后台行为,但他们很少对表演者行为的可信程度提出质疑,怀疑他在制造虚假印象。有时人们还会对表演者的无意的、不合适的行为"有意视而不见",以共同维护双方的面子。因为在社会互动中,观众也是表演者,他也知道在特定情况下自己应该怎样做,即选择自己是实施前台行为还是后台行为。

(三) 四类人际礼仪

戈夫曼还对互动时的礼仪进行了详细的研究,他指出有四类人际礼仪:①表达式礼仪——用来表示对他人的问候、恭维和感谢等。例如,见面时向人点头微笑。②回避式礼仪——表示对他人的隐私与个人空间的尊重。例如,陌生人之间要避免长时间的视线接触。③维系式礼仪——用来维持人际关系,使之不中断。例如,逢年过节时走访亲友,给久不见面的老同学寄贺年片等。④认可式礼仪——用来表示对别人身份的认可。如别人结婚时去道喜等。这些人际礼仪在日常社会生活中具有重要的作用,是个人维持和加强与他人的联系,表达对他人的尊敬与关怀的重要方式,如果违背了这些礼仪,就很难与他人融洽相处。

四、本土方法论

(一) 基本概念

这一理论是美国社会学家哈罗德·加芬克尔于20世纪60年代创立的,又译做"常人方法学""俗民方法论"。它是一种研究人们在日常生活互动中使用的方法的理论,即研究人们在日常互动中如何建立和共同使用对现实的定义,详细考察社会成员在建构和解释他们的社会现实并对其赋予意义时所使用的方法和步骤。

(二) 主要观点

本土方法论者认为社会互动是由形成人们正常交往基础的规则所决定的,

这些规则通常是理所当然、心照不宣的，但是，如果违背了这些规则，互动就不能顺利进行。为了证明社会互动中这类隐含规则或称背景假设的重要性，本土方法论者进行了一项著名的研究，称为"无背景试验"，或"打破规则试验"。其中一个试验是让学生与家人交谈，要求学生抛开原来与家人交谈的习惯，而采用不同的方式，例如，按照严格的礼节，称父亲为"先生"，对一些不言而喻的东西装做不了解，结果，家人感到很震惊，甚至很气愤，交谈很难进行。这一研究揭示了互动中隐含规则的重要性。事实上，在任何一个互动过程中，都存在着一些背景知识，互动双方必须了解这种背景知识，遵守其隐含的规则，用通俗的话来说，就是互动双方要有"共同语言"，并遵守"共同语法"，否则就无法沟通。

加芬克尔认为，人们的日常生活中的沟通和社会行动具有"索引性"，即当事人的实践活动运用共同完成且未经申明的假设和共享知识进行。由于日常语言和实践行动是以"索引性表达"的方式进行的，所以仅从遵守规则的角度来考虑行动问题并不合适。行动（或表达）的"无尽索引性"表明，对它们的意义必须诉诸索引及行动表达的意义才能理解。比如加芬克尔发现，在日常谈话中人们之间的互相理解不仅基于当事人说出来的东西，而且基于大量谈话中未提到的因素，即言外之意。对这些言外之意的理解要依赖于谈话所涉及的当事人最近的互动发展过程及前景预期，依赖于对话发展的一系列时间上连贯的表达，依赖于谈话过程等。

常人方法学认为，在日常实践过程中，行动、说明（即行动可被观察、被报道）和场景构成了复杂的整体，它们之间存在着复杂的辩证关系，它们互为条件使实践行动具有反射性（reflexivity）。这就是说，行动与环境是不断地处于相互建构之中。于是，在常人方法学家看来，对人们行动的理解应该是对其实践系统的理解。

吉登斯关于行动的反思性监控的概念，说明了作为一个持续过程的人的能动行动的复杂性。他认为，人们是根据自己的动机而采取行动的，并且对自己的行动保持着理论化的理解，这使人的行动（包括后续行动）总是表现出目的性，这就是行动的反思性监控。然而人又可能是在并非完全认识到的条件下行动的，这样，人的行动可能会产生一些意外后果，而这些包括意外后果的结果作为前提条件影响着人的下一个行动。由此可见人的行动、社会互动的复杂性。

五、社会交换论

（一）社会交换的概念

如何看待人们在社会生活中的交往和互动是社会科学家们关心的基本问题。经济学家从"理性人"的假设出发，认为人与人的交往是在交换他们各自具有的有价值的东西，从早期的实物交换到后来的货币交易，以致人们之间的各种合作都是如此。有的社会学家也用交换的观点来解释人们之间的交往。比如，齐美尔认为，货币对社会关系有重要的影响，当人们感到各自的资源贵重时，就可能发生交换关系。行动者对某类既定资源的需要强度越大，这种资源对他的价值就越大。某行动者越觉得对方资源贵重，后者对前者的权力就越大。在社会交换中行动者越是操纵情景，掩饰他们对资源的需求，交换中紧张就越大，冲突的可能性也就越大。齐美尔的这些思想对后来的社会交换理论产生了重要影响，可以称为"古典社会交换论"。

现代社会交换论形成于20世纪50年代末至60年代初，主要代表人物有霍曼斯、布劳等。这一理论着眼于人们在社会生活中相互交往的外显行为，用代价和报酬来分析社会关系，认为社会互动的实质是人们交换酬赏和惩罚的过程。这一理论认为，交换行为不仅存在于市场关系中，而且存在于包括友谊、爱情在内的多种社会公正之中。社会交换论者把人与人之间的互动看做是交换行为。比如布劳在《社会生活中的交换与权力》一书中写道：邻居们交换恩惠，儿童交换玩具，同事们交换帮助，熟人们交换礼貌，政治家们交换让步，讨论者们交换观点，家庭主妇们交换烹饪诀窍，等等。他们把自己的理论"公理化"，成为有影响的社会学理论流派。按照交换论者的观点，社会交换是人们交换报酬和惩罚的互动过程。它是指期望从别人那里得到回报，并且一般也确实得到了回报的人们的自愿行动。社会交换与对收益进行纯粹算计的经济交换不同，社会交换建立在信任的基础之上，并且未对义务作具体规定。

（二）霍曼斯的社会交换论

霍曼斯的交换理论具有行为主义的特点。行为主义认为，一切行为都可以用"刺激—反应"的公式来表示，无论是动物行为还是人类行为。霍曼斯认为，行为主义的上述观点和原则也适用于人类社会组织，因为人的需求的满足来自于他人，这样，人类行为就应该理解为互动的个人进行报酬（和惩罚）的交换。他吸收了经济学的原则：即人理性地算计他们在某一市场中行为的长期结果,并试图在交易中获取最大的物质利益,进而提出了人类交换行为的基本原则。霍曼斯提出了一些社会交往中的命题:①成功命题:一个人的某种行动越经常得到报酬,这个人就越愿意从事该行动。②刺激命题:如果某特定刺激的出现曾成为一个人行为得到酬赏的原因,那么现在的刺激越是同过去的相同,这个人就越可能采取这种行动或与此类似的行动。③价值命题:一行动对某人越有价值,那么他越有可能采取该行动。④剥夺——满足命题:某人在近期内越是经常得到某一特定酬赏,随后而来的同样的酬赏对他来说就越没有价值。⑤侵犯——赞同命题:A. 当某人的行为没有得到预期的酬赏或者得到了未估计到的惩罚时,他将会被激怒并可能采取侵犯行为,所预期的结果变得更有价值;B. 当某人的行为获得了期望的酬赏甚至大于期望的酬赏,或者未遭受预料中的惩罚时,他会很高兴,并可能采取赞同行为,该行为的结果也变得更有价值。可以发现,霍曼斯的交换理论带有较强的功利主义。

(三) 布劳的社会交换论

布劳的社会交换论被称为结构交换论,因为他研究的重点不在人际关系,而在于社会结构。他认为交换的主体可以由个人扩展到群体和社会组织,于是交换也可以创造社会制度和社会结构。

布劳认为,支配着人与人之间交往的基本社会过程,其根据在于原始的心理过程。人际交换开始于社会吸引,社会吸引是指内在地喜欢另一个人并对他有肯定性的情感,广义地讲,它指不管出于任何原因而去接近另一个人。如果一个人期望与别人的交往会带来报酬,他就会受到能提供报酬者的吸引,就会产生交往的倾向。布劳将报酬作了广义理解,认为报酬包括金钱、社会赞同、尊重和服从四类,它们的价值依次增高,最有价值的酬赏是他人的服从,即控制他人的权力。布劳认为,一个人要想使对方与自己交往就必须向对方证明自己具有吸引力,即对方如果与他交往会从中得到报酬。这表现为人们普遍试图给别人留下深刻的印象。如果他成功了,即对方接受了他,那么,交往就会发生。一旦双方在交往中都得到了期望的报酬,则相互吸引就会加强,进而建立起稳定的交往关系,这样群体就形成了。布劳的交换理论是以互惠为基础的,即交换遵循公平原则。他认为,如果在交换中某一方违反了公平原则,即未能履行互惠义务,那么被剥夺者就倾向于消极地制裁互惠规范的违反者。如果交换中不能实现公平的互惠,就会出现某方的依赖行为,而依赖会产生对方对于依赖者的权力。

社会交换论试图以交换的观点来解释人类互动的本质的规律,其理论基础是个人主义和功利主义。它强调个人的目标和报酬,认为每个人都尽量避免痛苦和增进快乐。这一理论忽视了人类行为的社会前提,带有浓厚的心理还原主义色彩。

第三节 社会网络与社会互动[1]

一、社会网络的含义与功能

(一)社会网络的含义及其基本要素

1. 社会网络的含义

在现实生活中,每一个人不但要参与多领域的社会生活,而且在任何领域都会形成多种角色关系,这样在人们身上就会形成纵横交叉的关系。我们把以某一社会成员或某些相互联系的社会成员为基础形成的纵横交叉的关系称为"社会网络"(或"社会关系网络"),并把承载着众多关系的社会成员称为社会网络的"结点"。社会网络比较像我们在日常生活中常说"关系网",但是我们大体上对"关系网"赋予负面含义。在这里,我们基本上是从中性的意义上来使用"社会网络"这一概念。从实质上来看,社会网络是集中在某个或某些社会成员身上的、能够对其产生支持作用的社会关系体系。

社会网络是社会关系的系统,它因某一社会成员、社会群体的社会活动而形成和存在。对于这些社会成员、社会群体来说,他们的社会网络是与其角色丛、复式角色及它们之间的交叉相一致的。正像社会角色由具体的人来扮演一样,社会网络也有归属和领域特征,即要说明谁的社会网络,是谁在哪个方面的社会网络。

社会网络有多元性,即可以进行多元分类。一般说来,人们更多地从性质的角度进行分类。由于社会角色、社会关系性质不同,社会网络的性质和类型也不同。一般我们把社会网络分为亲属网络、朋友圈子、同事网络、兴趣群体,以及信息网络、社交圈、生意圈等。当然,我们也可以用规模来对社会网络进产分类,比如微观网络、宏观网络等。

---

[1] 本节内容主要参见:王思斌. 社会学教程(第四版)[M]. 北京:北京大学出版社,2016:91-94.

2. 社会网络的基本要素

社会网络是多种社会关系的集结。谁的网络、什么样的网络是分析社会网络的基本入手点；关系、结点、范围、密度、强度是社会网络的基本要素。关系是人们之间的交往关系。结点是指众多社会关系的集结点，即参与某一社会网络的成员。范围是指社会网络的规模，即某种社会关系网络的边界，它是由人们之间的互动决定的。密度指在一定的网络空间内某类关系的数量。在一定的网络空间内成员们彼此交往的对象越多，网络的密度就越高。强度是指在某一网络之中相关者之间的关联程度。成员之间的交往越密切、相互依存程度越高，社会关系和网络的强度就越大。实际上，每一个人都生活在不同的、多元化的社会网络之中，有的关系密集，有的稀疏，有的联系紧密，有的关系松弛。这就是不同的社会网络。

（二）社会网络的重要功能

1. 社会支持

社会网络实际上是一些支持性的社会关系的集合，它通过持续的社会交往而形成，并对网络的拥有者发挥着重要的支持作用。社会支持是来自与他人的具有社会意义的支持，这种支持既可能是物质的，也可能是精神的；既可能是工具性的——倾向某种具体的功利目的，也可能是表意性的——即对善意的表达。社会网络以其所包含的相互信任和内在资源，借助于长时段的、持续的社会交往而发挥其社会支持的功能。

2. 社会资源获得

从理性的角度来看，对于网络拥有者来说可以便捷地获得社会资源。在一些涉及共同利益的群体或网络中，强有力的网络关系可以传递网络群体所拥有的资源，使资源不足者得到支持，并实现自己的目标。格兰诺维特区分了网络中的强关系和弱关系，指出弱关系在帮助人找工作时具有重要意义，也有学者根据中国的研究指出了强关系的重要作用。在现实社会中，人们都在扩大和强化自己的社会网络，动员社会资源，以实现自己的生活目标和发展目标。

二、网络背景下的社会互动

（一）社会网络与社会互动的相互建构

社会网络与社会互动是相互建构的关系。任何社会网络都是在较长时段

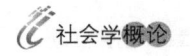

的、持续的社会互动中形成的。良好的互动会在参与者之间产生信任感,具有信任的互动会进一步强化信任关系。这些信任关系集结在某个人、某个群体之上,或在一群人之间交叉,就形成他们的社会网络。这样,社会网络就是人们互动和交往的产物,人们的交往建构着自己的关系网络。反过来,已有的网络也对拥有者的行动发挥指导作用,激励或限制他的社会交往。因为毕竟网络关系是一种多方面的关系,网络中的各种关系相互交织而相互影响。因此网络中的互动或交往要比简单的交往更复杂,因为他要从网络的角度出发去选择自己的社会行动。

(二) 互联网对社会互动的影响

在社会网络领域,最富有新意、最具有挑战性的是互联网对人们交往行为的影响。互联网是以现代通信技术为基础而形成的信息交流网络。它使人们之间的交往超越了传统的时空界限,大大丰富了人们的交往方式,扩展了人们的互动空间,并对人们的互动和交往产生重要影响。借助互联网的互动具有匿名性、便捷性、符号化等特点,它可能使人们之间的互动变得更加快捷和频繁,也可能使原本直接的互动变得间接。互联网的匿名性可能会促进人的自主性,进而使互联网所传达的信息也变得复杂化——它们可能是真实的,也可能是虚假的。它容纳着人们多样化的信息表达,包括着现实生活中难以表达的行为,满足着人们更加多样化的获取信息、表达意见的需求。当然,由于互联网规则的开放性,网络上发布信息的弱责任性,所以,互联网所形成的网络空间(网络社会)也有规范性不足的特点,这对人们的现实生活产生着复杂影响。如何利用好互联网及其形成的网络空间,促进人们需要的合理满足和社会发展,又不至于搞乱微观和宏观的社会秩序,是个人、家庭、社会组织和政府都十分关心的现实问题。

思考与研讨

1. 社会互动的含义与意义。
2. 集体行为特征与类型。
3. 社会互动的理论模式。
4. 社会网络的含义、类型与功能。
5. 中国人的关系网络与互动模式。
6. 互联网对社会互动的影响。

推荐阅读书目

1. 《社会学概论》编写组：《社会学概论》（马工程重点教材），人民出版社、高等教育出版社，2011年版。

2. 王思斌：《社会学教程》（第四版），北京大学出版社，2016年版。

3. 戴维·波普诺：《社会学》（第十版），中国人民大学出版社，1999年版。

4. 理查德·谢弗等：《社会学与生活》（插图第9版），世界图书公司，2006年版。

5. 边燕杰：《社会学：理论与研究》，社会科学文献出版社，2011年版。

6. 费孝通：《乡土中国 生育制度》，北京大学出版社，1998年版。

7. 罗家德：《社会网分析讲义》，社会科学文献出版社，2005年版。

8. 彼得·布劳：《社会生活中的交换与权力》，华夏出版社，1988年版。

9. 欧文·戈夫曼：《日常生活中的自我呈现》，北京大学出版社，2008年版。

10. 马克思，恩格斯：《德意志意识形态》（节选本），人民出版社，2003年版。

第五章 社会结构

社会的存在是十分复杂的，如果从其结构分析的角度看，我们会发现人类社会其实是由不同的结构要素或结构单位有机组合起来的，并且这种组合不是杂乱无章的，有一定的规律性可循。每个个体都处在特定的结构地位上，来扮演应有的角色。当然，角色扮演并非一帆风顺，也时常会遇到这样那样的问题。本章先对社会结构的一般理论进行讨论，其次分析社会地位与角色问题。

第一节 社会结构的含义与单位

一、社会结构的含义与特征

（一）社会结构的含义

结构（Structure），最早是自然科学中经常使用的术语。在数学中，结构表示的是事物的量的关系和空间形式；在物理学中，结构是物质的普遍存在形式；在生物学中，结构是指有机体的内部组织构造。简而言之，结构是一种构造形式，是一种内部关系网络，是一种存在方式。从自然科学使用结构这一概念的意义可以看出，结构一般包含了两层相互联系的意思。第一，任何一个具有完整意义的事物都是由一定的要素、成分组合而成的，因而是可以分析的，大到宇宙星系、小到微观粒子莫不如此。第二，组成事物的要素、成分并非杂乱无章，而是按照确定的方式、原则有序地结合起来的，彼此之间具有相对稳定的关系。由于结构这一概念在自然科学领域成为了一个十分有用的分析工具，因而被广泛引用到社会科学和人文科学的各个领域。

在社会学中，社会结构（Social Structure）常被用来作为描述社会构成部分之间的相互关系及其构成方式的概念。美国社会学家戴维·波谱诺在其所著《社会学》一书中指出，结构这个术语指的是任何事物的基本构成部分之间相互联系的方式。社会结构就是指一个群体或一个社会中的各要素或各基本构成部分之间相互联系的方式。❶ 我国学者陆学艺主编的《社会学》一书中对社会结构作了这样的界定：社会结构就是"社会诸要素及其相互关系按照一定的秩序所构成的相对稳定的网络"❷。

需要说明的是，从社会学的理论视角出发，对社会结构研究最有影响的是结构功能主义学派。社会结构是结构功能主义的中心概念之一。结构功能主义把社会看做是各个行动者相互作用的体系，主张对这一体系从静态的和过程的两个角度进行研究。静态的角度，即分析社会体系的结构；过程的角度，即分析社会体系的功能。结构功能主义认为，社会结构的最基本的分析单位，是行动者所处的地位和承担的角色，社会结构是各个地位、角色之间稳定的关系。承担角色、参与互动的行动者认同于共同的价值规范体系，是社会结构得以建立和维持的前提，社会结构实质上是制约着特定类型角色互动的抽象规范模式。结构功能主义把社会体系维持生存必须满足的功能要求作为确定结构要素的依据。正是由于结构功能主义理论的影响，当代许多社会学的研究在对社会结构进行分析时，都把角色和地位看做是社会结构的基本分析单位，进而确定和分析社会结构的其他层次的构成要素。正如戴维·波谱诺所说的，"绝大多数社会学家都承认，除了组成社会的人以外，社会还有其自身的存在。伴随着社会的发展，身份与角色、群体与组织、社会设置与社区得以产生。这些概念被看成是作为一个整体而存在的社会的局部，而不是属于个别人的。它们在个人的眼中是作为外在之物而存在的，在某种意义上有时还是一种强制性的力量，在许多方面迫使我们去修正我们的行为"❸。

（二）社会结构的特征

首先，社会结构具有相对稳定性。在时光的流逝中，社会结构尽管会有一些微小的改动，而且促使它发生转变的一些压力也的确存在，但社会结构仍能够保持其相对的稳定性。以学校为例，每到秋季开学时，学生的构成就会经历一次变化：一些人学成毕业离开母校，但学校又迎来了一批新生。在这个校园内的每一天，我们或许观察到的是一个或多或少有所不同的学生群体：一位新生从外校转学到了这里；某位学生中途放弃了学业找了一份工作；而有的学生则可能因为生病而只好待在家里。在每个礼拜，校长办公室都会将一些新的规

---

❶ [美] 波谱诺. 社会学（第十版）[M]. 北京：中国人民大学出版社，1999：94.
❷ 陆学艺. 社会学 [M]. 北京：知识出版社，1991：284.
❸ [美] 波谱诺. 社会学（第十版）[M]. 北京：中国人民大学出版社，1999：94.

定传达下来。每一学年，课程表都在更新。但任何人都不会否定这一类的学校拥有一些悠久而稳定、本质上未曾变更的结构性的特征。每个人都可以自信地判断说"这是一个教育机构而不是一间杂货店"，或者说"校长、教师和学生之间的关系历年如此"。换句话说，虽然校园中的人员、规章制度与课程在不断经历着变化，学校本身所具有的一般性社会特征仍是十分固定的。也就是说，一所学校所具有的相对稳定的性质便是它的社会结构。学生和老师大致都明白应当如何与群体中其他人打交道，因为他们各自知道学生、教师、管理人员及其他职员的职责所在。今日的学校与往昔相似之处就是因为这一群体内的成员总是以计划相同的方式被组织起来。

尽管有这些稳定特征，但也并非所有的学校都是人人循规蹈矩，事事平稳运行。校园中有的规章制度可能本身就是模糊不清的。即使并非如此，对组织规则的偶尔逾越也是每个组织所内在的、让人不感意外的事情。然而这并不能说明一个学校的社会结构是不牢固的。事实上，行为上的一些变化，甚至是某种程度上的冲突，在模式化和可预见性方面与遵守规则的行为并无二致。例如，在某些特定的情形之下，学生是可以被允许缺课的。如果他们的理由充足或者是他们的老师正好心情不错的话，有时他们还可以晚交家庭作业。

其次，社会结构的存在对于维持正常社会活动具有明显的重要性。人们趋向于把日常社会生活中的许多方面看成是理所当然的事情，然而当我们将社会学的想象力运用于对日常惯例的思考时，就会轻易地发现社会结构在很大程度上影响着人类的行为。人们读书求学的学校或谋生与发展的工作单位，限定了人们应该怎样来安排日常到达和离开的钟点、起床和睡觉的时间。人们所处的家庭（尤其是自己的父母）或劳动力市场要求我们树立了获取好的学习成绩和学术成就的目标。此外，学校和单位还为我们能够达到这些目标制定了许许多多的行为准则。社会结构的重要性主要表现为两个方面：其一是它能够使人类群体和社会保持稳定性和延续性；其二是它与我们的日常生活密切相关，即它能够使我们以适度的效率来完成日常生活中的绝大部分事务，使我们避免了在行动前对成百上千种琐碎的可选项进行选择的麻烦。上述学校的例子能被用来说明社会结构在我们生活中的重要性。试想一下，如若当学生、老师和管理人员们每日清晨来到校园后，不存在一种有秩序的、模式化的相互联系的方式在发生作用，那么将是一番怎样的景象呢？人们需要经过冗长乏味的尝试来发现哪位教师适合教哪门课程，哪些学生希望学习哪些科目，各门课程又应如何来讲授。一旦有某个学生生病或某位教师辞职或有新的成员加入到这个群体时，上述的整个过程又必须重新再经历一次。很显然，如果没有社会结构的存在，学生将什么也学不到！

最后，社会结构具有正、负两个方面的影响，即它一方面促使有效率的人类活动成为可能，同时也能限制个人的自由。比如居住在封闭村落里的人们也许会有特别强烈的受限制感。在以强制性的社会气候为特征的极权主义社会里，这种桎梏感更加强烈。然而我们所有人不管身在何处，曾经都体验到了社会结构的这种强制力。我们的父母、上司，或是警察们的一些做法，时常让我们感到限制性的压力。种种企图改变社会结构的尝试可以小到规则上的细枝末节的修改，大到可能发动一场激烈的社会革命。

二、社会结构的单位/要素

（一）不同视角的社会结构单位/要素分析

由于社会结构本身的复杂性，决定了对其结构要素或构成单位的研究也呈现出极其复杂的情况。综观而言，社会学界的学者们都是根据不同的分类原则，从不同的角度或层次对社会的整体结构进行考察。比较典型的结构单位或要素考察的观点如下。

第一，从社会存在和发展的最基本的物质生活条件和精神生活条件的角度进行考察，社会的进步构成要素有自然环境、人口和文化。社会学不研究这些要素各自的发展规律，它们已有专门的学科进行研究，如环境学、人口学和文化学等。社会学是综合地研究这些要素之间以及这些要素与社会整体之间的相互影响、相互作用的机制和协调发展的规律性。

第二，从社会形态的角度进行考察，可以把社会结构要素划分为经济基础、政治上层建筑、意识形态三大类，或者说分为经济领域、政治领域和文化领域三个基本的活动领域。它们是相互联系的，是对整体的社会体系的基本特征和本质属性的静态概括，是相对于社会变迁和社会过程而言的。在社会各种基本活动领域中，社会经济结构对于社会政治结构、文化结构等具有决定性的影响和制约作用，它是社会的经济基础，具有将其他社会领域结合成一个有机体的作用。其他社会领域具有相对独立性和稳定性，并对社会经济具有能动的反作用。这三大领域也都有社会科学的分支在进行研究，社会学亦不研究这些专门领域的内部结构，社会学的工作是着眼于研究这些领域之间以及这些领域与社会整体之间的相互影响、相互制约的机制和协调发展的规律性。

第三，从构成社会的人群共同体的不同层次和不同类型来考察，社会又包括了家庭、阶级、阶层、组织、种族、民族以及社区等不同的整体性层次或社会单位（要素）。在这里，社会结构是指社会分化产生的各主要的社会地位群体相互联系的基本状态。在阶级社会中，社会的分化本质上是阶级和阶层的分化，阶级结构是理解其他群体的地位和作用的基础，阶级关系决定着整体社会和各个社会群体的发展方向。上述这些不同的群体、层次和单位本身是社会学进一步分析的对象，社会学不仅要考察这些社会子系统的结构，而且要将它们放到整个社会大系统中，综合地考察它们与社会的经济、政治、文化等领域的相互关系。

另外，还有从社会制度或社会设置角度的考察，把社会结构的要素或构成单位划分为经济制度、政治制度、文化制度、家庭制度、宗教制度、教育制度等。由于这些方面的内容在后面的相应章节有专门讨论，这里就不再赘述。

（二）社会结构的单位序列：微观、中观和宏观

美国社会学家波谱诺指出，俱乐部、家庭、学校、教堂、政府这些普通的团体都是社会结构的重要组成单位，同时也是社会学研究主题中的核心要素。但当社会学家分析社会结构时，他们不能只运用日常语言，而必须借助于一套定义清晰的术语才能精细地勾勒出关于社会结构的"概念图示"。社会是如此的复杂，因而这件工作就并非一件容易的事了。事实上，社会科学家从未在用来描述社会结构的概念和术语方面完全达成一致。[1] 在此，根据大多数社会学家都使用的且比较简化的"概念框架"来叙述社会结构的单位这一问题，我们可以把社会结构的要素或主要的构成单位区分为一个序列式的存在，即微观层面的地位（身份）与角色，中观层面的社会群体和组织，宏观层面的社区、社会与世界体系以及社会设置。在这里我们仅简要论述各个层面的社会结构单位，详细阐述将在本书以后的一些章节中展开。

1. 微观结构单位：地位与角色

地位（status）亦称做身份，指的是在某一群体或社会中某一确定的社会位置。例如，女性、黑人、律师或父亲，都可以用来当做地位的例子。列举所有可能的地位似乎是一件永无止境的事情，而我们熟知的大多都与性别、婚姻状况、年龄、教育、种族、宗教信仰和职业等相关。

---

[1] ［美］波谱诺. 社会学（第十版）[M]. 北京：中国人民大学出版社，1999：96.

(1) 自致地位和先赋地位

这是两种主要的地位类型。在一个人的生命历程中作为个人努力与否的结果而获得的地位被称为自致地位（achieved status）。现代社会中的绝大多数职业，从企业管理人员、医生到擦鞋匠、垃圾工，都是自致地位。其他的一些例子还包括个人的受教育水平（大学毕业或是小学辍学），所属教派以及社会阶级地位。一些家庭内的地位，包括为人父母和配偶，也是自致性的。如果某人愿意的话，他（她）的自致地位至少在原则上是可以被改变的。某人所拥有的被指定的、并且通常不能被改变的社会地位被定义为先赋地位（ascribed status），包括种族、民族、年龄、性别和某些家庭内的地位，例如，作为长子或者是作为一个孙女的家庭地位。先赋地位一般以出生为基础，孩子们继承了父亲或母亲的社会地位。先赋地位还能以一个人出生的时间、地点和环境为基础。我们可以设想出四胞胎的出生这一例子来考察一下这些因素的影响。这一事件给这些四胞胎婴儿带来了名声和一定的声望，仅仅因为他们是作为四胞胎而出生，他们还获得了一些现金方式的赠礼。

(2) 多重地位与首要地位

很显然，每个人在社会中的地位都不是单一的，往往都会同时拥有多种不同的地位（比如一个男性可能拥有的多重地位：研究生、教授、白人、基督徒等），这就是所谓的多重地位。而一个人同时拥有的不同地位则常常能够揭示出关于某一社会结构的大量信息。例如在美国，男性律师的比例要高于女性律师，黑人青年的失业率要高于白人青年的失业率。此外，拥有某种地位还会有利于获得其他的一些身份。例如在美国，一家银行的总裁能够应邀担任"联合道路"（United Way）的主席、博物馆的董事以及政府委员会的成员，这些都是因为他（她）的职业地位处于很高等级的缘故。由于大多数人都拥有许多或高或低的地位，因此当涉及一个人总的社会地位时，尤其是在他人心目中的地位时，就遇到了难题。休斯（Everett Hughes）曾指出，社会用来解决这一难题的办法之一就是承认某种地位比其他地位更为重要。休斯把用来决定某人总的社会地位的那个关键性的地位叫做首要地位（休斯，1945）。对我们大多数人而言，职业通常是人们的首要身份。但是某一先赋地位，例如残疾、惊人的美貌或是继承的万贯家产，仍然可以成为首要身份。我们可以设想出一位职业"低下"但又腰缠万贯的富翁。再如，当一名来自于肯尼迪家族的年轻女子成为社会工作者时，她仍旧载负着作为一名富人的较高的首要地位。对于欧洲的贵族，家庭背景就是一种首要地位。一位穷困潦倒的王子获得的仍是

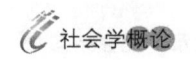

王子的声望，而非贫民。❶

下图以一位拉丁裔的女大学生为例，展示了先赋地位与自致地位、多重地位与首要地位的信息。❷

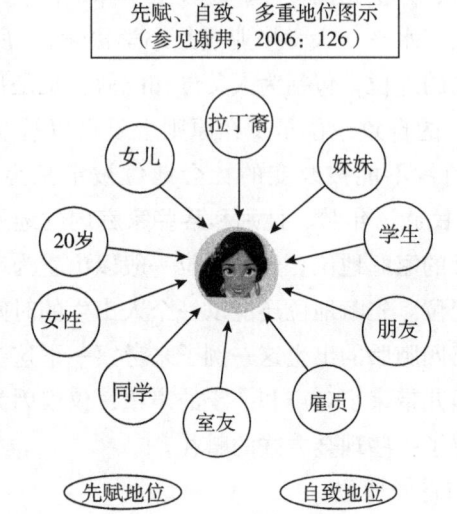

先赋、自致、多重地位图示
（参见谢弗，2006：126）

拉丁裔　妹妹　学生　朋友　雇员　室友　同学　女性　20岁　女儿

先赋地位　自致地位

（3）地位的比较标准

地位具有可比较性，即绝大多数的地位可以在责任、权力和声望等标准方面与其他地位相比较，而被划分到某一等级（即社会分层），因此地位可以由低到高排列。如教育程度可以由低到高排序：文盲—小学—中学—大学—研究生）；再如职业，一些职业相对于其他职业能给人带来更高的声望和报酬。同样，军队中从最高层的将军到最低的士兵按照地位被划分等级，学校里往往也会从新生到神像一般被崇拜的高年级学生依次划分了等级。实际上，用日常用语来表达"地位"的含义，就像我们用"真有派！"来感叹那些驾驶着"宝马"车的人一样。然而，社会学家把地位的等级仅仅看做是次等重要的问题，在许多场合中，他们用"地位"一词来指涉社会中在与其他位置相比较时并不必分出等级差别的某个位置。

角色（role）原是戏剧中的名词，是指演员经过一番妆饰所扮演的剧中的人物形象。实际上，社会也是一个大舞台，所以我们在日常生活和工作中也使用这一概念。然而角色作为一个学术概念，是米德首先把它应用于社会心理学

---

❶ ［美］波谱诺. 社会学（第十版）［M］. 北京：中国人民大学出版社，1999：96-97.
❷ ［美］谢弗. 社会学与生活（插图第九版）［M］. 北京：世界图书出版公司，2006：126.

的研究领域。1936年，美国人类学家林顿明确地把社会角色与人们在社会中所处的位置联系起来。关于社会角色的含义有研究认为：社会角色是指与人们在社会关系体系中所处的地位相一致、与社会对占据该地位的人的行为期望相符合的一套行为模式。[1] 因此，社会角色是社会所认可、所期望的处于某一位置的人的一套行为模式，而不只是他的某一行为。例如教师是一个社会角色，人们常把传道授业解惑以及为人师表与此相联系。

角色与地位的关系基本可以认定为：角色是社会地位的外在表现。当一个人进入某一个社会关系体系，即同他人建立了相对稳定的社会关系之后，他便获得了一个社会地位。同时，这个地位要靠他与相关者的共同活动或交往表现出来，即靠与这个地位相关的行为模式表现出来，这就是社会角色。所以，我们可以说社会地位是社会角色的基础，社会角色则是社会地位的表现。比如，一个人进入学校当教师，与前来求学的学生结成师生关系，相对于学生来说他占据了教师的地位。然而真正表明他占有教师这个地位的是他必须按照教师的行为模式去做，扮演好教师这个角色。否则徒有其名，实际上他也就没有真正占据那个位置。

2. 中观结构单位：社会群体与组织

每一个现代社会中都有成千上万个比较稳定的小型且组织松散的群体。例如家庭、朋友圈、讨论组和委员会。社会学家一般倾向于只有具备这种小而稳定、面对面的集群时才使用"群体"这一概念。而一些规模较大且更具结构化的群体被称为组织，即为了达到某种特定目标而有意识地建立起来的群体。组织的实例包括商业公司、大学和政府机构。组织中通常有对工作和权力的精细划分，还有对每一个成员的角色和身份的精确定义。因此，组织中的行为较之其他社会群体具有高度的模式化特征。

在现实生活中我们看到，群体是一个非常宽泛、一般性的术语，社会学家和非社会学家对社会群体这一术语的用法很相似，都是指各类人群联合体。但以严格的社会学意义上的用法来讲，群体是由两个或两个以上的具有共同认同和团结感的人所组成的人的集合，群体内的成员相互作用和影响，共享着特定的目标和期望。当然，所有的群体都有一个社会结构。但是它们既可以像排队等候的购物者那样松散，也可以像每一成员都有特定认为的野战排那样结构严密。根据功能主义的观点，每个群体都可以被叫做一个社会系统。之所以把群

---

[1] 韩明谟主编. 社会学概论（修订本）[M]. 北京：中央广播电视大学出版社，1997：72.

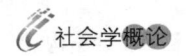

体称做社会系统,是为了强调它们同样具有所有系统所具备的一些基本结构特征。汽车发动机、工厂、人体和太阳系之所以都被称做系统,是因为它们各自都是由相互关联的部分组成。每一部分都为整体作出贡献,而整体又大于部分之和。当系统中的某一要素发生变化时,系统中的所有其他要素也要发生相应的改变。

由于群体是一个非常宽泛、一般性的术语,因此需要对之进一步分析。一个不难理解的道理是,不同群体有不同的演变方式,且群体之间在规模和延续时间上有着较大差异。例如,罗马天主教会已经存在了十几个世纪,而一个偶遇群体也许仅能持续一个周末。对社会学而言,尤其重要的是要对有关群体的三个不太明显的特征进行分析,即群体的结构水平,群体的亲密程度,以及群体与社会不平等和人类差异的关系。❶

(1) 群体中的结构水平

某些人类集体在社会学意义上并非是群体,原因就在于他们不具有社会结构。从这个角度出发,一些人类的群体性或集体性存在并不是社会学意义上的"社会群体",这些群体性或集体性存在可以称为"集群"。大致包括:

①比如自由主义者或保守主义者、男人或女人、高中毕业生或大学毕业生等。社会学家把这些群体叫做社会类属(social categories)。社会类属中的成员虽有某种共同之处,但不具有共享特征,并不一定要相互交往,彼此认识,共享某种社会结构。值得注意的是,尽管社会类属是非结构化的,但是同属于某一类别则有可能在成员中激发起共同的兴趣和目标,从而导致了一个真正的社会群体的形成。例如,西方的一些女权主义者群体就是由"女性"这一类属而引发的共享共同经历和观点的群体。

②另一类也不被社会学家当做真正的群体的就是某种人类聚合体,称做社会聚合或社会集合(social aggregate),它是指在某个特定场合中面对面相处的人群,但他们之间并没有发生互动,只具有一些临时性的关系,也缺乏最基本的社会结构。例如,那些同乘一辆公共汽车的乘客、某一个公园里的游客、在医院门诊休息室等候的患者等。当然我们也不能否认在集合人群中仍然有一些最基本的共识存在。例如,在公共汽车上就存在广为人们所接受的分配座位的方式——先来先上,此外残疾人、老年人和孕妇也可以得到特殊的关照。尽管如此,社会集合中的人们之间几乎没有什么社会互动,也没有任何意义上的团

---

❶ [美]波谱诺. 社会学(第十版)[M]. 北京:中国人民大学出版社,1999:100.

结和普遍认同。值得一提的是，与社会类属一样，如果社会集合中成员因某种原因而开始发生互动，社会结构就可能由此而发展起来，一个真正的社会群体就可能得以产生。比如，不论是电梯上的某人心脏病突发还是公共汽车上的人们合力去帮助一位发病者，这样的集合都可能转变为一个群体。

③还有一些结构松散、比社会学家通常所指的社会群体等集合性实体更具自发性和临时性的临时集群。例如，在火灾中聚到一块的人群，公共场所中的抗议集会的人群，西方社会城市中发生在少数民族聚集区的骚动人群等。此类集群中所发生的行动被称为"集合行为"或"集体行为"。

（2）群体内的亲密程度

另一种给群体分类的常用方法就是按照其内部的亲密程度来划分。初级群体（primary group）是之中规模较小又非专业化的群体。他们中的成员在交往时既直率又亲密。我们最熟悉的初级群体就是家庭。其他的例子有一起玩耍的伙伴、少年团伙和长期相处的同事等。相比之下，次级群体（secondary group）指的是成员之间以一种有限的、非个人方式交往的规模更大、更具专业化的群体。最常见的初级群体就是我们刚才提及的组织。初级群体存在于作为次级群体的组织之中（如公司中相邀一起共进午餐的同事、学校中的少年团伙等）。然而为了达到其组织目标，一个组织往往要求其成员要将个人的风格和偏好先放在一边。

（3）群体中的不平等与差异

在每一个已知的人类社会中，人们都倾向于根据财富、权力和声望将人们及其社会地位排出等级。这种排序被社会学家们称之为"社会分层"。社会的等级化能够产生出非常牢固的社会群体。例如印度的种姓群体（caste groups）就是已知人类社会最严格、高度结构化的社会群体。一些社会学家也将美国的种族关系看成是种姓制的一种形式。各个种姓的成员资格由父母传至他们的子女，并且终身不变。在中世纪的欧洲，社会地位是建立在社会等级制（social estates）这种群体成员资格的基础之上的。三种主要的社会等级分别是贵族、教士和农民。在有些场合，社会等级被称为"被冲淡了的种姓制（diluted castes）"，因为等级制里的成员资格较之种姓制要松散一些。随着中世纪等级制度的衰落和市镇的兴起，社会等级被社会阶级（social classes）的概念所取代。阶级又可以被看成是被冲淡了的社会等级制。社会阶级（工人阶级、中产阶级和上层阶级）围绕着对工业产品的所有权关系被组织在一起。

另一种我们较为所熟悉的社会群体就是民族群体（ethnic group）。一个民

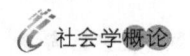

族群体由具有共同的社会和文化背景以及相互认同感的人所构成。民族群体这个术语通常指在一个社会中，由另一种文化群体所统治的处于少数地位的民族。这种少数民族（minority group）群体在社会中往往因具有某种生物的或社会性的特征而成为歧视和偏见所攻击的对象。

3. 宏观结构单位：社区、（特定）社会和世界体系与社会设置[1]

（1）社区、社会和世界体系

社区（community）和社会（social）是经常被混用的一对术语。当简单地指一群居住在一起并具有共同文化的人的时候，它们是可以互换的。然而社会学家通常以规模的大小、独立和自足的程度将二者划区分开来。

社区。当一群人集中于个人家庭和工作地点，并且以社会互动的日常模式（例如与工作、购物和上学相关的生活模式）为基础时，我们通常将这种集合叫做社区。村庄、小镇、城市、郊区和现代大都市都可以被看做社区的实例。在往昔的一些社会中，例如希腊的城邦，社区与社会是融为一体的（在今天的一些原始社会中也是如此）。在此类社会中，不存在比当地的人口群更大的社会单位。然而今天，通信和运输的进步极大地拓宽了人类的活动范围，本地社区已成为相对狭小的区域，并且它们不可能脱离由更大范围的人所组成的社会而自给自足地存在。

（特定）社会。比如一个民族国家、一个特别行政区等。像所有的社会群体一样，（特定）社会是有着相互认同、团结感和集体目标的人的集合。不仅如此，（特定）社会更是一个包含了广泛的、以地域为基础的、满足人类基本需要的所有社会设置的社会性集合。这种广泛性正是一个家庭、单一组织或单一本地社区所缺乏的。奥尔森认为所有的（特定）社会类型都会展现出以下一些特征（奥尔森，1968）：A. 几乎所有的社会成员关系都发生在社会的边界以内。超出社会边界的行为将受到严格的正规控制。例如与外国的关系就要受到严格管理。一位公民需要有签证或护照才能去国外旅行。B. 为了满足人们的需求，一个社会要建立起一些社会程序和机制来获取和分配经济的其他种类的资源。C. 作出决策和解决争端的最终权威属于整个社会。D. 社会是其成员效忠和捍卫的最高一级的组织形式。例如，绝大多数愿意服兵役的美国人只愿意加入美军为美国社会服务，而不会愿意加入别的国家的什么军队。E. 所有社会成员分享着共同的、独特的文化，通常也拥有共同的语言。比如，在美国

---

[1] ［美］波谱诺. 社会学（第十版）[M]. 北京：中国人民大学出版社，1999：102.

社会中，人们以"国家独立日""好莱坞""麦当劳"等作为美国文化的象征，并且都具有个人主义和成就主义等文化价值观念。

世界体系。由于各社会之间的相互依赖性越来越大，社会学家们最近将注意力放在了所谓的世界体系上。这一经济、政治和文化关系体系将世界上的所有社会联在了一起。我们如果对一个社会与其他社会的关系以及这些关系的历史不甚了解的话，那么我们就不可能了解这个社会。与其他的社会系统一样，世界体系也有自己的结构。例如在各社会间就存在着劳动分工和权力等级的分化。一些社会只能供应自然资源，一些社会则主要生产出成品。再如一些社会因弱小而依附于他人的羽翼之下，另一些社会则具有强大的经济和军事实力。

(2) 社会设置 (social institution)

社会设置是指用来满足社会基本需要的社会结构中相对稳定的一簇要素。例如，对于一个社会而言，它的一个基本的需要就是以社会所赞同的方式来生养后代，教育年轻人。这个任务是由家庭这种社会设置来完成的。家庭这种社会设置包含了家庭群体和家庭角色及身份等特定的社会结构。性行为应发生在夫妻之间，在绝大多数的社会中，这对配偶还应承担起抚养后代的责任。他们被期待着教育他们的孩子以一种社会接受的方式去行事。

其他一些社会设置则满足了社会其他的基本需求。社会通过教育这种社会设置将文化传递给青年一代，并希望他们能像社会中的其他所有成员一样行为和处事。宗教增强了人们对共享价值观的使命感，促进了社会整合。社会通过经济设置来生产和分配产品和服务，用政治设置来分配权力。此外，像体育一类的社会设置则在娱乐和休闲中传递和增强了社会价值观念。

至此我们可以看到，社会结构单位的范围从地位或身份、角色，一直到世界体系。这些单位是社会学研究和分析的主要对象。虽然有时候社会结构听起来像处于静止状态，然而并非如此。实际上社会结构的单位（如家庭、学校和社区等）经常是处于变化之中的。在本书的以下一些章节的内容，我们将分别讨论除了（特定）社会和世界体系以外的上述社会结构单位。下面这一节我们继续讨论微观层面的社会角色这个单位。

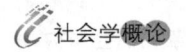

第二节 社会角色

一、社会角色的含义与类别

（一）社会角色的含义

社会角色是指与人们在社会关系体系中所处的地位相一致、与社会对占据该地位的人的行为期望相符合的一套行为模式。[1] 因此，社会角色是社会所认可、所期望的处于某一位置的人的一套行为模式，而不只是他的某一行为。例如教师是一个社会角色，人们常把传道、授业、解惑及为人师表与此相联系。理解社会角色含义的要点如下：

首先，角色是社会地位的外在表现。当一个人进入某一个社会关系体系，即同他人建立了相对稳定的社会关系之后，他便获得了一个社会地位。同时，这个地位要靠他与相关者的共同活动或交往表现出来，即靠与这个地位相关的行为模式表现出来，这就是社会角色。所以，我们可以说社会地位是社会角色的基础，社会角色则是社会地位的表现。比如，一个人进入学校当教师，与前来求学的学生结成师生关系，相对于学生来说他占据了教师的地位。然而真正表明他占有教师这个地位的是他必须按照教师的行为模式去做，扮演好教师这个角色。否则徒有其名，实际上他也就没有真正占据那个位置。

其次，社会角色表现社会地位是靠一套行为模式来实现的。因为任何一个社会关系所联系的处于其两端位置上的人都会有多样化的共同活动，他们应该按照社会（文化）所认可的行为方式去交往，以实现自己的权利和义务。比如，教师必须好好备课，认真授课，认真回答学生的提问，批改作用，进行课外辅导，关心学生成长等。这是社会对处于教师这个位置上的人的要求。如果他只是做了其中的某一项，那还远远不够，还不足以体现其教师的身份。反过来说，学生可以向教师提出上面的种种要求，但他们不能向路人提出此类要求。原因是前者是教师，后者只是一个行路者，一个学生同上述二者的关系不同，由社会规定的他们相互之间的权利和义务也不同。

其三，角色是社会对于处在特定地位上的人们行为的期待。由于社会角色总是与一定的行为模式相关系，如教师要为人师表，医生要救死扶伤，干部要

---

[1] 韩明谟主编. 社会学概论（修订本）[M]. 北京：中央广播电视大学出版社，1997：72.

干事公正不谋私利，这样，当人们知道某人处在某种地位上时，便预先就期望他具备一套与此地位相一致的行为模式——角色。例如，古时，当老百姓知道新上任的县令是位"清官"时，常常会纷纷而至，倾诉沉冤，其原因就是他们对"清官"这一角色怀有热切的期待。又如，当我们知道某人是个"小偷"时，便会"敬而远之"，因为我们的脑海中会立即浮现出"小偷"这一角色的行为规范。社会角色这一特点具有重要意义，它使我们仅仅通过对一些抽象角色的想象，就能对社会上纷繁复杂的人群有个大致的了解。当然，并不是每一个处在特定地位上的人都能具备该地位应有的角色行为。例如，在教师中总会有些人不能为人师表，在领导干部中总会有些人缺乏领导才能。在这种情况下，他们就不能满足人们的期望，因而，人们就会认为他们承担这样的角色是不称职的。

最后，角色是社会群体或社会组织的基础单位。社会学认为，社会群体或社会组织是人与人之间形成的一种特定的社会关系，而这种社会关系的网络就是由社会角色编织而成的。例如，正是由夫、妻、父、母、子、女等角色组成的群体，我们称之为家庭；而由学生、教师、教学管理人员、后勤管理人员等角色互相联系所构成的社会组织，我们通常称之为学校。同样道理，医生、护士、化验员、司药、病人等角色构成了医院这一社会组织。总之，角色是社会群体与组织的基础单位，如果失去了这些角色，社会群体与组织也就不复存在。

（二）社会角色的类别

1. 复式角色与角色丛

从角色与地位的关系角度看可以区分为复式角色与角色丛。

一个人担当了两个以上的角色，就叫做复式角色。人是高级的社会动物，人在社会生活中总是担当着多种角色。比如一个中年男子，他既是一个父亲，又是一位教师，他坐公共汽车时是一位乘客，而到商场购物时又是一名顾客。这些角色虽然互不联系，但却集中到一个人身上。

当一个人处在某一特定的位置上时，他必须要与其他一系列角色发生联系。人们通常把围绕着某一社会地位而形成的一组角色叫做角色丛。任何一种社会地位都会使个人卷入多种角色关系。换句话说，当一个人进入一种新的地位时，通常不是获得单一的角色，而是获得一组角色。比如，一个人处在教师的地位上，经常使他与学生、其他教员、行政人员等处于多种不同地位的人建

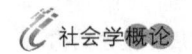

立角色关系，形成一个角色网。这组角色网组成了教师这个位置的角色丛。角色丛与复式角色的不同之处在于：角色丛是与某一特定的社会地位相关联的，而复式角色是因人所处的不同地位或位置系列而发生的。

2. 理想角色与实际角色

从角色实现的程度方面看可以区分为理想角色与实际角色。

当某人处在某种社会地位时，人们就期望他按照与该地位相一致的行为模式行事。在一定的时间和社区内，总有一套比较理想的行为规范来指导人们的行为。这种被期待的、比较理想的行为规范体系就叫做理想角色。任何社会都会对某一社会角色提供一套理想的行为规范。我国古代儒家思想的总集——《礼记》就曾为每个社会角色规定了一套理想的标准，称为"至善"。《礼记·大学》篇中记载：为人君的，其理想的标准是达到"仁"；为人臣的，其理想的标准是达到"敬"；以此类推，为人子者要"孝"；为人父应"慈"；与人交往要"信"。每一个社会成员按照所担当的角色，以尽其本角色所规定的行为规范，就能达到最完善的状态。

理想的角色并不就是现实的。在现实社会生活中，人们在实践社会所规定的行为规范时，实际表现出来的行为模式称为实际角色。由于受到社会地位、群体压力、社会风气、社会公认的角色标准以及人格特质等多种因素的影响，人们所表现出来的实际行为与理想行为总存在一定的差距。这种差距，在社会学文献中被称为角色距离。角色距离不仅说明理想总是高于现实的道理，而且也表明，个人在承担社会角色的过程中，并不总是被动遵守某些固定的规范，而是可以采取积极主动的态度，自觉地操纵自己的社会行为以取得理想的结果。

3. 先赋角色与自致角色

从角色获得的条件方面可以区分为先赋角色与自致角色。

所谓先赋角色，是指在血缘、遗传等先天或生理因素的基础上而形成的、由先赋地位所规定的角色。如一个人从呱呱坠地就被赋予种族、民族、家庭出身、性别等角色。由此而形成的角色都是先赋的。如在中国传统的农业社会中，社会流动很少，人们的很多角色都是由血缘关系决定的。俗话说"龙生龙，凤生凤，老鼠生儿打地洞"讲的就是这个道理。人们依据先赋角色的特征，提出了许多角色规范。比如对一个男孩，从小就教他按男人的行为规范去发展，要求他不穿花衣，不留长辫，勤于劳动，做事勇敢，一般不提倡他

"男扮女装"。

所谓自致角色，是指通过个人的活动与努力而获得的与自致地位相适应的角色。自致角色的取得是个人后天活动与努力的结果。事实表明，那些划时代的英雄人物往往很早就胸怀大志，并且为实现宏伟志向而终身奋斗不懈。马克思在中学时代就确定了毕生矢志不移地为人类工作这一崇高目标，认为人只有为同时代人的完美、为他们的幸福而工作，方能达到自身的完美。毛泽东在少年时代就立志出乡关求学，造福人民。他还写下这样一首诗以表示自己的决心：孩儿立志出乡关，学不成名誓不还。埋骨何须桑梓地，人生无处不青山。马克思与毛泽东的志向为他们最终实现理想角色的愿望奠定了坚实的基础。

4. 自觉角色与自发角色

根据人们承担社会角色时的心理状态可以区分为自觉角色与自发角色。

自觉角色，指人们在承担某种角色时，明确意识到了自己正担负着一定的权利、义务，意识到了周围的人都是自己所扮演的角色的观众。因而努力用自己的行动去感染周围的观众。自觉角色是每个人在社会生活中都经常体验到的。一般来说，自觉角色的出现常与下列因素有关。首先，一个人在刚刚充当某一角色时，往往容易表现为自觉角色。例如，刚入伍的新兵、刚入党的新党员、刚入校的大学生、刚上任的新干部等。由于刚刚充当某种角色，一个人对新的行为规范还不完全适应和熟悉，因而努力克制自己，以适应新角色的要求，惟恐有什么差错，这样就常扮演了自觉角色。所谓"新官上任三把火"就是这个道理。其次，在他人在场或他人对此角色提出了明确希望的条件下，容易出现自觉角色。例如，一位在众目睽睽之下指挥疏散交通堵塞的警察，他所表现的就是自觉角色。又如，当家长在时，一个儿童的行为就常能有所约束，其原因是他感到了父母的在场，意识到他自己是处在儿子或女儿的地位上。由于人们常容易在他人在场时表现出自觉角色，因此，集体活动、集体工作常有助于实现自觉角色。再其次，特定的环境与任务常容易使人表现出自觉角色。如一位接受记者采访的人、一位谒见上级领导的人以及一位出席某个重要会议的人，他们在特定的环境与任务下往往能自觉地意识到自己的角色。最后，经常的自我提醒也是实现自觉角色的重要条件。例如，一位共产党员在没有特定环境和他人不在场的条件下，经常提醒自己按照党员的要求去做，也能实现自觉角色。一个人定期地经常检查自己的工作，是实现自觉角色的重要途径。

所谓自发角色，也就是不自觉的角色，指人们在承担某一角色时并没有意识到自己正在充当这一角色，而只是按习惯性行为去做。例如，一个青年人，并不总感到自己是青年人，但他却总能很好地表现出青年人角色所具有的活泼、不保守、思维敏捷、勇于探索等特点。一般说来，当前述的、形成自觉角色的那些原因不存在时，人们就容易形成自发角色。一个人在长期充当某一角色后，就容易从自觉走向不自觉。例如，当官当久了就容易使人忽视了自己的特殊角色，根据这一原理，任期制有助于增强干部的自觉。一个人在没有他人在场、没有特定环境与任务、没有经常自我提醒的情况下，也容易仅仅按习惯行事。

应当注意，这里所说的自觉与不自觉，同我们过去常说的无产阶级的"自觉性"与"自发性"并不完全相同。在这里，究竟是自觉好还是不自觉好，并不能一概而论。这两类角色各有优缺点。自觉的角色固然能使人较好地遵守这一角色的行为规范，但是，人们如果总是考虑着自己特定的角色，就容易出现做作、不真实或畏首畏尾的现象，尤其是在那些日常生活的角色中——如丈夫、妻子、青年、老人、男人、女人等——就更是如此。不自觉的角色虽然具有容易使人松散、有时甚至偏离角色行为的缺点，但是，一个人在长期的、严格的社会化训练后，当他所担负的角色的规范已经融入到了他的每一项行动之中，这时，尽管他没有经常感到自己在扮演角色，却能出色地表现这一角色。这是一种比较理想的不自觉的角色。

5. 规定性角色与开放性角色

从社会角色规范化的程度上可以区分为规定性角色与开放性角色。

所谓规定性角色指有比较严格和明确规定的角色，即对此种角色的权利与义务、应当做什么、不应当做什么都有明确规定。属于这类角色的，如警察、法官、各级党政干部、党员、团员等。人们在充当这类角色时，其行为要受到较大的限制。例如，一位法官在处理案件时，定罪量刑要以法律规定为唯一尺度，而不能徇情枉法。

所谓开放性角色，指那些没有严格、明确规定的社会角色。这类角色的承担者可以根据自己对角色的理解和社会对角色的期望而从事活动。例如，父母、夫妻、子女、亲戚、朋友、同学、顾客、乘客等大量日常生活中的角色都是开放性的。人们在扮演这类角色时，有很大的选择余地。如妻子这种角色，在我国的典型模式是所谓"贤妻良母"，即主要应做好协助丈夫照料家庭的工作。但是，这绝不是成文的规定。一个妻子完全可以有自己的选择，可以不把主要心血耗费在做家务和为丈夫、子女的前程服务上。她可以根据自己的意愿去追求个人独立和个人的前程，这样的做法虽然可能引起丈夫的不满，但从社会角度来看，这却是完全合法和无可非议的。因为，妻子是一个开放性角色。

6. 功利性角色与表现性角色

从社会角色追求的目标上可以区分为功利性角色与表现性角色。

所谓功利性角色指那些以追求效益和实际利益为目标的社会角色。这种角色行为的价值就在于实际利益的获得，如商人、企业家、经理等各种从事生产性、经营性活动，以营利为目标的社会角色，就属于这一类。功利性角色在社会上所起的作用主要是实现效率目标。我们知道，任何一个社会要发展，就得追求经济的增长，就得追求实际物质利益，要实现收入大于支出，即追求效率。这样一种目标的追求虽然有可能在社会道德、社会公平等原则上引起一些麻烦，但却是必要的。例如，一位社会主义工厂的厂长，他的角色行为的目标就在于为本工厂代理经济利益，如果他只知道乐善好施，为社会上的赞助使工厂亏了本，那么虽然他作为一个慈善家是成功的，但作为一个厂长角色却是失败的。改革开放初期，我国农村中出现的"万元户"也主要是一种功利性角色，因为发财致富是这种角色的目标。当时一些报道常爱把广大万元户描绘成一种"慈善家"的角色，这是不恰当的。当然，一个人处在功利性角色的位置上，并不一定排斥他兼有其他角色，不过功利性角色就是功利性角色，不能等同于其他角色。在我国传统思想和"左"倾思想的影响，常把功利性角色的名声搞得很坏。所谓"君子喻于义，小人喻于利"，认为经商赚钱是不高尚的小人的行为，这不利于调动广大生产者的劳动积极性。

所谓表现性角色，指不是以获得经济上的效益或报酬为目的，而是以表现社会制度与秩序及表现社会行为规范、价值观念、思想道德等为目的的社会角色，如各级党政干部、法官、警察、学者、教授、艺术家等。在革命战争年代，很多革命者离开了舒适的生活环境，到十分艰苦的地方去参加革命，他们的目标是追求真理，而不是个人物质利益。又如，"老山前线"的战士，他们所担负的角色也不是以获得报酬为目的的。他们提出"亏了我一个，幸福十亿人"，这就表明他们为了祖国人民而不计较个人经济上的、甚至生命上的损失。同样道理，艺术家、作家、科学家、政府干部，他们所承担的主要也是表现性角色。艺术家、画家、歌唱家、作家，如果只为赚钱而活动，就会为人民所鄙视，原因是他偏离了表现性角色所应有的目标。前一段，在我国的一些部门曾出现了少数党政干部参与经商活动和捞大钱的现象，这引起广大群众议论纷纷，其原因也在于这部分人离开了表现性角色应有的行为规范。表现性角色

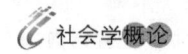

在一个社会中所起的主要是表现社会公平、社会正义的作用。在正常情况下,这些角色的承担者往往对自己的事业抱有理想,怀有浓厚的兴趣、爱好,有强烈的自我实现的愿望。他们之所以履行角色的要求,主要出于一种责任感、义务感,而主要不是着眼于报酬。

二、社会角色的扮演

(一) 社会角色扮演的过程

1. 角色扮演的定义

在社会生活中,每一个人每时每刻都在充当或扮演着某种角色。当一个人具备了充当某种角色的条件,并按照这一角色所要求的行为规范去活动时,就称为角色扮演。

角色扮演是由米德提出的。米德认为,个人通过角色扮演去履行一定的社会责任,并与其他角色发生相互作用。角色扮演不仅是成年人相互作用的特征,而且是人的社会化的基础。儿童正是通过扮演各种不同的角色而成为社会人的。在实际生活中,人们为了更好地扮演自己的角色,往往把自己置于他人的角色地位上,以便了解他人如何看待自己。这种做法能够强化人们对各自角色的认同,从而使他们保持或改变自己的角色行为。例如,一个人要扮演好"教师"这个角色,此人往往站在学生的位置上来反观自身,体验作为一名学生最想知道什么,最想学习什么。通过这一过程,这名教师更容易弄清楚应该教什么,如何施教。

2. 社会角色的确定

在社会舞台上,人们并不能随心所欲地扮演任何角色。这与戏剧中一位演员要担当某个角色,首先须经导演及有关人员认可和确定一样。一个人在社会舞台上担任角色也先要有一个确定的过程,或称"认同",即证明一个人的实际地位、身份能力及其他条件与他所承担的角色是一致的、等同的。

对于每一个个人来说,社会角色的确定也就是要回答"我是谁"这样的问题。在回答"我是谁"的过程中,确定自己的实际地位、与别人的关系,从而充当起某种角色。对于一个集体来说,角色确定也就是回答"我们是谁"的问题。比如,一个学生的班集体通过回答这样的问题而确定在全校各种班集体中所处的地位,是先进的、一般的、还是后进的班集体?在实际生活中,人们通过千百次交往,一般都比较明确自己所处的位置,因而角色的确定是比较容易的事情。例如，在家庭中，一个小孩一般不会超越自己的角色的范围，去干涉属于父母角色范围内的那些权利和义务。同样，在国宴上，一位服务员也不会扮演起国家领导人的角色。因为长期的社会生活已使他们明确认识到自己所承担的角色。

但是，当人们遇到了一些新的社会关系，当人们来到了一个新的社会环境中时，就会遇到角色确定的难题。例如，一群刚入学的大学生，在他们成为同一班集体的成员前，互相并不认识。这样，当他们见面后，马上就面临着确定他们之间的关系与地位，即角色确定的问题。他们所进行的选举班长、组长、团支书、学习委员、生活委员等，就是角色确定的活动。这种活动有可能确定得较好，这时人们便各自胜任了各种角色；也有可能确定得不好，这样还要重新确定角色。

在社会舞台上，角色确定不当的事情是经常发生的，这类失误，大致有以下几种情况。第一，不能胜任角色，即某人不具备担当某一角色的能力，但却被安排或任命到这一位置上了。第二，未能承担合适的角色，即某些有一定才能与条件的人未能安排到与之相适应的角色上，有可能是大材小用，也有可能是"此才彼用"。其所以发生这样的情况，有可能是其才能尚未被人们发现，也有可能是受排挤而不能担任角色，还有可能是过于谦逊而不敢承担角色，这些都应尽力避免。第三，选择了不适当的角色。人与人之间的关系不止一种，一个人在某一种场合所能扮演的角色也不止一种。例如，两位曾在一起上学的同乡，后来一个做了政府要员，另一个仍是平民百姓，这样，他们之间就有了几对角色可以选择：老乡、同学、朋友、官与民。两人相见时，如果一位以大官自居，以大官的角色出现，另一位就会感到不舒服、不自在，这便是角色选择的不适当。

角色确定的有效性，也是角色确定中的一个重要环节。回答"我是谁"的问题固然重要，但是仅仅凭自己的回答并不能解决这种回答是否符合实际、是否被别人承认，即是否有效的问题。人们总是希望扮演那些为自己所憧憬的、比较好的角色，但他们是否能被确定为这些角色，不是由他们自己主观决定的——吹牛大王、诈骗犯就常常自己委任自己的角色，结果无不栽了大跟斗——而是由社会来确定的。例如，要想当人民代表大会代表，就要经过选民投票认可；要想入党就要经过党组织的考察，经过党支部讨论的认可；要想做一个受人民拥护、为人民所爱戴的人，就要切切实实为老百姓做事，为人民服务，赢得民心。

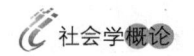

一般说来，角色确定的有效性是一个人长期活动、长期努力、坚持不懈的结果，而不是一朝一夕就能实现的。一个人想要实现博士角色的有效性，就要经历多年的"寒窗"之苦。但是角色的有效性常常不是永恒的。当一个人考上大学或研究生后，如果不再努力，甚至急剧退步，就有可能失去大学生、研究生这种角色的有效性。一位渎职的官员也会被撤职。

3. 社会角色的表现与扮演过程

（1）社会角色的表现

人们在确定了所要担当的角色后，直接面临的一个问题就是怎样把这个角色表现出来。宣布某人为某一角色固然重要，但要让人们真正相信他是这一角色，就要通过一系列的环节使他表现出来。

第一，布景与道具。与舞台上的表演需要装饰一样，社会角色的表现也需要布景与道具。所不同的是社会舞台上所需要的是真正的实物。例如，要表现出中央机关干部的角色，就要有高大的国家机关的建筑，在各办公室里还要有办公桌、沙发、电话、文件柜等。一般说来，布景或道具的作用有二。一是象征性的，即它们象征着某一种角色的标志或活动场所，也间接证明着某一种角色的有效性。例如，医院的红十字、邮政信箱漆成的绿色等都宣布与证明着，这里进行着相应的角色活动。而介绍信、证明、公章、户口本、身份证等等，则作为一种证据，证明着某种角色的有效与可信。二是实用性的，即它们是某些角色的实际活动所必需的物质工具。例如，没有黑板、粉笔、板擦这些道具，教师就很难讲课。布景或道具可以是简单的，也可能是复杂的。简单的布景，像街头的小贩，只需把所要卖的东西摊在地上就可以了。而复杂的，如国家的迎宾活动，要有复杂的礼仪准备：列仪仗队、悬挂国旗、鸣礼炮、安排迎宾的人群等。

布景、道具的设计与安排对角色的成功表现起着重要作用。例如，铺面装饰很差的饭馆、商店就对顾客没有吸引力。当然，道具、布景也不是越华丽越好，而是要适当、得体、与角色的特点相吻合。古代皇帝为了显示其至高无上的地位，不惜倾天下之财富来作为他一个人的装饰、布景与道具，这是现代社会中应彻底摒弃的做法。

第二，衣着、仪表与言谈举止。布景与道具只是社会角色的一种背景与衬托，一个角色的更为直接的表现是他自己的仪表、风度。一般说来，一个人的衣着、打扮、仪容、外表往往会给人们留下深刻的印象，并能引起人民对其内在品质的联想。例如，饭店里的服务员如果都衣着整洁、干净利落，就会给人们留下这个饭店卫生好的印象；相反，如果是一位满身油污、头发蓬乱、指甲长长的服务员站在饭店门口请我们用餐，我们肯定是不会进去的。衣着打扮又往往具有象征的意义。实验证明，一位穿上特制制服的门卫比一位穿便服的门卫更具权威性，人们常常更乐于服从前者而不是后者。实验还证明，当医生穿着白罩衣给人们检查身体时，人们就会感到不自在。因此，衣着、打扮等对于角色的表现起着重要作用，我们应重视对仪表、仪容的修饰，应根据角色的特点选择适当的服饰。当然，衣着、仪表只是社会角色的外在表现，它们还没有涉及角色的内心世界。因此，我们判断一个角色时也要防止仅以衣着、外貌取人，一些伟大的人物穿着朴素、不修边幅也是常有的事。

言谈、举止、姿态、风度等，是社会角色内在品质的体现，因而要在角色的表现上占有更重要的地位。人们认识一个角色，最主要的还是这些方面。例如，对于军人和警察来说，他们的制服固然是表现角色的重要条件，但是，他们雷厉风行的作风、严格的组织纪律性、威严的态度等，是他们所担当的角色的更重要的表现。相反，社会上的一些流氓、阿飞，尽管也是西服革履，但是，只要看看他们的姿态，听听他们的话语，就可以判断出他们所充当的是什么社会角色。有些言谈、举止、风度是很多社会角色都有的，如不同角色在分别时都说再见；有些则是为某种角色所特有的，如军人、警察的举手礼。还有些角色行为可以表现出多种含义，比如，同是微笑，可以表现出相互致意、道歉、幽默、心情愉快等多种意思。总之，社会角色的言谈、举止、风度的表现并没有死板划一的教条，而应根据需要和场合作出相应的、得体的表现。

第三，台前、台后的表现与社会角色表现上的配合。在角色的表现上，应注意台前与台后之分。所谓台前的表现，指人们正在充当这些角色时的表现。所谓台后的表现，指在表演某种角色以前的准备活动。在人们的生活中，这两种行为是有区别的。例如，当我们正在家中休息时，忽然有人敲门，是一位客人来了，我们就要赶紧把衣着整理一下，把屋里十分零乱的物品尽快收拾一下，然后去迎接客人。随着客人的进来，我们就会表现出一套与刚才台后的行为迥然不同的、温文尔雅的待客举止。由于台前的表现与台后的表现有很大差异，而且，由于台后的一些表现是人们不希望拿到台前去的，因此，我们在角色表现的设计、安排上就要注意将两种场合区分开来。例如，大饭店的服务员，其服务准备活动应在顾客见不到的另一个房间进行，如果当着顾客的面剪指甲、装饰、打扮，那会让人感到不适。

要使角色有出色的表演，还必须实现角色之间的配合，这与成功的戏剧演

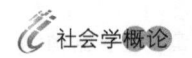

出需要全体演员的配合是一个道理。在一组社会角色中,如果有一个角色表现极差,常会破坏了全体角色的表演效果。例如,一个家庭想有出色的表演以及在邻居中赢得较高的威望,就得在夫妻、父母、子女、亲戚等多种角色之间相互配合,如果其他角色都表现很好,但却有某一个角色不务正业,偷盗、打架,这样就会将整个家庭的表现都破坏了。其他群体,如工厂、机关、学校,也莫不如此。

(2) 角色扮演的过程

社会角色的确定、社会角色的表现都是从静态的角度对角色扮演的考察。实际上,角色扮演往往是一个动态的过程。这个过程包括三个阶段。

第一,了解社会对角色的期望。社会对每一个角色都有相应的期待,都有不仅稳定的评判标准。人们要扮演一个角色,首先就要了解这些期待与评判标准。人们学习的过程,实际上就是了解各种不同的角色规范、学习社会通行的行为模式的过程,这种学习是扮演社会角色的基础。

第二,培养角色意识。社会及他人对角色的期待只是一种外在的力量,要扮演好社会角色,必须把这种外在的规范转变成内在的要求。完成这一转变的关键是角色意识的培养。所谓角色意识,是指人们在承担某种角色时,明确意识到自己正担负着一定的责任,意识到社会及他人对自己行为的期待,并决心努力用自己的行动去表现社会的期待。需要说明的是,由于个人的思想基础、道德水平、价值观念、文化水准以及所处环境的不同,因而人们对同一角色、的意识程度也不同。比如,同是售货员,有些人就能积极、主动、热情、耐心、平等地接待顾客,而另一些人则消极、被动,对顾客冷眼相对、傲慢无礼。究其差别产生的原因,正是他们对售货员这个角色的意识不同所致。前者意识到售货员的宗旨是为顾客服务,顾客才是上帝;而后者则认为顾客买东西是有求于我,傲慢无礼,理所当然。

第三,实践角色规范和表现角色行为。角色扮演的最终目的是实践角色规范,表现角色行为。人只有在具体的实践中才能更清晰地领悟自己的角色,只有在行动中实践接受规范,角色扮演才能最终完成。人们在实践角色的过程中,通常遇到一些意想不到的困难和挫折。这时,就需要角色的扮演者随机应变,或创造性地运用行为规范,或及时调整自己的角色行为,以便顺利地应付新情况,处理新问题。这个过程,通常称为角色创造。角色创造是人的主观能动性在角色扮演中的运用,通过创造不断丰富和发展新的角色规范。在改革开放的当代中国社会,各种新生事物层出不穷,人们在轰轰烈烈的实践中不断创造新的角色,如农民企业家、农民工、科技乡长、技术经理等。

(二) 社会角色扮演的问题

人们在扮演各种社会角色时并不总是一帆风顺的,通常会遇到一些问题,甚至招致角色扮演的失败。角色扮演中通常出现的问题如下。

(1) 角色冲突

所谓角色冲突,是指在扮演角色的过程中,一个人同时担当的几种角色对个人的期待发生了矛盾,难以协调,从而使角色扮演者左右为难的现象。这是由"角色丛"导致的角色扮演问题,❶ 谢弗认为这是因为社会上对同一社会位置的不同需求与预期所造成的困境。❷ 比如,一名职业妇女同时满足作为职员、妻子和母亲的角色期待,当这些期待出现矛盾时,就会形成角色冲突。又比如,某人在一个工厂当车间主任。对于厂长他是下属,他要执行厂长的指令,完成厂长交给的任务。但是对于工人,他又是上级领导,他要代表和反映工人的要求。当来自厂长的指令反映了工人的利益时,上下一致,车间主任工作好做。但当厂长的要求与工人的期望有距离,甚至互相矛盾时,车间主任就左右为难了。此时在他身上发生了领导与被领导两种角色的冲突。他要费尽心机地考虑如何去应付上述两种矛盾的要求。角色冲突往往使人们在扮演角色时举棋不定,产生困惑,因此必须努力调整和克服。个人在处理角色冲突时应从大局出发,先考虑国家、集体的利益,然后再考虑家庭和个人的利益。

(2) 角色紧张

这是由"复式角色"导致的角色扮演问题。❸ 如前所述,一个中年男子,他既是一个父亲,又是一位教师,他坐公共汽车时是一位乘客,而到商场购物时又是一名顾客,这些角色虽然互不联系,但却集中到一个人身上。当他面临这么多角色地位时,如果不能适宜地根据场景转换自己的身份就会出现角色紧张的情况。

(3) 角色混淆

亦称角色不清(包括角色认知不清和场景分辨不清),指角色扮演者对自己所要扮演的角色和角色规范或行为标准不清楚(或由于社会变迁而出现了

---

❶ 王思斌. 社会学教程(第四版) [M]. 北京:北京大学出版社,2016:89.
❷ [美] 理查德·谢弗. 社会学与生活(插图第 9 版) [M]. 北京:世界图书出版公司,2006:130.
❸ 王思斌. 社会学教程(第四版) [M]. 北京:北京大学出版社,2016:89.

混乱时,不知道这一角色应该做什么、不应该做什么和怎样去做),从而使扮演该角色的行为与其他角色的要求发生混淆的现象。

(4)角色中断

所谓角色中断,是指一个人被迫中止某种角色,而将要承担的新角色与原角色截然不同的现象。人们在一生中随着自身年龄的增长和客观条件的变化,总会依次承担多种角色。在一般情况下,人们的角色转变都是逐步完成的,人们在承担着一种角色时常为承担后来的角色做好物质或思想上的准备。比如,一对青年男女要从恋人角色进入夫妻角色,就要事前做些物质上的准备及学习一些家庭生活的常识。在这种情况下,一般不会发生角色中断。当人们在承担前一种角色时并没有为后一阶段要承担的角色做好准备,或前后两种角色的行为规范直接冲突时,角色中断就有可能发生。例如,一位到了退休年龄的干部突然接到单位要他退休的通知,他将要离开自己所熟悉的环境和同事,加入退休人员的行列,而他对退休后的生活毫无准备,于是处于彷徨和失落状态,这就是角色中断现象。

(5)角色失败。所谓角色失败是指由于多种原因使角色扮演无法继续进行的现象。通常认为,角色失败是社会生活中的不幸事件。比如,夫妻双方的矛盾发展到一定程度,双方无法共同生活,最后只得以离婚而告终。离婚后,双方的婚姻关系解除,标明这对夫妻角色失败。每个人都应该从角色失败中总结经验教训,重新调整自己的角色行为,以便再次扮演新的角色。

思考与研讨

1. 社会结构的含义与特征。
2. 社会结构的构成单位。
3. 社会结构的单位序列。
4. 社会地位的含义、类型与比较标准。
5. 社会角色的含义及其理解要点。
6. 社会角色的类别。
7. 社会角色的扮演过程。
8. 社会角色扮演中的问题。

推荐阅读书目

1. 《社会学概论》编写组:《社会学概论》(马工程重点教材),人民出版社、高等教育出版社，2011年版。

2. 王思斌：《社会学教程》（第四版），北京大学出版社，2016年版。
3. 戴维·波普诺：《社会学》（第十版），中国人民大学出版社，1999年版。
4. 理查德·谢弗等：《社会学与生活》（插图第9版），世界图书公司，2006年版。
5. 陆学艺：《社会学》，知识出版社，1991年版。
6. 马克斯·韦伯：《经济与社会》，商务印书馆，1997年版。
7. 马尔科姆·沃斯特：《现代社会学理论》（第二版），华夏出版社，2000年版。
8. 林南：《社会资本——关于社会结构与行动的理论》，上海人民出版社，2005年版。

第六章 初级社会群体

群体生活是人类生活的基本特征，人类的本质属性——社会性，也必须通过群体生活来直接表现或者呈现。群体作为个人与社会之间沟通的中介和桥梁，对于个人的发展和社会的运行都具有重要意义。人类群体生活的形式多种多样，从亲密程度的角度可以区分为初级群体和次级群体即社会组织。本章首先概述社会群体的有关内容，其次分析初级社会群体，次级群体的讨论将在下一章中进行。

第一节 社会群体的含义及其类型

一、社会群体的含义与特征

（一）群体生活是人类生活的基本特征

首先，群体生活是人类区别于自然界其他生命体的重要标志。群体生活是人类存在的普遍形式，群体生活也是人类生活区别于自然界其他生物的一个基本特征。个人与他人在社会上没有任何联系是无法生存的，这些都是最基本的常识，是不争的事实。如极为罕见的被野兽抚养长大的兽孩，由于完全离开了人类，他们的情感、智力、语言、体态、习惯等，都已失去了人的基本特征，严格地讲，已不属于我们通常所理解的"人类"的范畴。所以，个人必须存在于群体之中，必须结群生活。

其次，群体生活是满足人类需要的重要条件。人类要过群体生活，也是由人类的各种需要决定的。需要理论认为，所有社会成员的共同需要有两类，即工具性需要和表意性需要。一些群体能够满足工具性需要（instrumental needs），即群体帮助其成员去做那些不容易单独完成的工作，比如单个的足球运动员是不可能赢得一场比赛的；另一些群体的形成主要是为了满足表意性需要（expressive needs），即群体帮助其成员实现情感欲望，通常是提供情感支持和自我表达的机会，比如大多数朋友群体就是出于这种目的。具体而言，群体能够满足人类若干基本方面的需要。①个人生存的需要。个体生命延续包括自身组织的维持和他人生命的生产，这些都不是靠独立的个人所能完成的，必须与他人发生一系列的联系和结合，才能存在下去。②生产的需要。为了生活，衣食住行及其他各种生存资料是必不可少的，这就需要进行生产。人类的这种物质生产活动，从一开始就是共同性的群体活动，个人无力战胜自然，只有结群互助，才能获得基本的生存资料。在现代社会里，人类的生产更是需要结合起来进行。③安全的需要。最初人类为了抵御自然环境的危害，需要把个人安全寄托在群体中，随着社会生活的发展，人们的安全需要不断增长，不仅要求自己人身的安全，而且要求心理上的安全、事业上的保障等。这些都需要在群体生活中才能获得。④精神上的需要。人需要精神生活，需要在生活中进行感情、态度、观念、信仰等各方面的交流，如果离开群体，个人就没有表达交流的对象，精神生活就不能发生，人的精神需要就得不到满足。

（二）社会群体的含义

所谓社会群体，是指人们通过互动而形成的、由某种社会关系连接起来的共同体，在这个共同体中，成员具有共同身份和某种团结感以及共同的期待。❶正如本书"社会角色"中的有关内容所说，社会群体不是简单的个人集合体，并不是任何一群人都可以称为社会群体，像火车上的乘客、公园里的游客、剧院中的观众等都不是社会群体，只是属于具有临时性关系的一般意义上的集群或聚合体。而男人、女人、青年人、老年人等也不能叫社会群体，这种人群多是为了统计学上的需要，根据某种社会特征，如性别、年龄、民族等把某些人归为一类，他们之间不发生交往，也没有共同的规范和利益。一般称这种人群为社会类属。在现实生活中，社会群体与一般集群、社会类属界限往往比较模糊，所以要注意区分。

（三）社会群体的特征

为了正确理解社会群体，明确区分它与一般社会集群和社会类属的差异，还应注意把握社会群体的一般特征。严格意义上讲，只有具备了这些特征才能叫社会群体。❷

---

❶ 王思斌. 社会学教程（第四版）[M]. 北京：北京大学出版社，2016：95.
❷ 尹保华. 通识社会学[M]. 长春：吉林人民出版社，2004：302.

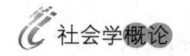

第一，有明确的成员关系。群体中的人与群体之间有明确的成员关系，他们都称他们自己是该群体的成员，而且获得该群体成员的认同，群体外成员也一致认为他们属于该群体，表现为群体内成员与群体外的人可以通过某种标志，如军队中的军服、学校中的校徽、不同群体的证件等明显区分开来。

第二，有持续的互动关系。一些人要成为一个群体，必须有相互的反复交往和共同活动，只有在实际上有一定持续性交往的人群，才能形成群体。所以，群体成员之间的关系不是临时性的，而是保持比较长久的互动，这种互动有的属于面对面的直接互动，如家庭成员之间，关系非常密切。有的则属于间接的互动，如某大集团公司的上层人士与一般雇员之间，关系就比较疏远。不管是面对面的互动还是间接的互动，都要有一定的持续性。

第三，有一致的群体意识和规范。在群体成员交往过程中，通过互相影响或学习，会产生或遵守一些共同的情感、观念、价值、态度，形成一些共同的兴趣和利害，并遵循群体的一些行为规范。遵从这些意识、规范，就会受到群体内其他人的欢迎，否则就会被其他人讨厌和抛弃，一旦群体意识（又称归属感、我们感）建立起来，群体成员就与群体之外的人有了明确的区别感。特别是当群体面临外部压力或内部少数成员反叛时，群体意识和规范的表现和作用就更为明显。

第四，有一致的行动能力。在群体意识和规范的作用之下，社会群体可以随时产生共同一致的行动，这也是社会群体与一般集群的根本区别。比如，同是乘客，公共汽车中的乘客互不相识，各有目的，下车后各奔东西，而单位旅游包车的乘客就是一个群体，行动一致。

二、社会群体的类型划分

（一）大群体与小群体

以群体的规模为标准，可以将群体分为大群体和小群体。大群体一般指人数众多的群体。如一定规模的社会组织（学校、工厂等），也有把统计群体（职业群体、性别群体、年龄群体等）和利益群体（阶级群体）等看做是典型的大群体。他们的活动方式和组合形式超出了我们所讲的作为实体的社会群体的范围，但也是社会学研究的对象，其内部还可以划分出许多具有实体形式的群体。如工人阶级就可以分为产业工人群体、知识分子群体等。

小群体指的是成员人数不多、规模有限的社会群体。有的认为其人数为二人到几十人之间，有的则认为没有必要对人数作严格规定。实际上群体成员的多少只是一个相对概念，小群体更主要的标志还是由于人数有限成员之间形成面对面互动的可能性较大，相互了解比较全面，情感投入也更多，如家庭群体、朋友群体等。

（二）初级群体与次级群体

依据群体成员间关系的亲密程度，可以把群体分为初级群体和次级群体，这是社会学研究中最典型的一种划分类型。初级群体又称直接群体、基本群体和首属群体。它是指成员之间的互动具有面对面交往、合作特征的群体。在这种群体里，成员之间关系密切，空间上极为接近，并具有强烈的一致感和自我意识，如家庭、邻里、朋友群、工厂班组、机关科室等。

次级群体又称间接群体、其他群体和次属群体，是指成员为了某种特定目标结合起来并通过明确的规章制度结成正规关系的社会群体。在次级群体中，成员的互动形式主要是间接的，成员之间的了解比较有限，个人的情感投入受到一定的限制。次级群体的典型是各类社会组织，如学校、工厂、政府部门等。

初级关系和次级关系是理解初级群体和次级群体的两个重要概念，在当今的社会学研究中，社会学家经常使用这两个概念。下表中的比较能够帮助我们理解初级群体和次级群体的含义。

初级关系与次级关系比较表

初级关系	次级关系
1. 包含了每个参与者的多种角色与利益；一般是弥散的特征	1. 一般只包括每个参与者的一种角色与利益；特殊性的特征
2. 每个参与者的全部人格投入	2. 参与者只投入了与情景具体相关的那些方面的人格
3. 包含大量自由的交往	3. 与特殊关系主体的局部交往
4. 充满个性特征与情感	4. 相对无个性、无情感交流
5. 别人不容易替代	5. 可能移到他人身上，亦即参与者可以相互替换

（三）正式群体与非正式群体

根据群体成员互动的正规化程度可以将群体分为正式群体和非正式群体。正式群体的正规化程度高，其成员的互动受到明确的规则管理，成员资格都有严格规定，成员间的权利、义务及关系都有明确说明，并且常常是用书面文件

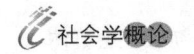

的形式表示。常见的正式群体有社会组织、工作班组、陪审团等。

非正式群体正规化程度低，群体成员互动采取随意的、常规的方式，成员的进入和退出不必有严格的程序，成员的权利、义务及关系也没有明确的特别是成文的规定，如伙伴群体、兴趣群体等。

（四）内群体、外群体与参照群体

以群体成员与群体的关系为标准，可以把群体分为内群体和外群体。这种分类方法是美国耶鲁大学社会学教授威廉·格雷尼纳·萨姆纳在1906年出版的《民俗论》一书中首先提出来的。

所谓内群体是指成员对其有团结、忠诚、亲密及合作感觉的群体。也就是成员在心理上自觉认同和归属于其中的群体，即我们自己所属的群体。在内群体中，成员具有相互爱护、相互同情的亲密情感，彼此容易认识和了解，感觉轻松自在。人们的日常生活多半是以内群体为中心，这是内群体的主要特征。所谓外群体，就是泛指内群体之外的其他群体，是我们自己所不属的由另一部分人组成的群体。内群体中的成员对外群体常怀有蔑视、厌恶、回避、竞争、挑衅、恐惧或仇视的心理，而没有忠心、互动、合作或同情心，对外群体成员也多存有怀疑、偏见。外群体和内群体常常处于对立地位，或互相隔离。当彼此有严重的利害冲突时，常易发生抵制、械斗和侵略等行为。所谓参照群体属于外群体。

（五）先赋群体与后致群体

以成员归属方式为标准，可以划分为先赋群体和后致群体。

先赋群体是指那种与生俱来、非个人能选择和改变的群体。如家庭对人来说就是第一个，也是最主要的先赋群体。还有种族群体、性别群体等都是个人无法选择的。

随着社会生活领域的拓展，个人对归属群体有更多的选择权和改变权。这种后天获得的群体归属，被称为后致群体，如朋友群体、工作群体等。

先赋与后致这两类群体的不可选择性和可选择性，直接影响到个人对自己作为群体成员的地位、感情倾向和行为模式的理解。对家庭这一群体而言，先赋性意味着感情的全部投入，与其他成员亲密无间，协调一致。退出这一群体则表明个人命运受到重大挫折，所以对个人的影响是极大的。而对后致群体归属来说，由于存在着可选择性，成员若在群体中感到难以适应就会脱离这一群体，而选择另一群体或者不再介入类似的群体活动。

（六）血缘群体、地缘群体与业缘群体

从群体内人际关系发生的缘由及其性质来划分，可以把群体分为血缘群体、地缘群体和业缘群体。

血缘群体是指基于成员间血统和生理联系而形成的群体。如家庭、家族、氏族等。血缘群体历史最为悠久，也是个人参与社会生活的出发点。

地缘群体是指基于成员间空间或地理位置而形成的群体，如邻里、同乡会等。地缘群体是人类放弃游荡生活、在特定地域定居后出现的群体形式。

业缘（事缘）群体是基于成员间劳动和职业间的联系而形成的群体。它包括各种各样的经济组织、政治组织、军事组织等。业缘群体的出现是生产力日益发展、分工日益细致的结果。

三、社会群体的结构

社会群体结构的形成是研究社会群体不能忽视的问题。"结构"是指任何事物的基本构成部分之间相互关联的方式。涉及群体结构的主要因素包括群体的规模、群体规范、群体中的人际关系和群体领导。[1]

（一）群体的规模

群体规模是社会群体结构的最为外在、最为明显也最具有重要意义的要素。群体规模的大小对群体有何影响呢？一般来说，小的群体比大的群体有较高的凝聚力，表现出较大的稳固性。

最小规模的群体一般包括两个人，即"二人组合"。在这种群体中，两人之间的互动就是群体的全部活动。群体成员即两个人能产生一种在许多更大群体中所找不到的一致性和亲切感。群体的生存和发展要依赖于这种单一的关系，依赖于每一个成员，双方都必须经常考虑到对方。每个成员的观念和行为必然引起对方的全面反应，同时也会受到对方的影响。在这种二人群体中，不存在让别人进行相互作用的机会，任何一方的退出，必然使群体不复存在。

而两人以上的社会群体成员之间的关系就具有了一种全新的结构特征。如三人群体形成了三角关系，成员之间的互动就不是单一的。任何一个三人组成的群体中，总是存在着一个人成为局外人或者"闯入者"的危险，或者有时可以充当调停者。

---

[1] 郑杭生. 社会学概论新修［M］. 北京：中国人民大学出版社，1998：196-205.

随着群体规模的扩大，群体的潜在关系也逐步增多，群体会变得更加复杂。例如，两人群体的潜在关系是一，三人群体的潜在关系为三，四人群体的潜在关系为六，五人群体的潜在关系为十。群体的潜在关系与群体人数相比增加要快得多，前者是以几何级数增长，后者以算术级数增长。比如，每增加一名成员，群体内成员关系数量就有一次几何级数增长。这使得一致性减少了，同时也往往缓和了紧张气氛。所以群体规模的扩大，相应地对成员观念、对群体活动特征，都会产生更为复杂的影响，甚至产生群体内派别。如两人群体无所谓派别，但三人群体虽然仅比两人群体增加了一人，却可以导致派别的产生，任何二人都可能联合起来反对另一人。

另外，群体规模越大，越容易产生"责任分散"。社会学中的责任分散理论认为，群体比个人更容易作出冒险决定。因为群体人数多，作出决定所需要承担的责任就可以广泛地分散到每一个群体成员头上。所以实行分工负责制是十分必要的。

总之，群体规模越小，凝聚力越强，群体规模越大，决策责任越可以平均分散；同时，潜在关系越多，派别产生的可能性也越大，群体凝聚力则会降低，因而需要较高的管理水平。

（二）群体规范

群体规范是指群体成员的行动准则，它规定了成员应该如何行动以及违规会意味着什么。群体规范具有明确的价值判断含义。在某些群体活动中，群体规范被认为是合适的成员行为的一种期望，是群体所确立的一种标准化的观念。它并不完全具有书面的形式，经常以非正式的默契或约定俗成的形式发挥作用。群体规范主要是由于群体中人与人的相互作用而逐渐形成的。这些共同的判断标准和依据原则，只要群体成员共同认可，它就成为一种超越成员人体之上的外在力量，并不断内化为人们的心理尺度，成为对各种言行的判断标准，一般来说，最遵从群体规范的成员是与群体达成高度一致的人，他们具有坚定的忠诚感，完全接纳群体的目标及其价值。但群体中也有一部分成员由于各种原因不能全面、始终如一地遵从群体规范，他们对群体目标的认同程度很低，行动上难以和遵从者保持一致。这些人被认为处于群体的边缘，最有可能从群体中游离出去。所以群体规范可以促成群体成员行为的一致和协调，维持群体的生存。

另外还需要注意的是，群体规范作为一种亚文化规范，只是在群体范围内才被认可并发挥作用，其存在的价值通过与其他非群体性规范之间的差异反映出来。在现实生活中，某一群体规范与其他群体、组织的规范发生冲突是常见的事情，群体规范实际上成为一种"掩蔽所"，成员在对群体之外的规范理解和遵从方面遇到挫折时，可以回到所属群体的规范之下，摆脱困境。由此也可以看出群体对于成员的归属感、价值的实现和情感的交流是十分重要的。

（三）群体中的人际关系

群体中的人际关系是指成员间彼此交流与作用的状态和过程，是群体结构的重要组成部分。群体成员相互作用的一个重要方面是这些成员间相互感到有多少吸引力或对立感。由于群体中人们的个人感情是不同的。一些群体成员比其他群体成员更受人喜欢，一些成员形成一些小的派别，还有一些则孤立于其他人之外，像这种群体成员间关系的状态以及该群体结构的紧凑程度可以利用"社网图"来进行分析。所谓"社网图"是美国社会学家 J. 莫里诺使用的一种表示群体成员相互关系的示意图。其制作方法是：首先由研究者问清群体中每个人的个人喜好，例如，你喜欢和谁一起工作？休息时你喜欢与谁在一起？你认为谁是你的好朋友，等等；然后将这些喜好绘制成图，每个圆圈代表一个人，双箭头代表相互选择，单箭头代表单向选择。这种"社网图"可以帮助研究者辨认出受欢迎和有影响力的人、派系、二人群体、三人群体和孤立者。见图1。

从图1的10人"社网图"中可以看出，B显然是最受欢迎的人，有4人选择他。整个群体包含两个派系或次群体，即ABFE和CDG，他们的成员相互选择作为朋友。H和J则是孤立者，不被任何别人选择。所以，"社网图"有直观、准确的优点，多年来已成为群体研究的重要方法，广泛应用于群体领导资格、信息传递途径、宗派集团分析等课题。但是，研究大规模群体时，社网图太复杂，连通线错综交织，难以直观看清关系。所以，研究大规模群体时最好借助于数学矩阵知识克服这一缺陷。

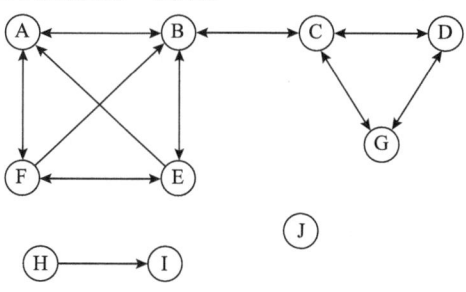

图1　10人社网图

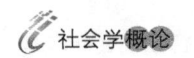

另外，群体内部成员的地位结构类型和凝聚力状况，还可以通过群体内部信息沟通方式来分析。一般来说，群体沟通网络有两种类型，一种是以"星型"结构为代表的分散结构方式，见图2A，另一种是以"轮型"结构为主的集中方式，见图2B。

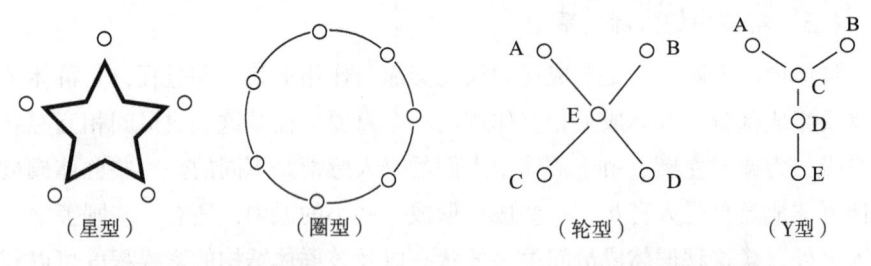

（星型）　（圈型）　　（轮型）　（Y型）

图2A　分散型结构　　　　**图2B　集中型结构**

以星型、圈型为代表的分散性网络中，群体成员能广泛地在平等的地位上参与沟通，传递享受信息。在决策时，成员人人都可以发表自己的意见，也能够了解别人的意图，所以民主气氛浓厚。但是由于这种沟通方式的群体中没有核心人物，所以凝聚力相对较差。而轮型、Y型等集中型沟通网络则正好相反。在这种群体中，多数成员不能直接沟通，只能通过第三者进行。如，轮型网络中，A、B、C、D四个成员必须通过E才能彼此发生沟通，因而难以平等传递享受信息。群体成员在地位上也不平等，等级非常严格，感情也比较淡薄，民主气氛较差。但这种网络中因为有中心人物，所以一般凝聚力比较强。究竟采用哪种沟通网络结构形式比较合适，要根据群体的具体目标、成员的具体情况（年龄、价值取向、文化程度等）确定。如，军队采用能保证迅速一致地行动的集中网络为宜，科研单位则以分散网络为好，它可以使每个科研人员有充分机会发表个人见解，获得科研信息。

（四）群体领袖与群体决策

所谓群体领袖，是指在群体内部关系网络中处于中心位置，并能对其他成员进行引导或施加影响的角色。所以，群体领袖问题既是群体结构与成员关系状态的反映，也是群体活动的主要特征。在任何一种社会群体中，包括感情色彩极为浓厚的非正式群体，像家庭、游戏群体中，权力及权力运用部是一个很关键的因素，是群体活动过程的重要方面。

群体领袖的产生，既可以从群体内自发产生，也可以在群体外加以委任。一般来说，正式群体如组织领袖的产生都要经过严格的正式程序，而社会群体领袖的产生往往不经过严格的正式程序，领袖产生的最重要前提条件是全体成员的认可。哪种人能担当群体领袖并没有明确严格的条文规定。一般承担领袖角色的人，往往具有某些突出的品行和能力，比普通群体成员能力突出，智商较高，喜爱交际，善于言谈，坚定自信，观点上比较开明，或者积极参与集体活动并作出了重大贡献。另外，与其他成员关系极为融洽也是重要因素，因为它决定了能否获得成员的一致认可，以便顺利行使权力或发挥影响。

一般来说，群体中领袖的领导形式主要有两种。一种是"工具性"领导，指引这个群体追求它的最终目标，提出活动的方针和路线，并影响他的成员去遵循执行这些方针路线。另一种是"表意性"领导，力求造成群体的团结和谐的气氛，注意使群体成员保持高昂的士气并尽可能减少或缩小群体内冲突。两种角色在群体中多是由不同的人扮演。比如传统家庭中，这种领导分工可以看得很清楚。作为支撑家庭、养家糊口、"主外"的父亲，扮演的是工具性领导角色。作为操持家务、抚育子女、"主内"的母亲，则是表意性领导，为整个家庭提供温暖、舒适和感情上的保障。

另外，群体领袖的方式还可以分为权威型（独裁型）、民主型和自由放任型三种。权威型方式中，领袖是唯一决定群体政策和分配任务的人，几乎是一人单独发号施令。民主型方式中，领袖倾向于与群体成员讨论、交流以确定政策和任务，从而保证群体行动的一致。自由放任型方式中的领袖散漫怠惰，几乎不对群体成员进行任何指导、组织、管理，任其自由行动。对于任何一种领导方式的评价，也应该联系具体情况。比如，在紧急情况下，独裁型领袖就可能是必要的。

群体决策是群体实现自身目标、维持正常活动的重要方面。它主要是指在群体活动中，针对群体遇到的问题而作出判断和决定的过程。它是群体发挥作用的重要步骤。群体决策的过程从形式上大体可以分为四个阶段。第一阶段，旨在发动全体成员发现实际问题并分析已掌握的事实。第二阶段，着重进行评价，其中重要的是成员表明自己的看法，并对他人意见作出反应，申明自己的主张，由此往往会出现意见分歧。第三阶段，展开商议和争论，达成妥协，最终拿出一致的决策来。在取得一致的斗争中，可能产生派别，出现紧张情绪，当决定终于达成时，第四阶段就开始了，即群体成员开始以各种方式消除在第三阶段因争论或意见不和而形成的关系失衡，以使整个群体达到最初的平衡。如成员间可能相互开玩笑、嬉戏，以缓和紧张局面，重新建立群体的团结。

一般而言，群体决策可以多数人参与，集思广益，提高、改进、优化决策

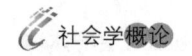

效果。但是，群体决策往往也会发生失误，主要原因是由于群体表面一致的压力和群体成员对保持群体和谐一致的高度关心，使得群体不自觉地受群体意识的束缚，压制个人看法，寻求与其他成员的一致性，从而影响群体的决策，以致作出错误决定。并且，由于群体决策把责任分散到各个群体成员身上，每个人所承担的失败恐惧便大大减少，人们在群体中所作的决定不像他们单独时作的决定那么负有个人责任，而敢于作出更具有冒险性的决定与行动，也就是所谓"冒险的转变"。即使后来证明决策失误，参与决策的成员会由于"集体决策，集体负责"的借口而不会为此感到内疚，也不会负任何责任。所以，在群体决策中，非常有必要实行分工负责制。

第二节 初级社会群体

一、初级社会群体的概念与形成条件

（一）初级社会群体的概念

初级社会群体也称首属群体、直接群体、基本群体，是指群体成员以面对面互动为条件以感情为基础而结成的亲密关系的社会群体，包括家庭、邻里、朋友、伙伴、亲属等。在人类的社会生活中，初级社会群体是最基本的社会群体形式。自古以来它一直是人们生活中最重要的一种群体。可以说，初级社会群体反映了人们最初步、最简单、最基本的社会关系。基于它在人类生活中的基础地位，它也成为社会学研究的重要对象。

"初级群体"一词是美国早期社会学家 C. 库利首先提出来的。20 世纪初期，库利在他出版的《社会组织》一书中，把家庭、邻里、儿童的游戏群体称为初级社会群体。他认为，初级群体具有"亲密的面对面交往和合作"等特征。这些群体之所以是初级的，其意义是多方面的，但主要是指他们对个人的社会性和个人理想的形成是基本的，是个人社会化的基本场所。自库利之后，初级群体成为社会学的重要概念，在社会学文献中普遍使用。人们也逐渐把这一概念扩展应用于一切类似于家庭、伙伴的具有亲密关系的人群。有些社会学家还进一步提出"次级群体"作为与初级群体相对应的概念。初级群体研究作为一个重要的课题为社会学及社会心理学所关注，并取得了许多有影响的成果。如梅奥的"霍桑实验"证明了群体的工作效率受成员间关系的影响。莫里诺用"社网图"分析群体内人际关系的结构。另外，霍曼斯的《人类群

体》、怀特的《街角社会》等，都是初级群体研究的代表性成果。研究初级群体具有重要意义。首先，初级群体可以反映社会许多特征，通过分析初级群体的结构、功能、过程，可以增进对社会的认识。其次，初级群体是人们社会生活的重要基本单位，对人们的心理、行为有着重大影响。研究初级群体中人们的心理过程与行为方式，有助于推动社会心理学及行为科学的发展。再次，研究初级群体，也有助于在实际工作中发挥初级群体的功能，提高活动效率。

（二）初级社会群体形成的条件

初级群体是人类社会结合的一种特殊形式，这种特殊结合形式是在特定、必要的条件下形成的。这些条件包括：

第一，活动空间的接近。这里的空间既包括现实中的区位关系，如现实生活中居住的地理位置上的接近，也包括观念上的区位关系，如老乡。活动空间的接近，便于相互接触与了解，彼此间容易变得熟悉，也容易引为知己。人际均衡理论与人际酬赏原理都说明了这一点。所以，活动空间的接近，是初级群体形成的重要条件。

第二，交往各方社会差异较小。在初级群体中，无论是邻居、儿童游戏群体还是朋友圈子，都是在地缘、业缘或共同兴趣、共同爱好的基础上自然而然形成的。

第三，相互交往比较自由，没有过多的约束、限制。这是初级群体形成的又一条件。因为当人们处在一种有严格规定、不具有感情色彩的角色或地位上时，彼此不易形成具有亲密人际关系的初级群体，比如上级对其下属如果时时都是以一种领导的身份出现，那么他们只能是一种领导与被领导的单一关系。但如果上司在工作之余能深入下属之中，与他们一起娱乐，经常交流，时间一长，就可能形成亲密的初级关系。

第四，交往具有经常性、持久性。初级群体成员的面对面的互动只有经常持续进行，人们才有可能全面熟悉了解，才可能形成具有浓厚感情色彩的初级关系，组成初级群体，而且只有这种面对面的互动能持久地进行下去，初级群体才能得以维持。这种面对面的互动持续时间越长，形成的关系就越深，初级群体也就越巩固。

二、初级社会群体的特点与类型

（一）初级社会群体的特点

参照前面初级关系与次级关系的比较表，可以概括出初级社会群体一般具

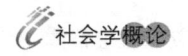

有的特点。

1. 规模小

初级群体规模虽没有严格限制，但成员有限，一般都是2~30人的小群体。因为只有在这种小规模的群体中，人们才有可能进行较深入的交往，才有机会建立比较密切的、带有浓厚感情色彩的初级社会关系。人数过多，关系就会趋于表面化、正式化。就会由初级关系转变为次级关系，也就失去了初级群体的特征。

2. 经常、持久、直接的面对面互动

所谓面对面互动是指互动的双方都是互动的终点，而不必通过第三者转达。因为只有面对面互动，成员才能加深彼此之间的了解，产生出一种亲密情感，并且这种互动还必须经常持续保持。否则，初级群体很难形成与维持。所以，一般来说，如果没有直接面对面互动，就不会有初级社会群体。所以，它是初级群体存在的基础。

3. 浓厚的感情色彩

在初级群体中，成员之间的交往不只是一种就事论事的"事缘"关系，而是一种感情的交流，这是初级群体成员亲密关系的基础。在初级群体中，成员都期望相互关心与安慰，像家庭或朋友中某个成员不高兴时，别人就会关心地询问并帮助他排忧解难。

4. 多重角色

成员间互相扮演多重角色，表现了全部个性。在初级群体中一个重要标志是人们之间的关系由一种角色转变为多重角色关系。因为初级群体中，成员间并没有明确、严格的分工，不可能仅仅保持一种角色关系。个人在初级群体中不仅仅作为专业角色出现并与他人进行交往，而且会把思想感情、性格、情操、技能等人格要素，全部投入这个群体，表现了他们的全部个性。在家庭这种初级群体中表现得尤为突出，如作为父母，既是长辈，又充当着孩子的教师与朋友。

5. 成员的难以替代性

在一般次级社会群体中，由于成员间没有强烈的感情色彩，某一职位空缺，可以随意挑选一个人来顶替，人们对一个人不满意也可以转而跟其他人交往。但在初级群体中，人们之间的角色是不能随意由另外一个人来代替的，群体中任何一个成员的缺损,都会给其他成员造成极大的感情振动,如夫妻离异、亲人去世等,都会给群体成员心头蒙上阴影。

(二) 初级社会群体的类型及其维持

1. 初级社会群体的类型

初级社会群体的主要类型是家庭、儿童游玩群体、关系亲密的邻居以及朋友圈子等。

①家庭。家庭是人类最古老、最基本的社会组织形式,它是建立在婚姻和生育之上的社会群体。一般地,家庭是作为一个统一的单位在社会生活中出现的,家庭成员关系密切,群体意识强,是最典型的初级社会群体。关于家庭,我们后面将有专门的详细介绍。

②儿童游戏群体。库利是从儿童社会化及其社会性形成的角度来看待初级社会群体的,儿童游戏群体在儿童成长中具有重要地位,它是一种重要的初级社会群体。

儿童游戏群体是由在一起玩耍的儿童自然形成的初级社会群体。这种群体的规模一般不大,儿童的年龄相当,大多性别相同,同时,参加这一群体的儿童的兴趣比较接近,即能够玩在一起;而居住上的靠近对他们随时的共同活动发挥着促进作用。从家庭背景来看,父母辈之间一般不存在明显的矛盾和冲突,父母辈并不反对儿童们混在一起,家庭之间的互相接近和联系也有助于这些家庭的儿童形成群体。

儿童游戏群体有利于儿童的成长,在这种群体中儿童们扮演各种角色,并在角色扮演中学习各种规范。另外,他们没有任何固定目的的玩耍正是他们成长的重要途径。当然,在不同社会背景下,儿童游玩群体也会发生重要变化。在传统社会,这种群体的自发性更强,它们更朴实。在现代社会,成人对这种群体的影响表现得越来越明显。

③邻居。邻居是由于居住地域上的靠近,在日常生活交往中而形成的初级社会群体。并不是任何相邻而居者都形成初级社会群体,作为初级社会群体的邻居是指家庭之间有密切交往者。实际上,邻居作为初级社会群体一般是与传统社会中血缘相近的家庭聚集而居的现象相联系的。当然,这不排除其他家庭因长期相邻而居、互相帮助、全面交往而形成关系亲密的群体。邻居作为初级社会群体,其形态不像家庭、家族那么具体,其规模大小也不一,其地域邻近也无明显限制。但是,作为初级社会群体的成员,各家庭的生活有很多关联,

以致形成利益相关的群体。"远亲不如近邻",邻居在日常生活中守望相助,对儿童进行教导与看护是其基本的功能特征。

在传统社会,邻居的初级社会群体的特征十分明显。在现代社会,社会分工的复杂化、居住格局的变化、社会流动的加剧都对相邻家庭之间经常性的、深入的交往带来障碍,所以邻居这一初级社会群体的特征正在逐渐淡化。

④朋友圈子。朋友圈子是志同道合、兴趣相投的人形成的群体。这类群体主要是基于成员的共同兴趣而形成的,他们聚集起来并不是为了功利性目标,而是为了性情上的愉悦,在某种程度上形成松散的、无约束的群体就是目的。在这种群体中成员是自由的、放松的,由此获得的满足也常常是可替代的。

2. 初级社会群体的形成与维持

初级社会群体的形成看似自然,实际上包含了群体成员的积极的活动,它是成员共同努力的结果,虽然这种努力并不完全是有意识的。但是,可以认为初级社会群体的形成和维持必须有其成员的积极努力。很明显,男女结合可以成为家庭,但令人满意的家庭常常是需要共同建设的。相邻而居也并不一定会自然而然地相互帮助、相互关照。因此,初级社会群体的形成与维持需要参与者的共同努力。主要包括如下一些方面:

①经常性的交往。经常性的、持续的交往是形成和维持初级社会群体的基本的前提。没有经常的、持续的交往就没有相互之间的深入了解,甚至已有的互相了解和理解也会变得淡薄。人们之间的交往越持久,他们所形成的关系越深。

②非利己的动机。初级社会群体既不是因互相利用而形成的进行内部交换的群体,也不是为了获取外部利益而结成的联盟。它是与人们的日常生活相联系的,不是怀着利己的动机,而是长期的、共同的社会生活才可能形成相互关怀的关系。

③开放和宽容。参与者一定的开放和宽容态度是大家互相接纳、协调相处的前提。在初级社会群体中成员们是全面的交往,这样各参与者才会把对方当做丰富的、完整的人,这种群体才会发挥多种功能。如果以提防的、尖刻的态度去同无利己之心的人相处,他也不会被接纳,更谈不上相互认同并形成亲密的人际关系。[1]

---

[1] 王思斌. 社会学教程(第四版)[M]. 北京:北京大学出版社,2016:103-105.

三、初级社会群体的功能与发展趋势

(一) 初级群体的功能

初级群体在社会系统中处于中介地位，它既是由个人组成的，同时又是构成更大社会组织的基本单位，所以，初级群体是个人与社会、个人与组织、个人与个人之间的重要桥梁，在人们的社会生活中发挥着极为重要的功能。

1. 初级群体是个人社会化的最基本的场所和环境

在社会化过程中，个人的社会化首先是在初级群体中进行的，初级群体是个人社会化的基本场所。一般来说，个人首先在家庭、邻里、伙伴等初级群体中生活，再进入广阔的社会中生活。人们在初级群体中形成的规范、态度、性格、兴趣等对一个人的成长影响是极大的，有时甚至起着决定性的作用。所以，初级群体的生活是人们走向社会生活的基础，是个人进行社会化的起始地。

2. 初级群体可以满足个人的各种基本需求

初级群体在历史上承担着许多功能，如教育、生产、安全、生活、感情、信息、娱乐、福利、社会控制等。随着社会的发展，像教育、生产、福利、社会控制等功能已经逐渐由专门化的社会组织所取代。而另一些对个人的功能却始终由初级群体承担着。首先，初级群体可以满足人们的安全需求。对每个人来说，安全感是非常重要的。安全感的实现，需要建造一个安全的环境，使紧张的心理状态缓和下来，而初级群体就是个人的"安全环境"，在这里，成员之间关系密切，相互信任，相互保护，彼此不设防，还可以团结起来，一致对外，保护自己的成员。所以，初级群体可以满足安全的需求。其次，满足情感需求。每个人都有自己的欢乐、忧愁，都有一种对周围事物发表议论、倾诉感受的要求，希望取得他人的共鸣、同情和支持。要达到这个目的就需要有交流对象，这些对象往往都是初级群体中的成员，特别是在个人需要温暖、帮助时，往往都是初级群体的其他成员伸出援助之手，给予安慰支持。许多研究也表明，当人们的情绪、心理、身体健康、精神状态偏离常态时，往往也是人们所在的初级群体发生变故之时。从社会心理学家索洛蒙对生活事件与人的情绪之间关系的调查中可以看出，在他列举的对人们生活影响最大的前10位事件（即配偶死亡、离婚、夫妻分居、监禁、家庭近亲死亡、个人患病、结婚、解雇、夫妻和好、退休）中，属于初级群体发生变故（瓦解或成员与群体隔离）的事件达7件，占70%。所以，初级群体在满足感情需要、减轻心理压力、防止人性异化方面发挥着重要作用。再次,满足人的归属感的需求。人们常常用"无家可归"来形容那些没有归属的人的痛苦状况,这也说明人有归属感的需求。人总要有所归属才会在更高的层次上感觉到自己的存在,而初级群体可以使个人体会到自己的角色地位。所以,人们把生活的地方、工作的地方看作"家",因为在这些初级群体里有自己的亲人、朋友,它可以增强生活的信心,施展自己的才干,不管走到哪里,人总是情系其家。这就是初级群体能满足人的归属感的原因。

3. 初级群体具有保持和传递社会文化、稳定社会秩序的重要功能

初级群体是社会最基本的单位,是在潜移默化中保存和传递社会文化的重要力量。社会的伦理道德、风俗习惯等,通过初级群体才内化为社会成员的行为规范,从而发挥社会控制的作用。而初级群体自身通过规范和内聚力的作用,也对群体成员的行为实行有效的控制,发挥着维护社会秩序的功能。重视初级群体的建设、引导,保证其健康发展与稳定,对维护整个社会秩序、促进国家建设有重要意义。

当然,在有些条件下,初级社会群体由于自身的封闭性和排他性,在社会生活中也会产生一些消极功能或作用。如对个人来说,在有些时候,初级群体可能压抑个性形成和个人积极性的发挥,限制个人发展;对于组织来说,像帮派团伙等初级群体有时它会妨碍组织效率的提高,破坏组织结构,损害组织形象。因此,对初级群体,应注意发挥它在社会生活中的积极作用,控制它的消极一面。

(二)初级群体的发展趋势

从总体上看,随着现代社会的发展,初级群体的地位和作用逐步下降,而次级社会群体的地位和作用在逐步上升。

初级群体在相当长的历史上一直是人类群体活动的主要形式,在人们的生活中占有相当重要的地位,但是随着工业革命以及相伴随的城市的发展,现代工业体系的逐步形成,许多次级群体如工厂、公司、学校、机关、团体等迅速发展起来,并在人们生活中占据了主要地位,对社会生活产生了重要影响。

我国目前正处于从传统社会向现代社会的转型时期,初级群体的性质和地位也必然会发生变化并在各方面表现出来。最突出的表现是初级群体的发展趋势逐渐衰落。

首先,初级群体的原有功能随着社会分化的加剧发生了较大转移。传统社

会中人们靠初级群体形式进行农业生产和手工业生产，而在现代社会中，人们的劳动主要在次级群体如工厂、公司、机关中进行。传统社会中，初级群体还担负着教育功能，儿童主要在家庭这类初级群体中接受教育。而今天，城市以及许多发达的农村，儿童以至青少年的教育往往是由托儿所、幼儿园、小学、中学、大学等次级群体来承担的。虽然家庭至今仍是最重要的初级群体，但与过去相比，平均规模正由大变小，所担负的社会职能也由多变少，家庭观念也有所减弱。

其次，初级关系日趋淡化。在传统社会，由于社会流动率低，许多人往往一生都固定在一个地方，人们选择、组合初级群体的机会较少，所属的初级群体也不会发生大的变动，人们长期交往，关系比较紧密。但在现代社会里，由于社会流动的加速，大众传媒的发展，价值观念的转变，人们的交际面大大拓宽，可以主动、自由地挑选朋友、伙伴，而且人们之间的交往也越来越带有短暂、间接、功利的特点，感情色彩减弱，造成初级关系数量的减少与下降。

再次，有些初级群体已经名存实亡。最典型的是城市中居住楼房的"邻居"，已经不是传统社会中初级群体概念，许多居民在一个单元住了多年，但彼此可能连姓名也不知道，更谈不上感情上的交流。实际上这里的"邻居"已名存实亡。

总之，随着社会的发展，许多大型专业化的次级群体将越来越发展，在生活中占据主要地位，与之相比，初级群体的地位作用将逐渐下降。

初级群体的上述变化及发展趋势有其积极意义。首先，它标志着人们从依赖感情和私人关系来处理问题转变为依靠社会分工、规章制度来处理问题。这非常有利于工作效率的提高，也是一个社会更为合理化、完善化的表现。其次，人在社会中的自由独立性增强。在传统初级群体中，个人生活的许多方面往往都要受到群体成员的影响和限制，妨碍个人自主性的发挥。而在现代次级群体中，属于私人范围的事往往都由自己选择决定，一般不会受到他人的干涉，这就促进了个人自主性的发挥，也增加了个人的自由度。再者，初级群体的衰弱，也减弱了它的封闭性、排他性的影响，可以促进更大范围的整合，使社会充分一体化。

当然，我们也应看到初级群体的衰落也会给社会带来一些消极影响。如人情关系的淡漠、疏远，人们的感情生活质量下降，社会的非正式控制减弱，精神病、自杀、吸毒、酗酒等现象增加。这些都与初级群体的减弱有一定的联系。对此，我们也应加以注意。

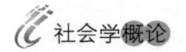

第三节 初级社会群体的典型——家庭

一、家庭的含义与类型

（一）家庭的含义

家庭是绝大多数人在出生之后即生活于其中、并且按中国的传统在有生之年会始终与之共存的初级群体，从这个角度说，家庭是最重要的初级社会群体。家庭是社会的细胞，是人们生活的基本单位，在家庭这个细胞中，集中体现着初级社会群体的特征。

学界对"家庭"虽有多种释义，但大同小异。上海社会科学院社会学研究所主编的《社会学简明辞典》对"家庭"的解释是："以一定的婚姻关系、血缘关系或收养关系组合起来的社会生活的基本单位，在通常情况下，又体现为一种经济的团体。婚姻构成最初的家庭关系，这就是夫妻之间，父母和子女之间的关系。"❶ 也有的认为家庭是以婚姻血缘关系为纽带的社会生活组织形式。王思斌教授认为，从婚姻家庭历史演变的角度来看，在"一夫一妻制"的前提下，将"家庭"定义为社会生活的基本单位可能更准确。❷ 也有一种说法认为"家庭是社会的细胞"，这种说法源出于恩格斯的《家庭、私有制和国家的起源》中"个体婚制是文明社会的细胞形态，根据这种形态，我们就可以研究文明社会内部充分发展着的对立和矛盾的本质"❸ 这句话。恩格斯的原意是指当人类社会进入到阶级社会（奴隶社会）时，与社会上的奴隶主对奴隶的压迫相对应的是家庭中男权的确立，家庭中男子对妇女的压迫和男女的对立正是社会上奴隶主对奴隶的压迫以及这两者的对立的一个缩影。这就是"细胞形态"的含义。因此，当我们将家庭比作"社会的细胞"时，是包含了"社会的缩影"这一含义在内的。也就是说，家庭的放大即是社会，家庭内部的人与人之间的关系与社会中人与人之间的关系同质，家庭所承担的功能是社会正常运行所需要满足的条件的全部。但是社会现代化进程的一个特征是社

---

❶ 上海社会科学院社会学研究所主编.社会学简明辞典 [M].兰州：甘肃人民出版社，1984：393.

❷ 王思斌.社会学教程（第四版）[M].北京：北京大学出版社，2016：108.

❸ 马克思恩格斯选集（第4卷）[M].北京：人民出版社，1995：63.

与家庭的分离，家庭的部分功能已经或正在外移，家庭正在日益变成一个个人私生活的场所。也就是说，家庭与社会已经不同质了。[1] 因此，说家庭是社会生活的基本单位比较适合目前（中国）家庭的现实情况。

其实，"家庭"本来就是个历史的范畴，其内涵也就不是静止不变的。《社会学简明辞典》把家庭看做是一个经济团体，这特别适合以小生产的生产方式为特征的传统的农业社会。因为在这样的社会中，每一户人家就是一个生产的组织单位，从事生产是家庭得以生存的首要前提。所以，每一个家庭成员首先承担的是一种经济角色，"男耕女织"就是这样的家庭分工的最好注释，这就决定了家庭内部人际关系带着浓厚的经济关系的色彩。到工业化时代，随着近代工商业城市的兴起和工厂制度的确立，社会分工也日益专门化，大多数原来承担生产任务的家庭（比如手工业者的手工作坊）的生产功能外移。这样，绝大多数的城市家庭已不再是生产的组织单位，家庭的经济功能只保留了消费这一部分，这样，家庭成员的经济角色也逐渐淡化，家庭的内涵当然会随之发生变化。中华人民共和国成立之后，随着妇女走出家门参加社会生产劳动及政府对男女平等的大力提倡与立法保障，中国城市家庭的部分功能（抚育幼儿及文化教育）继续外移，使得夫妻关系和代际关系趋于平等；而20世纪80年代开始的经济体制改革也使城市家庭日益变成一个私生活的场所而逐渐远离了"公域"，这导致了现在的城市家庭在某种程度上向威廉·古德所言的"夫妇式家庭"（这样的家庭有三个特征：择偶自由、婚后小家庭独居、对夫妻双方亲属同等看待）靠拢，从而导致了与小生产的生产方式相适应的、传统的父系父权家庭制度的瓦解。

判断一个家庭是否成立，可以从以下几方面入手。第一，家庭是群体，不是个体，家庭至少由两人以上组成。第二，婚姻是家庭的起点、基础和根据，由婚姻而结成的夫妻关系是家庭中最主要的关系，是家庭的核心，是维系家庭的第一纽带，是判断家庭的第一标准。第三，以父母子女关系、兄弟姐妹关系为主要内容的血缘关系是家庭中的第二种主要关系，是维系家庭的第二纽带，是判断家庭的第二标准。第四，家庭还可以是婚姻关系和血缘关系的合理延伸，可以包括除父母子女外的其他直系、旁系亲属和建立了正式领养关系的人等。第五，组成家庭的成员还应以共同生活、有较密切的经济交往为条件。在我国，这也包括夫妻两地分居的家庭及子女未婚但因某种原因（上学、参军

---

[1] 李东山. 家庭还是社会的细胞吗——试论家庭的社会地位变迁 [J]. 社会学研究, 1990 (3).

等）离开父母在外而经济上仍主要依赖父母的家庭。

（二）家庭的类型

家庭作为社会的细胞，总是以婚姻关系为基础，以血缘为纽带，存在许多共同性。但同时，在千家万户之间，家庭的结构、规模，成员等各种状况又不尽相同，存在着差异性。从不同的角度对家庭可以作不同的类型划分。

1. 按家庭结构划分

家庭类型也可称为"家庭结构类型"，是指出家庭的组成方式（即家庭由哪一种或哪几种家庭关系所组成）不同而归纳的不同类别。费孝通先生在"论中国家庭结构的变动"一文中依据中国所谓的"小家庭"（即西方的"核心家庭）的变化将中国家庭分为：①不完整的核心家庭（核心家庭中原有配偶中的一方死亡或离去，或是父母双亡的未婚儿女）；②核心家庭或小家庭（一对夫妻和其未婚子女共同生活）；③核心家庭之外还包括其他成员（首先是配偶死亡后与已婚子女共同生活的寡母或鳏父）；④联合家庭（子女成婚后仍与父母一起生活，或者兄弟成婚后并不分家，费孝通将此称为"大家庭"）。❶ 这是一种分类方法。

现在在社会调查中通常采用的家庭结构的分类方法是：①核心家庭（一对夫妻与其未婚子女共同生活的家庭）；②夫妻家庭（只有夫妻两个人单过，子女或老人缺损或因为某种原因不在一起生活的家庭）；③主干（直系）家庭（三代或四代同堂，每代最多只能有一对夫妻但最小一代上面那一代的一对夫妻必须健全）；④联合家庭（同一代中有两对夫妻在一起生活的家庭）；⑤隔代家庭（祖孙两代共同生活但中间一代因为某种原因缺损或不在的家庭）；⑥单亲家庭（未婚子女与其父母的一方共同生活，但另一方或者因离婚或者死亡而残缺的家庭）。如果细分，像主干家庭还可以分为完整的（每代的夫妻均健在）和残缺的（下面子女这代夫妻完整，上面老人这一代只有一方），夫妻家庭可分为空巢和未生育。在现实生活中其实还存在着其他家庭类型，但是因为在数量上非常少所以就不典型说明了。❷

2. 按家庭成员的完整情况划分

按家庭成员的完整情况划分，家庭可分为完全型家庭和残缺家庭（或称

---

❶ 费孝通. 从事社会学五十年 [M]. 天津：天津人民出版社，1983：144.
❷ 王思斌. 社会学教程（第四版）[M]. 北京：北京大学出版社，2016：110.

不完全型家庭）。

完全型家庭是指由父、母、子女三种人组成的家庭。完全型家庭和核心家庭不完全相同，它既包括核心家庭，也包括具有连同这三种人一起组成的主干家庭、扩大家庭。核心家庭中，父、母、子女三种缺少一种，仍可称为核心家庭，而在完全型家庭中三种人缺一不可。

残缺家庭（即不完全家庭）是指丧偶、离偶、丧子、弃子或无子的家庭。也有人认为，只要夫妻双方缺少一方，就是残缺家庭。

3. 按家庭规模划分

按家庭规模划分，家庭可分为小家庭和大家庭。它们是和核心家庭、主干家庭、扩大家庭相联系的。一般地说，核心家庭（四人以下）是小家庭，主干家庭、扩大家庭是大家庭。但也不完全如此，如果家中没有夫妻，或夫妻缺少一方，只要成员众多，照样可以称为大家庭。大小家庭的划分一般以平均每家人口数为标准，四口或四口以下的家庭叫小家庭，四口以上的家庭叫大家庭。在现代社会，家庭规模日趋缩小，大家庭已经逐渐减少。

二、家庭的功能及其变迁

（一）家庭的主要功能

家庭的功能就是家庭对于人类的功用和效能。《社会学简明辞典》将家庭功能解释为"家庭在社会生活中所起的作用"，并认为这种作用因国家及社会发展阶段的不同而异。[1] 家庭的功能不是单一的，而是多方面的，它能满足人和社会的多种需求，这是其他任何社会组织所不可比的。具体表现在以下几个方面。

第一，生物意义上的功能。家庭的生物功能主要是性爱的满足和生育子女。一般说来，只有结婚组成家庭之后，男女之间的性行为才能为社会所认可，才被认为是正当的、合法的、道德的。人类的繁衍也是发生在自然生物规律基础上、有经济、法律、道德等社会因素参与其中的一个复杂过程。男女两性只有结婚、组成家庭，才能生育子女，否则，生育便是不合法的。人类要生存、延续，就必须依赖于人类繁衍后代的唯一社会单位——家庭。这是任何社会的家庭都具有的功能。

---

[1] 上海社会科学院社会学研究所主编. 社会学简明辞典 [M]. 兰州：甘肃人民出版社，1984：394.

第二，经济的功能。家庭的经济功能主要在于生产和消费两个方面。家庭的生产功能表现在进行生活资料即食物、衣服、住房以及为此所必需的工具的生产，满足人们吃、穿、住、用的需求。这种现象伴随着私有制的产生而产生，并一直延续到现代社会。但在现代社会已不是一种普遍存在的现象，在我国，生产功能只是在农村和城市的一部分个体工商户中还存在。作为消费功能，则始终是家庭的主要经济功能。家庭成员即使参加社会劳动，家庭也不再具有生产功能，但消费多数情况下还是通过家庭来实现的。

第三，扶养的功能。家庭成员之间的扶养，是家庭的基本功能之一。这里所说的扶养，是个广义的概念。它包括以下三种情况：一是夫妻之间的扶养（狭义的扶养），二是父母对子女的抚养，三是子女对父母的赡养。

第四，教育的功能。家庭不仅仅要繁殖后代，更主要的是要承担起教育后代的责任。家庭是人出生以来的第一所学校，父母是儿童的第一任教师，可以说家长的行业就是教育子女。家庭教育担负着传授文化知识、培养道德品质、指导行为规范、帮助营生自立等使人社会化的责任，家庭教育的作用随时都在发生，对每个人都有终身的影响。

第五，娱乐的功能。家庭是人们娱乐的主要场所之一，是人们休息、娱乐、恢复体力和调剂生活的地方。人们在紧张的工作之后需要回到家中，消除疲劳，得到娱乐和休息，以便重新焕发精神，回到工作岗位上去。儿童的许多娱乐活动也是在家庭中实现的。

第六，感情交流的功能。人是有感情的，人们之间的感情交流和结合，是人的心理需求之一。对于人来说，各种心理态度的生成、人性和人格的发展、感情的激起和发泄、品质情操的培养、爱情的培植表现、精神的安慰和寄托都离不开家庭。在社会生活中人们的感情交往是通过多种渠道进行的，家庭是其中主要的渠道，家庭中的情谊往往给人留下终生难忘的印象，像夫妻之爱、亲子之情、兄弟之谊等。

除以上主要功能之外，家庭还承担着家务劳动的功能，家务劳动完成得好坏，对家庭每一个成员的工作、学习有着直接的影响。在家务劳动没有完全社会化之前，它仍是家庭的一个功能。另外，在一些信奉宗教的地区和国家，家庭还承担着宗教的功能，家庭可以说是人类最初的教堂，宗教信仰的发生、传授及宗教仪式的学习，多是从家庭开始的，并受家庭的影响。

（二）家庭功能的变迁

家庭功能的变迁是指在社会影响下，家庭功能所出现的变化，它包括功能替代、功能外移、旧功能消失与新功能出现，以及家庭的主要功能随着家庭生命周期的阶段性变化而发生的改变等。❶ 首先，家庭的功能的变迁与家庭的生命周期直接相关，或者说家庭功能受到家庭生命周期的制约。这种制约表现为在家庭生命周期的不同阶段，某些家庭功能会突出显现，但过此阶段又会隐匿或退出。比如，当一个新家庭成立时，生育和随之而来的抚育就是突出显现的功能，但是到了家庭的主要成员（夫妻）步入中年的时候，随着孩子的长大和工作，抚育功能几乎消失，等到夫妻步入老年，赡养又提上了家庭的日程，成为此时家庭的主要功能。其次，家庭的功能还会因一个国家和社会发展的不同阶段而异。比如在工业高度发展的国家和地区，许多家庭不从事家庭经营，家庭生产功能已经消失。在社会福利高度发展的国家，家庭的赡养老人的任务比福利不发达国家要弱一些。其三，家庭的功能还受到民族文化、社会政策等因素的影响。例如，中国现代城市家庭的生育功能与传统社会小家庭的生育功能已明显不同，中国家庭的赡养功能与西方国家也有很大差异。

王思斌教授认为，理解家庭功能的变迁，可以从所谓家庭的"核心功能"这一角度去把握。所谓家庭的核心功能是指在家庭诸功能中与一定的生产方式相适应，具体体现着一定社会的家庭制度和家庭本质的功能，因此只要社会的家庭制度不变，核心功能也将保持不变。❷ 在传统的小生产的农业社会中，家庭本质上是社会劳动组织的基本形式，男性家长是生产的组织者，因而父系父权的家长制就是传统的农业社会的家庭制度。与此相应，生产功能就是核心功能，它体现了小生产前提下农村家庭的本质。在现代城市社会中，小生产的生产方式已经被大机器生产的工业生产方式所取代，绝大多数家庭不再是组织生产的单位，因此家庭的生产功能已经丧失，父亲父权的家庭制度因而丧失了其基础。伴随着妇女走出家门参加社会生产劳动并取得经济上的独立，男女两性的关系也趋向平等，这时，核心功能的改变（新的核心功能取代原来的生产功能）是不可避免的。毫无疑问，这样的变化也正标志着家庭制度的变迁。由于社会发生变迁时，家庭功能相对来说总是最先随之变化的，❸ 而家庭结构则相对保持着稳定，所以我们可以把家庭功能的变化看做是社会影响家庭的主要表现。可以发现，随着传统社会向现代社会的转变，家庭的许多基本功能，

---

❶ 王思斌. 社会学教程（第四版）[M]. 北京：北京大学出版社，2016：112.
❷ 王思斌. 社会学教程（第四版）[M]. 北京：北京大学出版社，2016：112.
❸ 迈克尔·米特罗尔，等. 欧洲家庭史：中世纪至今的父权制到伙伴关系 [M]. 北京：华夏出版社，1987：63-81.

如声誉、抚养、赡养、生产等也在发生变化。

三、婚姻与家庭问题

（一）婚姻制度与中国传统婚姻家庭制度

婚姻在社会学上被定义为一种社会所赞许的配偶约定，通常包括一男一女的性行为、经济合作等。历史上曾经存在的婚姻形式或制度主要有一夫一妻制和多偶制。一夫一妻制（monogamy），即一个男人和一个女人之间的结合；而婚姻里同时涉及不止一个男人或女人的叫多偶制（polygamy）。最常见的多偶制婚姻是一夫多妻制（polygyny），一个男人同时有几个妻子；相反，如果一个女人同时有几个丈夫，就是一妻多夫制（polyandry）。

一夫多妻制曾经在世界上广泛存在。根据乔治·默多克1949年发表的成果，在238个社会（大部分是前现代社会）中，有193个是一夫多妻制，43个是一夫一妻制，2个是一妻多夫制。在非洲和亚洲的部分地区及中东的部落社会里，一夫多妻制至今还很流行。在中东，穆斯林男人允许同时有四个妻子，所有的妻子和孩子通常都住在一起，共同承担家庭责任。典型的一夫多妻制是建立在经济需求的基础上的，它有助于增加社会的人口出生数，或是有助于弥补由于战争造成的男人短缺。

现代中国的婚姻家庭体系是以一夫一妻制为基础的。传统中国社会则实行的是一种封建式的婚姻家庭制度。这种传统的婚姻家庭制度的主要特征有：

①婚姻的目的是传宗接代、生儿育女。中国古代言礼最详的《礼记》中说："婚姻者合二姓之好，上以事宗庙，下以继后世。"从这两句最古老的、同时也是最典型的婚姻定义里，我们不难看出，人们之所以要结婚，为的就是传宗接代、延续香火。

②采取包办的形式。所谓包办是指婚姻当事人在自己的婚姻问题上没有发言权，不能过问自己的婚姻大事，婚姻的缔结完全听从父母之命，媒妁之言，根本不考虑婚姻当事人的意愿。我国最早的一部诗歌总集《诗经·齐风·南山》云："娶妻如之何，必告父母，娶妻如之何，匪媒不得。"如果无媒而自婚，则为社会所不齿。"不待父母之命，媒妁之言，穴隙相窥，逾墙相徙，则父母国人皆贱之。"（《战国策·燕策》）

③强调"门当户对"，注重经济利益。我国著名的社会学家潘光旦先生在《中国之家庭问题》一书中认为，宗教伦理发达的社会，人们选择配偶时注重贞操；工商业发达的社会，则注重才干及经济能力。在1949年以前的中国农

村，实行的是自给自足的小农经济。小农经济中家庭是最基本的社会单位，社会关系注重家庭和户族。因而，人们在择偶时必然注重门户的高低，强调"门当户对"，注重经济利益。社会学家李景汉先生1927年于北平郊外乡村调查时发现，当地居民在缔结婚姻时，第一步就是交换门户帖，衡量两家门户是否相称。

④推崇"男尊女卑""重男轻女"的权利原则。在传统中国落后、封闭的小农经济条件下，生产劳动基本上是男子起决定作用，大多数生产技术都掌握在男子手里，妇女在生产劳动中只能起辅助作用。这种生产制度造成了妇女地位的低下和男女性别角色的不平等。在这种社会条件下，家庭权力只能是夫权和父权。

⑤婚姻家庭的建立遵守一套固定的程序和规范。在我国传统社会，婚姻程序一般包括六个步骤，俗称"六礼"。一是纳采：男家通过媒人转达愿与女方通婚之意并转送礼品。二是问名：所问者为女方生母的姓名以及女方本人的姓名、出生年、月、日等，以便占卜之用。三是纳吉：双方年命相合，男家派媒人告之女家。四是纳征：男家向女家交付聘金和财物。五是请期：男家向女家请以成婚的日期。六是亲迎：结婚之日，男家到女家迎娶。履行了这样一套程序和规范，婚姻才宣告成立。

中华人民共和国成立以后，随着生产关系和其他社会关系的变革，中国的婚姻家庭制度也发生了革命性的变迁。1949年的《共同纲领》规定："中华人民共和国废除束缚妇女的封建制度，妇女在政治的、经济的、文化教育的社会生活各个方面，均有与男子平等的权利。实行男女婚姻自由。"社会主义的婚姻家庭制度在1950年颁布的《中华人民共和国婚姻法》中得到更具体的阐述。《婚姻法》规定："废除包办强迫、男尊女卑、漠视子女利益的封建主义婚姻制度。实行男女婚姻自由、一夫一妻、男女权力平等，保护妇女和子女合法利益的民主主义的婚姻制度。禁止重婚、纳妾、童养媳、干涉寡妇婚姻自由、借婚姻关系问题索取财物等。"可以发现，这个婚姻法制定的基本原则，是要彻底摧毁中国长期封建制度在婚姻关系上强加于人民的枷锁。其立法精神是要推翻以男子为中心的夫权支配，解放妇女，保护妇女和子女的正当权益。随着无产阶级专政的新政权的确立，这种婚姻家庭制度也逐步建立起来，从而完成了婚姻家庭领域的革命性变革。

（二）当代中国的婚姻与家庭问题

当代中国社会中，婚姻与家庭领域主要存在如下方面比较突出的问题：

首先,婚姻问题复杂。其表现可以概括为"九婚"问题,即商婚、非婚、早婚、迟婚、不婚、离婚、重婚、再婚问题。[1]

商婚即一定程度的包办、买卖婚姻问题。中华人民共和国成立后,我国颁布的第一部《婚姻法》规定:婚姻关系的缔结是双方当事人在相互认识的基础上,通过接触、了解的自愿结合,因此,双方当事人熟悉和了解而产生的感情是确立婚姻关系的先决条件,自主自愿是确立婚姻关系的基本原则。而事实上某些人仍把婚姻建立在物质基础和金钱上。无论在城市,还是在农村,索要高额彩礼的现象时有发生,婚礼仪式的花费越来越高。某些父母仍把包办子女的婚事看成自己的特权,逼婚现象屡有发生。由此可见在人们对配偶的选择还受经济因素的巨大影响的情况下,《婚姻法》所倡导的婚姻自由还不能完全成为现实。

非婚即违法婚姻,是指违反《婚姻法》的规定而缔结的婚姻。这种婚姻的存在往往给家庭和社会带来很多问题。一般说来,违法婚姻农村比城市多,经济文化落后的地方比经济文化发达的地方多。违法婚姻的种类很多,其中以早婚和不登记结婚最为常见。之所以造成早婚现象,既有"早生子早得福"等传统观念的影响,又有经济因素的促动。农村物质条件改善,农民生活水平提高,负担能力增强,强化了家庭的生育功能。有些农民担心结婚费用继续上涨而提前结婚。为了消除早婚和违法婚姻现象,应当大力推进城镇化进程,改变农民的生活方式;严格婚姻登记程序,制定违法婚姻的惩罚措施;进行普法和计划生育教育;提高广大农民的文化水平,转变农民的传统婚姻观念。

另外,在当代中国社会转型中表现比较突出的迟婚、不婚、离婚、重婚、再婚等问题,已经引起了社会各界的广泛关注。当然,有些是属于个人生活方式的自由选择,并不一定把之界定为问题,比如迟婚与不婚;有些则是属于违反法律与社会道德风俗的,比如重婚现象,随着新的婚姻登记管理条例的实施,可能还会表现得更为突出一些,社会有关方面应该运用法律进行治理;至于离婚率问题、离婚后的再婚问题等,也出现了一些新的变化,人们对此也有不同的看法,学术理论界也有许多见仁见智的观点。

其二,老人赡养问题严峻。我国自20世纪70年代中期大力推进计划生育政策,尤其是提倡一对夫妇只生一个孩子,即所谓"一胎化"。城镇一胎化比

---

[1] 尹保华. 通识社会学[M]. 长春:吉林人民出版社,2004:327-328.

例高,农村独生子女家庭也有一定规模。其结果导致家庭结构、亲属关系的倒金字塔现象,即所谓"四、二、一"模式。这已经带来赡养老人方面的严峻困难,必须积极应对。

其三,家庭暴力问题显在化,已经逐渐发展成为一个突出的社会问题。近年来社会各界对这一问题的关注程度有增无减,社会的相关部门或方面在解决这一问题的过程中也已经做了不少努力。但随着社会变革的加速,此方面的问题还有进一步严重的趋势,必须引起全社会和政府的高度重视,否则对社会的稳定与团结将会产生十分不利的影响。

婚姻与家庭问题始终受到一定的物质发展水平及与此相适应的社会意识形态的制约。因此,要解决婚姻与家庭问题,必须尽快发展社会主义经济,努力提高广大人民的物质生活水平;同时要注意提高人们的文化水平,增强人们的法制观念,努力形成正确的社会舆论和良好的社会风气,使婚姻家庭的变革向着民主、平等、和睦、和谐、温馨、幸福的方向迈进。

思考与研讨

1. 社会群体的含义与特征。
2. 社会群体的类型划分。
3. 社会群体形成的机制。
4. 初级社会群体的概念与形成条件。
5. 初级社会群体的特点与类型。
6. 初级社会群体的功能与发展趋势。
7. 家庭的含义与类型。
8. 家庭的功能及其变迁。
9. 当代中国家庭的变迁及其问题。

推荐阅读书目

1. 《社会学概论》编写组:《社会学概论》(马工程重点教材),人民出版社、高等教育出版社,2011年版。
2. 王思斌:《社会学教程》(第四版),北京大学出版社,2016年版。
3. 戴维·波普诺:《社会学》(第十版),中国人民大学出版社,1999年版。
4. 理查德·谢弗等:《社会学与生活》(插图第9版),世界图书公司,2006年版。
5. 古德:《家庭》,社会科学文献出版社,1986年版。

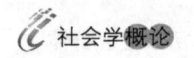

6. 雷洁琼：《改革以来中国农村婚姻家庭的新变化》，北京大学出版社，1994年版。
7. 马克·赫特尔：《变动中的家庭》，浙江人民出版社，1987年版。
8. 杨善华：《家庭社会学》，高等教育出版社，2006年版。
9. 潘云康：《社会变迁中的家庭》，天津社会科学出版社，2002年版。

第七章 社会组织

在现代社会中最有代表性的群体形式是社会组织,这是建立在理性主义之上的群体活动的形式。社会组织的广泛存在改变着人们原有的自然组织状态,从而使人类社会变得更有组织性。这样,社会组织便成为社会学研究的重要主题。

第一节 社会组织含义与结构

一、社会组织的定义与特征

(一) 社会组织是现代社会的基本现象

在现代社会中最有代表性的群体形式是社会组织,这是建立在理性主义之上的群体活动的形式。社会组织的广泛存在改变着人们原有的自然组织状态,从而使人类社会变得更有组织性。现代社会是以工业化和科学技术的高度发展为动力的,工业化和科学技术的发展带来了社会分化和高度的社会分工,从而也带来合作的要求。为了进行经常性的、稳定的合作,人们建立了各种各样的社会组织,如工厂、学校、医院、银行、社会团体等。我们可以审视一下自己和周围的人的社会生活,就会惊奇地发现,人们都生活在各种各样的社会组织之中,而且哪怕是儿童和老年人也都多多少少地与社会组织相联系。在现代社会中人们根本离不开组织,不管是生老病死,还是日常生活。组织之网笼罩着整个社会,它满足着人们的需要,也对人们形成约束。有人甚至认为,现代社会发展的历史就是组织发展的历史,组织既是社会变化的产物,又促进了这种变化。现代社会是组织起来的社会,社会组织是现代社会的代表。

当然,这并不是说传统的农业社会中没有社会组织。实际上中国秦朝以来的中央政府和官僚体系是举世闻名的,其军队也是纪律严明的。但是,现代社会中的组织要普遍得多,复杂得多,作用也大得多。20世纪中期以后,作为对中国社会散乱不整、屡遭欺凌历史的反思,中国社会被高度组织起来。20世纪80年代以来,在现代化快速发展的情况下,各种类型的社会组织也适应需要纷纷涌现。❶ 现代社会生活已离不开组织这一社会群体形式。正如美国著名组织学家德鲁克所说,现在的年轻人必须了解组织,就像他们的先辈必须学习耕作一样。波普诺指出,大规模组织的出现给社会带来了一个极大的好处就是社会效率——组织的人力和资源配置方式看来是最适合于"去完成任务"。没有任何一个现代社会能够抵挡住社会效率的拉力,没有任何先进社会愿意为了更大的个人自由而放弃效率,至少到目前为止是如此。❷

(二)社会组织的定义

如前所述,社会群体可分为初级社会群体和次级社会群体,而次级社会群体又称社会组织。它是指与初级群体相对应的、人际关系更为复杂的一种社会群体。

在社会科学中社会组织有广义、狭义之分。广义的社会组织是指人们从事共同活动的所有群体形式,包括氏族、家庭、秘密团体、政府、企业、军队和学校等。狭义的社会组织是为了实现特定的目标而有意识地组合起来的社会群体,如企业、政府、学校、医院、社会团体等。它只是指人类的组织形式中的一部分,是人们为了特定目的而组建的稳定的合作形式。社会学研究的社会组织主要指狭义的组织。

对于社会组织的定义,许多学者都提出了自己的见解。❸ 被西方社会学界推为现代组织社会学创始人的韦伯认为,社会组织是一种次级社会关系,是一个用规章制度限制外人进入的封闭的团体,组织内的成员不是按区域性划分的,而是经过一定的手续,经批准才能参加和被承认的,社会组织内的活动是按一定模式进行的。爱桑尼认为组织是有意建立与重建,以追求特定目标实现的社会单位。凯普劳认为,一个组织是一种社会体系,有明显的集体认证、正确的成员名录、活动的计划以及成员的更替程序。巴纳德认为,组织是两个人或两个人以上为实现共同目标组成的团体;艾兹奥尼认为组织就是精心设计的达到某种特定目标的社会群体。卡斯特认为,组织指的是结构性和整体性的活

---

❶ 王思斌. 社会学教程(第四版)[M]. 北京:北京大学出版社,2016:119.

❷ [美]波谱诺. 社会学(第十版)[M]. 李强,等,译. 北京:中国人民大学出版社,1998:199.

❸ 尹保华. 通识社会学[M]. 长春:吉林人民出版社,2004:330.

动,即在相互依存的关系中人们共同工作和协作。宋林飞认为,组织是为了达到特定目标而建立的明确程序和发生协调行动的群体。王思斌认为,社会组织是追求同一目标的成员相互协力以实现共同目标的社会群体。

综合以上种种定义,可以从几个方面把握社会组织的含义。第一,社会组织是社会群体的一种形式,它是由有着共同目标的人们有意识地组合起来的。第二,社会组织是相对稳定的组合方式,表现为它具有一定的结构并在此基础上有序运行。第三,社会组织既是一种结构,也是一种过程,作为结构,它是成员之间比较稳定的组合形式,作为过程,它是成员之间有序配合并作为一个整体去实现共同目标的过程。❶

(三) 社会组织的特征

社会组织是与初级社会群体不同的另一类社会群体。与初级社会群体相比较,可以发现社会组织有如下显著特征。❷

第一,社会组织是人们有目的、有意识地组织起来的群体。人类群体可以分成因自然形成和有意识组合两种,初级社会群体有一定程度的自然形成的特征,而社会组织却是人们为了达到某种目标而有意组建的。

第二,社会组织的目标比较简单、明确。一个初级社会群体的目标是什么常常难以说明白,因为它们的功能常常是综合的。社会组织则不然,它们的目标要清楚得多,比如工厂、学校、医院、政治团体都有十分清晰、明确的目标。社会组织的目标明确化和简要性是由其"功利性"所决定的,从社会分工和组织成员合作的目的性来看,简明的目的是必要的。

第三,组织成员之间的关系不那么亲密。初级社会群体的最重要的特征是成员之间关系的亲密性,这是由成员之间普遍存在血缘、地缘关系所决定的。社会组织是一种利益群体,成员之间主要是业缘关系,是以共同利益的获取为基础,并进行利益划分的合作关系。所以成员之间的关系纽带是利益而不是感情,其关系远不如初级社会群体亲密。

第四,社会组织成员的可替代性强。由于社会组织是一种事业群体,成员之间只是事业上的合作关系,而不像初级社会群体那样成员之间有多方面的互相依赖,所以其成员的可流动性和可替代性强。只要某人能履行工作职责,做好本职工作,都可以成为社会组织的一员。这与初级社会群体,特别是家庭成

---

❶ 社会学概论编写组. 社会学概论 [M]. 北京:人民出版社、高等教育出版社,2011:145.
❷ 王思斌. 社会学教程(第四版)[M]. 北京:北京大学出版社,2016:120.

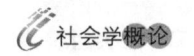

员较强的固定性以及不可替代性是不同的。

二、社会组织的构成要素与类型

(一) 社会组织的构成要素

1. 通过一定的手续加入的成员

任何社会组织都是由一定数量的社会成员组成的，这是社会组织生存的先决条件。但是，并不是任何一个社会成员都可以随便加入一组织。组织成员资格的取得不像初级群体那样无条件获得，而是有条件的，必须通过一定的手续，才能获取组织内的某一角色，成为组织的正式成员。现代社会组织越来越重视对于构成自身成员的选择、训练、培训和安排。作为组织的任何成员都分布在不同的位置上，具有一定的职责范围。如果每一个成员都了解自己的责任，并承担自己的责任，这就容易形成良好的组织结构。另外，由于同一组织中成员间能力有一定差异，极易造成他们参与程度的不同，这就要求组织内通过一定的程序对成员进行合理、明确的分工，从而使其密切、有效地协作。

2. 特定的目标

任何社会组织的活动都有明确的目标，如果没有共同的目标，人们即使走到一起也不知道努力的方向，更不可能产生共同行动的热情。所以，特定的目标是一个组织存在的依据，指示着组织努力的方向，一旦组织目标丧失或模糊，组织就面临解体的危险，社会组织的目标，不单指每个成员都有各自的目标，整体组织也有确定的目标，并且这个统一的组织目标是与其成员各自的目标相联系，并为其成员所接受的。也就是说，组织目标既代表组织的整体，也反映组织成员的利益和要求。当然，由于社会组织是社会分工协作的产物，决定了不同组织各自具有自己的特定目标，而且组织内部的各职能部门甚至组织的各个成员都有各自不同的目标。个人目标服从部门目标，部门目标服从组织目标，从而形成一种有效的运转结构。

3. 正式的规范

任何社会群体成员的活动都是按一定的规范进行的，社会组织也是如此，而且社会组织与初级群体不同的是，这个规范是组织正式规定的，并且以书面形式明确固定下来的规则与规章制度，要求组织成员严格地遵守。在社会组织中，由于实行高度的分工与协作，成员之间的互动往往不能面对面进行，多以间接的非接触的方式进行。为了使成员各自独立的行动有机地结合起来，保证组织目标的完成，就需要制定严格的规范，对于成员的互动作出明确的规定，以保证成员行动的互相配合。如果没有规范，组织就无法正常运转。

4. 权威的分层体系

在任何组织内部，每个成员都分担一定角色任务，形成人们之间的角色关系的层次，如机关有局长、处长、科长、科员，工厂有厂长、车间主任、工人，大学有校长、系主任、教师、学生等，每个组织都有其业务的层次和明确的分工。一般来说，现代社会组织权威的分层体系包括由决策层、管理层和执行层所构成的一种支配——服从的金字塔型层级体系，决策层人数较少，处于塔尖的权力核心地位，少数管理者处于塔中的权力边缘，大量执行者则处于塔底的权力外围。在组织中，决策者往往以指令形式通过管理者将其意志传递给执行者，要求其认真贯彻执行。除自上而下的纵向分配外，从横向分配来看，还存在着不同的权力之间的分工负责和互相配合协调，这种纵向的领导与被领导、支配与服从的关系和横向的分工负责、互相配合，使得组织活动能有领导、有目的、有计划地进行。

5. 物质基础

任何一个组织都必须有一个起码的物质和技术条件，否则一个组织的存在和发展是不堪设想的。组织的物质基础和技术设施可以分为软硬两部分。硬设施包括组织活动的场所、工具等，比如一所学校要有校舍和教学设备，一个工厂要有厂房和机器，没有这些必要的物质条件，组织活动就无法进行。一般硬设施需组织配置。软技术是指成员熟练运用这些设施完成个人活动的技术，它有赖于组织对成员的培训及成员自身知识和技能的积累。

（二）社会组织的类型划分

在现代社会中，社会组织数量庞大，种类繁多。虽然社会组织拥有一些共同的特征，但是每一个组织的具体特性、结构、作用和活动方式都是不相同的。如何对社会组织加以分类，也成为社会学家关注的问题，很多社会学家依据不同标准提出了多种划分的方法。

1. 国际上的一般组织分类

第一，按照组织的功能和目标划分。美国社会学家帕森斯根据组织的功能和目标，把社会组织划分为四类。①生产组织。它是指利用能源和资源，解决适应环境问题为功能的机构。它不仅包括从事物质生产的企业组织，也包括医院等服务性组织。②政治组织。它的主要功能是保证社会的目标实现并实施社会的权力配置。主要包括政府机关等。像国外的有些政党和有地位的宗教团体都属于这类组织。③整合组织。它是指以调整社会的内部关系，维系整个社会秩序为目标的一种组织，如法院、律师事务所等均为整合组织。④模式维持组织。它是指通过文化传播和教育普及来维系现存社会体系的运转的组织，主要包括像教会、学校以及一些文艺性机构等。

第二，根据组织的目标与受益者的关系划分。美国社会学家布劳和斯科特根据组织目标与受益者的关系将社会组织划分为四种类型。①互利组织。它是指组织的目标是使组织所有的参加者都受益，获得好处，如工会、政党、俱乐部、退伍军人组织、宗教组织等。②工商组织（盈利组织）。其目的在于赚钱谋利，受益者是经营者和所有者，如工厂、银行、商店、公司等。③服务组织。它是指以服务为主的组织，目标是使组织的顾客得到良好服务，重点在于为服务对象提供良好的服务，也就是说，受益者是与该组织直接接触的人，如医院对于病人，律师事务所对于委托人等。④公益组织。指为社会和一般公众谋利益的组织。受益者是社会大众，包括与组织直接接触的人，也包括没有与组织接触过的人。主要目的在于谋求社会的全体利益，保护社会的安宁，如军队、消防队、政府机构、学校、研究单位、图书馆、博物馆等。

第三，根据个人和组织的关系划分。美籍德裔社会学家艾兹奥尼根据个人与组织的关系不同，把组织分为三种类型。①强制组织。这种组织建立在暴力基础之上，用强迫方式控制其成员，而成员对组织采取漠不关心的介入行为，如监狱、集中营、精神病院、青少年教养所等。②功利组织。这种组织以酬劳作为控制底层人员的主要工具，以物质和金钱为手段，诱导其成员为得到某种物质报偿而接受组织目标，如工业组织和商业组织等。③规范组织。这种组织对于人员控制，以规范权力为主，以伦理道德或观念信仰等规范作为控制基础，成员服从组织主要靠规范的内化，即自动地遵守规范、接受组织的目标，如教会等。

第四，以组织人数多少来划分。美国社会学家凯普勒认为，虽然以组织成员人数的多少划分有些随心所欲，毫无标准可言，但依然是常见而普遍的一种分法，据此，他把组织分为四类。①小型组织。小的程度足以形成一个基本群体，一般3~30人的组织属小型组织。②中型组织。人数比小型组织更多，以致在全体成员之间无法发展出成对关系。但在这种组织中，一个成员或更多成员却能直接彼此互动，不用借助他人。一般人数为30~1000人。③大型组织。人数甚多，成员彼此之间不能全部认识，但组织中的主要人物能为多数人所认识，而领导人却不能对全体成员一一加以识别。人数为 1000~50000 人，许多油田、煤矿、综合性大学等都属大型组织。④巨型组织。人数极为众多，没有限制。在这种组织中，任何个人都无法与其他一切成员作直接互动。组织中的重要人物可以透过大众传播而为多数人所识别，其人数少则 50000 人，多则无限，像我国的工会、青年团、妇联即属巨型组织。

2. 我国的组织分类

第一，根据产业标准分类。以产业划分标准分类，可以把组织分为三类。①第一产业组织，主要指农业（包括林、牧、渔、副等）。②第二产业组织，主要包括工业（采掘业、制造业、电力、自来水、煤气等）和建筑业。③第三产业组织，包括的行业多，范围广，主要分流通部门和服务部门两大部分。具体又可分四个层次：第一层次是流通部门，包括交通运输、邮电通信、商业、饮食、物资供销等；第二层次是生产和生活服务部门，包括金融保险、房地产、公用事业、居民服务、旅游业、信息咨询和各类技术服务等；第三层次是为提高科学文化水平和居民素质服务的部门，包括教育、文化、广播电视、科研、卫生、体育、社会福利等；第四层次是为社会公共需要服务的部门，包括国家机关、党政机关、社会团体、军队、警察等。

第二，根据组织机构的性质划分。以企业、事业、国家机关、党派及人民团体的组织机构编制的性质为标准，可以把我国社会组织分为三大类。①国家机关编制的组织。包括国家各级权力、行政、司法机关组织、各级各类党派组织。②国家事业编制的组织。主要指为国家创造或改善生产条件，促进社会福利，满足人民文化、卫生等需要，其经费实行预算拨款制的国家事业机构，其中包含事业单位实行企业管理的机构，具体包括农、林、水利、气象、文教卫生、科学研究、勘察设计事业、社会福利、城市公用、交通等。③国家企业编制的组织。指的是直接从事工农业生产、交通运输和商品流通等活动，其产生的价值可以用货币表现的相对独立的经济实体，包括冶炼制造、各类农场、交通运输、建筑、商业服务等。

第三，根据组织的功能分类。我国学者还认为社会组织是人类社会分工和社会协作的产物，体现的是社会行动者的关系，以此为根据，可以把社会组织分为四类。①政治组织。包括各种政党组织和政权组织，是人们在政治生活领域的组织形式。②经济组织。包括生产、商业、服务业等机构，是以行业关系为基础、以经济生活为中心的人类组织形式，主要为社会成员提供各种商品和各类服务。③文化组织。包括文艺、教育、卫生、科研等机构，是人们在广泛

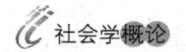

意义上传播人类已有文化成果，从事科研活动，保障社会成员文明健康的生活的多层次形式。④综合组织。是综合了多种类型社会关系，担负多种职能的社会组织形式，如城市的居委会、农村的村委会等都属综合组织。

（三）社会组织的体系

所谓社会组织的体系，是指两个或两个以上的组织相互关系的总和，是由部分组织组成的整体，它是组织存在的复杂形式。任何社会组织都不是孤立存在的，也不可能孤立存在。许多大型或巨型组织，往往都是由许多小型社会组织连接而成的体系。随着社会的发展，社会组织的联合是一个普遍的趋势。社会组织的体系一般包括行业组织体系、社区组织体系和综合组织体系。[1]

1. 行业组织体系

行业组织体系是指若干同一类型或性质相近的社会组织形成的上下从属的整体关系。行业体系是社会分工以及产业结构发展变化的结果。从历史发展的角度看，一个行业体系开始总是比较单一、简单的，随着社会的发展，组织不断衍化、扩大，变得日益复杂，形成一个紧密相关的组织体系。像我国的工业交通、商业贸易、文化教育、金融保险等部门都分别构成各自的行业体系。比如教育体系，包括了当前教育的各种机构组织、各级各类学校、少儿校外教育机构以及成人教育机构共同组成的体系。在一个行业组织体系中，由于各个组织在其中所担负的任务不同，所起的作用不同，其地位也不一样。比如，一个社会的正规教育，是由小学、中学和大学三种教育组织分阶段进行的，三者相互联系衔接，小学教育是中学教育的基础，中学教育的质量又影响到大学的教育水平，反过来，大学的教育质量高低，对中小学也有反作用。因为师范院校和部分大学的学生毕业后会作为师资到中小学任教，会对中小学产生影响。

2. 社区组织体系

从横向来看，一个特定的社区里，各类社会组织系统之间彼此有机联系，从而形成整个社区的横向社会组织体系。它比行业组织体系更为复杂。从大的方面来说，一个社区都有各类社会组织，包括经济组织、政治组织、文化教育组织等，这些组织之间或属同一的类型，性质相近，发生各种业务联系；或是由于不同种类的组织形成相互依赖、互为补充的关系，由于这些联系，组成一个相对独立的社区内的组织体系。比如社区中的一所中学的存在发展，就需要

---

[1] 尹保华. 通识社会学 [M]. 长春：吉林人民出版社，2004：336 - 338.

与其他行业发生多种联系，得到其他行业、组织的合作与支持，同时也对其他组织产生影响。为了建设、维修校舍，它要与房管部门发生联系；为了得到教学用具和教学设备，要与经营设备的部门发生联系。另外，它还需要政府的拨款，需要水电部门供应水电，同时它也为社会培养输送人才，对社区的发展起着促进作用。在横向组织体系中，最重要的是各个组织之间的密切配合。由于社会分工，每个组织都有自己的特殊目标，为了实现这个目标，需要多方的协作、支持。所以，只有在横向的组织体系中实行积极、有效的合作，才能使各个组织比较顺利地实现自己的社会目标。

3. 综合组织体系

综合组织体系是横向组织体系和纵向组织体系交织而成的一种更复杂、更庞大的组织体系。一个行政区、一个国家、一个民族，都是一个综合组织体系。比如在我国，就有工业、农业、财贸、交通、文教等纵向行业体系，又有各工厂企业、各部门、各行政区之间的横向组织体系。这两种类型的组织体系互相交织，就形成了我们这个国家的基本构架。一般说来，任何一个具体的社会组织，都既是纵向行业组织体系的一个成员，同时又是横向社会组织体系的一个成员。就是说，它与其他社会组织都有纵与横两方面的联系。也正是这种联系确定了一个具体组织体系的地位和作用。

需要说明的是，社会组织的体系是相对的，不论是行业、社区，还是综合组织体系都是有层次的。实际上，一个社会就是由这样一些互相联系、互相作用的不同层次的社会组织体系构成的。

第二节 社会组织目标、结构与组织环境

一、社会组织的目标

（一）组织目标概念

所谓组织目标，是指作为一个整体的组织在一定时间内通过自身活动所追求和实现的未来事物的状态。它代表着一个组织的方向和前途，也是组织活动的依据和动力。组织目标可以是一种产品，也可以是一种服务，但必须以客观条件为基础，经过组织内各单位、各群体、各等级间的友好协商或斗争而确立，不是组织目标的叠加。不同性质的组织，目标是不同的，但总的来说，组

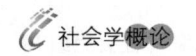

织目标的性质和特点是有共同之处的。

第一，社会性。组织目标不仅只满足本身的需要，还应考虑社会利益，并受法律约束。社会是由各种组织及其成员构成的，社会离不开组织，组织离不开社会。任何组织都是社会的一个部分或一个环节，对社会负有不可推卸的责任，而且，组织离开社会就成为无源之水、无本之木。组织目标就无法实现。所以，组织目标的社会性是非常明显的。

第二，一致性。包括总体一致和前后一致。任何社会组织都是总目标统帅分目标，小目标服从大目标，保持总体目标的一致，同时保持目标前后的一致。作为组织目标，不能各自为战，也不能前后矛盾。

第三，层次性。在组织目标中，不管是按时间，还是按内容，都存在层次性。时间上，组织的长期目标决定中期目标，中期目标决定短期目标，层层相连。内容上，组织的总目标决定部门的分目标，分目标则决定个人目标，也是层层相接。目标的实现，都是按这些相互关联的层级关系循序渐进进行的。

第四，差异性。组织性质决定组织目标，不同性质的组织目标是不同的。比如，一个学校和一个企业目标就不一样。而且即使同类型的组织，其具体目标也有差异。另外，作为一个组织来说，其自身在过去、现在、将来的不同时期目标也是不同的。这些都是由社会需要、社会分工及各种社会因素决定的。

第五，明确性。组织目标是一个组织行动的方向和指南。所以，组织目标必须明确，不能经常摇摆变动。组织目标一旦确定，就要向组织内所有成员解释清楚，使大家了解，并进一步明确个人的职责，以此调动大家实现目标的积极性。

（二）组织目标的作用

组织目标在整个组织运行中起着重要的作用。

第一，指明方向。组织目标指出组织在今后的发展方向，为组织活动确定发展路线。因为目标是一个组织活动追求的宗旨，是组织管理工作的最终点。在整个组织活动中，自始至终都体现出目标指明的方向性。它不仅为整个组织指明总方向，而且也为组织内每一成员指出了与他有关的目标，从而能使全体成员协调合作，共同努力。

第二，激励作用。作为激励因素，组织目标能提供人们对物质、文化、心理、自我实现的需要。而且一个组织不仅有总体的理想目标，还有各阶段不同的具体实施目标，他们往往都具有时限性，可以用数量标准加以衡量，这样在实施活动时，就可以以这些具体目标激发成员的积极性，也可以以此为基础建立各种奖惩制度，监督、鞭策成员的行动，促进目标的实现。

第三，管理的基础。确立组织目标，可以使组织建立目标管理，而不至于以"应急"的形式进行管理。如果目标不确定或朝令夕改，就会出现一系列的短期计划而无整体计划，甚至相互矛盾扯皮，无法形成一个统一的目标。组织因而也缺乏努力的方向，无法有效利用和协调各种组织资源，所以，目标是管理的基础。

第四，影响组织的管理方式、管理过程。不管是组织的总体目标，还是组织的分层目标，在实现的过程中需采取不同的管理方式。作为一个组织的高层次目标，由于与外部环境以及内部各部门都有较多的联系，需要处理各种复杂的事务和多变的关系，管理任务很难加以程式化。所以，需要管理人员发挥自己的创造性，采取灵活多变、因时因地制宜的管理方式。而低层次的目标多是一些具体的任务，对这类子目标的完成过程可以有效控制，在管理方式上具有程式化、刻板性的特点，与总体目标的管理方式是不一样的。另外，根据所期望的目标可以衡量一个组织目前的状况，因为目标将会左右一个组织规模的大小、特点，并支配该组织所要求的领导作风及其类型，决定组织的计划工作和控制工作过程。如果一个组织没有一个明确的目标，那么，为了达到既定目标而制订的计划和用来衡量计划实施进展的程度的控制过程是不可能的。所以，组织目标也可促进组织管理的进程。

（三）组织目标的制定与发展

1. 组织目标的制定

任何社会组织在成立的时候，都会首先遇到组织目标的制定问题。由于不同性质的社会组织在组织结构、活动的特点等方面存在差异，所以，确定目标的过程也不完全相同。但总的说来，目标的制定需要多种专门知识，需要多方协作，需要集思广益，表现为一个复杂的决策过程。人们通过反复实践，也掌握了目标的一些基本规律。美国学者查尔斯·L.休斯提出，组织目标的制定由八个重要部分组成。第一，正确阐明组织目标的基本意图。第二，清楚说明这些目标的重要性，并制定出详细战略。第三，确定达到目标途径的行动计划。这个步骤规定了组织要承担的具体职责，会涉及几个组织层次。第四，确立衡量工作执行情况的成绩标准。第五，分析预期会发生的问题。第六，预算执行目标的具体活动所需的各种资源。第七，选择组织目标与个人的相互作用模式。第八，建立实际执行目标成绩的衡量和评价机制。

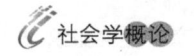

制定组织目标受多种因素影响。一般说来，制定组织目标需要考虑下列因素：第一，必须充分考虑环境因素，特别是社会需求的影响和限制；第二，必须充分考虑到组织内部成员的要求、能力、素质与技术；第三，必须充分考虑到组织领导者的水平和能力；第四，必须充分考虑到组织的物质设备条件。另外，组织的性质和上级主管部门的意图也应给予重视。

上述目标制定的一般模式，为我们提供了制定组织目标的途径，但并没有给我们指出制定组织目标的具体方法。西方另外一些学者则把目标管理方法引入组织目标的制定。奥迪奥恩把目标管理系统描述为这样一个过程：组织中的上级和下级管理者一起制定组织的共同目标，根据预期效果规定各人的主要职责范围，并用这些衡量尺度作为单位工作的指导方针和评定各人所作贡献的标准。

2. 组织目标的转换和承接

组织目标的转换也是组织所面临的最重要问题之一。所谓组织目标的转换主要指改变原有的目标，选择和实施另外的目标。目标转换源出于组织区分活动的需要，也来源于自上而下地委派职权与职责的过程。许多学者从不同角度对组织目标的更替、转换进行了研究。其中，席尔斯在总结前人研究的基础上，指出了组织目标转换的五个来源。

第一，成员在组织内的地位。有些组织成员为了自己的利益和个人的目的，将组织目标转换成根据其需要而设置。

第二，成员对组织规范的理解。组织的一个很重要的特征是成员的行为受规范的约束。但这些要求却使一些成员的行为局限于组织的细节上，时时处处受规则的限制，受章程的约束，以致置组织目标于不顾，因而规则成为目标转换的一个来源。

第三，组织程序的执行。一个组织目标的实现，需要组织结构和适当的程序。程序执行得是否适当，则会对其目标转换产生极大影响。过分严谨和不认真，都会导致目标的无法实现。

第四，成员间的关系。组织中非正式组织是组织中成员关系的一种具体表现。组织对这种关系的调适的结果，对其目标的持续与转换都有很大的影响。

第五，组织与社会需要的关系。组织与社会需要的关系调适与否，是导致组织目标转换的重要因素。同组织目标转换相联系的就是目标的承接与发展。组织行为理论认为，组织目标并不是一成不变的，它是与社会需要之间不断调适的过程，只要组织继续生存与发展，就得不断调整自己的目标。否则，就会为社会所淘汰。社会学家经常引用的一个例子就是美国小儿麻痹协会。该协会的目标是发现对抗小儿麻痹的疫苗。二十几年后，该协会终于发现免疫疫苗。正因为疫苗的发现，该协会面临"失业"的威胁。在此情况下，如不解散，就需寻求新的目标。结果，该协会选择以预防关节炎与人类先天缺陷作为自己的目标。所以，组织如果没有目标，它的活动便没有意义，甚至连其存在也成问题。

组织目标承接的一种重要形式是在旧目标不能达到时用新目标暂时代替，以使组织继续生存。比如，国际红十字会，原为战争灾难发生时从事救助的组织，但在第二次世界大战之后，国际战争减少，该会目标转为从事公共卫生工作的推广，在全世界保持一种极好的形象。

二、社会组织的结构

（一）组织结构的含义及其功能

所谓组织结构是指一个组织系统内部各构成部分或各部分之间正式规定的、比较稳定的相互关系形式，组织结构从某种意义上讲是抽象的，因为社会系统的结构不同于生物系统和机械系统的结构，是不可见的，但我们可以从组织的活动和其工作过程中推断出来。

组织结构的概念也有一个发展变化的过程，传统组织结构的理论比较注重组织正式结构，即稳定明确的相互关系、清楚的职权以及严格的沟通渠道，认为组织结构是组织最重要、持久的特点。传统组织结构理论把组织结构视为一个刻板的封闭式系统，没有认识到环境力量的影响，也没有充分考虑组织结构与组织中其他系统间的相互作用等问题。而现代组织结构概念、现代组织理论则认为，组织结构是环境与其他组织分系统间的纽带或网络。如环境影响、技术上的要求和社会心理因素等，都是组织结构的决定要素。组织要依据环境与其本身的工作特点，建立两者相协调的组织结构。只有灵活的结构形式才会适应环境的需要，也才会更有效率。所以，现代组织理论在注重组织正式结构的基础上也同时强调组织非正式结构的作用。

组织结构一旦确定，必然会对组织产生某种作用或效能，这种作用或效能就是组织结构的功能。它主要表现在以下几个方面：

第一，提高组织效率。建立合理的组织结构，可以有效地运用组织的人力、物力、财力，以最小的输入，求得最大的输出，充分发挥组织机构的作用。

第二，沟通信息。良好的组织结构具有沟通的渠道，能充分发挥沟通的功

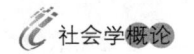

能，从上级指令的传达，到下层的工作请示，从各类情况的搜集，到各种信息的交流，在结构良好的组织中，都可以迅速、畅通无阻地进行。

第三，稳定情绪。组织结构的确立，可以使组织成员对自己的工作任务、责任、权力和地位归属有一个明确的了解，做到心中有数，从而保证成员安心工作，尽职尽责地完成自己的任务。

第四，合理分工，统一行动。合理的组织结构的设置，可以防止角色不清，职责不明，使各层次的领导职能充分发挥，同时也使组织内部的整合程度得到高度加强。通过组织结构的合理分工，充分发挥全体成员的智慧和能力，调动成员的积极性，保证组织顺利实现组织目标。

（二）组织结构的类型/结构形式

1. 正式结构

组织结构一般分为正式结构与非正式结构。正式结构是指组织内部各个职位、部门之间正式确定的、比较稳定的相互关系形式，是经过精心设计的组织形态。一般正式组织结构都是经过明确的决策产生的、具有法规的性质（需履行法人资格审批手续）。它确定组织的总格局，并用行政形式规定组织各组成部分的职能、职责、职权、责任以及他们之间的关系。正式结构在很大程度上决定组织能否适应环境，能否达到目标和获得发展。正式结构的构成要素主要有两个，即职位和部门。

职位是正式结构的最基本的构成要素。它是指按照分工的原则在组织内部正式规定的位置，是经组织规范正式确立并规定了具体行动模式的位置，并且这一位置与其他相关位置的互动也是严格限定的。可以说特定的职位确定了担任该职位的人在组织内所处的位置以及与之相关的权利、义务，亦即社会地位，同时也确定了担任该职位的人被期望的行为模式，亦即社会角色。职位所体现的地位和角色以及一整套的规范和行为模式具有持久稳定的特点。虽然职位必须由个人去占据，并通过这种占据表现出来，人的组织成员的身份也是通过占据职位而获得的，但是职位只是在一定场合被要求遵守的一套正式规范和行为方式，并不受占据职位的具体个人的性格、气质、品德、爱好等个性特征的影响。组织职位上的个人行为与互动以及与其他职位的关系都是一种正式关系，占有一种职位，就具有相应的权力和责任，发挥相应的功能。

部门是组织结构的另一构成要素。它是以目标为导向、以组织规范为前提、以组织内部分工为依据、将若干相关职位正式联结起来的一种固定组合，它稳定地发挥特定的组织功能，并且职位间的互动关系得以集中化和法规化。如工厂中的车间、机关中的科室等。部门目标比起职位目标层次更高一些，所以，部门和职位是在高低两个层面上发挥自己在组织内的功能。

组织的正式结构可以通过组织结构图、组织的各项规章制度以及组织职位规范等表现出来。现代社会中组织结构的主要形式有以下几种。

①直线制组织结构。这种组织结构的指挥与管理职能基本上由一把手自己执行，机构简单，职权明确，对管理人员素质要求较高。一般适用于规模小、生产过程简单的企业。

②直线职能制组织结构。这种组织结构在上述直线制基础上增加职能参谋部制。职能部门只能对直线部门工作提出建议、说明、解释、劝告，有指导的权力，没有决策权，也没有指挥权。其组织结构的优点是分工严密、职责清楚，整个组织系统有较高的稳定性和工作效率。其缺点是各职能部门之间目标不统一，信息交流困难，最高领导的协调工作量大。一般来说，直线职能制组织结构对中小企业或政府部门是较好的形式。

③事业部制的组织结构。由职能制结构转化而来。一般在规模大的企业中应用广泛。主要由三个部门组成，即高层管理、职能部门和事业部门。事业部制组织结构的优点为：第一，能满足组织设计的各种不同要求，有较高的稳定性和适应性。第二，使高层管理摆脱行政事务，成为有力的决策机构，使各部门充分发挥自己的主动性、创造性。第三，扩大有效控制的广度，使一个上级领导人直接控制下属单位的数目大大增加。第四，它还是培养高层管理人才的最好组织形式。这种形式是"二战"以来全世界大工业公司普遍仿效的组织结构模式。

④矩阵管理制组织结构。这种组织结构把组织中的垂直管理系统和横向的目标系统、集权和分权结合起来，以更好地完成组织协调的职能。其特点是：第一，将活动专业化，使它成为能发挥技术特长和能为职员提供持久性基地的职能部门。第二，建立一个协调那些以计划、工程、产品或系统为基础的专业化部门的活动单位。矩阵制结构形式被应用于很多类型的社会组织，如医院、大学、工业组织、政府组织等。

⑤系统结构。这种组织结构是根据任务需要，由范围很广的各种完全独立的单位参加，为完成一个共同的目标而组成的一个复杂系统。比如，为了完成一个大型建设项目，就需要由政府、企业、大学、科研部门等共同参与，组成一个系统组织结构模式。

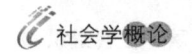

2. 非正式结构

所谓组织的非正式结构，指的是组织系统中未经正式组织筹划、未经明确规定，而由组织成员在相互交往中自发产生的潜在结构。比如，在组织内部，同一部门的同事之间，或兴趣相同的人们之间，或因职务关系接触较多的人之间会形成各种各样的小群体。它具有独特的沟通网络和互动关系。一般来说，非正式结构的目标短暂，组织原则相当简化，时间投入少，是一种纯属个人性质的关系。当环境变化、组织内部正式结构缺乏灵活性时，就会运用非正式结构来解决。但是，当非正式结构目标与正式结构目标相冲突时，非正式结构可能危害组织目标。

非正式结构的产生，首先在于人都有情感性。人的需要是多种多样的，正式结构中的职位目标并不能满足个人的需求。其次，人们的工作、经历的相同和相似，也容易进行沟通交流，发展成为非正式关系。再次，组织内人们接触的经常性，容易发展共同的兴趣、爱好，形成共同利益，组成非正式结构。最后，由于正式结构缺乏应付环境变化的灵活性，有时不能根据实际需要变通。在此情况下，组织成员可借助非正式结构达到解决问题的目的。

非正式结构的作用表现在既可以使个人获得各种需要的满足，同时也可以提高组织效率。首先，非正式结构可以使成员获得情绪上的支持，缓解在正式组织工作中的紧张气氛和压力，增强工作的兴趣。其次，非正式结构可以为成员提供工作中的帮助和支持，特别是在遇到正式结构不能解决的特殊问题或选择工作环境、工作方式方面，都可以从非正式群体成员中寻求帮助解决。这实际上使组织成员有了更多的解决问题的选择机会。第三，可以增强个人的安全感，培养成员的群体归属感。在组织中，虽然正式结构可以保护人们的工作需求。但在整个正式组织中，个人始终显得极为渺小。非正式结构可以取得一种友谊、认同、支持的环境，获得私人友好群体的保护，增加心理的安全感，也可以增强组织内各阶层人员之间的相互了解，培养一种群体归属感。

3. 正式结构与非正式结构的关系

正式结构与非正式结构在组织中相互作用，各自发挥不同的功能。正式结构是通过专业化和制度化等合理化方式开展组织活动，以谋求组织的最高效率，实现组织目标。其缺陷在于忽视成员的需求。非正式结构是在正式结构之外产生的一种为实现个人目标而形成的人际关系群体。它能够创造一种团结轻松的气氛，形成一种吸引力，保护个人的情感、志趣和利益。在一定条件下，可以弥补正式结构的不足。但是，如果不加干涉地任其发展，有时也会干扰正式结构的运行，妨碍组织目标的实现。所以，对于非正式结构的成效的衡量评价以组织目标为标准，凡有碍于组织目标实现的群体则应加以限制、取缔。

三、社会组织的环境

（一）何谓社会组织的环境

早期的组织理论主要是以研究组织的内部规则、组织成员的积极性为主的，几乎不考虑外部因素对组织运行的影响，这种研究组织的观点被称为封闭组织观。20世纪60年代以后，环境对组织的影响、组织与环境的关系问题成为组织研究的重要问题，将组织问题与环境问题联系起来形成了开放的组织观。

环境是一个相当开放的范畴，这给界定环境带来困难。我们可以认为，组织的环境是存在于组织之外的、并对组织具有现实的或潜在影响的所有因素。不同的组织有不同的环境，但任何组织的环境都相当复杂。例如，企业组织的环境包括原料供应、劳动力市场、银行及其他金融机构、顾客和客户、相关产业的竞争者、新技术生产者、政府及其政策、行业组织、社会文化及思潮等。

从更一般的意义上去分析，组织的环境主要包括相关组织、相关制度和文化。相关组织是指那些与某一组织有关联的组织实体，这些组织可能是经济组织、政治组织、中介组织、公益组织等，它们的行动会对某一组织产生影响。这些组织可能是同一行业的，也可能是不同行业的；它们可能是同一层次的，也可能是不同层次的。相关制度主要是权力部门所制定的相关政策和规则，以及同类组织的习惯性做法，它们对相关组织的行为给予支持和进行约束，这些通常被称为制度环境。文化主要指在组织活动范围内起作用的伦理和价值观念，这种文化环境与组织的性质、组织所在的宏观社会系统有关。

在大多数情况下，组织的环境要素不是单独发挥作用的，而是以集结的方式出现并发挥作用。比如，处于体制改革中的企业组织，它所面对的环境不仅是政府的新政策、企业与政府的新型关系，而且也包括新的劳动力市场和产品销售市场等。同时，环境又处于不停的或者平缓或者急剧的变化之中。于是，组织的环境就变得相当复杂，它给组织带来的影响也相当复杂。

一个显见的事实是，在现代社会中组织的环境带有扩展性特点，一些原来无关因素正在变为组织的环境，而且各种环境因素对组织的影响也变得难以预测。这就使得社会组织不得不去认真地对待环境的影响。

(二) 环境对社会组织的影响

在社会学家中，帕森斯是较早关注组织环境的研究者。帕森斯从社会系统的角度研究社会组织，认为组织也是一个系统，同时又是更大社会系统的子系统，组织具有开放性，它必须处理与环境的关系。帕森斯关于组织与环境的关系的观点服从于他的结构功能主义理论范式。他认为，组织是更大社会系统中的一个子系统，它受到更大社会系统的影响，组织必须采取行动以适应环境，并重新实现组织内部的整合。

一些著名的研究表明，如果把组织与环境的关系从不同层面进行分析，组织所受到的环境影响也就越复杂。比如，卡斯特等人把组织看做是结构子系统、社会心理子系统、目标与价值子系统、技术子系统和管理子系统组成的复杂系统，而且组织又处于开放的环境这个超系统之中，这样，组织就在多个层面上同环境发生了关系，组织的结构、组织中的人际关系、组织的目标和价值、组织所采用的技术，以及组织的管理方式都会受到环境的影响。另外，组织理论家汤普森也指出，组织中的不同部分受环境的影响程度是不同的。

除了这些理论以外，还有专门从资源依赖、文化等许多角度讨论环境对组织的影响的研究。[1] 当然在关于组织与环境关系的分析中，不仅要认识到环境对组织的影响——实际上，从组织间关系的角度来讲，社会组织是互为环境的，这就是说组织也影响着环境——还必须要认识到组织对环境的影响。

第三节　社会组织的管理

一、社会组织的管理理论

(一) 古典组织理论

古典组织理论形成于 19 世纪末至 20 世纪初，代表人物是德国的韦伯、美国的泰罗、法国的法约尔等。

韦伯是第一个对组织理论进行研究的人。他在 1910 年提出了三种理想型组织，即传统型组织、神圣型组织和科层制组织。他提出的"理想型"概念，不含有人们通常理解的"理想""希望"的意思，而指的是一个科学的分析概

---

[1] 王思斌. 社会学教程（第四版）[M]. 北京：北京大学出版社，2016：132 – 133.

念。他认为，这是一种对生活中无数因素进行概括、抽象和综合的概念。传统型组织是只忠于个人，无所谓章程，也没有正规性，统治者可以任意支配被统治者，而且这种支配或统治是建立在被统治者完全信赖统治者的基础上。神圣型组织则是松散的组织，其成员认为组织领导人有着非凡、超人的力量。领导人也通过某种象征来证明自己的超人的力量。科层制是一种宝塔式的组织结构。韦伯认为，与传统型和神圣型组织不同的是，科层制带有正规性、非个人性、专业技术性和权力垄断性四个基本属性。韦伯认为，只有这四者结合起来，理想型的科层制才是高效、准确和稳定的。

与此同时，美国的泰罗和他的同事们经过研究，最先提出了组织科学的管理理论。他们认为组织成员是出于经济的动机而工作，而组织是为了达到某个共同、明确的目标，通过分工和职能的分解，权限和责任的等级阶层，来合理协调人们的活动。著名的"泰罗制"就是探讨在工厂中如何提高劳动生产率的问题。他在工厂搞了一系列实验，他首先测算出标准的操作方法，并用这种方法对工人进行训练，再根据工人的最高产量制定标准的定额，同时，他又实行一种与工作量相称的报酬方式，完成或超额完成者，可以拿到高工资。他认为，一旦工人掌握了一定的工作技术与工作程序，而其报酬又与工作量相称，则工人必将竭尽全力，增加生产。

法约尔是法国工业实业家和管理学家，他提出了一般行政或一般管理理论。法约尔最早把行政划分为计划、组织、指挥、协调和控制五个环节，也被称做管理的五项职能。他提出了组织管理的 14 条原则：分工、权限与责任、纪律、命令的统一性、指挥的统一性、个别利益服从于整体利益、报酬、集权、等级系列、秩序、公平、人员稳定、首创精神、人员团结。他的行政管理理论的中心思想是强调计划与组织的重要性。

总之，古典理论主张集权，明确职责，严格管理。但也带有明显的缺点：一是过分强调正规性，不能灵活适应环境变化。二是没有很好概括非正式组织的特点，不考虑人的心理因素、情感因素，只是把人看做机器的附件，极易压制人的积极性和创造性。

（二）人际关系和行为科学理论

人际关系和行为科学的理论，开始于 20 世纪 20 年代。这一理论提出了非正式组织的概念，它特别强调组织行为的感情因素，强调非计划或非理性因素。这一学派最值得注意的研究工作是梅奥 1927—1932 年在芝加哥的霍桑工厂所做的著名的霍桑实验。这项实验的中心是该厂各单位中物质性因素对工人的工作结果的影响。这些物质因素包括照明、工作条件、工作周期的长短等。实验证明：首先，工人生产量的多寡是由社会规范决定的，而人的生理能力、物理因素、物质刺激仅居次要地位。其次，企业中除了正式组织以外，还存在着非正式组织。它与正式组织相互依存，对生产率的提高有很大的影响。总之，霍桑实验最重要的发现就是提出了"社会人"假说，以区别于此前的"经济人"假说。这也就是说，工人所要满足的需求中，金钱只是一个因素，更多的是感情、安全感、归属感等。同时，组织中存在着非正式群体（组织），通过提高士气来提高工作效率等也都是它的重要发现。

另一位对行为理论作出过重要贡献的是道格拉斯·麦克格雷戈，他关于人的因素的基本命题是：一个人对于某事物所持的态度显著影响着此人对该事物的行为方式。他提出了著名的"X 理论——Y 理论"。X 理论是假定某人认为工作是讨厌的，那么，工作时间必然消磨时间，只要能逃脱惩罚就行。于是，最好的促动因素是对失业的畏惧。按照 X 理论，管理者的作用是制造一种充满依赖感和畏惧感的气氛，以使工人尽最大努力来生产。Y 理论则与此相反，提倡管理者认定工作是自然的，群众中普遍存在着制造力，民众可以被认为是有责任感的，畏惧只不过是驱动人的行为方式之一，而且并非一种好的方式。麦克格雷戈反对 X 理论而主张 Y 理论。

另外，像亚伯拉罕·马斯洛的人类需要层次理论、弗里德里克·赫茨贝格的"双因素论"、库尔特·卢因的"团体力学理论"等，都从人的需求、非正式组织和人际关系方面对组织理论进行了新的、深入的探讨。

（三）现代组织（管理）理论

现代组织理论出现在第二次世界大战之后，在这之前，人际关系论的组织研究倾向于非正式组织。现代组织理论则是运用社会系统和行为的方法，以正式组织为对象进行科学分析而发展起来的。这种理论认为，组织应该是一个开放的系统，它不断地与外部环境进行材料、能源和信息的交流，从而不断改革和发展着自身。同时，组织又是一个整合的系统，它建立在各个子系统相互依存的基础上。这些子系统包括结构、职能、技术方面，也包括价值、感情、心理方面。同时从更高层次上看，每一组织与社会上其他组织之间又都有着相互依存的关系。他们都是社会这个大体系中的子系统。因此，现代组织理论又称为系统和应变型理论。主要代表有帕森斯的结构功能学派、巴纳德的社会系统学派、西蒙的决策理论学派以及权变理论学派等，他们都从不同角度阐述了以系统和应变为特征的现代组织理论。

二、理想类型的组织管理方式

（一）理想类型

理想类型（ideal type）分析法是德国社会学家韦伯创立并运用的研究方法。理想类型是一种分析概念或逻辑工具，是高度抽象出来的、反映事物本质特征的分类概念。如"科层制""资本主义精神""新教伦理""天职观"以及权威的三种类型（传统型、魅力型、法理型）等。理想类型是韦伯最重要的方法论概念。[1]

韦伯认为，任何科学系统都有可能把现实中的所有个别现象都包括进去。因为科学本身在一定意义上说就是一种抽象。理想类型分析的方法来源于社会学人文主义范式的影响，它是结合研究者的理论基础，对经验事实的提炼，得出现实的某种变异形式，与现实本身保持一定的距离，能够最大程度上包含经验事实特性的分类体系。韦伯的理想类型分析方法，受到了历史主义流派的影响，因此注重对社会现象的具体意义的理解与解释。这种社会学研究方法被称为方法论的个人主义。韦伯认为社会学研究人的行动，是因为每个人都赋予它一定的"动机""意义"。在韦伯看来，每个人的具体主观意识不同，对于社会行动意义的理解也不同。这里所说的"意义"，是指行动者主观的认识。

虽然深受历史学派的影响，但韦伯在方法论上认为还是要避免当时流行的历史学派个别化和特殊化的研究方法的缺陷。他认为人的行为及其意义复杂，惯常使用的概念常常面临两种困境，即或是由于概念过于宽泛，使其失掉现象的某种具体特征，或是由于概念过于狭窄，无法包容相关的现象，理想类型分析方法有利于解决这个困境。理想类型具有高度的概括性、抽象性，因而不同于经验事实；在对繁多的经验进行整理后，突出了经验事实中具有共性的或规律性的东西，使之成为典型的形式。理想类型在现实中并不存在，它只是各种经验事物的典型。比如"家长制"与"科层制"就是这种理想类型意义上的概念，我们在现实的社会生活中实际上是找不到百分之百的"家长制"或"科层制"管理方式的。

（二）家长制与科层制

从社会组织的整个发展历史来看，社会组织的管理方式主要表现为两种，

---

[1] 贾春增. 外国社会学史（第三版）[M]. 北京：中国人民大学出版社，2008：90.

即家长制的管理方式和科层制的管理方式。马克思主义理论研究与建设工程重点教材《社会学概论》中认为，在近现代组织发展史上形成了许多管理制度和经验，它们反映了组织管理的复杂性和管理方式的演进。家长制和科层制是最具代表性的两种管理方式。[1]

1. 家长制

家长制主要是一种以人为管理主体的管理方式，主要产生于组织规模小、分工不发达的传统社会中，最早是建立在血缘群体家庭、家族基础上的以家庭或家族成员为其主要的管理人员，管理权力往往集中在家长一人手中，所以称为家长制。在传统社会中，手工作坊、店铺、行会等群体组织大都采用家长制的管理方式。随着社会组织的出现，这种管理方式延续下来，成为社会组织管理的特有体制。

家长制管理方式主要表现出下述几个特点：

第一，权力集中。组织内成员做什么、怎么做完全由领导人决定，而且可以随时改变。领导者的权力没有任何划分，也不受任何限制。

第二，任人唯亲。家长制在选择安排管理人员时往往是以初级关系为标准，根据私人关系的远近亲疏而定，与最高领导者关系密切的可以得到较多的权利，这样，在最高领导者周围就形成一个利益群体。

第三，因人设位。家长制为了维系利益群体，还常常根据与领导者的亲疏关系和平衡原则为成员设置职位，以致造成机构臃肿，管理混乱。

第四，职责不明。由于每个成员权力大小取决于领导者的信任和器重程度，权力可以随时改变，再加上由于职位随意设置，往往造成管理职权、责任范围相互重叠交叉，常常发生遇事推诿、互相扯皮的现象。

第五，办事随意。在家长制管理方式中，由于缺乏严格固定的规则程序，组织工作的进行大都是依照传统的做法，或凭个人的直觉、经验和情感因素，因而具有极大的随意性。

第六，服从效忠。在初级关系基础上建立起来的家长制，为了保证组织的运行，需要依靠领导者个人因素以及成员对他的效忠、服从，所以，在思想意识上提倡对领导者的效忠、服从和信赖。

第七，终身制。由于家长制管理方式是建立在初级关系基础上，而初级关

---

[1] 社会学概论编写组. 社会学概论 [M]. 北京：人民出版社、高等教育出版社，2011：161 - 162.

系又具有不可替代性，结果，造成家长制管理人员往往都是采用终身制。

家长制管理方式是社会分工不很发达、组织规模较小的产物，自身有非常大的局限性。随着社会生产力的发达和社会分工的发展，分工细致、协作复杂、效率要求高的大规模的社会组织开始出现，依靠个人经验管理的家长制已不适应社会组织发展的需要，逐渐为新的管理方式——科层制所取代。但在我国社会组织中，由于许多初级群体和初级关系的存在，人们很容易接受家长制的管理方式，特别是在一些基层组织中家长制的影口还很明显。所以，如何淘汰家长制这种陈旧的管理方式，消除它的消极影响，这也是我国改革中必须注意的问题。

2. 科层制

科层制是现代社会组织管理的典型方式。它是一种以正式规则为主体的管理方式，与家长制的管理方式完全不同。它是建立在有系统地划分组织权力以提高工作效率的基础之上的，具有一套专业化的功能、固定的规程和权威分层。科层制的特点主要表现为以下几个方面。

第一，科层制实行权力分层、职务分等的原则。组织的一切权力不再集中于一个人身上，而是分层领导，分科负责，下级工作人员要接受上级的领导和监督，下级的决定也要得到上级的赞同和批准。每个管理人员都处于一定层次上。担任中间职务的管理者既接受上级管理，又拥有管理下级的权力。各种职位按权力等级组织起来，形成一种固定的指挥系统。

第二，因公设职。科层制内部除明确的分权外，根据因公设职的原则，进行部门科室的划分和职务的设置，各部门都有专职人员负责特定的工作，各尽其职。

第三，任人唯贤。组织成员要具备必要的工作能力，能胜任自己的工作。一般来说，要成为一个组织的正式成员，必须经过组织严格的挑选和专业的培训，以此保证成员能胜任工作，并且根据胜任的程度，考核成员的工作绩效，作为提拔和降级的标准。

第四，照章办事。科层制内部科室的管理权限和每一职务的工作范围、职责，都有一套明确、正式的规章制度来限定。这些规章，不会因人员的不同而随意改变。组织成员在组织的一切行为都必须照章办事，不徇私情。

第五，管理者和管理手段分离。在科层制中，管理权力依附于职位，而不依附于具体个人，职务是职业，不再是个人的身份。每个成员的首要任务不是向上级领导负责，而是向他的岗位负责。这样就使得终身制失去了存在的基础，即使管理人员出现变更，只要规则不变，组织仍可以保持协调稳定的运行。

第六，公文往来。在科层组织内部的活动中，包括各项业务的处理、各种信息的传递都是以规范性的公文为手段进行的。公文往来减少了口头交往的非精确性，为组织活动的法规化提供了可能。

从以上特点可以看出，科层制的管理方式是由分权制权力体系、等级制职务体系和规范制责任体系构成的，它分工清楚，职责分明，任人唯才，工作效率大为提高，是现代社会中正式组织的一种理想类型。

虽然科层制是现代社会组织的一种较理想的管理方式，但是，科层制本身也存在一些弊端。比如，科层组织中等级森严，权力集中于少数人手中，上下级之间缺乏有效的沟通；科室设置过多，容易造成机构的重叠，职权不明，影响工作效率；过分强调公文往来，又会产生文牍主义、繁琐主义等弊病，造成文山会海的现象；同时，科层制只要求每个成员按章办事，无视人的主观能动性的发挥，也扼杀了个人的积极性和创造性，使组织事务的处理变得呆板、繁琐，导致形式主义。这一切说明科层制与官僚主义有相联系的一面。

所谓官僚主义就是泛指一切管理失调的现象。凡是由于管理的不善而造成的组织活动弊端都属于官僚主义。它可能是科层制造成的，也可能是家长制造成的。在我国，官僚主义的弊病在现实的各种事务之中不同程度地存在着。像机构臃肿，人浮于事，繁文缛节，浮夸成风，遇事推诿，敷衍塞责，结党营私，命令主义，墨守成规，缺乏灵活，滥用职权，排斥异己，拉关系，走后门，甚至行贿受贿、贪赃枉法等，都是人们深恶痛绝的官僚主义现象。在我国，存在两千多年的封建专制制度虽然已经被推翻，但它的影响依然没有也不可能被完全消除，家长制作风、终身制现象在一些组织中仍然存在，但更重要的则是和科层制在中国发育不完善有关。特别是中华人民共和国成立后，我国长期以来实行计划管理体制，许多组织没有充分发挥自己的职能。目前我国体制改革正在尽力清除家长制管理方式的残余，消除一些官僚主义的弊病，实行组织管理的科学化，并且已取得了一定成效，但是，克服组织管理中的官僚主义将是今后一项长期的任务，也是学术界进一步研究的课题。

三、中国单位组织的管理模式及其改革

（一）单位组织的概念与特征

20世纪80年代以来，形成和发展于中国计划经济时期的组织管理模

式——单位组织管理模式——受到了国内外社会学家的关注，并产生了一系列研究成果。美国社会学家华尔德（A. G. Walder 又译"沃德"）1986 年关于中国国营企业的一项研究开创了单位组织和单位制度研究的先河。此后，中国学者在这方面作了较为深入的研究。[1]

单位制度是中国在 20 世纪 50 年代以后实行的、以企事业组织为单位，承担政府的社会分工目标并对其成员进行全面管理的制度，执行这种制度的企事业组织被称为"单位组织"，简称"单位"。单位制度是国家对社会进行管理并推动其运行的一套制度，靠着这一制度，全国成为一个以中央政府为最高权威的特大的组织体系，单位组织则是具有相对独立的职能，向上负责，并对其成员进行行政管理的部门。

单位组织有如下特征：第一，功能合一。任何单位组织都有自身的专业分工，同时又承担政治管理职能和社会职能。它组织其成员进行专业活动，又代表政府对其成员进行全面管理，同时满足他们的多种需要。第二，组织资源的非流动性。组织中的人力、物力和财力资源归国家所有，国家将一系列管理制度（如身份制度、档案制度等）加于组织之上，使资源难以在组织间自由流动。第三，组织成员对组织有很强的依赖关系。出于组织掌握了其成员所需要的多种重要资源，而在组织之外缺乏这些资源，所以，形成成员对组织的依赖关系。第四，行政等级性。单位组织都具有行政等级，由此决定了它在政府那里获取的资源和权力的大小。这也使整个国家成为一个特大的行政管理体系。

（二）单位组织的功能

中国的单位制度和单位组织是计划经济的产物和核心，它们是在继承了中国共产党在根据地时期的军事共产主义制度的基础上，根据 20 世纪 50 年代以后国家建设的任务而形成的。单位制度与计划经济体制、集中管理和官本位的传统密切相关。

单位组织发挥了如下功能：实现了资源的有效动员和综合利用。单位组织对组织的人力、物力和人的潜力进行了有效动员，并应用于国家的工业化建设之中，取得了明显的效果。向组织成员提供较好的福利待遇，使组织成员具有

---

[1] 杨晓民，周翼虎. 中国单位制度［M］. 北京：中国经济出版社，1999；刘建军. 单位中国：社会调控体系重构中的个人、组织与国家［M］. 天津：天津人民出版社，2000；路风. 单位：一种特殊的社会组织形式［J］. 中国社会科学，1989（1）；李路路，等. 中国的单位现象与体制改革［J］. 中国社会科学季刊（香港），1994，1；于显洋. 单位意识的社会学分析［J］. 社会学研究，1991（1）.

较强的向心力，促进了成员对组织的忠诚，实现了组织成员的有效管理。

单位组织也有一些明显的负功能或弊端：单位制度是一种向上负责的体制，它的行政性特征削弱了单位组织的专业特征，带来专业上的低效率。"单位办社会"使得组织负担沉重，专业效率低；单位组织的行政等级性也造成了组织的膨胀冲动，即每个单位组织都希望在级别上提高，在规模扩大。正如帕金森定律所指出的那样，以提高组织等级为目的的组织膨胀会导致组织运行的低效率和官僚主义。❶

（三）中国单位组织的改革

经济体制改革以来，单位制度也发生了一些变化。一是国有企业的用工制度的改革、社会保障制度的改革使企业逐渐回归为主要承担经济职能，走向市场的经济竞争机制正在使企业逐渐弱化其行政色彩，多种经济成分并存使人们可以在单位组织之外获得自己所需要的资源，这也削弱了单位组织的独尊地位，许多改革中的国有企业处于"后单位制"状态，一些社会服务功能逐渐外移，"社会化""社区化"发展较快，但职工的归属感也发生了一些问题。二是类似的改革在事业单位中也逐步展开，一些事业单位组织正在失去其全能特征，向适应市场经济体制的、专业化的方向发展。三是政府组织领域的行政体制改革也在逐步推进，一方面是精简机构，建立高效政府，另一方面是建立廉洁政府，抑制封建主义的人际关系、官僚作风和其他腐朽的作风对政府组织的影响。不过，中国的行政体制改革还有相当长的路要走。总之，中国单位组织的改革在企业、事业、行政机关等领域进展各异，效果不同，利弊共存，任重道远。

思考与研讨

1. 社会组织的含义与特征。
2. 社会组织的结构。
3. 社会组织的目标及其作用。
4. 环境对社会组织的影响。
5. 社会组织的古典管理理论。
6. 社会组织的行为科学管理理论。

---

❶ 王思斌. 社会学教程（第四版）[M]. 北京：北京大学出版社，2016：144–145.

7. 家长制与科层制。

8. 中国单位组织的特点、功能及其改革。

9. 民间组织的概念、特征与作用。

10. 中国民间组织的地位与发展。

推荐阅读书目

1. 《社会学概论》编写组：《社会学概论》（马工程重点教材），人民出版社、高等教育出版社，2011年版。

2. 王思斌：《社会学教程》（第四版），北京大学出版社，2016年版。

3. 戴维·波普诺：《社会学》（第十版），中国人民大学出版社，1999年版。

4. 理查德·谢弗等：《社会学与生活》（插图第9版），世界图书公司，2006年版。

5. 丹尼尔·雷恩：《管理思想的演变》，社会科学文献出版社，1986年版。

6. E. 卡斯特、E. 罗森茨韦克：《组织与管理》，中国社会科学出版社，2001年版。

7. 彼得·布劳：《现代社会中的科层制》，学林出版社，2001年版。

8. 乔治·里茨尔：《社会的麦当劳化》，上海译文出版社，1999年版。

9. 华尔德：《共产党社会的新传统主义》，香港牛津大学出版社，1996年版。

10. 何增科：《公民社会与第三部门》，社会科学文献出版社，2000年版。

11. 王亚南：《中国官僚政治研究》，社会科学文献出版社，1981年版。

12. 帕金森：《官场病：帕金森定律》，三联书店，1982年版。

第八章 社 区

个体生活于特定的社会群体或组织之中，但是这些群体和组织又总是存在于一定的地域空间之中的，空间不但是人们现实的、实际生活的承载者，而且它也具有社会意义。社会学关注人们生活于其中的社区，关注农村社区、城市社区以及从农村到城市的城市化过程。

第一节 社区概述

一、社区的概念与构成

（一）社区概念的由来与演变

在现实生活中，人们不但在一定的群体或组织中从事各种活动，而且人们的社会活动总离不开一定的地域空间。在这个地域空间内，人们相互依赖，相互影响，共同生存与发展。这种由一定的地域关系而结成的社会共同体，就是社会学上所说的社区。

"社区"一词源于拉丁语，意思是共同的东西和亲密伙伴的关系。首先将"社区"一词用于社会学研究的是德国社会学家腾尼斯，他在1887年出版的《社会与社区》中提出了社区的概念，认为社区表示一种由具有共同习俗和价值观念的同质人口所组成的、关系密切、守望相助、存在一种富有人情味的社会关系的社会团体。人们加入这一团体，并不是根据自己的意愿，而是因为生长在这一团体里。而社会则是由具有不同价值观念的异质人口所组成的，人们加入这一团体是根据自己的意愿进行选择的结果，在这一团体中，人们之间的关系是靠分工和契约连接，重理性而轻人情。社会发展的趋势是由富有人情味的社区向缺乏感情的社会转化的过程。

社区（德文 Gemeinschaft）和社会（德文 Gesellschaft）是社会生活的两种形式。德文"Gemeinschaft"一词一般可译为"共同体"，表示任何基于协作关系的有机组织形式，如劳动共同体、家庭共同体、经济共同体、政治军事共同体等。滕尼斯运用此词，主要强调其成员间唇齿相依的感情。Gemeinschaft 的本质特征表现为小群体或某种往昔的社会发展阶段，在他那里实际上特指在传统的自然感情一致的基础上紧密联系起来的社会有机体。与之相对的 Gesellschaft（社会），则是指建立在外在的和合理利益基础上的机械结合。

滕尼斯以"公社"（即社区或共同体）和"社会"两个概念表明人类共同生活的两种基本形式。在"公社"形式里，不管人们形式上怎样分隔，也总是相互联系的，母与子的关系便是一例。而在"社会"形式里，不管人们在形式上怎样结合，也总是分离的，签定契约的双方便体现这种情况。在前者那里，人们的相互关系是建立在亲密的、不分你我的私人关系基础上；在后者那里，他们的联系则是建立在目的、利益及以此为条件的他们之间保持一定距离的基础上。前者基于生活的统一性原则；后者则基于自由与理智的思考。"公社"的主要形式有三种：亲属、邻里、友谊。它们以血缘、感情和伦理团结为纽带。而体现"公社"生活的现实形式是家庭、乡村以及凭借感情、伦理和宗教而建立起来的城市。相反，"社会"的形式是诸如股份公司、大城市、民族国家以及整个市民经济社会和正在展开的工业社会，它们是基于常规、政策、公众舆论和特殊利益的联系。"公社"按其本质是无限扩展的，聚结程度低，呈复合型。在前者那里，整体的统一是有机的，在后者那里，整体的统一是机械的。

在滕尼斯看来，"公社"和"社会"两种共同生活形式之所以不同，是因为把人们联系在一起的共同意志不一样。滕尼斯说："在更狭窄及更严格意义上所谓的社会生活只能从共同愿望即从相互的肯定中推导出来。"

腾尼斯在提出"社区"概念时并没有特别强调地域性，后来随着美国经验社会学的兴起，不少社会学家发现，要具体研究城市和各类居民的共同体，必须从地域共同体着手，因而在使用"社区"一词时，赋予其更多的"地域"含义。20 世纪 30 年代，美国芝加哥大学社会学家帕克来华讲学，介绍了美国当时社会学研究的新趋势——关于"community"的研究，此后，我国社会学者在翻译英文社会学文献时，将英语"community"译成"社区"，[1]并赋予其在一定地域内共同生活的社会群体的含义，一直延续使用下来。

（二）社区的定义

从社区概念产生以来，人们对它进行了多方面的研究，仅"社区"一词

---

[1] 王思斌. 社会学教程（第四版）[M]. 北京：北京大学出版社，2016. 172.

的定义就有 140 多种。直到今天，人们对社区仍有不同的理解，有些人把它理解为社会团体，有些人则称它为社会组织，还有人把它与"社会"一词通用。从多种定义的出发点来看，不外两大类。一类是功能主义观点，认为社区是由共同目标和共同利害关系的人组成的社会团体；另一类是地区性的观点，认为社区是在一个地区内共同生活的有组织的人群。虽然"社区"一词可以作多方面的理解和使用，但大多数社会学家都认为，社区有特定的地域，所以应采取地域性的观点给社区下定义。美国社会学家戴维波普诺在其所著的《社会学》一书中写道，社区是指"在一个地理区域里围绕着日常交往方式组织起来的一群人"❶。日本社会学家横山宁夫在其所著的《社会学概论》一书中指出："社区具有一定的空间地区，它是一种综合性的生活共同体。"❷费孝通教授主编的《社会学概论》一书认为，社区是若干社会群体（家庭、氏族）或社会组织（机关、团体）聚集在某一地域里，形成一个在生活上互相关联的大集体。❸

根据国内外大多数社会学家对社区一词的解释和我国的国情，我们赞同采取地域性的观点给社区下定义。可以认为，所谓社区就是指聚居在一定地域中人群的生活共同体。具体地说，居住于一定地区、具有共同联系并彼此交往的人们，就构成一个社区。例如，村庄、集镇、街道、城市的一个市区或一个郊区甚至整个城市等，都是在规模上大小不一的社区。社区就是地方性社会或地域群体。社区与一般的社会群体不同，一般的社会群体通常都不是以一定的地域为特征的，而每个社区都有其特定的人口和特定的地理区域，其居民之间有着他们共同的制度、共同的价值观念以及重要的社会交往。当然，社区在地域内的界限，不像国境线那样分明，社区的外延是根据该社区的政治、经济、文化诸因素对周围地区的影响自然形成的，并且大社区里还包含若干小的社区。

（三）社区的构成要素

1. 有以一定的社会关系为基础而组织起来的人群

社区具有社会性，其实质是一群相互关联的人。如果没有一定的人口，任何社区的存在都是不可能的，所以一定数量和质量的人群就成为社区存在的第一个前提。但是作为构成社区基本要素的人并不是孤立的、没有联系的个人的

---

❶ 戴维·波普诺. 社会学 [M]. 沈阳：辽宁人民出版社，1987：558.
❷ 横山宁夫. 社会学概论 [M]. 上海：上海译文出版社，1983.
❸ 社会学概论编写组. 社会学概论 [M]. 天津：天津人民出版社，1984：213.

集合体，而是彼此结成各种各样的社会关系，共同进行社会活动。这些关系密切的人群是社区生活及其物质基础的创造者，是社区中社会关系的承担者。至于一个社区到底需要多少人口，并无固定的标准，一般以能完成社区内部的分工协作关系为基本要求。

2. 有一定的共同活动的地域空间

社区总要占有一定的地域空间，地域空间为人们提供活动的场所，是人们共同生活的基础，否则人们的一切活动将失去依托而无法进行。从这个意义上说，社区是人与自然环境的统一体。某一社区的自然条件、生态环境不仅影响该社区人们活动的性质和特点，而且会在很大程度上制约和影响该社区的发展。确定社区的地理边界是一个较复杂的问题。一般地说，一个社区居民的主要活动大都集中在某一特定的地域里，这个特定的地域就是社区的地理界限，确定的客观标志是社区中心的服务范围。当今一个完整的农村社区，其地域范围通常是以一个小城镇为中心，加上它服务和影响所及周围若干个乡村。而一个完整的城市社区则通常是以其市区为中心，延伸至它服务和影响所及的远近郊区作为其社区界限的。

3. 有一套相对完备的生活服务机构和设施

居住在某一社区的人们要进行各种生活和活动，就要有保证人们生存的必要手段，以满足人们的物质生活和精神生活的需要，例如，社区要有商店、学校、工厂（作坊）、政府机关、医疗单位、群众团体等。社区正是通过各种相对完备的机构与设施的服务活动来推动各种制度的运行，使社区成员在本社区内得以维持其日常生活。社区生活服务机构与设施的数量和质量如何是衡量一个社区发达水平的指标之一。

4. 有自己区别于其他社区的特有文化

社区的文化是流行于一个社区范围之内的文化现象。由于每一个社区自然条件、人口条件、经济条件、政治条件、社会条件及历史文化传统不同，各个社区便形成了自身特有的文化，以区别于其他社区甚至邻近社区。社区文化包括当地人们的信仰、价值观、规范、制度、传统、风俗习惯、生活方式以及显示当地特点的方言和象征等。社区文化既满足了社区居民的需要，也为他们之间的共同活动提供了规则和约束。社区的共同文化指导并控制着社区的行动，促使社区构成一个整体。

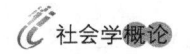

5. 社区居民的归属感和认同感

人们在特定的社区里过着长期的共同生活，从而会对自己所属的社区产生一种认同心理，即"我是某一个地方的人"的观念。特别在传统社会里，人们与土地有极其密切的关系，祖祖辈辈生活在一个固定的地方，这种乡土观念也就更为浓重。同时，人们对自己长期生活的社区会产生一种特殊的感情，为自己社区所取得的成就感到自豪，为自己社区的落后感到耻辱，希望自己的社区繁荣昌盛，希望能在本社区长期生活下去。这种特殊的情感就是社区的归属感。社区居民这种共同的社区意识，使其在心灵上相通，从而成为互相依赖、协调共生的群体。随着现代化的发展，传统的认同感和"落叶归根"的归属感，已经发生了很大的变化，但强调社区意识、塑造社区精神对于社区的维持与发展具有重要的意义。

上述五个构成要素是相互联系、相互影响的，它们共同构成社区这一有机整体。由于人类社会的发展，特别是由于现代城市的兴起，使得社区在结构上显得纷繁复杂，在类型上显现出千姿百态，在地域上变得大小不一。但是，不管怎样，构成一个社区必须具备这些基本要素。

二、社区的类型与结构

（一）社区的类型划分

1. 按社区功能分类

根据社区对社会所发生的功能，可以把社区分为经济社区、政治社区、文化社区、商业社区、军事社区和特殊社区等，经济社区又可以根据社区从事经济活动种类的不同分为农业社区、工业社区、林业社区、服务性社区等。不同功能的社区，其活动内容和表现形式是不同的。在城市规划和现实的社区建设中，有的提出了"功能社区"的概念，这个概念实际上是指社区在更大体系中具有自己的特殊功能。如把社区分为经济型社区、文化型社区等，类似于下面要讨论的"社区的区位结构"内容。这种社区分类较少着眼于社区成员的共同活动，部分偏离了社区的本意，在社会学等的学术研究中较少使用。[1]

2. 按社区内部组织分类

这种分类方法是将社区分为整体社区与局部社区。整体社区是指具有相对

---

[1] 王思斌. 社会学教程（第四版）[M] 北京：北京大学出版社，2016：175.

独立意义、具备社会生活所包括的基本方面的比较完整的社区。如果一个社区既有供人们进行生产活动的设施，又有供人们进行政治、文化活动以及其他社会生活各方面所需要的设施，大多数社区成员可以在本社区内从事生产、生活等基本社会活动，这样的社区就是整体社区。如一座城市、一个独立的村庄。整体社区的一部分就是局部社区，如城市中的一个街道或居民住宅区，尽管也有生活服务设施，有街道办事处、社区中心和居民委员会等组织，但社区大部分成员要到社区以外从事生产或其他活动。

3. 按社区的形成方式分类

社区有自然形成的，也有人为规定的，按照这个标准把社区分为自然社区和法定社区。自然社区是以自然居住群体的形成、发展来确定的社区，如农村中的自然村落，居民世代繁衍，自成一体，成为共同生活体。法定社区是以行政管理的权力范围来确定的社区，如乡、镇、县、市或城市中的街道办事处、居民委员会等因行政区划而成，其边界的划定主要是出于管理的需要和便利。自然社区与法定社区有时是重合的，如我国的不少自然村也是一个行政建制村；有时是不重合的，如北京市的行政区内，既包含着城市社区，也包含着集镇社区和乡村社区。

4. 按社区的多元综合标准分类

社会学对社区的研究，根据不同的要求可以对社区作不同的区分，但最基本、最常见的分类是根据社区的内部结构和外部特征以及社区的经济结构、人口密度、人口聚集规模等综合标准，把社区分为农村社区和城市社区。这两类社区虽然具有各自不同发展的历史，各自的区位结构、社区风格，显示其迥然相异的特点，但是它们普遍地存在于各个国家、各个民族之中，是人类生活最基本的环境和场所。社会学家把这两类社区的研究扩展为两门独立的部门社会学，即农村或乡村社会学和城市或都市社会学。

5. 网络时代的新分类：实在社区与虚拟社区

实在社区。即前述的各种形式的社区存在，即我们现实地生活于其中的、由亲朋关系、邻里关系和基本的物质、精神生活、一定的空间或地理区域组成的社区。

虚拟社区。在当代社会，借助计算机网络的发展形成了一种新的社区，即虚拟社区，它是相对于"实在社区"而言的一个概念。所谓虚拟社区，指的

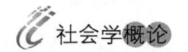

是由网民在网络空间进行交往而形成的具有某种身份认同和互动功能的共同体。❶ 这里的"社区"不再具有地理的、面对面直接交往的特征,而是指的他们之间的同质性和相互的身份认同。

"虚拟社区"译自英文"virtual community",其实际含义除了"虚拟的"以外,"virtual"还有"实际上起作用的、实质上的"之意。所以为了避免翻译方面的不当理解,也可以把"virtual community"称为"隐性共同体"。与传统的"实在社区"相比较,"虚拟社区"有如下一些特征:交往具有超时空性;人际互动具有匿名性和彻底的符号性;人际关系较为松散,社区群体的流动较为频繁;自由、平等、民主、自治和共享的准则。❷ 根据学界的讨论,可以从以下几个方面认识虚拟社区。❸

第一,虚拟社区有别于我们现实地生活于其中的、由亲朋关系、邻里关系和基本的物质、精神生活组成的实在社区。在虚拟社区中,人们在很大程度上以某种虚拟的身份进行互动。当然,虚拟社区也有一定的人群、相应的组织,有自己的信息交流空间,成员具有一定的同质性,成员之间的互动也遵守某些规则。

第二,虚拟社区并不等于虚假社区。虚拟社区在本质上是一种虚拟现实,人们在虚拟社区中的互动具有虚拟性和现实性双重特征,虚拟社区中的交往也具有某种程度的趋真性,因此在一定意义上虚拟社区又具有"社会实在性"。实际上,在一定程度上,虚拟社区的许多场景是实在社区和社会的反映和重现。在这种意义上,虚拟社区与现实生活的社区相互交叉。

第三,虚拟社区的成员身份和活动具有虚拟性,互动原则是自由、平等、民主、自治和共享。在虚拟社区中成员是自由的、开放的和较少受约束的。在这种意义上虚拟社区又与实在社区有很大区别。虚拟社区是高科技时代的产物,它丰富着人们的现实生活。虚拟社区参与成员的匿名性和弱责任性,可能会带来虚假的东西,它产生的社会影响也是复杂的,应该引起重视。

第四,就虚拟社区和实在社区的关系看:一方面,虚拟社区是对实在社区的反映和重构;另一方面,虚拟社区会反作用于实在社区,为实在社区的重组和再造增加新的元素;再者,二者在功能上具有互补性,比如在人的需求满足

---

❶ 王思斌. 社会学教程(第四版)[M]. 北京:北京大学出版社,2016:175.
❷ 郑杭生. 社会学概论新修(第三版)[M]. 北京:中国人民大学出版社,2003:292.
❸ 王思斌. 社会学教程(第四版)[M]. 北京:北京大学出版社,2016:175 页;郑杭生. 社会学概论新修(第三版)[M]. 北京:中国人民大学出版社,2003:293-294.

方面，如果说实在社区更有利于低层次需求（比如饮食男女等）的满足，那么，虚拟社区则在满足高层次需求（比如自我发展与完善、获得信息和自我实现等）方面，则有着实在社区无法比拟的优势。正如一句流行语所说：互联网不是万能的，可是离开互联网却是万万不能的。

（二）社区的结构

所谓社区结构，就是指社区内部各构成要素及其之间相对稳定的关系模式。这句话的含义包括：社区结构首先是指构成社区的各个要素以及这些要素的排列顺序和组合方式；其次，社区结构还表示社区组成要素所具有的特定的内在关系和相互作用形式。❶

1. 社区的生态环境结构

每个社区乃至每个家庭，都要与社区内部或周围的环境发生关系，由于生态环境结构的具体状况不同，经过长期的适应和变革，逐步形成不同类型的社区。例如，在森林茂密的地区建立林业社区，在地下资源丰富的地区建立石油工业社区或煤矿社区，在交通发达、水陆交界、地处要冲的地区建立城市社区等。社区生态环境结构的自然排列、组合、分布状况、社区地理环境、资源和交通状况，直接影响该社区中人们活动的主要内容、生存的具体方式以及对服务的各种需求。

2. 社区的人口结构

社区人口构成了社区的主体，不同历史时期的不同类型的社区，其人口数量不同、人口质量不同，人口结构也不相同。如农业社会中，只有几十人就可以形成一个相对独立的小社区；而在现代社会，特别在大城市，一个大社区中可以拥有十几万、几百万甚至上千万人口。一个社区中人口的性别年龄构成、职业构成状况，对社区生活有很大的影响。例如，在老龄人口比重很大的情况下，社区为老人而开支的经济负担就要加重一些，社会的风气也易于保守一些，为老年人服务的医疗保健机构和文化福利设施也要相应增加一些。

3. 社区的经济结构

社区的经济，包括作为社区营生基础的物质生产和为社区提供日常生活消费的商业与服务。经济生活是社区全部生活的基础，合理的经济结构为社区人们共同生活提供了物质保障，是社区发展的必要条件。一般说来，农村社区经

---

❶ 尹保华. 通识社会学［M］. 长春：吉林人民出版社，2004：360.

济结构比较简单,城市社区经济结构比较复杂。比如,在一个大的城市社区中,必须使农、轻、重几个大的经济部门协调一致,根据实际情况确定合理的比例,来规划第一产业、第二产业、第三产业的发展规模,使社区的经济合乎自然规律和社会规律。即使在一个小城镇社区或农村社区,也要根据自然条件和各种社会因素,选择安排适当的经济活动,使之有利于社区经济发展。社区经济发达与否,对整个社区的生活具有根本性的意义。

4. 社区的区位结构

社区的区位结构指社区所处的地理位置以及它的各个部分在空间位置上的排列、组合、分布状况。不同的社区有不同的区位结构,相对来说,城市社区比农村社区的区位结构要复杂得多,它要根据人们的生产、生活以及各种活动需要,对社区的各个部分在空间位置上进行划分。比如在一个城市社区中,要划分出工业区(包括重工业区、轻工业区、化学工业区等),金融商业区,政治、行政管理、社会事业区,文教科研区,住宅区,生活服务区,娱乐区等。这些部分如何合理地划分、布局,如何合理地排列、组合,对社区的发展至关重要。目前在我国一些社区中,由于没有进行合理的社区区位规划,出现了许多麻烦与问题,以致影响到了社区的正常发展。

三、社区研究

(一)社区研究的含义与类型

社区研究,又称社区分析,是指运用社会学的理论和方法对社区进行的实地调查以及理论分析。根据中国社会学界的研究实践,具体的社区研究可归纳为四种类型。①把具体社区视为一个结构、功能相对完整的"微观社会",系统、深入地分析社区生活的各主要方面及其相互关系。②在特定的社区背景中研究某种社会现象或社会问题,并用社区构成部分之间的相互影响关系对所研究的问题进行分析和解释。③把某种类型的社区(如城市社区、城镇社区、农村社区)作为研究对象,探讨社区存在和发展的条件、特点和规律等。④把社区作为地域性社会共同体或社会的构成单位,在较高的理论分析层次上探讨社区运行的一般机制和规律。由于社区研究能够比较充分地体现社会学的学科特点和方法,可以成为社会学研究中经验研究与理论研究、微观研究与宏观研究的桥梁,而且具有较强的应用性,所以使得社区研究在中国社会学的重建过程中得到较多的重视,并取得了长足的发展。

(二) 西方的社区研究

在社会学发展史上，开创社区研究之先河并对之进行深入研究的要数芝加哥学派。芝加哥学派是指主要由美国芝加哥大学社会学系培养出来的学者组成的注重经验研究、倡导并从事社区研究而形成的一个学术派别。该学派繁荣于20世纪二三十年代，其代表人物是帕克（R. Z. Park）等。芝加哥学派的一个重要特点是把社会作为实验室，深入实际去观察社会，并对此作出解释。他们走出学校对芝加哥市进行调查研究，调研内容涉及种族关系及城市社会问题，形成了以社区为对象的研究传统。该学派开创了参与观察法，并创造了人文区位学（Human Ecology）理论。这一理论把社区视为社会活动的空间单位，研究社区居民及其活动的区位分布，通过区位关系来反映、透视社会关系。人文区位学在研究方法上注重深入社区进行实地观察和实证研究；在理论模式上注重研究区位结构同社会生活的相互影响，主张通过对区位结构的调整使成员加强联系，消除隔阂，形成共生关系。1925年，派克、伯吉斯和麦坎齐合著《城市》一书。次年，派克与伯吉斯又合著《城市社区》。应该说，这些经典著作是社区研究的早期研究成果。在芝加哥学派那里，社区概念得到更为精确的定义。派克认为，社区的本质特征是：①有一个以地域组织起来的人口；②这个人口或多或少地扎根于它所占用的土地上；③这个人口的各个分子生活于相互依存的关系之中。派克对社区的看法，对后来的社区研究起了相当大的作用。芝加哥学派的社区研究不但对美国社会学的发展产生了深远影响，而且对世界社会学的发展也发挥了重要作用。

在芝加哥学派蓬勃发展的同时，美国社会学家罗伯特·林德和海伦·林德夫妇（Robert and Hellen Ltnd）开创了另一种形式的社区研究——以小市镇为研究对象的综合研究。所谓综合研究，就是描述社区的各个不同部分并解释这些不同部分的相互关系。林德夫妇研究了当时美国印第安纳州一个市镇，这是一个小镇，居民大约有35000人。这种研究先是描述社区生活的各个部分，然后解释他们之间的相互关系。他们于1929年以《中等市镇》为书名发表了其研究成果。这一研究带动了一批社会学者进行一系列类似的研究。几年以后，林德夫妇重返中镇进行调查，并于1937年出版了《转变中的中镇》一书。在这本书中，他们分析了当时的美国经济危机对该社区的影响，他们发现，经济大萧条使得社区中的某个家族垄断了全社区的经济命脉，从而控制了整个社区。林德夫妇对中镇社区中权力不平衡分配的描述，诱发了另一种类型的社区研究——社区权力。关于社区权力研究的目的是要了解社区里的权力分配状况，并据此辨认出哪些人是左右社区决策的领导人物。在这方面出版了数以千计的论文和图书。

从20世纪50年代开始，西方社区研究的另一个发展趋势就是社区研究的应用性不断加强，社区研究者在城市规划、社区发展、社会工作等方面的作用越来越大，许多研究结果被运用于政府决策。一些大的企业为了自己的发展也经常聘请社区研究者研究企业同所在社区的关系，将改善同所在社区的关系作为企业发展的一项重要措施。

（三）中国的社区研究

中国的社区研究是在社会学研究有了一定发展、社会调查大为时兴的20世纪30年代，由著名社会学家吴文藻大力提倡而发展起来的。吴文藻认为进行社区研究对于了解和研究中国社会有比较重要的作用。他对社区研究的基本内容和方法作过系统的论述："社区研究就是大家用同一区位的或文化的观点和方法，来分头进行各种地域不同的社区研究。""民族学家则考察边疆的部落社区，或殖民社区；农村社会学家则考察内地的农村社区或移民社区；都市社会学家则考察沿海或沿江的都市社区。此时或专作模型调查，即静态的社区研究，以了解社会结构，或专作变异调查，即动态的社区研究，以了解社会历程；甚或对于静态与动态两种状态，双方兼顾，同时并进，以了解社会组织与变迁的整体。"❶ 为了使人们了解社区研究及其功用，吴文藻发表了一系列社区研究的文章，主张通过社区研究加深对中国社会的认识，促进社会学中国化。为了使社区研究得以实现，当时担任燕京大学社会学系主任的吴文藻先生，从系里先后派出了一些研究生和助教到国内一些地区进行实地调查，使社区研究蔚然成风。

我国著名社会学家费孝通在社区研究方面作出了独特的贡献。费孝通先生对中国的研究，采取了社区研究方法。他曾经多次讲到自己"先定小社区进行微型调查"，"这种在小范围里用直接观察方法，多方面地去了解人在社会里的生活，我们叫做'社区研究'"❷。在《乡土中国》一书中，他对社区研究作了精辟概括和高度评价。他说："以全盘社会结构的格式作为研究对象，这对象并不能是概然性的，必须是具体的社区，因为联系着各种社会制度的是人们的生活，人们的生活有时空的坐落，这就是社区。每一个社区有它一套社

---

❶ 吴文藻. 吴文藻自传[J] 晋阳学刊，1982（6）.
❷ 费孝通. 论小城镇及其他[M]. 天津：天津人民出版社，1985：269.

会结构，各种制度配合的方式。因之，现代社会学的一个趋势，就是社区研究，也称做社区分析。""社区分析的初步工作是在一定时空坐落中去描画出同一地方人民所赖以生活的社会结构……。社区分析的第二步是比较研究，在比较不同的社会结构时，常发现了每个社会结构有它配合的原则，原则不同，表现出来的结构形式也不一样。"费孝通先生在社区研究方面，主要研究了中国的乡村，他于1936年根据对江苏吴江开弦弓村的实地考察而写成的《江村经济》一书，被马林诺夫斯基称为"人类学实地工作和理论发展的一个里程碑"。

这一阶段的社区研究，我国社会学家在实际研究中试图用从西方传来的理论与方法去观察和分析中国社会的现实，进而建立有中国特色的社区理论。由于历史条件的限制，使社区研究在当时的社会经济、政治与文化中所起的作用极其微弱。另外，当时的社区研究本身在理论指导和方法上也存在着局限性。

1979年，中断了将近30年的中国社会学得到恢复和重建，社区研究也随之重新起步，并获得了进一步开展，涉及的问题十分丰富，其中，小城镇研究、城市化研究、城市社区研究、城乡关系研究等取得了丰硕成果，加深了人们对社区的认识，促进了社区理论的发展。需要说明的是，20世纪70年代末社会学恢复重建以后中国社区研究的重新开始，恰逢农村经济体制改革，农村发展问题备受关注，所以社区研究主要是对农村社区的研究。20世纪80年代以后，随着中国城市经济体制改革的进行和社会管理体制的转变，城市基层社区组织与管理问题被提上议事日程。受改革实践的推动，20世纪90年代中期以来城市社区的研究也得到了明显发展，并在一定程度上推动着城市社区建设的实践。社区概念被广泛接受，有关社区的理论被关注，并被运用于农村社区发展和城市建设实践，表明社区研究在我国达到了新的水平。进入21世纪以后，中国的改革事业开始发生新的变化，尤其是中共十八大以后，随着整个中国社会的变迁，中国的城乡社区治理研究逐渐取得一些积极的成果。中共十九大提出新时代中国特色社会主义思想，相信中国的社区研究也会出现新的动向并取得更加丰富的成果。

四、社区发展

（一）社区发展的概念与由来

在社会学上，社区发展这一概念特指社区居民在政府机构的指导和支持下，依靠本社区的力量，改善社区经济、社会文化状况，解决社区共同问题，提高社区居民生活水平和促进社会协调发展的过程。

最早提出社区发展这一概念的是美国社会学家弗兰克·法林顿。他在1915年出版的名为《社区发展：将小城镇建成更加适宜生活和经营的地方》的著作中，首先使用了社区发展概念。1928年，美国社会学家斯坦纳在他所著的《美国社区工作》中专门设置了"社会变迁和社区发展"一章。1939年，美国社会学家桑德森与波尔斯在其合著的《农村社区组织》一书中，对社区发展的基本方法和理论观点已有比较详细的论证。尽管这些社会学家对社区发展这一概念的理解和应用与现在有较大差别，但为后来这一概念的深入发展和广泛应用奠定了一定的基础。

目前，人们普遍使用的社区发展这一概念是在实际社会生活中逐渐传播起来的。工业革命后，欧洲工业国家为了应付当时工业发展带来的一系列社会问题，在社区内开展了一系列社会工作，对原有的社会福利制度和社会救济制度进行了改革，越来越多地体现调动社区居民的积极性、增进社区福利的基本精神。到20世纪初期，在欧美国家出现了"睦邻运动"，宗旨在于充分利用社区的人力、物力资源，培养社区成员的自治精神和互助精神，动员社区成员齐心协力，在本社区创造更好的生活条件。这一运动得到迅速发展，并且取得了一定的成效。西方社会学家认为，尽管当时并未应用社区发展这一概念，但应该把以上这些活动看做是社区发展的初始形式。

第二次世界大战结束后，许多新兴国家，尤其是农业国家，面临着贫穷、疾病、失业、经济发展缓慢等一系列问题。要解决这些问题，仅仅依靠政府的力量是远远不够的。在这种情况下，一种运用社区民间资源、发挥社区自助力量的构想便应运而生了。1948年联合国成立后，为了推动全世界的经济发展，提出了经济落后地区的经济发展必须与社会进步同步进行的理论与方针。1951年，联合国经济社会理事会通过了390D号决议案，试图通过建立社会福利中心来推动全球经济、社会发展。议案要求联合国秘书长对这一设想的目标、方法进行调查，然后制订更为具体的实施方案。经过调查发现，原来设想的社区福利中心并不能够达到推动经济落后地区经济、社会发展的目标。调查中还发现更为行之有效的方法，即开展全面的地方建设运动，以乡村社区为单位，由政府有关机构同社区内部的民间团体、合作组织、互助组织等通力合作，发动全体居民自发地投身于社区建设，由此加快落后地区的经济、社会发展。于是，联合国修改了390D号议案，以"社区发展计划"代替了原来的"社区福利中心计划"。1952年，联合国正式成立了社区组织与发展小组，1954年改为联合国社会局社区发展组。这一组织在亚洲、非洲、中东、南美等地区推行社区发展运动，取得了一定的成效。1957 年，联合国开始研究社区发展计划在发达国家的应用，试图通过社区发展解决工业化和城市化带来的一系列社会问题，并在美国、英国实施了这一计划。在这期间，联合国还在世界各地举行了多次研讨会，探讨社区发展的理论与方法。

（二）社区发展的目标

社区发展以推进社区的全面发展为主旨，不仅谋求社区经济的发展，改善社区居民的生活条件，提高社区居民的生活水平，而且还谋求社区的社会、文化层面的发展，即通过发展社区教育和文化事业，提高居民的文化水平，提倡有利于社会进步的道德伦理，建立良好的人际关系和社会环境；同时，社区发展也把社区的政治发展置于重要地位，即通过社区组织活动，加强社区居民的自组织能力，增强社区居民的民主意识和自治能力。由此可见，社区发展的目标趋向在于谋求社区的整体发展。

联合国和许多国家政府都制定了社区发展指标体系。其中关于社区发展的目标有以下几点：①提倡互助合作精神，鼓励社区居民自力更生解决社区的问题。②培养社区居民的民主意识，在社区发展过程中促使民众积极参与本社区的公共事务。③加强社区整合，促使社区变迁，加速社会进步的进程。

根据上述目的，联合国和许多国家政府都确定了比较相同的社区发展目标，这些目标可分为直接目标和终极目标两种。直接目标包括：①协助社区认识成员的共同需要；②协助社区运用各种援助；③协助社区开发和利用社区的资源；④协助社区改善物质、文化生活条件等。终极目标包括：①经济发展，即提高社区的经济发展水平和经济收入水平；②社会发展，即建立良好的社区内部人际关系和合理的社会结构；③政治发展，即发展社区居民的民间团体和组织，培养居民的民主意识和自治、互助能力；④文化发展，即提倡有利于社会进步的伦理、道德，发展科学、教育、文化事业。这些目标的实现是相互关联的，因此，许多国家的政府强调要兼顾和协调实现各项目标的行动，使其互相促进，互为因果，避免单纯实现一项目标的现象。

（三）社区发展的原则

社区发展的目标在国际公认的社区发展原则中得到了十分明显的体现。早在 20 世纪 50 年代，联合国在题为《通过社会发展促进社会进步》的报告中就提出了社区发展的基本原则。基本内容是：①社区各种活动必须符合社区基本需要，并以居民的愿望为根据制订首要的工作方案；②社区各个方面的活动可

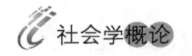

局部地改善社区，全面的社区发展则需建立多目标的行动计划和各方面的协调行动；③推行社区发展之初，改变居民的态度与改善物质环境同等重要；④社区发展要促使居民积极参与社区事务，提高地方行政的效能；⑤选拔、鼓励和训练地方领导人才，是社区发展中的主要工作；⑥社区发展工作特别要重视妇女和青年的参与，扩大参与基础，求得社区的长期发展；⑦社区自助计划的有效发展，有赖于政府积极的、广泛的协助；⑧实施全国性的社区发展计划，需有完整的政策，建立专门行政机构，选拔与训练工作人员，运用地方和国家资源，并进行研究、实验和评估；⑨在社区发展计划中应注意充分运用地方、全国和国际民间组织的资源；⑩地方的社会经济进步须与国家全面的进步相互配合。

　　基于以上基本原则和各国社区发展的经验，可以对社区发展原则作出更为简要的概括：①社区需要本位原则。强调社区发展应以解决社区亟待解决的问题为目标，分清轻重缓急，制定目标优先次序。②民主自治原则。社区发展强调内在发展，即不论问题的提出还是解决问题的途径和手段，都强调社区成员的主导作用，强调社区成员有权力、有能力认识和解决自己面临的问题。③大众参与原则。社区发展是社区居民的运动，它要求社区居民团结合作，协力解决非少数人所能解决的问题，以避免因少数人操纵而可能遇到的来自其他居民的消极态度和抵触情绪。④广泛合作原则。社区发展需要广泛的合作，这不但包括社区居民之间的合作与协调，社区居民与社区内政府部门的合作，也包括社区同外在环境的协调，特别是同资源占有者的合作。⑤全面规划原则。推动任何社区发展项目都必须考虑到几乎全部社区要素，这就要求社区发展的任何计划都应是综合的，都应是涉及诸多因素的计划。

（四）社区发展的工作步骤和组织模式

　　由于各个社区的历史传统、文化背景和现实状况不同，在采取上述各项原则以推动社区发展时，又必须尊重各自社区的现实客观条件，依据客观的需要和可能来办事。而社区发展在其发动全体居民自愿自觉民主合作的过程中，则必须经历以下几个基本的工作步骤：①社区调查，包括社区居民状况、社区现状、社区存在的问题、社区组织、社区生态环境、社区资源等。②制订计划，包括单项计划和多项综合计划。③实施计划，在这方面，发展机构必须动员和依靠社区全体居民成员，全力以赴地实行之。④检查总结，以利于不断地推动社区发展。

第二节 农村社区与城市社区

一、农村社区

(一) 农村社区的含义与特征

农村社区也称乡村社区,指的是主要以农业活动为基础聚集起来的人们生活的共同体,它可以是一个小村落,也可以是由几个毗邻的村落组成的区域。

农村社区是人类社会中最早出现的社区形式。作为人类群体聚居、活动的场所,农村社区在历史上是与农业紧密相连的。在远古游牧社会中,人们逐水草而居,并无固定的住地,因而无社区可言。随着农业的兴起,从事农业生产的人口也就需要定居于某个地区,于是开始出现了村庄这样一种乡村社区的形式。正因为在历史上乡村社区与农业经济是长期紧密相连的,因而乡村社区又称为农村社区。随着经济、政治、文化的发展,社会上又出现了与乡村社区不同的城镇社区及城市社区。但在相当长的时期内,农村社区是人类社区生活的主要形式,直到今天,在中国仍有半数以上的人口居住在农村社区。

农村社区由于自然环境、居民构成、生产劳动和生活方式等方面的独特性,决定了它与城市社区的不同特征。

1. 人口密度稀疏,社会结构简单

人口密度是划分城市社区与农村社区的指标之一,一般以每平方公里居住多少人来计算。同一地区内,农村社区的人口密度一般都低于城市社区。这是由农业生产的特点决定的,因为没有足够可供耕种的土地就无法从事农业生产。农村社区的社会结构简单主要表现为:农村社区的组织结构比较简单,科层组织少,职业分化程度不高,职业构成简单,务农是其基本的职业,即使从事农业生产以外的工商副业的农民,也往往仍要兼事农业。另外,农村居民的阶级和阶层结构也比较简单。

2. 经济活动简单,自给自足性强

农村社区的主要产业是农业,包括农田种植业、林业、牧业、渔业等,其中以农田种植业为主要经济活动的居多。居民以务农为主,其劳动方式为手工操作或半手工操作,商品经济薄弱,经济活动以自给自足为主。我国传统农村在相当长的历史时期都是处于这种情况。造成农村社会经济活动单一、自给自足较强的原因是多方面的,既有历史上"奖励耕战""男耕女织"小农经济的影响,又有客观上农业受自然气候、地理环境影响较大的因素。在我国还有主观上在一个较长时期内片面强调"以粮为纲"的政策和"重农轻商"等传统观念的影响。随着农业生产技术的进步和市场经济的发展,在发达国家和我国较发达的农村地区,经济活动已发生了很大的变化,农业商品化程度大为提高,但农村经济结构的特点决定了凡是以农业为主业的农村地区,其经济活动的复杂程度和商品经济的发展程度仍会低于城市。

3. 家庭作用重要,血缘关系浓厚

家庭是农村社区中的基本生活单位。同城市相比,农村家庭承担的功能很多,如组织生产、文化娱乐、赡老扶幼等。由于农村家庭在社区生活中的重要作用,人们十分重视血缘关系及家庭关系。家族关系往往成为农村居民合作关系的纽带,越是社会经济比较落后的社区,这种特点越显著。我国农村大多以"张家村""李家庄"等命名,足以说明这一点。

4. 社会流动性小,传统文化浓重

由于农村社区规模较小,与外界交往少,居民流动性不大,世代居住在一起,人际关系比较亲密,接收外部信息的途径较少,社区变迁的速度较慢,因而,社区文化中保留的传统因素较多,而且具有浓厚的地方特色。农村居民的文化心理与城市居民相比,带有一定的保守性和封闭性。

上述特征是就一般情况或传统农村而言的。随着农村经济和社会的发展、城乡之间的交流,农村社区的面貌正在发生明显变化。

(二)农村社区的类型

农村的基本特征表现了农村社区的一般性和共同性,但农村发展的不平衡性又表现出具体农村社区千姿百态的特殊性,对此可以根据不同目的、从不同角度进行分类。

1. 按从事的主要产业区分

可将农村社区分为:①农业社区,以耕种为主业的居民点;②渔业社区,以养鱼和捕鱼为主业的村落;③牧业社区,以牧业为主业的村落;④林果业社区,以经营林业和果业为主业的居民点;⑤工矿业社区,以工矿为主业的村社,一般远离城市,居民较少,与当地农村联系密切,靠社区内拥有的特殊的优势自然资源运行;⑥狩猎业社区,以狩猎为主业的村社;⑦综合社区,从事多种职业、经营多种经济活动的村庄。

2. 按所处的地理位置区分

可将农村社区划分为平原、滨湖、沿海农村以及山村等社区。在平原、滨湖、沿海等农村社区，一般来说，人口较密集，耕地绝对量多且较肥沃，但人均耕地和人均资源较少，多种经营和其他产业都较为发达，经济、思想文化比较开放，社会流动较为频繁，容易接受新事物。而山村社区则较为不发达，社会比较闭塞，但人均资源较多。尤其是我国西北部山区资源非常丰富，但开发不够，生产力水平较低，与东部人口多、人均资源少、技术先进、生产力水平高正好呈反向梯度。

3. 按聚落形态区分

可把农村社区分为：①散村，即以孤立的农舍为基础作点状分布的村落。②路村、街村、沿河村，即沿路、沿街、沿河而建的村落。③团村，这类村庄规模较大，建筑物采取周边加行列式布局，多位于平原和盆地。不同的聚落形态对社区生活往往有不同的影响。

4. 按居民的分布状态和村庄组成社区的形式区分

分为散村社区、集村社区和集镇社区。①散村社区一般由零星分布的居民户组成，他们非亲即故，关系密切，生产上互相帮助，生活上互相扶助，交往重感情，认同意识强，民风淳厚，传统观念浓，社会流动少，社区变迁慢。②集村社区人数较多，规模较大，一般是几十户、几百户聚集在一起，人口可达几千人。由于人数众多，姓氏复杂，居住较远，接触不多，人际关系不甚密切，认同意识不太强，但集村社区组织性较强，制度多而完善，社区行为主要不是靠传统和自发，而是靠制度和组织。集村社区由于村落间的距离较远，每个村落一般都有服务中心。③集镇社区，包括逢集和设镇的地方，它是介于农村和城市之间的过渡性居民点。由于它的人口规模、聚落形态、社区生活等方面都表现出与城市和乡村的不同特点，所以有人称其为"乡头城尾"。与集村社区相比，集镇经济结构和居民成分复杂，人际关系相对疏远，社区的集体行动更多地依靠政府和社会团体来组织，社区的文化较多地体现了城乡两种文化的交融。与城市相比，集镇社区的人口文化素质以及物质设施都有很大差距。但同时，集镇又是城市与农村联系的桥梁，是农村向城市过渡的社区。

（三）中国农村社区的变迁

中国传统社会是农业社会，农村人口、农业活动占绝对支配地位。中华人民共和国成立后，经过土地改革、合作化、公社化等运动，使中国农村发生了结构性的变化。改革开放以来,随着农村经济体制改革的深入和农村经济的发展,农村社区呈现出新的面貌。

1. 经济结构由单一性变为多样性

伴随经济体制改革,农村经济结构按照市场机制开始调整。在农田种植业得到发展的同时,其他非农产业也得到发展,出现了农、林、牧、渔、工、商、运、建、服务等多业并举的格局。其中,发展最快的是乡村工业。在某些发达农村社区,从事乡村工业的农村劳动力已超过从事农田种植的劳动力,工业所占比重也大大超过了农业。

2. 农村居民的物质生活水平逐年提高

长期以来,由于我国农村人口众多,生产技术落后,农田产出率低,又加上非农产业不发达,使得农村的物质生活水平低下。随着农村产业结构的调整,农村居民的收入不断增加,表现为农村居民总体收入水平提高,农村贫困人口减少,消费结构变化和居住条件改善。当然,由于多种因素,不同地区的农村居民物质生活还存在一定程度的差异。

3. 农村社会组织方式发生变化

实施改革开放政策以来,我国农村原来"三级所有,队为基础"的人民公社管理体制为家庭联产承包责任制所取代;原来"政社合一"的人民公社为乡村政权和各级经济合作组织所取代;原有的政治动员和行政等级管理式的农村组织方式大大弱化,村民委员会、村民小组和各级经济合作组织在组织社区生活中发挥着重要作用。

4. 生活方式越来越丰富和多样化

随着农村居民经济收入的提高,城乡交流的加快,大众传播的影响,农村居民的生活方式正变得日益丰富多样,并向城市生活方式迈进。这种变化既表现在饮食、服装、住宅、文化设施等方面,也表现在精神生活方面。农民过去由于小农经济造成的狭隘、闭塞、愚昧、落后的一面正一步步改变,商品经济观念、效率观念、时间观念、开放意识等新观念正日益为农民所接受。农村社区正在由封闭的传统生活向开放的现代生活转化。

二、城市社区

(一) 城市社区的含义与特征

"城市"一词是由"城"和"市"两个概念组成的。在我国古代,帝王或一地之主居住的地方为城，一般要用起防御作用的墙围起来；市则指商品交易的场所。随着社会生产的进步，"城"发展了"市"的功能，"市"发展了"城"的功能。当市在城周围衍生、城逐渐包围市的时候，城市便合二为一了。在现代，城市已成为人们日常生活和社会科学中的常用语。

在社会学中，城市社区是指在特定的区域中，大多数从事工商业或其他非农产业的一定规模的人口组成的生活共同体，它是人类居住的基本形式之一。城市社区的出现晚于农村社区。最初的城市定居点建于公元前3500年美索不达米亚的富饶平原中，随后更多的城市出现在埃及的尼罗河、印度的印度河及中国的黄河两岸。在人类历史上，城市社区的发展更晚，一直到近代甚至最近几十年才发展成为人类生活的主要场所。城市社区有多种具体的表现形式。一个城市可以成为一个社区，城市连同其周围的与之关系密切的城镇也可以成为一个社区，甚至几个毗邻的城市也可能组成一个社区。一般说来，城市社区指城市本身。城市社区在社会经济文化等方面与农村社区不同，有自己的特征。

（1）人口聚集规模大、密度高。城市社区人口集中是城市不同于乡村的一个显著特点。一般地说，城市规模越大，人口密度也越高。

（2）经济活动复杂，职业门类众多。城市居民基本上都是非农业人口，他们分别从事众多的行业和职业。工商业是城市经济的主体，其运作过程与组织体系比农业生产要复杂得多。商品经济的程度相对较高，更加剧了城市经济结构与经济活动的复杂性。

（3）组织程度高，社会结构复杂。在城市，人口和社会活动的高度集中，使管理的复杂程度大大提高，由此产生了复杂的城市社会组织体系。科层组织遍布城市的经济、政治、文化等社会各个领域，从居民的衣食住行到生老病死，都有相应的正式组织为其提供服务。

（4）社区居民异质化程度高，生活方式多样化。城市居民在职业、文化背景、生活经验、价值观念、风俗习惯、生活方式等方面差异较大。居民以其职业为中心来进行纷繁多样的活动，工作之余可以利用现代城市的机构和设施，开展各种个体或社会活动，使城市居民的生活方式丰富多彩。人口的异质性促进文化交流，因而居民思想开阔，乐于变革。

（5）人际关系以业缘为主，人际交往感情色彩淡薄。城市居民之间大多缺少血缘和地缘关系，人们又都以快节奏从事自己的活动，再加上城市人际交往较多，使得城市居民的大量交往在感情上色彩淡薄，就事论事。城市科层制度发达，也要求人们重理性而轻感情，循规章而不讲人情，相信职务而不相信

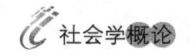

个人，相信契约而不相信口头承诺。

（二）城市社区的类型

由于城市形成的原因、所处的环境、所起的作用不同，城市的类型也是多种多样的，常见的划分有三种。

1. 按城市人口数量划分

一般划分为大城市、中等城市和小城市。世界各国因其国情不同，划分城市大小的标准也不尽相同。在我国，1000万人口以上的城市为超大城市，100万~1000万人口的城市为特大城市，50万~100万人口的城市为大城市，20万~50万人口的城市为中等城市，20万人口以下的城市为小城市，其中不够设市标准的称其为镇。

2. 按城市履行的主要功能划分

（1）政治城市，即以政治活动为中心的城市，是国家或地区的政治机关所在地，一般在地理位置适中或地势险要的地方。如美国首都华盛顿、澳大利亚首都堪培拉，我国历史上的首都长安、南京及如今的首都北京等。②工业城市，即以工业生产活动为中心的城市，其中又分为重工业城市和轻工业城市，如钢都鞍山、煤都抚顺等。③商业城市，即以商业活动为中心的城市，如香港、上海等。④宗教城市，即以宗教活动为中心的城市，如耶路撒冷、麦加等。⑤文化城市，是大学、科研机关和文化艺术团体集中的地方，如英国的牛津和剑桥、美国的硅谷等。⑥旅游城市，供人旅游与休息的城市，一般建在风景秀丽、气候宜人的地方，如青岛、三亚、桂林等。⑦军事城市，以军事活动为主要功能的城市，通常是军事重地，如我国历史上的山海关。以上划分是就主要功能而言的，我国现阶段的大部分城市是多功能的综合性城市。现代城市的发展趋势是：单一功能的城市越来越少，而综合性、多功能的城市越来越多。

3. 按各民族的历史和文化传统划分

①欧洲型。欧洲城市是以工商业市民为主体的城市，市中心有市民集会的广场、大教堂以及工商组合的事务所。城市由工商居民管理，兴建了许多规模大、工人多的工厂，其功能多样，结构也相应复杂。②亚洲型。亚洲的城市是在漫长的历史过程中由政治上的统治者——皇帝、国王和封建领主起主导作用形成的。城市中心由统治者占据，建筑设计和城市规划以确保统治者的安全为宗旨，因此，具有极鲜明的政治色彩。③中东型。城市是以中东地区的伊斯兰教和游牧民族为主建立起来的。城市中一般都有伊斯兰教的大清真寺，以及为

游牧商队设置的集市和商场。迷津式的道路是中东城市的一大特点。④美国型。这种城市从诞生之日起，就是现代化的产业城市，结构相对简单，布局整齐合理，城市中林立着摩天大楼和商业中心，大资本家、大金融家、大投机商主宰着城市的运转方向。随着汽车交通的发展和高速公路的修建，城市中心衰落，而空气新鲜、风景秀丽的郊区成为人们乐于居住的场所。

（三）城市社区的中心作用

城市的中心作用是城市功能和整体效益在城市与外部联系中的发挥和体现。城市是人类为自身而创造的一个生存空间和人文环境，是人们摆脱自然状况走向自由王国的桥梁。城市一旦形成，就以它巨大的经济功能和文明意识推动社会历史前进。城市发展的水平往往标志着一个国家和地区的经济、政治、文化、教育、科技、信息等多方面所达到的进步状况。列宁在分析有关城市发展在经济、政治、文化领域及社会运动中的作用等大量统计资料后，得出结论："城市是经济、政治和人民的精神生活的中心，是前进的主要动力。"❶ 这一论断是针对城市和乡村在经济社会发展中地位的比较而言的，也是对城市自产生以来实际发展进程的规律性的总结。在现代社会，城市的中心作用得到了进一步加强。

1. 经济中心作用

城市是国家的工业中心、商业中心、服务中心、交通运输中心、金融和信息中心，在经济上发挥着巨大的作用。城市集中了较多的工业企业和科学技术，专业化、现代化程度高；城市又地处要冲，是各地交通与邮电通信的枢纽，人口密度大，市场广大，不仅对自身而且对辐射区都会产生强烈影响。在古代，更多的城市从经济上来说是进行商品交易的中心，而在近现代社会，城市的经济中心作用有了进一步的加强，出现了许多前所未有的工业中心，如钢都、油都、煤都、石油化工中心、能源动力中心等。城市带动农村，农村和农民在经济上依赖城市、依赖工业、依赖城市的集中信贷。城市的经济产值在整个国家的国民生产总值中占有一个相当大的比重，其实际影响往往超过该城市本身。有些大城市，如纽约、伦敦、东京、上海等其经济作用往往成为一个国家的经济基础，甚至对整个世界的经济活动都有举足轻重的影响。

2. 政治中心作用

在古代社会，由于政治和军事作用的重要性，比较发达的城市大多都是政

---

❶ 列宁全集（第19卷）[M]．北京：人民出版社，1959：264．

治和军事中心，城市成为统治阶级、各级各类官员工作和生活的地方。现代社会，城市除了其他功能外，政治中心作用仍然十分突出，国家和地区的方针、命令、政策往往由城市发出，政府领导机关以及各种政治活动场所一般都设在城市，使城市成为整个社会政治生活的中心。恩格斯和列宁曾经特别强调大城市的巨大作用，指出大城市是工人运动的发源地，城市越大，工人阶级在斗争中的作用也就越大。现代社会各国的首都无疑都是政治中心，而各地区的中心城市除了经济中心外，也具有该地区的政治中心作用。当代城市作为社会的政治中心有其一定的必然性，这主要是因为城市经济实力雄厚，交通发达便利，信息多且传递快，有利于社会管理。

3. 文化中心作用

城市是人类进步的结晶，是文化的中心，包括科技中心、情报信息中心、教育中心、文学艺术中心等。城市是创造与传播文化的基础，既在科技上领先，又在教育、文化享受等方面具备比乡村优越得多的条件。城市往往是知识分子的聚集之地，而知识分子往往成为新思想、新文化的倡导者和传播者。同时，城市中的文明开放程度较高，教育和文艺活动较为普及，为新思想、新观念形成提供了有利条件。文化教育事业的产品不但惠及城市居民，而且通过文化传播对农村居民的生活和农村地区的发展产生重要的影响。

（四）城市社区的区位结构

城市区位结构是指城市居民的生产、生活和工作场所在城市地域上所处的位置及其空间结构。城市作为人们生活的共同体或生活聚落，其主要的活动空间有工业商业区、居民生活区、行政管理区、文化区、游览区等。

由于各国文化传统不同，每个城市形成的过程不同，城市的规模不同，上述各类活动空间在城市社区中的分布就有差别。西方国家不少城市，其中心区多为商业区，往外是由工厂、住宅构成的过渡区，再往外则是不同阶层居民的住宅区，高阶层住宅一般建立在远离工厂和闹市区的城市边缘。在我国，不同历史时期，不同功能的城市，区位结构有很大差别。如政治城市，在古代社会一般有城郭，是正方形的，行政区坐落在城市中央，它的四面多发展为商业区。经济城市的市中心多是商业区，一般设在人口集中、交通方便、靠近码头车站的地方。沿海、沿江及靠近山区的城市，多为长条形或依山势而建。现代城市一般是圆形城市，因为圆形四周与市中心距离相等，信息沟通、交往和服务效率最高。在大城市，为了方便居民生活，建立了许多功能齐全、设备完善的生活区。城市不再围绕着一个中心向外展开,而是由多个中心团块连接而成。随着工业化进程的加快,工业区多设在城市的边缘或郊区,这是因为机器大工业生产规模大,占地多,又有环境污染问题,而城市边缘土地广阔,地价便宜,有利于大工业的发展。文化区一般设在城中较为僻静的地方,有利于科学研究与学习。休息游览区一般有分散和集中两种类型,原来的老城市因建筑物密集,街道狭窄,很难辟出绿地,所以要见缝插针修建绿地或建立一些公园。新建城市在规划时一般都要留出足够的绿地面积,使休息游览的地方更集中一些。随着物质财富的增加和精神生活的丰富,人们对这方面的需要将会越来越大。

社区区位结构不仅涉及工业、商业、生活居住、文化教育、公用设施、生态平衡等,还涉及政治、技术和美学艺术领域。研究城市社区的区位结构,可以了解区位结构的历史与现状,更重要的是给城市规模提供正确的理论根据,使城市区位规划趋于科学化、合理化,以方便居民生活,美化社会环境。

第三节 城市化

一、城市化的含义与后果

(一) 城市化的含义与进程

当代社区发展的基本趋势是城市化。所谓城市化,指人口从乡村向城市转移,造成城市规模的扩大和城市数量增加的过程。城市化通过原有城市的扩大、非城市社区向城市社区的转化以及新建城市这三个途径来实现。衡量一个国家或地区城市化水平最常用的指标是城市人口占总人口的比重。除此之外,国内外有些学者认为,城市文明向农村社区的扩散及其带来的农村社区在生活方式、价值观念等方面逐步趋近城市,也应视为城市化范畴的一个方面。

城市化是近代工业化都市形成、发展并取代乡村成为经济与社会重心的过程,它标志着人类生产和生活在环境、内容和形式方面发生了剧变,集中、紧张、高效的城市生活代替了分散、悠闲、慢节奏的田园乡村式生活。

在农业时代,由于没有人口急速的增长,传统的文化和组织惰性很大,社会生产力发展缓慢,因而不可能出现大规模的城市化。始于18世纪中叶的英国工业革命,极大地冲击了旧的农业手工劳动和文化传统,机器大工业的出现使经济活动的社会化、专业化得到迅速发展,在聚集效应的作用下,城市得到

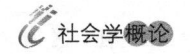

迅速发展。工业活动的集中造就了新的城市，扩大了原有的城市。工业活动不断提出的要求使城市的基础设施和服务系统变得更为完善，而完善的城市生活、生产条件又吸引着更多的工业活动和人口向城市集中。比如，在1801—1851年的半个世纪里，工业革命的发源地英国，5000人以上的城镇由106个增至265个，城镇人口比重由26%上升为45%；美国的城镇人口比重和城镇数目，则分别由1800年的6.1%和33个，上升为1890年的35.1%和1340个。经济发达的一些西欧国家，城市化进程也十分迅速。1800年，整个欧洲万人以上的城市只有22个，到1900年，仅10万人以上的城市就增加到136个。20世纪50年代以后，整个世界城市化速度加快，城市数量和城市人口迅速增长，城市化质量提高，城市功能向动态性、综合性发展。城市化程度比较高的发达国家开始出现了人口从城市中心迁移到市郊的趋势，即"逆城市化"倾向。

发展中国家长期受殖民主义统治和掠夺，城市化进程主要是第二次世界大战以后发生的。战后伴随着经济的发展、科技水平的提高、政治上的独立，特别是人口的迅速增加，发展中国家加快了城市化步伐，不仅城市人口增长速度大大高于发达国家，而且在绝对量上到1957年也超过了发达国家。但同时，一些国家或地区出现了城市人口过度集中和过度城市化的问题，在一定程度上影响了城市的正常发展。从发展的观点看，世界城市化的速度在今后相当一段时间内还会加快。

（二）城市化的影响与后果

人类居住场所的变化，是人类历史上具有深远影响的大事，随着城市化进程的加快，整个社会结构发生了深刻的变化，对社会生活造成的影响是多方面的。发达国家和发展中国家虽然都在经历城市化过程，但它们遇到的问题和面临的情况有共同之处，也有不同之处，其城市化的影响，所造成的问题、程度也不一样。但是，城市化作为人类社会不断发展的产物，其影响和问题还是有许多共同的方面。

1. 城市化带来了生产方式的变化

真正意义上的城市化是工业革命的直接后果，是在工业革命中的新的生产方式的基础上发展起来的。同时，城市化融于工业革命进程之中，为工业化提供了更大的拓展空间。具体来看，城市的大量出现和迅速发展，使一些传统产业焕发生机，一些新兴产业破土而出。大批人口涌入城市，大量厂房、住宅和其他辅助建筑物拔地而起，给建筑业提供了发展的机会和条件。大工业的高产出、高效益以及由生产和人口集中带来的土地供求关系的变化，使房地产成为最有利可图的产业之一。城市的发展也使市政建设和各种服务性产业发展起来。

2. 城市化改变了社会的人口结构和职业结构

工业革命前，世界上所有国家都约有80%以上甚至90%以上的人口居住在农村，从事各种形式的农业生产和手工业生产，农业和手工业是社会中的主要职业。工业革命中的城市化进程，首先改变了旧的人口和职业分布状况。农业人口不断地离开农村，离开土地，开始大量地向城市集中，从事各种各样的工商业活动。如英国在经过工业革命的19世纪初，从事工商业、服务业的人数已占所有职业人数的2/3，到1871年，已经超过了4/5。我国近年来城市化进程加快，一个明显的变化就是越来越多的农村人口从土地上转移出来，从事各种非农产业。

3. 城市化引起了生活方式的变化

城市化对人类生活方式的影响是极其显著的。在农业经济和手工业经济中，人们习惯于日出而作，日落而息，生活节奏较慢。大工业本身就是一架高速运转的机器，把人们的活动也安装上了马达，劳动者不再按照自然界的昼夜交替或人体生物钟作息，而要完全服从于资本的需要和机器的要求，生活中的一切都加快了节奏。关于城市化对社会生活的影响，一些学者作了这样的归纳：生活丰富而复杂；生活的节奏快，精密性要求高；交往上的表面化与事本主义；文化的异质性；个人的自主性强。❶

4. 城市化引起了家庭结构和功能的变化

城市化使家庭在结构和功能方面与传统家庭有很大的区别：第一，家庭规模由大变小。这是因为城市的发展提供了越来越多的就业机会，特别是越来越多的妇女就业。成家的子女就业在外，使得小家庭占多数。第二，家庭的权力结构变化，表现在父母和子女、丈夫和妻子都趋向相对自主和自由。第三，家庭的功能减弱，许多传统功能逐渐由国家、政府、社会组织、社区所承担，家庭只是一个生活和养育子女的场所。

5. 城市化对思想文化观念的影响

在自然经济条件下，人们世世代代居住在狭小的地域中，眼界狭窄，思维

---

❶ 孙立平. 社会现代化 [M]. 北京：华夏出版社，1988：421.

不开阔，祖祖辈辈形成的传统价值观念束缚了人的头脑和心灵。城市开辟了人类生活的新天地，现代化的交通与通信工具把穷乡僻壤与繁华都市联系在一起，高度发展的现代文明与传统文明的对比和反差使人们感到极大的震动。投入城市生活的人们，思想意识、价值观念、行为方式都有了很大的转变，人们开始用崭新的目光来观察社会、审视人生、认识自己。这种思想的解放，其意义不亚于机器的发明和应用，带来了科学的勃兴、文化的发展以及人的素质的提高，为社会经济的更大发展准备了最基本的条件。

6. 城市化引发了许多社会问题

世界各国在城市化进程中不可避免地要出现这样或那样的社会问题。任何一个城市的过度发展，都可以视作城市的膨胀。在经济发达的城市，这种膨胀可以通过城市自身的空间扩大以及服务、就业、公用设施的完善而自我消化。但在经济不够发达的城市，由于缺乏这种消化能力，只得任其膨胀，成为社会问题的主要根源。在发展中国家，情况更为严重一些。因为任何城市都有一个合理的容量吸收并容纳一定的人口，如，需要有一定的职业位置提供给劳动者，适量的房屋供给新来人口的居住，为人们工作、生活提供交通运输工具和通信联络等。然而，由于发展中国家经济底子薄，人口增长的速度超过经济发展的速度，因而城市内就业、居住及公共服务的基本物质条件较差，这种情况往往使城市社会病态问题尤为突出。因此，如何规划城市，使城市发展控制在一个合理的范围内，是摆在发展中国家面前的重要课题。

二、中国城市化：历史演变与策略选择

（一）中国城市的历史演变及其特点

1. 封建社会时期我国城市的发展

在封建社会，我国的城市基本上是出于政治和军事需要而建立的，秦王朝在郡县统治机构所在地设立城市，被称为"郡县城市"。连绵不断的战争摧毁了作为政治中心和军事堡垒的城市，所以在战乱年代城市不会有大的发展。而帝国的稳定与繁荣给城市特别是都城的发展带来机会，如唐代的长安、北宋的汴梁都曾盛极一时。三国至元朝期间，由于我国北方战争不断，城市发展处于停滞状态，晋王朝南迁使经济中心南移，从而带来南部城市的较快发展。明清以来，随着商品经济的发展，我国的城镇有了一定发展，这些城市多分布于东南沿海和交通线上。总之，封建社会的城市带有明显的政治性和军事性。城市

是封建统治阶级施行政治统治的中心，也是贵族、地主、官僚集居的地方。城市中的工商业不发达，城市不能带动农村发展。相反，政治上的统治和经济上的剥夺造成了严重的城乡对立。

2. 新中国成立以来我国城市的发展

1949年我国的城市人口仅占全国总人口的10.6%，城市化水平很低。在中华人民共和国成立以来的几十年里，我国的城市发展大体经历过如下几个阶段：1949—1960年是我国城市正常发展的时期。此期城市发展受政策的直接干预较少，1960年我国的城市化水平为11.9%。1961—1965年，受大跃进和自然灾害的影响，城市发展受到挫折。1966—1978年"文化大革命"时期，由于城市知识青年上山下乡，干部下放，城市发展缓慢，1978年我国的城市化水平为17.8%。经济体制改革以来，随着我国经济和各项事业的发展，加之市、镇标准的变化，我国的城市化水平不断提高。根据1990年第四次人口普查资料，1989年底我国的城市化水平为26.23%。到了90年代，我国的特大城市、大城市和中等城市都有较快发展，据2000年人口普查结果，该年年底我国的城镇化水平已达36.09%。进入21世纪之后，我国继续大力推动城市化，根据第六次全国人口普查数据，2010年我国城市化水平为49.68%，2017年末我国的城镇化水平已经达到58.52%。

3. 新中国成立以来我国城市发展的主要特点[1]

第一，城市化水平较低，城市化滞后。长期以来，我国的城市化一直在低水平上徘徊。1952年我国的城市化水平为12.46%，1970年为17.92%，1988年为25.81%，1998年为30.4%，低于经济发展水平相近的许多发展中国家。我国的城市化水平明显地滞后于工业化发展的水平，滞后于产业结构的变化。比如与其他一些国家相比，日本经济快速发展过程中，农业人口下降了65%；美国经济快速发展过程中，农业人口下降了72%；而中国在1985—1990年期间，从农业人口转移出去的人口，即使包括临时流动人口在内，也不超过10%，如果不计算农民进城打工的人数，真正转移出去的农业人口仅有10.5%，这大大限制了中国经济社会的进一步发展。

第二，城市发展受政治因素的影响大。从20世纪50年代以来，政府通过户籍制度等政策控制了农村人口转入城市，这些政策明显地延滞了城市化进

---

[1] 王思斌. 社会学教程（第四版）[M]. 北京：北京大学出版社，2016：192-193.

程。此间，60年代的疏散、下放城市人口，"文化大革命"时期的知识青年上山下乡都对我国的城市化水平有直接影响。

第三，城市化发展不平衡。我国的城市发展和城市化在不同地区表现出较大差异，东部及沿海地区的城市发展较快，城市化水平较高，内地则发展缓慢。另外，大城市、特大城市数量多，而中小城市发展缓慢，这使得在城镇人口中，大城市和特大城市的人口所占比例较高。

4. 户籍制度与中国的城市化

首先，户籍制度对我国的城市化影响巨大。户籍制度是以户口登记为基础对人口进行管理的制度。我国在历史上很早就实行户口登记，以编户齐民。中华人民共和国成立后户口登记主要是为社会治安服务的，后来，户口登记的类型与粮食供应、户口迁移等发生了联系。1958年以后，国家对户口迁移政策作了调整，改自由迁移为控制城市人口规模的政策，规定对从农村迁往城市的要严格控制。这样，户籍制度就成为限制农村人口向城市迁移的政策，户籍制度背后还附着一系列与之相联系的、对待城市户口者的多种优惠政策，具体包括诸如财产制度、住宅制度、粮食供给制度、副食品和燃料供给制度、教育制度、医疗制度、就业制度、养老制度、劳动保险制度、劳动保护制度、婚姻制度等具体制度，这些制度的综合作用所造成的城乡之间的巨大差异，构成了城乡之间的壁垒，阻止了农村人口向城市的自由流动，成为控制农村人口向城市迁移的实质性障碍，从而对我国的城市化产生了直接的巨大影响。在长期的计划经济时期，政府在计划中安排的可以由农村户口转为城市户口的数量很小，至今，在一些大城市，户籍制度的限制作用依然存在。

其次，户籍制度的松动引发了城市化发展的新趋势。随着农村经济体制改革的深入，农村的剩余劳动力大量出现。20世纪80年代中期，在发展小城镇政策的指导下，政府表示农民可以"自理口粮"进入城镇务工、经商和开办服务业，并在城镇落户，这对小城镇的发展起到积极的推动作用。"自理口粮"可以视为户籍制度在一定程度上的松动，在不影响城里人利益的前提下，这一政策在一定范围内促进了城市化。随着城市中市场化改革的深入，由户籍制度给城市人口带来的特权逐渐消失。为了给城市发展注入新的活力，许多中小城市已宣布取消户籍制度。近年来，中央政府陆续出台了一些推进户籍制度改革的政策，进一步促进了我国的城市化进程。

（二）中国城市化战略选择

中国的城市具有悠久的历史，但现代意义上的城市化则始于1840年鸦片战争以后。在1840年到1949年这一百余年里,中国城市的发展带上了浓厚的殖民主义、半殖民地半封建特征,城市发展畸形、臃肿;城市分布极端不平衡,新建城市高度集中于沿海;城市性质多为消费寄生,成为帝国主义、官僚买办和封建地主阶级压榨人民的据点,形成严重的城乡对立、沿海与内地对立。中华人民共和国成立后,中国建立了社会主义制度,解放了生产力,城市的建设和发展发生了根本的变化,旧城得到改造,衰落的名城得到复兴,创建了大量新的城市。城市的经济功能和政治功能得到加强,城市的布局和结构有了显著的变化。纵观我国的城市化运动,基本上是与经济发展规律相协调的,总的趋势是在向前发展的。但就改革开放初的情况看,我国是一个经济比较落后的农业大国,人口多、底子薄、耕地少、城乡差别明显,伴随着农业科学技术的发展与应用,将会有更多的农村人口向城市转移。他们是涌到大中城市,还是就近转化就业,是我国城市化问题的关键。因此,在如何选择中国城市化道路问题上,早在20世纪80年代社会学界就进行了大量探讨,形成了不同的观点。①走以大城市为主体的城市化道路模式;②以发展小城镇为主体的城市化道路模式;③以中等城市为主体的城市化道路模式;④"双轨型"的城市化道路模式。当时大多数学者认为,一个国家走什么样的城市化的道路,强烈地受到本国经济基础、政治制度、传统文化、生态和资源状况等多种因素的制约。我国目前的国情决定了其城市化道路不能像一些西方发达国家那样走农村人口向大城市集中的道路。在学术界研究的基础上,我国政府根据本国的实际情况,制定了"控制大城市规模,合理发展中等城市,积极发展小城市"的城市化方针,试图走出一条具有中国特色的城市化道路。[1]

1. 控制大城市规模

我国的城市化水平在世界上是较低的,1997年达到29.9%,尚未达到世界城市化42%的平均水平。但目前,我国大城市的数量和人数却高居世界第一位,工业的分布也主要集中在大城市里。人口的过分膨胀和工业的过分集中,也带来了一系列严重的社会问题,比如用水、用地、能源、就业、住房十分紧张,交通拥挤,污染日益严重,社会治安也存在问题等。这些情况若不加以控制,不仅会给城市建设和管理带来许多困难,从长远看,也不利于生产的发展和人民群众生活的改善,甚至还会影响到社会的安全与稳定。因此,有必要

---

[1] 郑杭生. 社会学概论新修(第三版)[M]. 北京:中国人民大学出版社,2003:302;尹保华. 通识社会学[M]. 长春:吉林人民出版社,2004:379.

241

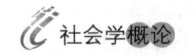

控制大城市、特别是特大城市的规模，不能任其无限制、无计划地膨胀下去。

控制大城市的具体措施主要有：①限制，即限制其规模继续扩大，特别是特大城市自身人口的增长，包括控制人口自然增长和机械增长两个方面。②疏导，即通过建立卫星城市和发展大城市周围的中小城市，疏散大城市中的现有人口。③截留，即通过发展中小城市，吸收和消化农村中的剩余劳动力。④布局，即通过生产力的合理布局，把原计划安放在大城市中的一部分项目放到中小城市或卫星城镇中去。

2. 合理发展中等城市

中等城市是一个地区经济、政治、社会生活的中心，它人口适中，经济基础、科学技术、生产协作条件和市政设施等基本配套，可以避免大城市人口过分集中带来的流弊，有比小城市更强的实力，只要各方关系协调好，管理科学，就可以获得较大经济与社会效益。因此，应当根据各地的实际条件和需要，从整体布局上合理发展中等城市，使它们能够在一定的区域范围内发挥更大的作用。

3. 积极发展小城市

在我国，小城市是指20万人口以下的城市，也包括镇，因此又可以叫做小城镇。小城镇是我国金字塔型城市体系的底部，是大中城市发展的基础。中国城市化的主要任务是变多数农业人口为非农业人口，而中国现有城市接纳农业转化人口的能力十分有限，建设更多的大中城市也因经济水平有限存在许多现实困难，因此，必须通过发展面广量大的小城镇来加速城市化的进程。我国发展小城镇的实践证明，小城镇的发展可以为控制大城市规模创造条件，可以吸收大量的农村剩余劳动力，可以促进商品经济的活跃，可以提高农村居民的物质文化生活水平。小城镇是城与乡、工与农的结合部，它的发展对加速农村城市化进程、避免盲目发展大中城市的种种弊端具有重要意义。

进入21世纪以来，随着经济的快速发展和产业结构的进一步调整，我国政府采取了更加积极的城市化政策。比如中共中央、国务院制定的《国家新型城镇化规划（2014—2020）》确定了如下指导思想：紧紧围绕全面提高城镇化质量，加快转变城镇化发展方式，以人的城镇化为核心，有序推进农业转移人口市民化；以城市群为主体形态，推动大中小城市和小城镇协调发展；以综合承载能力为支撑，提升城市可持续发展水平。当前，我国仍处于城市化加速发展的阶段。根据发达国家的经验，一般来说，其城镇化率的平均水平要在

80%以上，比如欧洲一些发达国家，像德国、瑞士、西班牙、意大利等，城市化率基本在70%~80%之间。这样看的话，再过十几年时间，我国城镇化率有望接近部分发达国家的水平。但是，在这个进程中，必须高度重视城市化带来的复杂问题，吸收一些国家和地区盲目发展城市乃至"过度城市化"的教训，真正走出一条符合中国实际国情的新型城市化道路。

(三) 中国农村的城镇化与"乡村振兴"战略

城市发展的实质并不只是城市内部结构的调整，更主要地是农村城市化问题，即农村人口向城市转移的问题。20世纪80年代中期，社会学家费孝通提出了以发展乡镇企业为依托、积极发展小城镇的主张。其主要着眼点有两个方面：第一，发展小城镇可以作为农村剩余劳动力的蓄水池，减少对大城市的压力。第二，它也可以成为农村的经济、政治和文化中心，带动农村的发展。发展小城镇的主张得到了政府的认可，并变为农村城市化的一项政策，这对推进农村城市化发挥了重要作用。

随着我国城乡经济的发展和加入世界贸易组织，农村城市化问题变得更加紧迫。在此背景下，政府的政策进行了一些调整，大力推进城市发展和小城镇的建设。一方面，政府促进乡镇企业向小城镇集中，一些地方施行并村建镇；另一方面，大中型城市郊区农民通过征地等方式转为市民。这些举措使得我国的城镇化水平持续提高。但是，近些年来我国的农村城镇化也存在许多复杂的问题，可以说我国农村的城镇化征途任重道远。为此，2014年十二届全国人大二次会议政府工作报告提出，要推进以人为核心的新型城镇化。坚持走以人为本、四化同步、优化布局、生态文明、传承文化的新型城镇化道路，遵循发展规律，积极稳妥推进，着力提升质量。今后一个时期，着重解决好现有"三个1亿人"问题，促进约1亿农业转移人口落户城镇，改造约1亿人居住的城镇棚户区和城中村，引导约1亿人在中西部地区就近城镇化。应该说，这种发展思路比较科学和比较符合实际，其目标的实现需要政府和社会各方面的协调努力。

在农村城镇化问题上，认为只有农村居民完全变成城市居民才算完成了城市化进程的想法是片面的。在我国，完全取消农民是不现实的，但是这并不是说要维持城乡差别以致不平等。这样，赋予农村城市化以更丰富的含义是必要的和富有启发意义的。农村城市化不但指农村人口向城市聚集变为城市居民，而且包括农村居民过上"城市式"的生活。我们可以把农村居民过上城市居民那样的生活，即生活方式的城市化称为"城式化"，这是农村居民的就地

"城市化"。❶ 实际上,在我国发达的农村地区,不少农民的生产方式和生活方式基本上已经城市化了,而且他们的生活质量比某些城市居民还要好得多。所以,农村城镇化绝不是简单的人口向城市的集中和农村土地转变为城市用地的过程,其关键与核心应该是"人的城市化"。郑杭生先生专门讨论了农民"市民化"这一理论议题。他认为,非农化、城市化、人口城市化、准市民、市民化等术语在其内涵上是有本质区别的:非农化主要是一个经济学术语,它是指农民在职业上的地位转型,他们依赖的主要生存资源发生变化,农业收入已经不是他们的主要经济来源,农民开始走向现代职业体系;城市化主要是一种地理学术语,它强调农村社区、地域景观等向城市的靠拢,即农村地区变得越来越像城市,或者已经转变成合法的城市;而人口城市化则主要是一种人口学术语,它强调农民迁居城市后,在身份上发生了根本变化,户口类型已经改变。目前所说的城市化率超过了百分之多少的数字,主要是指城市人口的比重,其内涵要小于完全意义上的城市化。"市民化"与前述几个术语不同,市民化主要是一种社会学术语。市民化的理论意涵强调:一方面农民在实现身份与职业转变之前接受现代城市文明的各种因子;另一方面在实现转变之后,发展出相应的能力(capability)来利用自身的市民权利,完全融入城市。因此,可以认为,市民化是指作为一种职业的"农民"(Farmer 或 Cultivator)和作为一种社会身份的"农民"(Peasant)在向市民(citizen)转变的进程中,发展出相应的能力,学习并获得市民的基本资格、适应城市并具备一个城市市民基本素质的过程。农民的"市民化"有两项基本的内容:第一,农民群体实现从农民角色集向市民角色集的全面转型;❷ 第二,在实现角色转型的同时,通过外部"赋能"(empowerment)与自身增能,适应城市,成为合格的新市民。而从具体的个人层面来看,在这个过程中,农民将实现自身在生活方式、思维方式、生存方式和身份认同等方面的现代性转变。❸

有研究认为,改革开放以来中国特色城镇化的路径表现为从工业城镇化、土地城镇化到人口城镇化的三个阶段。第一阶段自 1978 年到 1994 年,这个阶段的主要特点是工业化的速度远高于城镇化的速度,可以说是由工业化带动的城镇化,所以可以将其名之曰"工业城镇化"阶段;第二阶段是自 1995 年到

---

❶ 王思斌. 社会学教程(第四版)[M]. 北京:北京大学出版社,2016:195.
❷ 文军. 农民市民化:从农民到市民的角色转型[J]. 华东师范大学学报(哲社版),2004(3).
❸ 郑杭生. 农民市民化:当代中国社会学的重要研究主题[EB/OL]. 中国乡村发展网 http://www.zgcxfx.com/Article/49892.html. 2012-9-10.

2011年，这个阶段的主要特点是城镇化的速度加快，土地财政规模增长迅速，城市建设日新月异，城市建设用地问题是整个城镇化发展的关键所在，所以可以将其名之曰"土地城镇化"阶段；第三阶段则是指自2012年至今。2012年召开的中国共产党第十八次全国代表大会肯定了"新型城镇化"的概念，十八届三中全会又进一步提出"走中国特色、科学发展的新型城镇化"道路。新型城镇化的核心问题是"土地城镇化"阶段所遗留的流动人口问题。如何使得流动人口"落地""市民化"，如何使得中西部地区的农民"就地""就近"城镇化，是这个阶段城镇化的核心内容，因此这个阶段的"新型城镇化"可以理解为以解决"人"的问题为核心的城镇化，因而名之曰"人口城镇化"阶段。[1] 以"人"为中心的城镇化才刚刚展开，农村城镇化的道路还很漫长。

2017年中共十九大提出了实施"乡村振兴"战略，中央政府刻意于2018年2月4日"立春"这一天，颁布了《中共中央国务院关于实施乡村振兴战略的意见》。该《意见》首先指出了新时代实施乡村振兴战略的重大意义，认为"农业农村农民问题是关系国计民生的根本性问题。没有农业农村的现代化，就没有国家的现代化"。"实施乡村振兴战略，是解决人民日益增长的美好生活需要和不平衡不充分的发展之间矛盾的必然要求，是实现'两个一百年'奋斗目标的必然要求，是实现全体人民共同富裕的必然要求。"[2] 这是进入21世纪以来第15个以"三农"工作为主题的中央一号文件。该《意见》按照中共十九大提出的"产业兴旺、生态宜居、乡风文明、治理有效、生活富裕"的总要求，对统筹推进农村经济建设、政治建设、文化建设、社会建设、生态文明建设和党的建设，全面进行了部署。由此可知，这里所说的"乡村振兴"，是以农村经济发展为基础，包括农村文化、治理、民生、生态等在内的乡村发展水平的整体性提升，是乡村全面的振兴。该《意见》按照"远粗近细"的原则，对实施乡村振兴战略的三个阶段性目标任务作了部署：到2020年，乡村振兴取得重要进展，制度框架和政策体系基本形成；到2035年，乡村振兴取得决定性进展，农业农村现代化基本实现；到2050年，乡村全面振兴，农业强、农村美、农民富全面实现。[3] 可以看出，在中国特色社会

---

[1] 周飞舟，等. 从工业城镇化、土地城镇化到人口城镇化：中国特色城镇化道路的社会学考察[EB/OL]. 社会发展研究 www.shfzyj.com，2018-02-27.
[2] 中共中央国务院. 中共中央国务院关于实施乡村振兴战略的意见[N]. 人民日报，2018-2-5.
[3] 董峻. 谋划新时代乡村振兴的顶层设计——中央农办主任韩俊解读2018年中央一号文件[EB/OL]. http://www.gov.cn/xinwen/2018-02/04/content_5263795.htm.

主义进入新时代的背景下,"乡村振兴"是一项长期的历史性任务,既是攻坚战也是持久战。相信"乡村振兴"战略的实施,我国农村必将能够走出一条适宜于中国国情的发展道路。

思考与研讨

1. 社区的含义与构成要素。
2. 社区的类型划分。
3. 农村社区的含义与特征。
4. 农村社区的变迁。
5. 城市社区的含义与特征。
6. 城市社区的类型与作用。
7. 中国的城乡关系。
8. 当代中国的社区建设与社区治理。
9. 城市化的含义、动力与影响。
10. 中国城市化战略选择和农村城镇化的策略。

推荐阅读书目

1. 《社会学概论》编写组:《社会学概论》(马工程重点教材),人民出版社、高等教育出版社,2011年版。
2. 王思斌:《社会学教程》(第四版),北京大学出版社,2016年版。
3. 戴维·波普诺:《社会学》(第十版),中国人民大学出版社,1999年版。
4. 理查德·谢弗等:《社会学与生活》(插图第9版),世界图书公司,2006年版。
5. 裴迪南·滕尼斯:《共同体与社会》,商务印书馆,1999年版。
6. 埃弗里特·罗吉斯等:《乡村社会变迁》,浙江人民出版社,1988年版。
7. R. E. 帕克:《城市社会学》,华夏出版社,1987年版。
8. 费孝通:《小城镇大问题》,载《费孝通选集》,天津人民出版社,1988年版。
9. 中共中央国务院:《国家新型城镇化规划(2014—2020年)》,人民出版社,2014年版。
10. 中共中央国务院:《中共中央国务院关于实施乡村振兴战略的意见》,《人民日报》,2018年2月5日1版。

第九章　社会制度

在社会生活中，个人、群体、组织的社会行为和社会活动不是任意进行的，总是按照一定的章程和规则进行的，总是在某种规范的约束和限制下进行的。这样既保证社会结构的稳定，保证人们社会生活的正常进行，也促进社会整体平稳有序地发展。这种把人们的活动纳入一定社会秩序的规范体系，就是我们要研究的社会制度。

第一节　社会制度的含义与构成

一、社会制度的含义与特征

（一）社会制度的含义

汉语中的"社会制度"在英文中对应的是"social institution"，又或译作"社会设置"。比如美国社会学家波普诺把"social institution"（社会设置）定义为"组织起来以满足一个社会的基本需要的相对稳定的社会结构丛"[1]。波普诺花了大量笔墨系统论述了主要包括家庭、教育、宗教、政治（权力、政治和政府）、经济（经济与劳动）等方面的社会设置。[2] 同样是美国社会学者，谢弗则在其所著的《社会学与生活》一书中也是用了很大篇幅系统论述了诸如家庭与亲密关系、宗教与教育、经济与工作、健康与医疗等方面的社会制度（社会设置）。[3] 这一方面说明英文中的"social institution"也就是汉语中通常

---

[1] ［美］戴维·波普诺. 社会学（第十版）[M]. 李强，等，译. 北京：中国人民大学出版社，1999：389.

[2] ［美］戴维·波普诺. 社会学（第十版）[M]. 李强，等，译. 北京：中国人民大学出版社，1999：388－535.

[3] ［美］理查德·谢弗. 社会学与生活（插图第9版）[M]. 刘鹤群，等，译. 北京：世界图书出版公司，1999：281－412.

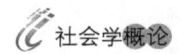

所说的"社会制度",另一方面说明了"社会制度"是社会学十分重要的研究课题。郑杭生先生在其主编的《社会学概论新修(第三版)》中,专门设立一章讨论这方面的内容,其标题即为"社会设置"。该书给出的社会设置的定义是:社会设置是在特定的社会活动领域中所创设和形成的一整套持续而稳定的规范体系,它是制约社会行动的重要机构框架。[1] 从该书所讨论的"社会设置"的具体内容来看,其实就是大多数社会学教科书中所说的"社会制度"。

社会制度虽然是社会学传统的研究课题,但人们对它的理解和解释却并不完全一致。由于社会学本身对其定义就非常的纷繁复杂,加上这个词在汉语使用中有多层意义,以及各个社会学家在使用这一概念的时候,又都会从自己的理论视角对概念的内涵加以取舍,这样造成了"社会制度"在使用上的混乱局面,因此,有必要对它的含义进行一番讨论。

"制度"一词,按《辞海》的解释,制度的第一含义便是指要求组织成员共同遵守的、按一定程序办事的规程。古汉语中"制"有节制、限制的意思,"度"有尺度、标准的意思。这两个字结合起来,表明制度是节制人们行为的尺度。而在现代汉语中,人们在使用"社会制度"这一概念时,主要有三种不同层次的含义。第一种含义是指社会形态或社会性质,如社会主义制度、资本主义制度等。这一含义最具代表性的研究是马克思在分析人类发展的规律时使用了"社会经济形态"的概念。他认为,一定的经济基础和建立于其上的上层建筑总和起来构成社会经济形态。他把社会经济形态分为五种类型,即原始社会、奴隶社会、封建社会、资本主义社会和社会主义社会。后来这些不同的社会经济形态被称为社会制度。这种含义相当于英语的 the system of society 或相当于英语的 social system,这是宏观层面的理解。第二种含义是指各种基本的社会制度,如经济制度、政治制度、教育制度等,在我国现代的语言习惯中,往往称为经济体制、政治体制、文化体制等,这种意义上的社会制度是保持社会持续运行的基本规范体系,也是社会结构的重要组成部分(即本书"社会结构"一章中所论述的社会结构的构成要素或单位),它相当于英语的 social institution,即上述的"社会设置",这是中观层面的理解。第三种含义是指各种社会组织中的各种具体的规章制度,如考勤制度、奖惩制度等,主要是指维护一个社会组织存在与发展的规范体系,相当于英语的 rule,这是微观层面的理解。社会学传统所研究的主要是第二种意义上即中观层面的社会制

---

[1] 郑杭生. 社会学概论新修(第三版)[M]. 北京:中国人民大学出版社,2003:254.

度。当然，研究中观层面的社会制度，并不代表其研究不涉及宏观和微观层面的制度，尤其是，社会学在研究中观层面的社会制度时往往要密切联系宏观层面的社会制度，比如要把经济制度、政治制度、教育制度、家庭制度、宗教制度等放到宏观制度的背景中来考察。

西方政治哲学对社会制度的论述通常是在传统的社会契约的定义中加以展开的，一般认为，对西方政治哲学传统中的"社会契约"概念加以细化就是所谓的"制度"，这种契约是人们对自己所生活于其中的群体有效的约束机制。它把社会中的各种因素、成分及人们的社会活动，以恰当而又相当固定的方式联结与组合为一个整体。它还通过自己的特定作用，保持社会关系的稳定，维护整个社会系统的平衡，保证整个社会系统及其各部分的正常运行和社会生活有条不紊地进行。正是从这一角度出发，众多学者（含社会学家）对"社会制度"进行了论述。

美国制度学派先驱之一凡勃仑首先将制度问题纳入科学研究，开创了对制度进行系统的逻辑实证研究的先河。凡勃仑认为，制度是大多数人所共有的一些固定的思维习惯、行为准则、权力与财富原则。制度必须随着环境刺激的变化而变化，因为就其性质而言，它就是对这类环境引起的刺激发生反应的一种习惯方式。而这些制度的发展也就是社会的发展。制度实质上就是个人或社会对有关的某些关系或某些作用的一般思想习惯。制度学派另一位著名的代表人物康芒斯认为，"制度"一词的定义不十分确定，但他还是从制度内的人类行为入手找到了适用于一切属于制度范畴的一种普遍的原则，即社会制度是无组织的习俗和有组织的机构如家庭、公司、工会等的集体行动对个体行动的控制。而集体行动与所谓的制度密切相关，后者告诉个人能够、应该、必须做什么，或是相反。按照他的观点，传统研究由于受个人主义方法论的束缚，没有研究支配结构的各种规则和体制，作为经济体系发展和运转的关键机制，政府是采取集体行动和进行变革的首要工具。对此，马克思也有类似的看法。他主张人的本性是社会关系的总和，实际上这等于说，个人的偏好严重地受到其他人或他自己所属的集体或阶级的影响，同时还受到与此有关的制度的约束。

将制度作为经济学研究对象的新制度经济学，吸收和借鉴了制度学派的有益成果，在有关制度内涵的定义方面，提出了与以往其他制度学派相类似的见解。当然，新制度经济学派对制度的理解更趋于现实性和具体化。安德鲁·斯考特给出了制度的明确界定。他把社会制度定义为：社会制度是社会的全体成员都赞同的社会行为中带有某种规律性的东西，这种规律性具体表现在各种特定的往复的情境之中，并且能够自行实行或由某种外在权威施行之。这个定义指出了制度在执行方式上的性质差异，一种是自觉施行的制度，另一种是需要强制实施的制度。W. 艾尔斯纳认为，制度是一种决策或行为的规则，后者在此控制着"往复多人情境中的个人活动"，特定的规则通常在特定的社区内得到普遍承认，因为它（们）为与决策有关的预期提供了基础。保罗·布什认为，某种制度，则可以被定义为一系列由社会限定的相关行为类型，在阐述制度概念时，布什极为强调其"社会限定"性，他指出，制度主义者不否认人类行为的随机性质，但坚持认为处于某一社会内的所有行为最终均要受制于社会限定或制约。诺贝尔奖获得者、美国的新制度经济学家诺斯认为：制度是一个社会的博弈规则，更正式地说，是人们制定的、规范人们相互关系的约束条件。

我国老一代社会学家孙本文先生把社会制度称作"社会公认的比较复杂的而有系统的行为规则"。台湾学者龙冠海将社会制度定义为"维系团体生活和人类关系的法则和社会行为模式"。王思斌认为，"社会制度是人们在共同的社会生活领域中形成的、指导人们的社会活动的、稳定的规范体系"❶。

上述讨论可以说是关于制度范畴的归纳性描述。可以看出，前述各种定义大都离不开"规则"或"规范"这个核心概念，说明用以限定人类行为的"规则"是制度的核心，而其他的特征、属性及其附带说明均不过是它的派生物，而"规则"正是人们出于稳定与均衡的需求而产生的。实际上这种理论的传统表明了社会制度的两个基本的功能：一是用制度的形式，维护和稳定既存的社会关系与结构，表明社会存在的逻辑结构；二是对社会成员行为的规定和限制，使社会成员的行为与活动规范化。而要达到这两个功能，社会制度必须以一种系统化、规范化的形式出现，在每一个具体的社会活动领域，例如政治、经济、家庭领域形成特定的支配人们行动的规范系统。因此，从以上的分析我们可以给出社会制度的定义如下：社会制度是指为了满足人们的需求，保证社会正常的运行，调整特定领域的社会活动与社会关系，由人们长期的互动所形成的、为大多数人所遵循的稳定的规范体系。❷

（二）社会制度的特征

1. 社会制度是一种公共规则，具有共享性

就社会制度的终极形态而言，它具有"公共品"的性质。在人类历史上

---

❶ 王思斌. 社会学教程（第四版）[M]. 北京：北京大学出版社，2016：198.
❷ 尹保华. 通识社会学 [M]. 长春：吉林人民出版社，2004：393.

还没有哪一种制度是专门为某一个人制定的。在制度形成过程中，可能是由少数人制定和倡导的，但是当制度一旦形成之后，会逐步适用于所有的人。作为"公共品"的制度，通常表现为观念、习俗、法律等形式。它们无时无刻不在起作用，广泛地影响着人们的行为，约束人们之间的相互关系。一般公共品不具有排他性，即在一定范围内人人都可享用公共品。但作为"公共品"的制度，有时可能具有排他性，如对大多数人有益的制度未必对少数人有利，即有时的制度安排是根据绝大多数人的意志制定的，遵循少数服从多数的原则。

公共性设立的原则是以公共社群为主要的服务目的的，也是以公共利益与个人利益的兼得作为目的的。均衡的社会制度既能够为个体提供比较巨大的利益激励和比较充分的自由选择空间，也能够为人们建立有效的利益约束和行为规范，从而可以在个体利益和公共利益之间架起一座沟通的桥梁，达到个体利益和公共利益的高度整合。因此，从某种意义上讲，社会制度的建立要想达到均衡的理想结果，必须遵守其公共性的特征，不再简单地是那一个权力机关的事情，而是政府与社群共同意志的反映，设立共同的维护与共享的社会制度才能以共同利益的取舍而达到社会整体的均衡与稳定。

2. 社会制度是一种具有相对稳定性的规范体系

社会制度反映的是现实的具有稳定性的社会关系，它通过各种规范把社会结构中每个角色地位的权利和义务明确下来，只要社会的生产方式不发生结构性的改变，社会制度在特定历史条件下是不会发生剧烈而迅速的改变的，特别是社会的深层次的或宏观层次的制度更是如此。这种相对稳定性反映了秩序和安定对于正常的社会生产和生活具有极端重要性的这种社会要求。社会的各种制度系统只有在相对稳定的情况下，才能对各种社会角色的社会行为进行有效的预期和控制，社会的整合和协调发展才有可能。任何社会制度系统的动荡和破坏都会导致社会秩序的紊乱和社会行为的失控。不管制度本身是否适合不断变化着的社会关系，这种紊乱和失控总会暂时或长期地影响社会生活。当社会处在和平发展时期，当社会的根本制度适合生产力的性质和发展水平时，它的相对稳定性表现得特别明显，尤其是那些反映基本社会关系和社会结构的主要制度表现得相当稳定，这对于促进社会的协调发展和有效控制起着巨大的作用。由于制度本身是对业已形成的比较牢固和稳定的社会关系的总结和概括，并使之规范化，因此，反映特定社会关系的特定的社会制度也同样具有相对的稳定性。这种稳定性只有当它所反映的那种社会关系发生较大的变化时，才可

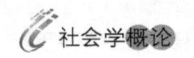

能发生变化。❶

　　同时，稳定的社会制度也为社会生活提供了确定的交往模式。社会制度在一个社会中的主要作用是通过建立一个人们相互作用的结构来减少人们相互作用时的不确定性。这些不确定性之所以产生，是所要解决问题的复杂性以及个人解决问题时条件不足的结果。社会制度确定了各种情形下的适当行为，通过对权利和义务的更明确界定，使模糊性总量减少了，使人们社会互动的效率大大提高，保证了从个体角度出发的社会行动与社会整体要求的一致，从而促进社会整体的稳定。

　　3. 社会制度具有强制性

　　这是由社会制度的本质直接决定的。任何社会制度，要成为人们实际遵守的社会规范，一定要具有使其所涉及的社会成员必须遵守的强制性，否则便会成为一纸空文、各种空话和失去任何意义。这种强制性，在不同的社会制度中，并非是相同的，而是有强有弱。这种强制性，也并非在任何时候与任何情况下对任何社会成员都会显现出来并被他们意识到，而往往是在有人有意违犯它们或在某些制度处于危急状态时，才会明显地通过维护和监督执行制度的机构的实际活动表现出来。惩罚和防范措施，即是这类机构实际活动的重要内容。而前二种则最能体现制度的强制性。社会制度强制性的强弱，一般地说，大致可以分为如下几等：强制性最强的，是那些采取立法的形式建立起来并需要执法机构保证其实施的制度；那些采取非立法的形式出现但却由社会主管机构明文规定并由其监督执行的制度，其强制性则次之；那些以相关的社会成员共同商定，采取协议、乡规民约等形式产生的制度，强制性更次；至于人们通过习俗而形成的许多社会制度（主要表现在婚、丧、嫁、娶和礼尚往来等方面），其强制性则最弱。❷

　　现代社会的社会制度的强制性往往伴随的是理性化、技术化的过程，对于整体的社会而言，强调对于技术与工具理性的服从，往往容易忽视价值理性以及个体价值。马克思明确地指出了以技术为基础的理性化的制度形式实际上具有双重特征：一方面，技术的发展为制度的文明创造了物质基础，对社会生产力的发展具有极大的推动作用；另一方面，在这种制度形式之下，其实掩盖的是对技术和理性的滥用，制度的性质不同，技术和理性的社会意义也就表现出

---

❶ 吴铎. 社会学 [M]. 北京：高等教育出版社, 1992：196.
❷ 袁亚愚. 普通社会学教程 [M] 成都：四川大学出版社, 1997：140.

截然的对立。因此,理性化的制度形式存在着时刻偏离人类社会历史发展正常轨道的可能,因为这种制度形式对技术的发展存在着过分的宽容与迁就,极为容易把社会组织的发展方向引向片面的技术理性。这种担心并不是杞人忧天,现代社会出现的技术理性片面化的发展的现实就已经说明,在制度形式下技术为何种理性所左右,关系到人类社会未来发展的根本方向。❶

4. 社会制度具有变异性

社会制度的变迁是导致社会发展的重要原因。所谓"变异性",实际是指社会制度随社会的变化而变化。现代社会的关系随着分工的精细和信息的膨胀变得日益复杂多变。这些复杂的因素又给社会制度带来了不稳定性,社会制度的变异从制度产生的那天起就开始了。在一般情况下,它通过几种主要的方式反映出来。第一,修订和补充。这是制度的一种量变形式。它根据社会活动的需要和情况的变化,在原有制度的根本性质不变的情况下,对其部分内容进行修正和补充,以完善原有制度,使之适应变化了的情况。第二,调整和改革。这是制度发生部分质变的变异形式。当原有制度的一部分或相当部分的内容明显不适应变化和发展了的社会生活时,就需要在保留原有制度的根本性质的基础上对其部分或大部分规范作出调整和改革,这是一种比较深刻的变异形式。第三,废止和新建。这是一种对原有制度根本否定的变异形式,无论是哪个层次或范围上的社会制度,当其成为社会发展的桎梏时,都会逐渐地退出社会生活的历史舞台。废止和新建制度的形式是多种多样的,可以通过社会革命这样的外部冲突的方式解决,也可以在和平条件下,通过某种法律或行政的程序来实现。废止的制度和新建的制度在本质上或主要原则上有着根本的区别,但新旧制度之间也有一个扬弃的过程。本质的区别并不意味着原有制度中的一切非本质的规范或仍有存在价值的条款都得全部废除。从社会制度变异的历史来看,当某些根本性的制度(如经济制度和政治制度)发生根本性的变异时,整个制度系统都要相应地发生大规模的深刻的变异现象,当某些浅层次的或微观层次的制度发生变异时,深层次的或宏观层次的制度一般不会立即发生结构性的变异。

上述社会制度的共享性特征也可以表述为普遍性;同时上面所说的稳定性当然指的是相对稳定,相对稳定本身其实就包含了变异性或变迁性的特质。除

---

❶ 陆江兵. 技术、制度、理性 [M]. 南京:南京大学出版社,2000:43.

了上面所讨论的特征以外，我们当然也要认识到社会制度还具有特殊性。❶ 总体而言，社会制度是普遍性与特殊性、稳定性与变迁性的辩证统一。至于其强制性特征，本身就是社会制度作为"规则"或"规范"体系的应有之义。

二、社会制度的构成要素

（一）价值系统

价值系统是指社会制度存在的意义系统，即某一社会制度存在的理由和价值。这些理由和目标对于社会成员的共同生活、对于社会的存续和发展是有价值的或积极意义的，只有这样，这种规范体系才可以被接受、被实施。不同的社会制度有不同的价值和价值系统。比如中国传统的家庭制度的价值系统是要维持父权、夫权，维持大家族共同体。这样，家庭制度中的所有规定都要满足这种目标要求，同时这种目标也被说成是家庭、家族成员的根本利益。又比如，现代教育制度的价值是培养人才、促进人的发展、为国家的经济和社会发展服务，这种价值系统成为现代教育制度的灵魂，成为具体的教育规定、行为规范和制度安排的指导思想。还如，现代社会保障制度的核心价值追求是公平正义等。社会制度的价值系统有的是明文宣示和系统地被阐释的，有的则是由人们在共同生活中通过语言的述说来表达的。

（二）规则体系

行为规范是一定社会中指导人们行为的准则，它们是人们在长期的共同生活中选择、积累起来的经验，是人们在共同生活中认为是合理的、合适的东西。比如传统社会中以社区生活为基础形成的风俗、习惯、道德、伦理等，这些不成文的东西由于长期的共同生活已经内化为人们的价值，并指导着人们的行为。但在现代社会中各种规则就正式得多，在社会生活的各种领域都有大量约束和指导人们行为的法律、法规、准则、要求，从不同层面对人们的生活提出要求，告诉人们应该怎样做和不能怎样做，从而协调人们的共同活动。

（三）组织系统

组织系统是指实施社会制度的社会成员、群体和组织机构。任何行为规范都有其行为主体，即行为规范的实践者。正是依靠他们对规范的实践，规范才会发挥作用，社会制度才真正发挥了其应有的职能。社会制度的组织系统既有

---

❶ 王思斌. 社会学教程（第四版）[M]. 北京：北京大学出版社，2016：199-200.

社会制度规范的直接实践者，也有制度实现状况的监督者，后者可能是潜在的、有权威的社会关系网络，如传统社会中的家族，也可能是正式的有权威的织，如各种各样的行政管理中的监督机构等。有效的实践者与监督者的良好结合是社会制度正常运行的组织基础。

（四）设施系统

设施是社会制度得以运行的物质手段，它包括实用的物资设备和象征性的器物。人们的任何社会活动都会有一定的物质性的依托，它们是人们社会活动的场所和具体活动的载体，也是人们的社会活动意义的体现者和相互传递意义的工具。这些设施对于社会制度的实施是必要的，舍此，社会制度的存在和运行就没有客观现实性。例如，对于教育来说，那些或者传统或者现代的教学设备、教学工具、教学经费、考核手段等都是一定的教育制度的表现者；对于经济制度而言，生产资料、生产场所、产品交易场所以及货币等设施和器物是完全必要的设施系统的构件。

第二节 社会制度的类型与功能

一、社会制度的类型

（一）本原的制度与派生的制度

1. 本原的制度

在社会制度中，那些在人类社会初期就形成并在社会生活中发挥基本作用的制度可以称为本原的社会制度。本原的社会制度有如下基本特点：第一，它们是在人类的社会生活中较早出现的，也正是这些制度使人类生活成其为所谓的社会生活。第二，这些社会制度在人类的共同生活中发挥着基本作用，也就是说，这些制度发生于人类生活的基本领域。第三，这些社会制度可能会衍生出新的社会制度。按照马克思、恩格斯对人类社会发展史的分析，人类最初的社会生活包括生活资料的生产和人的生产，与此相应的社会关系是建立在共同劳动基础上的经济关系和承担生殖功能的家庭关系。这样，经济制度和家庭制度成为人类社会生活中的两个基本制度，即本原的社会制度。

经济是社会的基础。在一定的生产力条件下人们形成了一定的生产关系和生产方式，形成生产制度。与此相适应的有产品交换制度和分配制度，这些制度相互联系形成经济制度。经济制度指导着人们的经济活动,从各种生产要素的投入到它们的合理配置,从生产行为到交换活动,从财富的分配到消费。这些构成了社会的经济基础,并维系着物质资料的生产和再生产,维系着人类的生存和发展。

一定意义上说,经济制度的方方面面都是以人们的所谓"财产关系",特别是以财产的所有权问题为核心内容。马克思将所有权分析运用到分析资本主义制度中去,指出人类社会的发展具有不依赖于人的意志为转移的客观规律,资本主义必然灭亡、社会主义必然胜利是不可抗拒的历史必然趋势。马克思指出,生产资料归谁所有,决定了人们怎样生产,决定了人们在生产过程中具有怎样的地位,并最终决定了生产的劳动产品的分配方式。制度化的所有权在奴隶社会主要表现为奴隶主所有制,在封建社会主要表现为地主和小农所有制,在资本主义社会主要表现为资本家所有制为主要内容。以上这些所有制,在实际的社会领域,当然并非是一种抽象的规定,而是在社会经济运行的过程中表现为多种多样的具体的经济制度。如奴隶社会奴隶主可任意买卖和处置奴隶的制度;封建社会的领主制度、分封制度、农奴制度、租佃制度、人身依附制度;资本主义社会的工厂企业制度、股份制度、商品经营制度、雇佣劳动制度、银行货币制度等。这些与所有权制度相联系并反映生产关系性质的生产、交换、分配、消费、管理等方面的制度也是经济制度的重要组成部分,并以经济法规、经济政策、经济条令等规定的形式构建了庞大而复杂的制度体系。这些制度,一方面体现着不同的所有制形式,另一方面则从经济活动的角度,将人们既定的经济关系制度化,保证人们的经济活动在其规定的行为规范内有秩序地进行。

家庭是人类社会生活的基本形式,家庭制度则成为家庭发挥各种功能的支持条件。广义的家庭制度包括婚姻制度、生育制度、财产分配制度、家庭成员之间的责任制度等,这些制度维系着家庭生活和家庭生活共同体的延续,也维系着整个社会的秩序。家庭的重要性反映在:任何国家在任何时候都十分重视家庭的兴衰,而家庭的兴衰正是由家庭制度的功能所决定的。家庭制度的本原特征还表现为其他社会制度是在家庭制度的基础之上分化、发展起来的。

家庭制度历来是社会学重要的研究领域。比如社会学的创始人孔德认为家庭是构成社会的基础,研究整个社会的运行必须从研究家庭开始;再如我国著名社会学家费孝通先生,专门探讨了"为什么中国家庭会家族化"等问题,从一定角度看,中国家庭的家族化问题始终是中国家庭社会学研究的主要领域。费孝通先生在《生育制度》一书中，曾经以中国家庭的特殊的经济功能为立足点，分析了特殊的生产方式所导致的对于人口、血缘的强调，在此基础上不断扩大规模，进而呈现出家族化的状况。传统的中国家庭实际承载的是家庭、组织、社区等多种社会结构的功能，其对应的家庭制度实际上是政治、经济、文化、伦理等多项制度与观念的综合。可以说，研究传统中国的家庭制度，实际上找到了研究传统中国的极佳视角。

2. 派生的制度

派生的社会制度是在本原社会制度的基础上分化、产生和发展起来的社会制度。与本原的社会制度相比，派生的社会制度是后来出现的，是在本原的社会制度的基础上产生的，甚至是由本原社会制度的某一部分发展起来的。派生的社会制度的功能与本原的社会制度相比不是那么综合，其领域特点比较明显，即它是某一特定领域中的制度，规范着人们在该领域的共同生活。派生的社会制度主要有政治制度、教育制度等。当然，随着人类社会的发展，新的派生的社会制度也在出现，诸如现代意义上的科学制度、医疗卫生制度、社会福利制度等，它们在现代社会中发挥着越来越重要的作用。

政治制度是与政治权力相关的规范体系，广义的政治制度包括狭义的政治制度和法律制度。政治制度的核心是国体和政体，即一个国家采用何种根本的体制，不同阶级、阶层在社会政治生活中处于何种地位，政府采取何种形式实现国体所设定的不同阶级、阶层的利益。在现代国家中政治体制还包括政党制度、选举制度和司法制度。政治制度是以经济制度为基础的，政治利益的根本是经济利益。所以，一个国家的政治制度受其经济制度的强大制约。另一方面，政治制度也对经济制度产生重要的反作用。

在现代社会政治理论中，大多以系统论的观点对政治制度进行研究。亨廷顿是当中的突出代表。他提出政治发展不是政治的现代化，而是政治稳定或政治秩序，政治发展的目的也不是促进经济和社会的发展，也不在于是否扩大了人民的民主权利，而在于是否能够保持社会的政治稳定。人当然可以有秩序而无自由，但不能有自由而无秩序。因此，国家组织发展的根本标志不是经济的发展与否，而是政治制度是否稳定。在社会变迁过程中，使政治不稳定的因素不断增多，社会现代化的进程推动了政府改变传统的社会、经济、文化和信仰，使国家组织由传统的形态向现代的形态过渡。问题是，不是所有国家的政治制度能够跟上现代化发展的步伐，这就使国家的政治现代化与经济发展之间产生了矛盾和冲突。在这样的条件下，革命就成为必然。

教育制度是一个国家或地区教育行为规范的总和，它包括教育思想、教育指导方针、办学体制、各种教育机构的结构和活动规则、教育活动参加者的行为规则等。在古代社会中教育的功能常常是由家庭、家族来承担的。在现代社会中，教育成为一种相对独立的领域，教育制度逐渐形成独立的社会制度，教育成为提高国民的科学文化素质、培养人才的重要活动。教育制度与经济、政治、家庭、科学等制度相结合，在培养人、促进国家经济和社会发展方面发挥着重要的作用。具体而言其作用主要表现为：第一，它具有传授知识与技术，传播文化的功能。一个社会的知识、技术、文化是一代代地往下传的，学校向青年一代提供现代社会所尊奉的特别重要的知识、技术和价值观念。通过教育，我们了解历史、地理、现存社会体制的优越性，了解社会中的习俗和道德，学会怎样看书、写字和计算数字，学会发展起来的科学、文化技术，掌握基本的生活技能，以适应将来的社会生活。第二，教育制度使个人成为合格的社会成员，是实现个人社会化的重要手段，这一点在社会化一章已作讲述。第三，教育制度是通向事业和经济成功的重要途径，这是因为教育具有筛选人才和向社会输送合格人才的功能。学校把具有不同才能的学生筛选出来，让他们去从事不同的工作。对一个自由择业的社会来说，职业越好，向往并参与竞争这个职业的人就越多，于是学校通过给不同水平的学生以不同等级的文凭和学位来限制这些人的职业选择，学生所取得的最后学习文凭对他们的生活职业具有很大影响。同时，教育设置根据社会需要，培养各方面的专门人才，向社会提供服务。第四，教育制度还具有增强社会凝聚力的功能。教育把社会普遍的、共同的思想文化传授给不同民族、不同文化的亚群体，把亚文化凝聚到主流文化中去，形成共同的文化传统，凝聚不同社会群体力量。第五，教育制度还能扩大整个民族的文化遗产。教育不仅传播现存知识，而且还发展新的知识和技术。这是因为教育激励人们发明创造，开拓新的思维方法，同时，教育领域中的一部分教师，还经常从事科研活动，这些都能产生和增长新的知识。❶第六，教育制度有辅助政治统治的功能，通过将主导的价值观念以教育的形式灌输给受教人，塑造社会统治所需要的理想个人，进而对统治阶级的合法性产生认同，保证统治的延续。

除了上面所论述的政治制度和教育制度这两种最主要的派生社会制度以外，社会学界还比较重视宗教制度。宗教制度也是人类社会中出现较早的一种

---

❶ 郑杭生．社会学概论新修（第二版）［M］．北京：中国人民大学出版社，2000：358．

制度，原始的宗教意识、宗教活动是与人们的生产、生活混合在一起的，主要表现为图腾崇拜。后来，宗教活动制度化，出现了宗教组织和明确的教条、教规，宗教制度在社会生活中的地位和作用增强。在中世纪的欧洲，一些国家曾经实现政教合一，宗教对国家的政治和社会生活产生了重大影响。在现代社会中，宗教制度仍然在一些国家发挥着不容忽视的作用。

对于宗教，西方著名的社会学家迪尔凯姆、韦伯都作过经典的论述。迪尔凯姆可能是第一个认识到宗教重要功能的社会学家，他认为宗教实际上是包含了各种各样的社会互动形式的集中的行为模式。而韦伯对宗教的研究则达到了一个新的高度，其代表作《新教伦理与资本主义精神》揭示了宗教在资本主义产生阶段的重要功能，从一个新的角度阐释了宗教中的价值观念对于世俗社会中经济的重大影响。而马克思则揭示了宗教的负面功能，其将宗教的功能形象化——称之为鸦片，用以说明麻醉大众的功能。其认为一切宗教都不过是支配着人们日常生活的外部力量在人们头脑中的幻想的反映，在这种反映中，人间的力量采取了超人间的力量的形式，并以这种形式要求人们忍受痛苦，逆来顺受，因此宗教被历代统治阶级所利用，以维护现状和麻痹人民。

西方学者更加关注宗教的正面功能，即宗教有助于维持社会的稳定。宗教使一个特殊组织或社会的成员产生一种认同感，通过共同的信仰及礼拜仪式，把整个社会结合在一起，从而提供了一种社会团结的可能性。宗教对来世的畏惧、渴望、敬畏等超越主义的情怀，擎起一部分人的道德良知，抑制一些人的罪恶动机。宗教又是对社会现实的一种反映，为统治阶级所左右的宗教，往往把社会的基本规范和价值观念神圣化，使人们感觉其更为重要，也使人们更为自愿地为社会作出牺牲。这样在宗教领域里就一定程度上消除了个人与社会之间、个人与个人之间的冲突，维护了社会的稳定。❶

（二）正式制度与非正式制度

随着经济学、政治学对制度问题的关注，社会科学界对于制度的看法或分析角度也在发生一定的变化。一些社会学家和人类学家比较关注认知文化层面的制度，认为制度是人们普遍认可的行为规则系统。古典社会学家和政治学家强调制度的规范意义。经济学家则从管理的角度来看待制度，并认为制度由正式的成文法规和支持、补充正式法规的不成文的行为准则组成。

受经济学对于制度研究的影响，在社会学中，经济社会学、组织社会学和

---

❶ 郑杭生. 社会学概论新修（第二版）[M] 北京：中国人民大学出版社，2000：361-362.

社会政策研究方面也开始把正式制度与非正式制度当作一个分析视角。正式制度是指人们有意识地创造的正式的由成文的相关规定构成的规范体系，它们在组织和社会活动中具有明确的合法性，并靠组织的正式结构来实施。非正式制度是指人们在长期交往中无意识地形成的不成文的指导人们行为的道德观念、伦理规范、风俗习惯等。一些学者认为，非正式制度对于正式制度发挥着支持、补充等作用，因此不能忽视非正式制度的作用。这一被称为制度学派的观点得到了中国学者的热烈响应，这与中国社会中非正式制度的发达有关。制度学派对于正式制度和非正式制度的划分和分析是从较为具体的层面上着眼的，它关注的是社会结构的复杂性和现实社会运行的真实逻辑。

二、社会制度的功能

(一) 社会制度的正功能

1. 满足人的需要

不论本源的还是派生的制度，抑或自然形成的还是人为设计的制度，以及正式或非正式的制度，都是为满足人的需要而存在的。人类的需求是多样化的，不同社会成员的需求可能有冲突，为了满足大多数人的需要并有利于社会的发展，人们才逐渐发明和制定了社会制度。制度能有效地满足相关人员的需要，这从经济学的角度来看被认为是降低了社会（交易）成本。任何社会制度都有实际的社会背景，社会制度在特定背景下能够保障社会成员的需要的合理满足，同时不至于因为这种满足而伤害整体利益。应该指出，这里所说的合理满足已经有了价值选择，即社会制度不一定能保障满足所有成员的所有需要，特别是那些与权利、利益分配相关的制度更是如此。

2. 导向功能

从社会化的角度来看，社会制度对人们的行为具有导向作用。社会制度是人类对自己的长期生活经验进行选择的结果，就是那些人为设计的制度也是在参考各方面经验的基础上形成的。所以，真正能实施的社会制度绝大多数具有相当大程度的现实合理性，从而能够指导人们的行为。社会制度的导向功能表现为对人们行为的规范。为了共同活动而形成的规范和制度要求参与共同活动的成员以自己的行动去与别人配合，以实现共同活动的目标。这种对人们行为的导向是通过对社会行为规范的宣示、人的社会化来实现的。另外，社会制度的组织系统也通过鼓励和惩罚促使人们按照社会制度规范的要求去行动。

3. 整合与控制功能

整合是社会系统内部达到协调的过程和状态。社会制度的整合功能是以制度规范之间的良好配合、协调为基础的。一个成熟的社会制度是人们长期共同生活实践的结果，在这种实践中，大家共同认同的规范被固定下来，那些本来相互冲突的行为找到了解决办法，于是社会制度的规范体系内部达到了较高的协调性。当这种社会制度在社会中发挥作用时，自然会导致社会的协调和有序，这就是社会整合的状态。比如中国封建的家庭制度是成熟的，它使得中国家庭具有高度稳定性和内部协调性。当一个社会制度并不成熟时，它的整合功能也是会打折扣的。社会制度的不成熟表现为其价值系统模糊不清甚至内部存在着矛盾，行为规范不齐备、相互冲突，以及规范与实际之间有较大差距，执行制度的组织能力不足、组织体系不完整等。从另一方面来看，制度的不成熟表现为社会成员对制度规范的认同程度较差，在这种情况下社会制度就难以有效地发挥整合功能。比如，在向市场经济体制转变的过程中，我国在很多领域实行的"双轨制"、混合体制就是如此。

社会制度的一项重要功能是社会控制。狭义的控制主要表现为制裁。在社会成员的行为对社会制度规范的合法性进行挑战或造成威胁时，社会制度就会站在"社会利益"的立场上对违反制度的行为进行制裁。制裁性控制是社会制度的整合功能的延伸或补充。

4. 文化传递功能

美国早期社会学家萨姆纳认为社会就是制度的体系，他把制度分为满足人们饮食谋生的社会自存制度（工业、财产、统治组织），以婚姻家庭为主的社会自续制度，以礼节、艺术等为内容的社会自足制度和宗教制度等。在他那里，社会制度成为人们生活的共同经验。这种作为生活经验的制度可以超过不同世代的共同生活而传递下去，成为后一代不需探索、试错而获得的间接经验，这就是文化的世代传递。当然，这并不是说新一代不能进行社会制度的创新。但是在一般情况下，当社会并非发生急剧变革时，就不会出现文化上的"断裂"，制度文化的时代传递就是必然的。

制度化的经验更容易保存和流传。当人们的生活经验处于零碎状态时，它在社会变迁中失散的可能性是比较大的。当经验被系统化后，由于"局部"经验处于整体经验之中，而后者的稳定性较强，所以"局部"经验容易保存下来，社会制度的普遍实施、被高度认可和稳定性使其文化传递功能得以

(二) 社会制度的负功能

社会制度的负功能是指它的负面作用,主要表现为某些制度可能会压抑创新行为,阻碍社会的革新和变迁。社会制度对创新行为的压制来自于社会制度的稳定性。

1. 压制个性发展

社会制度在满足人们需要的同时,也对人们进行着驯化,这种驯化会使社会制度发挥作用的情境"再生产"出来,而其结果则是社会的"复制"或再生产。自然,对越轨者的制裁会从另一个角度抑制社会变迁。对社会制度的另一种批评是对其"代表社会利益"角色的怀疑。一些学者认为,社会中的许多制度是社会的强势群体制定的,社会制度反映的是这些强势群体的利益而不是真正的社会利益,这就对社会制度的合法性提出了质疑。

2. 阻碍社会变迁与进步

社会制度对标新立异的行为常常是不支持的,对违反制度要求的人们的需要是压抑的。但是,不能认为那些新异的个体行为、他们的需要完全不符合社会发展的要求。然而社会制度对它们是排斥的、压制的。与之相连的是社会制度追求稳定、阻碍革新和变迁。越是成熟的社会制度越不能容忍社会变迁。事实上社会变迁又是必需的。社会制度对社会变迁的阻滞至少来自于两个方面:对社会成员的过度社会化和对越轨者的制裁。[1]

第三节 社会制度的变迁与创新

一、制度变迁的含义与制度的生命周期

(一) 制度变迁的类型与原因

制度变迁是社会运行的常态。社会制度具有相对稳定性,这就是说社会制度是处于变化之中的。当我们从微观的角度去看待制度规定时,就会发现它们的变化是经常性的,这主要是渐变,比如一个新制度的成长和旧制度的衰落。当然,制度之间的互相替代也是经常性的,只要把时间尺度放得足够长,那么

---

[1] 王思斌. 社会学教程(第四版)[M]. 北京:北京大学出版社,2016:208.

制度的兴起和替代也就是经常的。

社会制度的变迁包括渐进变迁和剧烈变迁，也可分为局部变迁和整体变迁。剧烈变迁是制度的价值理念、规则内容发生本质性变化的现象，即在较短的时间内形成两种不同制度的过渡；而渐进变迁的激烈程度要小得多。整体变迁是整个制度体系的变化，包括价值观念系统、规则系统、组织系统的变化；而局部变迁是制度体系的某一部分的变化。

制度变迁的原因是多种多样的，如人们的需要发生变化，人们生存的环境发生变化，以及社会结构和社会利益结构发生变化等。这种变迁的共同基础是，原有的社会制度已经不能满足人们的需要，或者说社会制度已不能像人们希望的那样发挥积极功能。

（二）制度的生命周期

任何社会制度都不是永恒的，一种社会制度从其产生、不断完善到成熟、再到衰落直至消亡的过程称为制度的生命周期。从功能的角度来看，这一过程是：制度因不完备而有限地发挥功能——制度因成熟而充分发挥功能——制度因落后于人们需要的变化而不能有效地发挥积极功能——制度因过时而完全不能发挥积极功能。这样，制度的生命周期大略地可以分为四个阶段。[1]

1. 形成阶段

当人们有了共同的需要时，就要设计一些共同的行为准则，通过明确和强化它的价值，逐步设计出与之相适应的规则，建立执行制度的组织体系，而逐步发挥作用。出于制度的这些方面尚在建立初期，因此它在很多方面不完备，这样，它的功能发挥也是有限的。然而正是人们的需要与制度发挥功能之间的差距推动着制度的不断完善。这是制度的形成时期。制度形成时期的标志是新制度在相应领域的功能范围扩大，制度的规则体系逐渐完善，人们对新制度的参与和认可增强。

2. 成熟阶段

制度的成熟阶段表现为制度的规则体系已经建立，组织体系已经配套，并有效地发挥功能，基本上能够满足人们的需要。这一阶段也叫制度的效能阶段，在这一阶段，制度仍在不断完善，或者通过改革而局部调整那些与社会需要不太适应的部分。总体上说，制度规则及其运行与人们的需要基本上是吻合的。

---

[1] 王思斌. 社会学教程（第四版）[M]. 北京：北京大学出版社，2016：212-213.

3. 形式化阶段

当制度成熟之后就会形成自我运行的机制，这是制度的各部分有效连接、共同发挥作用的阶段，即有效地发挥功能的运行模式的定型化。然而，由于人们的需要总是在变化，社会各方面或制度的运行环境也在发生变化，因此，这种定型化的功能模式可能会与其功能目标脱节，这样，制度就变得越来越形式化。实际上，制度的形式化就是其功能的衰退，它是一种制度达到巅峰状态之后走向老化的表现。

4. 消亡阶段

当一种制度基本上不能满足人们的需要时，它就进入消亡阶段。在这一阶段，制度表现出如下特征：制度存在的价值已相当模糊，或制度原来的价值与人们的现实追求根本不同，不能反映社会的需求；制度规范已基本上失去约束力，行为与制度规范严重脱节，制度结构内部出现严重混乱；制度化的活动流于形式，它不但不能满足人们的需要，而且带来人们的普遍反感，人们对这种制度越来越失去兴趣直至想抛弃这种制度，这表明该制度已由正功能状态转向负功能状态。应该指出的是，制度在消亡阶段的功能状况与其形成时期在本质上是不同的。在形成时期，制度不能最有效地发挥功能是因为制度不健全，只要加强制度建设就能提高制度的效能。但进入消亡阶段，制度的作用与社会的需要基本上不同，即不可能在原制度框架内满足社会需要，即使进行局部改革也不能使该制度再生。这样，制度只能走向消亡。

这里需要进一步讨论的是制度的功能失调现象。制度的功能状态是相对的，实际上难以测量某一社会制度是否完全高效地发挥了功能。或者说，任何制度都有不完备之处，因而会出现实际的功能状态与理想功能状态有差距。但这里有两种情况：一种是因制度不健全而不能充分发挥功能，这可以称功能不足；另一种是因为制度的结构混乱而出现的功能失调，它是一个制度出现严重问题时的表现。当制度的功能状态存在问题的时候，人们可以努力去完善或修补制度，而且这种完善和修补有时也会发生作用。但是，当一个制度基本上已经陈旧或已走过效能阶段时，这种修补就只能是维持性的，这时制度创新和制度替代就会自然到来。

二、当代中国的体制改革与制度建设

（一）体制改革的内容与特点

正如在前面已经指出过的，社会制度之间的相互联结会形成制度体系。在中观和宏观层次上，中层制度的相合就是社会的总的制度体系，这种社会制度体系的核心就是我们所说的体制。从这种意义上来说，体制改革就表现为各重要领域的制度改革，中共十八届三中全会全面深化改革决定明确指出包括经济体制、政治体制、文化体制、社会体制、生态文明体制和党的建设制度等一系列的制度改革。这一改革的中心任务是将计划经济体制转变为社会主义市场经济体制。与此相应的是在社会运行上将以政治运动为中心转变为以经济建设为中心，在社会组织和管理方面改变政府包揽一切的集中管理的体制，建立"小政府大社会"的格局，发挥多个方面的积极性。这场至今尚在进行的改革是从农村的经济领域开始的，后来在政府的主导下改革由农村进入城市，由经济领域扩展到教育、卫生、社会管理和政治领域。从总体上来说，这是一场诱导性制度变迁，即整个社会为了走出困境、追求更大利益而进行的改革。当然，在改革过程中政府在某些方面也作了强有力的推动，从而使改革带有强制性制度变迁的性质。另外，由于国情和任务的复杂性，所以中国的改革是渐进式改革而没有选择激进式改革。渐进式改革不但反映在某一领域改革的进程采取了由浅入深、先易后难的策略，也反映在改革领域的选择上，即首先进行的是经济体制改革，而后才是其他领域包括政治体制的改革。这种改革策略一方面保障了改革的秩序，另一方面也避免了因各领域改革不同步而造成各种制度之间的摩擦，进而降低改革效率。正是有鉴于此，十八届三中全会提出：全面深化改革的总目标是完善和发展中国特色社会主义制度，推进国家治理体系和治理能力现代化。[1] 这样，我国的整体改革已经进入一个新的阶段，尤其是中共十九大明确判定中国特色社会主义已经进入新时代，我国的制度建设也将迎来一个新的局面。

（二）全面深化改革中的制度建设

1. 体制改革中的主要问题

（1）路径依赖问题

制度依赖是制度学派的经济史学家诺斯在研究经济发展史时强调制度作用的一个概念。他发现，历史上在经济发展的过程中各类制度发挥着不容忽视的作用，而制度包括规章、依赖的程序和伦理道德行为准则。他指出，人们过去作出的制度选择决定着他们现在可能的选择，这就是制度变迁的路径依赖。制

---

[1] 王思斌. 社会学教程（第四版）[M]. 北京：北京大学出版社，2016：214.

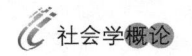

度变迁的路径依赖由一系列因素造成：一个有效的制度被确立之后会产生一些相关的、强化这一制度的活动；在制度发挥作用从而收益增加时，会产生与这一制度共荣共存的组织和利益集团，他们会维持这种制度，甚至是一种无效的制度。于是，制度一旦被人们选中实施就有一种惯性，在制度发生变迁时由于很多人熟悉原来的制度，所以在新制度的选择方面也必然会受到原制度的影响。

我国在体制改革中制度依赖现象是十分明显的。在我国实行了四十多年的计划经济体制是一种成熟的制度体系，从社会的意识形态、价值观念到社会组织体系，这套制度已为广大社会成员所熟悉，按照这一制度办事已成为他们的习惯。所以，当改革进行时，尽管人们在理念上接受了新制度，但实际上却仍然在相当大程度上沿用了计划经济体制的做法。这不仅是因为渐进式改革使得原来的制度依然发挥作用，新制度尚不能发挥全面的替代性作用，而且因为人们的习惯即使在有所改革时也带有浓厚的计划体制的色彩，包括用计划经济的方法处理市场经济体制中的问题。例如，人们在遇到问题时仍然习惯于找单位，找行政领导，用行政体系去处理问题。

（2）行动者参与中的问题

一个新制度的建立是使人们认同制度的价值并且按照共同的制度规则活动的过程，这是一个复杂的、长期的社会过程。由于我国的体制改革涉及利益分配并受制度传统、文化等因素的影响，所以在改革过程中出现了诸多行动者参与而使新制度规则实施受阻以致发生偏离等问题。

在体制改革过程中新的体制和制度建设受阻，一个不可忽视的原因是政府的角色。首先，从横向角度看，在体制改革中政府应该是新制度的设计者和推行者，但是由于改革也涉及政府部门的利益，所以政府部门也会作为一个利益群体参与改革和新制度的建设过程。在这一过程中，一方面，由于各部门有自己的利益，从而会出现因追求部门利益而损害改革的整体利益的现象。各个部门之间的不协调使改革遇到很多人为的困难，降低了改革的整体效果。另一方面，政府部门凭借自己所掌握的垄断性资源获取好处的现象也时有发生，这种被称为"寻租"的行为使个别政府部门获得利益，反过来却加大了制度运行的成本，包括资源被浪费和造成民众对政府的不信任，而后者对于政府来说是一个更大的损失。其次，从纵向角度看，体制改革中发生了不同层次政府之间的关系问题，上下级政府之间的利益关系开始凸显出来。在本来的上下级之间的委托——代理关系中，下级政府部门根据自身处境而对上级政策进行再解释的现象普遍存在，这就是"政策再制定"现象。在下级政府部门自身利益被过分强调的情况下，就会出现政策偏离，从而影响改革进程。

(3) 非正式制度的影响问题

在体制改革和作为制度规则重要体现的政策的执行过程中，非正式制度的影响是一个不可忽视的问题。与正式制度具有明文规定、规则清晰、比较规范等特点不同，非正式制度主要是由习惯、情理等形成的行为规范。在我国，非正式制度十分发达，并在社会生活中发挥作用。改革以来，原来的、相对严格的计划经济体制下的办事规则被削弱，而规范的、与市场经济体制相适应的制度规则还没有真正建立起来。在这种情况下，一些非正式制度在社会运行中会发挥突出作用。这一方面使正式制度在某种程度上得到执行，另一方面则侵害了正式制度的权威性，使它的建立和真正得以执行发生困难。

(4) 制度碎片化问题

我国的改革开放是以打破计划经济体制的约束为基本特征的，具体的做法是鼓励改革创新，各级各地政府通过试点或借鉴外部经验进行探索，有了一定的成功经验后就进一步推广。由于我国的国情极其复杂，又缺乏经验，所以长期以来的改革是"摸着石头过河"。各级政府、各个系统、各个地方竞相创新一方面促成了全面改革的态势，另一方面也产生了改革不同步、不整合以及为部门利益而"改革"的现象，改革经验缺乏认真总结和积极沉淀。我们可以把改革进程中出台的制度不同步、不整合、不协调、不配套、不衔接、不系统等状况，给出一个总的概念表述，即制度碎片化。

2. 制度建设及其目标

(1) 制度建设的含义

在现代化社会中，组织或社会的权威部门设计某些制度规则并力图推行的现象比较普遍。这些制度规则被解释为更符合组织或社会的利益，具有合理性，因此一般运用组织系统去推行这些规则。从制度设计者的角度来看，设计出制度规则、论证其合理性、使相关人员认同规则并去实行的过程就是制度建设。按照制度的构成理论，制度建设就是要在几个方面创造更有利的条件，以使其能更有效地发挥作用。[1]

我们可以这样理解制度建设的含义：第一，制度建设首先来自于组织或社会的需要。当组织或社会在发展过程中迫切需要一套权威的、普遍遵行的行为

---

[1] 王思斌. 社会学教程（第四版）[M]. 北京：北京大学出版社，2016：211.

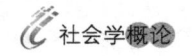

规范时，就会有制度规范的制定，然后就是实施或推行这套规则，当然，在现实实践中，还需要通过实践来检验、修改和完善，再进一步实施制度并使其发挥更有效的作用。第二，在现实中，制度建设的概念往往在多个层次上被使用。制度建设的层次大到全球性组织和一个具有主权意义的国家，小到一个具体的企业或政府部门等社会组织，甚至一个小型的社团组织等。从本书这里所讨论的"当代中国的制度建设"这个议题来说，我们在这里是在主权国家的层面上使用这个概念。第三，制度建设是一个十分复杂的过程。通常的情况是，新制度的推行在较为具体、规模较小的组织中可以很快取得明显效果，问题是在较大的范围内，尤其是在一个国家范围内新制度规则如何才能建设起来是一个并非那么简单的问题。一个能给人们普遍带来好处的制度规则容易建立起来，但是这种在经济学里被称为"帕雷托改变"的情况并不多见。尤其是当一种新制度规则的实施具有利益重新分配的意义时，它的实施就会遇到既得利益者强大的阻力，比如中国目前深化改革中需要建设的很多具体制度就出现了这方面的问题。在这种情况下，制度建设就需要新经验的进一步积累，通过宣传、倡导，甚至是使用强力推进（比如进行所谓的"顶层设计"和顶层推进等），才有可能使其逐渐获得更广泛的认可，以至于最终在实践中得以贯彻落实。

（2）制度建设的目标

一个缺乏稳定制度的国家和社会是难以实现现代化的。改革开放四十年来，我国的改革经验逐渐成熟，现代化建设的思路更加明确。在这种背景下，中共中央特别重视制度建设。可以说，中共十八届三中全会提出全面深化改革，创新经济体制、政治体制、文化体制、社会体制、生态文明体制，就是要完善各种制度建设，实现制度整合，使整个制度体系更加符合建设现代化国家的总要求，并发挥积极功能。可以这么说，当代中国全面深化改革进程中制度建设的目标就是走向全面而整合的制度系统。在中国特色社会主义已经进入新时代的背景下，为了我国经济社会的持续稳定健康发展，在全面建成小康社会的基础上，进一步达成基本实现现代化和建成社会主义现代化强国的目标，实现中华民族伟大复兴的中国梦，全面而整合的制度建设是必不可少的，全面而整合的制度系统是不可或缺的。可以这样说，从制度建设的角度看，全面深化改革的过程也就是全面而整合的制度系统形成的过程。

思考与研讨

1. 社会制度的含义与特征。
2. 社会制度的构成要素。
3. 社会制度的类型。
4. 社会制度的正功能。
5. 制度变迁的含义与生命周期。
6. 当代中国体制改革的内容与特点。
7. 当代中国体制改革中的主要问题。

推荐阅读书目

1. 《社会学概论》编写组：《社会学概论》（马工程重点教材），人民出版社、高等教育出版社，2011年版。

2. 王思斌：《社会学教程》（第四版），北京大学出版社，2016年版。

3. 戴维·波普诺：《社会学》（第十版），中国人民大学出版社，1999年版。

4. 理查德·谢弗等：《社会学与生活》（插图第9版），世界图书公司，2006年版。

5. 道格里斯·诺斯：《制度、制度变迁与经济绩效》，上海三联书店，上海人民大学出版社，1994年版。

6. G. M. 霍奇逊：《现代制度主义经济学宣言》，北京大学出版社，1993年版。

7. 马奇·奥尔森：《重新发现制度》，生活·读书·新知三联书店，2011年版。

8. 中共中央：《中共中央关于全面深化改革若干重大问题的决定》，人民出版社，2013年版。

第十章　社会分层与社会流动

人们以群体的形式从事着共同的生活,但人们的生活又是千差万别的。不论在经济生活、政治领域或者是在社会生活中,我们都可以看到人们的地位有高低之分,这就是社会的阶层问题。同时我们还发现,现代社会中人们所处的社会地位也不是完全固定的,地位的流变也是事实,这也就是所谓的社会流动问题。

第一节　社会分化与社会阶级

一、社会分化的含义与类型

(一) 社会分化的含义

在任何社会中,成员之间、社会各部分之间都不可能是完全相同的,而是存在着这样那样的差别。社会学将事物之间具有相同特点的现象称为同质性,而将事物之间相互不同的现象称为异质性。显然,同质性和异质性都是在一定情况下相对而言的。在社会学中,从最一般的意义上来说,分化是指事物从同质性向异质性的变化过程,社会分化就是社会异质性的增加。

英国社会学家斯宾塞用进化论的观点看待人类社会的进程,认为人类社会也像生物界一样从简单到复杂、从低级向高级地发展着。他认为,随着社会总体的增长,社会就会产生分化,进而造成整合。在斯宾塞看来,分化就是社会在增长或发展过程中产生或形成差异的现象。

社会分化是指原来承担多种功能的某一社会单位变为承担单一功能的多个单位,以及诸社会单位由地位相同变为地位相异的现象。社会分化有以下两个重要特征:功能专门化和地位多样化。所谓功能专门化是指原来的社会单位可以同时承担多种不同的功能,后来变为由不同单位、不同部门分别承担某种功能。比如,在传统社会中,家庭作为社会单位承担着生产、教育、保障等多种功能;在现代社会中,家庭的上述功能外移,分别由不同的社会机构各自承担某种功能。地位多样化是指原来在社会结构中地位相同或相近的社会单位变得越来越不同。比如，在现代化的过程中原来的农民有的变为工人、商人，有的依然是农民；原来经济状况相似的家庭出现了贫富差别；等等。

（二）社会分化的类型

对社会分化的类型可以从不同的角度进行划分，从社会结构的角度进行划分有水平分化与垂直分化，基于自然因素的分化和基于社会因素的分化。

1. 水平分化与垂直分化

水平分化是指社会成员之间所产生的，在经济、政治和社会地位方面并非不平等的分化，这种分化只是他们在职能上的差别。比如，大学生毕业后有的从事科学研究工作，有的从事行政工作，有的进入经济领域，他们在职业上的分别是水平分化。水平分化一般表现为社会分工和生活的多样化。

垂直分化是指社会成员之间所产生的，在经济、政治和社会地位方面具有等级意义的分化，这种分化表现为社会不平等。所谓社会不平等并不只是指政治权力上的差异，而且也包括社会成员在经济、社会声望等社会评价层级上的差异。比如，在公务员系统中，原来的同学有的处于高层，有的处于低层；同时参加工作的同事，后来有的当了厂长，有的下岗失业，等等。在社会学中更加重视垂直分化的研究，因为垂直分化常常蕴含着社会矛盾、社会动力。

2. 基于自然因素的分化

社会分化有的基于人们的自然特征，有的则以社会因素为基础。基于自然因素的社会分化表现为人们对只有不同生物特征的人给予不同的价值评价，从而他们也就具有了社会差别。这方面的社会分化主要有性别分化和年龄分化。

性别分化是基于性别因素而产生的社会分化，在大多数情况下表现为对女性的性别歧视。在原始社会，男女之间的分工是自然分工，私有制造成女性地位的降低。在中国的封建社会，女性地位的低下被各种社会制度所加强。至今歧视女性的现象仍相当普遍，各种非正式的规定、观念建构着女性的弱势地位。

年龄分化是基于生理年龄而产生的社会分化。年龄分化在老年群体那里表现得比较明显。在传统社会老年人的社会地位较高，财产占有权使老年人在社会上处于优势地位。在当代社会中，随着社会竞争的加剧，老年人的社会角色常常被贬低，老年人被漠视、被歧视的现象表现得相当明显。

3. 基于社会因素的分化

基于社会因素的分化是指社会对某些具有社会特征的人给予评价，从而使

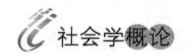

他们处于不同的社会地位的现象。基于社会因素的分化有很多,通常认为民族和职业是社会分化的两个重要社会基础。

民族、种族是一种基于生物因素的社会现象,这表现为不同民族、种族有不同的文化。但是,当不同民族、种族共处之时,可能会发生民族、种族间的不平等,不同民族、种族的人在经济、政治和社会方面可能会有不同的待遇和机会,甚至是民族、种族歧视,这造成了不同民族、种族之间的分化。

职业是劳动者所从事的具体工作的种类,它是不同劳动者的社会分工的产物,本来没有高低之分。但是,当社会的权力集团在文化上、政治上对不同职业进行评价并产生影响后,就会形成职业的纵向分化。中国传统社会的重农抑商贬低了商人的社会地位,现代社会对农民的不公平待遇使农民在经济、政治等方面处于劣势地位。

4. 阶级分化与阶层分化

阶级分化是社会划分为阶级的现象,阶层分化则是社会成员分属于不同的阶层。阶级分化与阶层分化是社会意义最大的社会分化。由于阶级和阶层与人们的经济地位、政治权力、社会声望密切相关,其中可能蕴含着不平等乃至社会冲突,所以这些分化尤其引起政治家、学术界和社会的关注。下面将要讨论的内容就是基于这种认识而作出的安排。

二、马克思主义的阶级理论

(一)马克思主义的阶级定义及划分标准

马克思的阶级理论在社会学领域占有重要地位。在对资本主义社会进行阶级分析的基础上,马克思对于阶级斗争的分析及他的社会批判的观点和方法对社会学的发展都具有重要的意义。列宁系统地阐述了马克思主义的阶级定义。他指出:"所谓阶级,就是这样一些大的集团,这些集团在历史上一定社会生产体系中所处的地位不同,对生产资料的关系(这种关系大部分是在法律上明文规定了的)不同,在社会劳动组织中所起的作用不同,因而获得自己所支配的那份社会财富的方式和多寡也不同。所谓阶级,就是这样一些集团,由于它们在一定社会经济结构中所处的地位不同,其中一个集团能够占有另一个集团的劳动。"[1]

---

[1] 列宁. 伟大的创举[M]//列宁选集(第四卷). 北京:人民出版社,1995.

上述阶级定义将生产资料的占有作为阶级划分的物质基础，认为生产资料的占有在很大程度上影响着人们在生产中的地位，进而影响着他们对劳动产品的占有。在马克思主义看来，占有生产资料的集团剥削了非占有者的劳动成果，于是形成剥削阶级和被剥削阶级。这样，划分阶级的标准就是对生产资料的占有的多少、人们在社会劳动组织中的地位和作用（处于指挥地位还是被指挥地位）、他们占有劳动所生产的社会财富的方式和多少。应该说明的是，马克思主义的上述分析主要是以工业资本主义社会为基础的。马克思主义认为，由于对生产资料的占有上的差别，资本主义社会分裂为资产阶级和无产阶级两大阶级。

（二）马克思主义阶级理论的基本内容

马克思主义的阶级理论有丰富的内容，概要地讲主要包括如下内容：

第一，阶级是一种社会历史现象，它与生产力发展的一定阶段相联系，它以剩余产品的出现为前提。阶级的本质是剥削。私有制造成了社会大分工，也造成了社会大分裂。

第二，阶级是有相同的经济地位和共同利益的社会集团，共同的利益使他们具有共同行动的可能性。阶级成员的共同行动能力取决于两点：一是阶级成员的阶级意识，即阶级成员是否认识到彼此之间有共同利益，他们是否有阶级认同。强烈的阶级认同有利于阶级成员的共同行动。二是阶级内部的组织化程度，即阶级成员之间的直接或间接联系的紧密程度。组织程度高的阶级有较强的行动能力。

第三，阶级内部可以划分为不同的阶层，同一阶级的不同阶层在对待问题的态度上有差异，但他们的根本利益是一致的。

第四，阶级斗争是阶级对立的必然产物，当阶级矛盾不可协调时，就可能爆发社会革命。社会革命是阶级斗争的最高形式。在私有制条件下阶级斗争和社会革命是社会结构变迁和社会发展的动力。

第五，阶级的消亡有赖于消除阶级产生的基础，消灭私有制和生产力高度发展是阶级消亡的基础。阶级的消亡意味着社会不平等的消灭，这也是人的解放和全面发展的前提。

（三）当代社会中的阶级划分

1. 新中间阶级

19世纪后期特别是20世纪以来，随着科学技术的发展及其在经济和社会

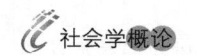

生活中作用的提高，资本主义社会的阶级结构也发生了重要变化，其突出特征就是管理阶层的出现，他们被称为"新中间阶级"。出于作为"新中间阶级"的管理阶层既不占有生产资料，又不从事体力劳动，所以按照马克思的阶级划分标准，他们的阶级归属就是一个问题。

随着科学技术的进一步发展，管理阶层的规模在不断扩大，他们在社会生活中的作用不断增强，并且他们正在成为资本主义社会结构的重要组成部分。这样，如何认识他们的阶级地位就是一个重要的理论和现实问题。

2. 新马克思主义的阶级观

在资本主义社会的经济结构和生产资料的占有方式发生重大变化的情况下，一些学者在马克思主义阶级划分标准的基础上提出了新的模式去分析发达资本主义社会的阶级结构。

赖特（E. O. Wright）首先用生产资料占有状况将人们分为占有者和非占有者（工资劳动者），然后在两类内部再作划分。在生产资料占有者内部，根据是否亲自劳动和是否雇工，把人们分为三类，即资产阶级、小业（雇）主和小资产阶级（下表中的1~3）。在工资劳动者中则根据组织资产的能力和资格认定性技能对人们进行划分。他所说的组织资产的能力是指经由科层等级而形成的占用和调配剩余的能力，资格认定性技能是指由资格证书所确定的技能。赖特根据上述标准将工资劳动者分为九类，见下表中的4~12。[1]

生产资料占有者分类表

所有者	非所有者（工资劳动者）		
1. 资产阶级 美国：1.8% 瑞典：0.7%	4. 专业经理 美国：3.9% 瑞典：4.4%	7. 半专业经理 美国：6.2% 瑞典：4.0%	10. 非专业经理 美国：2.3% 瑞典：2.5%
2. 小雇主 美国：6.0% 瑞典：4.8%	5. 专业监管人员 美国：3.7% 瑞典：3.8%	8. 半专业监管人员 美国：6.8% 瑞典：3.2%	11. 非专业监管人员 美国：6.9% 瑞典：3.1%
3. 小资产阶级 美国：6.9% 瑞典：5.4%	6. 非经管专业人员 美国：3.4% 瑞典：6.8%	9. 半专业工人 美国：12.2% 瑞典：17.8%	12. 无产阶级 美国：39.9% 瑞典：43.5%

总的说来，赖特将对生产资料的占有置于阶级划分的首要地位，将资格认

---

[1] 韩铁. 美国新马克思主义者埃里克·赖特关于阶级问题的理论探讨［J］. 武汉大学学报（社会科学版），1989（1）.

定性技能作为次于生产资料占有和组织资产的能力的从属地位。他的这一阶级划分方法对分析发达资本主义社会的阶级结构有一定适用性。

正如赖特所说的那样，实际上许多西方学者在分析现代资本主义的阶级结构时赋予了阶级以新的含义。一些学者为了科学研究，采用了更多指标来测量阶级：职业、收入、财产、个人声望、交往、社会化、权力、阶级意识和社会流动。有的学者认为20世纪80年代初期美国社会分为六个阶级：由投资者、继承人、总经理组成的资本家阶级（约占全部家庭的1%）；由高级管理人员、专业人员和中等实业家组成的上中层阶级（占14%）；由低层管理人员、半专业人员、工头等组成的中层阶级，由操作性工人、办事人员等组成的工人阶级（二者共占60%）；劳动贫穷阶级由体力劳动者、低薪水的操作性工人等组成，下层阶级由失业者、领取救济者组成（二者共占25%）。

三、等级、身份与种姓

（一）等级制度

等级制度是在奴隶社会、封建社会中将阶级差别用居民等级划分而固定下来的制度。按照这种等级制度，不同等级的成员享有不同的政治权利。这种制度在欧洲的前资本主义社会比较流行，它不但包括上等阶级对下等阶级的经济剥削关系，而且包括下等阶级对上等阶级的人身依附关系。等级制度将上述经济关系、政治关系固定化，维持着等级化的、不平等的社会制度。等级制度是一种不平等的制度，它与资本主义社会中的不平等有所不同，因为资本主义社会规定公民在法律上一律平等，而现实中的不平等是由市场竞争等原因造成的。

中国封建社会也曾有过等级制度，如古代贵族爵位有公、侯、伯、子、男五等。东汉后期地主阶级中有望族与庶族之分，望族在政治、经济方面有特殊的权力。魏晋时期的"九品中正制"也是一种等级制度，它力图保证统治阶级成员的纯正性，并造成了"上品无寒门，下品无士族"的门阀政治。

（二）身份制度

身份制度是对各类社会成员进行社会声望评价并将其规范化、体系化的制度，它规定了不同类别的社会成员有不同的权利和机会，而且不同类别的社会成员难以改变自己的身份。身份制度实际上是对社会成员划分层次的制度。比如，中国封建社会对女性的歧视就是一种身份制度；20世纪50年代，中国大陆对干部、工人、农民三种职业群体给予不同的经济、政治和社会待遇，实际上也是一种身份制度。

（三）种姓制度

种姓制度（caste）是一些国家所采取的封闭性的社会分层制度，在这些国家，一个人在社会层次中的地位是一出生就确定的，即是先赋的，而且这种地位终身不变，也就说一个人的社会地位完全取决于其出身。在种姓制度下，不同种姓之间是相互隔离的，不同种姓之间的婚姻或性关系是被禁止的和违法的。族内婚是种姓制度的一个特点，它有助于保持本层次内血统的纯正性和划清层次之间的界限，从而巩固种族之间的等级关系。在传统印度，种姓制度从高到低依次分别是婆罗门（僧侣）、刹帝利（武士和贵族）、吠舍（农夫和商人）、首陀罗（奴隶式的农民）。20世纪80年代以前南非所实行的种族隔离制度也被视为种姓制度。

第二节 社会分层

一、社会阶层的概念与特征

（一）社会阶层的概念

在阶级社会中不但存在着社会阶级，在阶级内部也存在着更小的层次。在非阶级社会中也存在着基于各种标准的、处于不同等级的社会集团。社会学把由于经济、政治、社会等多种原因而形成的在社会的层次结构中处于不同地位的社会群体称为社会阶层。例如我们提到的管理者阶层、知识分子阶层和私营企业家阶层等。

虽然不少西方社会学家常常把社会阶层与社会阶级视为相同的范畴，但是从这两个概念的用途上来看还是有不同的，在一定程度上或许应该把它们分别开来。在社会学中关于社会阶级的分析有两个传统，即马克思的传统和韦伯的传统。正如前面已经介绍过的，马克思是从分析人类社会中的重大的不平等关系，即剥削关系的角度来看待社会阶级问题的，他分析阶级的本质也是要指出社会不平等，进而指出社会不合理的事实，并期望去改变这种现象，所以在马克思的阶级分析中有明显的价值取向。

韦伯在分析资本主义的社会结构时也使用了社会阶级的概念，但是他的社会阶级概念并不是要揭示阶级的实质，而是要分析社会中有哪些阶级、它们所处的地位如何、生活机会怎样等问题。在韦伯那里，社会阶级的概念与社会阶层的概念是一致的，他对社会阶级（社会阶层）的分析不像马克思那样有强烈的价值取向（当然，这并不代表韦伯没有价值取向）。

（二）社会阶层的多元特征

如果说马克思的社会阶级的划分主要是以经济因素为基础的话，那么社会阶层的划分则具有多元特征，即社会阶层不但是指经济方面的不平等，而且也包括政治、社会生活方面的不平等。比如，某种职业在社会上被较高评价、某一社会群体在社会权力系统中有较高地位、不同教育水平的社会群体有不同的社会地位，这些都是社会阶层的表现。这也就是说，经济因素、政治因素、社会因素都可以成为划分阶层的标准。

社会阶层具有多元性，可以说任何社会特征几乎都可以作为社会阶层的分析视角。比如，可以研究性别的社会分层、年龄的社会分层、教育的社会分层，也可以研究职业的社会分层。其中每一个角度的分层都会形成不同的社会阶层，因此，社会阶层分析是多视角的。但是，在每一个社会阶层内部，其成员在某方面却有相同的或相似的特征。比如，知识分子是一个阶层，该阶层的内部结构是相当复杂的，而且内部仍可以进行划分，但是，知识分子作为一个社会阶层却有与其他阶层不同的基本特征，一个人具备了这一基本特征才能算是该社会阶层之一员。

（三）社会阶层研究的意义

与社会阶级分析比起来，社会阶层研究要宽阔得多，社会阶层研究也有其特殊意义。第一，社会阶层分析是阶级分析的深化。按照马克思主义的阶级观点，阶级社会是由不同的阶级组成的，进行阶级分析主要是研究社会的基本阶级的地位和力量对比，这基本上是对阶级的主体分析。实际上，阶级内部还是可以再划分的，这就是阶级内部的分层，比如毛泽东对于中国社会各阶级的分析。这种分析是阶级分析的细化和深化，它有利于更加全面、深入地认识社会阶级。第二，社会阶层研究是阶级分析的必要补充。在阶级社会中，由基本的社会阶级形成的阶级结构是社会结构的主体。但是，在基本阶级之外还有一些非基本阶级和社会阶层，比如知识分子是一个特殊的社会阶层，它并不完全局限于哪一个阶级。这样，只进行阶级分析就不完全，而进行社会阶层分析则是对阶级分析的必要补充。第三，在非阶级社会中，阶层分析是认识社会结构的基本视角。在非阶级社会中，阶级分析已不再是认识社会结构的基本方法。由于社会是复杂的分层结构，所以用社会阶层分析能够更准确地认识社会结构，而且它是非阶级社会中最基本的社会结构的分析方法。❶

二、社会分层与社会不平等

（一）社会分层的含义

首先，关于社会分层的定义，有研究认为社会分层是依据某种标准将社会成员分属为相应社会阶层的过程。社会分层借用了地质学的"成层"概念，但社会分层又具有特殊的含义，它指社会成员因各种原因而进入各社会阶层的客观过程。❷ 还有研究认为社会分层指的是依据一定的同一性标准（或依据一定具有社会意义的属性），把社会成员划分为高低有序的不同等级、层次的过程和现象。❸ 从这些表述中可以看出，社会分层既是一个过程，同时也是一种结果。

其次，社会分层的表现形式是地位差异。社会分层具体表现为人们在社会地位方面的差异。社会地位是人们在社会关系中的位置以及围绕这一位置所形成的权利义务关系。社会成员通过各种途径（出生、继承、社会化、就业、创造性活动等）占据种种不同的社会地位，获得种种不同的社会身份，扮演不同的社会角色。这些不同的社会地位、身份、角色不仅能使每个人同其他人区别开来，而且通过各种相关的权利和义务而规范、制约着个人的社会交往过程。

再次，社会分层的根源是社会分工和私有制。社会分工是社会分层的最初的历史动因。社会分工所带来的社会分化还只是一种水平分化，水平分化并不一定带来社会不平等，即所谓社会地位上的高低有序的等级层次。只有当这种社会分化和一定的社会制度相结合，才会把社会分工所造成的社会水平分化转化为社会的垂直分化，并在社会的垂直分化中造成社会分层。私有制使得社会不同分工的人群获得了不同的占有社会资源的能力，从而使他们所占据的社会

---

❶ 王思斌. 社会学教程（第四版）[M]. 北京：北京大学出版社，2016：155-156.
❷ 王思斌. 社会学教程（第四版）[M]. 北京：北京大学出版社，2016：156.
❸ 朱力. 社会学原理[M]. 北京：社会科学文献出版社，2003：335页；郑杭生. 社会学概论新修（第三版）[M]. 北京：中国人民大学出版社，2003：217.

地位获得了不同的社会评价。社会分工与私有制的结合最终演变成一种社会分层，即一种社会结构性的不平等。

最后，社会分层的实质是社会不平等。社会不平等包含着丰富的含义。一方面，按照马克思的理解，社会不平等反映的实际上是剥削与被剥削的关系；另一方面，社会不平等是指人们在社会资源的占有量和占有机会上的差异性，它是对社会资源在不同社会群体之间有差别的分配状况的客观概括。社会不平等可以分为法律不平等和事实不平等。法律不平等直接与人们的社会身份相联系，指人们由于身份的不同，享有不同的权利和义务，因此是一种由社会身份体现出来的公开的不平等；事实不平等体现了人们之间实际的差异性，是一种较为隐蔽的不平等。现代社会的不平等主要是一种事实不平等，这种事实不平等也与一定的社会结构有关，但它并不受国家法律的保护。在个人层次上，人们可以通过个人的努力来改变自己在这种不平等的社会结构中的地位，因此，这种不平等是一种开放性不平等。过分的不平等往往会引发严重的社会冲突，但具有或保持适度的不平等也是必要的。❶

（二）现代社会的理想分层结构

如上所述，社会分层涉及社会平等问题。首先，要分析社会分层的机制。在如何看待社会分层的问题上，一个争论的焦点是地位获得的机制问题。实际上，对社会分层持怀疑以至反对态度的并不是针对社会是否需要分层，而是关注为什么导致了不合理的分层。这就暗含着一种假设：由合理的机制导致的社会分层是可接受的和必要的。在地位获得方式上，研究者们也忽略了个人化的原因或个人在获得地位的过程中对策略的运用，而是关注最一般的制度因素，即社会有何种制度设置使其成员能够或者能达到他们所期望的社会地位。研究者们基本上认同了下述观点：那种建立在出身等先赋地位之上的地位获得或社会分层制度是不合理的，现代社会需要自致性的社会分层制度。当然要做到这一点就需要一种平等的机制，即机会平等。其次，要考虑社会分层中的不平等程度。在社会分层研究中不平等是一个本质性问题，虽然一些研究者最初并没有给不平等渗入价值的含义，但是社会分层的后果却将不平等的程度问题提了出来。从对社会分层的批判性的观点中可以看到，不合理的、过分的不平等蕴含着社会冲突。既然社会分层以不平等为基础，过分的不平等又会带来社会冲突，那么，一个理想化的解释就是在社会分层中保持适度不平等。所谓适度不

---

❶ 尹保华. 通识社会学［M］. 长春：吉林人民出版社，2004：431-434.

平等就是社会认可的不平等，它首先建立在机会平等的获得地位的基础之上，另外，社会有一种平衡过分不平等的制约和补偿机制。

作为适度不平等的社会分层状态，社会学界一般把它称为"现代社会的理想结构模型"。任何社会都有其社会分层结构，即不同社会阶层所形成的总体社会结构的类型。传统社会的社会分层结构是金字塔型的。现代社会的理想结构是橄榄型（参见下图），即形成了一个庞大的中产阶级，而极富有群体和极贫穷群体都相对较小，这就是以中产阶级为主体的社会结构。在这种社会结构中阶层之间在经济、权力等方面的差距（不平等）较小，内在冲突也较小，社会结构处在相对稳定的状态之中。这种社会结构以机会平等、成员发展、合理的社会流动和社会保障制度为支撑。

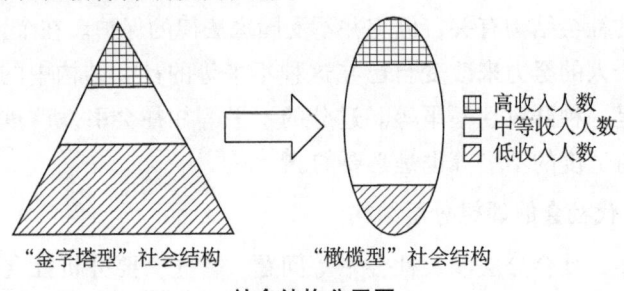

社会结构分层图

（三）社会分层的功能

社会分层是一种普遍的社会现象，对于它的功能，不同学派有不同的解释，具有代表性的是功能论和冲突论的观点。

1. 功能论的看法

功能论即功能主义源于社会有机论观点，即认为社会是一个整体，各个部分分别承担着一定功能以保证社会有机体的稳定和生存。在功能论看来，社会分层是客观存在的，分层在维持社会方面具有某种有益的功能。帕森斯认为，社会是一个系统，分化是必然的，在社会组织中不可能只有一种职位。另一位社会学家戴维斯则认为存在某种形式的社会分层是必要的，因为在社会中某些社会角色需要天才或经过长期训练的人来扮演，而不是人人都可以成为外科医生、核物理学家和军事战略家，社会所需要的特殊角色要承担更大的责任和风险。为了能吸引他们承担这些责任，社会就必须向这些角色的扮演者提供更多的财富、权力、声望，或三者兼而有之。这样，社会资源的这种不平均分配对社会来说是有其功能的，当然这无形中会形成社会分层。戴维斯的分析是要解释社会分层现象，而不是为之辩护。

功能论观点在崇尚个人成就的社会中会得到较多的拥护，但是这种理论也有明显的缺陷，主要表现为它难以对某些先赋地位现象作出合理解释。比如，一个继承家产但无所作为的富翁其社会角色并不重要，但其经济地位很高；美国黑人的低社会地位在很大程度上是先赋的，而不是个人能力所致。实际上在那些不开放甚至在开放的社会中，社会分层也不能保证那些最有才干的人去扮演最重要的角色或培养他们去扮演这些角色，因为父辈的社会地位总会以某种方式影响到子代的地位获得。这样看来，社会分层可能有其反功能。

2. 冲突论的看法

马克思比较系统地阐述了社会冲突论思想。马克思认为，以生产资料的占有为基础，社会上形成对立的阶级。社会上占统治地位的意识形态也支持着特定的社会分层。在马克思看来，剥削是形成对立的社会阶级的基础，它是一种不合理的社会结构，因为它不是使人们互相关心，而是使人们互相仇恨，进而导致人的异化。总之，马克思对这种对立性的社会分层（社会阶级的对立）持批判态度，并致力于改变这种状况。

辩证冲突学派的社会学家达伦多夫反对功能主义的社会观，他认为社会并不是和谐的，而是充满了冲突的。现代社会结构不是根据生产资料占有与否来划分的，而是以对权力的占有为基础的。在现代社会中权力成为最重要的资源，对权力资源的占有形成两个阶级，即占有很多权力和权威的统治阶级与被迫服从的被统治阶级。这种分化存在于各种社会组织之中，即由于对权力和权威的占有，组织成员分为两个集团，即有权者和无权者，他们之间围绕着权力的斗争是持久的，因此，组织只不过是强制协作的联合体。在某一强制协作联合体中，统治角色与服从角色有清晰的界限和分化层次，这导致两个集团之间的对立和冲突。在整个社会上存在着多种形式的统治与服从关系，这使得社会冲突也是多样化的。

总的说来，社会冲突论认为社会分层制度是由于有权势者的利益促成的，它是有权势集团的价值标准的表现，这种分层实际上包含着不平等，而且它妨碍了社会最理想地发挥其功能。

三、社会分层的理论模式

（一）韦伯的社会分层理论

在西方社会学家中，马克斯·韦伯的社会分层理论处于最重要的地位。韦伯认为社会阶层（他称为社会阶级）的划分有三重标准，即财富——经济标准，权力——政治标准，声望——社会标准。

韦伯认为，财富是指社会成员在经济市场中的生活机会。这种生活机会实际上是人们在市场上以其经济收入和财富来交换商品和劳务的能力，即满足自己需要的能力。很明显，具有较多财富和经济能力的人在市场上具有较大优势，即处于更有利的地位。这里需要说明的是，财富并不等于经济收入，通过继承而得到的财富同样能够证明自己的经济地位。应该指出，在社会分层的经济标准方面，韦伯并不反对马克思的生产资料占有在经济地位中的作用，他同意马克思的看法，即生产资料占有权是确立阶级的首要基础，对生产资料的占有不同会造成社会分化。但是，韦伯主要是从更直接地反映一个人的经济地位——财富多少的角度来分析问题的，他认为，只有在市场上人们才能实际反映自己的优势。

社会分层的政治标准是权力。在韦伯看来，权力是处于社会关系中的行动者即使在遇到反对时也能实现自己的意志的可能性。权力是一种强制力。韦伯认为，任何有组织的社会生活都有权力存在，而权力分配反映了政治领域的不平等。他认为，这种权力不仅取决于人们对生产资料的占有关系，在现代社会中它也与科层组织中的管理职位有关。

声望是社会分层的社会标准。声望是指个人在其所处的社会环境中所得到的声誉和尊敬。韦伯认为，声望与人们的身份有关，也与知识教养、生活方式有关。他把身份同市场消费联系起来，认为身份是根据消费的原则来划定的，它以特定的生活方式为特征。在西方社会学中，具有相似身份和生活方式的人被称为身份群体。不同身份群体在社会生活中具有不同声望，也具有不同的社会地位。

韦们认为，上述社会分层的标准是相互独立的，每一个都可以单独作为社会分层的标准，但是，它们有时也是相互联系和可以互相转化的。比如，财富上的差别可能与权力上的差别直接相关，市场机会也与声望有某种关系。韦伯的社会分层理论被称为三位一体的分层理论，在社会分层研究领域有广泛影响。

（二）其他的社会分层理论

1. 索罗金的多元分层论

索罗金是较早使用分层概念的学者，他把分层看作是由社会等级造成的个人或家庭地位的垂直分化的状态。他认为，在社会的各个领域可以形成无数的多样层次序列，它们大致可以按职业、经济、政治三个方面来分类排序，而这三个方面又由不同的要素组成。在他看来，这些序列在原则上都是独立的。

2. 戈德索普的分层理论

英国社会学者戈德索普的研究领域主要是现代社会的阶级结构。在方法上他不局限于经验主义立场，而是融入相当分量的理论直觉。他的阶级划分标准融合了市场处境和工作处境两个方面：市场处境包括各种收入及就业、职业保障、晋升机会等方面的条件；工作处境则包括各种组织资产（权威与自主程度）。他认为人们虽然可以归为不同的阶级，但这些阶级并不一定带有等级排列的意味，因为各个阶级之间存在着地位重叠。他和其他一些社会学家一样，在社会分层研究中还关注阶层之间的封闭性和流动性问题。❶

四、社会分层的标准与方法

（一）社会分层的标准

社会分层的标准是多元化的，不同的分层标准会得出不同的分层结构。在社会分层研究中，采用何种标准来分层，要看研究者关注的问题。在同一类型的社会分层研究中，应该采用最能说明问题的实质性指标。总体来看，社会分层的指标一般有两个取向的研究与运用。第一是主张采用单一指标对社会中的人们进行分层，比如在收入、权力、声望、教育水平等中任择其一作为社会分层的标准。运用单一的标准虽然可以比较简便地进行社会分层，但是仅仅依靠某一个单一的标准往往会失之偏颇。第二是主张采用综合指标对社会中的人们进行分层。即人们在社会分层实践中，为了全面反映社会分层状况，常用的综合指标是社会经济地位。综合性的社会分层标准比单一的分层标准更有效。

1. 社会分层的综合指标

在社会分层实践中，常用的综合指标是社会经济地位，它是通过测量人们的收入地位、教育地位和职业地位，计算其综合值来反映他们的社会阶层地位的指标。在使用这一指标时，首先要求给出收入、受教育水平和职业的分层或量度标准，这种标准应该符合广大社会的看法。在对每一个方面进行测量之后，还要把每个（类）人的三个方面的得分加起来，通过总分数的分布来确

---

❶ 王思斌. 社会学教程（第四版）[M]. 北京：北京大学出版社，2016：157.

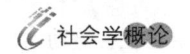

定他们的阶层地位归属。这一指标之所以有综合的含义，是因为它反映了社会分层的几个主要方面的指标，而且这几个指标基本上是相互独立的，把相对独立的指标综合起来能够更全面地反映人们的地位特征。

在美国，有的社会学家用更多的指标去进行社会分层，如用财产多少、拥有房产及类型、本人受教育程度、消费方式等对社会成员进行分层。有的人认为，阶层是拥有共同的生活方式的一群人，因此倾向于用描述生活方式的指标去进行分层。

2. 职业分层

如果从更普遍的角度来看，社会学家使用的较多的分层指标是职业，这种研究称为职业分层或职业评价。职业分层或职业评价是指通过人们对某种职业所对应的经济收入、权力地位和社会声望进行评价，从而对多种职业进行排序的分层方法。由于职业具有客观性，在某一特定的社会中它对应着相应的经济收入、权力地位和社会声望，因此，它也有一定程度的综合性。我国学者在对中国社会阶层进行划分时以职业分类为基础，以组织资源、经济资源和文化资源的占有状况为标准，❶ 也反映了职业所具有的综合意义。

由于职业具有综合含义，所以各国社会学家纷纷用它来进行社会分层。基本做法是对数十个主要职业进行评分，然后对它们进行排序，以反映职业地位之高低。这种做法的好处是对每一个职业进行评分比较细致，其不足是难以将众多职业划为几个阶层。因为当职业较多时，各相邻职业之间的职业评分差距不大，难以划分为不同阶层。

可以预料，由于各国（甚至是不同地区）的经济、社会背景不同，社会的文化和人们的价值观不同，不同国家和地区对于同一职业的地位评价也会有所不同。但是，各国社会分层的研究结果也反映出了明显的一致性：那些具有较高技术水平、教育水平以及在社会中具有较高权力地位的职业都具有较高的社会地位，而从事体力劳动、技术水平较低又缺乏权力的职业的社会地位评价都较低。

3. 常用的单一分层标准

第一，收入。收入与人们的消费方式、生活习惯、安全感和积极性有着密切关系，收入差距对社会安定也有某种程度的影响。第二，权力。权力大小决

---

❶ 陆学艺. 当代中国社会阶层研究报告［M］. 北京：社会科学文献出版社，2002.

定着一个人在群体和社会中向别人施加影响的能力，往往会影响一个人的性格。处于同一权力层的人，对社会政策的评价，对社会现象的看法很容易具有共同之处。第三，教育程度。教育程度直接影响着人的能力、知识、技术、趣味、价值观、审美观以及婚姻生育意愿、修养程度等。教育程度全面地、持续地影响人的一生；同时，对于整体社会的运行来说，教育程度分层结构也是一个至关重要的因素。随着社会发展，它在划分层级方面的作用将越来越大。

此外，像家庭背景、居住区位等都可以作为分层的标准，在实践中可以根据不同的研究目的和需要，选择适用的标准。

（二）社会分层的方法

社会分层方法主要有客观法、主观法和声望法。

1. 客观法

客观法是用可以直接测量的客观标准，如收入、受教育程度等对人们进行层次划分的方法。由于收入、住房条件、受教育水平等现象是客观存在的，因此，通过对这些现象的测量就可以比较符合实际地将社会成员进行分层。使用这种方法可以进行客观的分层，而较少受被访者价值观的影响。

2. 主观法

主观法也称主观评分法，它是指人们根据某种标准，对自己的情况进行归类，指出自己所属群体或阶层的方法。主观法主要用于测量人们的阶层归属意识，或者说是测量他们的阶层认同情况。但是，由于人们看问题的角度不同，自我主观评价可能与客观情况有所偏离。

3. 声望法

声望法是由熟悉社区情况的人按照事先规定的分层标准，对本社区成员进行评价并进行阶层归类的方法。通过声望法可以对社区成员的声望进行排列，也可以了解各种因素对声誉的影响，并发现公认的声望分层标准。

上述三种社会分层的方法各有其用途，但是客观法被更多地使用。

（三）地位一致与地位相悖

在用不同标准对同一些社会群体或职业进行分层时可能会出现比较复杂的情况：某一社会群体或职业在不同的分层体系中的地位可能不一致，从而出现相互交叉的状况。这里又可能发生两种比较极端的情况：一种情况是，一些社会群体或职业在不同的分层体系中的位置排列顺序大体是一致的，我们称这种

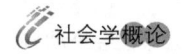

情况为地位一致。比如，高层行政管理人员、科学家、大学教授在经济、教育、社会声望分层中都处于较高地位，而拾荒者、失业者、流浪者的上述地位都较低。另一种情况是，一些社会群体或职业在不同分层体系中位置的排列完全相反，这种情况称为地位相悖。比如，改革初期对私营企业主的评价就是如此，私营企业主在经济分层中地位较高，而在政治和声望分层中地位较低。

地位一致或地位相悖现象具有重要的社会意义。地位一致实际上反映了各种社会资源在不同社会群体中分配相对集中的情况，即各资源优先被某些群体所占有，而另一些群体则很少占有。社会分层中高度的地位一致蕴含着社会冲突。地位相悖反映了各种社会资源在不同社会群体中分配较为分散的状况，它使得不同社会群体在不同资源分配体系中各得其所，反映的是社会结构的多元化。

第三节 社会流动

一、社会流动的含义与类型

（一）社会流动的含义、类型与功能

最先注意到社会流动现象的是美国经济学家和社会学家熊彼特。他在1927年发表文章论述了垂直流动可有不同形式。意大利社会学家帕雷托也考察了社会"精英的循环"，强调了作为个人的精英的"进""出"和作为精英群体的上升和下降问题。

关于社会流动研究的真正开拓者是社会学家索罗金，他在1927年出版了《社会流动》一书，详细论述了社会流动的有关问题。社会流动概念就是索罗金在《社会流动》一书中首先提出来的。他认为社会流动是两个集团之间的人口交换，即一个集团的成员转入另一个集团。索罗金的研究奠定了社会流动概念在社会学中的重要地位，也引起社会学家的广泛兴趣。

克拉斯的《英国的社会流动》（1954年）与美国的布劳和邓肯的《美国的职业结构》（1967年）两个研究在其中最为著名，后来还有李普斯特和任哈德·本迪斯合写的《工业化社会的社会流动》、米勒写的《社会流动比较》等研究成果，从而奠定了社会学中社会流动这一专题的基础。

社会流动一般指社会成员在社会结构空间中从一个社会位置（地位）向另一个社会位置（地位）的移动。理解这个定义的要点是：

第一,如前面的有关章节所述,人们都生活在一定的社会结构之中,人们在社会结构关系网络中占有的一定位置就是社会地位或社会位置。在这个社会结构空间中人们位置的变化就是社会流动。

第二,社会流动不同于人口流动,不能把社会流动看成纯粹物理空间上的变化。人口流动指人口在地域空间上的移动,这种流动分为永久的和暂时的,前者为人口迁移,后者为流动人口。而社会流动则是人们在社会关系空间上的位移。只有当人口流动引起人们社会地位或职业角色变化时才具备社会流动的意义。

第三,社会流动现象的发生必须具备一系列必要的前提条件。①个人与社会位置的非固定化。只有在一个社会成员可以替代的社会结构中才会有社会流动现象的发生。而在初级社会群体内由于社会成员具有不可替代性,因而是不可能出现社会流动的。②一定的社会位差的存在。所谓社会位差是指不同社会位置之间存在一定的社会差别,这种社会差别主要是指这种社会位置获得社会资源的能力和机会不同,或者说社会资源在不同社会位置中的分配不同。像没有水位的差别不能引起水流一样,如果各种社会位置完全相同,没有任何社会差别,当然不会引起社会流动。社会差别的存在是社会流动发生的重要条件。③社会结构的开放性,即每个社会阶层的成员替换都是面向整个社会,而不是面向阶层内部。如果说社会位差的存在主要提供了社会流动的动力,那么,社会结构的开放性则为社会流动提供了可能性。后者对社会流动更为重要,因为在一个封闭的等级制社会里,并非没有流动的动力,恰恰是没有流动的机会。

(二) 社会流动的类型

根据不同的划分标准,可以把社会流动分为不同的类型。按照流动的主体划分,有个人流动与群体流动;按照流动方向划分,有水平流动与垂直流动,其中垂直流动又有向上流动与向下流动;按照流动的参照基点划分,有代际流动与代内流动(一生流动)。

1. 个人流动与群体流动

个人流动是个体的流动,它反映了一个人在社会阶层结构中地位的变化。个人流动对个人和家庭来说是重要的,典型的个人流动也能反映社会的重大变化。

群体流动是较大规模的社会流动。这种流动可能是有组织的,也可能是无

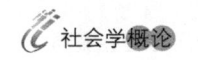

组织的，可能是向上流动也可能是向下流动。尽管这种流动会对当事人的生活际遇产生某种影响，但是，群体流动的关注重点是流动规模可能对社会结构发生的影响。比如，城市化加速过程中大量农民进城务工经商、计划体制时期的"知识青年上山下乡"都是典型的群体流动。

2. 水平流动与垂直流动

水平流动是指在社会地位相同的不同社会部门间的流动。在社会等级结构中，个人、家庭、社会群体的社会地位在运动中没有发生变化，或者变化差别很小，都可以认为是水平流动。

垂直流动指人们在同一分层结构中不同层次之间的纵向流动。垂直流动可以进一步分为向上流动和向下流动。向上流动是从较低社会层次向较高社会层次的流动，流入层次高于流出层次；向下流动是指从较高社会层次向较低社会层次的流动，流入层次低于流出层次。

代际流动是指同一家庭中两代人之间在社会地位方面的变化。代际流动通常以职业地位为标准，即以父母与子女在同一年龄时的职业或其他地位作为比较的基点，考察第二代人与第一代人相比其社会地位的变动情况，从中找出变动的原因和规律。

代内流动也叫一生中的流动，指个人在自身的一生中所经历的社会地位的变化。代内流动通常以职业地位作为社会地位特征，以个人最初职业为参照基点，以最后的职业地位作为终点，比较处于这两个时点之间的职业变动，从中找出变化的原因和规律。

（三）社会流动的功能

1. 引起社会性资源的再分配

流动意味着个人社会位置的改变，其目的是改变自己所处位置上的社会性资源的质和量的分布状况，争取自己所期望或应得到的经济利益、政治权力、职业声望等社会性资源。因此，社会流动能够使社会资源的分配更加趋于多样化，防止有限的资源集中于社会的少数成员或职业那里。

2. 缓解社会差别的消极影响

社会分层现象是社会分工条件下产生的人们在社会经济利益上的差别的制度化形式。这些差别形成社会层次之间的界限，当这种分层界限相对凝固化，会强化分层的集团意识，社会集团之间的不平等成为社会持续紧张的一个矛盾源。处于社会底层的阶层在比较利益面前，会产生和积累不满情绪，引发社会隔阂、摩擦乃至社会冲突。社会流动是个人与社会位置之间的联系非固定化，打破了分层之间的壁垒，使各层次的人员处于不断更新变换的过程中，因而可以减弱分层集团意识，增加改变地位的机会，缓解地位差别造成的冲突，释放社会不公平累积的社会张力。在社会流动机会均等的条件下，地位差别才能产生积极的社会作用，成为对有能力有贡献的人的一种奖赏。社会流动从性质上讲是社会成员自发地改变自己社会位置的一种努力与尝试。

二、社会流动的模式与影响因素

（一）社会流动的模式

1. 开放式流动

开放式流动是社会成员在各阶层、职业间流动不受制度性限制的流动模式。在现代社会中，社会成员享有公民权，他们可以根据自己的能力从事合法的职业活动，而不受人为的、排斥性的制度限制。也就是说，所有的职业、职位对全体社会成员都是开放的，人们可以自由流动。

2. 封闭式流动

封闭式流动是社会成员只能在一定范围内流动的社会流动模式。在传统社会中，由于社会资源短缺，统治者和上层社会为了维护自己的利益而设置种种制度，把人们的职业流动，特别是底层群体的职业流动限制在一定范围之内，即只允许他们在一定范围内流动。这种流动模式常常是把社会成员分为几大类别，在类别之间建立壁垒，进而限制人们的流动。毫无疑问，这种流动模式限制了社会成员能力的最大发挥，也会积累社会矛盾和冲突。

3. 混合式流动

混合式流动是在一个社会中既有开放式流动，又有封闭式流动的流动模式。社会成员可以在一定范围内，甚至是在阶层之间进行流动，但是他们不能进入另一个封闭的领域。比如在中国的封建社会，平民可以由仕途或军功而成为将相，但他们一般不能封王，在由平民到将相的范围内是开放的，但社会的最高层对平民来说是封闭的，除非他们造反而自立为王。

（二）精英的流动

1. 什么是精英

在社会流动研究中，研究者们除了关注作为宏观社会过程的大规模的社会流动外，还特别关心精英流动。精英是那些具有特殊才能、在某一方面或某一活动领域具有杰出能力的成员。对于精英并没有一套指标去测量，但是一个人在某个领域有超凡的、出类拔萃的表现则是他属于精英的最有力的证明。人类社会生活的多样性决定了精英的多样性，我们可以称各个领域中具有超凡才能的人为精英。比如有经济精英、政治精英、军事精英、知识精英、技术精英和艺术精英等。精英是在相关领域分层中占据最上层的少量人物，他们的行动对于该领域的变化具有不可替代的作用。在社会分层研究中，人们更注意政治方面的精英。美国社会学家米尔斯提出了"权力精英"的概念，它指的是某些人的地位是依靠权力而获得的。在我国的社会学研究中，精英这一概念的使用更泛一些，即有较强的相对意义。

2. 帕雷托的精英循环理论

意大利社会学家帕雷托是西方社会学界对精英系统研究的先驱，他用以说明社会不平等现象的精英理论在西方社会学界深具影响力。

帕雷托认为，社会分层结构的存在是普遍的和永恒的，但这并不意味着社会上层成员和下层成员的社会地位是凝固不变的。稳定的等级结构是稳定的经济状态的产物，因而仅仅是静止的农业社会的典型结构。现代社会是建立在创新、竞争、变革基础上的动态性工业社会，因而现代资本主义社会中不存在终身的或世袭的阶级。现代社会的不平等主要是由个人与生俱来的生理差异决定的，即基于自然差别。社会成员归属于哪个社会层次取决于他们天生的能力和才干。

精英概念正是在天生的能力和才干基础上提出的，它并不表示由社会地位所确定的特定集团，而是指那些具有特殊才能、在某一方面或某一活动领域具有杰出能力的成员。帕雷托解释说，如果在人类各种活动中，用指数标明每个人的能力（比如我们在学校中对各门课程进行考核时打分数），那么我们就可以把那些在各项活动中获得最高指数的人划归为一个等级，即精英人物——某集团中最优秀的那部分成员。可见每一个以社会地位划分的集团中都有一定数量的精英；各个集团社会成员能力和才干的平均值决定着该集团在社会分层阶梯中所处位置。

帕雷托认为，工业社会充满着变革与动态，从而撼动了严密封闭的阶级壁垒，加上能力与才干本身具有很强的偶然性、变异性，这一切打破了人们终身世代固守某一社会地位的凝固化格局。也就是说，到了工业社会，阶级的稳定性被一种称为精英循环的社会流动所冲破，稳定性不平等被暂时性不平等所取代。精英原则上是不能世袭的,父子两辈在才能上的差异可能非常之大。那些天赋很高的杰出人物即使初始地位很低,但凭借个人的努力仍然可以晋升到社会阶梯的上层,反过来也一样,即使是出身名门望族的上层人物,如果天赋愚蠢笨拙,生性懒惰僵化,也有可能跌落到社会下层。

帕雷托指出,社会平衡的基本条件就是保持循环路线的畅通,以使执政阶层中总能保持一定数量的精英。一个社会只有当执政阶层的能力、才干平均值高于非执政层时,才是稳定的,而要经常保持住这一点就必须借助于精英循环,即非执政层中的精英人物上升为执政者,以及执政的庸才下降到非执政层。这样看,畅通的下行循环和上行循环都是必须的。如果没有下行循环,执政层就有可能聚集起一批腐化分子,使得执政阶层能力、才干的平均值下降,从而不能确保其统治;同样,如果长期堵塞上行循环的通道,非执政层的能力平均值就有可能上升,一旦具有执政能力的下层精英积累到一定程度,就会联起手来以暴力手段夺取政权。革命的意义就在于更新上层成员,补充和提高执政阶层所必备的管理能力。帕雷托告诫说,一旦流动缓慢,就会造成掌权阶级中蜕化分子激增,同时非掌权阶级中的精英不断增长,社会将随之失去平衡和稳定,而征服或革命将使新的精英掌权并建立起新的平衡。

(三) 影响社会流动的因素

1. 社会结构的性质

社会结构的性质是指社会结构是封闭的还是开放的,它指的是一个社会在制度上建构某种社会结构的本质性特点。如果一个社会的制度安排上不鼓励,甚至限制社会成员的流动,那么社会流动的频率和多样性就会受到限制,反之,一个社会中的社会流动就会活跃得多。在这之前我们曾经多次提到先赋地位和自致地位,实际上注重先赋地位的社会是不太鼓励社会流动的,形形色色的种姓社会基本上遏制了阶层间的流动,中国历史上多次出现的重视出身的制度、户籍制度也极大地抑制了社会流动。

2. 经济和社会的发展程度

经济和社会的发展程度直接影响着社会流动。在一个经济不发达的社会中,人们常常在比较封闭的范围内生活,而在经济比较发达的社会中,新的机会不断出现,社会流动也频繁得多。实际上社会流动加速经常发生于社会转型期,在工业化、城市化启动和快速发展时期,社会流动规模的扩大和速度的提高都是相当明显的。在西方,工业化和城市化带来了前所未有的社会流动。当前我国正处在社会转型时期,农村城市化加快,由农业社会向工业社会转型,产业结构发生前所未有的大规模调整,新的职业大量出现,这些都大大促进了社会流动。

3. 文化价值观念

如果说经济和社会发展的情况外在地规定着社会流动的界限和机会,而文化价值观念则是影响着人们的流动愿望和社会流动行动的内在因素。这种文化价值观念主要有社会流动观、社会职业观和社会竞争观。社会流动观,是人们对改变自身生活的地域环境和社会地位的基本态度。它受人们生活环境、生活方式和传统观念的强烈影响。譬如,在农业社会里,人们习惯于"安土重迁""知足常乐"等一些观念,安于现状,不思进取,一般没有太强的流动意愿。在现代社会里,由于人们教育程度高,视野开阔,接受外界信息多,自我实现的欲望强烈,因而普遍持开放的社会流动观。社会职业观,指人们对各种社会职业声望的评价。按照这种评价,可以把社会职业按声望高低进行排序,职业声望的高低决定着各个职业吸引力的大小,从而影响着人们社会流动的欲望和动机。社会职业观除受职业环境、职业待遇、文化传统等因素影响外,还受当时社会舆论的影响。社会竞争观,是人们对社会流动的方式和途径所持的基本看法和态度。如有没有竞争意识、敢不敢竞争等,对社会流动也有很大的影响。[1]

4. 教育的发展状况

在某种意义上可以说,教育是向上流动的推进器。在传统社会,教育扮演着为仕途铺路的作用。中国的"学而优则仕"是这一现象的经典总结。现代社会是以科学技术和教育为基础的社会,接受更好的教育几乎成为进入更高社会层级的必不可少的条件。教育的普及和发展使受教育者获得向上流动的可能性。一些发达国家已经是"文凭社会",那些获得较高文凭、毕业于较好大学的人,其向上流动的机会比其他人要高,正是因此,人们才期望获得较好的教育,尽管"文凭社会"有许多负面的东西。

5. 家庭背景

家庭背景对一个人的社会流动的影响是不容置疑的。在传统社会,家庭的经济状况、父辈的政治和社会地位会直接影响子代的地位获得,这是先赋因素

---

[1] 尹保华. 通识社会学 [M]. 北京:吉林人民出版社,2004:459-460.

在发挥作用。在家庭（父辈）背景对子代地位获得的研究方面，美国社会学家布劳和邓肯所做的一项研究具有经典性。他们在1962年所做的一项关于父系对儿子获得职业影响的研究成果揭示：父亲的受教育水平和职业直接或间接地对子代的职业获得有重要影响。

关于家庭背景对子代地位的影响，法国社会学家布迪厄的文化资本理论给予了深入分析。所谓文化资本是指借助不同的教育行动传递的文化物品，之所以称为资本是因为这种文化物品具有再生产的性质。布迪厄认为，不同社会经济出身（即家庭出身）的学生在学业成就方面是有差异的，家庭出身不仅通过单纯的经济收入来影响求学的孩子，文化资本的传承也是阶级再生产的非常重要的一环。那些从家庭中继承了丰厚文化资本的人，也容易增长自己的文化资本，而文化资本是可以转化为经济资本的。

6. 社会网络资源

社会网络理论对人们成功地获得更好的职业和地位给予了一种解释：人们所拥有的社会网络资源影响着他们的地位升迁和成功。从中国的情况来看，社会关系网络对人们的社会地位的获得的影响是明显的，即一个人所拥有的支持性的社会关系越多、越有力，他在职业和地位方面获得成功的机会就越大，这种现象与中国文化和社会结构的特征密切相关。布迪厄的社会资本理论也对人们在职业和地位上的成功作出了一定的解释。[1]

第四节　当代中国的社会分层与社会流动

一、改革之前的社会分层与流动

（一）传统中国的社会分层与流动状况

我国有两千多年的封建社会史，小农经济和以儒家思想为主的传统文化造就了含有价值评价的分层结构：仕、农、工、商。在阶级结构方面，地主阶级与农民成为社会的基本阶级。近代以来，受西方经济与文化的影响，中国的社会结构发生了变化，资产阶级与无产阶级有所发展。20世纪20年代，毛泽东对中国社会的阶级与阶层作了系统的分析，反映了那个时代我国的社会阶级和

---

[1] 王思斌. 社会学教程（第四版）[M]. 北京：北京大学出版社，2016：167.

阶层结构。他用马克思主义的观点分析了各阶级、阶层的经济地位和对待革命的态度，这种分析是为革命斗争服务的。

传统中国社会的分层比较简单，社会流动的规模较小。人们向上流动的机会主要是读书和战功，但十分有限；战乱和灾荒使大量小农破产，使他们已经处于社会的最底层，所谓向下流动。由于统治阶级通过开科取士吸纳知识精英，小农经济又有很强的自我修复机制，所以中国社会结构呈现出明显的稳定性，甚至成为一种"超稳定结构"，社会分层、社会流动都不甚显著。

（二）计划体制时期的社会分层与流动

1949年后我国的阶级结构发生了重要变化，首先是消灭了地主阶级，没收了官僚资产阶级的财产，接着对民族资产阶级实行社会主义改造，到1956年下半年我国基本上消灭了剥削阶级。我国的社会结构由工人阶级、农民阶级和知识分子阶层组成。与此同时，我国开始逐渐形成了干部、知识分子、工人、农民四大阶层。在这四大阶层中，干部、工人、农民的阶层地位相对固定，知识分子阶层则因政策的变化而处于变动之中。通过户籍制、社会保障制度这四个阶层实际上成为四大身份群体，他们在经济来源、收入、政治待遇以及社会地位方面有了明显差异。

除此之外，我国还形成了其他几个身份系统，如户籍身份、所有制身份和单位身份。户籍身份是由户籍制度所确立的身份等级，它与户口登记制度连在一起，将人们分为城镇户口和农村户口。城镇户口优于农村户口，持有城镇户口者处于较高地位。所有制身份是根据人们所在工作组织的所有制性质而确立的身份，包括全民所有制、集体所有制两种，前者高于后者。单位身份是一种不成文的、由工作单位在国家经济、政治生活中的地位的重要性所确立的，一般地，政治上比较重要的工作单位处于更高的地位，在国民经济中有比较重要作用的单位也有较高的地位，而地位的重要性常常表现为这些单位有较高的行政级别。这三种身份制度设置了种种规定，阻碍了人们在不同身份之间流动。[1]

二、改革以来的社会分层与流动

（一）改革以来的社会分层状况

改革开放以来，长期在我国占主导地位的、政治至上的社会分层理念发生

---

[1] 王思斌.社会学教程（第四版）[M].北京大学出版社，2016：168.

了改变，财富越来越成为人们追逐的主要目标。另外，由农村经济体制改革所导致的农民经济收入的快速增长、农村乡镇企业的大量出现、大量农民进入城市务工经商都对原有的社会分层格局造成冲击。还有，城市经济体制改革以来，特别是在经济全球化的影响下产业结构的调整，在很大程度上改变着城市的乃至全社会的分层结构。可以说，我国比较简单的社会分层结构变得越来越复杂化了。这种复杂化在陆学艺等人的社会分层研究中有初步的表现。

由陆学艺教授担任组长的、中国社会科学院的重大研究项目——"当代中国社会阶层研究"课题，经过数十位社会学学者历时3年调查研究，在2001年底取得重大研究成果，即陆学艺主编的《当代中国社会阶层研究报告》。该报告由三个部分组成：第一部分是课题组集体研究讨论后撰写的《当代中国社会各阶层研究总报告》，对当前社会阶层变化作了总体分析，提出了以职业分类为基础，以组织资源、经济资源、文化资源占有状况作为划分社会阶层的标准，把当今中国的社会群体划分为十个阶层，并对每个阶层的地位、特征和数量作了界定，对现有的社会阶层结构作了初步分析，指出了目前中国的社会阶层结构正在向现代社会阶层结构变化，但还只是现代社会阶层结构的雏形，并提出了相应的政策建议。第二部分是课题组部分成员分别撰写的关于产业工人阶层、农业劳动者阶层、私营企业主阶层和社会中间阶层等4个专题报告。第三部分是5个地区的个案研究报告。❶ 这是一个有重要影响的社会分层研究。

陆学艺等把当代中国人划分成十大社会阶层：即国家与社会管理阶层，经理阶层，私营企业主阶层，专业技术人员阶层，办事人员阶层，个体工商户阶层，商业服务人员阶层，产业工人阶层，农业劳动者阶层，城市无业、失业和半失业人员阶层。

陆学艺等总结了转型期我国社会分层的五个特点。第一，阶层分化越来越趋向于表现为职业的分化。与绝大多数已经实现工业化或正在实现工业化的社会一样，在当代中国社会，职业因素对社会阶层分化的影响主要表现在两个方面，一是体力与非体力劳动者之间的社会经济差异扩大，二是管理者与非管理者之间的社会经济差异扩大，这两个方面的表现都是工业化社会的技术进步和科层组织发展所导致的必然结果。第二，一些特殊的制度性安排对社会阶层分化仍然有着显著的影响。这些制度因素包括所有制、户籍制度、部门差异以及

---

❶ 陆学艺. 当代中国社会阶层研究报告［M］. 北京：社会科学文献出版社，2002.

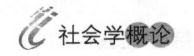

国家在资源配置中的强有力的作用。第三，生产资料所有权仍然是导致当代社会阶层分化的重要因素之一。这也是市场经济社会的普遍特征。但很显然，这一因素在当代中国社会阶层分化中的作用要相对弱于它在当代资本主义社会中的作用。第四，经济体制转轨的过渡期对社会阶层分化也产生了特殊的影响。即在过渡时期的利益调整中，大部分人的收入和生活水平会逐渐提高，同时也会有一部分人因为收入和生活水平相对下降而落入社会底层。另外，在过渡时期还会出现阶层位置不确定的边缘性群体。第五，在由计划经济向市场经济转型的过程中，权力配置并没有退出配置资源的格局，仍然发挥着重要的社会分层功能。

（二）改革以来的社会流动状况

1. 社会流动的基本情况

改革以来我国的社会流动十分明显，不仅在城市和农村之间，而且在城市内部、农村内部社会流动都相当显著。首先，在城乡之间，农村经济体制改革所释放的剩余劳动力大量进入城镇，取得了获取更好的经济成就的机会。20世纪90年代中期以来，每年农民进城务工经商者都达1亿～2亿人。他们中的绝大多数虽然尚未获得与城市居民相同的身份，但是在经济收入方面却大有改善。他们中的一些人已经变为产业工人。城市化使原来的农民变为城市人口，他们的生活方式随之也发生了变化。其次，在城市内部，所有制结构、产业结构的调整和人们的价值观念的变化，大大地促进着城市劳动者的职业流动。从全民所有制单位流向私营企业和外资企业、从行政机关转向经济部门成为职业流动的突出特点。另外，曾经作为城市就业主体的工人阶层的地位也发生了重要变化。再次，进入经济发展新常态和深化政府行政体制改革以来，我国的社会流动正在出现新的变化趋势。比如，全社会体力劳动者的比例下降，从事技术性劳动的群体扩大；城乡居民的物质生活水平明显提高，中低收入阶层规模扩大。可以认为，改革以来我国的社会总体上是向上流动了。

2. 改革以来社会流动的主要特征

第一，农民是我国社会流动的主体（城乡之间的流动），市民的社会流动正逐步加大（城市内部的流动）。第二，我国的社会流动正在从消极控制向积极引导转变。第三，经济因素上升为流动的主要影响因素之一，出现了政治评价体系与利益评价体系并存的双重格局，衡量人们社会位置的价值标准开始由权本位这一端向钱本位另一端移动，政治权力与经济实力已成为两个强有力的影响流动的因素。第四，全社会体力劳动者的比例下降，从事技术性劳动的群体扩大。城乡居民的物质生活水平明显提高，中等收入阶层规模扩大。可以说，改革开放以来我国的社会总体上是向上流动。

3. 当代中国的精英流动

面对苏联和东欧国家发生的巨大变化，一些学者开始研究经济转型国家的精英流动问题，其关注点是原来这些社会中的精英发生了哪些变化，新的精英与原来的精英的关系等。在这方面主要有两种观点：精英循环与精英再生产。

精英循环理论认为，社会主义国家在改革过程中其精英是非连续的，即现在的精英并不是原来的精英。原来的政治精英通过改革并没有变为改革后的经济精英，而一些非精英人物变成了经济精英或政治精英。如有的学者发现，原来农村的村干部并没有变为农民企业家，而一些从来不是干部的普通农民成为企业家，进而成为村干部。于是，农村的精英人物发生了循环和流动。

精英再生产理论认为，社会主义国家在改革过程中其精英是连续的，即同一批人由一种精英向另一种精英转化。具体地说，在改革过程中出现了大量原来的政治精英转变为市场经济中的经济精英的现象。精英再生产理论中暗合着一个假设：在改革过程中政治精英所拥有的政治资本变成了经济资本。

精英循环理论和精英再生产理论都是从局部经验得出的理论，实际上，在改革过程中精英流动的模式十分复杂。

4. 中低社会群体的流动

面对建构橄榄型社会结构的目标，有两个基本问题需要解决：一是中低收入群体发展成中等收入群体，并使其持续扩大和稳定增长；二是底层社会群体地位的上升。[1] 改革开放以来整个社会向上流动，这两个方面的状况都有一定的改观，但随着我国市场改革的深化和融入国际社会进程的发展，难以回避的经济风险给中低收入群体以及底层社会群体地位的上升带来严重挑战。中低收入群体地位不稳，稍有经济风险，他们的地位就往下滑；包括进城务工人员、"蚁族"在内的底层群体的经济社会地位更是堪忧，他们更多地处于"漂泊"状态。这些将给当事人和社会秩序带来不可忽视的影响。中低收入群体以及底层社会群体的社会地位和流动是我国实现现代化必须解决的问题，要避免社会分层固化，要给中低收入群体和底层群体更多向上流动的机会。

---

[1] 王思斌. 社会学教程（第四版）[M]. 北京：北京大学出版社，2016：170.

思考与研讨

1. 社会分化的含义与类型。
2. 马克思主义的阶级定义、划分标准及基本内容。
3. 当代社会阶级的变化与新马克思主义的阶级观。
4. 社会阶层的概念与多元特征。
5. 韦伯的社会分层理论。
6. 社会分层的标准与方法。
7. 社会分层的机制与不平等程度。
8. 现代社会的理想分层结构。
9. 社会流动的含义、类型与影响因素。
10. 当代中国的社会分层与社会流动。

推荐阅读书目

1. 《社会学概论》编写组：《社会学概论》（马工程重点教材），人民出版社、高等教育出版社，2011年版。
2. 王思斌：《社会学教程》（第四版），北京大学出版社，2016年版。
3. 戴维·波普诺：《社会学》（第十版），中国人民大学出版社，1999年版。
4. 理查德·谢弗等：《社会学与生活》（插图第9版），世界图书公司，2006年版。
5. 戴维·格伦斯基：《社会分层》（第二版），华夏出版社，2005年版。
6. 丹尼斯·吉尔伯特：《美国的阶级结构》，中国社会科学出版社，1992年版。
7. 李培林：《中国新时期阶级阶层报告》，辽宁人民出版社，1995年版。
8. 陆学艺：《当代中国新社会阶层研究报告》，社会科学文献出版社，2002年版。
9. 维尔弗雷多·帕累托：《精英的兴衰》，上海人民出版社，2003年版。
10. 赖特·米尔斯：《权力精英》，南京大学出版社，2004年版。
11. 毛泽东：《中国社会各阶级分析》，载《毛泽东选集》第一卷，人民出版社，1991年版。
12. 马克思、恩格斯：《共产党宣言》，人民出版社，1997年版。

第十一章　社会变迁与现代化

任何社会都处于动态的变化之中，这种变化既表现于各具体的社会领域之中，又表现于整体的或宏观的社会变迁之中。人类社会的变迁与纯粹自然界生物体的变迁有所不同，人的意识和思想这种理性因素发挥着极其重要的作用，人们可以通过制定社会发展规划等形式的理性作用发挥，尽可能地引导社会变迁朝着理想的状态发展。现代化是人类经历的重要的社会变迁，又是社会变迁的必然结果，如何把握社会变迁及社会现代化发展的规律，是社会学研究的重要议题。

第一节　社会变迁

一、社会变迁的含义与类型

（一）社会变迁的含义

从结构的角度去观察社会时，我们会发现它是处于不停的变化之中的，无论从宏观社会还是到具体制度和规则，变化是社会存在的基本状态，也是社会学研究社会的一个重要方面。社会学的奠基人正是从剧烈的社会变化及其造成的后果的角度出发建立这门学科的，后来，对动态社会的研究与对静态社会（社会结构）的研究一直成为社会学的重要研究对象。

在社会学中，社会所发生的变化称为社会变迁，它既包括社会整体的变化，也包括部分的变化，但一般社会学家更关注社会结构、社会制度方面的变化。所以，可以说，社会变迁是指社会的一切变化，特别是社会结构、社会制度发生的变化。

社会变迁的内容十分广泛，宏观的如人类社会形态的变化、国家的治乱兴衰，中观的如社会结构的重大调整、社会制度的变化，微观的如人们的行为方式和行为规范的变化等。那些宏观和中观的变化是社会从一种形态和结构形式向另一种形态和结构形式的变化,而微观的变化也是具有社会意义的变化,即它们具体地反映了社会的变化。正是因此,社会学把所有反映社会变化的现象作为自己的研究对象。由于宏观社会,特别是社会类型(或形态)的研究常常是与社会哲学、一般社会理论联系在一起的,早期的社会学家大多数具有哲学家的背景,在那个时代,思想家们所关心的是人类社会向何处去的问题,因此关于社会的宏观研究占主导地位,这些研究带有较强的哲学理论色彩,基本上属于宏观论述。当社会学的实证方法被确立之后,人们感觉到宏观社会学研究的困难,所以,一些规范的社会学家更倾向于在中观层次上研究社会的结构和变迁。

在中观层次上,社会变迁常常被看做社会结构的变迁。所谓社会结构是指社会的各范畴、各类属之间比较稳定的联系方式。这里的社会范畴和类属最常见的是社会群体,它们是社会在不同领域中的分化,这些不同的社会群体(包括身份群体、工作群体、处于不同层级的利益群体、地域群体等)之间形成的相对稳定的互动关系就形成社会的结构。可以说,社会结构也是多视角的,即可以从不同角度去分析。社会变迁是结构的变迁,这是从分析意义上说的。当我们讨论社会变迁时总有一个所指或主体,这种变迁的主体只能是那些相对稳定的东西,在社会学中这种稳定的东西被统称为结构,这样,社会变迁就是指社会结构的变迁,不管这种社会结构是宏观层次的,还是中观和微观层次的。另外应该指出的是,当我们使用社会结构这一概念时,也应该充分注意到这种稳定关系的相对性。实际上,任何稳定的结构都是处于变动之中的,即稳定只是相对的。但是为了研究的方便把社会结构看做是相对稳定的又是必要的,否则将难以描述一切变化。

社会学注重中观社会结构的变迁,但并不排斥对宏观社会变迁的分析。实际上,对人类社会发展规律的研究、对宏观社会运行机制的研究、对社会系统之间相互作用的研究都是研究和分析具体的社会现象所必需的,或者说这些构成了认识具体的社会现象的背景。[1] 由此,在我们已经对社会各领域的中层理论有了一定了解的基础上,本章将介绍一些社会变迁的宏观理论。

(二) 社会变迁的类型

由于对社会结构、社会制度的认识十分多样化,社会变迁又具有相当丰富的形式,因此要对社会变迁作完整的分类也是有困难的。以下只是从几个主要

---

[1] 王思斌. 社会学教程(第四版)[M]. 北京:北京大学出版社,2016:300-301.

角度对社会变迁进行分类。

1. 整体社会变迁与局部社会变迁

从社会变迁文体的规模特征来看，社会变迁可以分为整体性变迁和局部性变迁。整体社会变迁是整个社会结构和制度体系的变化。社会具有系统性特征，当社会结构和制度体系都发生变化时即是整体社会变迁。比如，一个新的社会经济制度的建立，某一地区社会经济和政治结构的重大调整都是不同层次的整体社会变迁。局部社会变迁是指一个社会的部分结构和制度的变化。如我国的经济体制改革最初是从农村开始的，农村普遍实行家庭联产承包责任制，而城市经济体系没有发生变化，即是局部社会变迁。在城市内部，一些部门首先进行改革，另一些部门基本维持原状也属于局部社会变迁。实际上，由于社会的系统特征，局部变迁对整体是有影响的，所谓局部社会变迁也具有相对的意义。但是在有些部分变化明显，另一些保持相对稳定时，我们还是可以从局部社会变迁的角度去分析问题。

2. 社会进化与社会革命

从社会变迁的速度或激烈程度的角度看，社会变迁可以分为社会进化与社会革命两种主要形式。社会进化是社会缓慢的、有秩序的变化形式，这种变迁一般表现为某一社会对于外部环境压力、内部不协调所作的有序的调整。这种调整没有社会结构的重大变化。社会革命则是社会的剧烈的、本质性的变化，它是社会结构、社会制度的根本性变化，而且是在短时间内完成的变化。社会革命有的采取了暴力的形式，有的采用了和平的方式。前者如通过阶级冲突或战争所导致的国家政权、社会性质的变化，后者如一个国家内部激进的改革。成功的社会革命常常会导致政权、制度的更替。

3. 社会进步与倒退

社会变迁是一个中性概念，它包括了社会的所有变化。但是，由于处于社会变迁中的社会群体是有价值的，因此，具体的社会变迁也会被赋予价值评价。那些有利于促进人类的福利、平等和发展的变迁被称为社会进步，与此相反的变迁被认为是倒退。由于社会价值具有多样性，即不同社会群体站在不同角度对社会变迁会有不同认识，所以对同一社会变迁是否属于进步、是多大程度上的进步可能有不同的看法。这一现象的出现除了评价主体的不同立场之外，还与社会变迁的影响的复杂性有关，即总体进步中也可能有负面的东西。但是，总的来说，人们从社会变迁的受益群体的结构和规模、它与社会发展总方向的符合程度着眼，还是能对社会变迁的性质进行合理评价的。

4. 自发的社会变迁与有计划的社会变迁

从最具体的意义上讲，社会变迁是社会成员的行为方式、他们之间的社会关系的大规模的变化。这种变化可能是人们有意推动的，也可能是自然而然地发生的。自然而然发生的社会变迁称为自发的社会变迁，它并非是人们刻意追求、有意干预而发生的。有计划的社会变迁是人们根据自己的意愿和设计而推动的社会变迁，这种变迁带有明显的人为色彩。人们基于自己的愿望和对社会运行的某些规律的认识去设计和具体推动社会过程，以达到目标的活动及结果就是有计划的社会变迁。一般地，有计划的社会变迁主要表现为人们对自发社会变迁的可能的消极后果的预防和克服。下面将要讨论的社会规划与社会发展战略就属于有计划的社会变迁的范畴。

二、影响社会变迁的因素

从社会学研究的角度看，关于影响社会变迁因素的讨论有许多不同的观点。比如美国社会学者波普诺认为影响社会变迁的主要因素包括物质环境、人口、技术、非物质文化、文化进程、经济发展、主观努力等。[1] 王思斌教授从若干方面论述了社会变迁的因素。[2]

（一）环境变化

人类生活与自然环境有着直接联系，这样自然环境的重大变化会引起社会的变迁。人类与自然环境的关系大致有四种类型：最初人类对自然是完全的直接依赖关系，人类直接从自然中获取食物，人类受自然环境的影响最大。在农业社会，人类对环境是顺从关系，表现为靠天吃饭，自然条件的优劣较大地影响着人类生活和社会状况。这种生活状况以社会因素为中介，可能会导致重大社会变迁，比如，大多数农民起义是在灾荒年份发生的。进入工业社会，人类对自然进行掠夺式开发，自然资源的丰富程度和人类开发自然资源的后果影响着社会的变化。第二次世界大战以来，基于对这种掠夺行为的反省，人类开始寻求与自然环境建立和谐关系，但这一努力刚刚开始。环境的变化还直接影响着社会的变化，如各种严重的自然灾害对局部社会的破坏性影响是巨大的。

---

[1] [美] 戴维·波普诺. 社会学（第十版）[M]. 李强，等，译. 北京：中国人民大学出版社，1999：621-624.

[2] 王思斌. 社会学教程（第四版）[M] 北京：北京大学出版社，2016：302-304.

(二) 人口变动

人口是社会构成的基本要素，一定数量和质量的人口是社会存在和发展的基本前提。人口数量、质量和结构的变化会对社会变化发生多方面的影响。首先，从人口数量角度看，促使人口数量变化的因素有三个，即出生、死亡和迁移。这三个因素的重大变化对具体社会变化的影响是直接的，有时这种影响是长久的。如持续的高生育率会产生大量的新生人口，会提高社会的抚养比，接着会对社会公共设施的建设（如各类学校）提出强烈要求，进而会影响社会的就业、家庭结构。人口大迁移对社会变迁的影响更加直接。因战争、建设项目而引发的大规模移民对于整个社会和移民社会的影响是所有政府都十分关心的问题，移民对迁入地的生活适应和文化适应、移民与原住民之间的关系都直接影响着移民社区的秩序和发展。大规模的迁移和城市化对城市社会生活的影响早已被社会学家所关注。美国一百年前的城市化运动对城市社会的影响是根本性的，由此也产生了大量社会学研究成果。其次，从人口质量角度看，人口质量的高低对社会经济和社会的发展越来越显现出重要性，比如一个国家和地区的人口的受教育程度是体现人口质量的重要方面，一些国家和地区的经验表明，人口的受教育的水准越高其经济和社会发展水准也相对越高。再次，从人口结构角度看，人口结构的变化对一个社会的经济和社会发展也有重要影响，比如性别结构的重大变化、老龄化对社会的影响等都是全方位的。

(三) 科学技术的发展

科学技术是人类在认识自然、改造自然中获得的真理性认知和利用自然资源为自己谋取福利的手段。在农业社会，人类利用科学技术扩展自己的生产能力，减少着自身对自然的依赖程度。在工业社会，科学技术成为人类开发自然、掠夺自然的工具，而科学技术的每一次大的进步（以重大发现为标志）都会大大地改变人类社会的面貌。第一次工业革命、第二次工业革命、第二次世界大战以来的新的科学技术革命，都对人类的生产力和人类社会生活产生了革命性影响。科学技术的发展增强着人类的生存能力，但它的不合理使用，特别是非和平使用给人类社会造成的威胁也是不容忽视的。科学技术的发展不但会影响人类社会的生产和生活，而且在一个社会中对科学技术的占有也会导致社会结构的变化。

(四) 生产力的发展

生产力是人类所拥有的解决其与自然矛盾的能力。生产力是参与社会生产

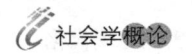

和再生产过程的物质的和技术要素的总和。它以劳动者、劳动工具和劳动对象为基本要素。一个社会的生产力的巨大增长会生产出更多财富，可以满足人们的生活的需要，促进社会的发展。而一个生产力停滞的社会，社会发展也会处于相对停滞状态。除此之外，生产力还与生产关系形成某种适应或张力关系，并推动着社会的变化。众所周知，马克思的历史唯物主义深入地分析了生产力的变化所引起的社会结构的变化和社会经济形态的变迁。

（五）价值观念

社会价值观念是人们对事物进行优劣、合理性评价的思想体系，社会的价值观念在社会实践中产生又指导着人们的行为。社会的价值观念是文化的重要组成部分，文化交流可使某一社会的价值观念发生重大变化，从而影响社会变迁。在人类历史上，由于战争征服、占领所形成的某一社会的显著变化是普遍的，这里常常表现为先进文化对落后文化的替代、同化，而其核心是价值观念的变化。在当代社会，反映现代文化、后现代文化的价值观大行其道，它对社会行为规范的影响是根本性的，对社会结构的影响也是至深的。

社会价值观念对社会变迁的影响表现为价值观念的变化对人们的行为和社会进程的重要影响，当人们信奉一种新的价值观之后，人们的行为也会发生变化，当这种行为的变化普遍于社会时，社会变迁就比较明显。我国的体制改革是价值观念的变化导致社会变迁的典型例证。改革的启动直接来源于社会价值观念的变化，这包括对社会主义的目标、经济与政治的关系、计划与市场的关系、效率与公平等一系列基本价值观的转变，这些价值观的转变带来改革的深入发展和社会的巨大变迁。在世界发展史上，韦伯也论证了价值观念的变化对社会变迁的重大作用。他指出了基督教伦理的变化与资本主义的发展有一种亲和关系，并形成了意识对社会变迁有重要影响的观点。

三、社会变迁的理论模式

（一）马克思的社会变迁理论

马克思的社会学理论是他对于人类社会发展的原因、基本矛盾、基本规律和归宿的理论的总和。从社会学的范畴来看，马克思的社会学理论包括了人类需要及社会劳动、社会关系与社会结构、社会阶级与社会冲突、人类社会的变迁以及人类社会发展的理想等内容。这些社会学理论的论述方式和价值取向与孔德创立的社会学有很大不同，但是它同样成为社会学知识的重要组成部分。

马克思的一些社会学思想对世界社会学的发展曾经并且仍然发生着重要影响，这至少包括如下内容：异化劳动理论揭示了现代资本主义社会中的劳动异化现象，指出这种异化的根源极其不合理性；关于实践的理论为解释人的能动性与社会结构之间的关系奠定了基础；阶级和阶级斗争的思想成为社会冲突理论的重要源泉；对经济基础与上层建筑、社会存在与社会意识之间的关系给出了深刻的解释；关于社会发展的理论对社会变迁的规律给出了总体性的框架。上述这些都与马克思的社会变迁理论有着直接联系。一定意义上说，马克思的社会变迁理论中关于社会变迁根本原因——生产力是社会变迁的最终决定力量——的分析最为深刻。恩格斯明确指出：一切社会变迁和政治变革的终极原因，不应当在人们的头脑中、在人们对永恒真理和正义的日益增进的认识中去寻找，而应当在生产方式和交换方式的变更中去寻找；不应当在有关的时代的哲学中去寻找，而应当在有关的时代的经济学中去寻找。有研究认为，马克思的社会变迁理论是其历史唯物主义的重要组成部分。他的社会变迁理论的核心内容是：❶①马克思认为社会变迁的根本动力是生产力与生产关系的矛盾，生产力是最活跃的因素，生产力的发展会带来生产力与生产关系的矛盾，生产关系应该适应生产力发展的要求。当生产关系不适应生产力发展的要求时，就会带来生产方式的变革。②生产关系的总和构成经济基础，经济基础的变化会带来建立于其上的政治、法律等上层建筑的变化。社会存在决定人们的意识，意识及其冲突的根源在于物质生活中的矛盾。上层建筑对经济基础也具有反作用。③社会变迁具有整体性特征，经济基础的变化会带来整个社会的变化。④人类社会的变迁在总体上具有发展的特点，即由低级社会向更高级社会发展。社会的发展最终是由生产力的发展推动的。

（二）社会进化论

社会文化进化论来源于生物进化论。在生物进化思想的影响下，19世纪后，人们常常用生物进化论的观点来解释社会现象，认为进化既然是自然界的定律，也是社会的规律，社会具有渐进的趋势，是一个从最初的简单形式逐渐地向越来越复杂的形式演化的过程。早期的社会进化论认为，社会和文化随时间的推移而逐渐地发展，从较为简单的形式向较为复杂的形式转变。摩尔根认为，人类的社会发展是由野蛮走向蒙昧，继而走向文明的。经典社会学时期的孔德与斯宾赛在社会变迁问题上都是进化论者，并且对社会变迁的描述都是单

---

❶ 王思斌. 社会学教程（第四版）[M]. 北京：北京大学出版社，2016：305.

一路径的分析。孔德以"人类智力的发展为基础"把社会历史的进程划分为三个阶段,即军事阶段、过渡阶段和工业阶段,与之相对应的他所说的人类智力发展也有三个阶段,即神学阶段、形而上学阶段和实证阶段或科学阶段。斯宾塞认为社会有机体像生物机体一样其发展也是进化的,社会的发展是一个由简单到复杂的过程。他认为社会进化在总体上是前进的,但进化过程并不总是直线的。有研究认为早期进化论者的思想总体上看是一种"单线"发展的理论,其共同点是认为社会"变迁"意味着人类社会向着更加美好的社会"前进"。他们都认为"变迁是积极有益的"。而现代进化论则认为进化过程是"多线"的,不同社会有自己的进化阶梯,不一定是相同的进化模式,进化过程有进步也有停滞、退步的情形。这种观点比"单线"进化论者更能解释社会变迁的多样性、复杂性。当代社会文化进化论者指出了三个主要的进化论趋势的特殊意义:第一,技术发展提高了社会控制环境的能力。第二,群体、组织和社会设置的进一步专门化过程,即社会分化。第三,社会构成要素的功能性相互依赖,每个社会的构成单位都更加依赖于其他构成单位的帮助而得以执行自己的任务。

(三) 历史循环论

由于第一次世界大战的残酷破坏和20世纪初工业社会中出现的社会和经济混乱现象,人们开始怀疑社会变迁是否真的意味着社会的"进步"。有人提出与以往的理论不同的新的社会变迁理论。他们集中研究了在人类文明兴衰中表现出来的社会变迁的循环性。西方历史循环论的主要代表人物有 G. B. 绍科(意大利,1668—1744)、斯宾格勒(德国,1880—1936)、A. 汤因比、索罗金等人。绍科认为人类社会经过神的统治、贵族统治、人民统治三个历史阶段,然后回到原始社会。斯宾格勒认为,文明的灭亡是一种"定数",每一种文明都如同一个生物有机体,有着相似的生命周期——出生、成熟、衰老、死亡。一切创造活动都是在这一周期的早期阶段内发生的,随着文明的成熟,它失去了当初的激动人心之处,变得更加实利主义而衰退没落。他还得出结论:西方社会正进入衰落阶段——具体表现为战争、冲突和社会的瓦解——这些都预示着它们的灭亡。

英国历史学家阿诺德·汤因比的主要著作是《历史研究》(1964)一书。汤因比认为,历史就是一系列的兴衰循环,但是每一种新的文明都可以从其他文明中有所借鉴,从它们的错误中吸取教训。因此,每一个新的周期里,人们都能够获得更高的成就并且对未来持乐观的态度。

汤因比认为每个循环都是以某种"挑战"开始的：最初是为了建立起经济生存的常规模式，随后是为了适应各种不同的社会条件。每个挑战都会得到一个"反应"，这一反应是由一个特定文化内的"具有创造力的精英"发起的。如果这一反应成功了，该社会就能生存下来并继续面对下一个挑战。如果反应不成功，社会将会崩溃。汤因比把这种挑战和反应的循环看做是通向更好的文明的进步。他坚持认为现代西方社会，特别是英国，社会的文明程度已达到了其所能及的最高水平；因而成为其做社会效仿的榜样。正是由于他的这种观念，使人联想到19世纪单线进化论者的思想，所以有些评论指责汤因比是种族中心主义者。然而，其理论的支持者指出了一点事实，即对西方技术的采用，特别是在农业、工业和医药上的运用，已经使当今全世界的生活水平提高到了前所未有的程度。

索罗金是出生于俄国的社会学家，后旅居美国，并于1930年在哈佛大学创办社会学系。索罗金用"文化类型"的循环变动来解释西方世界的发展史。他把社会的文化体系分为两大类型：感性文化和灵性文化。感性文化的特征是强调经验，崇尚自然科学，社会中有强烈的科学精神。灵性文化则崇尚神秘的东西，崇尚信仰，在社会中依靠权力。他认为，历史就是在两种极端的文化类型之间摇来摆去的，即从一个极端走向另一个极端，周而复始。比如，希腊时代的文化崇尚哲学的思辨属于灵性文化，罗马时代是征服的时代，权力成为至上的东西，属于感性文化，中世纪是神学的时代，它把宗教提到至高无上的地位，压制科学精神，属于灵性文化，而西方的20世纪崇尚物质利益，属于感性文化。索罗金认为，这两种极端的文化都是有缺陷的，理想的文化类型应该是二者的结合，即处于它们之间。他举例说，介于希腊时代与罗马时代的黄金时代，处于中世纪与20世纪之间的文艺复兴时代是理想的。

（四）功能主义的社会变迁理论

著名的功能主义者帕森斯是从构成社会系统的基本要素角度出发说明社会变迁问题的。他把变迁分为两类：一是系统本身的变迁，二是系统内部各部分之间的变迁。他用"紧张"概念解释社会系统内部的失调，认为紧张是指那些影响两个或两个以上的互动单位的非正常状况，或者说，任何影响到社会整合的因素都是紧张。紧张的结果常常会产生偏差行为，这需要有效的社会控制加以校正。紧张、偏差行为、社会控制的结果自然而然构成系统的变迁。

在《社会：进化与比较的观点》和《现代社会系统》两部著作中，帕森斯还从行动系统角度考察了整个人类的进化过程。他提出人类的历史是一个不断进化的过程，这个进化类似于有机体的进化，是一个从低级到高级的演进过程。人类社会进化的方向是"适应性"的增强，即社会克服环境阻力而达到各种目标的能力的增强。

帕森斯提出了社会进化的四个范例（或特征）：分化、适应力提高、包容、价值普遍化。分化是指结构单一、功能多样的单位或子系统，分解成为结构复杂、功能专一的两个或更多的单位或子系统的过程。适应力提高是分化的结果。帕森斯指出，分化过程使得社会单位的资源增加，束缚减少，从而提高了其适应力。适应力的提高既指角色水平，也指集体水平。包容过程是指以个人地位背景为标准的传统社会组织加以扩大，以接纳各种各样的人群。帕森斯提出，分化和适应力提高的过程会在社会系统内带来新的整合问题，而包容新单位和结构是解决整合问题的途径。认为一个社会如果能包容新的单位与结构，它的基础将会更稳定，效率也提高。价值普遍化是指社会对新分化出来的单位的承认，或给予合法化。社会价值观必须随着社会系统的进化而改变，否则将导致矛盾与冲突。社会进化的结果是否稳定均衡，将依赖于社会是否发展出一套新的价值系统，承认并容纳所有新单位。

帕森斯强调，人类社会每进化一步，都有重大突破。如他列出了7个方面的突破：阶层制度的出现；文化合法化；语言文字的出现；权威的制度化；市场经济的制度化；普遍性法则的出现；民主政体的出现。

帕森斯认为，文化（一个社会的共同信仰、规范和价值观）是维持社会紧密结合的"胶水"，因为它特别不易发生变化。社会结构的变迁如果和文化相冲突，其变迁速度将会非常缓慢。比如，政治家们都不大愿意提出一个宪法修正案，来禁止酒的消费。在美国的社会规范中，人们对适度饮酒非常宽容，以至于任何想透过政治制度促使这一领域发生重大社会变迁的企图都不会有什么效果。

除其他学派外，功能主义者自己也对帕森斯的社会变迁观点作了认真的审查。最常见的批评认为，它过分强调了外部环境作为社会变迁源泉的作用。虽然帕森斯明确指出社会变迁能够产生于体系内部的张力和紧张关系，但由于他在一开始假设社会体系通常是处于均衡状态，所以只有认为变迁的最主要原因存在于体系之外才是符合其逻辑的。批评家指出，虽然一个实施功能的社会能够满足其成员的需求，并达到一种暂时的均衡状态，但这种需要的满足只是最低程度上的满足。在这种情况下，该社会就会承受严重的内部紧张和不协调状况。因此，批判家认为，功能主义者应该更关注分析社会体系内部产生的变迁泉源。许多社会学家发现功能主义的理论解释有相当大的局限性。现实社会比功能论者所假设的要不稳定得多。并且，功能论观点无法解释多种形式的社会变迁。功能论局限性的最主要发现者是那些从冲突观点来认识社会变迁的社会学家们。

（五）冲突论的社会变迁理论

在社会冲突论者看来，社会生活的基本状况不是协调一致的，而由于人与人、个人与集团、集团与集团之间为争夺权力和利益而时刻处在冲突和纷争之中。所以社会是不稳定、不均衡的。达伦多夫认为，社会冲突的结果引起社会结构的变迁，特别是权威结构的变迁。他概括了三种不同类型的变迁：①所有统治人员的更换；②部分统治人员的更换；③把被统治阶级的利益结合到统治阶级中。他又称第一种变迁是革命变迁；第二种变迁是改革变迁；第三种变迁是最低层次的变迁。第三种变迁可使统治阶级长久地维持其权威的合法性。

达伦多夫还从度量的角度考察了社会变迁。他提出了度量社会变迁的两个尺度：根本性与突发性。根本性是考察社会变迁的程度，它涉及统治阶级的人员、政策或阶级间的全部根本关系的变化程度。突发性是考察社会变迁的速度，根本性的变迁可能是突发的，也可能是迟缓的，非根本性变迁也是这样。阶级斗争的强度与社会结构变迁的根本性之间存在着明确的联系；阶级斗争的烈度则与社会结构变迁的突发性之间存在着明确的联系。

总的来说，达伦多夫的辩证冲突论有一个基本观念，那就是，社会充满冲突，冲突促进社会的变迁，冲突的调节则维护着现存的社会结构。他认为，自马克思以来，在各种条件下发生的社会变迁已经降低了阶级冲突的强度与烈度。由于各种调节冲突的制度化方法的建立，社会流动性的增加，以及工业、政治和其他形式冲突的制度性分离，都使西方社会权威关系的基本结构得到维护。

冲突论的主要观点是建立在卡尔·马克思的理论之上的。尽管马克思主要关注于社会中由经济因素决定的社会阶级之间的冲突，而达伦多夫和其他当代的冲突论者已经大大地扩展了他们认为冲突在其中发挥作用的领域的范围。民族和种族群体、政党以及宗教群体也进入到冲突的研究中来。在所有这些领域中，造成冲突的最基本的原因被认为是权力和权威的不平等分配。

四、社会规划——有计划的社会变迁

(一) 人类理性与有计划的社会变迁

人类区别于其他动物的优越之处在于人类的理性。人类理性是人类用科学的、客观的观点看待社会现象、处理现实问题的行为特征。在人类社会发展史上,资产阶级启蒙运动和工业革命是人类理性的胜利,它们摒弃了中世纪以来宗教神学对人类社会发展的束缚,从人类、人类理想的角度积极探索社会的发展。自由资本主义的发展所带来的问题对于理性主义来说是一个意外后果,也是对人类理性的挑战。于是,怎样实际地建立一个合理的社会成为众多思想家关注的问题。尽管学者们对社会变迁有各自不同的理解,但是他们都在建立自己以为合理的社会变迁、社会发展的模式。

资本主义的经济危机、资本主义社会中的阶级剥削和压迫被认为是人类非理性的表现。而社会主义思想则表现出对理想的人类社会的憧憬,它的一个重要思想则是对社会的计划,即使社会按照人类理想发生有计划的变迁。例如,圣西门等空想社会主义者就曾经设想通过社会计划避免社会问题的发生。

马克思、恩格斯关于资本主义基本矛盾和社会主义的有计划发展的理论为在国家层次上实现有计划的发展提供了一个蓝图,社会主义国家的建立也实践着马克思主义的有计划地推进社会发展的思想。特别是20世纪40年代以后,社会主义在世界范围内的扩展使马克思的社会计划思想得到广泛实现和检验,社会主义的计划经济体制则是其典型。社会主义的计划体制是从根本上消除社会的无计划所造成的混乱的角度来配置资源和谋求社会发展的,但它对人类社会复杂性的忽视、对个人积极性的抑制,导致了计划经济体制难以持续。实际上,这里遇到了一个社会学看待社会变迁的基本问题,即人类可以在多大程度上对社会变迁进行干预,使其更符合人类的意愿。[1]

(二) 社会规划及其类型

1. 社会规划的含义

从社会发展的角度来讲,人类可以以自己理性的发展,即通过对社会发展规律的科学认识而对其未来发展作出某程度的计划或干预,从而使社会运行更符合人类的需要,更符合社会进步的要求。从这个意义上说,社会规划就是

---

[1] 王思斌. 社会学教程(第四版)[M]. 北京:北京大学出版社,2016:312.

人们在对社会运行规律的科学认识的基础之上，运用人类掌握的知识和科学技术，对各种资源进行合理配置，从而有效地实现人们的社会发展目标的总过程。社会规划并不是人类的唯意志的活动，不是人们随心所欲的"设计社会"的活动，而是在顺应社会运行基本规律基础上对它的一定程度的干预。它是同自由资本主义、社会进化论相对应的社会发展的思想与实践。

在发达国家，社会计划（规划）的思想与实践主要表现在如下方面：在经济增长的同时预防经济危机和应对大量失业现象，国家通过对基础产业的投资而干预经济运行，公营企业和公共财政部门的发展，以社会公正和收入再分配为目的的"福利国家"的形成。发展中国家对社会计划（规划）的理解包括如下一些内容：一些社会主义国家认同了马克思主义的计划思想，有的受发达国家的影响主要对某些部门进行国家干预，还有的主要是接受了联合国的社区发展思想在社区层次进行综合开发。由此可见，社会规划的含义是多样化的。

2. 社会规划的不同类型

人类对社会运行的有意识的干预或计划有范围和程度上的差别。前者是指人们在多大的范围内对社会运行进行干预，即人们在多大的活动范围内对自己的活动进行规划。这里又包括两个方面：一是规划的空间范围。比如是在全球范围，还是国家层次、地区层次、某一城市或农村地区对社会运行进行规划，范围越大、问题越复杂、意志越不集中，则规划越困难。传统上，我们常常把社会规划理解为国家层次，即将其与经济计划或整个国家的发展计划连在一起。实际上不然，社会规划可以有较低层次。二是规划的活动空间，即对何种人类活动进行计划和干预。比如是对经济活动进行规划和计划，还是对人们的所有活动进行规划。在计划经济时期，我国政府试图在国家层次上对尽可能多的人们的活动进行计划，即对全部经济和社会活动进行干预。实际上，社会规划也可以发生于影响国计民生的最主要方面，例如许多国家对影响国计民生的最重要的部门进行干预，使之有计划地发展。

人们对社会运行的干预或计划的程度上的差别是指进行比较严格的、细致的规划，还是不太严格的计划。在我国，前者被称为指令性计划，是必须予以执行的计划。这种规划或计划表现为一系列具体的、相互联系的、必须完成的指标，并用强有力的行政力量去推动实现。后者称为指导性计划，是在总的方面应该执行，但在细微方面可以灵活的计划。在非计划经济国家，社会规划更多地属于后者，即除了对国家安全有重大影响的领域外，政府对某些领域的干

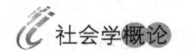

预主要表现为指导，特别是政策上的引导。

在我国的计划发展实践中对社会发展计划曾经有三种理解，它们都是社会规划的某种角度。第一种把社会发展计划理解为对全社会的经济、文化、科学技术、社会管理等各个方面的计划，这也是对经济和社会发展的全面规划和计划，其表现形式是各级政府的经济和社会发展计划。第二种把社会发展计划看作是对经济之外的社会领域活动的规划，实际是对各种社会发展事业的规划，包括科学技术、文化教育、卫生体育、环境保护、社会福利、公共安全等方面的计划。第三种将社会发展计划理解为社会保障和社会福利计划，包括劳动就业、教育、卫生和健康、住房、社会救助等方面的内容，这是以保护社会弱势群体的利益、维护社会公平方面为主的计划。

（三）社会指标体系的类型及其功能

1. 社会指标运动的兴起

20世纪60—70年代，在世界范围内形成了一个研究社会指标的热潮。据1972年统计，在短短几年内全球出版的有关社会指标的著述在1000种以上，而据1981年的估计，有关社会指标的著述约10倍于1972年。不但学者，政府部门也加入了研究行列。人们把这场从美国开始并在许多国家得到发展的以研究社会指标、提高人的生活质量的活动称为社会指标运动。

社会指标的概念首次出现于1966年美国社会学家鲍尔编辑出版的名为《社会指标》的论文集。鲍尔等人认为，社会指标是一种量的数据，是用来量度具有普遍社会意义的社会状况的指数。有的学者指出社会指标是对受规范约束的直接利害关系所作的一种统计，它便于人们对社会主要方面的状况作出简明的、综合的和公平的判断。社会指标能够使我们在价值和目标方面判别出我们现在处于何处，我们正往何处去，以及评价某项专门计划及其后果。

由美国学者开启的这场运动，是想建立一个社会指标体系，以用统计数字和数列定量地探测和预测社会的变化。它立足于整个社会发展的结果，围绕着生活质量问题来研究经济和科学技术发展对社会发展的影响。在实际的发展中，美国学者对社会指标的功能有三种有所区别但总体上一致的理解，即把它视为标准的福利指示器、用来测量社会生活福利的发展程度，把它看作衡量人们对生活满意感的指标，把它看做描述社会状况的指标。不管怎样，社会指标实际上是社会发展的指示器。

在国际范围内，人们对社会指标运动的关注与对50年代以来在世界上盛行的传统发展战略的反思有关。第二次世界大战后，许多新独立的发展中国家开始集中力量发展经济，以缓解国内严重的贫困问题，一些发达国家也把经济的增长置于首位。人们把世界范围内出现的各国以经济增长，特别是国民生产总值增长放在首位的发展战略称作传统发展战略。采取传统发展战略的国家和地区重视经济的增长而不是发展，这虽然推动了国家或地区经济快速增长，但造成了环境破坏、收入分配差距拉大和贫富悬殊等社会问题。在这种情况下，人们开始对这一发展战略进行反思，并认识到应该把提高人们的生活质量作为发展目标，发展要"以人为中心"。当然，全球环境恶化也促进了传统发展战略的反思，促进了社会指标运动的发展。

2. 社会指标体系的类型

社会指标体系是社会指标的系统化，它是系统地描述和测量某一社会领域发展状况的系统化的一套指标。社会发展指标的构造类型大致有以下几种类型：

①综合的规划性社会指标体系。综合的规划性的指标体系是以一定的社会发展计划为依据，为综合地测量社会生活领域的主要方面发展状况的一套指标，它主要包括人口、收入与消费、住房、教育、卫生保健、娱乐、休闲、公共安全等方面的内容。这种指标体系主要是为政府设计的，它符合政府进行社会规划和社会管理的要求，也易为社会公众所接受。我国也于20世纪80年代初建立了这种指标体系。

②社会目标导向的社会指标体系。这是为了反映某一社会问题的状况，实现某种社会目标而设计的详细、深入描述该领域社会状况的指标体系。在设计指标之前首先明确了所关心的问题或某一社会生活领域的发展目标，然后根据这些问题和目标去演绎而形成特定的指标体系。它对监测某一令人关注的社会状况、研究社会问题、加强社会管理有重要作用。比如环境保护、公共卫生、公共安全方面的指标体系。

③理论研究取向的社会指标体系。这是学者们为了进行某种科学研究的需要而建立的指标体系。学者们为了研究某一社会现象的发展规律，围绕问题设计出既能反映社会状况，又能反映现象之间的因果联系的指标体系，通过持续地收集资料并进行分析，可以对他所关心的问题给出有根据的阐释，并且发展出某种理论。比如以人的生命周期为核心的指标体系、以测量社会结构变迁为目的的指标体系都属此列。

3. 社会指标体系的功能

社会指标与经济指标不同，经济指标是反映社会的经济活动的指标，经济指标是重要的，但是对于全部人类生活来说经济指标所测量的还不是真正的效果，经济活动的目的是为了人，为了提高人的生活质量。社会指标体系可以对人类活动的效果进行测量和反映，从而对社会规划、促进社会发展发挥积极作用。

不同的社会指标体系其目标有所差别，但是作为测量人类社会活动的工具它们也有共同之处。社会指标体系主要有如下一些功能：

①系统地反映社会状况。反映社会状况是社会指标的基本功能。由于现代社会的复杂性，人们被很难以直接经验去全面地认识社会。这样，利用科学的手段去认识社会的总体发展状况就显得十分必要。社会指标体系可以全面、系统地反映社会状况，有助于人们对社会的认识。

②进行社会计划。在认识了社会发展规律基础上而形成的社会指标体系可以发挥实施社会计划、引导社会变迁的功能。社会规划和计划不但表现为"以人为本"的社会变迁理念，而且在具体工作层面，社会规划人员可以通过设计符合实际、合乎社会运行规律的指标体系，并实施这些指标去具体地引导社会变迁。社会指标实际上反映了人们对社会发展状况的期望，它可以通过政府部门的行动变为对社会发展的计划。

③监测和预测社会的变化。为了有计划地引导社会变迁，必须对社会变迁的进程进行监测，以发现社会进程中存在的问题而作出应有的反应。社会指标体系的监测功能是通过比较，特别是定期比较某一社会生活领域的指标值而实现的，通过监测可以发现社会运行状况，也可以预测社会运行中可能出现的问题，后者是社会指标体系的社会预警功能。

④对社会状况进行比较和评价。社会指标体系具有比较和评价的功能。这种比较和评价发生在如下几个方面：将计划指标与指标实现的状况（即现实的指标值）进行比较，可以比较期望的社会状况与实际社会状况，从中发现差距，并作为调整计划的基础；将不同时期社会指标的实际水平进行比较可以发现社会变迁的走向、趋势，并对其作出价值评价；对不同国家或地区之间的同一类社会指标的实际水平进行比较，可以认识它们之间的差异和异质性。这种比较也可以为某一国家或地区的社会发展提供参照系统，当然这里要注意不同国家或地区可能在政治体制、社会性质、社会发展水平方面存在根本差异，而不能简单类比。

第二节　社会的现代化

一、现代化的含义、内容与特征

（一）现代化的含义

"现代化"（modernization）是一个外来词。在英语里，所谓"现代"（modern）的基本含义，是泛指欧洲中世纪结束以来延续至今的时间过程和新时代的特征。所谓"现代化"，主要是指西方社会 18 世纪前后开始的经济、政治、技术和社会的急剧变革过程。因此，现代化理论所讲的"现代"，与我们通常所讲的"近代""现代"有一定的区别。

对于"现代化"的内涵，对于现代化这一历史变革过程的主要内容，长期以来存在不同的看法，至今没有定论。但是，综合各种不同的观点，我们可以看出对现代化的阐述基本上分为狭义和广义两种。狭义的现代化，是指一个社会从传统农业社会向现代工业社会转变的历史过程，以及社会政治体系、政治结构的功能分离或分化，即人们常讲的工业化和民主化。广义的现代化，是指人类社会在科学技术发展的带动下，以经济发展为基础的全面的社会变革过程。这种社会变革过程涉及社会生活的各个方面，其中主要包括经济增长、政治发展、社会动员、社会心理、社会文化和国际关系的变革。所有这些变革都是互为条件，互相联系在一起的。

现代化理论虽是 20 世纪 60 年代兴起的，但它的理论来源可以追溯到 19 世纪的社会进化论。社会进化论认为，社会按照一定的方向发展是必然的，社会发展表现为由简单到复杂、由低级到高级的进步过程。现代化理论在这种观点指导下，着重研究现代工业社会的产生和工业社会以来的社会发展，并且相信所有的社会都将走上这条发展道路。18 世纪以来，人们曾用许多概念来描述首先发生在西欧的社会变革，从 20 世纪 60 年代研究发展中国家发展起，人们越来越倾向于用"现代化"这一概念来概括这一特定的社会变迁过程。

在从传统社会向现代社会转型过程中，传统社会的一些特征逐渐消失，一种具有机械技术以及理性的或世俗的态度、社会结构高度分化的现代社会逐步形成，这种对传统社会和现代社会进行划分的思想，至迟在 20 世纪 50 年代就已形成。1955 年，萨顿在一篇论文《社会理论和比较政治学》中从行为者面临的选择中将"现代的"和"传统的"范畴扩大到所研究的社会体制的特征。

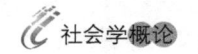

他依据韦伯有关合理性与发展的概念，概括了传统社会和现代社会（农业社会和工业社会）这两类社会截然不同的特征，并为大多数学者所认同。

从历史的角度来看，现代化是指自工业革命以来，由于科学发展、技术革新所引起的人类社会由传统的农业社会向现代工业社会转变的巨大社会变迁。这一社会变迁造成经济迅速增长，并使政治、文化、思想等各个领域产生深刻的变化。

总之，现代化是一个内涵丰富、多层次、多阶段的历史过程。它涉及人类生活的所有方面，在经济领域表现为工业化，在政治领域表现为民主化，在社会领域表现为城市化，在价值观念领域内表现为理性化。在理解现代化的含义时，需要警惕两种典型的误导性观点。第一种比较典型的界定是把现代化与工业化视为一回事情，认为现代化就是工业化，现代社会就是工业发达的社会。这种界定的可取之处在于，在一定程度上把握住了现代化的一个基本特征，即工业化。但总的来说，这种界定失之片面，它没有看到工业化只是现代化的一个有机组成部分，而远远不是其全部内容。现代化涉及整个社会机体的方方面面，单纯的工业化并不意味着整个社会的现代化。如果按照这种对于现代化的界定去构造发展目标体系的话，其结果不仅仅会造成人的异化现象，而且还会使社会的发展趋于畸形。第二种比较典型的界定是将现代化与西方化等同起来，认为非西方国家社会内部没有促成现代化的因素，因此，只有依靠输入大量的西方文明以更换自身体内的原有成分，方可实现现代化。正因为如此，所以说非西方国家的现代化过程也就是一个"他化"亦即西方化的过程。这种界定的错误在于，把一种特殊的现代化范式作为一个具有普遍意义的现代化通则。它没有看到，由于各个国家的历史基础、民族传统、自然基础以及所处国际环境等诸项条件的不重复性，因而具体的现代化模式也必定具有不重复性。迄今为止，不少非西方比较成功的后发国家和地区的经验已经明白无误地验证了这一界定的不准确性。

（二）现代化的内容

1. 工业化基础说

W. 穆尔认为，"现代化"就是传统社会像西方先进国家那样向经济富裕、政治稳定的社会的总体过渡。这种过渡是以工业化过程为基础的。除了工业化过程之外，它还包括以下一些方面：①在价值观念上，由亲属优先（任人唯亲）的思想方法过渡到业绩优先（任人唯贤）的思想方法；②在制度上，建立能够为经济生产而动员土地和资本的可转让的所有制，以及使劳动力能够自由流动的劳动市场制度和促进流通的商品交换系统；③在组织上，建立专业化、金字塔式统治的科层制组织和得当的国家财政组织；④在个人动机上，培养有创造精神的个性、业绩主义志向、向上的积极性以及对教育的渴求和活动热情；⑤在经济政治方面，拥有高水平的技术和受过高度训练的专家、广阔的市场和相互依存的组织结构；⑥在人口结构方面，过渡到低出生、低死亡、老龄型的人口结构；⑦在社会结构方面，是亲属群体和家庭功能的缩小与解体，个人主义化的进一步加强，妇女地位提高，社会控制减弱。❶

2. 社会结构转型说

M. 列维在《现代化的模式（结构）和问题》一文中认为，所谓"现代化"从社会结构上看就是从相对非现代化的社会结构向相对现代化的社会结构变化的过程。列维比较了"现代化社会"与"非现代化社会"在社会结构方面的特点，将二者的区别归结为九个方面。①现代化社会的政治组织、经济组织、教育组织等诸单位的专业化程度高；而非现代化社会的专业化程度则比较低。②在现代化社会，由于专业化程度较高，各单位是相互依存的，功能是非自足的；而在非现代化社会，亲属群体和近邻共同体的自足较强，缺少功能分化。③在现代化社会，伦理具有普遍主义性质；而在非现代化社会，由于家庭、亲属关系比较密切，伦理具有个别的性质。④现代化社会的国家权力是集权但不是专制；而非现代化社会的国家权力则主要是专制的。⑤现代化社会有发达的交换媒介和市场；而非现代化社会，交换媒介和市场尚未发展起来。⑥现代化社会的社会关系是合理主义、普遍主义、功能有限和感情中立；而非现代化社会的社会关系是传统的、个别的、功能无限和具有感情色彩的。⑦现代化社会具有高度发达的科层制组织；而在非现代化社会，即使有科层制组织也是建立在个别的社会关系之上的。⑧现代化社会的家庭是向小家庭发展，功能也不断缩小；而非现代化社会的家庭结构是多样化的，家庭功能也是多重的。⑨现代化社会的成员多数是生活在城市，从事非农业生产；而非现代化社会的多数成员则生活在农村，主要从事农业生产。❷

---

❶ [日] 富永健一. "现代化理论"之课题——关于非西方后发展社会发展理论的探讨 [M] // 罗荣渠. 现代化：理论与历史经验的再探讨. 上海：上海译文出版社，1993：112.
❷ [美] M. 列维在现代化的模式（结构）和问题 [M] // 谢立中，孙立平. 二十世纪西方现代化理论文选. 上海：上海三联书店，2002：117.

3. 八项标准说

1960年欧美和日本学者在日本箱根举行国际学术时论会。这次会议为"现代化"确立了八项标准：①人口相对高度集中于城市之中，城市日益成为社会生活的中心；②较高程度地使用非生物能源，商品流通和服务设施增长；③社会成员大幅度地互相交流，以及这些成员对经济和政治事务广泛参与；④公社性和世袭性集团普遍瓦解，个人社会流动性增加和个人活动领域日益多样化；⑤广泛普及文化知识；⑥一个不断扩展并充满渗透性的大众传播系统；⑦大规模的制度，如政府、商业和工业等存在，以及在这些制度中科层管理组织不断增长；⑧在一些单元（如国家）控制之下的大量人口不断趋向统一，在一些单元（国际关系）控制之下互相影响日益增长。这样，"现代化"可以理解为一个社会使自己不断趋向上述标准的变化过程。❶

4. 综合说

印度学者A.德赛从一个综合的角度对"现代化"概念进行了较为全面而又简略的概括。他把人们使用"现代化"概念时所设想的实质过程综合性地概括为以下几个方面。①知识领域的现代化。其主要内容是理性态度的出现以及由此导致的其他一些世俗主义精神的发展，包括：不同于来世的现世态度；将人与人类及这个世界的安全、发展和完善作为人类努力的目标和规范的尺度（人文主义）；不轻信任何事物，对任何事物都提出疑问，对之进行理性的研究；不同于反对变革的、趋向变化的向前看的态度等。②社会结构变化。现代化是个人行动与制度结构的高度分化和专门化，它将个人充当的不同角色尤其是职业角色和政治角色加以区分，并将他们与家族亲属之间所充当的角色加以区分，角色的征求也不是按固定不变的血缘、地缘、种姓或等级的归属来确定，而是以个人的成就为基础的自由流动。③政治变化。包括国家统治权力的合法性是来自世俗人民的批准，是建立在对公民承担责任的基础上，政治权力不断扩散到全体成年公民，中央行政权力不断增强，地理范围逐渐扩大等。④经济变化。包括非生物性动力取代生物性动力，经济活动与传统环境相分离，机器取代手工工具，第二、三产业比重超过第一产业，经济角色和经济单位日益专业化，日益增长的工业化等。⑤都市化程度不断提高。⑥文化领域的现代化。包括：文化制度主要因素的日益分化；一种新的文化观的出现，它强

---

❶ 孙立平. 传统与变迁——国外现代化及中国现代化研究［M］. 哈尔滨：黑龙江人民出版社，1992：3.

调进步和完善，强调快乐、能力自由发挥、感情自由流露，强调个性发展的价值观，以及强调效率为特征；一种新的个性取向的出现，它显示了人们对社会环境更大的适应能力，兴趣范围的扩大，自我信心的增强，对现世的日益重视，对他人的日益尊重和信任，对科学技术的信赖，对按照个人贡献获取报酬原则的接受等方面。❶

综合起来，可以说，人们通常所说的"现代化"，它实际上包含着人类思想和行为一切领域的变化，其组成部分至少包括工业化、城市化、专业化、高水平的社会分化和社会流动、科层化、参政范围的扩大、文化的世俗化、行为的理性化等，是一个全面的、系统的、普遍发生的社会变迁过程。❷

（三）现代化的主要特征

S. 亨廷顿在其论文"导致变化的变化"中概括性地提出了现代化过程的九个特征。①现代化是革命的过程。从传统性向现代性的转变，只能与人类起源和从原始社会向文明社会的变化相比拟。本迪克斯也指出，18世纪发生的变化，其规模之大，只有一万年以前游牧民族向定居的转变才可与之比拟。②现代化是复杂的过程。它是一个多方面的过程，包含着实际上是人类思想和行为一切领域的变化。③现代化是系统的过程。现代化是具有其本身的某些特殊属性的过程，这些属性可以解释为什么按照其规则而生活的民众会感到现代性是一个连贯的整体。④现代化是全球的过程。现在的任何社会要么是现代社会，要么是正处在成为现代社会过程中的社会。⑤现代化是长期的过程。⑥现代化是有阶段的过程。一切社会进行现代化的过程都有可能区别出不同的水平和阶段。⑦现代化是一个同质化的过程。正如布莱克所认为的，现代的思想和制度所具有的普遍性可能达到这样一个阶段，在这个阶段上，各个社会是那么同质，以至有可能形成一个世界国家。⑧现代化是不可逆转的过程。⑨现代化是进步的过程。从长远的观点来看，现代化增加了全人类在文化和物质方面的幸福。

由于亨廷顿主要是从政治学的角度来看待现代化进程中的特点和特征的，难免有所偏颇。参考亨廷顿等的观点，从全面和动态的角度可以把"现代化"

---

❶ [印] A. 德赛. 重新评价"现代化"概念 [M] //载罗荣渠. 主编. 现代化：理论与历史经验的再探讨. 上海：上海译文出版社，1993：28.

❷ 王思斌. 社会学教程（第四版）[M]. 北京：北京大学出版社，2016：325.

的基本特征概括如下。[1]

①现代化是一个剧烈的转变过程。它在一个前所未有的程度上改变了社会的原有面貌，用一套与以往几乎全然不同的"现代"的经济、政治、社会和心理结构来取代"传统"的经济、政治、社会和心理结构，以至于有人认为在"现代"社会与"传统"社会之间形成了一种巨大的"断裂"。

②现代化是一个系统的变革过程。它涉及社会各个领域、各个方面的改变。一旦某个领域开始了现代化的过程，就必然会要求或导致其他领域的现代化过程发生。这使得那些只希望在某些领域（如技术或经济领域）进行现代化，而在其他领域则维持传统面貌的现代化努力往往得不到成功。当然，由于起始条件、内外环境等方面的不同，现代化各个领域、各个方面展开的时序模式还是会有所不同。

③现代化是一个由于某些偶然的因素而首先在西方国家发生的过程。然而由于它所创造的生存方式在许多方面与传统生存方式相比所共有的竞争优势，它一旦出现就以各种方式不断地扩散到全世界。因此，迄今为止西方以外的国家中所进行的现代化过程在某种意义上说就是一个"西方化"的过程。这就又在非西方国家中引发发了"西方"文化与"本土"文化之间的紧张关系。"本土化"成为这些国家现代化过程中的一个重要议题。

④现代化是一个全球化的过程。它通过向世界各个地方扩散而逐渐将整个世界的各个国家、各个地区都卷入了这场全面而又深刻的变革过程中来，并将它们联结成一个相互联系、相互依赖的整体。在这个紧密联系的世界整体中，无论哪个国家或地区所发生的事情都不再是一些相对孤立的事件，都会对其他国家或地区迅速发生程度不一的影响。这使得对每一个卷入了现代化过程的国家或地区来说，"内"和"外"的概念在一定程度上都具有了相对的性质。

⑤现代化是一个趋同化的过程。由于迄今为止的现代化过程在很大程度上就是西方化的过程，因此，随着时间的流逝，卷入现代化过程的各个国家或地区的人们在技术、制度、社会结构、生活方式、文化和心理等方面的相似性将日益增加，世界正在日益趋于同质化。这在很大程度上对文化的多样性构成了威胁，如何保持文化的多样性成为现代化进程的另一个重要问题。

⑥现代化是一个功过并存的过程。从某些方面（如改造自然的能力与生活质量的提高等方面）来看，现代化增加了人类的福利。从另一些方面（生

---

[1] 王思斌. 社会学教程（第四版）[M]. 北京：北京大学出版社，2016：325－326.

态环境的破坏、生活意义的失落、监督机制的严密、人类自我毁灭的可能性增强等）来看，现代化似乎又是一个充满风险的过程。这使得对现代化的反思和批判始终构成现代化过程中一个如影相随的重要成分。

二、理解"现代化"的理论模式

根据帕森斯的观点，现代化与现代化理论可以分为三个阶段。第一阶段以欧洲西北角（英国、法国、荷兰）为主导，代表是英国的产业革命和法国大革命；从洛克的古典市民社会理论开始，经斯密的古典经济学和孔多塞的人类精神进步史观，到圣西门、孔德、斯宾塞的实证主义工业社会理论这一系列的理论体系，可以视为该阶段的"现代化理论"，只是当时没有这种提法。第二阶段以欧洲东北角（德国）的迅速工业化为主导，而滕尼斯将斯密开始的古典经济学同黑格尔的市民社会理论结合起来，根据马克思社会学的商品分析所建立起来的"从礼俗社会到法理社会"的发展图式。以及被韦伯归结为合理化和科层制化的现代社会认识论，就是与之相适应的又一"现代化理论"。第三阶段以"二战"后的美国为主导，"具有当前这种含义"的现代化理论就是与之相应而生的，是建立在现代化的普遍意义的基础之上的，它旨在阐明非西方国家得以实现工业化和现代化的条件，并就由此产生的社会变动的性质作出提示。我们在这里讲的理解"现代化"理论模式，有与帕森斯的上述划分有一些一致的地方，但是考虑到帕森斯的理论主要是基于他所处的时代的观察而形成的解释，对于他之后的"现代化"发展的情况自然没有反映到其理论概括之中，所以，我们采取以下的叙述方式来呈现人们对"现代化"的不同解读，又与帕森斯的观点有很大的不同。

（一）"现代社会"的理论模式

我们在这里之所以把下面所叙述的若干理论称作"现代社会"的理论模式，主要是因为这些理论是对西方国家工业化进程的理论解释。应该说，自工业革命以来，西方国家社会整体进入所谓现代意义上的发展进程，并且其现代化的发展程度日益提高，因此在这种情况下，许多理论家都对西方国家的现代化进行了旨趣各异的理论阐释。这些理论解释主要围绕如下问题展开：如何来理解"现代化"过程？现代化的本质是什么？引发现代化过程的最初动力是什么？现代化的后果又是什么？对于这些问题，思想界或学术界有着种种不同的说法，从而形成了"现代化"问题研究（主要是针对西方国家）的不同理论模式。

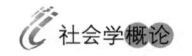

1. 马克思的"资本主义社会"理论

马克思是最早对"现代"社会进行系统研究的现代思想家之一。马克思认为"现代"工业社会实际上是生产力在资本主义生产方式的推动下不断发展的结果,反过来又彻底改变了资本主义的形貌。在这样一个理论框架的指引下,马克思曾经对"现代"资本主义或"工业"资本主义社会的形成、发展及其运作机制进行了深入细致的考察和分析。

马克思认为,现代工业社会是资本主义生产方式不断发展的结果,是资本主义生产方式的一个历史阶段。他认为,现代工业社会是机器大工业分工的产物。机器大工业的出现使得社会生活的各个领域都围绕着资本主义的原则来组织和运作,从而使"现代"工业社会成为一个"资本主义社会"。

马克思分析了机器大工业在整个社会的结构或组织形式方面所引发的那些重大变革:生产过程开始大规模集中到工厂当中,科层制逐步成为企业组织的基本形式;人口开始日益向工业化的城市集中;社会结构日益分化为资产阶级和无产阶级两个基本阶级;童工和女工被大规模吸收进工厂,成年男性在生产过程中的主导地位逐渐丧失;家庭的功能进一步削弱,父权制家庭关系开始瓦解;劳动时间、生产操作以及整个社会生活过程日益标准化、同步化;生产过程日益社会化乃至全球化,不同的企业、不同的部门乃至不同的地区日益联结成一个高度相互依赖的有机整体;社会流动程度空前提高。但马克思指出,所有这些变化都不能仅仅只从"工业化的逻辑"中去加以理解,而必须看做是资本主义制度与工业生产方式相互作用的结果。因此,要描述和理解"工业社会"或"现代社会",就必须要同时描述和理解资本主义生产方式及其相关制度。

马克思还分析了工业资本主义的发展所导致的经济与社会后果、工业资本主义所隐含的内在矛盾以及未来演变趋势。他指出,资本主义极大地提高了人类的生产力,但也为它的进一步发展带来了重大限制,并导致周期性的经济危机。要突破资本主义生产方式对生产力的发展所施加的这种限制,就必须改变资本主义生产方式本身。此外,机器大工业的资本主义形式也导致了许多严重的负面社会后果,如阻碍了劳动过程的合理化趋势,造成了劳动者的异化状态,导致了社会日益向两极分化以及工人阶级的普遍贫困化等,从而使资产阶级和工人阶级之间的阶级矛盾不断激化,最终必然导致工人阶级起来革命。

马克思从"资本大义发展"角度对现代工业社会所作的分析对后人产生了深远的影响。在马克思之后,有很多人继续沿着这样一种思路来分析现代社会的发展和演变。

2. 孔德等的"工业社会"理论

理解"现代化"过程的另一种理论模式是建立在社会进化论基础上的"工业社会"模式。这种模式滥觞于孔德，经过斯宾塞、迪尔凯姆、帕森斯等人的发展而不断完善。

孔德认为现代社会最根本的特征是工业化。他认为工业社会的出现是人类历史不断进步的结果。孔德相信人类社会进步的基础是知识（或人类智力）的进步。他系统阐述了著名的知识进步三阶段规律，即随着时间的演进，人类的知识形态不断地从神学知识经过形而上学知识再发展到实证科学知识。与知识进步的三阶段相适应，人类社会的组织和结构也经历了类似的进步或发展。在实证知识基础上建立起来的社会则是一种工业类型的社会。由于实证知识是人类知识进步的最高阶段，工业社会也就将是人类社会的最高级形式。

这种建立在社会进化论基础上的"工业社会"理论模式，在斯宾塞那里得到了更为系统的阐述。实证主义的著名代表迪尔凯姆则从劳动分工对社会团结和社会秩序的影响这个角度系统探讨了现代化问题。在20世纪中叶，以帕森斯等人为代表的"现代化理论"取得了系统的发展和完善，在其晚期著作中，帕森斯系统地阐述了以结构功能主义为基础的社会进化和现代化理论模式。后来，帕森斯的这一套"现代化理论"在斯梅尔塞、列维、文森斯塔德等那里得到了进一步的发挥。

3. 韦伯的"理性化"理论

韦伯则提供了一个从个人行动和社会生活"理性化"的角度来理解"现代化"过程的视角。韦伯认为，包括资本主义和工业化等在内的全部社会现象都是个人行动的产物。人的行动主要有目的理性行动、价值理性行动、情感行动和传统性行动。西方国家的历史趋势是人的行动越来越多地具有目的理性的色彩，目的理性行动成为社会生活中人们行动的主导类型，这就是人的行动的（目的）理性化趋势。由人的行动的（目的）理性化促成了社会生活的全面（目的）理性化，从而导致了我们今天所称的"现代化"这样一场根本性的社会变迁。

韦伯从生产技术、劳动组织、经济制度、社会结构、法律制度、国家治理等多方面，详细地考察了西方社会的理性化过程，指出机器生产技术、资本主义企业组织、市场经济体制、企业家和劳动者之间的阶层分化、科层制的普

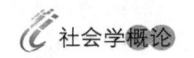

及、高度形式化的普遍主义法律以及由专业化的文官依据法律来进行行政管理的现代国家等都是社会生活（目的）理性化的结果或表现。韦伯指出，社会生活理性化的这些不同方面在历史上并非是同步而是分散或异步的过程，但只有在所有这些方面都达到了较高程度（因而使得上述诸因素都充分具备了）的地方，才能实现从前现代社会向现代社会的彻底转变。韦伯还指出，社会生活的上述（目的）理性化过程与人的行动的（目的）理性化过程之间存在着密切的关联，只有在人的行动已经高度（目的）理性化的时期和地方，社会生活的理性化过程（如资本主义的发展）才能更为迅速地展开。资本主义或者说现代化过程之所以首先是在西欧国家中产生和发展起来，一个很重要的因素就是新教伦理的出现使得新教教徒的行动具有高度（目的）理性化的色彩，从而推动了资本主义等现代社会因素的发展。

韦伯还指出，贯穿在西方现代化过程中的理性精神及其各种表现（资本主义、市场经济、劳资分化、官僚体制等），只是从目的理性这个角度来看才具有合理性。如果从价值观念（如自由、平等和人的全面发展等）角度来看，则它又具有极大的不合理性。"铁笼"是人类在现代化进程中所遭遇的一个困境。

4. "后现代主义"对现代化/现代性的批评

与上述所有理论模式不同，福柯、德勒兹、利奥塔德和罗蒂等人代表的"后现代主义"则是一种以彻底批判现代性/现代化为己任的社会思潮。"后现代主义"对"现代性"或"现代化"从根本上加以质疑，否定"现代性"以及作为其基础的"理性"作为人类最高价值标准的合法性。"后现代主义"者一般都接受韦伯的论断，认为"现代化"就是社会生活的全面（工具）理性化。现代化说到底依赖于人类借助于（工具）理性来实现的对自然界和人类社会生活本身控制能力的增长。"后现代主义"者们认为，这种以（工具）理性为基础的控制能力的增长，虽然给人类带来了巨大的物质财富，但同时也给人类带来了空前的灾难和后果。人类对自然界的大规模征服造成了严重的环境污染和生态失衡，它对人类自身的持续生存造成了威胁；对社会生活本身的有效控制则使人类本身陷入全面的、无所不在的被监禁和被支配状态之中；科学、理性取代传统和宗教成了唯一的、不可反抗的合法性准则，因而也就成了支配——被支配关系的新的基础。据此，"后现代主义"者们认为，自启蒙运动以来的现代化工程是一项失败的工程。"后现代主义"者们竭力抨击现代文明的理性基础，试图推动一种建立在比单一的理性更为宽广的多元文化基础之上的新文明——"后现代世界"的出现。"后现代主义"对现代性/现代化所作的批评，从一个角度揭示了西方社会已有的现代性及现代化模式的弊病。这对于我们来说应该有一定的警醒意义。

除了上述介绍的几个"现代社会"的理论模式外，还有后来针对当代社会发展问题而形成的其他一些现代化理论模式，比较著名的诸如吉登斯的"多维现代性"理论、哈贝马斯的"系统—生活世界"理论等。

（二）"后发展国家"的理论模式

按照"现代化"理论，"现代化"同时也是一个"全球化"的社会变迁过程。作为一个集中的论题，现代化是二次世界大战之后，随着许多民族国家的独立而提出的。或者说，现代化是指发展中国家（或后发展国家）的现代化。这样，发展中国家的现代化会走一条什么样的道路，他们在现代化的过程中会遇到什么问题，就是一个重要的理论和现实问题。20世纪50年代以来，一些社会学家和现代化问题研究专家在研究发展中国家现代化问题时形成了以下几个有代表性的理论模式。

1. 社会趋同论

就像进化论的早期支持者一样，现代化的早期支持者认为这一进程将会最终影响到世界上的所有人。趋同理论假设，每一个社会最终都会经历上面所概括过的社会变迁过程。这一观点可以用卡尔·马克思的一句话来概括："那些工业发达的国家正是不发达国家未来的形象。"所有社会都将因现代化过程而变得越来越相似的观点被视为是趋同论的理论核心。

世界上的社会如此之多样化并且又处于多种不同的发展阶段的事实，意味着上述的主要概括必然存在许多例外，这些例外给批评趋同论的人提供了大量的武器。例如，有人指出，趋同论没有充分地考虑到世界各地之间极大的环境差异，如拥有的可耕地和能源的多少等。而且，许多发展中国家都选择了保护他们的传统价值观和行为方式。举例来说，沙特阿拉伯具有与经济上发达的西方国家同等水平的国民人均收入，但却保持着一种近乎封建的制度结构，妇女的权利很少，扩展家庭的权力仍然十分强大，并且在这里没有西方式的民主制度。

批评家还指出，其他一些发展中国家存在严重的过度城市化问题，而且他们不可能创造出一个足够强大的经济基础来为那些成百万涌入城区的人提供像样的生活标准。正是由于这个原因和其他一些原因，这些国家更注重农村而非城市的发展，因而其结果是，他们的农村人口数量与西方的相比非常大。整体来说，趋同论只看到了现代化在趋向上的一致，却没有看到各国发展模式以及文化的多样性。

2. 依附理论

20世纪60年代末到70年代初，席卷整个世界、特别是发展中国家的发展热潮开始冷却下来。西方工业化国家战后持续的经济增长出现了衰退，发展中国家照搬西方发达国家和其他国家的现代化模式，不仅没有缩小反而加大了同发达国家的差距。它们尽管在一定程度上获得了发展，但同时也出现了更多的问题。这一切促使人们重新思考，探索新的发展道路。这一时期激烈地批判传统现代化理论、对发展中国家现代化进行理论上重新思考的突出代表是"依附理论"。

依附理论的最早提出者阿根廷经济学家和社会学家普雷维什在20世纪40年代使用"核心"（西方发达资本主义国家）和"边陲"（非西方不发达国家）阐释了他的理论，认为核心和边陲的关系是不平等的，西方国家通过不公正的贸易条件剥削边陲国家，从而导致了后者的不发达。

20世纪60年代，弗兰克进一步引申和发展了上述观点，运用"宗主—卫星"这对概念代替"核心—边陲"的概念，进而提出了有关不发达国家发展的四个主要的理论假设。第一，与本身不具有卫星性质的宗主相比，国家或更低一级层次的宗主其发展会受到它们自身兼具的卫星地位的限制；第二，当处于卫星地位的国家或地区与其宗主的联系减弱的时候，这些国家或地区反倒能够出现最迅速的发展；第三，一旦宗主国或地区从经济危机中复苏过来并恢复与其卫星国或地区在贸易和投资方面的联系，后者先前的工业化进程就将遭受抑制；第四，最不发达和最为封建的地区，往往是曾经与宗主国有过最为密切的联系。由此，弗兰克得出结论，不发达国家或地区要想取得发展，就必须摆脱或削弱自己与宗主国之间的联系，走自力更生的道路。

总之，上述依附理论同传统现代化理论针锋相对，在"核心—边陲""宗主—卫星"等概念基础上，重新探讨了发展中国家特别是拉丁美洲经济发展落后的原因。认为发展中国家的不发达归根到底是由于它们在资本主义世界体系中的依附地位造成的，处于这样地位的发展只能是一种"低度发展"。西方的发展本质上是建立在剥削第三世界的基础上。正是外围国家对资本主义中心国家存在依附关系，因而就出现了"不发达的发展"，并且，由于这种依附关系，在外围国家产生了异质性、边缘性和不完全再生产的特点，造成这些国家的经济畸形、脱节或不平衡，受欧洲国家利益的左右而没有独立发展的机会。阐述不发达理论或者说依附理论的学者一般都强调，贫困是经济与社会结构的产物，而不是由于文化价值观不同所致。正是这一观点成为不发达理论区别于现代化理论的主要标志。然而这种理论却无法解释，为什么资本主义在某些地区迅速发展，而另一些地区则沦为低度发展的状态。

另一位持依附理论观点的经济学家多斯桑托斯说，所谓依附意指这样一种情境：在这种情境中，某些国家的经济为其他国家经济的发展与扩张所制约，而且前者受制于后者。在两个或多个经济之间的相互依赖中，以及这些经济与世界贸易的相互依赖关系中，如果某些国家（优势国）能够扩张而且自足，而其他国家（依附国）的扩张与自立仅为优势国扩张的反应，则这种关系一旦建立，就呈现了"依附"的形式，它对依附国的发展，可能有正面的影响，也可能有反面的影响。这种依附于发达国的国家，是一些缺乏自主成长能力的国家，它们的经济也会成长，但却是一种被动的、被诱发的成长；同时，受到中心国家利益的限制。发展中国家一个时期以来发展的结果表明，虽然发展中国家有可能改变依附的内容，但依附的本质不会改变。多斯桑托斯还区分了依附的三种形式，即"殖民依附""金融—工业依附"和"技术—工业依附"。

依附理论的出现，反映了广大发展中国家对本国现代化或发展认识的深入。这是一种付出很大代价才得到的认识。但是，依附理论把发展中国家的不发达主要看做是外部环境作用的结果，并且在现代整个世界联系日益紧密的情况下，主张发展中国家与发达国家"脱钩"，这也是一种片面的看法和违背历史发展的设想。由此可见，依附理论依然没有找到发展中国家现代化的真正道路。

3. 世界体系理论

如果说现代化理论是一种局限于民族国家内部的社会发展理论的话，那么以华勒斯坦为代表的这种世界体系理论则意在突破民族国家的界限，在平等的世界体系中解释发展与不发展。从逻辑上看，世界体系理论是对以一个国家为研究单位的传统的批判。其代表人物华勒斯在《现代世界体系》一书中提出了"世界体系"概念。他不同意帕森斯"整体社会"的概念，认为近代以后的自足系统只有"现代世界体系"一个。现代资本主义并不是作为以国民经济为单位的自主经济形成的，而是以最初的贸易和国际分工为前提形成的，在这种形成的体系内分为"核心""半边陲"和"边陲"三个国家等级。"边陲"国家要改变自己的处境，就必须打破现有的资本主义世界体系，然而这却是不可企及的。

核心国家的特征是具有先进的技术和经济，强有力的国家官僚机构、军事机构以及高生活水准。边陲国家向核心国家提供廉价的原材料和劳动力，同时又为发达国家的许多产品提供市场。今天，处于统治地位或者说是核心地位的国家包括西欧、美国、加拿大和日本。而处于从属地位或者说边陲的国家则位于拉丁美洲、亚洲和非洲。世界体系理论还指出了第三类——半边陲地区，即部分的发达国家或地区，如巴西、我国台湾和韩国。世界体系理论的中心观点是，核心国家能够控制全球社会变迁的进程，并且往往对边陲国家造成伤害。这一理论还强调，实施这种控制的一个主要手段就是跨国公司，并且认为核心国家能够把世界经济低落时的许多损失转嫁到边陲国家身上去。

针对世界体系理论的批评认为，这些观点并没能对第三世界的实际发展模式作出全面的解释。从冲突论的观点来看，那些与资本主义的世界经济联系最密切的国家应当是最穷的国家。但实际上，它们常常是第三世界中较为繁荣的社会。这方面的例子包括拉丁美洲的巴西、阿根廷、委内瑞拉和墨西哥。而且从结构上说，当今社会并没有什么传统与现代之分，因为处于当今世界体系中的所有社会都是现代社会，差别只在于有些处于中心，有些处于边缘，有些处于半边缘位置上。既然现代社会是一种相互依存、相互连接的统一体，那么谋求发展的社会难以逃脱这种结构性制约。当强势的资本主义向所有的角落进攻，试图把自己变成一种世界性存在，即作为一种中介被各种文明在自己的基础上连为一体并得以重建之时，那些闭关自守的文明体系的藩篱都要被打破。在这种情况下，踌躇满志地与资本主义世界脱钩的发展策略，冒着被推向边缘化和全球性剥削的危险融入资本主义的世界体系，并希望以此获得发展的做法是不现实的。然而，尽管有这些批评，但很少有人会否认世界体系理论开启了许多具有挑战性的社会学理论和社会学研究的新领域。

（三）"后工业"时代的主要理论模式

自20世纪70年代以来，西方发达国家的经济、社会发展过程出现了一系列与以往以工业化为核心的"现代化过程"似乎不同甚至相反的演变趋势，如服务或信息业的生产总值在国民经济总产值中的比重超过工农业，知识与知识阶层在社会生活过程中的地位增高等。围绕着这些新变化，西方学者展开了一系列观察、描述和分析，形成了我们在这里称之为的"后工业"时代或"信息社会"时代所谓"现代化"的主要理论模式，主要有贝尔的"后工业社会"理论，拉什的"去组织化的资本主义"理论，克鲁克的西方社会"后现代化"理论，莱恩的"消费社会"理论，贝克的"风险社会"理论等。考虑到本书篇幅所限，下面仅简要介绍贝尔的"后工业社会"理论和莱恩的"消费社会"理论。

1. 贝尔的"后工业社会"理论

从世界范围和历史进程看，现代化既包括"欠发达社会"获得"较发达社会"先进性共有特征的过程（"现代化的初级阶段"），也包括"较发达社会"继续获得最先进性共有特征的过程（"现代化的高级阶段"），贝尔的理论研究重点在于后者。1973年，贝尔以美国为例发表了《后工业社会的来临——对社会预测的一项探索》，系统提出了关于"后工业社会"（或知识社会）的发展理论和发展政策，从而使美国现代化研究形成了一个更加完整的理论体系。贝尔对"后工业社会"的探讨，在方法论上采用了一种他称为新的理性分析，即"中轴原理"和"中轴结构"的分析方法。中轴原理和中轴结构的思想，力图说明的不是因果关系，而是趋中性，就是在分析社会发展变化时，设法说明整个社会所环绕的动能原理和组织结构。不同的社会领域有不同的中轴原理和中轴结构，贝尔分析的是社会结构的中轴原理和中轴结构。贝尔认为，采用这种方法，可以把多得令人头昏目眩的宏观历史变化的可能前景加以条理化。从分析不同社会结构的中轴原理和中轴结构入手，可以将人类社会的发展分为前工业社会、工业社会和后工业社会，它们是以生产和使用的各种知识为中轴原理的概念顺序。

贝尔的后工业社会理论主要包括以下几个部分。

第一，中轴原理。理论知识处于中心地位，它是社会革新与制定政策的源泉。在贝尔看来，"工业社会是机器和人协作生产商品"，与此不同，"后工业社会是围绕知识组织起来的，其目的在于进行社会管理和指导革新与变革"。贝尔所说的"知识"，是指"编纂成抽象符号的系统以后，可以同任何规律体系一样用来说明许多不同领域内的经验"。理论知识之所以成为"社会革新与制定政策的源泉"，是因为现代社会需要对极其复杂的变革进行管理、预测未来和制订计划。在从科学与技术、理论与政策等方面详细阐述了这一社会需求之后贝尔进而强调："理论知识正日益发展成一个社会的战略源泉，即中轴原理。而大学、研究机构和知识部门等汇集和充实理论知识的场所则成了未来社会的中轴结构。"

第二，五大特征和三大危机。在突出强调"中轴原理"这一主导特征时，贝尔还具体阐述了"后工业社会"的其他四大特征。①经济方面：从产品生产经济转变为服务性经济；②职业分布：专业与技术人员阶级处于主导地位；

③未来取向：对科技发展进行规划与控制；④制定决策：创造新的"智能技术"。在论述后工业社会时，贝尔也看到了其深刻的危机。按照贝尔的观点，社会可以划分为三个组成部分，即社会结构、政体和文化，每一个方面都有一个不同的"中轴原理"在起支配作用。在现代西方社会，社会结构的中轴原理是经济化，按照"合理化"和"效率"原则分配资源；政体方面的中轴原理是参与管理，其方式有时候是经过动员或有控制地参与，有时候是自下而上要求的参与；文化方面的中轴原理是实现自我并加强自我的愿望。据此，贝尔指出，过去这三个领域是由一个共同的价值体系来维系的，但在"后工业社会"这三个方面正日益趋于分裂，而且这种分裂还要扩大，由此势必导致"专业职能、政体管理和文化价值"等三大社会危机。❶

贝尔的后工业理论对当代发达国家在科技革命作用下出现的社会变化进行了系统的理论分析，无疑是有很大的理论和现实意义的，同时对第三世界国家的现代化进程也有着重要的理论参考价值。在贝尔之后，又有一系列类似的描述出现，如松田米律和奈斯比特的"信息社会"理论、托夫勒的"第三次浪潮"理论、德鲁克的"后资本主义"理论、斯科尔的"知识社会"理论和卡斯持的"网络社会"理论等。这些描述的共同特点是，将关注中心从以往的资本主义制度转移到技术变迁以及由技术变迁所引发的那些经济、社会和政治变化上来，甚至认为随着这些变化，"资本主义"制度在经济与社会生活中的作用将逐渐消退。

2. 莱恩的"消费社会"理论

D. 莱恩则明确地使用了"后现代社会"这个概念来描述当前的西方社会。不过莱恩认为，尽管"后现代社会"存在着许多与"现代社会"不同的景观，如灵活的生产、职业结构的剧变、时空的压缩和新生产技术的出现等，但理解"后现代社会"最重要的线索还是存在于消费主义文化的兴起和新消费者的创造之中。莱恩指出，现代社会的核心过程是物质产品的生产，后现代社会的核心过程则是消费以及需求和欲望的生产。"后现代社会"中的许多新现象如生活风格及更广泛意义上的文化的多样化、雅俗文化界限的消失、认同政治对阶级政治的取代、"模拟世界"的创造等都是围绕着消费过程而建构起来的。因此，莱恩说，如果后现代性意味着什么，那就是意味着消费社会。

---

❶ [美] 丹尼尔·贝尔. 后工业社会的来临——对社会预测的一项探索 [M]. 北京：新华出版社，1997：12-37.

从上面的介绍中可以看到，尽管西方学者们的描述形形色色，不尽相同，但 20 世纪中后期以来西方社会正在发生广泛深刻的变化，这一点却是确定无疑的。这些变化不仅向我们提出了许多理论上的问题（如何来重新界定"现代化"的概念等），也向我们提出了许多实践上的新问题（如这些变化对我们这样的后发展国家的发展来说会有一些什么样的影响），因而值得我们作更深入的观察和思考。❶

三、发展中国家的现代化

（一）发展中国家的后发特征❷

"现代化"理论家们依据各个国家在卷入"现代化"过程的时间上的差别，将它们区分为"早发型"现代化国家和"后发型"现代化国家。发展中国家的现代化进程从类型上属于后发型国家。

美国著名社会学家列维曾经对"后发型"国家在进行现代化时相对于"早发型"国家所具有的优势与劣势作过详细的论述。他把"早发型"国家称之为"内源发展者"，把"后发型"国家称之为现代化的"后来者"。他认为，相对于"内源发展者"，现代化的"后来者"具有五个方面的优势。①他们不是在未知领域内探索。由于有"内源发展者"的经验和教训可供参照，他们对于现代化过程可以有比前者更为丰富的认识，因而对于自己的行动方向能够具有更为明确的概念；②有可能直接采用和借鉴早发现代化国家已经形成的计划、技术、设备和组织模式；③存在着跳跃其他国家或地区的现代化过程所经历过的发展阶段的可能性；④后来者国家的领袖可以通过展示其他国家或地区已达到的成绩而加强其领导；⑤可以从已经实现现代化的国家中获得资本和技术上的帮助。

另外，"后来者"也面临着许多不利的因素。①为了进入现代化过程，后来者必须一开始就在相当大的范围内从事许多事情，而这些事情都是"内源发展者"在相当长的时间内逐步取得的。②能源、材料、技术等的转变问题。为了缩短与已现代化国家在发展程度上的距离，后来者们往往需要使自己的生产能源、材料、技术等在短时期内发生巨大的转变，使之能够接近早发现代化国家已有的水平，而早发现代化国家已有的能源、材料、技术水平却也是通过

---

❶ 王思斌. 社会学教程（第四版）[M]. 北京：北京大学出版社，2016：349.
❷ 谢立中. 当代中国社会变迁导论 [M]. 石家庄：河北大学出版社，1993.

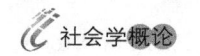

漫长的时间逐步达到的。③迅速赶上已现代化国家的高期望,与后来者同早来者之间始终存在的发展距离,很容易在后来者国家的人民中引发失望情绪。

列维认为,后来者国家在进行现代化时所面临的这些不利因素,使得它们的现代化过程不能不具有许多与早发现代化国家不同的特点。其中最主要的一个特点就是国家在现代化过程中所起的重要作用。后来者需要在现代化一开始时就在大范围内从事许多事情,这样大规模的行动任务很难像在早发国家中那样由民间私人组织自发来完成,而必须要由国家来介入和承担。这一方面是因为大规模行动所需要的大量资源无法靠民间私人力量在短期内迅速积累起来,必须要有国家的介入;二是因为大规模的行动以及由此可能导致的迅速的社会变化也需要更加有效的集中控制和协调。此外,后来者要想在短期内在能源、材料、技术等的改变上尽快接近已现代化国家现有的水平,主要依靠从后者采借、引进的方式,由此所需的大量资金在短期内也只有靠国家之力才可能获得。

美国经济史学家格申科伦也从经济发展的角度论述了国家在落后国家现代化过程中所具有的重要作用。格申科伦指出,落后国家开始进行工业化时,虽然可以通过采借先进国家成果的方式来加快自己的发展,因而存在着潜在的优势,但是利用这些优势所必须的条件与落后国家的现实条件之间存在着巨大的反差。因此,要使潜在的优势变为现实的优势,就需要创造出一系列新的条件。一个落后国家的工业化能否成功,以及发展的可能性,都要依赖于这些条件能否形成。在这些条件形成当中,一些基本制度的建设和发展具有重要作用。他以筹措和分配工业化所需要资金方面的制度为例来说明这一点,因为这是工业化过程最初的也是最重要的一个环节。他指出,一个国家的工业化越是具有渐进的特征,资本积累的问题就越不突出。比如英国,它进行工业化所需的资金最初是从商业和现代化的农业中得到的,然后是从工业自身的发展中逐步筹措得来的,这些工作可以由企业自己来完成。相反,在落后国家中一方面资本极其缺少,另一方面却往往一开始就要从事规模庞大的建设,使资金供求差距扩大,从而要求有比企业更为有效的组织来为资本的形成创造条件。落后国家之间又有落后程度上的差别,在中等落后国家,如当时的法国、德国、奥地利等,可以通过银行等金融组织的建立来积累和分配资本,组织工业化过程。而在一些非常落后的国家或地区,如俄国,连银行也无法筹集到在短期内进行大规模工业化所需要的足够资金,这样工业化就要求一种更为有力的组织即国家来承担资本形成的任务。格申科伦指出,尽管由国家来承担筹措资金、组织工业化过程的任务会有许多弊端，但却是落后国家加快自己发展的重要手段。也由于将各种矛盾在同一时刻集中了起来，从而对这些国家的领导者们构成了严重的挑战。亨廷顿认为，为了降低政治的不稳定性，维护社会秩序，也为了应付"同时性"现代化所提出的严重挑战，后发型国家的现代化需要有一个强有力的、高度有效的中央政权存在，由它来组织和控制整个现代化过程。

还有研究专门分析了发展中国家发展的阻碍条件。第一，在西方，经济发展是一个缓慢的进化过程。与之相比第三世界的发展步伐要快得多，由此带来了社会结构发展的不平衡，经济方面的高速发展往往使得社会的其他事业的发展被远远地抛在后面，制约整体社会的进步。因而第三世界都存在严重的文化滞后问题。物质得到了长足的发展，但社会和文化的适应期却需要较长的时间，所以落在了后面。这已经产生了严重的社会动乱，"甚至在一些国家形成了对工业化的抵制活动"。最难改变的要算那些根深蒂固的传统价值观和信仰，如有关宗教、家庭和适当的两性角色的问题。学者们已经指出，许多第三世界国家目前文化中的价值观与工业革命时期西方国家文化中能找到的价值观非常不同。第三世界的宗教倾向和对工作的态度，甚至对繁荣的看法都使这些国家不能很好地适应工业化过程。第二，发展中国家的另一与众不同的特点就是这些地区严重的人口过剩问题。许多发展中国家在刚开始工业化时人口就已经过剩了，而且在经济的每一步成长中都伴随着人口的跳跃式增长。在许多情况下，即使国民生产率提高了，但人口的急剧增长使得人均收入没有什么变化。第三，另外，发展中国家的经济发展几乎总是被中央集权政府所计划和管理的。这与西方的情况不同，在西方，政府倾向于避免大规模介入市场。更为不幸的是，第三世界国家政权往往缺乏实施它们雄心勃勃的计划所必需的政治稳定性和大众的支持。再进一步来看，这些社会通常缺乏足够的、具有高技术素质的和动机明确的专业技术人员，如工程师、经理、农业专家和医生。没有这些人员，经济发展是很难成功的。第四，许多第三世界国家都还很年轻。大部分的非洲国家直到20世纪60年代才获得独立，并且许多国家到现在还处在建立其合法性的过程之中。大多数国家缺乏文化的凝聚力和经济的稳定性，而且很少有国家能够建立起完善的教育体系以促进快速增长的经济发展。通信体系也不够完善，事实上，非洲内部电信和邮政服务的效率非常低，以至于信件常常要绕道欧洲而不是从一个非洲国家的首都直接传递到另一个国家的首都。一些观察家认为，为了使非洲认识其经济潜力，它的50个国家将必须被更少的区域经济实体所替代或是被一个单一的大陆联合体所替代。

可以说,"后发型"国家的现代化过程具有时间短、规模大、内容多(所谓"一揽子解决")、社会动员程度高等特点,它在资金的筹措、行动的协调、过程的控制和秩序的维护等方面都对现代化过程的推动者、组织者提出了较高的要求。对于这些要求,民间的私人力量不可能加以满足,只有一个强有力的国家政权,才能成为这些要求的满足者。这就是为什么"后发型"国家的现代化过程更多地需要由国家来加以推动和组织的一个重要原因。

然而,在现代化进程中,几乎所有的发展中国家都面临着一个两难的问题,即国家的过度介入与市场之间的矛盾。

(二)发展中国家发展过程中国家与市场的关系

受传统因素的影响,西方现代社会依旧在相当程度上适于分权制度。就发展中国家而言,集权不会随着现代化进程的展开而归于消失,相反,集权是其现代化进程的一个必要保证。然而,在现代化进程中,发展中国家普遍出现了腐败现象,国家对于现代化的各个环节的掌控,使得权力有机会渗透入市场获取非法的利益。与西方的现代化进程中相伴的民主化、法治化进程不同,发展中国家普遍缺乏制约机制的建设。现代西方社会的"法治"以一种比较纯粹的形式表现出来,法律成为西方现代社会得以稳定的最重要的依据。

发展中国家在体制建设上,要么完全照搬西方的政治体制,走所谓的民主化路程,忽视本国的实际国情,既没有形成有效的制约,又使得"民主"的形式由于水土不服而失去民主的实质,市场的力量没有得到有效的节制,市场的力量主导了政治、社会的各个领域,导致市场型的腐败。腐败是握有社会资源的新集团的崛起和这些集团为使自己在政治领域内产生影响所做的努力的产物,使国家陷入社会的动荡与停滞之中。要么片面强调自身的发展的特有民族模式,忽视全球化背景之下,一个国家只能在与他国相互依存、相互制约中取得发展的规律,以高度的集权模式控制社会的各个环节,抑制市场的原发力量,既没有带来经济的有效发展,又导致严重的制度性腐败。

布坎南等人的"寻租理论"也对此种腐败类型的产生作了解释。该理论认为由于政府干预市场经济(如进口配额、物价管制等)而形成的级差收入成为"租金",人们为了寻租,往往通过拉关系、走后门、贿赂等合法或非法的手段进行活动以争取政府的优惠政策,这直接导致了腐败。

现代化进程中伴随的另一种政治现象是动乱和社会的不稳定。经济的高速增长给各个社会阶层和群体提供了资源重新分配的机会,某些社会群体抓住了机会,率先获得利益,甚至以牺牲其他社会群体的利益为代价,资源与社会地位都在进行重新分配。在这一过程中,有些群体和个人通过各种不合理的手段去获取利益,造成了社会分配的不公。这些事实经大众交流媒介的扩大,将人们对资源分配不公的不满转向政府部门,批评政府的腐败和无能,从而构成政治动乱和社会不稳定的潜在因素。此外,在这一时期,传统社会的机制仍然在很大程度上发挥着作用,政府缺乏足够的效率和能力来处理这些不稳定因素和行为。在这种情况下,社会不稳定、动乱甚至社会的暂时倒退都有可能发生。

因此,对于发展中国家而言,仅仅依靠取得经济上的成就并不能带来全面的社会现代化,只有通过处理好国家与市场的关系,建立有效的制约机制,才能保证社会的全面进步和现代化的实现。

四、中国现代化的进程与模式

(一)中国现代化道路的回顾[1]

1. 近代中国的现代化进程

有学者认为,综合各种因素,可以把1840—1952年中国大陆战后国民经济恢复工作基本结束、有计划的全面现代化的条件大体上准备就绪,都算作现代化的准备和启动阶段。这一时期的中国现代化是一个历经坎坷和艰辛的逐步推进的过程。从发展类型上看,是半封建半殖民地社会的被动的"依附型现代化"向自主的"赶超型现代化"逐步升级的过程。从发展主体上看,是由少数先驱者汇成精英集团,进而由新兴的阶层、阶级逐步推向全民族的过程。从内容上看,其外延是由单纯的学习西方现代军事技术逐步向经济、政治、社会、文化各领域扩展为全面现代化的过程。就其内涵而言,是由表层的器物模仿向社会经济制度和文化价值观念的根本变迁逐步深化的过程。从空间(地域)上看,则是由点(少数通商口岸)到线(东南沿海和长江沿岸)到面(由东部到中部、到西部)梯度推进的过程。从时间轨迹上看,中国现代化经历了多次的风云变幻,呈现出大起大落而又从未间断的发展曲线。

另有学者认为,中国现代化亦即中国早期现代化的基本特征是现代化的低

---

[1] 吴忠民. 渐近模式与有效发展——中国现代化研究[M]. 东方出版社,1999:附录.

度发展。这种低度发展的含义是：除个别时期外，中国的早期现代化一直没有中断，总的说来是呈持续递进的状态；进度非常缓慢，中国的经济实力日益落后于别的国家；中国早期现代化很不规则，带有浓厚的畸形色彩。此外，中国早期现代化还有一些具体特征：意向性的追求甚于实际性的建设；明显的二元结构，过多冲突的存在；缺乏平稳性，摇摆度过大。

近代中国社会现代化进程迟缓甚至停滞，有其复杂的社会及历史的原因。从社会学结构分析角度来看，现代化过程要顺利进行至少在结构上要有两方面的变化，一是社会中各结构部分能够接受同一制度化规则的支配，二是社会结构体系内部包含的社会不平等得到某种程度的控制和改善。近代中国社会结构缺乏这两方面的变化，重要原因之一是国家从根本上缺乏变革的能力，这个问题只有1949年成立的新中国才能解决。

2. 中华人民共和国成立后的现代化进程

张琢认为，1952—1978年发展的最大成绩是以巨大代价打下了中国现代化建设的初步物质技术基础，积累了现代化建设的经验和教训，战胜了各种外部势力的威胁和干涉，真正争得了独立自主的发展权。1979—2000年是中国社会主义现代化的转折期和关键时期，是中国现代化通过改革、开放走向协调、稳定的发展时期。21世纪上半叶是争取中国现代化持续稳定发展、全面赶上世界发达国家的高水平发展时期，即中国现代化的实现阶段。

吴忠民认为，1949—1978年这30年是中国现代化的起步期。这一时期的突出特征是经济现代化建设不规则的高速度推进，表现在为经济实力高速增长、发展的低效性、产业结构很不合理、个人经济收入增长率过低、周期性的起伏。这一时期其他明显的特征是：社会分化的相对不足；现代知识和教育发展的相对迟缓；开放的低限度进行，而且摇摆度过大；社会的相对稳定。前述诸特征之所以形成的根源在于，现代化建设对于日益升级的政治运动的从属性及空前的社会动员。

李路路、于显洋、王奋宇认为，以社会主义公有制为代表的深层制度化结构和相应的次级制度化结构，在一定意义上构成了当代中国社会结构体系的基本框架，使国家、社会和个人协调起来。国家因而获得了充分的合法性和有效性，获得了强有力的控制和动员能力；社会在得到国家政权支持的制度规则控制下，消除了内在的对抗性矛盾和冲突，获得了空前的整合度；个人社会地位的一致性和差异性获得了统一。在此基础上，中国社会的现代化才有了长足的发展。

（二）当代中国现代化的模式

中国的现代化进程是通过渐进的改革来实现的。激进型的现代化模式热衷于追求高速度的发展，而且主要是在追求经济的高速增长。从许多国家和地区现代化建设的实际状况可以发现，这是一种片面的做法，往往造成许多危害，如造成增长成果的低度兑现，形成不了相应的有效社会财富，造成经济本身的不规则化，使经济本身出现比例失调、起伏程度过大的情形，造成环境的侵蚀与破坏，造成社会机体的失衡等。所以，中国的改革之路主要选择的是以渐近式的改革为主要实施模式的。

改革整体思路：先易后难，先农村后城市，先鼓励发展非公有制企业，后进行公有制企业改革；先培育合理的流动机制，再进行劳动力市场改革；先进行社会分配体制改革，再进行所有制改革；先进行经济体制改革，再进行政治体制改革。这样的改革是以制度创新为主要的推进方式，权力与市场双向主导的改革模式。

在改革策略的安排上，除了对一些非改不可否则改革进程就要陷入停顿的旧体制进行直接改革的情况之外，对于大部分的改革任务从总体上讲，本着先立新、再破旧、以新蚕旧的策略进行。在旧体制影响相对来说比较薄弱的部位培育新事物、新体制，并以此为突破口向周围扩散、发展。

中国的改革进程是从农村开始的，以制度变革改变原有的社会主义计划经济模式下的土地与农民的分割，以使用权与所属权的分割，将土地的收益与农民重新捆扎在一起，极大地激发了农民的生产积极性，在较短的时间里，就解决了数千年里无法解决的温饱问题，显示了制度创新的巨大活力。在经济体制改革中，鼓励发展非公有制经济与公有制经济并存。一方面，对于整体经济的发展起了重大的推动作用；另一方面，也为公有制改革起了重要的社会保障作用。非公有制经济极大地缓解了公有制企业改革对社会造成的振荡，避免对整体经济运行造成大的冲击，创造出更多的就业机会，促进整体社会的良性运行。先建立市场经济体制，再以此为基础推进社会政治体制的改革。实际自1978年以来所进行的改革，正是一步步走向市场经济的过程，从土地到劳动力市场再到证券和所有制改革，改革逐步走向深化。

在市场经济基础上建立社会主义现代化国家，是中国现代化建设的另一重要特征。这在世界历史上是独一无二的事情，是在现代化进程中的伟大创举。传统的社会主义理论，一般都将市场经济看做是资本主义的典型特征，将其排斥在社会主义建设体系以外。而市场经济是不可逾越的社会历史形式，因为社会发展归根到底是人的发展，而人的发展归根结底也是个体的发展。推动个人走向独立，可以说就是市场经济的主要和根本的历史作用。市场经济成为不可逾越的一种社会历史形式也主要表现于此。中国只有在市场经济基础之上，才有可能从根本上结束工具现代化建设与社会本体现代化建设之间的分离状态，消除以往中国现代化过程中的关键性症结，进而建成真正意义上的现代社会。市场经济体制对于解决中国现代化进程中的一些特殊问题也具有重要的作用：可以从根本上消除"左"的事物所赖以存在的基础；有助于削弱"官本位"的现象。

在社会现代化进程中，政府主导与市场驱动成为当前现代化进程的主要动力。中国现代化进程中，中央政府的责任重大，且在不断加重，它不仅具有市场经济国家的一般职能，还应具有市场经济转型的特殊职能。中国的国情以及所处的经济发展阶段（即经济起飞阶段）决定了中国市场经济转型是中央政府主导型，或者中央与地方分享型。中央政府在改革与现代化过程中，要有意识地提高自身在逐步建立新体制和政策作用新机制基础上的主导地位。中央政府在改革中的主导地位，是改革、现代化和追求社会总体利益最大化的保障，从东亚现代化的历史经验来看，正是这种"硬政权"恰恰填补了传统规范在约束力退出以后，新的市场化力量和契约法制力量一时还来不及形成而出现的"规范场"的空间，这就防止了现代化进程中的"失范综合征"的蔓延。而且，只有在这种环境条件下，以市场为导向的内源性的规范力量才能得以有序地发展和增长。一旦这种市场规范力量发育成熟，它便可以水到渠成地、逐步地取代原先由权威政治实行的社会经济和政治的调控功能。王思斌认为，经过近半个世纪的摸索，中国最终选择了相对而言国家在社会过程中所起作用最大、对社会过程控制程度最高的"社会主义现代化"模式，[1]可以简称为"国家强作用"的"社会主义现代化"模式。

思考与研讨

1. 社会变迁的含义及其影响因素。
2. 社会变迁的理论模式。
3. 社会变迁的类型。
4. 社会规划及其类型。

---

[1] 王思斌. 社会学教程（第四版）[M]. 北京：北京大学出版社，2016：341.

5. 几种典型的经济与社会发展战略。

6. 我国社会发展实践和发展理念。

7. 现代化的含义、内容与特征。

8. 理解"现代化"的理论模式。

9. 发展中国家的发展与现代化。

10. 中国现代化的进程与模式。

推荐阅读书目

1. 《社会学概论》编写组：《社会学概论》（马工程重点教材），人民出版社、高等教育出版社，2011年版。

2. 王思斌：《社会学教程》（第四版），北京大学出版社，2016年版。

3. 戴维·波普诺：《社会学》（第十版），中国人民大学出版社，1999年版。

4. 理查德·谢弗等：《社会学与生活》（插图第9版），世界图书公司，2006年版。

5. 弗朗索瓦·佩鲁：《新发展观》，华夏出版社，1987年版。

6. 马克斯·韦伯：《新教伦理与资本主义精神》，生活·读书·新知三联书店，1987年版。

7. 史蒂文·瓦戈：《社会变迁》，北京大学出版社，2007年版。

8. 安东尼·吉登斯：《现代性的后果》，译林出版社，2000年版。

9. 丹尼尔·贝尔：《后工业社会的来临》，商务印书馆，1984年版。

10. 纽曼·卡斯特：《网络社会的崛起》，社会科学文献出版社，2002年版。

11. 乔治·瑞泽尔：《后现代社会理论》，华夏出版社，2003年版。

12. 塞缪尔·亨廷顿：《现代化：理论与历史经验的再探索》，上海译文出版社，1993年版。

13. 特奥托尼奥·多斯桑托斯：《帝国主义与依附》，社会科学文献出版社，1999年版。

14. 沃勒斯坦：《世界体系》，高等教育出版社，1998年版。

15. 罗荣渠：《现代化新论续篇》，北京大学出版社，1997年版。

16. 马克思：《〈政治经济学批判〉序言》，人民出版社，1995年版。

第十二章 社会问题

现实社会不是像人们所期望的那样总是处于和谐及良性发展状态，个人和群体可能遭遇不幸，社会可能遇到一些"公共麻烦"。这些被称为社会问题的现象与人类社会一直相伴随。尤其是工业革命以来，随着资本主义制度的建立以及社会结构的重大变化，涌现出了许多当时人们意想不到的复杂问题，如何理解和应对这些问题自然就成了社会学研究的重要领域，当然，研究社会问题的目的是为了解决问题，以促进社会的进一步发展。

第一节 社会问题概述

一、社会问题的含义与特征

（一）社会问题研究在社会学学科中的地位

任何社会都不可能完全理想地存在和运行，而是存在这样或那样的问题。那些对社会的正常运行造成严重不利影响的现象被称为社会问题。社会问题是社会学的重要研究议题，研究社会问题是社会学的传统。从社会学的发展史来看，社会学始终关注社会问题的研究。一定意义上说，正是资本主义社会出现的众多社会问题催生了社会学。此后，每当社会发生巨大变迁或转型，社会不能协调运行时，社会学都会集中力量对社会问题进行研究，并产生出相关理论，这也推动了社会学学科的发展。

首先，社会学对社会问题的关注是出其应用性学科性质决定的。社会学作为一门应用性的社会科学特别关注现实问题，当社会问题正在形成和已经形成之后，社会学通过对问题的研究，搞清楚社会问题产生的原因和变化的规律，提出解决问题的建议和对策，为促进社会发展服务，这就是社会学的"经世致用"。其次，社会学关注社会问题与它的综合性的学科特点有关。与经济学、法学等应用社会科学学科不同，社会学更具合综合性，这与社会问题的特点是一致的。这种一致性使得社会学能够更全面、深入地研究社会问题。应该指出的是，研究社会问题并不是社会学的偏好，而是它的天职。社会学不但研究社会协调运行的状况，也研究社会题，而后者更反映出社会学的责任意识。无论从理论上看还是从实践上看，社会问题研究在社会学学科中都占有十分重要的地位。❶

（二）社会问题的含义

1. 社会问题的定义

"社会问题"这个概念对人们来说应该并不陌生，我们在日常生活中会经常遇到各种各样的社会问题。例如，失业、腐败、犯罪、环境污染等问题，这些都属于社会问题的范畴，都是为我们所熟悉的。但是，换个角度说，对这些社会问题，人们又是陌生的，例如对一些社会问题的产生、发展、变化的原因、规律和解决的办法与途径，人们并不是很了解。社会学学科意义上的社会问题是近代工业社会的产物。近代工业化的过程中，传统因素和现代因素相互碰撞、摩擦并逐渐融合，社会结构发生大的变化，一系列过去不曾有过的社会问题也应运而生。应该说，任何社会问题都是时代的产物，具有历史性。对社会问题的研究历来是社会学的重要领域之一，对某一特定历史条件下的社会问题进行历史和客观的分析，以便于人们对其有正确的认识并找到适当的解决方法是社会学学科服务于社会的一个重要方面。

关于社会问题的定义，学术界有很多说法。英文中"social problems"译为社会问题，在欧美国家也使用社会病态、社会反常、社会失调等名词。美国社会学家米尔斯曾指出社会问题就是指"公共麻烦"。台湾学者张镜予在《中国社会问题比较研究》中说，社会问题就是危害社会秩序、扰乱大众生活的行动。北京大学袁方先生主编的《社会百科词典》定义社会问题为：社会中的一种综合现象，即社会环境失调，影响社会全体成员的共同生活，破坏社会正常运行，妨碍社会协调发展的社会现象。陆学艺先生主编的《社会学》将社会问题解释为：凡是影响社会进步与发展，妨碍社会大部分成员的正常生活的公共问题就是社会问题。王康先生主编的《社会学词典》中解释说：社会问题是指在社会变迁过程中，某些社会活动和社会关系发生了与现实的社会环境失调（相异或发生矛盾），并引起人们普遍注意，需要以社会的力量来解决

---

❶ 王思斌. 社会学教程（第四版）[M]. 北京：北京大学出版社，2016：218–219.

的现象。朱力把社会问题的定义为：在社会发展过程中，由于社会环境或社会关系失调而引起的各种影响社会成员共同生活，妨碍社会正常运行，引起人们广泛关注，需要社会力量加以解决的社会现象。

在众多的社会问题的定义中，我们发现对社会问题的界定必须注意以下几个方面：第一，社会问题是公共问题而非个人问题。社会问题必须要影响到数量较多的人的生活，社会问题是一种社会现象，具有一定的社会意义，只有牵扯到社会上许多或大部分人的问题才可以说是一种社会问题，即如米尔斯所说的"公共麻烦"，而只是引起个别人或数量较少的人的生活秩序的问题则只是一种"个人麻烦"，不能称其为社会问题。第二，社会问题必须是客观存在的事实。就是说，社会问题是客观存在的一种现象、一个事件或一种行为，其内容是具体并且客观的，而不是存在于人们头脑中的臆想或猜测。第三，社会问题应该具有违背社会的主导价值原则和社会规范的性质。将某种现象或行为定义为社会问题本身就带有社会成员的否定倾向的价值判断，正是社会上大部分成员认为这种行为或现象违反了社会价值原则和社会一般规范，对人们的生活和社会整体利益不利才将其称为社会问题。❶

综合起来考虑，可以这样来界定社会问题：社会问题是指社会中发生的被多数人认为是不合需要或不能容忍的事件或情况，而需要运用社会群体的力量加以解决的问题。这句话的意思包括：第一，社会问题不是少数人或个别人遇到的问题，而是在一定范围内大多数人遇到的问题；第二，这种问题的出现给大多数人的正常生活带来不利影响，因而是人们所不希望的社会状态，对于社会进步来说是一种消极现象；第三，这类问题影响广泛，不是只靠少数人所能解决的，而需要动用多种社会力量来解决。❷

2. 社会问题与相关概念

（1）社会问题与社会热点

社会问题和社会热点是不同的。"热点"的意思是某时期内引人注目的问题或事件，社会热点问题是指在某一时期内，某一地区中众多社会成员所关注的与自身利益密切相关的社会问题。社会热点问题具有以下特征：第一，它是社会利益的焦点。社会热点问题往往和社会成员的自身利益紧密相关，比如物价、住房改革、社会治安等问题很容易成为社会热点问题，因为这些问题和人

---

❶ 朱力. 社会问题概论 [M]. 北京：社会科学文献出版社，2002：7 - 9.
❷ 王思斌. 社会学教程（第四版）[M]. 北京：北京大学出版社，2016：219.

们的切身利益关系密切。正是因为这样,某些社会热点问题会直接反映出某种社会矛盾,具有敏感性和尖锐性,倘若解决不合理很容易带来一定的社会动荡或社会风险。第二,它具有明显的时间性和地域性,社会热点问题是某一时期内某一地域中的问题,一般情况下它在时间和地域的跨度上可能要小于社会问题。不过,某些社会问题在一定时期内倍受关注也会成为社会热点问题。第三,它具有多样性和周期性,社会热点问题涉及社会生活的各个领域,在同一时间同一地点的条件下可能存在不同的热点问题。而伴随着问题的解决和受关注程度,同一问题可能会再次成为社会热点问题。

社会问题和社会热点问题比较起来,主要存在几点区别:第一,受关注的范围不同,社会问题的受关注程度在时间和地域上都要大于社会热点问题,因为社会问题涉及的人的数量和给人们带来的长远的不利影响都要大于热点问题,即社会问题的公共程度要更大。第二,性质不同,社会问题一般是指违背社会规范、对人们的生活和社会的进步有不利影响的现象,而社会热点问题则可以是违背社会规范的消极现象,也可以是对社会发展有利的积极现象。第三,表现形式不同,社会问题可以是显性的,也可以是隐性的;社会热点问题则是显性的。第四,推动社会热点问题的往往是一些传播机构和社会舆论;而新闻工作者虽然也将社会问题作为热点来宣传,可是研究社会问题的主要还是专业的学者。

(2) 社会问题与社会矛盾

任何社会问题都包含着深刻的社会矛盾,但是这不等于说任何社会矛盾都是社会问题。矛盾是普遍存在的,任何矛盾都有其从潜伏到激化的发展过程,人们对其的认识也有从模糊到清晰的特点。在一个矛盾没有被激化,未形成普遍的不良影响时,引起社会广泛关注的社会,我们不能说它已经是社会问题。而只要是人们已经关注的社会问题必定包含着已经激化了的,为大家所深刻认识的社会矛盾。[1]

(三) 社会问题的一般特征

1. 普遍性

社会问题的普遍性特征是指社会问题的存在是普遍的和客观的,解决社会问题的过程是复杂的。首先,社会问题作为一种社会现象,普遍存在于各个国

---

[1] 朱力. 社会问题概论 [M]. 北京:社会科学文献出版社,2002:19-21.

家、民族或地区，也普遍存在于社会生活的各个领域和方面。无论在发达国家还是发展中国家，无论哪种社会形态，社会问题都是不可避免的。其次，社会问题的存在和发生影响不以人类的意志为转移，虽然有的社会问题开始并没有为人们察觉而未受重视，但是它是客观存在的，而且一旦被人们认识就马上成为人关注的对象。再次，形成社会问题的原因是多方面的，人们对社会问题的认识也是不同的，所以社会问题的解决也不是一蹴而就的，它需要长时间的努力和多方面的配合。

2. 社会性

社会问题作为一种社会性的现象，不可避免地带有社会性特征。社会问题产生的原因具有社会性，任何社会问题都是大多数人的行为或观念引起的，而非个别性的原因；社会问题的内容和表现形式具有社会性，社会问题的本质是社会失调或运行过程中的失衡、障碍，这不是少数人所为的，而是表现在多数人的观念、行为上；社会问题后果的社会性，社会问题解决不良必定对整个社会产生影响，影响社会机能、社会生活、社会变迁等，同时解决社会问题也要通过社会的力量。例如，白色污染是近年来我国污染的一个重要来源，其治理就不是靠一个或几个人的改变，而是要发动群众，动员全社会力量，让社会上的人们都自觉执行。[1]

3. 复杂性

社会问题是复杂的社会现象，这表现在两个方面。第一，社会问题的成因是复杂的。许多社会问题的形成不但有经济方面的原因，也有政治、文化等方面的原因；不但有现实原因，也有历史原因。社会问题是诸多因素凑集、叠加在一起而形成的，是积累而成的。第二，社会问题的影响是复杂的。它对人们的生活和社会运行产生复杂的、直接或间接的影响。

4. 破坏性

社会问题的破坏性是指它违背了人们所希望的社会状态，不符合人们的价值期望，并对人们所期望的正常生活造成了较为严重的影响。社会问题的破坏性主要表现为如下几个方面：第一，它打断了人们的正常生活，降低了人们的生活质量。第二，它给社会带来麻烦，社会必须动用社会资源去解决这些问题，从而浪费了社会资源。第三，它给社会进步带来障碍，不利于社会发展。

---

[1] 张向东. 当代社会问题 [M]. 北京：中国审计出版社，2001：7.

5. 时空性

社会问题的时间性是指社会问题的产生、存在、消失或解决的顺序性和持续性。它表现在：任何社会问题都是在一定的历史时期产生的，不同的历史时期将产生不同的社会问题；同一社会问题在不同的历史时期可能具有不同的内容和表现。例如，人口的老龄化问题，只有低出生率、低死亡率、低自然增长率的现代社会才会产生，而人口问题在不同时期会表现出人口过多，过少或素质低下等不同特点。社会问题的空间性是指其产生、存在和影响的伸张性。表现在：任何社会问题的存在和影响都是在一定地域范围和社会范围内，这些范围可以是自然区域、民族区域、文化区域、行政等；不同的空间范围产生的社会问题也不尽相同。时间空间作为社会问题的特征是明显的，同时又是联系密切的。

二、社会问题的类型

（一）社会问题的分类标准

对社会问题的分类主要是对社会问题认识的条理化，这便于将不同的社会问题区别来分析，更好地找出其发展、变化的规律，寻求解决问题的对策。

雷洪提出分类的标准必须具有如下特征：①目的性，能够体现基于一定认识内容和目的的分类可以达到对社会问题现象的某种具体和深入的认识。②操作性，是依据一定分类角度以操作化形成的、可以区分社会问题现象的一些概念及可行性的方法，能够进一步将社会问题分化为可测量的若干指标。③社会性，可以以此得出社会问题的特征和其与社会的关系。④清晰性，分类要有确定的含义和意义。⑤对应性，可将社会问题现象区分为至少两种以上特征类型。[1]

（二）社会问题的主要类型划分

1. 二分法

默顿与尼斯特在1978年合编的《当代社会问题》中将社会问题分为两大类。偏差行为类问题，包括犯罪、青少年问题、精神病问题、吸毒、自杀、娼妓等；社会解组类问题，包括世界人口危机、种族关系、家庭问题、交通问题、灾难等。

2. 三分法

台湾学者杨国枢、叶启政在1984年主编的《台湾社会问题》中，将社会

---

[1] 雷洪. 社会问题——社会学的一个中层理论 [M]. 北京：社会科学文献出版社，1999：60.

问题分为三大类。一是社会性的社会问题，例如人口、贫穷、农村和城市问题、环境污染等。二是制度性社会问题，如婚姻家庭问题、老年人福利问题、宗教、劳动与就业问题等。三是个人性的社会问题，如犯罪、娼妓、吸毒、自杀等。

陆学艺主编的《社会学》将社会问题分为三大类：一是结构型的社会问题。包括人口、贫穷、腐败、婚姻家庭等。二是变迁型的社会问题。包括城乡问题、环境问题、精神疾病问题、流动人口等。三是偏差行为型的社会问题。包括犯罪、自杀、青少年犯罪、吸毒、娼妓问题等。

3. 四分法

中国社会学家孙本文先生在《现代中国社会问题》中的分类是：①家庭问题；②人口问题；③农村问题；④劳资问题。

美国学者文森特·帕里罗等在《当代社会问题》（第4版）中把社会问题分为四大类进行分别论述。①对个人安康的挑战：酗酒和吸毒（酒精，可卡因，大麻，麻醉性毒品，烟草）；性行为（美国性行为模式的变化，同性恋，色情，卖淫，猥亵儿童）；犯罪和暴力（含恐怖主义等）。②对社会平等的挑战：种族和种族关系；贫困；性别不平等。③对社会机制的挑战：家庭问题；教育问题；美国的公司与工作领域的问题；医疗保健问题。④对生活质量的挑战：城市问题；人口与生态问题。❶

4. 五分法

兰迪士在1959年出版的《社会问题和世界》中把社会问题分为五大类：①个人调适的失败，如过渡社会中的人格、精神病的扩张及本质、精神错乱、自杀、酒精中毒及麻醉药品、性犯罪等；②社会结构的缺憾，如边际人、种族、男女平等、卖淫、乞丐与奴隶、社会阶级与喀斯特等；③个人对适应的失败，如越轨、犯罪的预防与纠正、成年人犯罪、青年危机、离婚与小家庭离散等；④政治与经济问题，如政治制度的趋势、劳工的生活与工作、人口品质与生殖率等；⑤社会政策与制度的失调，如自然资源的保存、工业社会的老人、战争与和平、卫生健康与长寿、社会福利、社会计划与政策的制定等。❷

在社会学领域中，不同的学者对社会问题还存在许多不同的分类方法。比如朱力教授在其主编的《当代中国社会问题》中也将社会问题分为三大类，

---

❶ ［美］文森特·帕里罗，等. 当代社会问题（第4版）［M］. 北京：华夏出版社，2002.
❷ 朱力. 当代中国社会问题［M］. 北京：社会科学文献出版社，2008：39.

即结构性社会问题、变迁性社会问题、越轨性社会问题。同时他指出,《当代中国社会问题》由于社会工作教材的需要,仅对一些主要的、对社会成员生活有着直接影响的社会问题作一些揭示。考虑到社会工作主要地面对四大"社会病人",即异常群体、越轨群体、弱势群体、边缘群体,故此将社会工作遇到的社会问题分为四种类型,即异常群体的社会问题(精神疾病问题、自杀问题等),越轨群体的社会问题(越轨青少年问题与青少年犯罪问题、吸毒问题、赌博问题,性越轨问题等),弱势群体的社会问题(残疾人问题、失业问题、贫困问题、婚姻家庭问题、老年问题等),边缘群体的社会问题(游民问题、乞丐问题、流浪儿童问题等)。❶

笔者倾向于陆学艺先生和朱力教授等的"三分法"策略,即将社会问题分为结构型(性)、变迁型(性)和行为偏差型(性)或者越轨型(性)三大类。所以本章内容的第二节我们就是从"结构性"的角度,结合中国的实际情况选择了若干社会问题进行分析。

三、解释社会问题的理论模式

(一) 社会病态论(social pathology)

这种理论一般认为良好的社会状况是健康的,而脱离道德期望的个人与行为则是有"毛病"的。所以,从社会病态论的观点来看,所谓社会问题就是违背了道德期望,造成社会问题的最大原因是社会化过程的失败。社会化过程失败的后果是道德的腐蚀,而解决的办法是施以道德教育。社会病态论观点是美国早期社会学家对社会问题思考后提出的理论,它基本上关心的是社会的疾病或社会的病态,认为凡是妨碍正常社会机能的人或情况都可以视为社会问题。这一理论在20世纪早期占主导地位。在20世纪60年代,美国又出现了一种新的社会病态论,认为某些人之所以处于病态是因为社会本身就处于病态,其口号是"不道德的社会制造了不道德的个人"❷。

(二) 社会解组论(social disorganization)

所谓社会解组就是社会失去规则。解组的三种形式是:无规范,即社会生活中没有一个现存的社会规范来指导人们应该如何行动;文化冲突,即社会生活中有两种或以上相互间冲突的价值规范同时存在,使人们无所适从;崩溃,

---

❶ 朱力. 当代中国社会问题 [M]. 北京:社会科学文献出版社,2008:39-41.
❷ 张向东. 当代社会问题 [M]. 北京:中国审计出版社,2001:15.

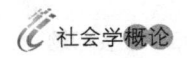

即价值体系和规范体系完全混乱。造成社会解组的根本原因是社会变迁，最强有力的变量是工业化、都市化、科技发展等。社会解组论将社会看为一个复杂的系统，其中各部分都相互调适，若其中某一部分发生变化，其他部分就会发生适应不良的情况，从而产生社会问题。社会问题源于社会解组，而社会之所以解组是因为规范的欠缺和不一致，因而解决社会问题的办法就是尽量快地重新建立社会规范和秩序。这一理论在20世纪二三十年代占主导地位。

（三）价值冲突论（value conflict）

这一观点认为，造成社会问题的根本原因在于价值或兴趣上的冲突。由于所处的社会地位和经济利益不同，人们对同一问题有不同的价值判断标准和不同的立场、态度，因而在采取措施改变某一社会现象时，常常会引起群体间的冲突。社会问题是某些群体的价值不能相容共存的社会状况，而这些状况又使群体成员认为有必要采取行动。美国社会学家富勒认为，社会问题是一种被相当多的人认为是偏离于他们所持有的价值观念的社会状况。每个社会问题都有客观存在和主观认定两个方面，客观存在是指社会生活中确实存在的威胁社会公众的现象，主观认定是指这种社会现象为人们所认识的程度和水平。这一理论在1935—1954年在美国处于主导地位。

（四）偏差行为论（deviant behavior）

该理论认为，社会问题违反规范期望，即行为或状况发生了偏差，偏差的主要原因是由于不恰当的社会化，主要发生在初级群体中。限制学习所谓传统方式的机会，增加对偏差方式的学习，限制取得合法目标的机会，产生紧张、压迫感，并且导致以偏差方式来解除这些感觉是造成偏差行为的重要背景。该理论的代表人物罗伯特·默顿在1938年发表的《社会结构与迷乱》一文中指出，当文化目标被过于强调，而且当获取这些目标的合法机会受到阻碍时，社会失范对于社会上某些特定区域的人来说是很平常的事情。社会问题乃是社会标准与社会现实之间被视为无法接受的差距、恶性的不可容忍的差距。解决偏差行为的最好办法是重新社会化。而重新社会化的较好方式是生活机会的重新分配，例如增加个人与合法行为模式的联系，开放和创造达到成功社会目标的机会。

（五）标签论（labeling）

标签是指某些人给另一些人所施加的符号或固定性看法，在标签论中主要是对被施训者不利的符号或污名，所以也叫"污名论"。这种理论认为，一些群体（主要是弱势群体）的偏差行为是由于强势群体的妄加标签而产生的。偏差行为并不是问题的本质，强势群体对弱势群体施加标签才是问题的实质。

在当代社会学理论中，还有批判取向的社会问题观、社会建构论对社会问题的看法等理论解读。总之，社会学在近二百年的发展中关于社会问题的论述形成了许多理论观点，但是由于历史的局限性和其他各种原因，每一种理论都只是反映了社会问题的一个侧面或某一类型的社会问题。从另一角度看，没有放之四海而皆准的真理，社会问题本来就是复杂的，多侧面的，没有一种理论可以穷尽对社会问题的研究，当然，每一种理论都有其合理的成分，都对社会问题的研究发挥特有的价值。

四、研究社会问题的原则和方法

（一）研究社会问题的指导原则

社会学发展近二百年来，社会学家总结了社会问题研究中的成功与失败，积累了许多经验，提出的研究社会问题的主要指导原则有透视性观点、整体性观点、群体性观点及客观性观点。❶

1. 透视性观点

透视性观点是指我们在研究社会问题的时候要透过表面的、虚假的、复杂的现象，掌握社会问题深层的、真实的、本质的东西，最终得到社会问题产生、发展、变化的规律性。我们在研究某一具体社会问题的时候不仅要看到该社会问题的显性功能，也要注意其没有被预料到的隐性功能，研究社会问题重要意义就在于可以预测不为人们所明确认识的后果。透过某一社会问题的表面现象，我们必须注意看到其本质和侧面的东西，拨开纷繁复杂的表象，看到其真正的原因和各个侧面。社会学者应该"有勇气揭开我们的脓疮，以便于毫无掩饰地、老老实实地进行诊治"，因而对社会问题的研究应该注意透视性。

2. 整体性观点

整体性观点是指在分析社会问题的时候，要把社会问题放在社会整体中去看，要将影响社会问题的各种因素联系起来分析。我们知道，事物是普遍联系的，社会是一个整体，社会中各个因素作为社会的某一部分而在相互之间发生着各种各样的联系，每一社会问题都有其产生的特定情况，只有把社会问题放

---

❶ 朱力. 社会问题概论［M］. 北京：社会科学文献出版社，2002：81.

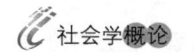

在社会整体中去分析，才能得到准确的解释。

3. 群体性观点

群体性观点是指我们看待社会问题时，不是把它作为个人的问题来看待，而是作为群体的问题来看待，在观察问题时要超越个人，研究群体的结构属性对个体的影响和制约。社会是由群体组成的，社会问题是一种群体的麻烦而非个体的麻烦，这就要求我们在观察社会问题时必须跳出个人的范围，研究群体结构等因素。

4. 客观性观点

客观性观点是指社会学者在研究社会问题的时候要采取客观的态度和立场，不能从狭隘的个人经验出发，带着自己的价值观去研究问题，而应该超越自己，避免先入为主的价值倾向，用广阔性的视野去观察和分析问题。坚持实事求是地研究问题，摆脱个人情绪、偏爱，保持价值中立，客观地表述我们的发现是我们研究社会问题的重要原则。

(二) 研究社会问题的基本方法

1. 收集资料的方法

社会学的研究中一向重视对资料的收集。在研究社会问题的时候收集信息资料的方法主要有：全面调查，即调查全部研究对象；重点调查，即选择研究对象中有代表性的个别单位进行调查；抽样调查，即按照随机的原则，从研究对象中抽取部分样本进行调查；实地观察，即研究者到达现场，直接用感官获得信息；个案访谈，即研究者与研究对象面对面进行谈话去获得资料；实验操作，即通过缜密安排，模拟特殊情境，记录所获得信息的方法。

2. 分析资料的方法

对所获得的资料进行分析的主要方法有：一是统计法，一般包括列表、制图、计算三种形式。列表就是把反映社会现象与过程的数字在表格上描述出来。制图就是用图形来表示所收集的数据，这种方法直观性较强。计算则是为了测定与表现社会现象发展过程中的数量关系。二是比较法，这是在比较相同类型的社会现象的不同表现中寻找该类型社会现象发生与变化的规律，或是研究不同社会现象相互关系时采用的一种方法。比较法大多用于对具有复杂性、多样性特点的社会问题的研究中，只有将这些社会问题进行分类比较才能找到其相互关系。

除了以上概述的内容之外，还有研究专门讨论了解决社会问题的方针、原则与路径等。比如朱力教授的研究指出解决社会问题的指导方针包括：坚持国家、社会和群众力量相结合的原则；坚持物质帮助和精神鼓励相结合的方针；坚持整体协调、综合治理的方针。解决社会问题的原则：社会规律原则；社会规范性原则；社会公众性原则；社会效益性原则；社会进步性原则。解决社会问题的路径：政策调控；法规调控；传播媒介的抨击；社区基层力量的化解；专业机构的介入等。❶ 考虑到本教材编写的特定要求，我们在这里不展开论述这些方面的内容，有需要的读者可以阅读专门性的社会问题研究领域的书籍。

第二节　几种主要的社会问题

现代社会中的社会问题纷繁复杂、种类繁多。从其表现形式来看，主要有人口问题、贫困问题、失业问题、家庭问题、犯罪问题、环境问题、教育问题、突发公共事件问题以及科技发展带来的其他一些问题，❷ 还有全球恐怖主义问题、核威胁问题等，以及一些国家和地区严峻的社会老龄化问题等。我们在这里，只能是考虑在人类社会中带有更为基本性、更为普遍性的一些主要问题，尤其是结合我国社会发展的实际情况，选择几个主要的"结构性"的社会问题予以简要讨论。

一、人口问题

（一）人口问题的实质

1. 人口问题是世界性问题

人是社会的主体，一定数量和质量的人口是社会存在和发展的基本条件，因此，人口是最基本的社会现象。人口是一个统计概念，它是具有生物特征和社会特征的一定数量的个体的总称。一定数量的个体共同生活于社会之中，产生两个方面的关系，即人（人们）同自然环境的关系和人与人的关系。当这两种关系出现不协调甚至发生严重失调时，就会产生人口问题。

世界人口问题自20世纪中期以来变得日益突出，这与世界人口的急剧增

---

❶ 朱力. 当代中国社会问题[M]. 北京：社会科学文献出版社，2008：45-50.
❷ 社会学概论编写组. 社会学概论（马工程教材）[M]. 北京：人民出版社、高等教育出版社，2011. 第288页.

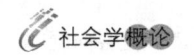

长和由此形成的人类生存压力直接相关。据估计，公元元年时世界人口只有2.30亿，公元1000年时也只有3.05亿，到1900年世界人口达到16.56亿，1950年增长到25.01亿，1987年全球人口超过50亿，2000年则超过60亿，2013年全世界已有70.57亿人。

人口的迅速膨胀给人类自身生存带来沉重压力，因为人类至今毕竟只能从地球上获取自己所需要的生活资料和生存空间。落后的农业生产和低生产率促成了人类对土地资源的过度开发，从而打破了人类与自然环境之间的平衡关系。另外，人类通过科学技术对自然资源的掠夺性开采则从更深层次上改变着人类与环境的关系，人类的生存环境恶化了，人类的发展变得越来越缺乏持续性。人类遭遇的所有挑战，人口问题是一个基本成因。

2. 生产与消费的关系是人口问题中的基本关系

人口问题的实质是人类在物质资料的生产和消费的关系上出现严重失调，人口再生产与物质资料再生产不相适应。

马克思、恩格斯在论述人类社会的发展时提出了"两种生产"理论。他们认为，人类社会的存在和发展以两种生产为基础。一种是物质资料的生产，即人类通过劳动生产物质资料供人们消费，这种物质资料的生产和再生产支持着人类的生存和社会关系的发展；另一种是人自身的生产，即通过繁衍实现世代延续，这一方面创造着生命使人类得以延续，另一方面也生产着劳动力。他们认为，人类的这两种生产应该是协调的。

通俗地说，人口问题的实质是"口"与"手"的关系严重失调。它一般表现为人类的生存压力过大，即消费对生产能力的压力。人类生产能力不足由诸多因素造成：一是生产资料不足，主要表现为自然条件对生产活动的限制；二是人口结构不合理，生产人口与消费人口比例失调；三是人类生产能力低，这又表现为人口素质低。所以，人口数量与人口质量失调也是人口问题的重要表现。

（二）人口理论

对于人口现象，特别是人口发展中的失调问题，许多学者进行了研究。以下简略地介绍马尔萨斯的人口理论、适度人口和人口过渡理论。

1. 马尔萨斯的人口理论

马尔萨斯是英国人口学家，《人口原理》（又译《人口论》）一书阐述了他关于控制人口过度增长的看法。马尔萨斯的人口理论集中地反映了他的三个主要观点:"两个公理""两个级数"和"两个抑制"。

马尔萨斯的理论从两个公理出发。他认为,第一,食物为人类生活所必需,第二,两性间的情欲是必然的。这两点是人类的本性,是任何力量也改变不了的。但是,他认为,食物的生产与人口的生产并不是协调的。由于土地肥力递减律的影响,生活资料只能按算术级数(即1、2、3、4……模式)增长,而人口却按几何级数(即1、2、4、8……模式)增长,这样,人口的增长必然会超过生活资料的增长,就会出现人口过剩,其后果是饥饿与贫困。

马尔萨斯认为,土地肥力递减制约着人类生活资料的生产,要减少饥饿和贫困只能从抑制人口入手。他认为抑制人口增长的途径有两种,一种是"积极抑制",另一种是"道德抑制"。所谓积极的抑制是指,当人口增长超过生活资料的增长而二者出现不平衡时,自然规律会强制使二者恢复平衡,其手段是用贫困和罪恶来限制人口增长,积极抑制的主要形式是战争、灾荒和瘟疫等。所谓道德抑制就是要求那些无力养活子女的人不要结婚。在他看来,人口增殖太快完全是由于"社会下层阶级"道德观念差,受本能驱使过多地生孩子造成的。只有彻底实行道德抑制,才能消除贫困和罪恶。

马尔萨斯是站在贵族阶级立场上阐述其人口理论的,他敌视下层阶级,没有看到资本主义制度对贫困的影响,受到了学者和思想家们的严厉批评。后来,新马尔萨斯主义者主张用避孕等人工方法来节制生育,宣扬这些办法符合人性和道德原则。

2. 适度人口论

鉴于人口增长与财富增长的不协调关系,一些人口学家探讨了适度人口问题。关于什么是适度人口,学者们有不同的看法。经济学家倾向于从劳动力的增长与工农业生产收益的角度去寻找适度人口,认为使工农业生产达到"最大收益"的人口即适度人口。有的学者队为,能提供人均最大收益的人口是适度人口,或者认为能保证人类最大幸福的人口是适度人口。

从建立福利社会的角度出发,西方人口学家认为需要探索一个最有利或尽可能合适的人口数量,即"最优人口"或"适度人口",以消除因人口过剩或不足而引起的社会矛盾。这样,所谓适度人口被认为是在一定条件下一个国家或地区能够保持某种特定标准或指标达到最高水平所需要的人口数量。

法国人口学家索维认为,适度人口就是一个以最令人满意的方式达到某项特定目标的人口。他认为这些目标包括:个人福利,满足人们的需要;增加总体财富;使所有适合工作的人都能充分就业;增加集体的力量,即实力;提高寿命；提供文化知识；增加福利总量以及社会和谐等。

可以发现，适度人口表达的是一种理想状态，从中也可以看出人们的追求。20世纪70年代以来，面对世界人口的"爆炸"式增长，罗马俱乐部大力呼吁控制人口增长，保护环境，保护地球，也被认为是适度人口论的一种表现。

3. 人口过渡理论

人口过渡理论也称人口转型理论。诺特斯坦在20世纪50年代提出了人口过渡理论，他认为近代欧洲的现代化使人们的生活水平得到提高，疾病得到进一步控制，因此，死亡率逐步下降，而出生率则反应较慢。另外，在现代生活中人们对个人福利的追求也会使人们逐渐自愿接受控制生育的观念，这会使出生率下降，这就完成了人口类型的过渡或转型。

后来，一些学者根据诺特斯坦的理论和发展中国家人口转变的趋势，提出了人口过渡理论或人口发展阶段说。这一理论认为，就人口过程而言，一个国家或地区的人口都会从最初的高出生、高死亡、低增长，经过高出生、低死亡、高增长，进而变为低出生、低死亡、低增长几个阶段。这就是说，在经济和社会都不发展的阶段，人们的出生率高，死亡率也高，结果是人口增长缓慢。随着社会经济的发展，人们的物质生活水平得到提高，医疗卫生水平的改善降低了死亡率，但社会的生育率没有降低，于是，这个国家或地区的人口数量会有较大增长。随着社会经济的进一步发展，人们的生育观也会发生变化，生育率下降，死亡率也很低，这时，人口数量呈现低增长状态。

一般认为，发达国家和地区的人口过程已经走过高出生、低死亡、高增长阶段，而进入低出生、低死亡、低增长阶段。发展中国家和地区有的尚处于高出生、高死亡、低增长阶段，有的正处于高出生、低死亡、高增长的过渡阶段。

(三) 中国的人口问题及应对

1. 发展现状与主要问题

(1) 中国人口的发展与现状

我国是世界第一人口大国，人口规模巨大是我国的第一国情。由于我国的自然资源短缺，所以人口问题一直是我国的头等重大的社会问题。

我国西汉平帝元始二年（公元2年）时人口为5960万，明太祖洪武二十六年（公元1393年）为6055万，清乾隆六十年（1795年）达29696万，1949年为54168万。1953年第一次全国人口普查总人口为60193万，1964年第二次全国人口普查人口总数为72307万，1982年第三次人口普查总数达

103188万，1992年第四次全国人口普查结果总人口113368万。2000年我国进行了第五次人口普查，大陆人口总数为126583万，加上港、澳、台，中国人口总数为129533万。2010年第六次人口普查全国总人口133281万。

根据第六次人口普查，我国人口有如下基本特点：数量大，人口区域分布差异大，东部沿海地区人口密度高，西部地区人口密度低；城镇人口比重为49.68%，城镇化水平发展较快；流动人口规模巨大；人口性别比为105.20；0~14岁人口占总人口的16.60%，14~65岁劳动力人口占70.14%，65岁及以上人口占8.87%，这表明我国劳动力供应充分，但已进入老龄化社会。人口平均预期寿命接近74.83岁；全国总文盲率为4.08%；家庭户规模小型化，全国户均人口规模3.10人。

(2) 中国人口问题

可以说人口数量庞大和任何一种人口结构的失调，都呈现出或潜伏着人口问题。由于我国经济还不够太发达，资源并不十分丰富，人口规模庞大，人口结构不尽合理，所以，我国还存在着严重的人口问题。我国人口的基本问题主要表现为以下几个方面：

第一，人口规模过大抑制了社会发展。总体来说，我国的生产方式还比较落后，生产率不高，人口规模大，人均经济总量低，这样就减缓了经济发展对社会发展和人民生活水平提高的贡献。

第二，人口总体质量不高影响经济社会发展。虽然我国的教育事业有较快发展，但总体上我国国民的科学文化水平还不够高，精神素养也存在很多问题，人口的较低素质不适应现代科学技术的发展和现代化建设的要求。

第三，人口结构存在问题和比较大的忧患。20世纪70年代以来计划生育政策的实施有效地抑制了人口的过快增长，为经济发展和缓解贫困创造了条件。但是，长期实行的"一孩化"政策带来了新的人口结构问题。从2012年起，我国的"人口红利"在减少，即劳动年龄人口的总量减少和占总人口的比重降低。劳动力人口充足是一笔宝贵的财富，现在的劳动力数量减少会影响经济发展和国际竞争力。另外，长期以来存在的性别比例失衡积累起来，可能会影响社会的正常秩序。

第四，巨大的流动人口影响人们的正常生活和社会秩序。大量农村人口进城务工，使得他们的家庭生活处于不稳定状态，并产生了复杂影响。留守儿童、留守妇女、留守老人的生活已经成为比较严重的社会问题。另外，大量流动人口给社会管理带来了巨大压力。

第五，未富先老带来严重挑战。在西方发达国家，人口老龄化是与经济的高速发展和富裕相联系的。但在我国，当经济并不发达、社会尚不富裕时就进入了老龄化社会。按照联合国的标准，一个国家或地区60岁以上人口占总人口的5%为年轻型人口，超过10%为老年型人口，二者之间为中间型人口；或者65岁及以上人口超过7%即为老年型人口，该社会即为老龄化社会。我国总体上已进入老龄化社会，出现"未富先老"现象。如何妥善解决城乡老人赡养问题，对我国是一个重大挑战。而且随着人口寿命的延长和计划生育政策效果的进一步显现，再加上流动人口效应，老人赡养问题已经成为我国严重的社会问题。

2. 问题成因及应对策略

（1）问题成因

我国的人口问题是由历史积累而成的，它是政治、经济、社会因素及人口自身运动规律的结果。

第一，历史及文化原因。我国历史上是一个典型的农业社会，农耕文化崇尚大家庭制度，有多子女的偏好，这使得我国有浓厚的多子女生育文化。在社会相对稳定的情况下，这种生育文化会明显地表现出总体人口增长的效果。

第二，政治方面的原因。中华人民共和国成立之后相当长一段时期，政府对快速的人口增长没有采取抑制政策，而是予以赞赏，这在客观上鼓励了人口增长。实际上，经济学家、社会学家都认为无节制的人口增长会给我国带来严重的社会问题，并讨论了节制生育和适度人口问题，但都未得到政府的重视，甚至受到批判。1957年经济学家马寅初发表《新人口论》，阐述人口增长要适应生产力发展的水平，要有利于经济发展和提高人民生活水平的道理，却遭到不公正的批判。在"人多热情高，干劲大"口号的鼓舞下，我国人口严重失控。到1972年，国家才确定和逐步推行计划生育政策，人口快速增长得到遏制。

第三，人口惯性。人口惯性是指以往的人口规模和结构对后来人口过程的影响。一般说来，在正常情况下，一个庞大的年轻型人口会带来人口的持续增长，老年人口将导致人口规模缩小。六十多年来我国的人口处于从增加型向静止型的过渡之中。❶

---

❶ 王思斌. 社会学教程（第四版）[M]. 北京：北京大学出版社，2016：230.

桑德巴人口再生产类型与我国人口的年龄结构

年龄分组	桑德巴人口再生产类型			我国人口年龄结构（普查资料）				
	增加型	静止型	减少型	1953	1964	1982	1990	2000
0~14 岁	40	26.5	20	36.3	40.4	33.6	27.7	22.9
15~49 岁	50	50.5	50	49.5	47.3	51.3	56.0	60.2
50 岁以上	10	23.0	30	14.2	12.3	15.1	16.3	16.9

注：上表资料表明，从1953年以后的50多年来我国的人口一直处于从增加型向静止型的过渡之中，我国年轻人口比重大，决定了人口规模还要扩大。

另外，受已往生育高峰的影响，我国的人口增长也会表现出一定程度的周期性。1953—1957年、1963—1972年我国出现过两次生育高峰。1953—1957年人口出生率在32‰~38‰之间，1963—1972年人口出生率在30‰~44‰之间。这两个生育高峰会对我国人口增长产生长期的影响。专家预测，生育高峰的惯性影响要经过几十年才能消除，所以，在未来不短的时间内，我国人口还将有所增长。

（2）应对策略

首先，促进人口长期均衡发展。控制人口数量、提高人口素质是我国几十年来的基本人口政策。我国人口规模的庞大决定了解决我国的人口问题必须首先从控制人口数量入手。计划生育政策的实施对控制人口规模发挥了积极作用。但该政策长期实施的负面效应也明显体现出来，出于对国计民生的综合考虑，政府最近一些年持续调整了计划生育政策，2013年的十八届三中全会决定启动实施一方是独生子女的夫妇可以生育两个孩子的政策，2016年起又全面实施一对夫妻可以生育两个孩子的"全面二孩"政策。这些政策的调整将对我国人口均衡发展带来重要影响。

其次，提高人口素质。提高人口素质是我国人口政策的重要组成部分，这不但包括提高全民族的科学和文化水平，也包括提高其身体素质和道德素质。人口素质不高不仅影响着一个民族的发展和国际竞争，也对人们的生活质量产生不利影响。在全面提高人口素质的过程中，提高农村人口的科学和文化水平具有重大意义。政府应该制定和实施有效的教育和卫生政策，提高农村人口的文化与身体素质。

再次，大力发展经济。人口问题与经济落后常常是并发症，经济落后加剧着人口问题的严重性。因此，从发展经济入手解决人口问题是一个重要的思路。发展经济至少可以从以下几个方面对缓解人口压力作出贡献：第一，发展经济、增加财富可以间接提高人们的物质生活水平，缓解人口再生产与物质资料再生产之间的矛盾。第二，发展经济、增加社会财富可以兴办和发展社会事业，提高人口素质和人们的生活质量。第三，发展经济可以创造更多的就业机会，缓解劳动力过剩的压力。

最后，发展公共服务和社会服务事业。大力发展教育、卫生事业，提高人口素质。要对困难人群给予保护和支持，健全农村留守儿童、妇女、老人关爱服务体系，健全残疾人权益保障、困境儿童分类保护等制度。要大力发展养老服务业，通过家庭养老、社区养老和机构养老相结合的方式解决养老问题。

二、劳动就业问题

（一）劳动就业的类型及意义

1. 劳动就业的概念

劳动是人类区别于其他动物的本质特点，它是人类维持自己生存的基本手段。劳动就业简称就业，是指在劳动年龄内有劳动能力的人，从事某种劳动或工作，取得劳动报酬或经济收入，以维持生活的活动。劳动就业包含以下基本内容：第一，劳动就业是针对劳动年龄人口中有劳动能力的人而言的，非劳动年龄人口不在此列。当然，不同国家和地区对劳动年龄的规定不同，其劳动就业所涉及的范围也不同。第二，劳动就业是指从事一定职业，从事劳动和工作并取得相应报酬的活动。一般说来，人们所从事的是有益于社会、并被社会所承认的职业，由此，他们获得了报酬。这样，从事无报酬的家务劳动不属于就业之列。第三，就业是指持续相对长时间的有报酬的劳动，偶尔为之的不属于就业。

广义地说，劳动就业是将其劳动能力同生产资料相结合创造社会财富的活动。在农业社会中，当一个人进入劳动年龄之后他便自然而然地去耕种，去劳作，这种就业方式称为自然就业。由于国家并不负责、也不去管理劳动者的谋生问题，所以农业社会几乎谈不上就业问题。进入工业社会之后，劳动者与生产资料之间的关系不再处于自然状态，而是通过一定的社会机构和机制去组织人们，实现劳动和就业，从而也就出现劳动就业方面的问题。当然，在现代社会，就是在非工业领域，当劳动者不能自然地同生产资料结合而获得生存所必需的资源时，也会出现劳动就业方面的问题。

2. 劳动就业的类型与状态

传统上，人们把在较长时间内稳定地从事某种劳动或工作称为就业。在这种情况下，就业是同一人的职业联系在一起的，有劳动能力的人的职业活动就是就业，这实际上是稳定的就业。在产业结构调整、社会的劳动力市场竞争十分激烈的情况下，并不是所有有劳动能力的人都能实现稳定就业。那些不能实现稳定就业的人可能会从事一些临时性的有报酬的劳动。

社会上也会出现一些比较灵活的就业岗位，这种就业可以称为临时性就业。有时候，由于劳动力市场竞争激烈，加之就业压力不是很大，于是一些人采取并不是长时间而是分阶段、甚至不是全时间的较为灵活的就业方式，这被称为阶段性就业和灵活就业。

劳动就业既可以是针对个体而言的，也可能是针对群体而言的。但社会学将之作为研究对象的劳动问题是从宏观即群体的角度着眼的。从宏观的、群体的角度来看，如果社会上有劳动能人且有劳动愿望的人绝大多数实现了劳动能力与生产资料的结合，即从事了劳动和工作，那么，这种状态被称为充分就业，否则就是不充分就业。在劳动经济学中，就业人口占劳动年龄人口总数的比重称为就业率。就业率越高说明该社会中的就业越充分。在国际上还用劳动力参与率的概念来描述一个国家或社会的就业状况。

3. 劳动就业的意义

劳动就业既是一种经济现象，也是一种社会现象。劳动就业不但有重要的经济学方面的意义，也有重要的社会意义。从社会的角度来看，劳动者的就业劳动可以创造财富，满足人们物质生活的需要；它可以为社会发展创造条件；同时，劳动者的充分就业有利于社会秩序的稳定。从个体角度来看，劳动是劳动者获得正当收入的手段，是他及其供养人生存的物质基础；另外，劳动就业是劳动者自身社会地位的肯定过程。在社会中，具有劳动能力的人的一个重要的社会地位是其职业地位，是他在社会职业体系中的角色定位，而劳动就业是其职业地位的具体体现。这就是说，一个具有劳动能力的人如果不能从事劳动就业，就失去了表现其重要社会角色的机会，同时也就失去了借此更广泛地参与社会生活、充实和发展自己的机会。由此看来，劳动就业对一个有劳动能力的人来说十分重要。

（二）失业及其影响

1. 失业的概念与表现形式

失业是具有劳动能力的人希望、但找不到劳动或工作岗位，无法实现自己拥有的劳动力的价值，而使劳动力资源处于闲置状态的现象。对于失业可以从个体和群体两个角度来考察，即劳动者个体的失业和社会的失业现象，后者是从宏观层面上对劳动力群体的劳动状况的考察。

失业有以下表现形式：一是属于劳动年龄人口的人因为种种原因而失去原来的职业岗位，处于待雇状态，这是原本意义上的失业。二是新成长起来的劳动力未能实现就业的现象，我国曾经称之为待业。还有一种是劳动者虽然在职，但不能发挥其劳动能力，处于无事可干的状态，实际上也是一种失业。前两种失业现象是明显地表露出来的失业，被称为显性失业；后一种被虚假的就业现象所掩盖，称为隐性失业。在劳动力市场比较充分的情况下，失业主要表现为显性失业。当然，在关于失业问题的讨论中主要是指显性失业。

2. 失业的类型

失业现象是多种多样的，主要有以下几种类型：

①正常性失业。在市场经济条件下，即使劳动力供求方面不存在缺口，也可能会存在失业。因为在劳动力市场开放的情况下，总有人会换工作和找工作，这些尚在找工作的人实际上就处于失业状态。这样，在某一社会的某一时期，存在一定比例的失业人口被认为是正常的，这种失业被称为正常性失业。在正常性失业中，那些完全由于劳动力市场不完备、求职者缺乏就业机会方面的知识以及在转换工作中出现的时间滞差而形成的失业被称为摩擦性失业。实际上，关于正常性失业有一种何为正常——即在什么范围内或多高的失业率算正常的问题。有人认为，失业的"正常"水平与否同利益群体的看法有关。西方经济学家一般认为，失业率不超过5%就属于正常。

②结构性失业。在许多情况下，失业的出现是由于经济结构方面的原因造成的。比如由于社会需求的变化某一社会中的产业结构进行调整，那些与被压缩或被调控掉的产业、产品生产直接相关的工人可能会失业；或者由于工厂的搬迁而使一些工人失业。这些由于经济结构的调整而导致的失业被称为结构性失业。在结构性失业中，失业常常带有群体性特点。这种失业在激烈的市场竞争中及在技术更新换代时会经常发生。

③技术性失业。为了竞争，企业总要引进新技术，这时一些工人变得不适应而被排挤出就业行列，这种由于引进技术代替了人力劳动而导致的失业称为技术性失业。技术性失业就是用技术排挤劳动，是机器对劳动力的替代。这里还包括新的生产方法、新材料的运用和改善经营管理而引起的失业。技术排挤工人的现象是经常发生的，科学技术越是进步，这种失业越可能发生。可以发现，技术性失业与结构性失业有密切联系，但二者的侧重有所不同。

④季节性失业。季节性失业是由于季节变动、某些部门被迫停业而导致的失业。有些经济部门的生产受季节影响很大，当季节、气候变得不利于生产或由于受季节的影响购买行为处于淡季时，企业可能被迫停产或压缩生产，由此产生的失业即为季节性失业。季节性失业在农业、林业、矿业等受自然条件直接影响的行业中较多出现，那些受时令影响的行业也可能发生季节性失业。

3. 失业的成因

失业作为一种社会现象其形成原因是多种多样的。从具体的失业现象来说，失业可能有个体原因和社会原因。所谓个体原因是失业者个体的自身特点，而社会因素则是指社会制度、社会结构及文化因素的影响。社会学对失业问题的研究更关注社会成因。

从另一角度来看，失业可能是由于经济原因造成的，也可能主要是由社会因素造成的。前者把失业只看成是经济现象，是劳动者之间的配合发生了问题，比如上述多种失业现象主要是从经济角度着眼的。再如，认为劳动力绝对过剩导致失业也是基于经济学的分析。

实际上，失业也有社会方面的成因。或者说，几乎任何失业都是一个经济和社会现象，都是由经济、社会等多种因素共同造成的。而且有些失业现象主要是由社会因素造成的。例如中国某些国有企业因其领导人玩忽职守而倒闭，还有对某些企业的政策性关闭等。政治经济学在分析失业时关注其中的利益集团和权力问题，比如，在政治经济学看来所谓正常性失业，实际上是劳动力后备军，它是雇主们愿意保持的对在业者的压力机制。社会学从更广阔的角度看待失业问题，关注造成失业的社会结构、社会制度方面的原因。比如在失业中是哪些群体首先被迫失业？失业的社会结构原因、社会制度原因是什么？失业给失业者及其家庭的社会地位及行为带来什么样的影响，等等。

4. 失业的影响

从生产劳动是人类和社会生存和发展的基础的角度看，失业对当事人和社会都有消极影响。主要表现在如下一些方面：失业使当事人限制了对生活资料的获取，可能会影响他们及其家庭成员的日常生活和发展。失业使当事人失去了就业机会，也限制了他们对更广泛社会生活的参与，这对他们的社会经济地位产生不利影响。从经济角度来看，失业是对劳动力资源的闲置和浪费。较大规模的失业可能会积蓄失业群体对社会的不满，进而影响社会秩序。

失业是一种不幸，实现充分就业则是一种理想。社会主义的计划经济对消

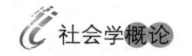

除失业进行了探索,但又面临着压抑劳动积极性的挑战。从劳动力相对过剩和经济竞争的角度来看,一个社会中存在一定的失业是正常的,而且失业机制的存在确实能够刺激在业者的积极性。如果上面所谓失业的消极说的是它的负功能,这里则是说失业也有一定的正功能。当然,这要求就业(或失业)机制是公正的。另外,一个社会的失业率不能过高。

(三) 我国的劳动就业问题及其应对

1. 主要问题

(1) 计划经济体制下的劳动就业问题

中华人民共和国成立之后,我国实行了二元劳动就业体制,即在城镇中实行有计划的充分就业,在农村实行自然就业,除了国家为发展工业而从农村招收工人之外,城乡劳动就业基本上各自封闭运行。这种充分就业制度消除了失业现象,造就了一个普遍劳动的社会,通过按劳分配保障了人民的基本生活。在城镇中,人们的就业是由政府计划部门分配、安排实现的。充分就业不仅是一种经济制度,也具有政治上的含义。

在劳动力资源十分丰富的情况下,充分就业制度遇到的挑战是劳动积极性和劳动生产率问题。充分就业制度下的隐性失业、低效率等因素最终导致经济体制改革。

(2) 当前我国的劳动就业问题

经济体制改革以来,我国实施了以促进就业和提高劳动生产率为中心的劳动就业制度改革。在城市,逐渐培育劳动力市场,形成劳动者自主就业的机制,企业内部则普遍实行合同制。为了扩大就业和促进经济发展,政府还鼓励发展了私营企业、外资企业,这些企业实行了不同于国有企业的市场化的劳动就业制度。在城乡之间,原来封闭的一元劳动力市场被打破,但统一的劳动力市场仍未形成。

当前,我国的劳动就业问题受到如下几个重要因素的影响:巨大的劳动力资源的供给、劳动就业制度的市场化改革、产业结构调整和经济全球化。这些因素有的是独立的,有的则互相交织在一起。在众多因素的影响下,在我国经济进入新常态的过程中,当前我国的劳动就业突出地存在一些问题。

劳动就业压力巨大。目前,我国城镇平均每年新增劳动力达1000万人,另外有大量的农村剩余劳动力寻求就业机会,但新增就业岗位不能满足上述要求,劳动就业存在巨大压力,并且不可避免地会出现失业现象。

劳动就业制度改革使隐性失业显性化，带来下岗和失业问题。随着劳动就业体制改革的深入，国有企业中人浮于事的现象有所改变，在市场竞争中一些国有企业倒闭破产，待岗、失业现象严重。在失业群体中，中年占有较大比例，加剧了失业的负面效应。

产业结构调整给就业带来巨大压力。随着加入世界经济及贸易体系，我国的产业结构和经济发展越来越受到外部因素的影响。在产业结构调整、升级换代、科技创新的过程中，由于原产业中的就业者不能有效地进行技术上的转换，不适应新兴产业的要求，加上技术排挤劳动，于是会出现大量失业者。

农村剩余劳动力的巨大压力。在走向市场经济和经济全球化的影响下，农村剩余劳动力的压力突出地显现出来。年轻的农村劳动力进城经商务工给城镇就业格局带来多方面的影响。

劳动者的合法权益保护不足。在劳动就业制度尚不健全的情况下，劳动关系（劳资关系）存在着诸多问题，其中突出的是一些劳动者的合法权益得不到保护。在这方面，农村进城务工者遇到的问题更加严重。同时，新生代农民工的劳动就业状态、企业的社会责任等也成为社会普遍关心的问题。

2. 应对策略

发展经济，创造更多的就业岗位。发展经济是促进就业的根本途径。改革开放以来，我国在吸引外资、鼓励私营企业发展方面作出了巨大努力，创造了大量就业岗位。近几年来，发展小微企业、发展互联网经济、大众创业、万众创新对于发展经济、缓解就业压力起到了积极作用，这种政策还应坚持和发展。

加强人力资源能力建设。经济全球化和科学技术的快速发展必然会继续促进我国产业结构、产品结构的调整。为了适应这种变化，应该加强劳动力的培训，提高其技术水平和再就业的转换能力。我国的高级技术人才比较缺乏，培养大量这方面的人才包括技术工人是促进经济发展和就业的重要一环。

发展服务业，开发新业态，开辟新的就业领域。服务产业是当代经济结构的重要组成部分，也是劳动密集型产业。我国的服务业比较落后，发展服务业，包括社区服务业、养老服务业、旅游服务业等，既可以满足城乡居民生活的需要，也可以提供较多的就业机会。同时，开发新业态也应该成为发展经济、吸纳劳动力就业的重要措施。

加强法规和制度建设。我国的劳动就业制度应该进一步完善，应该加快统一劳动力市场的建设，改变原有的二元劳动力市场的做法，从总体上和长期的角度看待劳动就业问题。要加强劳动保障的制度建设,强化企业的社会责任,维护劳动者的合法权益。

三、贫困问题

迄今为止,人类在绝大部分时间里是在同贫困作战。目前,贫困不但是发展中国家和地区的头等社会问题,也是发达国家不可忽视的问题。

(一) 贫困的界定

1. 经济学对贫困的定义

贫困首先被看做是经济现象。从经济的角度来看,贫困是由于收入不足而导致的生活匮乏的状态。与之相近的界定有:贫困是缺少达到最低生活水平的能力;贫困是指个人或家庭的经济收入不能达到所在社会可接受生活标准的那种状况。由此可以看出,站在经济学的角度看贫困,它是因经济收入不足而不能达到最低生活水平或可接受生活标准的状况。当然,什么是社会可接受的生活标准是有不同理解的,这也是贫困标准难以统一的原因。不过,对最低生活水平的界定相对容易一些,国际上一般用贫困线来测量贫困。所谓贫困线是指社会中家庭平均收入的一半,人均收入低于这个水平的家庭即为贫困家庭。显而易见,不同国家和地区的贫困线可能不同,因为不同国家或地区的生活水准不同,包括的范围不同,家庭收入的平均水平也不同。实际上,测定贫困线是为实施社会救助服务的,因此,它一般以行政区为单位。

对贫困线的测定有的用收入法,也有的用市场菜篮子法。市场菜篮子法是制定出一系列生活必需品和服务,作为人们每月生活必不可少的需要,从而计算出在市场上购买这些必需品所要支付的金额,家庭人均收入低于这个水平的即为贫困。

2. "社会—经济"的定义

在西方发达国家,人们对贫困的界定包含了更多内容。比如英国学者汤森德认为,那些缺乏获得各种食物、参加社会活动和最起码的生活和社交条件的资源的个人、家庭和群体就是贫困的。欧洲共同体委员会认为,贫困应该被理解为个人、家庭和群体的资源(物质的、文化的和社会的) 如此有限,以致他们被排除在他们所在的成员国的可以接受的最低限度的生活方式之外。近些年来,世界银行在反贫困方面也指出,贫困人口是经济上的,也是健康、文化和社交方面的,因此贫困具有综合特征。实际上,贫困被认为是与低收入相关的生活方式，甚至有人认为，在一定社会中没有体面的生活就是贫困。上述对于贫困特征的指认已经超出了经济范围，而认为它具有"社会—经济"特征。

对贫困的测量，除了贫困线外，恩格尔系数也被经常使用。所谓恩格尔系数是指家庭食品支出占总支出的比重。恩格尔系数越大，即家庭用于食品的支出在家庭总支出中占的比例越大，就越贫困。国际上一般认为，当家庭用于食品的支出达到和超过家庭总支出的60%时，他们就属于贫困。恩格尔系数可以用来测量一个家庭，也可以用来测量一个地区、甚至更大范围的贫困程度。

（二）贫困的类型

1. 绝对贫困与相对贫困

马克思在分析资本主义条件下无产阶级的生活时曾指出其绝对贫困和相对贫困状态。在关于贫困的研究中，绝对贫困是指收入不足以维持人的最基本的生存需要的状态。所谓最基本的生存需要首先是从营养学的角度着眼的，当收入不足以支持人的基本生存所需要的营养时他是贫困的。当然，除了营养之外，人的基本生存还需要穿衣和住房。绝对贫困是最严重的贫困。

相对贫困是与某一生活标准比较而呈现的贫困状态。当然，并不是与所有的生活水平相比所形成的短缺都可以称为相对贫困。在贫困研究中，相对贫困是指收入虽然能够维持基本生存需要，但与一般的生活水平相比仍然较低的状态。或者说，相对贫困是贫困的一种状态，是比绝对贫困稍好的贫困状态。

2. 个案贫困与群体贫困

个案贫困是指个人和家庭处于贫困的状态，是相对于周围的个人、家庭的贫困。这种贫困主要是由个别的或特殊的原因造成的，是某一范围的人口或家庭中的个别现象。由于灾病、遭遇突然事件，少数个人和家庭陷入贫困之中，即是个案贫困。在一般意义上，个案贫困是相对于群体贫困而言的，它可以指个人、家庭或村庄。

群体贫困是在一定范围内某一类社会单位普遍处于贫困的状态，所以也叫普遍性贫困。它指的是一个区域、某一类社会成员大多处于贫困状态，如自然条件较差的山区农村、有残疾人的家庭、单身母亲家庭等。群体性贫困是由共同的原因造成的。群体性贫困具有相对性，一个农村县、乡的贫困是一种群体性贫困，但在全国范围内可能属于个别现象。

与群体性贫困相连的还有结构性贫困。结构性贫困是指由于社会结构、分配制度不平等而造成的相当数量社会成员的贫困现象。比如，一定时期政府忽视农民利益而使相当数量的农民处于贫困状态；劳动就业政策的调整使大量缺乏竞争力的中年工人失业，导致家庭贫困等。结构性贫困具有一定的群体特征，它影响着社会结构的形态。

（三）关于贫困的理论解释

贫困现象是复杂的，它由多种原因导致，并产生了复杂的社会影响。针对多样性的贫困现象，人们给出了不同的解释。

1. 贫困的恶性循环理论

贫困的恶性循环理论基本上从经济的、投入—产出的角度分析贫困的成因。经济学家认为，发展中国家长期陷于贫困是由于一连串的、较低的投入—产出行为所导致的。从供给方面看，发展中国家普遍人均收入低、储蓄少，从而造成社会生产的投资不足。投资不足使生产规模难以扩大、生产效率难以提高，这使得产出处于低水平，人民的收入依然很低。所以，贫困—投资不足—低产出—低收入（贫困）就形成了恶性循环。这种恶性循环也可以从消费的角度去分析：人民低收入（贫困）—消费不足—不能刺激生产—产量和生产率低—低收入分配（贫困）。这两种循环是联系在一起的，这一理论基本上揭示了发展中国家的贫困再生产的过程和机制。

2. 人力资本投资理论

人力资本投资理论由美国经济学家舒尔茨提出，他认为人力也是一种资本，人力资本是通过投资而形成的，这种投资表现为正规教育、培训、健康和迁移等。舒尔茨把个人和社会为了获得收益而在劳动力的教育培训等方面所做的各种投入称为人力资本投资。按照这种理论，拥有较丰厚的人力资本者可以获得较多收益，因为他们会获得更广阔的选择范围。人力资本投资理论认为，个人和群体之间收入上的差异在很大程度上是由于其在人力资本投资上的差异所造成的，贫困的主要根源之一在于人力资本投资的不足。由此，舒尔茨认为解决贫困问题的关键在于提高对贫困者的人力资本的投资。

3. 社会不平等理论

关于贫困的社会不平等解释并不是一个理论，而是与此相关的一类解释。马克思在分析资本主义社会中工人阶级的贫困时认为，工人阶级贫困的根源在于社会对生产资料的不平等占有。资产阶级依靠掌握的生产资料剥削工人的剩余劳动，造成了工人阶级的普遍贫困。从而，要消灭社会中的贫困就必须消灭生产资料私人占有制。

冲突理论认为贫困是各个群体在利益分配中争夺的结果。由于各个群体所拥有的权力和占有的资源不等,所以在利益争夺中所获得的利益也不同,那些最无力者就会陷入相对贫困状态。按照这种观点,贫困者之所以陷入贫困,主要是由于他们在社会的经济过程、政治过程和社会生活中拥有很少资源造成的;他们缺乏经济上的竞争力,政治上没有权力,在利益分配过程中没有有效地表达自己利益诉求的机会,从而陷入贫困。总的来说,冲突理论基本上认为,社会中的贫困是由于社会权力机构的不合理而造成的。

社会不平等理论认为贫困是由于社会原因造成的,可以称之为贫困的社会责任论。

从最直接的角度来看,基尼系数可以反映社会财富分配的不平均程度。基尼系数所反映的是社会的实际收入分配状况对理想的绝对平均分配状况的偏离程度。基尼系数越大,表示社会财富的分配越不平均;当社会财富主要集中在部分人手中,一些社会成员很少占有财富时就出现了严重的贫富不均现象。基尼系数只是对分配不均状况的描述,而不是对其形成原因的分析。

4. 贫困文化理论

贫困文化理论是从社会文化的角度解释贫困现象的理论,它由美国学者刘易斯通过对贫困家庭和社区的实际研究而提出的。这一理论认为,在社会中,穷人因为贫困而在居住等方面具有独特性,并形成独特的生活方式。穷人的独特的居住方式促进了穷人间的集体互动,从而使得与其他人在社会生活中相对隔离,这样就产生出一种脱离社会主流文化的贫困亚文化。处于贫困亚文化之中的人有独特的文化观念和生活方式,这种亚文化通过"圈内"交往而得到加强,并且被制度化,进而维持着贫困的生活。在这种环境中长成的下一代会自然地习得贫困文化,于是贫困文化发生世代传递。贫困文化塑造着在贫困中长大的人的基本特点和人格,使得他们即使遇到摆脱贫困的机会也难以利用它走出贫困。

贫困文化理论基本上属于贫困的个人责任论。虽然刘易斯并不认为这种理论具有普遍的解释力,但是这种理论还是遇到许多批评。主要的批评观点包括:贫困文化理论夸大了穷人与其他人的文化上的差异,实际上穷人本身并不是同质性很强的群体,各群体观念和行为上的差异是社会地位的反映,贫困文化理论未能解释穷人贫困的起始原因。

5. 功能主义的贫困观

功能主义从社会结构和功能的角度看待贫困现象，认为贫困是社会分层的必然结果，贫困在社会运行中发挥着积极功能。

功能定义认为，社会通过分层机制使那些有天赋的人占据了重要的社会位置，担当着重要的社会角色。为了鼓励这些人有出色的表现，社会就会向他们提供高的报酬。相应地，那些对实现社会的主导价值目标不甚重要的职位，社会所提供的报酬较低。于是社会上出现了贫富，简而言之，贫困是由于当事人天赋和素质低造成的。

美国学者甘斯认为贫困在社会中也有一些积极作用。这包括：贫困保证了社会上有人去做廉价的、甚至是"肮脏的工作"，穷人购买其他人不愿意购买的商品从而增加了商品的经济效用，穷人常常被当做反面"典型"激励其他人勤奋努力，穷人抬高了非穷人的社会地位。甘斯对贫困的正向功能的分析是苦涩的，但这些功能实际上又是存在的。

（四）我国的贫困问题及其应对

1. 我国贫困问题的历史与变化

我国的古代社会虽然有丰富的农耕文化，但是由于生产力低下及制度方面的原因，贫困问题一直困扰着人民的生活。社会主义制度建立以来，我国的贫困问题的格局有所改变。由于国家实行城乡分割的二元体制，并长期实行农村支持城市的政策，所以，城市的贫困问题并不突出，而农村贫困却异常严重，这同样与人口大量增加，人均耕地减少和生产力低下有关。1978年，我国有四分之一的生产队社员年收入不足50元，农村三分之一的人口处于绝对贫困状态。面对普遍贫困政府难有作为，贫困农民只有在灾年才能得到有限的救济，我国对待贫困的政策是"救急不救穷"。

经济体制改革对缓解农村贫困发挥了显著作用。家庭联产承包责任制的实行大大地激发了农民的生产积极性，农村贫困状况明显好转。1994年，党中央、国务院决定实施"八七扶贫攻坚计划"，下定决心在20纪最后的七年时间内使8000万贫困人口脱贫，以解决我国的贫困问题。"八七扶贫攻坚计划"的重点思路是经济开发，即通过支持农民发展生产、提高经济收入解决贫困问题。在实施过程中，则采取了项目开发、小额信贷等方式，在组织方式上有"企业加农户""农户加市场"等形式，力图通过扶贫开发的"滴渗效应"逐步缓解农村贫困问题。同时，通过发展乡村工业、劳动力外出打工也增加了农民的收入。我国农村贫困问题有了较大改观。

2. 当前我国农村的贫困与反贫困

"八七扶贫攻坚计划"取得了举世公认的成绩，但是农村的贫困现象仍然相当严重。到20世纪末我国仍有3000万农村人口未能脱贫，如果使用世界银行的标准，这一数目就更大。"八七扶贫攻坚计划"取得了巨大成绩，但在机制上也存在一些问题，包括扶贫资金渗漏、贷富不贷穷等。进入新世纪以来，中央政府依然大力致力于农村的反贫困，并引入了参与性反贫困机制。同时，我国政府决定取消农业税，减轻农民负担；通过建立农村新型合作医疗、农村最低生活保障制度、农村社会养老保险制度来改善贫困家庭的生活，已经取得了明显成绩。

2012年中央政府调整提高农村扶贫标准达2300元，贫困人口数量增加，我国农村反贫困仍然面临着一些严重挑战，诸如中西部农村地区的发展与东部地区距离拉大，由于农村劳动力外流贫困农村"空心化"而缺乏自我发展能力，农村返贫、因病致贫现象严重，等等。农村反贫困是政府和全社会的任务。中共中央、国务院印发《中国农村扶贫开发纲要（2011—2020）》，决定把连片贫困地区作为主战场，把稳定解决扶贫对象温饱、尽快实现脱贫致富作为首要任务，坚持政府主导、统筹发展，注重转变经济发展方式，增强扶贫对象自我发展能力，注重基本公共服务均等化。中共中央十八届五中全会在全面建成小康社会的目标下，对农村扶贫开发作出新的战略部署，提出要实现精准扶贫、精准脱贫，分类扶持贫困家庭，探索对贫困人口实行资产收益扶持制度。接下来，《中共中央国务院关于打赢脱贫攻坚战的决定》中决定采取超常规举措，通过产业扶持、转移就业、异地搬迁、教育支持、医疗救助等措施实现脱贫，而对丧失劳动能力的贫困人口实行社会保障政策兜底脱贫。2017年十九大报告明确指出要坚决打赢脱贫攻坚战。让贫困人口和贫困地区同全国一道进入全面小康社会是我们党的庄严承诺。要动员全党全国全社会力量，坚持精准扶贫、精准脱贫，坚持中央统筹省负总责市县抓落实的工作机制，强化党政一把手负总责的责任制，坚持大扶贫格局，注重扶贫同扶志、扶智相结合，深入实施东西部扶贫协作，重点攻克深度贫困地区脱贫任务，确保到2020年我国现行标准下农村贫困人口实现脱贫，贫困县全部摘帽，解决区域性整体贫困，做到脱真贫、真脱贫。总之，随着这些年来有关政策的密集出台，标志着我国的农村反贫困已经进入新的发展阶段。

3. 当前我国城市的贫困与反贫困

近些年来，我国城市的贫困问题变得日益突出，这与我国推进市场化改革、产业结构调整和经济全球化直接相关。一些国有企业因技术落后、产品缺乏竞争力、生产力低下等原因而被迫改制、转产或破产，这使得一些职工下岗失业，从而使家庭陷入贫困。

当前我国的城市贫困呈现出与发达国家和其他发展中国家不同的特点。发达国家的城市贫困者主要是残缺家庭的儿童、妇女、非法移民、无家可归者等，其形成原因是城市中心区衰落、经济结构转化、"福利过度"、贫困文化等。其他发展中国的城市贫困主要是农村移民、老年人等，形成原因是过度城市化、就业机会不足、住房及其他福利供应不足。我国城市中的贫困者主要是下岗失业者、老年人等，产业结构调整和制度转变是主要原因。当然，如果把进城务工的农村人口也算进来，问题就更复杂一些。

针对城市人口中的贫困问题，政府主要采取两种重要措施：一是扩大就业，通过促进下岗失业职工的再就业解决贫困问题；二是实施城市最低生活保障制度，通过社会救助保障贫困家庭的基本生活。上述两个方面的反贫困措施取得了明显的成绩，也遇到了一些突出的问题，如中年以上失业人员就业困难，社会救助对象的识别也遇到问题等。

4. 应对策略：实施发展型社会政策

无论是农村反贫困还是城市反贫困，政府都要制定有力的社会政策对贫困地区、贫困家庭给予有效支持，除了经济上的帮助外，扶贫状态、增强贫困群体的能力十分重要。在国际范围内，发展型社会政策被认为是反贫困的重要政策工具。所谓发展型社会政策是指以改善困难群体、脆弱群体的不利地位为目标的社会政策，同时又兼顾经济上的产出。它是协调社会福利效益和经济效益，投资于人力资本、投资于就业和创业计划、投资于社会资本、促进困难群体经济参与和发展的政策。[1] 发展型社会政策也包括提高贫困人口的受教育水平，尤其是提高年轻贫困人口的受教育水平、提高他们的就业能力也就有利于阻断贫困的代际传递。

在解决贫困群体的困境方面，阿玛蒂亚·森提出"可行能力"的概念。他认为，对于贫困群体来说，并非知识、技术越高越好，因为有些高级的知

---

[1] 王思斌. 社会学教程（第四版）[M]. 北京：北京大学出版社，2016：244.

识、技术他们根本用不上，他们需要的是有用的、能够发挥作用的能力——即可行能力。可行能力是一个人有可能实现的、各种可能的功能性活动的组合。要帮助贫困群体走出贫困，增强其真正有用的、能发挥作用的能力十分重要。

贫困是十分复杂的社会现象。随着向市场经济体制改革的深入推进，随着我国经济的较快发展和受经济全球化的影响，我国的贫困问题仍然会长期存在。库茨涅兹所指出的"倒U型曲线"，即发展中国家在经济腾飞时期国民收入分配差距加大的现象在一段时间内也可能会在中国出现。这就说明，反贫困是我国经济和社会发展中的一项长期的任务。

思考与研讨

1. 社会问题的含义与特征。
2. 解释社会问题的理论模式。
3. 社会问题的主要类型划分。
4. 人口问题的实质。
5. 中国的人口问题及应对。
6. 劳动就业的类型及意义。
7. 中国的劳动就业问题及其应对。
8. 贫困的界定及类型。
9. 关于贫困的理论解释。
10. 中国的贫困问题及其应对。

推荐阅读书目

1. 《社会学概论》编写组：《社会学概论》（马工程重点教材），人民出版社、高等教育出版社，2011年版。

2. 王思斌：《社会学教程》（第四版），北京大学出版社，2016年版。

3. 戴维·波普诺：《社会学》（第十版），中国人民大学出版社，1999年版。

4. 理查德·谢弗等：《社会学与生活》（插图第9版），世界图书公司，2006年版。

5. 文森特·帕里罗等：《当代社会问题》（第4版），北京：华夏出版社，2002年版。

6. 马克斯·S. 温伯格等：《解决社会问题：五种透视方法》，吉林人民出版社，1992年版。

7. 朱力：《当代中国社会问题》，社会科学文献出版社，2008年版。

8. 马寅初：《新人口论》，吉林人民出版社，1997年版。

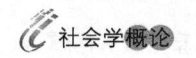

9. 关信平：《中国城市贫困问题研究》，湖南人民出版社，1999年版。

10. 康晓光：《中国贫困与反贫困理论》，广西人民出版社，1995年版。

11. 刘铮：《人口理论教程》，中国人民大学出版社，1985年版。

12. 中共中央国务院：《中国农村扶贫开发纲要（2011—2020年）》，人民出版社，2011年版。

第十三章　社会控制

通过社会生活的结构化和人们行为的标准化而形成的社会制度和行为规范就是社会秩序的具体反映。然而并不是所有的人在任何情况下都按照制度和规范的要求行事。尤其在社会转型期，往往也是越轨行为的多发期。我国改革和发展的实践已表明，适当的社会控制对社会稳定和发展具有重要意义。

第一节　社会控制的含义、功能与手段

一、社会控制的含义与类型

（一）社会控制概念的来源

人们的正常生活、社会的正常运行需要一定的社会秩序。在社会剧烈变化的现代社会，社会问题增加，社会风险加大，为了避免和消减这些现象的不良后果，社会需要一种机制，这就是社会控制。

在学术界和实际工作中对社会控制有两种用法：第一种是从对破坏社会秩序行为的整治上着眼的，第二种则从社会系统管理的角度分析问题。实际上它们反映了这一概念的两种含义和两种来源。

社会控制作为社会学的一个专业概念最早由美国社会学家罗斯（E. A. Ross）提出来。1901年他出版的《社会控制》，阐述有关社会控制的问题。19世纪末20世纪初，美国经历了迅速的城市化过程，大规模的向城市移民使城市中的越轨和犯罪现象频繁发生，社会秩序成为问题。罗斯认为，这种社会秩序的混乱与某些初级社会群体的解体有关，与人性的"自然秩序"被破坏、人们缺乏自我约束和相互约束有关。罗斯认为，人生来就有同情心、互助性和正义感，这是人的天性，这三个部分共同形成了人性的"自然秩序"。在他看来，正义感、同情心和互助性可以促使人们自行调节自己的行为，互相同情，相互帮助，互相约束，和平共处，从而使社会生活处于自然的有序状态。但

是，在移居后的城市中，某些初级社会群体解体，人们的自我意识难以形成。这样，人们生活在一个陌生的、缺乏相互同情和互相帮助的环境之中，各种社会问题就容易产生。罗斯认为，在人性的"自然秩序"遭到破坏的情况下，要维持社会秩序就必须采用新的机制，即用社会力量去约束人们的行为，这就是社会控制。这也是社会控制的来源之一。

社会控制的另一个来源是与将自然科学研究的成果运用于社会管理或社会治理的设想相联系的。法国物理学家安培于1834年研究科学分类时，将管理国家的科学称为控制论，并把它列入政治科学类。但是真正将自然科学的相关研究成果运用于宏观社会的管理是在20世纪40年代之后，1948年维纳建立了控制论，把它视为在动物和机器中控制和通信的科学。在这之后，人们不断将控制论的思想运用于社会系统的管理，并称之为社会控制论。在宏观层次上对社会系统的运行进行控制的想法和实践在计划经济国家有较多尝试。实际上，这里的社会控制论是控制论在社会管理中的运用。

在复杂多变的现代社会中，发生社会问题的可能性越来越大，为了避免社会风险，减少未预料的消极后果，于是人们期望能在宏观上对社会运行进行控制，对人们的行为进行规范，对不合社会要求的行为进行约束，这常常表现为政府的管理行为。当前我国政府大力推进的社会管理或社会治理，可以认为是在这种意义上进行的社会控制。

（二）社会控制的含义

从社会学的角度我们可以给社会控制进行如下定义：社会控制就是运用社会力量对人们的行动实行制约和限制，使之与既定的社会规范保持一致的社会过程。这也就是说，在社会学中，社会控制作为一个专业概念，基本上是在约束人们的、损害社会秩序的行为的意义上被使用的。社会学家认为，人们在共同生活中建立起来的制度和社会规范是指导人们行为的准则，人们按照这些制度和规范去行为，社会就表现出秩序，人们就能从事正常的生活。那些违反制度和规范的行为，应该得到控制和约束，而发挥控制和约束作用的主要不是内在的心理机制，而是外在的社会力量。社会控制是建立在既定的社会规范之上的，并主要表现为外在力量的施加，但它并不排除个人内在约束力的发挥。

应该说明的是，社会控制的观点是与社会有机论、功能主义的社会观相联系的。这种观点认为人们违反原有的行为规范、社会的无序是不正常的，应该站在社会整体的力量上对这些行为进行抑制。[1]

(三) 社会控制的类型

面对城市化、现代社会带来的秩序问题，罗斯认为要使用舆论、法律、信仰、社会暗示及社会宗教等手段，实施对冲击社会秩序的行为控制，各种控制手段应结成社会控制的体系。随着对社会控制研究的深入和领域的拓展，人们对社会控制的类型也有更多认识。按照不同的分类标准，社会控制主要可以分为如下几个类型。

1. 统治与制约

①统治。统治是建立在外在的强制力量基础上的控制方式，当社会秩序的维护者运用强制性的手段迫使他人去遵守既定规范时就表现为统治。在阶级社会中，统治是以普遍的政治压迫为基础的。统治阶级为了维护自己的利益，而以维护社会利益的名义制定了许多法律和规则，用以规范被统治者的行为。由于这些法律和规则是有利于被统治者的，所以会引起被统治阶级的反抗，统治阶级则会动用国家机器强制性地推行或实施这些法律和规则，这就是统治。在对现代社会的政治社会学研究中，政治社会学家认为，任何权力的强制性的施加都属于统治行为，这样，统治这种社会控制方式就是普遍的。

②制约。制约也称社会制约，它是建立在平等基础上的由于人们认同某种规范而产生的约束人们行为的社会控制方式。人们为了共同的生活而建立制度和行为规范，当大家都认可了这些行为规范，并以此去调节彼此之间的关系时，就形成了一种社会约束力。这种制约虽然也是一种外在压力，但不是靠强力推行。制约是社会成员之间的相互约束，而不是单向的管束或制裁。

2. 正式控制与非正式控制

①正式控制。正式控制也称形式化的社会控制，它是使用比较成型、比较正规的规范来约束人们的控制方式。这里的比较成型、比较正规主要是指这些规范多数是用文字的形式表达的，这些规范是依照某种程序正式发布的。正式控制主要是用法律、条例、规章等来约束社会成员和组织成员。依据这些正规的、成文的规则，社会和组织既可以对违反者给予相应的制裁，也可以运用它以教育其成员。在现代社会中，正式控制越来越占有重要地位。

②非正式控制。非正式控制是指使用不那么成型的规范来约束人们的控制

---

[1] 王思斌. 社会学教程（第四版）[M]. 北京：北京大学出版社，2016：247-248.

方式。这里所说的不那么成型的规范主要指它们一般不是由明文规定的，是非系统化的。比如，社会群体中常常运用道德、信任、群体压力等一类看不见、摸不着但却感觉得到的手段来约束其成员，就是非正式控制；社会舆论也是非正式控制的手段。一般地，非正式控制是基于人们的共同意识和认同感。

3. 外在控制与内在控制

①外在控制。如果一个人感觉到是外在的社会环境对其行为产生了约束和压力，使其不敢违反社会规范，那么这种控制就是外在控制。害怕法律制裁、纪律约束、舆论压力都是外在控制在发挥作用。外在控制具有一定程度的强制性，它要求行为者必须接受控制者提出的行为模式。

②内在控制。内在控制的直接控制力量来自行动者本身。如果一个社会成员接受和内化了他生活于其中的社会或群体的价值规范，自觉地实践角色规范，这就是实现了内在控制。因此，内在控制就是社会或组织成员用内化了的价值规范约束和指导自己行为的过程。内在控制是基本上实现了自我控制，自觉、慎独、克己都是内在控制的形式。它是一个人高度社会化的结果。

4. 积极的控制与消极的控制

①积极的社会控制。积极的社会控制是建立在积极的个人顺从动机之上的、以倡导与鼓励为特征的、防止违规行为发生的控制方式。积极的社会控制通过大力宣传社会的规范和价值，通过奖励模范行为而达到预防违规行为的效果，它是各方都愿意接受的控制方式。

②消极的社会控制。消极的社会控制是指运用惩罚手段来制裁某些违规行为的控制。它是违规行为已经发生并产生了消极后果之后的控制，因此是消极的。消极的社会控制是重要的社会控制方式，因为毕竟社会不能完全预防违规行为的发生。当违规行为发生后，惩戒就表现为消极的社会控制。

二、社会控制的功能

（一）社会控制的必要性

人类社会自产生以来就与社会控制相伴随，这是由人的生物性与社会性这二重属性、个人利益与群体利益的矛盾所决定的。

人类必须过群体生活，但是个人需要与利益同群体目标和利益有时并不完全一致，这就使得作为群体和社会成员的个人，由于主观或客观方面的原因可能会做出冲击社会秩序的行为。为了保护社会利益，对冲击社会秩序的行为进行控制就是必要的。因为在一般情况下，社会秩序常常反映了特定情况下的公共利益。

英国哲学家、政治家霍布斯认为人都是自利的，如果在"自然状态"下就会表现为普遍的、混乱的冲突。基于这一理由，他认为国家的出现是必需的，即必须依赖国家权力来摆脱混乱的"自然状态"。实际上，国家是最强有力的社会控制者的代名词。当然，社会控制并不限于国家权力。不管怎样，当人类进入社会状态之后，在人们未能完全认同社会规范时，社会控制就是必需的。

（二）社会控制的功能

1. 维持社会秩序

社会秩序是指社会各组成部分在结构上相对稳定和有序，在运行中相互协调与平衡的状态。当社会成员、社会群体按照一定的逻辑结合起来，这种关系又指导和约束着社会成员，使其按照社会既定的规范行事时，社会生活就呈现有序状态，就是社会秩序。在社会发生变动的情况下，各种社会关系相互协调，社会则表现为动态有序状态。

秩序是社会存在和发展的基本前提。尽管人类社会自始至终充满着矛盾和冲突，但是人类一直把追求和谐与秩序作为自己的理想目标。法国启蒙思想家卢梭认为，社会秩序是为了其他一切权利提供了基础的一项神圣权利。他认为人们应该维护公认的社会秩序。没有基本的社会秩序，社会就会解组或崩溃。然而，由于种种原因，人们并不总能自觉地实践既定的行为规范，从而对社会秩序造成冲击，社会控制则能在一定程度上抑制对社会秩序的冲击，保持社会安定。

2. 维持正常生活

在一定的社会历史条件下，人们在共同的生活中形成了适应该条件的相互关系模式，即社会结构，从而形成了该条件下的正常生活形态。但是，这种状态并不一定符合所有社会成员的要求。这样，某些社会成员就可能会自觉地违反既定规范以达到自己的目的。当这些行为影响了其他社会成员的由既定的社会关系规定的合法利益时，就可能引发冲突。这时，公共利益的代表者就要动用社会控制手段对破坏秩序者予以约束以致制裁，维持社会成员的正常生活。

3. 促进社会发展

社会秩序和社会进步是人们追求的目标。社会不但要保持一定的秩序，而

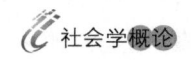

且要谋求进步和发展。然而要谋求发展，必须以一定程度的社会稳定为前提，而且必须保证社会有基本的秩序。社会发展是由人们的合作和竞争来实现的，而且在许多条件下，利益竞争是推动社会变迁的动力。人们在追求自我发展的过程中，可能会导致同他人的冲突。如果不把这种冲突限制在社会可容纳的范围之内，社会就会陷入混乱，社会发展的进程就会受到影响。这就是说，一定的社会控制不但会使社会有秩序，而且也会促进社会的顺利发展。

4. 社会控制的负功能

社会控制不但有维持秩序、促进发展的正功能或积极功能，也可能会对人与社会的发展起阻碍作用，这种消极作用就是社会控制的反功能。

第一，不合理的社会控制不能维护多数人的利益。在存在阶级对立的情况下，社会关系模式所反映的利益分配格局基本上是偏向统治阶级一方的。这种利益分配格局是不合理的。然而，社会的统治阶级正是依赖强有力的社会控制来维护自己的利益，甚至统治阶级会限制人们的自由，压制人民的利益诉求，以维持社会秩序。显然，从人类进步和正义的角度来看，这种社会控制发挥着消极功能。

第二，僵硬而有力的社会控制不利于人们对合理目标的追求。任何社会规范都是在一定条件下建立的，它并不具有普适性。当情况发生变化，有些社会规范就过时了。当人们试图冲破这种限制和束缚去追求新的合理目标时，僵硬的社会控制所起的作用是维持原体系，阻止创新行为。

一个社会不能没有社会控制，但社会控制又不能超过合理的限度。社会在运用社会控制的工具时，应该尽量避免它的负功能。

（三）社会控制与个人自由

在社会控制的实践及理论层面，常常会涉及社会控制的价值问题，即什么样的社会控制是应有的，什么程度的社会控制是合理的，这里涉及社会控制与个人自由的关系问题。

1. 社会控制与个人自由的平衡

在一个社会中不能没有社会规范，也就是说，人类社会、社会群体中必然存在着控制，甚至是强力的控制。没有基本的控制，社会和社会群体就会陷于解体。但是，人类又不能没有自由。卢梭曾经指出，人是生而自由与平等的。放弃自己的自由就是放弃自己做人的资格，就是放弃人类的权利，甚至是放弃自己的义务。因此，人类应该在公共秩序（通过社会化和一定的社会控制实现）和个人自由之间实现二者的平衡。卢梭指出，人是生而自由的，但却无所不在枷锁之中。这里的枷锁就是社会规范。在个人自由与社会规范的关系上，合理的平衡方法可能使社会规范建立在广泛共意即共同同意的基础之上。

2. 社会控制的度

关于适度的社会控制，给出一个明确的标准是困难的。这至少有如下几个原因：第一，人们对自由与控制的重要性的认识不同。有人极其崇尚自由而摒弃社会控制，有人则强调社会规范的重要性。事实上，如果不把控制狭隘地理解为上对下的强制管理，而把它看成维护多数人利益和实现基本秩序的手段，那么适度的社会控制就是必要的。法国社会学家福柯认为，现代社会通过纪律、惩罚等多种方式即权力技术实现对人的身体的控制。显然，他对现代社会对人的控制是持批判态度的。反之，站在社会管理者的立场上，就不会出现这种看法。适度的社会控制能维持社会秩序，又不妨碍多数人合理而自由的活动。第二，利益的复杂性。社会规范、社会控制都是利益的调节工具，在一定的社会关系中，利益不同对社会控制的看法也不同。在利益纷杂的情况下，就难以对社会控制达成一致的意见。第三，具体情况的复杂性。社会规范和社会控制与具体的社会情境有关，笼统地讨论合理、公正的社会控制常常失于空泛。由此，我们可以一般地说，适度的社会控制是能够维持社会秩序又不妨碍多数人合理而自由的活动的控制和约束。

3. 社会控制的价值标准

实际上，面对具体的社会情境，社会上都有一般的关于社会控制合理性和适度的标准。如果从社会的基本价值的角度来看，那么罗斯的看法还是有意义的，他认为，所有社会控制都应该有助于人类的福利。

三、社会控制的方式

社会控制的方式，是指社会和群体以何种方式或手段去预防、约束和制裁其成员的可能发生或已经发生的违规行为。我们这里所说是社会控制的方式，也可以称为社会控制的手段。

（一）习俗、道德和宗教

1. 习俗的社会控制作用

习俗是人们在长期的共同生活中逐渐形成并共同遵循的风俗和习惯。它是人类在生产、生活中通过长期摸索、自然演化和积累而成的，是人类在一定的自然环境、社会环境和生产方式下共同活动经验的反映。习俗是人类社会的最基本的行为规范，它存在于生产、生活等各个领域，并对人们的共同活动产生着影响。习俗有地域性，也受到生产方式的强烈影响，我们可以发现，农村、牧区、商品经济发达地区人们的习俗和生活方式是不同的。

习俗的社会控制功能表现为对人们行为的指导和约束。当习俗只是一种生活方式时，遵从习俗会使人们产生群体的认同感。当习俗涉及社区成员间的利益关系时，违背习俗的人常会受到多数社区成员的指责、攻击和孤立。在传统、封闭的社区中，习俗的社会控制作用是明显的。有的习俗有优劣之分。好的习俗有利于人们之间关系的维持，它形成和谐进取的氛围。陈规陋习则是落后的观念和行为方式，它维护旧的社会秩序，它的社会控制作用是消极的。

2. 道德的社会控制作用

道德也称道德规范，它是以善恶评价为中心的行为规范的总和，是对人的思想和行为的是非、善恶、正义和非正义、正当与不正当进行评价的标准。道德是一定社会用来调整人们之间以及个人与社会之间关系的行为规范。在不同的社会生活范围内有不同的调节人们行为的道德规范：从人们活动领域大小的角度来看有家庭道德、社区道德、社会公德、国民道德等；从活动领域性质的角度分为经济领域中的道德（如商业道德），政治领域中的道德，文化、教育、医疗等领域的职业道德；如果从人们活动涉及的对象来分，有只涉及个人及其群体利益的私德和涉及公共利益的公德，后者如公共场所中的公民道德以及环境道德等。

道德是靠人们的内心情念、社会舆论来促使人们自觉遵守社会的行为规范的。一个人认同了某种道德规范，它就会对他的行为具有指导意义，当他未能遵循这种道德时他就会出现内在的焦虑和不安，甚全会产生愧疚感和进行自我谴责。这样，道德就对违反道德的行为具有控制作用。

任何社会，特别是社会的统治阶级都十分重视道德的社会控制作用。中国是礼仪之邦，有极其丰富的道德思想和系统的道德规范。中国的历代统治者都十分注重道德在指导人们行为、调节社会关系中的作用。孔子认为："道之以政，齐之以刑，民免而无耻；道之以德，齐之以礼，有耻且格。"他认为，道德教化与刑法制裁相比，能更有效地对百姓进行统治和管理。这种统治思想一直被历代统治者所接受，德治是中国封建社会长期稳定和延续的重要原因之一。

道德的约束作用也是有限的，因为道德具有阶级性、集团性。在社会发生剧烈变迁、社会价值观念发生重大变化的时期，道德的控制力更受到挑战。我国十分重视道德的作用，但在社会生活中私德比较发达，公德发育不足。另外，改革开放以来，以农业社会、集体主义为基础的道德体系与以商品经济为基础的道德体系在一些层面上也存在着某种程度的冲突。这些都对我国的道德建设和道德实践提出新的挑战和要求。

3. 宗教的社会控制作用

宗教是一种和神圣物相联系的信仰和规范体系。它是人类社会发展到一定阶段的产物。在生产力和科学水平低下的条件下，人们对自然现象、社会现象感到神秘、恐惧及不可摆脱，于是，把本来属于现实世界的力量视为超现实、超自然的力量，并加以人格化，对之顶礼膜拜，并引申出信仰认知及仪式活动等，于是便产生了以崇拜主宰万物的神为特征的宗教。宗教可以分为原始宗教、国民宗教、世界宗教等。基督教、佛教、伊斯兰教被称为世界三大宗教。基督教信仰上帝（或天主）创造并管理世界，信奉耶稣基督为救世主。佛教主张因果报应、生死轮回，信奉释迦牟尼。伊斯兰教由穆罕穆德创立，信安拉，讲顺从。除此之外，世界上还存在许多规模较小的宗教。

作为社会规范的宗教，主要表现为教规和宗教仪式。教规是宗教对其信徒行为的规定，它不仅涉及宗教活动，也涉及社会生活的其他方面，这些规定要求严格，常被称为"清规戒律"。宗教仪式是从事宗教活动的方式，其功能是增强信徒的宗教意识。通过教规和宗教仪式，宗教指导和约束着其信徒的行为，对其行为进行着控制。宗教真正能对其成员进行有效约束，要借助宗教信仰和宗教感情。宗教信仰是指教徒对教义、教规的信奉程度是否虔诚，因为只有真正信奉，才会自觉地按教规行事。否则，教规、宗教仪式只能是皮囊的、形式的东西。

宗教通过教育和制裁两种手段来约束和控制其信徒的活动。其教育手段不但是对教义的学习和领悟，也包括参加宗教活动进行熏陶。宗教组织还通过制裁违反教规的活动对教徒进行强制性约束，有时，这种制裁是十分严厉的。在不同的条件下，宗教对教徒的控制程度也不同。在政教合一的情况下，宗教发挥着极强的控制作用。而在现代社会里随着宗教的世俗化，它的控制力量在减弱。

(二) 政权、法律和纪律

1. 政权的社会控制作用

政权是建立在某种合法性之上的统治阶级实行阶级统治的权力,是国家一切权力的基础。统治阶级通过建立行政体系,设置各级政府和委任政府官员来实现对内的管理任务,并凭借军队、警察、法庭、监狱等国家专政工具对破坏国家利益、严重危害社会秩序的行为进行制裁。因此,政权是一种强有力的社会控制手段。国家政权除运用上述惩罚性、威慑性或暴力手段进行控制外,还运用教育等方式,通过向国民灌输统治阶级所认可的价值观念,倡导政府所提倡的行为方式来教化国民,以使他们自觉地按照国家政权所认定的规则行事。这样,王霸并用、德法结合一直是统治阶级采用的治国策略。实际上,政权的合法性基础不同,它所采用的社会控制的手法也不同;国家的传统不同,国内面临社会管理的任务不同,也会采用不同的社会控制方式。但是无论如何,政权都以其权威和强有力的手段在社会生活中发挥着不可替代的社会控制的作用。

2. 法律的社会控制作用

法律是由国家的立法机关制定,由国家政权保证并强制执行的行为规则,包括法令、法案、条例、决议、命令等具体形式。

法律的权威性和有效性在于:第一,它由国家最高权力机关制定,以国家政权作后盾,由完备的、强制力的司法机构保证实施。这就保证了法律的至上性、不可侵犯性。第二,它的严肃性。法律的特点是其规定严明,对违法行为的度量界限明显,人们一旦违法,必遭惩罚。第三,法律具有普遍适用性。国家的法律一经制定实行,就对其国民普遍适用。正是因此,所以任何国家都特别重视法律的作用,注重法制建设并极力将统治阶级的意志变为法律。

法律的真正权威和效力并不在于制裁,而在于警告。法律要真正普遍、有效地发挥社会控制作用,要依赖于适度合理、执法公正和民众懂法。

3. 纪律的社会控制作用

纪律是国家机关或社会组织为其成员规定的行为准则,是它们用来指导和约束自己的成员,促使其承担一定责任和义务,以实现组织目标的手段。纪律一般是对单位、团体成员的不可做行为的规定,它通过对这些不可做行为的制裁而维护组织利益。由于纪律制裁涉及成员在组织中的地位、声誉乃至成员身份,所以它具有约束性和一定程度的强制性。

纪律在社会生活中发挥越来越大的作用是现代社会的景象,因为它与社组织的发达紧密相关。纪律的社会控制作用并不在于制裁，重要的是使成员自觉遵守纪律。

（三）社会舆论与群体意识

1. 社会舆论的社会控制作用

社会舆论是社会上众人关于某一事件或现象的议论和意见，它包含了对于此一事件或现象的是非曲直之评价。舆论的范围有全国性的、地方性的、社区性的和行业群体性的等多种。社会舆论可分为民间舆论和权力者制造的舆论。民间舆论是产生于民间的、由于一定范围的民众对某一事件共同发生兴趣而形成的舆论。传统上的民间舆论主要是民众中的议论，在当代社会，互联网成为重要的民间舆论载体。权力者制造的舆论则是由政府或其他掌权者发动的。他们为了推动某一活动、造成某种气氛率先就某类事件或现象发表意见，并运用行政系统或大众传播工具广泛宣传，影响民众，形成舆论。

社会舆论发挥控制作用的机制是：社会舆论形成之后就在一定范围内占主导地位，它会对人们的行为发生潜移默化的引导作用，会对少数人的、与众不同的言行产生心理压力。人们为了缓解这种压力，不自外于众人，就会使自己的言行与众人保持一定程度的一致，于是社会控制作用发生。但是，由于社会舆论不是硬性的控制，所以这种控制作用只有在顾忌舆论的人群中才能发挥作用。另外，社会舆论的控制效果是多样的。当社会舆论代表社会正义，它有积极的社会控制作用；如果社会舆论不能反映社会进步的要求，它的控制作用就是消极的。

2. 群体意识的社会控制作用

群体意识是成员对群体的认同感、归属感和责任感的总和，它是成员为了维护群体的荣誉和利益对自己应该的行为的考虑。群体意识是通过成员之间的互动和社会化形成的，群体成员通过互动而形成规范，群体成员之间就会形成一种共同的感情和关于群体的价值，这就是群体意识。对于一个成员来说，当他认同群体的价值、愿意为群体承担责任时，其群体意识就产生了。

群体意识是群体成员团结的基础，也对成员的行为具有指导和约束作用。强烈的群体意识可以促使群体成员对自己的行为进行审慎的选择，对群体负责并维护群体团结。群体意识对于成员的控制属于内在控制，它是一种十分有力和有效的控制手段。因此，任何组织都十分重视和培养成员的群体意识，增强群体凝聚力，以实现群体目标。

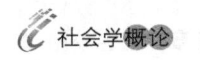

第二节　越轨行为

在社会学中，对于社会控制的研究主要是从社会整体论和功能主义的角度着眼的，即认为作为一个整体，社会在运行中出现了不协调甚至社会问题，所以需要进行社会控制。这样，社会控制的对象就是所谓的反常行为或越轨行为。

一、越轨行为及其类型

（一）越轨行为的含义

社会学家对越轨现象规范研究首先是由迪尔凯姆进行的，他使用了"失范"这一概念，并分析了发生这种现象的社会原因。后来，美国社会学家提出"越轨"（deviance）概念，并进行了多向度的研究。

从大家最初使用"失范"和"越轨"这两个概念的情况看二者的含义是相近的，并且与这两个概念相对应，这方面的行为分别被称为"失范行为"和"越轨行为"。仔细比较这些概念也有一些细微的差别：失范（行为）是一种状态，它反映的是人们失去了所应遵循的行为规范的现象，包括人们的反常行为和社会的混乱状态；而越轨行为则是指偏离既定规范的行为，也称为偏差行为。但是它们又有明显的共同点，即都是对规范和标准的偏离。以下的内容都是在其相近的含义上使用这些概念，并且主要使用"越轨"这个概念。

可以这样给越轨行为一个定义：越轨行为是个人或群体违反其所应遵守的行为规范的行为。理解这个定义需要注意以下要点：

①越轨行为是指违反社会规范的、出格的行为。社会行为规范是人们在共同生活中共同创造并遵守的行为方式。对于个人来说，它是群体和社会所共有的强制他学习和遵守的行为规则。正是有了这些行为规范，群体和社会才成为一个内部协调的社会关系体系。社会或群体为它的每一个成员都规定了一定的行为规范，要求他们遵循，同时也用它来评价他的是非。这样，遵从规范还是违反规范只与他应该遵守的规范有关。

②越轨者可能是个人，也可能是某一社会群体。一个人违反本组织的纪律是越轨，违反社会公德、破坏公共秩序也被认为是越轨行为。同样，一个群体违反社会行为规则也是越轨行为。

（二）越轨行为的价值问题及其判定

对越轨行为的判定，涉及价值、权力和具体情境等因素，这些因素影响着对越轨行为的判定。

①越轨行为的判定与文化类型。规范文化是价值的体系，文化类型不同，人们对行为的是非判断也不同。常常有这种现象：在一种文化中被认为是越轨的行为，在另一种文化中则被认为是正常的。例如，中国文化与西方文化对于子女赡养老年父母的看法有很大差异。

②越轨行为的判定与群体价值。同一社会中的不同群体，对同一行为也可能有不同的看法，从而影响对越轨行为的判定。一个群体认为某行为是越轨，而另一群体则可能容忍这一行为。比如，对未婚同居，不同年龄群体对它的看法有明显不同。

③越轨行为的判定与权力结构。对越轨行为的判定直接涉及权力，即谁有权力去判定别人是否越轨，和他们为什么有权力去作出判定。从国际冲突到家庭矛盾，权力在判定越轨行为中的作用是明显的，而有权者的判定并不一定公平。

上述因素指出了越轨行为的相对性，也为越轨行为、社会控制的讨论增加了难题。但是，由此并不应该得出相对主义的结论，即认为任何越轨行为的判定都是相对的，因而是不可靠、非客观的。

（三）越轨行为的类型

根据不同的标准，可以将越轨行为分为不同的类型。

①不同程度的越轨行为。按照越轨行为对社会行为规范的破坏类型和程度，越轨行为有不从俗行为、不道德行为、违纪行为、违法行为和犯罪行为。其中犯罪是违反法律并对其他社会成员或社会造成严重伤害的行为，是最严重的越轨行为。

②个人越轨与群体越轨。按照越轨行为的主体特征，越轨行为可分为个人越轨和群体越轨。个人越轨是某一社会成员违反社会、群体规范的行为。群体越轨是某一社会群体、组织、机构违反规范的行为。前者如某人贪污，后者如某一企业偷税漏税，群体越轨对社会规范的破坏更大。

③正向越轨与负向越轨。按照越轨行为的性质，即越轨行为与人们所期望行为方向分类，可以把越轨行为分为正向越轨行为和负向越轨行为。

社会行为规范反映的是对某类社会成员的一般要求，即希望人们不要违反社会行为规范，在这里，过和不及都属于越轨。那些危害社会行为规范、伤害群体利益的是负向越轨，如犯罪、虐待行为、懒惰等；超过规范的、暂时不被理解的、更卓越的做法则是正向"越轨"。在关于越轨行为的讨论中一般指负向越轨行为。

二、对越轨行为发生原因的解释

研究越轨行为就是要探明越轨行为发生的原因，认识它的规律，预防和控制不良越轨行为。关于越轨行为发生的原因，生物学、心理学、社会学给出了不同的解释。

(一) 生物学、心理学对越轨行为的解释

1. 生物学对越轨行为的解释

生物学从人的生理特征角度解释某些人为什么产生越轨行为，特别是犯罪行为。意大利犯罪学家龙布罗梭最早从这一角度分析问题。他在对罪犯的研究中发现，罪犯的大多数与平常人有不同的生理特征，他们在面部特征上有"返祖"现象，从而用生理因素解释犯罪现象。有的研究者认为犯罪者在体态方面有某种特征，还有一些研究者发现一些犯罪者的染色体异常。

2. 心理学对越轨行为的解释

有些学者从心理学的角度寻找越轨的原因，其中弗洛伊德的人格理论最具代表性。弗洛伊德认为，一个人的人格由本我、自我、超我三部分组成。本我是人的本能的冲动，本能包括生的本能和死的本能。生的本能是性欲、恋爱和建设的动力；死的本能是伤害、虐待和破坏的动力。人的本能是按快乐原则行事的，它们总想表现出来，以满足自己的私利，但是这种没有任何控制的表现会造成对他人的侵犯。于是社会通过教育过程使社会行为规范在其成员身上内化，这就是超我的力量。超我是人格的检察官，起着压抑本能的作用。而一旦本我失控，本能随意表现，就会造成侵犯他人的行为。

(二) 社会学对越轨行为的解释

社会学从社会结构、社会文化、社会变迁等角度解释越轨行为何以发生。这里只介绍几种较有影响的理论。

1. 失范理论

失范是指社会失去行为规范而出现的反常状态。迪尔凯姆在研究社会分工和自杀现象时指出了失范状态，他认为，在社会从机械团结向有机团结转变时，如果社会分工的发展快于这种分工所要求的道德基础，社会就会导致失范。他关于自杀的科学研究还发现，失范会导致人的自杀。

迪尔凯姆的失范理论认为，社会的正常状态是社会各部分相互协调处于整合状态。在这种情况下，人们在社会规范的指导和约束下互相适应，正常生活。在社会迅速变动的时代，当文化价值和社会结构以不同的速率转变时，原来的某些指导和约束人们行动的社会行为规范就可能失效，它已不能有效地指导人们该做什么和不该做什么。在这种情况下，人们就会手足无措，处于无所遵循的迷茫状态，生活会变得漫无目的，从而容易发生自杀。按照迪尔凯姆的看法，人们的某些反常现象，包括自杀，是由于缺乏有效的规范而造成的。

2. 手段—目标论

默顿同意迪尔凯姆的假设，即认为社会结构缺乏整合会造成极度紧张，从而引发失范行为。但他改变了迪尔凯姆的心理学假设，并将失范的含义由无规范改为规范冲突。默顿认为，社会作为一个文化体系为每一个社会成员都规定了目标，但是社会在结构的安排上并没有为每一个人提供达到上述目标的合法手段，即社会结构的特征并不一定能为每一个成员都提供条件以达到目标。在社会为人们提出的文化目标（在美国主要是高的物质成就）与达到目的的合法手段（制度化手段）不配套、不统一时，人们就可能有五种行为方式。①认同文化目标，也遵从制度化手段，这是遵从；②只认同文化目标，但不遵从制度化手段，此为创新；③放弃文化目标，但遵从制度化手段，此系形式主义；④既不认同文化目标，也不遵从制度化手段，消极退缩，这是逃避行为；⑤用新的目标和手段代替文化目标和制度化手段，这是反叛。这样，按照社会的价值标准，创新、形式主义、逃避、反叛都对社会的要求发生了一定的偏离，属越轨行为。默顿的上述观点被称为"手段—目标"论。他认为，美国社会中的下层阶级有较多越轨行为与他们达到文化目标的机会不足有关，越轨行为是由社会结构方面的原因造成的。

默顿所说的目标与手段不配套而导致越轨的现象在我国也时有发生。改革开放以来，人们普遍接受了经济上致富的改革目标或文化目标，但致富的机会很不相同。这时，有些人缺乏合法的致富手段，就可能采取不合法的手段获取财富，就是一种越轨行为。

3. 亚文化群体论

亚文化群体是指一定社会中的在文化价值上与主体社会有显著差异的群体，它是由阶级地位、种族背景、居住地区、宗教渊源之类的社会因素结合而

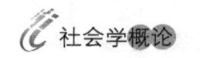

成的具有一定功能的群体和社区。

作为整体社会中的一部分，亚文化群体要服从于主体社会的法律和某些准则，但是，由于该群体或社区有自己的历史、结构和生活方式，所以同时它又具有自身特有的文化价值规范。当亚文化群体成员按照自己特有的文化规范行事时，由于该文化规范与主体社会的行为准则相冲突而被视为反常，属于偏离或越轨行为。例如在前面所述的贫困文化的理论中，贫困群体常常有边缘感、依赖感、非正式婚姻、性行为早等特征，而这些在主流文化看来属于反常的偏差行为。

亚文化理论认为，所谓偏差者或越轨者并不是自己有意违背社会规范，实际上他们也在遵从行为规范，无非在主流文化群体看来属于越轨亚文化。当然，这里自然会引出这种判断的合理性问题。

4. 标签论

标签论是解释越轨行为产生的原因及其发展过程的理论。20世纪30年代，坦南鲍姆首先提出了标签论的思想，他认为，罪犯形成的过程就是一个指明、规定、识别、区分、描述、显示以及形成意识和自我意识的过程。后来，学者们又分析了初次越轨和再次越轨，以说明社会反应的意义，并且认为，每个人都会发生一些不同程度的越轨，但大多数是偶然的，程度也不严重。如果这种越轨行为被其他人发现并公之于众的话，他就会被贴上越轨者的标签，这时他的处境就会发生很大变化，就可能从初次越轨变为再次越轨，由正常人变为一个经常有越轨倾向的危险人物，越轨者就可能成为他的身份。如果重要人士不判定此行为为越轨，并对他进行教导，此人就可能不再出现上述行为。

这一理论认为，越轨行为不在于行为本身，而是社会反应、他人定义的结果。正是他人给某一行为下定义、贴标签才使这一行为成为越轨，并引发了进一步的越轨行为。所以，越轨行为是被社会建构而成的。

标签理论还注意到加标签者和被加标签者的身份和地位，即由谁给谁加标签。贝克尔认为，越轨并不是越轨者固有的特性，而是特定的统治集团制造出规定，并把这种规定加之于特定的人们，给他们贴上局外人的标签而制造出来的。该理论认为，基本上是社会上有地位的人（或上层）给下层人加标签，而上层人的此类行为或更严重的行为常被视为正常。因此，加标签常有不平等的性质。

三、中国社会转型期的越轨行为及其控制

(一) 社会转型期是越轨行为多发期

当前我国正处于快速的社会转型期,这是一个由传统社会向现代社会、由农业社会向工业社会的转变时期,在制度体系上则是由计划经济体制向市场经济体制的转变,这也是一个社会结构发生巨大变化的过程。在这一剧烈而复杂的社会变迁过程中,社会结构的失调在所难免,社会问题和越轨行为也会明显增加。

在这一过程中,原来的许多制度规范变得不再适用。这一方面是因为体制改革使原来的规范、人们活动的制度规则不同程度地失效,另一方面,对外开放使一些新的观念进入我国的社会生活,在这些观念指导下的行为和原有规范的不协调十分明显。在社会生活领域,一些习俗、道德的约束力大大下降,社会的主导价值变得模糊,这使得越轨行为大量出现,其中既有正向越轨也有负向越轨。至于在改革中制度规范的重建或创新落后于实践,则更使得偏差行为普遍存在并具有多样性。可以说,社会转型与大量复杂越轨行为的出现是密切相连的。

(二) 越轨行为的一些突出表现

在我国社会转型期,一些越轨行为变得越来越明显,并成为社会普遍关注的对象。

1. 群体性越轨行为

群体性越轨行为包括:群体的、有组织或组织化程度较高的行为(高级集体行为);无组织或缺乏组织性的集体行为(初级集体行为)。前者多数是建立在共同体利益受损基础上的、有一定组织性的群体行为,如失业者和利益受损农民集体追求某种利益的静坐、示威等群体性的行为。后者则是以共同的兴趣或利益为基础的、非组织化的群体一致的行为,如聚众行为、赶时髦和其他集体行为。(这些方面的有关论述可参见第四章第三节的相关内容)

关于这方面的原因应该说极其复杂,但有一点是必须认识到的,即许多群体性越轨行为的产生与当事人的相对被剥夺感有关。相对被剥夺感是人们面对自己实际达到的与期望达到的有一定差距时的心理感受,它实际上是不满足感或不满意感。当人们普遍存在相对被剥夺感时,就容易引发群体一致的行动。

斯梅尔瑟曾经指出集体行为发生的条件。他认为,集体行为实质上是人在

受到不可靠、威胁或极度紧张等压力的情况下，为改变他们的环境而进行的尝试。他指出集体行为的发生有六个条件：第一，结构性助长（环境因素）。社会结构或周围的环境条件可能促成集体行为，例如，经济危机这一结构性因素容易助长集体行为。第二，结构性紧张（结构性压力）。当人们在这种结构和社会条件下感到心理紧张、前途渺茫时，他们会寻求解决压力的方式。第三，概化信念（一致性信念）。人们在这种处境中形成比较一致的信念，形成共同的看法或价值观，这种一致的信念具有引发行动的趋向。第四，催发因素——突发事件。当人们心理紧张、惴惴不安时，突发事件作为导火索会催生集体行为。第五，行动动员。突发事件发生后，有人会首先站出来表示自己的态度，采取某种行为，这种行为会影响周围的同样具有心理压力又有相同信念的人，采取行动。众人之间在情绪和行为上相互影响，循环感染，可能会形成众人一致的行动。第六，社会控制机制。当社会控制不太有力时，集体行为就容易发生。

有组织的群体行动即高级集体行为，对现存社会秩序构成强有力的挑战。我国社会在急速的社会转型过程中，这方面的情况表现比较突出，已经成为维持社会秩序不可忽视的问题。比如政府和社会现在常常说的"群体性事件"，更多情况其实也就是社会学所说的"高级集体行为"。

"群体性事件"是一个中国式概念。它是指由社会矛盾引发，具有共同利益的一群人聚合起来，为了实现某一目的，采取静坐、游行、示威、上访请愿、抗议等方式表达诉求和主张，向党政机关施加压力的行动。群体性事件可能是比较平和的形式，也可能演化成破坏社会秩序的暴力事件，由于群体性事件会干扰社会正常秩序，因此常常被政府（官方）界定为负面越轨行为。

现阶段我国的群体性事件多发的原因，可以从两个方面进行分析：

一是与社会快速转型、市场化加深、城镇化加快等因素相关。在这些过程中，有的地方政府官员追求政绩，政企勾结，较大规模地伤害乃至剥夺了相关民众的基本权益，这些民众没有正常有效的利益表达渠道，于是采取了集体行为的方式，进行利益诉求，以求问题的合理解决。当然，群体性事件也有因政策宣传不到位、某些人恶意鼓动而造成的。近些年来，在征地拆迁、拆村并镇、企业排污等方面，经常发生群体性事件，成为政府和社会关心的重要问题。

二是与社会权力结构、社会利益分配结构、利益诉求与表达渠道有关。在一段时间内，政府主要采取的是自上而下的压制方式应对群体性事件，由于没有真正解决当事民众的基本利益问题,所以事情看起来表面平息了,但问题并没有解决,甚至积累了更严重的问题,形成了更大的社会风险。十八大以来,中央明确强调要求把维稳和维权结合起来,多考虑民众的基本权益,用法律、群众工作、协商等方法化解问题,变堵为疏,群体性事件的发生和处理得到一定的改观。当前和未来一个时期,群体性事件的治理仍然是政府和社会不可掉以轻心的重要问题。

2. 有权者越轨

在西方社会,20世纪70年代以来,在批判理论的影响下,出现了对社会控制、特别是司法的公正性的讨论。

按照韦伯的说法,权力的有效性在于其合法性,合法性是说使自己在从属者和社会地位低下者的眼里被看成在道义上是公正的。合法的权力是获得后者赞同的权力,它有利于统治秩序的稳定和统治代价的降低。

批判理论在分析现代社会中的权力现象时,集中批判权力及其行使过程中的不公正。其有代表性的观点是,在司法、执法和行政管理实践中,有权者依靠自己手中的权力以强凌弱,不公正地运用权力,甚至是执法犯法。因此,由国家靠强力实施的社会控制的合法性、合理性、正当性问题被质疑或者被"悬置"。

在社会控制领域,行政执法人员越轨成为普遍关注的问题。实际上,行政人员腐化、贪污、滥用权力是谋取私利的越轨行为。尤其是警察滥用权力的现象比较普遍,而国家政治机器对警察越轨行为的默认可能会促成"越轨性亚文化群"的形成。

有权者越轨的现象在我国社会中也大量存在,如某些官员以权谋私、贪赃枉法、贪污腐败,通过权力垄断而不公正地坑害守法公民等。另外,某些执法人员(比如城市管理中的行政执法者、交通管理中的执法者等)的粗暴以致伤及无辜的现象也时有发生。这些与行政司法体制和政治文明建设相关的问题已经引起社会舆论的广泛关注。

3. 网络型越轨

互联网给经济社会发展和人民生活的便利带来了极其巨大的方便,"互联网+"也被视为增进经济社会发展的新引擎。但是互联网的开放性、匿名性和随意性,也带来这样那样的社会问题。比如一些不负责任的、不健康的甚至虚假的信息借助互联网传播会干扰人们的正常生活,扰乱社会的正常秩序。在

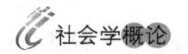

保障互联网积极功能的前提下,规范互联网管理、治理互联网领域的越轨行为已经成为一项刻不容缓的任务。

(三) 社会转型期的越轨行为控制

在社会转型期,偏差及越轨行为十分复杂,对越轨行为的控制也不应泛泛而论。从稳定社会秩序与维护社会正义的角度来看,我国的社会控制应该注意几个方面。❶

1. 周密地推进改革,制定适宜的社会政策

社会转型是整个社会结构发生变迁并重组的过程,其中包含了某种程度的社会结构的不整合,而这会滋生大量越轨行为。为了维持必要的社会秩序,应该周密、慎重地推进改革,尽量减少社会解组现象的发生。体制改革是利益结构重新调整的过程,这一过程与经济全球化相连接,必然会形成弱势群体,在某种程度上他们是改革的受损者或改革的代价。为了维护社会公正和社会秩序,应该制定相应的社会政策,使受损者的利益得到相应补偿。

2. 建立社会预警系统

社会转型也是社会不稳定、社会危机的可能性增长的时期。政府要在宏观上避免较大的社会危机,就要建立社会预警系统,以防患于未然。建立社会预警系统的核心是要对社会状况进行有效的监测,发现社会的重大问题和隐患,制定相应政策和措施,缓解矛盾,化解危机。

3. 加强法制建设

随着社会现代化的推进,法律在社会生活中的地位日益提高。建立适合我国国情和社会发展的法制体系已经提上议事日程。韦伯在研究法律时区分了实质合理性的法律与形式合理性的法律,实质合理性的法律是由法律以外的意识形态系统,如伦理、宗教和政治的价值观支配的,形式合理性的法律靠逻辑分析揭露案件事实与法律相关的本质。他认为,形式合理性的法律是现代的法律形式。实际上,我国的法制建设也需要走向形式合理性。我国的法制建设不但涉及一套新的法律规则,而且与司法、执法的组织体系相关。科学的法律体系、有效的司法和执法组织、公平的司法对我国当前的法制建设都是必须关注的重大问题,而公民参与和监督则是题中应有之意。中共十八届四中全会提出坚持全面依法治国,法制建设将迎来一个新局面。

---

❶ 王思斌. 社会学教程(第四版)[M]. 北京:北京大学出版社,2016:268-269.

第三节　社会控制与社会治理

在社会学中,"社会控制"原本是一个有广泛含义的概念,指的是对所有不符合社会规范的行为的制约。由于我国社会转型中社会问题十分复杂,维持社会稳定成为政府的一项更为紧迫的任务,加之在推进经济高速增长、维持社会稳定方面政府行为出现了一系列问题,所以,学术界对政府实施的社会控制十分关注,从理论上论述了社会控制的社会治理路径,并在实践中为政府所采纳运用。

一、社会治理及其与社会控制的关系

(一) 社会治理的含义与类型

1. 从社会管理到社会治理

我国长期以来使用的是"社会管理"的概念,主要指政府对社会事务的管理和对社会秩序的维持。在相当大范围内出现对社会管理的片面理解,把它理解成强力管控。进入21世纪以来,随着我国社会的快速转型和改革中社会问题的凸显,我国政府开始大力倡导社会管理研究,力图实现社会管理创新。但是,由于社会转型和市场化改革中存在大量复杂的社会问题,政府又奉行经济增长至上的发展思路,所以在相当大范围内出现了对社会管理的片面理解,把社会管理理解成强力管控,表现为一些政府部门和地方政府习惯于依靠强力来解决社会问题。实际上,政府的强力管控难以在深层次上解决问题,甚至还造成了社会矛盾的进一步发展和积累,这种局面极为不利于我国经济社会持续稳定发展。因此,社会治理的提出和十八届三中全会提出"创新社会治理",是对过去被滥用的强力维稳式社会管理的纠偏,也是建设现代国家的重要举措。

俞可平教授认为,强调"国家治理"而非"国家统治","社会治理"而非"社会管理",不是简单的词语变化,而是思想观念的变化。"国家治理体系和治理能力现代化"是一种全新的政治理念,表明我们党对社会政治发展规律有了新的认识,是马克思主义国家理论的重要创新,也是中国共产党从革命党转向执政党的重要理论标志。从实践上说,治理改革是政治改革的重要内容,国家治理体系的现代化也是政治现代化的重要内容。推进国家治理体系和

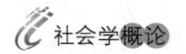

治理能力现代化，势必要求对国家的行政制度、决策制度、司法制度、预算制度、监督制度等进行突破性的改革。❶

2. 治理与善治的含义

社会治理是"治理"概念在社会事务管理领域的运用。20世纪80年代末90年代初以来，"治理"一词在西方学术界，尤其是经济学、政治学和管理学领域十分流行，正如法国学者德·阿尔坎塔拉所言：今天的联合国、多边和双边机构、学术团体以及民间志愿组织关于开发问题的出版物，很难有不以"治理"作为常用词来使用的。联合国社会发展研究所副主任休伊特也表达过同样的看法：今天的国际多边、双边机构和学术团体以及民间组织关于开发问题的出版物很难有不以"治理"为常用词汇的。❷ 在关于治理的各种界定中，全球治理委员会的定义颇具代表性和权威性。该委员会在1995年发表题为《我们的全球伙伴关系》的研究报告中所提供的治理定义为：个人与公私机构管理其自身事务的各种不同方式之总和；是使相互冲突或不同利益得以调和并且采取联合行动的持续的过程。该委员会列举了许多治理的实例，例如：邻居之间设立维护供水系统的合作；管理废品回收系统的地方委员会；开发城市间运输系统的用户集团；在政府监督下按照自身规律工作的股票交易所；由区域性政府组织、工业集团和居民联合以控制森林采伐等。该委员会认为，在世界范围内，一些非政府组织、群众运动、跨国公司和统一的资本市场的种种活动都属于治理的范畴。

治理在目标、主体、环境、结构、机制、过程、方式、工具上构成独立的理论体系：治理目标追求善治；主体多元且地位平等；环境是高度复杂化、高度不确定的；治理结构网络化；治理机制是靠制度安排；治理过程是上下互动；治理方式是互动性的协商合作；治理工具多样化，包括数字化技术、市场化工具、工商管理技术和社会化手段。

"善治"的口号是世界银行最先提出来的，现在已成为世界银行向第三世界国家贷款政策的主导思想。对于世界银行来说，治理就是"使用政治权力管理国家事务"，而"善治"则涉及几个方面。❸ 即一种有效率的公共服务；

---

❶ 俞可平. 推进国家治理体系和治理能力现代化［EB/OL］. 中国共产党新闻网，2014-02-27.
❷ 张铭等主编. 西方行政管理思想史［M］. 天津：南开大学出版社，2008：325.
❸ 罗伯特·罗茨. 新的治理［M］//治理与善治. 俞可平. 北京：社会科学文献出版社，2000：90-91.

一种独立的司法体制以及履行合同的法律框架；对公共资金进行负责的管理；一个独立的、向代议制的立法机构负责的公共审计机关；所有层次的政府都要遵守法律，尊重人权；多元化的制度结构以及出版自由。概括地说，所谓善治，就是使公共利益最大化的社会管理过程。善治的本质特征，就在于它是政府与公民对公共生活的合作管理，是政治国家与市民社会的一种新颖关系，是两者的最佳状态。

善治应该具备一些基本要素。法国学者玛丽－克劳德·斯莫茨提出，"善治"或"有效治理"的构成有四个要素。第一，法治。公民安全得到保障，法律得到尊重，特别是这一切都通过司法独立，亦即法治来实现。第二，有效。公共机构正确而公正地管理公共开支，亦即进行有效的行政管理。第三，责任。政治领导人对其行为向人民负责，亦即实行职责和责任制。第四，透明。信息灵通，便于全体公民了解情况，亦即具有政治透明性。

我国学者俞可平提出了"善治"的十个要素。❶

第一，合法性。指的是社会秩序和权威被自觉认可和服从的性质和状态。它与法律规范没有直接的关系，从法律的角度看是合法的东西，并不必然具有合法性。只有那些被一定范围内的人们内心所体认的权威和秩序，才具有政治学意义上的合法性。合法性越大，善治的程度就越高。取得和增大合法性的主要途径，是尽可能增加公民的共识和政治认同感。

第二，法治。法治的基本意义是，法律是公共政治管理的最高准则，任何政府官员和公民都必须依法行事，在法律面前人人平等。法治的直接目标是规范公民的行为，管理社会事务，维持正常的社会秩序；但最终目标在于保护公民的自由、平等及其他基本政治权利。从这个意义上说，法治与人治相对立，它既规范公民的行为，但更制约政府的行为，它是政治专制的死敌。法治是善治的基本要求，没有健全的法制，没有对法律的充分尊重，没有建立在法律之上的社会秩序，就没有善治。

第三，透明性。指的是政治信息的公开性。每一个公民都有权获得与自己的利益相关的政府政策的信息，包括立法活动、法律条款、政策制定、政策实施、行政预算、公共开支以及其他有关的政治信息。透明性要求上述信息能够及时通过各种传媒为公民所知，以便公民能够有效地参与公共决策过程，并且

---

❶ 俞可平. 全球治理引论 [M] //全球化：全球治理. 俞可平. 北京社会科学文献出版社，2003：10 – 13.

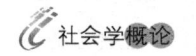

对公共管理过程实施有效的监督。透明程度越高，善治的程度也越高。

第四，责任性。指人们应当对自己的行为负责。在公共管理中，责任性特指与某一特定职位或机构相连的职责及相应的义务。没有履行或不适当地履行其应当履行的职责和义务，就是失职，或者说缺乏责任性。公众，尤其是公职人员和管理机构的责任性越大，表明善治的程度就越高。在这方面，善治要求运用法律和道义的双重手段，以增大机构及个人的责任性。

第五，回应。这一点与上述责任性密切相关，从某种意义上说是责任性的延伸。它指的是公共管理人员和管理机构必须对公民的要求作出及时的和负责任的反应，不得无故拖延和推诿。在必要的时候还应该定期地、主动地向公民征询意见、解释政策和解答问题。回应性越大，善治的程度就越高。

第六，有效。主要指管理的效率。有两方面的意义：一是管理机构设置合理，管理程序科学，管理活动灵活；二是最大限度地降低管理成本。善治概念与无效或低效的管理活动格格不入。管理的有效性越高，善治的程度就越高。

第七，参与。指公民对政治生活及其他社会生活的参与。善治实际上是国家的权力向社会的回归，善治的过程就是一个还政于民的过程。善治表示国家与社会或者说政府与公民之间的良好合作，从全社会的范围看，善治离不开政府，但更离不开公民。公民的参与程度越高，善治的程度就越高。

第八，稳定。稳定意味着国家的和平、生活的有序、居民的安全、公民的团结、公共政策的连贯等。社会稳定对于公民基本人权、民主政治和经济发展都具有重要的意义。对于发展中国家而言，稳定更具有特别重要的意义。没有稳定的环境，就不可能有有效的治理，所以说，稳定是善治的重要衡量指标。

第九，廉洁。主要是指政府官员奉公守法、清明廉洁、不以权谋私，公职人员不以自己的职权"寻租"。严重的腐败不仅会增加交易成本，增大公共开支，打击投资者的信心，而且会破坏法治，败坏社会风气，损坏社会公正，削弱公共权威和合法性。所以，廉洁直接关系到治理的状况。

第十，公正。指不同年龄、性别、阶层、种族、文化程度、宗教和政治信仰的公民在政治权利和经济权利上的平等。在当代，作为善治要素的公正特别要求有效地消除和降低富人与穷人、富国与穷国之间的两极分化，维护妇女儿童、少数群体、穷人等弱势人群的基本权利。

2. 社会治理的含义与特征

社会治理是对社会领域的治理，也是政府和社会力量共同参与的治理。社会治理是多方参与的共同治理，它强调协商、共识的达成，强调相关各方的平

等参与而不是权力的行使或强制,是与社会民主、社会参与密切联系的社会管理活动。社会治理的主要特征:

一是社会治理主体的多元性。社会治理的体制是党委领导、政府负责、社会协同、公众参与、法制保障。据此,社会治理的多元主体性要求加强党委领导,发挥政府主导作用,鼓励和支持社会组织和公民个体等积极参与社会治理,实现政府治理和社会自我调节、居民自治的良性互动。

二是社会治理的过程性。社会治理是动态的、发展的,是随着社会政治经济的变化而不断变化发展的,不是靠一套规章条例或一次运动就能完成的。

三是社会治理的协调性。社会作为一个有自组织能力的有机体,自身就存在着自我生存、自我发展、自我纠错、自我修复的功能,社会治理不是用强力去破坏社会自身发展的功能,而是通过协调多方利益使其功能得到更好的发挥。

四是社会治理的互动性。社会治理的目的是协调社会利益,引导社会达成利益共识。因此,社会治理必然表现为多元利益主体参与、表达利益诉求、平等协商、相互配合的互动性。

3. 社会治理的类型

在现代社会和公共管理领域,社会治理所要解决的是"政府与社会"的关系或政府与社会力量的关系问题,即政府在多大范围内和多大程度上将自己原来的管理权力和职能让渡给社会力量,社会力量在多大程度上能获得社会治理的权利。

由于对象(社会问题)及参与主体方面的多样性和复杂性,社会治理也可分为多种类型。第一,从政府与社会力量的关系角度看,可以分为政府支配的权威性治理,政府与社会力量共同参与的合作性治理,强调各方力量(特别是民众)多元参与的多元治理,以及民众多方参与的自主治理。第二,从治理的主要方法的角度看,可分为以强调规范、管理的实施为主的管理型治理,以加强相关各方协商和沟通为主的协商型治理,以强化服务为主的服务型治理。

(二)社会治理与社会控制的关系

1. 社会治理与强制性的社会控制不同

社会治理不是强调政府的管制作用,而是强调利益相关各方(政府和社会力量、社会力量之间)的平等参与、协商、达成共识和协调行动。不是通过权力压制，而是通过协商和共识解决问题，是更有效地解决问题、实现社会秩序的措施。在社会治理理论中，各相关利益方都是治理主体，他们的地位是平等的。良好的社会治理通过相关各方平等参与、相互沟通、相互协商、达成共识而形成合力，解决社会矛盾和社会问题，是一种积极的、行之有效的现代社会管理模式和方法。

2. 社会治理与社会控制有密切关系

如果社会控制不被看成是有权者的特权，不被看成是权力的强制行使，而是将"管理对象"看做主体，把他们的参与和能动作用考虑进来，社会控制就走向了社会治理。另外，由于社会治理是在共同参与和协商的基础上解决社会问题，从而实现各方认可的社会秩序，所以社会治理又是高水平的社会控制方式。但是，社会治理并不能完全代替社会控制，因为社会控制的范围要宽广得多。比如，对犯罪行为和严重破坏社会秩序的行为就要实施强力控制。当然，在民生领域，在处理政府、企业、民众利益关系的领域，在企业、民众内部处理相关利益问题，社会治理就占主导地位。

二、当代中国的社会治理创新

（一）创新社会治理的目标

中共十八届三中全会提出："全面深化改革的总目标是完善和发展中国特色社会主义制度，推进国家治理体系和治理能力现代化。"根据十八届三中、五中全会精神和十九大报告的论述，创新社会治理的目标可以概括为：提高社会治理水平，推进社会治理精细化，打造共建共治共享的社会治理格局。为此，必须着眼于维护最广大人民根本利益，最大限度增加和谐因素，增强社会发展活力，全面推进平安中国建设，维护国家安全，确保人民安居乐业和社会安定有序。

（二）加强和创新社会治理的举措

根据十八届三中全会《决定》和十九大报告的论述，创新社会治理的主要举措包括：加强社会治理制度建设，完善党委领导、政府负责、社会协同、公众参与、法治保障的社会治理体制。创新社会治理体制，要改进社会治理方式，实行系统治理、依法治理、综合治理和源头治理，提高社会治理社会化、法治化、智能化、专业化水平。激发社会组织活力，发挥社会组织作用。正确处理人民内部矛盾，加强预防和化解社会矛盾机制建设。树立安全发展理念，弘扬生命至上、安全第一的思想，健全公共安全体系，完善安全生产责任制，坚决遏制重特大安全事故，提升防灾减灾救灾能力。加快社会治安防控体系建设，依法打击和惩治黄赌毒黑拐骗等违法犯罪活动，保护人民人身权、财产权、人格权。加强社会心理服务体系建设，培育自尊自信、理性平和、积极向上的社会心态。加强社区治理体系建设，推动社会治理重心向基层下移，实现政府治理和社会调节、居民自治良性互动。

思考与研讨

1. 社会控制的含义与类型。
2. 社会控制的正负功能。
3. 社会控制与个人自由。
4. 社会控制的手段。
5. 越轨行为的含义及其类型。
6. 越轨行为的价值问题及其判定。
7. 中国社会转型期的越轨行为及其控制。

推荐阅读书目

1. 《社会学概论》编写组：《社会学概论》（马工程重点教材），人民出版社、高等教育出版社，2011年版。
2. 王思斌：《社会学教程》（第四版），北京大学出版社，2016年版。
3. 戴维·波普诺：《社会学》（第十版），中国人民大学出版社，1999年版。
4. 理查德·谢弗等：《社会学与生活》（插图第9版），世界图书公司，2006年版。
5. 俞可平：《全球化：全球治理》，社会科学文献出版社，2003年版。
6. 俞可平：《治理与善治》，社会科学文献出版社，2000年版。
7. E. A. 罗斯：《社会控制》，华夏出版社，1989年版。
8. 米歇尔·福柯：《规训与惩罚》，生活·读书·新知三联书店，1999年版。
9. 杰克·D. 道格拉斯：《越轨社会学概论》，河北人民出版社，1987年版。
10. 科恩：《越轨与控制》，云南人民出版社，1988年版。

第十四章 社会保障与社会工作

现代社会是社会问题频发的社会,在社会变迁的过程中往往也会导致许多社会问题的发生。社会问题不但影响个人层面的生活,也会影响社会秩序。为了维护社会秩序和社会公正,现代国家一般都会通过诸多社会控制的途径和方式来应对社会问题,除了前述的一般意义上的社会控制的运用外,现代国家通常都十分重视加强社会建设和创新社会治理,积极主动地建立一些制度化的应对机制来预防和处置社会问题。从国外的实践看,比较典型的做法包括建立和完善社会保障制度、制定和实施相应的社会政策以及发展专业社会工作。社会保障、社会政策和社会工作是现代社会预防和解决社会问题的有效机制。

第一节 社会保障

一、社会保障的含义与内容

社会保障是现代国家和文明社会的标志。世界上许多国家,尽管社会经济制度的具体模式不同,但无不把社会保障作为政府的主要职能之一。建立和完善社会保障制度,不仅为社会成员提供可靠的"安全网",而且是现代社会这一高速运行列车的"减震器"。

(一) 社会保障的含义与特征

社会保障(social security)一般认为是由政府和社会对基本生活有困难的群体给予物质帮助的活动和制度安排。社会保障是从传统社会向现代社会转型的产物。1601年英国《伊丽莎白济贫法》要对赤贫及由此所致的病人实施帮助,被认为是现代社会保障制度(社会救助)的开端。德国于19世纪80年代颁布了一系列法律,率先建立了较完整的、以社会保险为基础的社会保障制度(核心支柱——社会保险)。20世纪以来许多国家建立起社会保障制度,一些发达国家则建立福利国家。总之,社会保障作为一种社会制度已经成为现代国家必不可少的制度安排。

可以给社会保障下这样一个定义：社会保障是指国家和社会根据立法，对因社会和自然原因造成生活来源中断、基本生活发生困难的社会成员给予物质帮助，从而保障其基本生活，维持社会稳定的活动和制度。❶ 社会保障由社会救助、社会保险、社会福利服务三个基本部分组成。社会保障的基本含义包括：第一，社会保障是对基本生活困难群体的福利援助。一般意义上的社会保障是针对生活困难群体的，是针对缺乏生活来源、基本生活条件匮乏者而进行的经济性援助。第二，社会保障具有社会性。它不是私人之间的赠与和帮助，而是在地区或国家层面上对基本生活发生困难的社会成员的支持，具有广泛的互助和互济性。第三，政府是社会保障的责任主体。社会保障制度由政府根据一定的法规进行组织，并由政府推动实施，政府是社会保障的主要责任人，社会力量也可能参与其中。

与传统的家庭、社区之间的相互支持和商业保险相比，社会保障具有其本质特征。①针对基本民生。社会保障的直接目的是保障人们的基本生活条件的满足，即所谓"保基本"，而不是对高水平生活的支持。②由政府组织实施。政府通过一些具有强制性的法律和规定，建立组织体系，对生活困难者进行保障。政府是社会保障的责任主体，社会保障具有一定的强制性。③福利性。社会保障是通过社会财富再分配来实现的，遵照既定的法律和规定对符合条件的困难群体予以援助，且这种援助是不附加其他条件的，对于保障对象来说这种援助不是通过市场交换获得的，即社会保障具有福利性。④公共性。社会保障是现代国家对于其公民的援助，属于公共事务的一部分，所以社会保障具有公共服务和公共产品的性质，即社会保障具有公共性的特征。⑤社会性。现代意义上的社会保障，具有广泛的社会互助性和互济性；其对象的广阔性，社会财富的再分配，需要由社会力量参与实施。这些都反映了社会保障的社会性特征。⑥政治性。政府通过组织和实施社会保障，可以保障民众基本的生活安全，促进社会公平，减缓社会矛盾和冲突，维持社会稳定和政治稳定。

（二）社会保障的内容体系

社会保障的内容体系构成可以概括为"基本内容+特殊内容+补充内容"三个大的方面。基本内容的构成是社会救助、社会保险和社会福利；特殊内容的构成一般是指军人领域的保障，即我国通常所说的社会优抚；补充内容的构

---

❶ 王思斌. 社会学教程（第四版）[M]. 北京：北京大学出版社，2016：272-273.

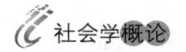

成包括慈善事业、职业福利和商业保险等。社会救助、社会保险和社会福利作为社会保障体系的"三基本"也可以说是社会保障的主体内容构成，所以，也可直接表述为"社会保障的内容"而不需要加上"基本"二字。

1. 社会救助

社会救助是当因个人、社会或自然原因，某些人的基本生活遇到个人难以克服的困难时，由政府和社会对这些特殊群体予以援助，向他们提供现金或物质帮助的活动和制度。那些失依的儿童、老人、残疾人、失业者及其家庭，因自然环境恶变而产生的灾民等群体，是社会救助的对象。社会救助是对救助对象的基本（或最低）生活水平的保障，也是政府对人们生存权的保障。也就是说，因某种原因使这些对象在基本生活上陷入困境，如果不予保护救助可能会影响他们的生命安全。从历史发展看，世界上的社会保障首先是从社会救助领域开始的，社会救助是社会保障的最基础层次的内容。

2. 社会保险

社会保险是以劳动者为主要对象，面对其年老、疾病、伤残、失业等生活方面的风险，政府运用政策手段动用自己和社会的力量，聚集一定的经济资源，并运用社会互助机制去应对风险，进而保障人们基本生活的制度安排。社会保险从其内容上说一般包括养老保险、失业保险、工伤保险、医疗社会保险、生育保险等。社会保险最早产生于德国，俾斯麦政府为了消解工人的不满、维护社会秩序而制定了一系列保险法规，对于工人的劳动和基本生活进行保护。社会保险有以下特点：第一，预防性。社会保险是在风险发生之前采取的预防措施，风险一旦发生，社会保险即对参保人进行援助。第二，强制性。政府通过立法或颁布政策强行推动人们（比如雇主和雇员等）参加社会保险，按照法律和政策规定必须缴纳有关费用，政府是推行社会保险的责任人。第三，社会性或互济性。社会保险运用政府拨付资金和参保者群体的缴费等资源，解决遭遇风险者的问题，因此具有了社会性、互济性的特征。第四，对等性。即社会保险强调权利和义务对等的原则，只有预先缴纳费用（保险金）者，当他遭遇风险时才会得到保障。享受保障的权利者必须先尽缴费的义务。

社会保险作为社会保障的重要组成部分，与商业保险有明显的区别。

第一，二者的管理体制不同。社会保险是由中央或地方政府领导的社会保险机构直接领导和管理的，是政府所办，属于行政管理体制。由于社会保险的政策性和"人财物"的统一管理性，决定了国家财政对社会保险的财务需要负有最后的保证责任,一旦出现亏损,国家财政有义务给予补贴。商业保险是由国家银行领导,各级人民保险公司作为相对独立的经济实体,自主灵活地经营,属财政金融体制。其管理工作以保证合同的履行为内容,不涉及对人的管理和其他社会服务工作。在财务上实行独立核算,自负盈亏,国家不以任何形式负担保险费的开支需求。

第二,二者立法的范围不同。社会保险是国家规定的劳动者的基本权利之一,同时也是国家对劳动者所负的义务。因此,作为社会政策、劳动政策和公民的基本权利,它属于社会立法和劳动立法的范畴,具有强制性。而商业保险是一种金融活动,是根据契约自由的原则建立的,合同的双方权益受经济合同法的保护,法律只对双方的关系加以保护而不能强制其发生。因此,商业保险属于经济立法的范畴,具有自愿性特点。

第三,二者的基本属性不同。社会保险建立的指导思想是通过对社会劳动者提供基本生活保险,维护劳动者在特殊情况下的基本权利,维系劳动力再生产,维持社会经济发展所需要的安定的社会政治秩序,是按照权利与义务在劳动上的对等原则实行的,是国家的一项基本社会政策和劳动政策,必须由国家通过立法强制实施,不能以营利为目的。其基本属性是强制性的社会保障。而商业保险建立的指导思想则是通过经济补偿手段吸引大量游资,在为被保险人提供相应损失补偿的同时,积聚一定数量的建设资金,并通过资金转移获取尽可能大的增值。其本质属性是自愿性的商业经营活动,因而属于商业性质。

第四,二者的保险对象和作用不同。社会保险是以社会劳动者及其供养的直系亲属为保险对象,目的在于保障劳动者在他们丧失劳动能力或失业时的基本生活需求,以维持社会再生产的正常进行,并有对社会收入再分配的干预,起到调节收入悬殊、实现社会公平的作用。而商业保险则是以投保人为对象,加入商业保险的唯一前提是缴纳保险费。受保险人自愿投保,以期发生意外时获得一定的经济补偿。商业保险的主要作用是在被保险人遭遇到规定保险事故时,给予对等性的经济补偿,与被保险人基本生活需要无关,只能部分地解决其临时的紧急需求,而不具有调节收入水平、维持社会公平的作用。

第五,二者的资金来源和保障水平不同。社会保险基金主要来自劳动者工作时所创造的部分经济的积累,由个人、企业和有收入的事业单位及国定财政补贴三方面合理分担。作为国家调节收入的一种手段,社会保障待遇的获得尤其对于低收入劳动者是有利的,其立足点是"保障"。而商业保险的保险金全部由投保人员负担,其保险水平完全取决于被保险人所缴纳保险费的多少和实际损失的性质。[1]

3. 社会福利服务

社会福利服务也可以简称为社会服务，是由政府和社会服务机构向失依儿童、残疾人、自理能力差的老年人提供的、带有福利性的服务。由于这些特殊人群自己进行正常生活的能力低下，所以对他们来说获取的一般的物质生活条件是不够的，必须辅之以社会服务，即通过向他们提供福利性的服务来满足其基本的生活需求。社会福利服务既包括物质方面的服务，也包括精神方面的慰藉。社会福利服务对象属于社会中的特殊困难群体和脆弱群体。社会福利服务的责任主体是政府，但在服务提供等方面社会力量（社会服务机构）常常发挥重要作用。

根据社会福利制度实施项目举办主体的性质、享受对象的资格条件及采取手段等标准，我国一般把社会福利划分为财政福利、职业福利和特殊福利。

(1) 财政福利

以财政手段增进社会福利，是当今世界许多国家和政府用于调整社会政策的重要手段。西方发达国家的财政福利，一般是通过国家对税制的改革，采取收入累进税制和税收减免，把富有者的一部分收入转移到贫困者手中，从中缩小贫富差别，实现收入的均等化。这种通过税制改革以及各种福利性补贴给贫困者带来利益的财政福利手段，对于西方发达国家的社会稳定产生了重要作用。我国实行的是以公有制为主体、多种所有制经济共同发展的基本经济制度，这就决定了国家实施财政福利的出发点是增进全体社会成员的共同福利，有效地调节国民收入的分配和再分配，走共同富裕的道路。

财政福利属于国家福利，它是由国家通过税收减免、临时性专项财政补贴等财政手段，对社会或政策范围内的社会成员实施的一种社会福利项目。其特点有：第一，由国家财政支持财政福利的各类项目，具体通过减免税收和财政补贴来实现。第二，财政福利带有明显的政策调节的特征，其中税收是调节社会成员收入的重要手段。我国在已颁布的《个人所得税法》中明确规定，对工薪收入在扣除减免部分后的余额实行累进税率，并对特殊收入实行税收减免。税法的有关规定不仅体现了税收对国民收入进行的调节，同时也体现了国家对发展各种社会事业的政策导向。第三，在财政福利的实施过程中，享受这一待遇的均是政策范围内的全体社会成员，其遵循的是普遍享受的原则，它既

---

[1] 尹保华. 通识社会学 [M]. 长春：吉林人民出版社，2004：572-573.

不要求享受者履行义务,也不需经过申请及进行家庭经济状况调查等环节。

(2) 职工福利

职工福利是社会福利的一个重要内容,它是国家机关、企事业单位为减轻职工负担、方便职工生活、解决职工困难而举办的各种集体福利设施、补贴和补助制度的总称。我国的职工福利可分为两大类,即职工集体福利和职工个人福利。

职工集体福利是向职工提供必要的集体消费和共同性消费而设置的福利项目和设施。职工集体福利可分为职工集体生活福利和文化福利两部分。职工集体生活福利是为解决职工在生活上的共同需要而设置的福利项目,它主要包括职工食堂、托幼事业、子弟学校、职工住宅和其他生活福利设施。职工集体文化福利是职工所在单位为满足本单位职工精神文化生活的需要,提高职工队伍素质而举办的各项文化娱乐事业,包括各种层次和类型的文化培训、各类文化娱乐设施和各种文体活动。职工个人福利是为解决职工不同需要、减轻职工生活费用开支建立的各种经济性福利项目。这类福利通常以货币或实物的形式发给职工个人,其中货币发放是补贴的主要形式。目前我国职工个人福利项目包括如下几方面的内容:一是职工生活困难补助制度;二是职工上下班交通费补贴制度;三是其他补贴制度,包括冬季取暖补贴、夏天防暑降温补贴、探亲假补贴和工作误餐补贴、书报费补贴等;四是年休假制度;五是探亲休假制度。

(3) 特殊福利

特殊福利主要是以无经济收入和生活无人照顾的老年人、残疾人和孤儿等特殊社会群体为对象,为他们提供生活供养、疾病康复和文化教育等福利。其范围非常广泛,我们只介绍老年人福利、残疾人福利和儿童福利三方面内容。

老年人福利是国家或社会为了安定老人生活、维护老人健康、充实老人的精神生活而制定的社会公益服务。残疾人福利是指国家和社会对残疾人所采取的扶助、救济和其他的福利措施。儿童福利指补充或代替父母照管和管理儿童,尤其是对孤儿、弃儿、肢残、智残儿童等的社会福利。[1] 这类儿童福利主要包括以下几方面的内容:一是儿童福利院,这是在城市举办的以孤儿为主要收养对象的福利事业。其任务是收养城市中无家可归、无生活来源、无法定义务抚养人的孤儿和收养自费的家庭无力看管的残疾儿童。对残疾儿童实行养、治、教相结合和供养与康复并重的方针,通过康复和医疗措施,恢复其自理生

---

[1] 黄梅萍. 社会保障概论 [M]. 上海:华东理工大学出版社,1999.

活和劳动能力，并结合对其进行文化和职业技能教育，为其将来走上社会创造条件。二是残疾儿童康复中心，这是为残疾儿童提供康复服务的福利事业单位。其任务是为残疾儿童提供门诊和家庭咨询，开展各种功能训练和医疗、教育、职业培训，以减轻残疾程度，恢复自理生活和从事劳动的能力，为其走向社会创造条件。

在这里，我们需要理清社会保障与社会福利的关系。社会福利有狭义和广义之分。狭义社会福利是指国家对盲聋哑残和鳏寡孤独这类社会成员的扶弱助困的慈善性活动。广义的社会福利是指国家和社会为改善和提高全体社会成员的物质生活和精神生活所提供的福利项目、福利设施和社会服务的统称。狭义的社会福利主要是解决最困难人的最困难问题，而广义的社会福利是为了满足最大多数人的最大幸福，即在发展生产的基础上使人民的合理需要得到最大的满足。从世界范围看，社会保障与社会福利是既相互交叉又有区别的两个范畴，有时人们把社会福利理解为包含着社会保障的大概念，有时正好相反。从具体的实践来看，目前世界上在较小范围和较低层次上承担对国民的生活保障的国家和地区，一般使用社会保障的概念，这时社会福利就是社会保障所包含的一部分或一个子概念（比如在美国以及很多发展中国家和地区，我国社会保障学界目前也是在这个意义上来使用这两个概念）；在较大范围和较高层次上承担对国民的生活保障、强调全面提高国民生活质量的国家和地区，一般使用社会福利的概念（如英国以及欧洲其他的福利国家等），从这种意义上看，社会福利是社会保障的发展。❶

（三）社会保障的功能

1. 保护功能

作为社会系统的一个组成部分，社会保障在人们的社会生活和社会发展中发挥保护功能。它保护人类的繁衍和社会劳动力再生产的正常进行，社会保障使劳动者在超出劳动年龄后的基本生活需要得到保证，使劳动者和物质生产资料有计划地协调发展。一定意义上说，社会保障的这种保护功能的突出特点是要保护基本民生，即保护人民生命财产的安全是现代政府的基本责任，社会保障就是政府保障人民生命财产安全的制度化安排。现代社会保障在任何时候都要发挥其保障民生的首要功能。❷

---

❶ 王思斌. 社会学教程（第四版）[M]. 北京：北京大学出版社，2016：275.
❷ 王思斌. 社会学教程（第四版）[M]. 北京：北京大学出版社，2016：280.

2. 促进功能

建立和完善社会保障制度，有利于促进经济发展。社会保障利用国民收入中的经费，保障人民基本生活，再分配收入，防止贫困的出现。同时与经济发展这一动力机制相配合，创造一个良好的经济形势，形成高效率的社会经济运行模式，提高全社会的就业水平，避免因市场机制的引入而造成收入差距的拉大和部分人失掉稳固的收入，从而同社会经济发展目标产生矛盾，对动力机制产生严重影响，阻碍或破坏社会经济的协调发展。

3. 稳定功能

建立和完善社会保障制度，对促进社会的稳定和协调发展也具有重要作用。社会保障作为社会自我调节的手段，其作用在于干预社会再生产过程，调整分配关系，在一定限度内减弱社会产品分配不均等的现象，以实现社会公平、稳定，对社会成员的基本生活权利予以保障，调适社会关系中的各种矛盾，使社会处于良性运行和协调发展之中。"二战"后五十多年来，西方发达国家社会比较安定，这与他们以国家立法普遍实行一整套社会保障体系是分不开的。瑞典是西方世界罢工最少的国家，也是20世纪70年代以来世界上最富有的国家之一，其中一个重要原因就是瑞典拥有一套完整的"从婴儿到坟墓"的社会保障体系。

4. 调节功能

建立和完善社会保障制度，对防止社会心理失衡、调节社会心理结构也同样具有重要作用。具体作用在于满足人们基本的物质需要，给人们以安全感和尊重感，提高人们的自我价值观。社会保障对社会心理的调节作用是巨大的，如果说经济基础和上层建筑是社会的"骨骼"和"血肉"的关系，那么社会心理就是连接的"神经系统"，社会心理的紊乱和失调会造成社会有机体的失常。因此，完善社会保障制度对社会心理的稳定、强化人民社会责任感、促进社会进步都具有重要意义。

二、社会保障的理念与类型

（一）社会保障的理念

社会保障制度是在应对从传统社会向现代社会（工业社会）转型出现的贫困、失业等问题的过程中建立起来的，也是在解决社会问题特别是贫困问题的过程中发展和完善的。社会保障在总体上应对的是贫困、饥饿、疾病、无家可归等社会问题，而由政府来解决问题，这就反映了政府和社会兴办社会保障事业所秉持的相应理念。

1. 贫困是社会的病态

贫困不完全是由个人原因造成的，在现代社会贫困问题的归因主要是社会原因。既然如此，政府就要对日渐严重的贫困现象作出回应，在一定范围和程度上解决贫困问题。贫困历来都是人们所面临的主要问题之一，也一直是人们所不期望发生的和努力在克服的问题。但是在传统社会，由于生产力发展低下，加之一些灾荒、战乱等因素，人们通常处于普遍的物质匮乏状态，这也造就了一种特定的与贫困相适应的生活方式和文化，只要能够达到基本上的衣食满足等状态，那时的人们一般不会认为有所谓贫困这种社会问题的存在，即使认识到了贫困的存在，也往往认为只是由个人原因造成的，纯属自己的问题。但是，随着工业革命以来社会变迁的快速发展和社会财富的急剧增长，贫困、失业、疾病等问题却愈演愈烈，这时一些敏锐的社会思想家开始提出质疑，批判工业化过程中的这些社会变态现象，人们逐渐意识到，病态的出现，更多地不是个人问题而是社会问题，政府也不得不对日益严重的贫困等问题作出回应，并在一定程度上和一定范围内解决贫困问题，以避免问题恶化。一定角度说，贫困是万恶之首，解决失业者、流浪汉、孤儿、失依老人等的贫困问题就成为社会保障制度的滥觞，1601年英国"济贫法案"也正是在这种背景下出台的，随后一些工业化发展迅速的国家和地区纷纷出台了类似的政策。

2. 人道主义

欧洲文艺复兴以来，对人的关注逐渐上升为社会的主导价值，人道主义成为解决贫困、疾病、残疾、流浪等问题的指导思想。人道主义产生于人类的同类意识、恻隐和怜悯之心，强调要对处于困境中的人给予人类的关怀。在工业革命和工业化的过程中，即出现了大量因激烈的市场竞争、资本家的逐利而导致的失业问题，也出现了一些因个人原因而导致的贫困，这些问题都严重地影响着当事人的生活。人道主义作为社会的主导价值主张对贫困群体给予必要的关怀，可以说，最初的社会救助在很大程度上是人道主义的表现。

3. 个人与政府共担责任

在社会保障发展过程中，对于贫困群体陷入贫困的责任问题存在着两种不同的看法，即个人责任论和社会责任论。个人责任论认为贫困者未能像大多数人那样正常生活，是因为个人原因造成的，当事人自己要对贫困负责，进而主张政府和社会不应该对之实施帮助。社会责任论则认为，社会成员之所以陷入困境是由于社会原因造成的，是不良的社会环境把他们抛入困境之中，所以个人的问题就是社会的问题，政府和社会应该在解决贫困等社会问题方面承担主要责任。社会保障制度实际上采取了个人与政府共担责任的观点。这表现为在社会保障实践中，政府有责任保障人们的基本生活，但是又不过多承担责任。实际上，在不同的社会保障项目中，政府和个人在解决当事人的困难时所承担的责任是不同的。比如在社会保险项目中，政府承担的直接责任最少；而在社会福利项目中，政府承担的责任则最多。由于只保障人们的基本生活，保障水平较低，所以总体上来看，社会保障是坚持了个人和政府共担的责任观。

4. 功利主义

在18—19世纪西方思想家那里，功利主义是一个有着重要影响的流派，并对社会保障产生了重要影响。边沁认为，功利是指给利益相关者带来好处、利益或幸福，或者防止利益相关者遭受痛苦和不幸。判断一种事态是否合于功利，其根本标准就是要看它是否增加了个人或社会的幸福。他还提出了追求福利最大化的主张。在经济学领域，福利经济学为社会财富的再分配提供了基本论证。它认为，一定的经济财富如果能转移到更需要的人手里，则这笔财富的社会效益就更大，从而这种再分配就是合理的。与个人和政府共担责任观相一致，面对困难人群基本生活方面的问题，政府和社会通过社会财富的再分配把一部分财富从富人转向穷人，进而解决贫困问题，就是实现了社会财富效用的最大化，因而是正当的。

5. 整合与秩序

无论是自由主义的思想家还是信奉社会主义者，都会承认社会是一个体系，二者的区别在于维系这一体系的机制有所不同。自由主义更强调竞争秩序，社会主义则强调合作秩序。社会保障在理论上明显地偏向社会主义，即认为社会问题的大量出现和日益严重，不利于社会的整合与秩序，为了避免社会的破裂，政府应该对工业化和市场经济带来的消极后果进行干预，包括促进就业、缓解贫困、对困难群体实施援助。社会保障对困难群体的基本生活实施援助，可以减缓社会冲突，促进社会的整合。

（二）社会保障的制度类型

迄今为止，世界上已经有170多个国家建立了社会保障制度。由于经济、政治和社会条件的不同，各国所建立的社会保障制度也不同。根据责任结构、保障水平，可以将社会保障制度进行分类，以下三种类型是最有代表性的社会保障制度。

1. 传统型社会保障制度

传统型社会保障制度指基本上延续了传统理念和模式的社会保障制度。一些发达国家（如美国）及大多数发展中国家实行的是这种制度，它也是当今世界上最流行的制度。其基本特点：第一，选择性。这种制度的保障范围较小，保障对象是基本生活遇到困难的人，即这种制度具有"选择性"，只选择符合条件的人群进行保障。第二，共担责任。该制度模式强调个人、企业、政府共同承担社会保障的责任，在不同保障项目中各方扮演不同的角色。一般的，在社会保险项目中个人和企业承担主要责任，政府只是最后责任人；在社会救助和社会福利服务中政府承担主要责任。第三，较低水平。这种制度对保障对象的保障水平较低，这表现在它只是对人们的基本生活的某些方面进行保障，而且这些保障是较低的水平，即以保障人们的生命安全为目标。

2. 福利型社会保障制度

福利型社会保障制度是全民享受社会福利的社会保障制度，也被称为普惠的社会福利制度。这种制度是传统社会保障制度的发展，英国、瑞典等北欧福利国家是实施这种制度的代表。第二次世界大战以后，英国、瑞典等先后宣布建设福利国家。20世纪70年代后出现了所谓的福利国家危机，90年代以来受吉登斯"第三条道路"的政治设计影响的福利国家改革仍在探索之中。总体来看，该制度模式是与较强的经济实力、社会民主主义的政治理念和社会团结的追求相联系。福利型社会保障制度的特征包括：第一，普遍性。这种制度是面向全体国民的，而不只是向困难人群提供生活保障，它是全民保障和全民福利。另外，国家从多方面促进国民的福利，包括收入均等化、就业充分化、福利普遍化、福利设施体系化等。第二，政府承担主要责任。在普遍主义和社会公平原则指导下，政府通过国家税收支付社会保障费用，保障国民的生活。第三，较高水平。这种制度涵盖了国民生活的诸多方面，而且保障水平较高。比如英国实行的"从摇篮到坟墓"的社会福利制度，政府向国民提供的福利大大超过了基本生活保障的水平。

3. 国家型社会保障制度

国家型社会保障是由国家对公职人员进行全面保障的制度。公职人员既包括政府部门人员，也包括事业单位人员和公有制企业的职工。政府通过统一的政策、统一的组织体系对相关人员实施保障。苏联和计划体制时期的中国是实施这种制度的代表。国家型社会保障制度的特征是：第一，国家责任。即强调国家和政府的责任。第二，全面性。即国家（或单位——代表国家）包揽一切。第三，较低水平。这种制度在原有的计划经济社会主义国家中，总体看保障水平不是太高，当然这主要受到了其经济发展水平的限制，某种意义上说并不是制度所设置的保障目标所限。第四，政治性。这种制度凸显了国家政治制度的地位和作用，这种制度本身也具有强大的政治动员和社会管理功能。

（三）影响社会保障制度选择的因素

建立社会保障制度是现代社会发展的客观要求，但是一个国家选择何种社会保障制度与诸多因素有关。

1. 经济发展水平

社会保障制度的核心是通过社会财富再分配来解决对象群体的基本生活或正常生活方面的问题，它以一个国家拥有的、可以用以再分配的物质财富为前提。因此，社会保障制度要与经济发展水平相适应。一个经济落后的国家充其量只能对其部分国民实行较低水平的社会保障，即选择传统的社会保障制度。发展中国家基本上都选择了传统的社会保障制度。中国计划经济时期靠"城乡二元体制"在城市实行较高水平的福利保障措施，但占全体国民绝大多数的农民除了极少数"五保户"外几乎没有国家层面的保障，即便如此，保障城市人的制度措施也是不可持续的，后来不得不改革，也从一个角度说明社会保障制度必须与经济发展水平相适应。许多发达国家选择福利型社会保障制度也是以其强大的经济实力为基础的，20世纪70年代出现的"福利国家危机"更是从反面印证了这一观点。

2. 政治因素

社会保障制度是政府用以解决民生问题、维持社会秩序的工具。除了经济因素之外，政府怎样看待民生问题，也影响着社会保障制度的选择。社会问题是客观的，但也受主观认知的影响。对执政党和政府来说，他们的政治立场、对社会问题及其责任的看法，会直接影响其社会保障政策的选择。在西方国家，崇尚自由主义的政党对发展社会保障制度常常持比较消极的态度，这一般表现为压低社会保障的水平，压缩或限制社会保障的范围，同时尽力让政府承担较小的责任。反之，倾向于社会主义的政党和政府对社会保障则持相对积极的态度，在可能的条件下，会更强调民众的社会权利和政府应承担的责任，并

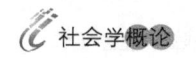

主张扩大社会保障范围，提高社会保障水平。这在美国、英国都有比较清晰的表现。

3. 社会结构

社会结构既指社会的阶层结构，也指社会的财富分配结构和权力结构。当劳动群体、基层民众在经济、政治和社会生活中占有重要地位的情况下，他们的基本生活状况会受到政府的关注。这些国家在具备一定经济能力之后会发展基本的社会保障制度。在中产阶级占主导地位的国家，社会保障制度将向更加完善的较高水平发展。

4. 社会福利文化

社会福利文化是一个社会中占主导地位的关于福利及其实现的观念、习惯和做法。英国社会福利学者平克认为福利文化包括人们对义务和权利的价值观，以及表达这些观念的习俗。福利文化作为生活方式的一部分存在于人们的生活之中，并指导着人们的福利行为。比如华人社会强调家庭在解决问题中的作用，基督教占主导地位的社会则强调社会互助的作用，进而形成应对基本生活问题的社会经验。在不同的福利文化下可能形成不同的社会保障制度，比如在华人社会容易形成传统的社会保障制度，重视家庭、亲属团体在社会互助中的作用。在天主教占主导地位的欧洲大陆，重视政府、社会团体和家庭在社会福利领域的合作，社会保障（社会福利）制度具有合作主义的特点。

三、中国社会保障制度的改革与重构

（一）计划经济时期的二元社会保障制度

由于多种原因，中国在计划经济时期形成了以户籍制度为基础的城乡二元社会结构。与之相联系，中国也就实行了二元社会保障制度，并成为二元社会结构的主要内容。从20世纪50年代开始，中国城市中逐渐形成以单位制为基础的社会保障制度。这种保障制度以国家企事业单位的职工为主要对象，通过他们所在的单位对他们给予全面的福利保障，包括就业保障、医疗保障、养老保障、住房保障，以及子女教育、就业方面的保障。其特点是高就业、低工资、高福利、高补贴。具体说来就是在城市中对劳动人口实施充分就业的政策，同时又实行低工资政策，在广大职工及其家庭生活方面实行高福利和高补贴政策，以保证其正常生活。这种由国家承办、通过各种单位实施的社会保障制度（国家—单位保障制度）保障了城市居民的生活，促进了社会主义建设，促进了城市居民的政治认同。但是，另外也出现了"社会福利养懒汉"的现象。

在农村，社会保障十分薄弱。除了对无依无靠的老人、孤儿实施的"五保"制度和灾害救济之外，农村居民几乎没有任何来自政府的制度化的保障。农民只是在集体生产的基础上实行"自我保障"。20世纪60—70年代，农村合作医疗制度在一定程度上对农民实行了医疗保障，但这种保障也只是农村社区的自我保障，因为它主要是通过农村集体劳动提留，作为其物质基础，而不是由国家公共财政转移支付。

（二）市场化进程中社会保障制度的改革与重构

1. 中国社会保障制度的改革

20世纪80年代中后期，特别是90年代中期以后，随着城市经济体制改革的进行，社会保障体制改革成为经济体制改革的重要配套制度，即一定意义上说，此时的社会保障制度改革是为经济体制改革服务的，或者说社会保障制度只是经济体制的一个组成部分，还不是要构建一个独立的现代社会保障制度体系。因此，与经济体制改革相一致，社会保障制度改革的主要内容是改变过去由政府（通过单位）包办的社会保障，建立政府、企业、个人共同承担责任的社会保障制度；改变由单位承办社会保障的做法，建立独立于企业的社会保障制度。对于社会保障制度改革的功能，政府将其定位于为经济体制改革创造条件，以及政治目标和民生目标。在做法上一是推行混合型社会保障制度，二是将企业的社会保障责任推向社会。另外，在社会保障和公共服务许多方面（如医疗、教育等领域）引进市场化机制，实行市场化改革。这种市场化改革一方面确实使企业卸掉了社会保障的包袱，支持建立了现代企业制度；另一方面也削弱了对人们的社会保障，并且，因为社会保障和公共服务领域的过分市场化，带来新的、比较严重的社会问题，诸如看病难、上学难、退休职工缺乏照顾等等。

在农村，家庭联产承包责任制的实行一方面焕发了农民的生产积极性，另一方面也导致了以集体经济为基础的农村合作医疗制度的解体。

总体来看，虽然此一阶段的社会保障制度改革为国有企业改革创造了条件，但是大量民生问题产生与凸显也折射出这一改革的偏差，即传统发展战略忽视了经济社会的协调发展，由此引发了复杂的社会问题，其中包括民生方面

的问题。❶

2. 中国社会保障制度的重构

20世纪90年代中期以后，中国快速向市场经济体制转轨，也带动了工业化、城市化、现代化的快速发展。受市场化、新管理主义的影响，社会保障和公共服务领域一度出现政府责任退缩、市场侵蚀过分严重的现象。在这种背景下，社会财富的两极分化加剧且迟迟不能缓解，社会弱势群体大量出现。这不但严重影响着弱势人群的基本生活，而且也对社会秩序的维持造成巨大威胁。

一方面经济的持续高速增长，政府财力大大增强，另一方面是贫困群体、弱势群体问题不断恶化。在这种背景下，政府开始改变国家的发展战略，提出用科学发展观代替以往的传统发展观，强调经济社会协同发展，并将社会建设作为一项重要的战略任务，与经济建设、政治建设和文化建设形成了"四位一体"的布局。适应人口老龄化、城镇化、就业方式多样化的实际，政府决定逐步建立社会保险、社会救助、社会福利、慈善事业相衔接的覆盖城乡居民的社会保障体系。

进入21世纪以来，我国的社会保障事业得到了较快发展，先后出台了城乡居民最低生活保障制度，实施新型农村合作医疗试点，全面实施劳动合同法保障劳动者合法权益，等等，困难群体、弱势群体、脆弱群体的合法权益得到一定保障。特别是十八大以来我国的社会保障制度改革又有了许多新的进展，具体措施主要体现在十八届三中全会全面深化改革决定的有关部分。2017年中共十九大进一步明确指出要加强社会保障体系建设，并且从社会保险、社会救助、社会福利、特殊人群保障、军人保障、补充保障、住房保障等方面对社会保障制度改革提出了一系列要求。按照兜底线、织密网、建机制的要求，全面建成覆盖全民、城乡统筹、权责清晰、保障适度、可持续的多层次社会保障体系。全面实施全民参保计划。完善城镇职工基本养老保险和城乡居民基本养老保险制度，尽快实现养老保险全国统筹。完善统一的城乡居民基本医疗保险制度和大病保险制度。完善失业、工伤保险制度。建立全国统一的社会保险公共服务平台。统筹城乡社会救助体系，完善最低生活保障制度。坚持男女平等的基本国策，保障妇女儿童合法权益。完善社会救助、社会福利、慈善事业、优抚安置等制度，健全农村留守儿童和妇女、老年人关爱服务体系。发展残疾

---

❶ 王思斌. 社会学教程（第四版）[M]. 北京：北京大学出版社，2016：290.

人事业，加强残疾康复服务。坚持房子是用来住的、不是用来炒的定位，加快建立多主体供给、多渠道保障、租购并举的住房制度，让全体人民住有所居。

第二节 社会政策

一、社会政策的含义、类型与功能

（一）社会政策的含义与特征

社会政策是政府的公共政策的组成部分，它是特殊的公共政策。一般说来，公共政策被认为是政府为有效管理社会、处理公共事务和解决社会问题而制定的行动方案和行动准则。例如政府制定的教育政策、卫生政策、劳动政策、环境保护政策、公共安全政策等都属于公共政策。

"社会政策"是外来词，是英语 Social Policy 的直译。"社会政策"一词最先出现于德国。1873 年，德国"新历史学派"❶ 的经济学教授们为解决德国当时最迫切的社会问题——劳资冲突，组织了"德国社会政策学会"。"社会政策"一词即发端于此。日本于明治三十年（1897 年）效仿德国也成立了"日本社会政策学会"。中国所使用的"社会政策"一词，最初是由日文转介过来的，自 20 世纪 40 年代初开始使用。但中华人民共和国成立后较长一个时期这个词很少出现。直到 20 世纪 90 年代，由于社会问题日趋严重，尤其是民生问题比较突出，关于社会政策的讨论渐渐多了起来，乃至成为学术研究的一个热点。❷

"社会政策"最初出现于德国时，基于当时劳资关系紧张、对资本主义制度的存在构成严重威胁的现实，当时的学者特别关注劳资冲突的解决与缓和，强调劳动政策的重要性。在 1872 年为成立"德国社会政策学会"举行的筹备会上，会议主席休谟纳在开幕词中指出：该会的性质，不是讨论主义，而是要深入问题的中心，把握当时最重要的改良事项，例如罢工、工会、工厂法以及劳动住宅问题，以求产生实际的效果。可见其着重点在于解决当时与劳动有关

---

❶ "新历史学派"也被称为"讲坛社会主义学派"，其代表人物有休谟纳（Gustaw Schmoller, 1838—1917）、瓦格纳（Adolph Wagner, 1835—1917）等人，都是一些在德国各高校讲授社会主义学说的教授、学者。该派一方面反对自由放任的资本主义举措，另一方面又不主张根本改变资本主义制度，并极力维护刚获得统一的德意志帝国。他们所主张的是通过社会政策对现存制度加以改良。李迎生，等. 当代中国社会政策 [M]. 上海：复旦大学出版社，2012：1.

❷ 李迎生，等. 当代中国社会政策 [M]. 上海：复旦大学出版社，2012：2.

的各种现实问题。德国社会政策学会的另一主干人物瓦格纳认为，所谓社会政策，就是要把分配过程范围内的各种弊害，采取立法及行政手段，以争取公平为目的而加以消除的国家政策。其着重点在于解决劳资之间的分配不公。❶ 第二次世界大战以后，社会政策研究在欧美各国普遍受到重视，关于社会政策的界定更多。其时的社会政策不再仅仅针对劳工阶级，也不再局限于劳动领域。马歇尔（T. H. Marshall）在1965年出版的《社会政策》一书中认为：社会政策指的是与政府有关的政策，这些政策涉及向公民提供服务或收入的行动，通过这些行动对公民的福利有直接的结果。因此，其核心由社会保险、公共救助、健康和福利服务、住房政策等组成。❷ 简言之，社会政策即通过政府供给对公民福利有直接结果的政策。迈克尔·希尔的看法与此类似，他认为："社会政策可以定义为'影响福利的政策行为'。虽然非国家机构也可以有'政策'，但'社会政策'这个一般性的表达方式主要是用来界定与公民福利有关的国家所起的作用。"❸ 蒂特姆斯（Richard M. Titmuss）认为社会政策主要关注在资源稀缺条件下，在市场机制之外通过人类组织来满足的一些人类需求。这种需求也称为社会需求。他指出："我们所关注的是对一系列社会需求，以及在稀缺的条件下人类组织满足这些需求的功能的研究。人类组织的这种功能传统上称为社会服务或社会福利制度。社会生活这个复杂的领域处于所谓的自由市场、价格机制、利益标准之外。"❹ 除社会福利之外，"社会政策的另两个范畴是'财政福利'和'职业福利'"❺。可见，在蒂特姆斯那里，社会政策是包括社会福利、财政福利、职业福利三个部分的广泛领域。因此，社会政策不仅是指政府供给，也包括广泛的社会供给。❻

比较马歇尔、蒂特姆斯等人的社会政策定义，共同之处是指出或强调了社会政策对象的全民性，这是和西方世界普遍实行"福利国家"体制的背景相适应的；至于社会政策的内容，他们基本上都将其限定于再分配领域。两者的差别在于，蒂氏界定的社会政策主体要比马氏广泛，政府之外的社会供给，也是社会政策的主体。马歇尔、蒂特姆斯关于社会政策的界定具有经典的意义，

---

❶ 刘修如. 社会政策与社会立法 [M]. 台北：台北五南图书出版公司，1984：54-56.
❷ T. H. Marshall, Social Policy, London, Hutchinson&Co. LtcL. 1965, p. 7.
❸ [英] 迈克尔·希尔. 理解社会政策 [M]. 北京：商务印书馆，2003：1.
❹ Richard M Titmuss, Commitment to WelfaM, Allen and Unwin, London, 1958, P. 41.
❺ Richard M Titmuss, Essays On "the WelfaTe State", Allen and Unwin. London。1976. p. 20.
❻ 杨伟民. 社会政策导论 [M]. 北京：中国人民大学出版社，2004：45.

对后来的学者产生了重要的影响。

中国学术界关于社会政策的界定，受西方学者的明显影响，同时也具有自己的特点。郑杭生、李迎生认为："社会政策是国家和政府为解决社会问题以实现公正、福利等特定的社会目标而制定的，是各种法律、条例、措施和办法的总称。"❶ 王思斌认为："社会政策是国家或机构为解决社会问题，增进成员福利，实现社会进步所采取的基本原则或方针。"❷ 他指出："由于现代市场经济可能伤害较低竞争能力者，并可能对他们的生活和社会秩序带来严重冲击，因此，从社会公正和社会安全的角度考虑，国家会制定一定的社会政策（或称社会福利政策），对社会或经济资源进行再分配，以公平合理地解决问题。"❸

从狭义的角度可以这样界定社会政策：社会政策是指政府制定的社会性政策，是政府为了解除人们的贫困、改善民生、促进社会公平而采取的干预行动。社会政策实质上是政府干预社会问题的一种手段，是政府借助行政力量解决因市场化和社会变迁而导致的困难群体、弱势群体的基本生活受损问题的措施。这个定义蕴含着社会政策的基本特征如下：

第一，以改善民生为直接目的。即社会政策是针对民生问题的政策，民生问题有多个层面，社会政策所对应的主要是最基本的层面，诸如贫困、失业、医疗、脆弱人群缺乏照顾等。社会政策要具体地解决这些问题。

第二，政府干预。社会政策是由政府制定和发布的，是政府面对社会问题的干预行动。政府的合法性和权威性决定了社会政策也具有权威性。它是政府制定并通过政府的行政体系予以执行的干预行动，一般表现为强有力的干预。

第三，一定的排他性或选择性。社会政策与公共政策的一个重要区别是社会政策的排他性或选择性。选择性指的是社会政策选择一定人群为服务对象而排除另一些不符合条件的人。这与公共政策以全体国民为对象有所不同。比如，基础教育政策是一项公共政策，但是针对我国西部贫困地区农村儿童的"两免一补"就是社会政策。保障全体国民的身体健康是公共卫生政策，对没有基本能力保护自己身体健康的贫困群体的医疗救助政策则属于社会政策。社会政策比公共政策涉及的范围要小，它关注的是基本生活比较困难的人群。

第四，追求社会公平。社会政策要解决的是现实问题，在理念上则有比较

---

❶ 郑杭生，李迎生. 社会分化、弱势群体与政策选择 [M] //中国人民大学中国社会发展报告 2002 郑杭生主编. 北京：中国人民大学出版社，2003：15.

❷ 王思斌. 社会工作概论 [M]. 北京：高等教育出版社，2001：133.

❸ 王思斌. 改革中弱势群体的政策支持 [J]. 北京大学学报（哲社版），2003（6）.

明显的追求社会公平的取向。不同国家、不同人群对社会公平会有不同的理解，但是在一个具体的社会里，基本的社会公平理念还是存在的。作为一个民主的现代国家有责任维护基本的社会公平，这首先表现为对弱势群体的扶助。社会政策不是从市场竞争力的角度看待问题，而是从人的基本权利的角度对待问题。[1]

（二）社会政策的类型

当今学界对社会政策的分类研究争议较大。我们认为，不同的划分标准可以区分出不同类型的社会政策，都有一定的参考价值。概括起来，社会政策大致有以下几种分类方法。

1. 按照实施领域（对象）来分

社会政策可以大致分为社会保障政策、公共卫生政策（医疗社会政策）、公共住房政策（住房社会政策）、公共教育政策（教育社会政策）、劳动就业政策（就业社会政策）、社会福利服务政策、针对特殊人群的社会政策和其他领域的社会政策体系等。其中每一类社会政策还可以进一步进行分类，如社会保障政策就可进一步划分为社会救助政策、社会保险政策、社会优抚政策等。而这些具体的政策还可再进一步进行划分，如社会保险政策就可以进一步细分为养老保险政策、失业保险政策、医疗保险政策、工伤保险政策、生育保险政策等。

2. 依据制定和实施的目标来分

社会政策可以分为剩余型社会政策、制度型社会政策和发展型社会政策。剩余型社会政策是指只针对那些真正困难的群体而制定的社会政策。制度型社会政策是国家或政府通过积极解决社会问题，满足公民的需要，保障公民的基本生存和促进社会发展，且政府以法律文件的形式予以规范化和制度化了的社会政策。发展型社会政策强调在应对社会问题和满足公民需要时实施对象的主体性，是强调个人、家庭、社会和政府多种力量共同合作，同时也强调将社会政策、经济政策和社会发展相融合，使三者相互促进、相互支持的社会政策。

3. 根据主体的不同来分

社会政策可以分为单一型社会政策和多元型社会政策。社会政策的主体包括社会政策的制定者和责任者、政策资源的提供者、服务行动的组织者和直接

---

[1] 王思斌. 社会学教程（第四版）[M]. 北京：北京大学出版社，2016：282.

供给者等。单一型社会政策是指主要将政府看做以上所有角色的集合,承担福利事业的所有职责,这必然增加政府的负担,导致行政效能降低和个人对政府的依赖等弊端。与此相对,多元型社会政策在强调政府主导地位的前提下,充分发动个人、家庭、社区、社会机构、企业等社会力量共同参与社会政策行动,而政府作为社会政策的制定者、监督者和资金支持者。这一方面提高了个人的责任意识,另一方面也弥补了政府力量的不足,减轻了政府的负担。

4. 按照实施的目标群体来分

社会政策可以分为普遍型社会政策和选择型社会政策。普遍性社会政策是指社会政策行动倾向于不加区分地给全社会或某些群体中的所有社会成员都提供相同的福利待遇,而不论他们是否都有相应的需要。选择性社会政策是指社会政策行动更倾向于先界定社会中或一个群体中哪些人真正具有特殊困难,并在此基础上将政策项目集中提供给那些最困难的个人或家庭,即不同需求产生不同的政策和行动。

5. 从资金来源和运行过程来分

社会政策可以大致分为纯福利型社会政策和准市场型社会政策。[1] 纯福利型社会政策是指社会政策的运行和服务的提供主要是由政府或"准政府机构"来发起,社会广泛实施再分配和收入转移,社会政策的目标群体可以无偿获得政府资助的公共服务而无须直接付费,这类社会政策注重公民的权利,体现了社会公正。准市场型社会政策是指社会政策的运行可以引入一定的市场机制,主要在改变政府的拨款方式、扩大受益者的选择范围、强化政策目标群体的责任和提高对政策实施机构的要求等方面,促使社会政策体系具有更高的效率和活力。

6. 从层次来分

社会政策可以分为总社会政策、基本社会政策和具体的社会政策。[2] 总社会政策是一个国家或地区社会政策体系中带有全局性、原则性、决定社会发展基本方向的社会政策。它对其他各项社会政策起着指导和规范的作用,是其他各项社会政策的出发点和基本依据。基本社会政策是用以指导某一领域、某一方面或某一部门的指导性政策,它是连接总的社会政策与各项具体社会政策的

---

[1] 杨团,关信平. 当代社会政策研究 [M]. 天津:天津人民出版社,2006:31.
[2] 丁建定. 社会政策概论 [M]. 武汉:华中科技大学出版社,2006:16.

中间环节。具体社会政策是基本社会政策的具体化,是为了贯彻、实施基本社会政策而制定的具体行为规则,体现并服从于总社会政策和基本社会政策的目标,是实现总社会政策和基本社会政策的手段和方法。

此外,埃斯平·安德森依据社会政策背后所涉及的理念来分,将社会政策划分为保守主义社会政策、自由主义社会政策和社会民主主义社会政策,这也是一种社会政策的分类方法。❶ 还有,李迎生等在《当代中国社会政策》一书中,采用上述第一种分类方法并结合第三种分类方法,将社会政策划分为不同领域的社会政策、不同对象(群体)的社会政策以及不同主体的社会政策。不同领域社会政策涉及就业、分配(主要从与社会政策的关系、着重从再分配角度加以分析)、教育、医疗、住房等;不同对象(群体)的社会政策涉及老年、儿童、妇女、农民工、残疾人、流浪乞讨人员、贫困人口等;不同主体的社会政策涉及社会互助政策、第三部门政策等。❷

(三) 社会政策的功能

1. 保障和改善民生

从社会政策的发展史及其含义我们可以看出,社会政策主要是为了解决社会上的困难群体的基本生活问题而存在的,即使是普遍的社会福利也是针对人们的基本生活的举措。社会政策是政府为改善民生、促进民众福利、促进社会公正而采取的干预行动,其首要功能是保障和改善民生。现代国家一般崇尚民主,因此也常常组成民选政府,以代表民意,并把为人民谋福利作为自己的责任,以获得人民的拥护。所以,任何政府,不管是持自由主义理念还是社会主义理念,都表现出关心民众疾苦、提高人民生活水平的追求。要改善民众的不尽如人意的生活状态,首先从最困难的民众开始,于是社会政策成为保障民生的最基本的考虑。实际上,即使在福利国家,其社会政策也是面对民众的基本生活的,只不过这些国家的民众基本生活的标准要高一些罢了。比如,有些学者认为社会参与是民众的需要,社会政策也要满足这方面的需要。

2. 促进社会公平

公平指的是对理想事物的合理分享,社会公平则是指社会成员对社会财富、发展机会的合理分享。公平包含着某种价值在内,即不同的价值观对公平的看法

---

❶ [丹] 考斯塔·埃斯平-安德森. 福利资本主义的三个世界 [M]. 北京:法律出版社,2003:62-79.

❷ 李迎生. 当代中国社会政策 [M]. 上海:复旦大学出版社,2012:6.

也是不同的。比如，持有自由主义观点的人比较强调市场的积极作用和个人在改善自己生活中的责任。相反，持有社会主义理念的人认为过分的市场将带来不公平，政府应该对之进行干预，以促进社会财富和机会的相对公平分配。

在市场经济条件下，由于个人生理、心理及社会条件等方面的原因，社会成员在经济收入、社会财富分配和发展机会方面存在着巨大差距，这不但造成严重的贫困现象，而且会伤害社会公平，并危及人的基本权利。在这种情况下，政府借助社会政策手段可以解决或缓解社会问题，促进社会公正。

3. 维护社会秩序

社会政策可以解决或缓解特定的社会问题，从而达到维持社会秩序的目的。维持社会秩序是任何政府的一项重要任务。由于自然原因和社会原因，某些群体的基本生活遇到严重困难，大规模的贫困现象对社会秩序产生威胁。即使在社会发展的大背景下，社会财富和发展机会分配严重不公，也会使社会结构充满张力。为了消解这些威胁和过大的张力，政府出台社会政策，对利益受损群体给予补偿和援助，可以达到缓解社会矛盾、维持社会秩序的目的。

4. 促进社会团结

社会团结是社会成员之间的相互连带状态，它表现为社会成员的一致性和社会整合。按照迪尔凯姆的观点，剧烈的社会转型会造成社会失范现象。在从传统社会向现代社会转变、计划经济体制向市场经济体制转变的过程中，社会失范现象是不可避免的。在这一过程中，过分强调市场的作用会再次造成社会财富的两极分化，造成强者对弱者的社会排斥，并酿成不同利益集团之间的对立和冲突。社会政策通过合法化的社会财富再分配，向市场机制的受损者提供一定的补偿和支持，可以在一定程度上缓解社会矛盾和社会冲突，消解社会排斥，促进社会团结。

社会排斥是通过某些方式阻隔某些个体或群体参与社会生活的状况。社会排斥表现在经济、政治、社会生活等多个领域，一般是强者对弱者的排斥。社会排斥与下列因素直接相关：低水平的生活、缺乏保障、缺乏参与、决策权的缺乏、社会政策的缺失等。社会排斥对社会整合、社会团结形成严重的负面影响，因此，改变社会排斥、促进社会融合是促进社会团结的手段，社会政策就是重要的制度化措施。

二、社会政策过程

社会政策过程是指社会政策从制定形成到实施实现的过程，它包括社会政策制定和社会政策实施两个阶段。它也是各方行动者围绕着政策确立和政策实施而展开的互动过程。广义的社会政策过程包括社会问题的发现、解决问题的政策动议、政策方案的形成、政策方案的选定、政策文本的编写、政策的发布、政策的贯彻实施、政策实施过程的监控、政策效能评估、政策的完善和修订等一系列内容。

(一) 社会政策制定

社会政策制定是指社会政策从准备到决策再到政策文本确定的过程。它是社会政策主体（政府）为了满足某些或全体社会成员的需要、解决社会问题而制定相应政策的过程。社会政策制定的基本内容包括：收集有关社会问题的信息，并对人们的社会需要进行分析；在此基础上根据所掌握的资源进行政策方案设计；对政策方案进行论证并进行政策方案选择，从中选出最优的合适方案；进行政策试点；最终确定并发布政策。

政策方案的设计看起来是一个技术过程，实际上也是一个复杂的社会过程和政治过程。对一个合理、科学、可行的社会政策，需要考虑社会需要与资源之间的平衡关系。这里要考虑社会需要的满足需要动用多少社会资源，政府是否拥有和是否可能动员足够的资源来满足这些需要，政府所拥有的资源可以在多大范围和程度上满足社会需要。于是，政策对象的范围，政策所提供的社会福利的水平就成为社会政策方案制订中重要的问题。同时，社会政策的实施体系，即依靠何种社会组织系统去实现政策也成为社会政策制定阶段必须认真考虑的因素。

在社会政策制定阶段，政策的确定或决策最重要、最关键。社会政策的制定或决策是指政策制定者确定政策内容、具体规定和形成政策文本的行动。传统的决策把它看作是高层领导行使权力的过程，即集中决策。现代决策是民主决策，是建立在科学论证基础上的决策。

(二) 社会政策实施

社会政策实施是贯彻落实政策，实现政策要求和目标的过程。社会政策实施包括：政策执行者理解政策的内涵，建立政策执行的组织机构和体系，准备政策执行的资源，向政策对象宣讲政策，实际地落实社会政策的内容要求，了解政策执行情况，评估政策执行效果，政策执行情况报告等。

需要注意的是，社会政策的实施是一个十分复杂、充满了各种张力的过程。

首先，政策实施过程不是简单地自上而下的过程，而是充满了互动，包括合作、竞争、谈判和妥协。理想的社会政策实施被看作政府的自上而下的政策执行和贯彻过程，认为政策的实施落实就是政府颁布政策、执行政策和政策对象接受政策的过程。社会实践表明，这种看法过于简单化和理想化。实际上，在政策实施过程中，参与这一过程的不是政策执行者和政策对象两个人，而是包含多个主体或群体。在政策实施方面是由不同层级、不同部门的政策实施者组成的政策实施系统，政策对象则是由不同个人组成的群体。就政策实施来说，不但有来自上层的政策，而且可能有基于当地情况和地方利益而形成的对政策的修改，后者被称为对政策的"再制定"。于是社会政策的实施过程就具有了复杂结构的政策实施主体的组织、协调过程，而且这个过程绝不是简单的自上而下的过程，而是充满了互动，包括合作、竞争、谈判和妥协的过程。

其次，政策实施中的自由裁量是影响社会政策贯彻落实的重要因素。自由裁量是指政策执行者价值无关的或价值相关的（有意或无意）的、未按既定规则实施、而在一定范围内自己做决定的行为。在社会政策实施的过程中，政策执行者因为自己的知识和理解、自己的价值观或自己利益等因素，使政策的执行发生偏差，就是执行者的自由裁量。自由裁量与韦伯的科层制假设不同，相对于既定政策来说，这种自由裁量导致了目标偏离。比如，我国社会政策执行中的"根据当地情况进行调整""变通""上有政策下有对策"等，都是自由裁量在起作用，进而对社会政策的实施产生了多种影响，这些影响既可能有消极的，也可能有积极的。

三、中国社会政策的发展

（一）转型期中国社会政策发展的特点

1. 计划体制时期的社会政策

计划经济时期我国独立的社会政策十分有限。社会政策的低度发展与国家的经济落后状况有关，也与长期实行的城乡二元制度有关。在社会发展尚未得到重视的情况下，社会政策基本上依附于经济政策，一些带有社会政策性质的规定常常与经济政策融合（或混杂）在一起，如国有企业职工的退休、养老政策，农村的扶贫开发政策等。

2. 社会转型期我国社会政策的发展

首先，与社会保障制度的变迁相一致，改革开放（当代中国社会转型）

以来的某些社会政策规定是服从于经济体制改革和经济发展的，或者是作为经济体制改革的配套政策出现的。20世纪90年代以来，随着我国对外开放，经济获得持续高速增长，同时大量社会问题出现，中国学术界开始了社会政策（社会福利政策）的研究，从对困难群体的关怀和社会进步的角度，阐明发展社会政策的重要性，由此开启了社会政策的相对独立发展，而不再是依附于经济政策的新思路。

社会的快速转型使得有数千年农业文明、农村人口众多的中国遇到了前所未有的问题。无论是农村贫困问题、农村居民医疗问题、养老问题、流浪儿童问题，还是城市的失业问题、老人照顾问题等，都尖锐地摆在政府和人们面前。一方面原来解决问题的制度失效，如城市的单位制度效力大减，农村的集体经济制度基本瓦解；另一方面产生了许多新的、我们从来没有遇到过的问题，如失业问题。在这种背景下，政府就需要承担起更多的责任，保障民生和维持社会稳定。于是，在社会主义和谐社会建设（2006年《决定》）的总思路下，中共中央首次提出要重视社会政策，中国社会政策发展迎来新阶段——"社会政策时代"。

3. 转型期我国社会政策发展的特点

除了针对儿童、老年人、残疾人及妇女的国家法律外，近些年来，中国政府在较短时间内集中颁布了一系列社会政策。如《城市居民最低生活保障条例》《失业保险条例》《城市生活无着的流浪乞讨人员救助管理办法》，以及免除农业税，建立农村最低社会保障制度、农村新型合作医疗制度、农村社会养老保险制度等重要的政策法规。

有学者认为，中国正在迎来"社会政策时代"。所谓社会政策时代，是指一个国家或地区，以改善弱势群体和广大群众的生活状况为目的的社会政策普遍形成，并且作为一种制度被有效实施的社会现象或社会发展阶段。它具有如下一些基本特征：社会公正理念在社会中获得普遍认可，社会福利政策被制定和实施，社会福利政策的普遍发展并覆盖人们正常生活的诸多领域，有效实施社会政策的组织体系的建立，经济政策与社会政策体系是整合的。从中国这些年来的社会政策实践及未来发展前景来看，中国社会政策的发展具备了上述社会政策时代所需要素的某些特征。

社会政策时代的到来已较为雄厚的经济实力为基础，同时政治因素在促进社会政策时代方面的作用是绝不能忽视的。政府在制定和实施社会政策方面有着直接的责任，发展社会政策是政府加强自身能力建设的组成部分。在机遇和挑战并存的社会转型期，政府不但要强化宏观上把握经济、政治、文化、社会与生态环境协调发展的能力，而且从社会稳定、社会公正与社会和谐的角度来看，也要加强社会政策能力建设，不失时机地、正确地制定社会政策和有效地实施社会政策。

当前一段时期，中国社会政策的发展带有浓厚的转型特点，主要表现为：第一，社会政策的出台具有被动性。所谓被动性是指由于社会问题严重，政府不得不出台社会政策以应对之。应该说任何社会政策的出台都具有某种程度的被动型特点，但是中国的社会政策往往是在社会问题相当严重的情况下才制定的，甚至是被迫出台的。第二，社会政策从选择型向普惠型发展。以往中国的社会政策基本上是针对少数无依无靠的老年人和儿童，属于典型的选择型社会政策。近些年来，随着以民生为重的社会建设任务的展开，社会政策的对象也在逐步扩展，向困难群体提供的援助水平不断提高，而且社会政策的类别也在增加。这样，就会有越来越多的困难人群、弱势人群成为社会政策惠及的对象，社会政策初显普惠型特征。现在，政府已经提出建立适度普惠型社会福利的思路，它将推动中国的社会政策向普惠型福利的方向发展。第三，社会政策的低水平与发展性。由于中国还属于不发达国家，所以社会政策提供的社会福利不可能达到较高水平，而只能是广覆盖、低水平。另外，发展型社会政策将成为中国社会政策的重要组成部分。发展型社会政策兼顾了经济发展和社会福利，从社会发展和经济发展相协调的角度来看待社会政策在发展中的作用。它在促进就业、反贫困、社区发展等领域将获得快速发展。第四，社会政策的碎片化与整合。由于财政体制、行政管辖范围、经济实力等原因，当前中国许多社会政策呈碎片化特征，即社会政策是部门政策、省市政策，各省市、部门之间的政策互不衔接，缺乏整合。这也反映了我国各地经济社会发展水平不平衡的现实，也给政策的落实和进一步发展带来障碍。与此相联系，一些社会政策在实施过程中被扭曲、被变通，地方政府和基层执行者的"自由裁量"使社会政策目标发生偏离。

（二）发挥社会政策的托底作用

近几年来，受国际经济形势和我国经济发展规律、发展阶段的影响，我国经济已经进入"新常态"。"新常态"是一个发展阶段，其重要特征是：经济从高速增长转向中高速增长，从结构不合理转向结构优化，从要素投入驱动转向创新驱动，从隐含风险转向面临多种挑战。面对新的发展机遇和社会风险，中央提出"宏观政策要稳、微观政策要活，社会政策要托底"的应对策略。

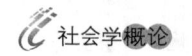

社会政策托底是出于"底线思维",即不能因为经济增长下行、经济结构调整而使中下层群体遭遇基本生活上的风险。社会政策要托底,政府的基本做法是实施好最低生活保障制度,做到应保尽保、社会救助精准化。除此之外,还应该从社会救助、促进就业、劳动者的能力建设、社会心理建设相结合的角度,积极发挥社会政策托底作用。

第三节 社会工作

一、社会工作的含义与功能

(一)社会工作的含义

"社会工作"一词由英文"social work"直接翻译而来。一般认为,社会工作大概是在20世纪初,发轫于英国,发展于美国,专指对于有病态现象或有生活困扰的个人、家庭或社区提供救济或服务的工作。王思斌教授给出的解释是:社会工作是指运用专业知识和方法从事社会服务的职业活动。它是以利他主义为指导,以科学知识为基础,运用科学方法,帮助处于困境的个人、群体和社区解决困难,预防问题发生,恢复、改善和发展其功能,以适应和进行正常社会生活的职业服务活动。社会工作的本质是向有需要、特别是困难群体提供专业化的服务;它是社会福利的传输系统,即通过社会工作向困难群体和其他有需要的人士提供适宜的服务。❶ 对于社会工作的解释,不同学者所持的观点不一,综合学术界的讨论,把其含义要点归纳为以下几个方面。

①社会工作是一种助人的活动。社会工作的使命和职责首要的是帮助那些在社会生活中遇到各种困难和问题的个人、家庭、群体和社区等,从最初的慈善施舍逐步演化发展而来的现代社会工作,一开始就带有十分鲜明的助人特征,因此,从本质上来说,社会工作应该是一种以利他主义为导向的助人自助的活动,是一种充满爱心的崇高事业。

②社会工作是一种专业。从世界范围看,现代社会工作已经成为一种有其自身规定性的专业,它有特定的专业价值理念和道德追求,有特定的专业知识基础和理论系统,有特定的专业服务的程序、方法和技巧,有特定的专业伦理守则和行为规范,有特定的专业服务机构和专业团体组织,有特定的专业服务

---

❶ 王思斌. 社会学教程(第四版)[M]. 北京:北京大学出版社,2016:294.

人员以及培养其专业人员的培训与教育等。

③社会工作是一种职业。现代社会工作在西方作为一种发展比较成熟的专业，已经从早期的附属于纯粹的慈善事业的状态中脱离了出来，担负起了特定的社会责任；发达国家和地区社会工作的实践充分表明，专业社会工作亦不同于完全由政府举办的社会救助或社会福利工作，已经从传统的行政职业框架中分离出来，发展为一个相对独立的职业领域并日渐成熟。从社会分工和职业分化的角度看，社会工作已经担负起特定的社会分工的责任，发挥着其他职业或行业所不可替代的功能与作用。

④社会工作是一种制度。社会工作作为由政府或民间团体举办的一种规范化、专业化的社会服务事业，它不仅对个人和家庭发挥着积极的作用，而且对社会的发展、稳定与进步发挥着其他工作所不可替代的作用。现代社会工作已经发展成为社会良性运行的不可或缺的调节机制，是缓解社会矛盾、进行社会整合的有力工具，因而已被纳入到现代社会的制度系统之中，成为贯彻政府的社会福利政策、保障社会福利目标达成的一套制度性设置，它既是现代社会福利事业的"发送体系"或"代理实体"，又是现代社会福利制度的有机组成部分。实践证明，现代社会条件下，专业社会工作体制的健全和其功能的充分发挥，能够促进一个社会现代社会福利事业的健康发展，使得现代社会福利制度的理念、价值、项目和服务等真正有效地贯彻落实。

⑤社会工作是一种过程。社会工作作为一种专业的助人服务活动，在其具体的实施上表现为一个复杂且灵活多变的过程。在社会工作实际进行的过程中，服务提供者与服务享受者之间的角色互动，实则是一种在特定情景中的互动，即包含了特定角色、文化、价值、资源以及信息的互动。因此，社会工作服务活动的进行，就是多种复杂因素相互作用、综合而成的行动系统运行的过程。

⑥社会工作是一门学科，也是一门艺术。现代社会工作已经发展成为一门助人的学问，它是专门研究怎样科学而有效地助人自助、解决社会问题的学问。从学科性质上看，它是一门建立在哲学、社会学、心理学、政治学、伦理学、经济学、管理学、教育学等多种学科知识基础之上的综合性社会科学；从学科归属上来看，它是一门应用社会学。同时，社会工作的具体实践过程，还必须在其专业知识和理论的指导下，运用十分复杂而灵活多样的专业方法和技巧，因此它又是艺术性特别突出的助人活动。综上而言，社会工作既是求真

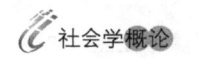

的，又是尚美的，还是向善的，它是真善美的有机统一体。[1]

(二) 社会工作的功能

1. 社会工作的基本功能

社会工作的目的或功能是要协助个人和社会解决问题，发展个人潜能，改善个人生活并增进社会福利。换言之，社会工作的功能，在于积极地解决社会问题，且经常地预防社会问题的产生，并发挥发展社会生活的功能。史基摩及萨克雷等学者将社会工作的功能归纳为下列三种：①恢复的功能。恢复的功能指恢复受伤的社会功能，包括治疗及康复两种层面。社会工作借治疗或处置，能使失去的适应能力及幸福恢复起来，即消极地解决社会问题。康复是复原与再组，对失去的生活功能与制度加以维持，以得到常态的生活。例如协助听觉障碍者装置助听器，使其恢复听觉能力；安排被遗弃的孤儿到寄养家庭，使其适应新家庭生活；挽救失和夫妻，使子女不致因父母不和而变为问题青少年等。②预防的功能。社会工作可预防社会功能的失调，即预防新问题的产生及旧问题之再生。我们必须早期发现问题的状况，分析它的成因，设法加以控制，以减除问题，此乃积极地预防社会问题。例如举办职业训练，使国人均有一技之长，并加强就业辅导，使国人充分就业，则可消减贫穷并减少犯罪，此乃预防的功能。③发展的功能。发展的功能又称提供资源的功能，指发掘社会资源及启发个人潜能，积极地发展社会生活。社会工作具有教育的作用，在于使人们认识所处环境中的种种社会资源，并对现有资源作更有效的运用，即强化社会福利体系，以提升社会大众之健康与生活品质。例如帮助人们学会如何申请急难救助，介绍未婚怀孕少女到"未婚妈妈之家"，协助社团及机构举办座谈会或研读班等。

2. 直接功能与间接功能

社会工作作为一个专业，其功能或作用是十分广泛的。简要而言，可以从两个方面来概括，即社会工作专业的直接功能和间接功能。直接功能即通过专业活动直接使人与环境发生改变；间接功能即通过专业活动的结果间接地促进社会整体运行的良性发展。社会工作专业的直接功能主要包括提高人们应付问题的能力，促进人与资源体系的互动，改良人与人之间的互动，发展和调整社会政策，分发经济或物质资源，控制人们的社会行为；社会工作专业的社会功

---

[1] 尹保华. 现代社会工作：理论、实务与本土化 [M]. 长春：吉林人民出版社，2004：9 – 11.

能主要包括保护社会的安全网络，维护社会公平与正义，调节市场与人性之间的冲突，促进社会团结与社会整合，参与社会控制与维护社会稳定等。根据王思斌教授的概括，社会工作的直接功能即为社会工作的助人功能，主要包括：第一，解困。即当受助者遇到困难但尚未达到危及生存的程度时，社会工作者对其提供帮助，帮其走出困境。第二，救难。即社会工作者通过介入服务对象面临的危机，帮助其脱离险境，保护生命安全和生活安全。第三，发展。即社会工作不但关注解困，而且关注人的发展，帮助服务对象实现自身发展是社会工作的基本功能。社会工作的间接功能即维护社会秩序的功能，也就是说，社会工作的基本功能是服务，间接地可以发挥维护社会秩序的功能，主要是指社会工作可以通过解决社会问题来维持社会秩序；社会工作通过服务可以缓解不令人满意的状况，阻止问题的进一步恶化，预防其对社会秩序的伤害，包括在某些情况下，社会工作通过危机干预，可以避免反社会行为的发生——在这种意义上看，社会工作也在参与社会控制，社会控制是社会工作的衍生功能。❶

二、社会工作的价值观和方法

（一）社会工作的基本价值观

社会工作是一种价值相关的专业和活动，价值观在社会工作专业中具有十分重要的地位，被认为是社会工作的核心和灵魂。社会工作专业特别注重价值观的培养，因为它决定着社会工作者提供服务的方式和效果。所谓社会工作价值观是指社会工作者在专业服务中所奉行和遵守的一整套的指导其实践的思想、观念和基本原则。社会工作的价值观可简略地概括为"助人自助"，这反映在关于人的价值、个人与社会的关系、个人与社会的责任、对服务的看法以及社会发展理想等诸多方面。❷

在对人的看法上，社会工作认为人的尊严和价值是至高无上的，人有潜能和实现自己合理目标的权利，同时，每个人又有其特殊性；在个人与社会的关系方面，社会工作坚持集体主义的观点，即认为社会是由不同的人群组成的整体，个人是社会的组成部分，正因如此，当某些社会成员遇到困难时，社会（包括政府）就应该对其施以援手；在个人与社会的相互责任上，社会工作强调社会有为社会成员提供发展条件的责任。与此相对应，个人也有尽快走出困

---

❶ 王思斌. 社会学教程（第四版）[M]. 北京：北京大学出版社，2016：294.
❷ 王思斌. 社会学教程（第四版）[M]. 北京：北京大学出版社，2016：297.

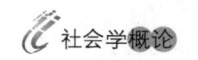

境，减轻社会的负担及为社会作贡献的责任；社会工作专业团体认为，社会工作所提供的专业服务应该适合服务对象的需要，要尊重、接纳服务对象，反对依仗服务牟取个人私利。同时，社会工作认为应该尽量发挥服务对象的潜能，并促进其发展；在对社会发展的理想方面，社会工作追求社会正义和社会进步。

（二）社会工作的专业方法

社会工作是一个以专业方法为支柱的专业性服务工作，甚至可以这么说，社会工作专业发展的过程，就是社会工作专业方法发展的过程。因此，方法在社会工作专业体系中占据着举足轻重的地位，也是实现社会工作专业目标的关键。经过长期的社会工作实践，社会工作形成了一系列行之有效的助人方法，并且还在不断地完善和发展之中。主要包括个案工作、小组工作、社区工作和社会行政等。

1. 个案工作

个案工作是最早产生的一种社会工作专业基本方法，它与小组工作、社区工作一起被认为是社会工作专业传统的三大经典方法之一。个案工作（casework）是个案社会工作或社会个案工作（social casework）的简称。它是社会工作者运用科学的专业知识和技巧，以个别化的方式为有困难的个人及家庭提供物质和心理方面的支持，以帮助个人和家庭减低压力、解决问题、挖掘潜能，不断提高个人、家庭的生活质量与福祉的工作方法。个案工作经过近百年的实践和发展，逐渐形成了众多流派的实践理论，形成了不同的个案工作理论模式，主要有心理—社会学派、问题解决派、行为修正派、理性情绪治疗模式、人本治疗模式、个案管理模式等。

2. 小组工作

小组工作是以两个或以上的个人组成的小组为工作对象的社会工作方法，它主要由社会工作者通过有目的小组活动和组员间的互动，以处理个人、人与人之间、人与环境之间的问题。小组工作的功能有四个方面：第一，影响个人发生转变。人是依赖群体经验成长和发展的，当人出现生存能力方面的各种问题或心理行为有偏差时，通过小组过程，可以恢复人的原有能力，达到社会化；小组过程可以影响个人的价值观念、态度及行为发生转变，成为家庭和社会中负责任的积极角色；在小组中通过不同经验的分享，可以丰富和扩大经验和见识，改善人际关系；小组工作可以使其成员发展面对问题与解决问题的能力，学习适应危机情景，促进个人成长。第二，社会控制。矫治性、教育性、治疗性的小组工作，通过小组过程可以使小组成员学习遵从适应社会需要的行为规范，培养起社会责任心，在社会生活中担当起积极而有用的社会角色。第三，用集体的力量解决问题。在小组中，小组成员必须学习共同思考，团结协作，共同面对环境。这个过程既会增进小组成员与他人配合解决问题的能力，也可以用团队的力量来共同解决问题。第四，再社会化。小组工作通过帮助其成员建立适应社会需要的新的价值观、新的知识、新的技巧，来改变小组成员的行为，使他们成为更适应社会生活的积极角色。在运用小组工作的方法解决社会问题的过程中，较有影响的是三大模式，即社会目标模式、治疗模式、互动模式。

3. 社区工作

在西方社会工作发展历史上，社区工作最初是在城市里开展的，当时名为社区组织工作，简称社区组织。社区组织的出现是为了解决西方社会的城市里由于工业化而引发的一系列社会问题，后来发展成为社会工作专业的一种基本方法。社区工作是以社区为基本载体所开展的专业社会工作。社区工作是以社区及其成员整体为对象的社会工作介入手法。社会工作者通过组织社区成员有计划地参与集体行动，建立和增强对社区的归属感，培养自助、互助和自决精神，促进其社区参与，以解决社区问题，满足社区需要。社区工作是由若干要素组成的系统。首先，社区工作以社区及其成员为服务对象。其次，它有任务目标和过程目标两个层面目标。任务目标是解决一些具体问题和满足某些特殊需要，如完成某帮困计划、改善生活环境等；过程目标是促进社区成员的能力，提升社区凝聚力，如帮助成员增强解决问题的信心、技巧和能力，发掘和培养社区领袖参与社区事务，培养成员的责任感并增加其社区归属感。其三，社区工作需要根据对象的特性采用相应手法。它需要采用结构导向解决问题，需要发动成员集体参与，需要运用社区资源，需要专门的策划和组织。因此，社会工作者进行社区工作实务时，需要把握其多方面特性，采用相应策略。社区工作模式是社区工作实务的提炼和总结，主要包括地区发展模式、社会策划模式、社区照顾模式和社区教育模式等较受关注的策略模式。比如，灾后自救可采用地区发展模式，对象是整个受灾区域。受灾后，不少居民流离失所，家破人亡，对整体灾情和未来态势缺乏了解，基层组织也遭到破坏。尽管如此，保障基本生活是共同利益所在。社区工作者可在灾民中招募基层干部、党团员等组成若干个工作小组，分担不同功能，发动集体智慧，就食物、住宿、卫生、安全等问题进行磋商并达成共识，再推动这些工作小组与灾民进行沟通和讨论，发动更多人士参与，并联络外在资源，逐步渡过困境，促使生活基本恢复。

4. 社会行政

社会行政也叫社会工作行政或社会福利行政，是较晚得到认可的社会工作领域，直到1977年才发行了第一本专业杂志《社会工作行政》。目前，社会行政已成为社会工作理论和实务中不可或缺的系统，并成为社会工作方法系统的有机组成部分。社会行政是依照行政程序，妥善利用各种资源，实施社会政策，以向有需要者提供社会服务的活动。社会行政是间接的工作方法，它有宏观和微观之分。宏观社会行政是在较高层次上执行社会政策的活动，也被称为社会福利行政。微观社会行政是具体实施社会政策、推动和统筹社会服务的活动，在社会工作专业中也称为社会工作行政。根据执行主体，社会行政可分为政府层面的社会工作行政和机构层面的社会工作行政两大类型。政府层面的社会工作行政就是政府社会福利主管机关按照社会福利的政策和法律，在其辖区内运用各种工作技术和策略，解决、处理和预防社会问题。它依托面向全局的保险、福利、救助、卫生、教育等政策，政策覆盖范围较大，但条文较笼统。该类型涉及如下领域：社会问题的调查研究，社会政策的决定与社会立法的创制、修订，社会福利制度与方法的研究实验，社会福利工作制度与标准的建立，社会福利经费的预算筹措与分配、保管和运用，社会组织和社会建设的促进发展，社会资源的利用等。机构层面的社会工作行政是服务机构按照各自功能承担职责，与民众一起工作，充分发掘和运用所有资源，从而有效地向服务对象提供服务的过程。它一般与较小范围服务对象的问题和需要有关，策略具体且有很强操作性。该类型涉及如下领域：研究社区及确定机构目标，从而为确定受助人提供标准，发展机构的政策、方案、程序以实现机构目标，提供财力资源、预算和会计，选择专业和非专业人员并与董事会、志愿机构人员和机构领导者一起工作，提供并维护机构的设施，发展一套计划以建立和维持有效的社区关系，保有完整及正确的机构作业资料并提供定期报告，评估方案计划和人员并进行有关研究等（Trecker，1971）。[1] 例如，某社会服务社决定对社区青少年进行求职技能训练，社区青少年的招募、资金募集、培训内容设计、教师和场地的安排、工作人员的分工、进度计划和经费方案制订等都属于机构

---

[1] 白秀雄. 社会福利行政 [M] // 社会工作概论李增禄主编. 台北：台北巨流图书公司, 1999.

层面的社会工作行政的内容。

社会工作作为一门应用学科，其方法有三个突出的特性。第一，实践取向。社会工作专业方法是根据实践的要求对社会工作专业理论、价值和目的的诠释，是使专业理论、价值和目的从抽象形态向可操作形态的转换，社会工作专业方法的作用，不是建构理论模型，而是实施助人过程。第二，以人为本。以人为本的方法理念，是社会工作实践方法的根本性质，社会工作专业方法的选择必须符合受助者的利益，必须是对解决案主的问题和促进其发展最有利的。例如在专业服务中，如果涉及案主的隐私问题，其服务方法选择个案方法比小组方法可能更合适。第三，科学与艺术的结合。社会工作既是一门科学，也是一门艺术，是科学和艺术的整合体。科学性要求社会工作专业服务必须有科学的知识、理念、原则、程式方法等，艺术性则要求灵活与创新、针对性与个别化。因此，社会工作专业方法在符合科学规范的前提下，必须强调工作者对专业方法和技巧的灵活掌握和创新运用，以满足不同案主的不同需求。

三、中国社会工作的发展

20世纪初社会工作传入中国，在其后的一段时间内得到了一定程度的发展。到20世纪50年代随着社会学的被取消，社会工作作为社会学下属的专业和学科也随之停止了其专业教育和学术研究的工作。20世纪80年代以来社会工作得以恢复重建，经过各有关方面的持续努力，克服了很多困难，取得了较好的发展成效。进入21世纪以来，社会工作专业教育、社会工作实务等方面的发展比较迅速。2006年的中共中央十六届六中全会提出要"建设宏大的社会工作人才队伍"，被学界称为社会工作"春天"的到来。随后，在政府和社会力量的共同推动下，社会工作事业得到更快的发展。比如，截至2017年，各地共开发了312089个社会工作专业岗位，设置了36485个社会工作服务站，成立了7511家民办社会工作服务机构和750家社会工作行业协会。全国取得助理社会工作师和社会工作师证书的人员共326574人。十八大以来，中央政府及社会有关方面更加重视社会工作的发展，2015、2016、2017和2018年连续四年，"专业社会工作"被写进国务院《政府工作报告》中，并指出要促进专业社会工作的健康发展。从这些年《政府工作报告》中使用的"发展""支持"到"促进"专业社会工作发展这些词汇来看，对于进一步推动社会工作的持续健康发展可谓意义重大。从社会工作在社会发展中的应用情况看，多年来，社会工作已经被纳入很多政策范畴和实践领域之中予以实施，应用十分广泛。如果按照社会工作的实务领域来看主要有：第一，按照弱势人群划分包括儿童社会工作、青少年社会工作、老年社会工作、妇女社会工作、残疾人社会工作等；第二，按照业缘场域划分包括家庭社会工作、学校社会工作、企业社会工作、医务社会工作、军队社会工作、农村社会工作等；第三，按照政策领域划分包括扶贫脱贫、社会救助、社区矫正、青少年事务、未成年人保护、残疾人康复、养老服务、社区建设等范畴。当然，由于我国的改革还不到位，社会工作的发展也面临着许多现实的困难。但可以坚定地认为，随着中国特色社会主义进入新时代，中国的社会工作事业亦将迎来更多更好的发展机遇，社会工作必将能够为中国社会的进步和人民福祉的提升作出应有的贡献。

思考与研讨

1. 社会保障的含义与特征。
2. 社会保障的内容体系。
3. 社会保障的制度类型。
4. 社会保障的功能。
5. 中国社会保障制度的改革与重构。
6. 社会政策的含义与类型。
7. 社会政策过程。
8. 转型期中国社会政策发展的特点。
9. 发挥社会政策的托底作用。
10. 社会工作的含义与功能。
11. 社会工作的价值观和专业方法。
12. 中国社会工作的主要应用领域。

推荐阅读书目

1. 《社会学概论》编写组：《社会学概论》（马工程重点教材），人民出版社、高等教育出版社，2011年版。
2. 王思斌：《社会学教程》（第四版），北京大学出版社，2016年版。
3. 戴维·波普诺：《社会学》（第十版），中国人民大学出版社，1999年版。
4. 理查德·谢弗等：《社会学与生活》（插图第9版），世界图书公司，2006年版。
5. 关信平：《社会政策概论》，高等教育出版社，2004年版。
6. 郑功成：《社会保障学》，商务印书馆，2000年版。

7. 王思斌：《社会工作本土化之路》，北京大学出版社，2010年版。
8. 李珍：《社会保障理论》，中国劳动社会保障出版社，2001年版。
9. 尹保华：《现代社会工作：理论、实务与本土化》，吉林人民出版社，2004年版。
10. 艾斯平·安德森：《福利资本主义的三个世界》，法律出版社，2003年版。
11. 安东尼·吉登斯：《第三条道路》，北京大学出版社，2000年版。
12. 安东尼·哈尔等：《发展型社会政策》，社会科学文献出版社，2006年版。

第十五章 社会研究方法

正如本书导论部分的有关内容所言,社会学的学科知识体系包括社会学理论、应用社会学和社会研究方法,那么,学习社会学这门学科的知识,自然包括社会研究方法的内容。

第一节 社会研究方法概述

一、社会研究的概念与类型

(一)社会研究的概念

社会研究(social research)是个比较宽泛的概念,它既包括社会科学各学科的研究,也包括各个社会工作部门的研究。在一般情况下,科学家并不对这一概念作严格的定义。例如前苏联学者认为:"任何有关一定社会生活现象的研究都可称为具体的社会研究。"❶ 美国也有学者持有相似的看法。❷ 只是在一些专业场合,科学家才将它限定为社会科学各学科的"科学"研究。有时为防止概念混乱,他们不笼统地使用"社会研究"一词,而直接用社会学研究、人类学研究、政治学研究或经济学研究等。❸ 风笑天认为,社会研究(Social Research)是一种以经验的方式对社会世界中人们的行为、态度、关系以及由此所形成的各种社会现象、社会产物所进行的科学的探究活动。从这一定义可知,社会研究是科学研究的一个部分,它的目标是探索和理解我们生活于其中的社会世界。而从事这种活动所用的方法,就是社会研究方法。社会研究方法是各门社会科学的重要组成部分之一,它也是社会科学区别于哲学等具有思辨

---

❶ [苏] 社会学研究所主编. 社会学手册 [M]. 杭州:浙江人民出版社,1983:16.
❷ [美] K. D. 贝利. 现代社会研究方法 [M]. 上海:上海人民出版社,1986:3.
❸ 袁方. 社会研究方法教程 [M]. 北京:北京大学出版社,1997:8–13.

色彩的人文学科的重要标志之一。在某种意义上，我们可以说，正是以经验性、实证性为特征的社会研究方法使社会科学与哲学相区分，使社会科学与人文学科相区分。[1] 在美国及其他一些国家或地区的著作中，通常将其称为"社会研究方法"（Methods of Social Research），或者"社会科学研究方法"（Research Methods in Social Science）。在社会学的语境中，即为"社会学研究方法"或"社会研究方法"，之所以叫做"社会研究方法"，或许还与这种方法不仅在社会学这门学科中所使用，同时还在政治学、法学、犯罪学、人类学、教育学、心理学、管理学、传播学等社会科学中广泛使用有关。在一定意义上说，社会研究方法是众多研究社会现象的社会科学都可以普遍采用的一般性方法。

（二）社会学研究及其特点

社会科学的各学科，如经济学、政治学、法学、教育学等，都是从某一侧面来研究社会现象。社会学则不然，它的侧重点不是某一活动领域，而是侧重研究社会的基本性质、社会整体的结构与内部联系，以及人类行为和社会生活的一般方式。法国社会学家布东认为，社会学研究包括："由于人们的相互作用而产生的风格、结构和制度，形成和削弱这些风格、结构和制度的力量，参加群体和组织对于人们的行为和性格所产生的影响。此外，社会学还阐述人类社会的基本性质，这包括地方性和普遍性，并阐述保持连续性和引起变革的各种过程。"[2]

社会学研究的主要特点如下。

1. 综合性

社会学研究注重社会现象之间的联系，特别是注重对影响社会现象的各种因素进行综合分析。例如，影响一个社会人口增长的主客观因素有很多，如经济因素、心理因素（个人生育意愿）、政治因素（国家的生育政策）、科技因素（医疗卫生条件）等等。但社会学研究并不孤立地分析其中某一因素的影响，而是注重分析不同的社会制度、不同的文化背景、不同的历史时期所有因素是如何发挥作用的。这种综合分析并非仅仅将各学科的理论、方法和观点综合起来，而是引入新的视野，在与各有关学科密切合作的基础上，探讨社会不同层次之间（个人、群体、组织、社区……）以及社会各个组成部分之间的

---

[1] 风笑天. 社会研究方法（第四版）[M]. 北京：中国人民大学出版社，2013：3.

[2] [法] R·布东. 社会学方法 [M]. 上海：上海人民出版社，1987；[英] A·R·德拉克利夫-布朗. 社会人类学方法 [M]. 济南：山东人民出版社，1988.

相互作用，探讨制度化的社会形式与人的社会行动之间的相互影响。

2. 实证性

社会学把社会整体的性质问题——如社会的组成、社会结构、社会秩序与社会关系的形成、社会变迁的原因、社会发展规律等——作为自己的主要研究领域。这一任务在过去一直是由社会哲学或历史哲学承担的。但哲学并不能提供真实可靠的知识。德国学者赖欣巴哈指出："哲学是在找出科学答案的手段尚未具备时对问题的回答。"从某种意义上说，社会学是社会哲学的实证化。从社会学的奠基著作《实证哲学》（孔德）这一书名可以看出这门学科的实证性。可以说，社会学是试图用各种科学方法来解答过去由社会哲学或历史哲学所回答的问题。由于这一目的，实证方法和科学方法论在社会学中具有特殊的意义。❶ 需要说明的是，这里所说的"实证性"，不能简单地等同于"实证主义"；同时，强调社会学研究注重"实证方法"和"科学方法论"，其实更好的表述应该是说社会学研究是所谓的"经验研究"，它既包括实证主义方法论支撑的研究，也包括人文主义方法论支撑的研究。总之，一句话：不能把社会学研究的实证性等同于实证主义方法论意义上的研究。

（三）社会研究的类型

根据不同的标准，可以将社会研究分为不同的类型。按研究方式，可将社会研究分为调查研究、实地研究、实验研究和文献研究四种基本方式；按研究性质，可将社会研究分为理论性研究和应用性研究；按研究目的，可将社会研究分为探索性研究、描述性研究和解释性研究；按调查对象的范围，可将社会研究分为普遍调查、抽样调查和个案调查；按时间维度，可将社会研究分为横向研究和纵向研究；按研究的应用领域，可将社会研究分为行政统计调查、学术性调查、民意调查和市场调查等。❷

社会研究的类型划分

	划分标准	具体类型
1	研究方式	调查研究、实地研究、实验研究和文献研究
2	研究性质	理论性研究和应用性研究
3	研究目的	探索性研究、描述性研究和解释性研究

---

❶ 尹保华. 通识社会学 [M]. 长春：吉林人民出版社，2004：19-20.
❷ 周璐. 社会研究方法实用教程 [M]. 上海：上海交通大学出版社，2009：15.

续表

	划分标准	具体类型
4	调查对象	普遍调查、抽样调查、个案调查
5	时间维度	横向研究、纵向研究
6	应用领域	行政统计调查、学术性调查、民意调查、市场调查

二、社会研究方法体系

（一）社会研究方法体系的构成

从语义学角度解释，所谓"方法"是指"按照某种途径"（出自希腊文"沿着"和"道路"的意思）；从字面上讲指的是"一门逻各斯"，即"关于沿着——道路——（正确地）行进的学问"。《中文大辞典》中的解释：方法指的是人的活动的法则，是"行事之条理和判定方形之标准"。具体地说，"方法"就是人为了达到一定的目的而必须遵循的原则和行为。"研究方法"是从事研究的计划、策略、手段、工具、步骤以及过程的总和，是研究的思维方式、行为方式以及程序和准则的集合。

任何一门科学在对本身研究的同时，必然形成一套严密的方法体系。这种方法体系的建立又会大大促进科学研究自身的发展。自然科学方法体系的形成经历了从零星的、局部的、不系统的，到大量的、整体的、系统的研究的发展过程，从而建立了包括哲学方法、一般研究方法和特殊研究方法在内的完整体系，促进了自然科学的飞速发展。社会科学也在逐步形成自己的方法体系，其主要特点是以方法论为基础，以社会理论为指导，以逻辑科学作为自己的思维方法，并且不断批判吸收自然科学的研究方法。

袁方教授认为，对"研究方法"进行探讨可以包括方法的特点、理论基础、操作程序、具体手段、作用范围等方面。一般来说，"研究方法"可以从三个层面进行探讨：①方法论，即指导研究的思想体系，其中包括基本的理论假定、原则、研究逻辑和思路等；②研究方式或方法，即贯穿于研究全过程的程序与操作方式；③具体的技术和技巧，即在研究的某一个阶段使用的具体工具、手段和技巧等。❶ 也就是说，社会研究方法体系主要是由三大层次构成：社会研究的方法论、社会研究的基本方式、社会研究的具体方法，或曰技术和

---

❶ 袁方. 社会研究方法教程［M］. 北京：北京大学出版社，1997：24.

工具。❶ 如下图所示：

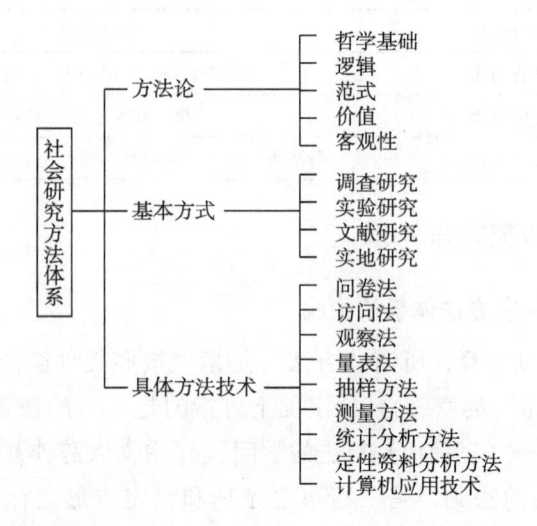

```
                    ┌─ 哲学基础
                    ├─ 逻辑
            方法论 ──┼─ 范式
         ┌          ├─ 价值
         │          └─ 客观性
         │
社        │          ┌─ 调查研究
会        │          ├─ 实验研究
研        ├─ 基本方式 ┼─ 文献研究
究        │          └─ 实地研究
方 ───────┤
法        │          ┌─ 问卷法
体        │          ├─ 访问法
系        │          ├─ 观察法
         │          ├─ 量表法
         └─具体方法技术┼─ 抽样方法
                    ├─ 测量方法
                    ├─ 统计分析方法
                    ├─ 定性资料分析方法
                    └─ 计算机应用技术
```

（二）社会研究方法论

1. 社会研究方法论的含义及主要议题

所谓方法论（methodology），从词义上说就是关于方法的理论学说。也就是说任何方法都是在一定理论指导下产生的，是在一定理论指导下研究问题、解决问题的手段和工具。同时，方法论还意味着理论的实践作用，当用一定的理论去观察问题、解决问题的时候，理论也就具有了方法的意义。艾尔·巴比认为，认识论（epistemology）是知识的科学；方法论（methodology，认识论的一支）或许可以称为寻找解答的科学。❷ 袁方教授认为，社会研究方法论所要探讨的主要议题是：社会科学能否像自然科学那样客观地认识社会现象？是否存在客观的社会规律？应采用何种方法来研究社会现象？如何判断社会科学知识的真理性？人的主观因素（如价值观、伦理观）对社会研究有什么影响？研究必须以一定的方法论为指导，但方法论并非统一的。方法论是与一定的哲学观点和学科理论相联系的，不同的理论学派有不同的方法论，不同的学科也有不同的方法论。❸

---

❶ 尹保华. 社会科学研究方法 [M]. 北京：中国矿业大学出版社，2017：30.

❷ [美] 艾尔·巴比. 社会研究方法（上）[M]. 邱泽奇，译. 北京：华夏出版社，2000：34 - 35.

❸ 袁方. 社会研究方法教程 [M]. 北京：北京大学出版社，1997：24 - 25.

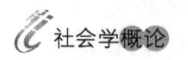

第十五章 社会研究方法 ♦

2. 马克思主义社会科学方法论

(1) 马克思主义社会科学方法论的基本内容和功能定位

从内容体系上来说，马克思主义社会研究方法论以辩证唯物主义和历史唯物主义为根本方法，包括以实践为基础的研究方法、社会系统研究方法、社会矛盾研究方法、社会主体研究法、社会过程研究方法、社会认知与评价方法、世界历史研究方法等，构成了一个科学的和开放的方法论体系，涉及如何正确处理主体与客体、系统与要素、矛盾与过程、个人与群众、认知与评价、世界历史与民族历史等一系列社会发展中的重大关系问题。

从根本性质和基本功能上来说，我们认为，马克思主义社会科学方法论是不能与西方社会研究方法同日而语的，它既不同于西方主流的实证主义和人文主义（或曰反实证主义）各执一词的争论，更不同于西方社会科学固有的和特定的意识形态属性。❶ 马克思主义社会研究方法论批判继承人类认识史上的积极成果，克服唯心主义和旧唯物主义的历史局限，依据人类文明进步与发展而变革创新，开启了科学认识人类社会的新时代，形成了正确的社会研究的指导思想和真正科学意义上的方法论原则。列宁高度评价了马克思主义的创立，认为它是社会认识史上的伟大革命变革，"马克思的历史唯物主义是科学思想中的最大成果"❷，是"唯一科学的历史观"❸，它使"过去在历史观和政治观方面占支配地位的那种混乱和随意性，被一种极其完整严密的科学理论所代替"❹。毛泽东同志对马克思主义的形象比喻十分科学，他指出："我们的眼力不够，应该借助于望远镜和显微镜。马克思主义的方法就是政治上军事上的望远镜和显微镜。"❺ 可以看出，马克思主义社会科学研究方法论的功能定位是：可以帮助人们树立正确的立场、观点、方法，可以为各门社会科学的研究提供

---

❶ 在国外社会理论学界经常把马克思与西方的一些学者相提并论，比如，西方社会学界把马克思与迪尔凯姆（或译为涂尔干）、马克斯·韦伯并列为社会学的奠基者；再如，英国当代著名社会理论家吉登斯表示：认为孔德和马克思对社会科学后来的发展产生了卓越的影响却是合情合理的。孔德和马克思同样看待并致力于神秘和神秘化的终结。马克思和孔德一样可以被认为是先知性的，而且他们都努力建立一门关于社会的科学，在对人类社会生活的研究中，这门社会科学将再产生出已经被自然科学放弃的、同样出色的阐释力和解释力（安东尼·吉登斯. 社会学方法的新规则 [M]. 田佑中，刘江涛，译. 北京：社会科学文献出版社，2003：70 - 71——"第一版导言"）。虽然他们高度评价了马克思的学术贡献，给予和肯定了马克思极高的学术地位，但是对他们的一些观点和做法我们并不完全认同。我们认为不能简单地把马克思与西方社会理论领域的其他学者等量齐观。

❷ 列宁专题文集：论马克思主义 [M]. 北京：人民出版社，2009：68.
❸ 列宁专题文集：论辩证唯物主义和历史唯物主义 [M]. 北京：人民出版社，2009：163.
❹ 列宁专题文集：论马克思主义 [M]. 北京：人民出版社，2009：68.
❺ 毛泽东选集（第1卷）[M]. 北京：人民出版社，1991：212.

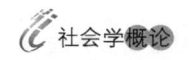

基本原则和合理途径,从而有利于人们在科学方法论指导下从事社会历史问题研究,进而正确分析、选择和运用各种具体的社会科学方法。[1]

因此,在社会研究中,必须深入学习和理解马克思主义社会科学方法论的基本内容,科学把握马克思主义社会科学方法论的根本属性和功能定位;在实际的各门社会科学研究中,坚决以辩证唯物主义和历史唯物主义的马克思主义根本方法论为指导。遵循马克思主义社会科学方法论的基本原则,主要包括普遍联系的观点,历史的、发展的观点,对立统一的观点,质与量相结合的观点等,[2]同时还要与时俱进,坚持和不断发展马克思主义社会科学方法论。[3]

(2) 马克思主义社会科学方法论的基本原则[4]

第一,客观性原则。按照人类社会的本来面目认识和理解人类历史,以理论体系的不断自我更新和研究方法的不断自我改进,科学揭示社会历史在运动和发展过程中"自己构成自己的道路",坚持认识论的实践标准、历史观的生产力标准和价值观的人民利益标准,反对任何一种形式的主观主义。

第二,主体性原则。从人自身的求真、求善、求美等内在要求出发,全面认识和评价社会历史客体,并在观念中能动地创造和构建起社会历史发展的未来理想图景,在真理认识、功能评价和审美追求的统一中把握人在社会认识中的自觉能动性,特别要着力揭示人民群众创造历史的伟大作用,为人民群众改造世界提供强大的精神动力和理论指导,坚持群众史观,反对英雄史观。

第三,整体性原则。正确认识自然与社会的关系,把对社会的研究纳入自然—社会的大体系中加以考察,社会认识活动以宏观的历史为背景;正确认识个人与社会的关系,以现实的、活动着的个人作为出发点,去把握社会的运动和结构;把各种分散、零碎的社会现象看做社会总体运动的有机组成部分,在各种社会要素的有机联系中揭示社会有机体的内在组织结构,特别要着力揭示生产方式在社会体系演变中的决定作用,坚持历史唯物主义,反对历史唯心主义。

第四,具体性原则。具体问题具体分析是马克思主义活的灵魂。坚持具体地看问题,反对抽象地看问题。分析任何一个社会问题,都要把它放在一定的

---

[1] 研究生思想政治理论课教学大纲编写组. 马克思主义与社会科学方法论 [M]. 北京:高等教育出版社,2013:8.
[2] 袁方. 社会调查原理与方法 [M]. 北京:高等教育出版社,2000:24.
[3] 研究生思想政治理论课教学大纲编写组. 马克思主义与社会科学方法论 [M]. 北京:高等教育出版社,2013:8-13.
[4] 研究生思想政治理论课教学大纲编写组. 马克思主义与社会科学方法论 [M]. 北京:高等教育出版社,2013:8-10.

历史范围之内，对社会现象应当从其内在性质、空间范围和时间特性等方面进行具体的考察研究，作出定性、定量和定时的分析与判断，从与其他事物的各种联系中获得对于特定社会事件的具体了解和掌握。在阶级社会和有阶级存在的社会中，要着力分析各阶级之间具体的阶级利益和阶级对立，揭示阶级社会的特殊矛盾结构和阶级斗争的客观规律，探寻不同阶级、阶层在经济上的不同地位，用以解释他们在社会政治权利和思想文化上的差异与对立。

第五，发展性原则。在社会的相对稳定中揭示社会的运动与变化，在社会的运动与变化中揭示社会发展的趋势和规律，在社会内部矛盾和外部矛盾的交互作用中揭示社会发展的动因与条件，全方位勾画社会有机体的立体和动态结构。以对现实的把握为基点，去回溯社会发展的历史，展望社会发展的未来。坚持大众地看问题，反对静止地看问题。

（3）坚持与发展马克思主义社会科学方法论[1]

坚持马克思主义社会方法论的指导地位，积极推动其与时俱进，是自觉推动社会文明进步的要求，是深化社会科学研究的需要，也是由马克思主义与时俱进的性质所决定的。

第一，坚持马克思主义社会科学方法论的指导地位。马克思主义社会科学方法论具有严格的科学性和意识形态的先进性。它是马克思主义世界观、历史观在方法论上的体现，是人类思想史的结晶，是人民群众认识社会、改造社会的锐利思想武器。它在学校实践观的基础上，正确回答了社会存在与社会意识、主体与客体、生产力与生产关系、经济基础与上层建筑、个人与群众等范畴之间的辩证关系，把唯物主义和辩证法彻底地贯彻到了社会历史领域，为人们科学认识社会历史和正确从事社会实践活动提供了根本的方法论指导。

第二，正确对待当代西方社会科学方法论。当代西方社会科学方法论主要表现为科学主义与人文主义、个体主义与整体主义以及结构功能主义等不同流派。科学主义是用自然科学的眼光看待人文社会科学的研究对象、学科性质和研究方法，主张在自然科学的规范和方法论系统中构建人文社会科学的研究方式和体系。认为人文主义强调人文社会科学与自然科学在研究对象、学科性质和研究方法方面的根本区别，否认在人文社会科学研究中运用自然科学方法的必要性和可能性。个体主义认为个体及其行动是社会运动和社会结构的基础，主张从个体出发揭示社会现象。整体主义认为社会整体决定社会个体，主张从

---

[1] 研究生思想政治理论课教学大纲编写组. 马克思主义与社会科学方法论 [M]. 北京：高等教育出版社，2013：10-13.

整体出发解释社会现象。结构功能主义主张借鉴现代自然科学方法来研究人类行为和社会系统，揭示人类社会系统与生物、物理系统相同的结构和机制。西方社会科学方法论有悠久的历史，也有许多积极成果，特别是在微观层次和操作层面有许多科学合理的因素，值得我们借鉴和吸收。

第三，马克思主义社会科学方法论是开放的科学体系。马克思主义社会科学方法论在与社会实践的互动中展示出自己所特有的开放性。我们应当自觉以马克思主义为指导，认真总结社会主义的历史经验，借鉴和吸收人类一切文明成果，直面当代人类文明发展中的各种矛盾和问题、各种理论和方法，通过深入研究和探索，不断丰富和发展马克思主义社会科学方法论。经济全球化和新的科学技术革命深刻地改变了当今世界的面貌，使人类社会的生产方式、生活方式和思维方式发生了并将继续发生历史性巨大变化。恩格斯说："随着自然科学领域中每一个划时代的发现，唯物主义也必然要改变自己的形式；而自从历史也得到唯物主义的解释以后，一条新的发展道路也在这里开辟出来了。"[1] 面对当代世界的新变化和当代中国的新发展，哲学社会科学工作者应当破除迷信，解放思想，超越陈规，与时俱进，以更加开放的心态、更加广阔的视野、更加缜密的思维，坚持和发展马克思主义社会科学方法论。

3. 西方社会研究方法论

社会研究必须以一定的理论和方法论为指导，但方法论并非统一的，不同的理论学派有不同的方法论，不同的学科也有不同的方法论。在西方主流的社会研究领域，存在着两种基本的、同时也是相互对立的方法论倾向：一种是实证主义方法论，一种是人文主义方法论。

实证主义方法论认为，社会研究应该仿效自然科学的研究方法，将社会现象当做纯粹客观的现象来测量和分析，通过对社会现象进行具体、客观的观察，对经验事实作出客观的研究结论。实证主义方法论所采用的研究范式或方式最为典型的是定量研究，通过定量研究将社会现象及其关系和变化趋势用精确的统计语言描述出来，从而达到认识和预测社会世界的目的。实证主义的核心是唯科学主义，它的本质特点在于对社会现象采取客观主义或自然主义的态度以及所谓"价值中立"的立场。也就是说，这一方法论的基本观念是立足于自然主义公设，以及社会文化现象可还原为自然现象的假定之上，并由此逻辑导出该方法论的一些基本原则。社会文化现象和自然现象本质是同一的，社会现象与过程同自然现象与过程相比，不是另一种新的现实，因此，可以依靠

---

[1] 马克思恩格斯文集（第4卷）[M]. 北京：人民出版社，2009：281-282.

自然规律来予以解释；社会科学的知识体系应按照自然科学的模式来建立，并运用它的方法论观点；作为学者的社会科学家必须遵循"价值中立"的要求，放弃对研究对象和结果作任何价值的判断与评价；社会科学知识体系本质上只是一种工具（或工具性知识）。❶

人文主义方法论亦称为反实证主义方法论，它认为，社会现象和人们的行为与自然界的运动是不同的，人类自身的特殊性要求我们对社会现象和人类行为的研究采用特殊的方法和视角，主张通过深入到被研究者的内心世界去理解他们的行为及其所产生的社会后果（"理解的方法"），以及结合人类行为主体对社会世界的认识能力和能动特性、思维与意志等，来描述或建构研究对象的经验世界。人文主义取向的社会科学研究常常采用定性或质性研究的范式进行，它对社会生活的描述也较为深刻和细致。❷

（三）社会研究的基本方法

研究方式指的是研究所采取的具体形式或研究的具体类型。通常，我们把社会研究的基本方式划分为四种主要类型，即调查研究、实验研究、实地研究和文献研究。其中每一种方式都具备某些基本的元素或特定的语言，构成一项具体研究区别于其他研究的明显特征。同时，每一种方式可以独立地走完一项具体研究的全部过程。下表对这四种研究方式进行了概括和总结。❸

研究方式	子类型	资料收集方法	资料分析方法	研究性质
调查研究	普遍调查 抽样调查	统计报表 自填式问卷 结构式访问	统计分析	定量
实验研究	实地实验 实验室实验	自填式问卷 结构式访问 结构式观察 量表测量	统计分析	定量
实地研究	参与观察 个案研究	无结构式观察 无结构式访问	定性分析	定性
文献研究	统计资料分析 二次分析 内容分析 历史比较分析	官方统计资料 他人原始数据 文字声像文献 历史文献	统计分析 定性分析	定量 定性

---

❶ 德兰逊. 社会科学——超越建构论和实在论［M］. 长春：吉林人民出版社，2005：3.
❷ 风笑天. 社会研究方法（第四版）［M］. 北京：中国人民大学出版社，2013：7.
❸ 风笑天. 社会研究方法（第四版）［M］. 北京：中国人民大学出版社，2013：8-9.

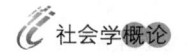

（四）社会研究的具体技术与方法

社会研究方法体系的第三个层次是各种专门技术和工具，或曰具体方法和技术。指的是在研究过程中所使用的各种资料收集方法、资料分析方法，以及各种特定的操作程序和技术。社会研究方法的专门技术主要有社会测量技术，资料收集技术和资料整理、分析技术。社会测量技术主要包括各种测量指标的设计，量表、测验表、问卷的设计以及指标的综合等。资料收集技术主要有观察技术、访谈技术以及对文献资料的审阅、摘录、评估等。资料整理、分析技术则有资料的审核、分类、编码、复查、登录、汇总、统计等。社会研究的工具主要是指收集资料的量度工具和各种辅助器械。量度工具包括各种观察记录表、量表、测验表、问卷或调查表等；辅助器则有录音机、照相机、录像机。它们处于社会研究方法体系的最具体的层面，具有专门性、技术性、操作性的特点。

第二节　社会研究的一般过程

一、社会研究的五步工作程序

（一）确定选题

对于社会研究者来说，选择一个合适的研究问题并非一件十分简单的事情。从程序上看，选择研究问题是一项社会研究活动的起点，是整个研究工作的第一步。研究问题一旦确定，整个研究活动的目标和方向也就随之确定。有众多的因素决定和制约着研究问题的选择。这些因素包括研究者的理论素养、生活阅历、观察角度、研究兴趣，也包括他所处的社会环境及他所具有的客观条件等。研究问题选择得如何在一定程度上决定着整个研究工作的成败，决定着研究成果的好坏优劣。因此，应当对选题阶段的工作给予高度的重视。

选题阶段的主要任务包括两个方面。一是选取研究主题，即从现实社会中存在的大量的现象、问题和领域中，根据研究者的兴趣、需要与动机确定一个研究主题，比如家庭关系、人口流动、越轨行为、企业制度等。二是形成研究问题，即进一步明确研究的范围，集中研究的焦点，将最初比较含糊、比较笼统、比较宽泛的研究领域或研究现象具体化、精确化，将其转化为既有价值又有新意，同时还切实可行的研究问题。一般来说，我们首先选取一个研究主题，然后在这一主题领域中，选择和形成一个研究问题。这一过程既是一种包含着从一般到特殊的"过滤"过程，也是一种从模糊到清晰的"聚焦"过程。

（二）研究设计

研究设计也称为准备阶段或计划阶段。如果从准备阶段的角度看，主要包括初步探索、研究设计和试验性调查三个步骤的工作。

①当研究课题确定并进入准备阶段之后，首先要做的一件事就是初步探索，即探索性研究或先导性研究，经过文献梳理、访问专家、实地观察等方法确定研究课题的具体问题。

②研究设计是准备阶段最主要、最困难的工作。它要在初步探索的基础上提出研究设想以及相关的理论解释，确定研究方法和方式，拟定调查提纲，建立测量指标，设计各种量表或调查问卷，确定资料收集和分析方法，以及抽样方案、研究计划等。风笑天认为，如果说选择研究问题的意义在于确定研究的目标和方向，那么研究设计阶段的全部工作就可以理解成为实现研究的目标而进行的道路选择和工具准备。所谓道路选择，指的是为达到研究的目标而进行的研究设计工作，它涉及研究的思路、策略、方式、方法以及具体技术工具等各个方面。从研究目的、研究的用途、研究方式、分析单位，直到具体的研究方案，就像实施一项工程之前必须进行工程设计一样，要保证一项社会研究工作的顺利进行，保证研究目标的完满实现，也必须进行周密的研究设计。所谓工具准备，主要指的是对研究所依赖的测量工具或信息收集工具如问卷、量表、实验手段等的准备。当然，这种准备工作还包括对社会研究中各种信息的来源——研究对象的选取。❶

③研究设计完成后，并不意味着直接就可进入收集资料阶段，尤其是量化研究一定要经过试验性调查，检验问卷和量表的有效性，修正问卷或量表中存在的问题。因为，量化研究的成本很高，并且通常是一次性调查，如果先期的研究设计存在很大缺陷，将会导致调查研究的完全失败。

---

❶ 风笑天. 社会研究方法（第四版）[M]. 北京：中国人民大学出版社，2013：14.

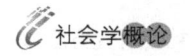

(三) 资料收集

有的书中出将此阶段称为"研究实施"阶段。[1] 这个阶段的主要任务，就是具体贯彻研究设计中所确定的思路和策略，按照研究设计中所确定的方式、方法和技术进行资料的收集工作。这个阶段的主要特点是：研究者往往要深入实地，要接触研究者；或者要设计出实验环境、实施实验刺激和测量；或者要收集大量的文献资料。在这一阶段中，所投入的人力也最多，遇到的实际问题也最多；因此，需要很好的组织和管理。另外需要注意的是，由于社会现象的复杂性，或者出于现实条件的变化，我们事先所考虑的研究设计往往会在某些方面与现实之间存在一定的距离或偏差，这就需要我们根据实际情况进行修正或弥补，发挥研究者的灵活性和主动性。

(四) 资料分析

资料分析阶段在有的书中也称为"研究阶段"。这一阶段的主要任务是，对研究所收集到的原始资料进行系统的审核、整理、归类、统计和分析。就像从地里打下的粮食，要经过很多道加工的工序，才能最终成为香甜可口的食品一样，从现实社会中所得到的众多信息和资料，也要经过研究者的各种"加工"和"处理"，才能最终变成研究的结果和结论。这里既有对原始数据资料的整理、转换和录入计算机等工作，也有对原始文字资料、图片资料、音像资料等的整理、分类和加工工作；既有对数据资料进行的各种定量分析，也有对定性资料进行的综合、归纳和解读分析等。

(五) 得出结果

本阶段也可以称为总结阶段。这一阶段的任务主要是撰写研究报告（或学术论文、学术著作、学位论文等），评估研究质量，交流研究成果。研究报告是一种以文字和图表将整个研究工作所得到的结果系统地、集中地、规范地反映出来的形式，它是研究成果的集中体现。而撰写研究报告也可以说是对整个社会研究工作进行全面的总结。从研究的目的、方式，到资料的收集、分析方法，到研究得出的结论、研究成果的质量，都要在研究报告中进行总结和反映。同时，还要将研究的成果以不同的形式应用到社会实践中去，真正发挥社会学研究在认识社会现象、探索社会规律中的巨大作用。

---

[1] 风笑天. 社会研究方法（第四版）[M]. 北京：中国人民大学出版社，2013：14.

二、社会研究一般过程简析

（一）社会研究一般过程的特征

第一，研究过程的每一个步骤都是相互依赖的。任何一个步骤都必须在前一步骤完成之后才能进行，都必须依赖下一步骤而深化。第二，研究过程是一个不断循环的过程。任何课题在经过一轮研究循环之后，除了取得研究成果以外，还可以提出需要进一步研究的问题，这些问题就成为新的研究循环的起点，形成新的研究课题。它可以使我们对某些特定社会现象或问题的认识不断深入，提高社会研究的水平。第三，研究过程保证了研究结论的可验证性。经过研究后得出的结论是否科学，一个重要标准就是研究结论是否可以验证。特别是那些经过周密调查而得出的具有重大社会意义的研究结论，都应该能够让其他研究人员进行检验。这种验证就是按照原研究设计的步骤，即按照原先的研究过程重复研究。因此社会研究过程或步骤可以使原研究重复进行，以检验研究结论的科学性。第四，无论是定量研究还是定性研究，它们的研究过程或步骤基本上是一致的，但是在每个具体的阶段或步骤中还是有很大的差别。一般而言，在准备阶段，定量研究的研究设计是比较精细的，定性研究的研究设计相对比较"粗放"或者是比较"开放"，因此定量研究的准备时间比较长，定性研究的准备时间相对较短。在调查阶段，定量研究一般是"一次性"的，定性研究是"反复"的。也就是说，定性研究需要经过反复调查，反复观察，才能获取有价值的资料。因此定量研究的调查时间相对较短，而定性研究的调查时间相对较长。定量研究每个阶段都有比较明确的时间节点，调查的阶段性特点比较明确，而定性研究的各个阶段有时是重叠的。也就是说，在定性研究过程中，研究设计有时需要根据资料的收集情况加以调整和完善，根据调查资料充实或修正自己的理论框架，在调查阶段同时要进行资料的整理和分析。并且资料的整理和分析也基本上是同步的；定量研究和定性研究的上述区别主要在于定量研究基本上采用的是假设演绎法。而定性研究虽然有时也尝试采用假设演绎法，但是比较多的是采用归纳法。

（二）社会研究一般过程图析

根据前面的分析，可以把社会研究的一般过程图示如下[1]：

---

[1] 尹保华. 社会科学研究方法 [M]. 北京：中国矿业大学出版社，2017：82.

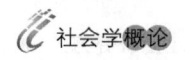

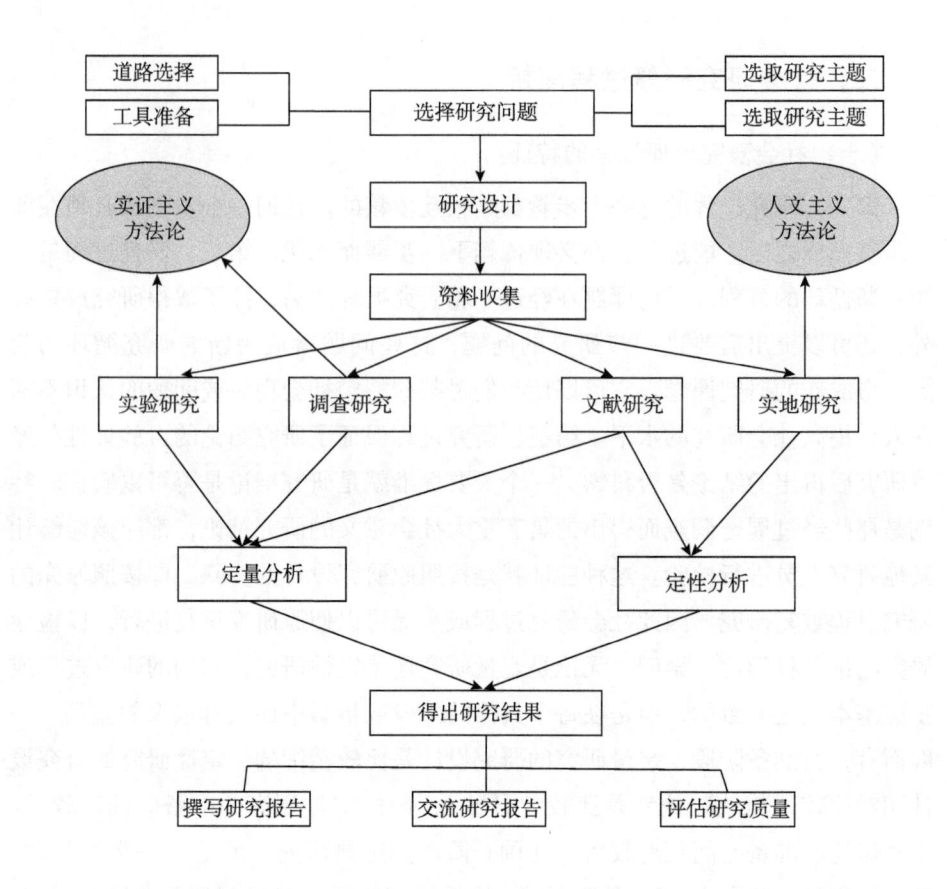

```
                道路选择
                工具准备  ──┐      选择研究问题      ┌── 选取研究主题
                            │                      │    选取研究主题
                            │                      │
         实证主义            │       研究设计       │         人文主义
         方法论              │          ↓          │         方法论
                            │       资料收集       │
                            │          ↓          │
              实验研究   调查研究          文献研究   实地研究
                        ↓                      ↓
                      定量分析              定性分析
                            ↓              ↓
                           得出研究结果
                            ↓    ↓    ↓
                  撰写研究报告  交流研究报告  评估研究质量
```

上图表明，社会研究的过程始于研究问题，经过若干个不同的阶段，最终到达研究结果。图中的箭头则表明，从问题到结果的"道路"不止一条，它暗示着社会研究可以有多种不同的方式选择。

另外需要说明，图示之研究过程及其阶段的划分只是一种理想的模式，并非所有的社会研究都丝毫不差地按上述规定进行。在不同的情况下，不同社会研究的具体程序或步骤可能会略有不同。特别是这种过程的划分比较明显地带有定量研究方式的烙印，对于实地研究这样的定性研究来说，不一定完全合适。比如，实地研究中的资料收集和资料分析就常常是交织在一起的，且要经过多次的循环反复，很难明确划分为两个阶段的。但无论如何，上述框架的确是多数具体社会研究的实际过程和设计研究计划时的一种参考。

第三节　研究方法运用和研究成果表达

一、基本研究方法的操作运用

（一）调查研究

在社会研究中使用最普遍的定量研究方法是调查研究，它是对大量的人群系统询问他们的意见、态度和行为，以图发现人们是怎样思考、感觉和行动的。调查研究同所有的社会研究一样，始于对所研究问题的严格陈述，然后研究者必须识别所要调查的人口，选择样本，设计研究工具，运用研究工具，最后分析资料和得出研究结果。

1. 识别调查总体

一旦研究问题确定之后，调查研究的第一步就是识别调查总体，即所要研究的全体，调查总体总是由具有研究者所要考察的特征的全体人组成。第一步是极为关键的，因为假如调查总体没能准确地指明，调查结果实际上是没有意义的。

2. 选取样本

因为访谈全部的调查总体会花费过多的时间和经费，所以调查研究的第二步是选取合适的样本。样本是经过选择以代表所要研究的调查总体的有限数量的个案。选择样本有一套严格的程序。选取样本的程度越完善，样本就越接近调查总体，运用样本所进行的归纳和预测就会更准确。我们来看以下例子：希尔·海特的著作《妇女与爱情：前进中的文化革命》（1987）认为较高比例的美国妇女不满意她们自己的婚姻。为了给这本书收集数据，希尔·海特分发了100000份问卷。大多数问卷都分发给了妇女组织的成员，仅仅回收了4500份答卷，回收率为4.5%。没有人会认为海特抽取的样本代表了她有兴趣研究的调查总体——80年代的美国妇女——部分是因为问卷的回收率低，因为妇女组织中的妇女对婚姻的态度很可能与一般意义上的典型的美国妇女有很大不同。抽取的样本无法代表所研究的调查总体，这种误差就是抽样误差。

在抽取样本的多种方法中，最常用的是随机抽样。运用这种方法，被抽取的样本保证了调查总体中的每一个体都有同等的被选中的机会。研究者就经常使用随机数——由计算机或随机表所产生的随机数字——来决定调查总体中的哪些个体纳入样本之中。

3. 设计研究工具

样本一旦选定，调查研究的第三个步骤就是设计研究工具——问卷调查表、访谈或者测试。一般说来问卷是最常用的资料收集工具。在调查问卷中，调查的问题越具体，被访者对某问题作相同理解的可能性就更大，所得到的回答就会更准确。问题有两类：一是封闭式问题，它为被访者提供了可供选择的答案，它在社会学研究中很可能是最具体、使用最广泛的问题；二是开放式问题，它不包含回答选项，允许回答者自由回答。

有些调查是通过面对面的访谈进行的。访谈方式既有结构性的又有非结构性的。结构性访谈主要由附有答案表的一系列封闭式问题组成。所问问题和所得答案是用同样方式、同样的先后次序叙述出来的，因此所得结果较容易整理和归纳。在其他类型的研究需要更多有关态度和行为的信息时，用非结构性访谈有许多优点。在非结构性访谈中，顺着访谈员引导，能得到被访者个人的观点。这样访问者可以了解回答者是否真正理解了所问的问题。这种访谈的缺点是所得到的答案是很难进行分析和比较的。所以很多访问都是半结构性的——这就是说，他们结合了结构性访谈和非结构性访谈的某些成分。

4. 研究实施

调查研究的第四步是研究实施，包括两个主要环节的工作：一是资料收集，即前面研究的一般过程中所述的资料收集工作，亦即开展问卷的发放与回收或访谈的进行等具体的资料收集活动。二是资料分析，即对收集的资料进行处理和分析。除了小规模的问卷调查以外，问卷调查的资料一般都要使用计算机来处理数据。

（二）实验研究

实验是在严格控制条件下用于研究因果关系的经典的科学研究方法。典型地说，实验是为了检测有关两个变量之间相关关系的假设。其一是自变量，在实验中引入它是为了说明它对另一个变量（因变量）的影响。理想中的控制试验是通过控制可能对因变量产生影响的自变量的效应，将某一自变量对因变量所产生的特定影响分离出来。在多数形式的控制试验中，被试者被随机地分成相同两组，各个方面都相同，除了其中一组中引入了自变量以外。引入了自变量的一组叫做试验组，另一组叫做控制组。然后将这两组进行比较，看它们与因变量的关系有何不同。通过比较，基于两个变量关系之上的假设就可以得到证实或者被拒绝。

例如，有一项研究，试验组是学校儿童，他们用计算机学习阅读；控制组由类似的学生组成，他们用标准的课本阅读。在试验开始时两个组都进行了阅读测试。这种试验持续了一个学年的时间。在试验快要结束时，重新测试两组学生，看试验组是否比控制组成绩更好。假如的确如此的话，在阅读分数（因变量）方面的差别将归功于实验课程（自变量）的影响，当然，用计算机阅读的试验组之所以得分更多也许还有别的原因，也许选入试验组的学生学习更有动力，也许试验组中所设计的新方式鼓励了他们的父母在家里更多地辅导自己的孩子。

并非所有的试验都运用传统的试验组和控制组。例如，为了研究媒体宣传暴力所产生的影响，研究者们挑选了两组人，他们在社会阶级和个性方面完全不同（这已通过特别的人格问卷进行了测量）。一组主要由来自于较富裕的白人家庭组成，他们是自愿参加的大学生，另一组被支付劳务费，由居住在城市中心种族混居区域中的人组成，其年龄与前组被试相仿。在这一试验中自变量是观察者从24部商业片中挑选的有关暴力描写的片段，如事故伤亡、袭击、财产破坏、谋杀和强奸，因变量是被试者对这些暴力描写的心理反应（通过皮肤电导测量）。研究表明暴力描写对居住在城市中心地带的被试比对大学生产生了更大的影响。特别是关于强奸的描述，它对大学生产生的影响就更小。为什么出现这种结果呢？研究者认为，在城市中心区域居住的人之所以对电影中的暴力描写有更强烈的反应，是因为这反映了他们的现实生活中的经历。

许多社会科学试验都是在试验室中进行的，在那里几乎所有环境都能得到控制。例如，在一个有趣的试验室中，两组成员，每组均由15个男性和15个女性组成，都听录音带上播放的笑话。在控制组所听的录音带中，不播放笑话之后的笑声。在听完每一个笑话之后，研究人员再对被试者"欢乐的表情"，例如微笑和大笑进行测量，他们发现试验组中的被试与控制组相比，其"欢乐表情"更多些——这也就是说，录音带中播放的笑声似乎能引发被试者的笑声。而且在以后的测试中，试验组成员比控制组成员更能记住他们听过的笑话。

类似的实验室试验在心理学中使用得尤为经常。而在社会学中，试验地点一般从实验室中移到了实地——学校、医院和街道。因为社会学家要控制试验几乎是不可能的，他们利用自然试验——这就是说，试验在真实的环境中进行，研究人员不设定控制组。例如，在加拿大的三个集镇中所进行的为期两年

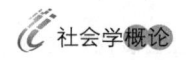

多的儿童攻击性研究是在自然条件下进行的一个极好例子。这三个社区中，有一个社区被研究者称为"多视之城"，这里的居民既能收到加拿大广播公司的节目又能收到三个美国视听网络的节目，第二个城镇叫"单视之城"，这里的居民仅仅能收到加拿大广播电台的节目，第三个城镇叫做"无电视之城"，他们在研究开始时不能看到任何电视节目（但是一年以后就能收到电视节目了）。两年后研究者观察到，"多视之城"的儿童（试验组）的攻击性行为比其他两个镇（控制组）大大增加。这一研究强烈表明观看电视能刺激儿童的攻击性行为。别的自然试验还调查研究了这样一些主题，例如在规模较大的大学和规模较小的大学中学生的学业成功率、在双亲家庭和单亲家庭中小孩的抚育等。

实验室试验与自然试验或实地实验相比，它可以更好地控制变量。不过实验室是一个人工环境，这又有可能使试验结果被扭曲。虽然在自然试验中调查者更难控制自变量和试验组被试的构成，但它能更好地理解现实生活中社会行为的动态过程。

（三）实地研究

实地研究是唯一一种典型的定性研究方法。实地研究是一种深入到研究现象的生活背景中，以参与观察和非结构访谈的方式收集资料，并通过对这些资料的确定性分析来理解和解释现象的社会研究方式。实地研究成果的基本的逻辑结构是：研究者在确定了所要研究的问题或现象后，不带任何假设进入到现象或对象所生活的背景中，通过参与观察，收集各种定性资料，在对资料进行初步的分析和归纳后，又开始进一步的观察和进一步归纳。通过多次循环，逐步达到对现象和过程的理论概括和解释。作为一种具体的研究方式，实地研究的基本特征是研究者作为真实的社会成员和行为者参与到被研究对象的实际生活中去。它适用于对少数有代表性的或独特的社会单位进行详细、深入的考察，特别是对那些只在现场才能很好理解的事件过程和行为进行研究。下面是一个实地研究的典型例子：

> 社会学家利博对居住在华盛顿区收入很低的内城黑人流浪者所作的研究。他花了一年时间在这个地区进行参与观察，当地的那些黑人知道他是位研究者，但他们允许利博生活在他们这个华盛顿区的"角落"。利博和他们一起聊天、饮酒，在餐馆外闲逛，玩弹子戏，他也参观他们的住房，参加他们的舞会。利博从研究这些人之间的个

人关系入手，写出了《塔利的角落：对黑人流浪者的研究》一书。他指出，在这个正在走向绝望、崩溃、光怪陆离的街道世界里，人的关系是怎样成为外部世界的黑暗面的反映的。人们一见如故，热情洋溢，但朋友之间甚至都不知道对方的名字而只知道姓。忠诚是炽烈的，但转瞬即逝。男人们都喜欢孩子，而且那些离开家的父亲比那些和家人生活在一起的父亲更疼爱自己的孩子。利博的研究揭示了这种街角社会对于城市贫困黑人所具有的重要性。利博指出，总的来说这些人不能在"合法的"世界上找到立锥之地，便在那世界之外建立起一种阴暗的生活方式。他们已经适应了他们的处境，他们编织了另一张社会网。虽然这张网非常不稳定并且使人们错误地估计自己，它却提供了一种归属感。

从实施的程序上看，实地研究一般经过以下阶段。

1. 选择研究背景

实地研究必须深入实地。实地的选择是实地研究的第一步。在客观条件许可时，我们应尽量选择那些既与所研究的问题密切相关，又容易进入、容易观察的背景。对于非参与的观察来说，这种理想的背景就是那些不易被我们所观察的对象注意到和感觉到的地方。对于参与的观察来说，则应选择那些能够使研究者自然进入、自然地参与其中、容易为当地社区接受、且能较快熟悉所观察社区的背景。

2. 获准进入

获准进入是实地研究中非常重要同时也是十分关键的一个环节。正式的、合法的身份及单位或组织的介绍信并不是保证能获准进入的充分条件，而只是一种必要条件。研究者要能参与研究对象的实际社会生活，还常常需要某些关键人物或中间人的帮助。这些关键人物或中间人就生活在研究对象所生活的社区，或者就工作在研究对象所工作的单位，他们既认识研究者，同时又认识研究者所希望研究的那些研究对象。总之，他们能够十分便利地将研究者"带入"到研究对象的生活世界中。

3. 取得信任和建立友善关系

尽快取得当地人的信任，尽快与他们建立友善关系，是进入实地后研究者所面临的首要任务。在一定意义上，研究者能否取得研究对象的信任，他能否与研究对象建立起友善关系，决定着他的实地研究的前途和命运。信任的取得

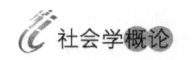

及关系的建立需要一个过程，需要有一定的时间，也需要一定的机会。

4. 实地研究中的记录

参与观察的记录通常是先看在眼里，然后再记录在本子上。一般必须在当晚进行回忆和记录。白天观察时，研究者应尽可能多地记住他所观察的行为、现象、人物和事件，记住关键人物说的关键话语，尽可能记下几句能提示自己回忆的记忆线索。访谈的记录可以分两种情况：一种是比较正式的、事先约好的访谈。另一种是非正式的、偶然的、闲聊式的、非常随便的访谈。在实地研究中作观察记录或访谈记录，应注意同时记录下研究者本人的思想、感情、评价、认识、猜想、理解等主观内容。因为在实地研究的过程中，研究者思想感情的"卷入"是非常自然的事。正是这种"卷入"导引着研究者去理解研究对象真实的思想感情，也使他能够分析和解释研究对象的行为。这就是"设身处地""投入理解"的实际意义。

（四）文献研究

文献研究是一种通过收集和分析现存的以文字、数字、符号、画面等信息形式出现的文献资料，来探讨和分析各种社会行为、社会关系及其他社会现象的研究方式。如同考古学家通过考察化石和文物来了解远古的社会形态，历史学家通过研究各种文字记录来了解过去的社会结构和历史事件一样，社会研究者也充分地利用各种形式的文献资料，来探讨和分析各种社会的结构、关系、群体、组织、文化、价值及其变迁。根据研究的具体方法和所用文献类型的不同，可将文献研究划分为若干不同类型。社会学研究中最常用的有内容分析、二次分析和现存统计资料分析。三种文献研究方法的基本特征和内在逻辑都是相同或相似的。只是在具体应用上，它们各自的侧重点有所不同。内容分析主要用于对大众传媒信息，尤其是对报纸、杂志、广播、电视的分析，其适用面也最为广泛；二次分析主要是对其他研究者先前所收集的原始数据进行再次分析和研究，这种方法的运用需要有一个基本的前提，这就是现实社会中应存在大量的原始数据，并且研究者可以找到和获得它们；现存统计资料分析主要集中于对那些由国家和各级政府部门所编制的统计数据进行分析。以下对适用较为广泛的内容分析作一简要介绍。

内容分析是20世纪开始兴起的一种新的文献研究方法。它是对确切的文件内容进行客观的系统的和定量描述的研究技术。它的基本特征在于将文字的、非定量的文件转化为定量的数据，它要求检阅所载文件或其他信息的内

容,对它进行系统的编码。关于内容分析的方法,可以通过"歌词中的求爱模式"的实例来说明:

在一项对20世纪50—60年代求爱模式变迁的比较研究中,美国社会学家凯里从60年代的流行歌曲中抽出一个样本,同社会学家霍顿10年前所进行的一项早期研究结果进行了比较。根据霍顿的抽样方法,凯里选择了1966年夏季两个月中发表在四种杂志上的歌曲,以同霍顿在1955年夏季两个月中从同样的四种类杂志上所选的歌曲样本达到一致。此外,还包括电视歌曲中的前30首及旧金山广播电台播出的前30首歌曲,这样共得到227首歌曲,其中包括布鲁斯、摇滚乐、西部乡村歌曲及其他类型的歌曲。霍顿在研究中找出了一种4阶段的求爱模式,凯里分别把它们的称为求爱阶段(积极寻求阶段)、蜜月阶段(即幸福阶段)、下降阶段(即破裂阶段)和孤独阶段(即主人公成天孤身一人阶段)。凯里不仅考察了与这每一个阶段相关的歌曲数量,而且仔细地考察每一阶段中歌曲的歌词内容。凯里发现,第一阶段歌曲中的歌词"并不是必须含有复杂的罗曼蒂克的成分",下面的歌词A就表达了这种情调。而在求爱的第四阶段,凯里也举出了《孤独的人》这首歌(见歌词B)作为年轻人孤独感的一个例子。

歌词A:《你不必说你爱我》

你不必说你爱我/只要把我的双手紧握/你不必说永远和我在一起/你的心思我全明白

歌词B:《孤独的人》

我不知道我的未来,直到能找到一位姑娘,她同我在一起,从不背着我耍花样。我是一个孤独的人,将来也许还是这样。

通过对歌词内容的考察,凯里发现,20世纪60年代的歌词中,罗曼蒂克的求爱内容有所减少。并且,在歌词所表达的社会价值观和个人奋斗目标等方面,两个时期的歌词内容都发生了重大的变化。人们日益看重男女关系中自主权的价值。一些新的模式包括:①对生理上相互吸引的爱的减少;②男女之间关系缺乏持久性;③在决定相互关系时,体现出更强的主动性。

二、研究成果的表达

(一)研究成果表达概说

一般而言,任何一项具体的社会研究均需形成一定形式的研究成果。就社会研究的一般过程来看,形成研究成果也是整个社会研究过程的最后一个阶段。不同目的的社会研究，其研究成果的表达形式当然也是多种多样的，但就一般研究而言，比较常见和主要的成果表达形式有撰写研究报告、学术著作、学士论文、学位论文、研究总结等。同时，研究成果的发表也是成果的具体表达，其样式也是多种多样的，既可以通过口头形式发表研究成果，比如在学术会议等特定的场合进行学术报告，也可以通过书面形式发表研究成果，比如公开出版学术著作、发表学术论文，以及在网络新型媒体上以不同的形式公开传播等。另外，对于学生而言，学位论文答辩以及通过答辩后发布于网络数据库（比如博士、硕士学位论文数据库等）也可以看做是一种特定的成果表达样式。我们认为，广义的研究成果表达包括了研究成果的写作、研究结果的总结、研究成果的发表、研究成果的交流和传播等；狭义的研究成果表达特指研究成果的写作。❶ 考虑到编写本书的主要目的要求，我们在这里仅就研究报告、学术论文、学位论文的撰写等进行简要论述。

（二）研究成果的撰写

1. 研究报告的撰写

（1）研究报告的含义与类型

研究报告是反映社会研究成果的一种书面报告。它以文字、图表等形式将研究的过程、方法和结果表现出来。其目的是告诉有关读者，对于所研究的问题是如何进行研究的，取得了哪些结果，这些结果对于认识和解决这一问题有哪些理论意义和实际意义。根据不同的标准可以把研究报告分为以下一些类型：❷

第一，描述性报告与解释性报告。根据研究报告在性质和主要功能上的不同，我们可将其区分为描述性报告和解释性报告两大类。描述性报告着重于对所研究现象进行系统、全面的描述，这种描述既可以是定量的，也可以是定性的。其主要目标是通过对研究资料和结果的详细描述，向读者展示某一现象的基本状况、发展过程和主要特点。对于那些以弄清现状、找出特点为目的的描述性研究来说，这种报告是其表达结果的最适当的形式。解释性报告的着眼点则有所不同，它的主要目标是要用研究所得资料来解释和说明此类现象产生的原因，或说明不同现象相互之间的关系。这类报告中虽然也有一些对现象的描述，但一方面，这种描述不像描述性报告中那样全面，那样详细；另一方

---

❶ 尹保华. 社会科学研究方法 [M]. 北京：中国矿业大学出版社，2017：435.
❷ 风笑天. 社会学研究方法（第一版），北京：中国人民大学出版社，2001：318 - 320.

面，这种描述也仅仅只是作为合理解释和说明现象的原因、解释和说明现象间相互关系的基础或前提而存在。简而言之，是为了解释和说明而作必要的描述。

从撰写要求来看，描述性报告首先强调内容的广泛和详细，要求尽可能面面俱到。同时，它还十分看重描述的清晰性和全面性，力图给人以整体的认识和了解。而解释性报告则强调内容的集中与深入，看重解释的理论性和针对性，力图给人以合理的和深刻的说明。

需要说明的是，研究报告的这种区分并无十分严格的界限，或者说，研究者在实际撰写研究报告时，往往难以把描述和解释截然分开且仅取其一。在许多情况下，一份研究报告常常同时兼有描述和解释这两方面的功能，只是不同的报告对其中某一方面侧重的程度有所不同而已。

第二，学术性报告与应用性报告。根据报告的读者对象的不同，我们又可将研究报告分为学术性研究报告与应用性研究报告两类。这两类报告在撰写要求及风格上也有所不同。大体上，用做专业杂志上发表或学术会议上发表的研究报告往往比较紧凑、严谨。在研究设计、研究方法方面它需要比较详细的描述，特别是样本抽取、变量测量、资料收集等细节。资料分析部分相对广泛，但对结果的讨论部分则相对谨慎。而提供给政府决策部门或实际工作部门的研究报告则对研究过程的介绍十分简短。这种报告的研究结果部分常常采用比较直观的统计图、统计表等形式表示出来，并且根据研究结果所提出的政策建议部分在这种报告中也十分突出。

第三，定量研究报告与定性研究报告。根据研究的性质，研究报告还可以分为定量研究报告与定性研究报告两类。定量研究报告主要以对数据资料的统计分析结果及其讨论为主要内容，数量化、表格化、逻辑性强是其表达结果的主要特征，报告的格式十分规范且相对固定，报告的各个部分相互之间界限十分分明。与此相反，定性研究报告则主要以对文字材料的描述和定性分析为主要特征。在报告的结构上，既无严格的规范，也没有十分固定的格式。在内容上，描述和分析、资料与解释之间的界限也不十分明显。而且一般来说，定性研究报告的篇幅也比定量研究报告的篇幅要长，报告中所体现的主观色彩也较重。

（2）研究报告的一般结构

规范的社会研究报告往往有比较固定的格式，尽管用于不同目的、不同场合的研究报告在形式上会有若干细小的差异。大体上，研究报告都是从所探讨的问题开始，到研究所得到的结论和意义结束。各种研究报告在结构上通常可以分成导言、方法、结果、讨论、小结或摘要、参考文献，以及附录几个部分。

导言。主要说明所研究的问题及其研究的意义，其中往往包括下述几个方面的内容：第一，研究的缘起（或研究的背景、研究的动机）；第二，研究的问题及其界定；第三，研究的目的和意义。

研究设计。即说明研究所采用的方式方法、研究的程序和工具等。其中主要包括以下内容：第一，文献回顾及评论；第二，研究的基本概念、变量、假设和理论架构；第三，研究的总体、样本及抽样方法、抽样过程；第四，研究的主要方法（包括资料收集方法和资料分析方法）。

结果。即说明通过研究发现了什么。

讨论。即说明所发现的结果具有哪些意义，从这一结果出发，还能得到什么或还能继续做些什么。

小结或摘要。即对上述四个方面的简要总结。

参考文献。即研究报告中所涉及的书籍和文章目录。

附录。即研究过程中所用的问卷、量表及某些计算公式的推导、算法等。

(3) 研究报告的"沙漏"形式

撰写研究报告时，我们应该明确这样一种指导思想或基本思路。这种指导思想或基本思路可以用"宽—窄—宽"来概括。若形象地说，就是要按照"沙漏"的形式来撰写（如下图）。

这种按沙漏形式撰写的思路指出，研究报告在内容上应从广阔的导言开始，逐渐集中到比较专门化的领域，直到提出研究者自己的研究领域和研究的问题，这就是由"宽"变"窄"；然后介绍自己的研究方法和研究所得出的主要结果，这可以说是沙漏的最狭窄部分。当转向讨论研究结果的内涵时起，研究报告又开始逐渐由具体的结论向更一般的领域拓展，即由"窄"又变"宽"。广阔的导言可以向读者提供你的问题形成的背景及其意义；狭窄的方法和结果部分可以帮助读者集中注意力于你的研究成果和质量；而讨论部分的拓宽，则可向读者展示你的研究结果所具有的丰富内涵，尽量发掘特定结果所具有的一般意义，提高研究的意义和价值。当然，这种沙漏式的撰写形式，并不是指篇幅上的多和少,而是指所涉及的内容范围的宽和窄。

2. 学术论文的撰写

(1) 学术论文的定义、类型与作用

概括来讲,学术论文是对自然或社会科学领域中的某些现象和问题进行比较系统的研究而形成的一种规范化科学记录。论文写作规范国家标准GB7713-87对学术论文所作的定义是:"学术论文是某一学术课题在实验性、理论性或观测性上具有新的科学研究成果或创新见解和知识的科学记录,或是某种已知原理应用于实际中取得新进展的科学总结,用以提供学术会议上宣读、交流或讨论,或在学术刊物上发表,或作其他用途的书面文件。"学术论文的特点主要有创新性、学术性、科学性、政治性、逻辑性、简明性、实用性、保密性和规范性等。学术论文按不同的标准划分,存在着各种不同的类型:❶

按学术论文的性质功能,论文可分为以下几种类型:①论说性学术论文是用大量的事实数据和材料,正面阐述,以证明自己的观点。考证性文章归入此类。②综述性学术论文是对某一时期某一学科领域的研究进展情况加以概括总结,指出问题,并明确发展方向和趋势。文献综述就属于综述性学术论文。③评论性学术论文是对某一学术成果、期刊论文或专著的内容进行估价、鉴定,指出其成就,分析其价值,挑明其中的问题与不足。④驳论性学术论文是反驳对方的观点,提出自己不同的见解。我们常见的商榷性文章就属于此类。此外,如果按照研究对象和研究方法分,学术论文还可以分为理论型论文、实验型论文和描述型论文三种。理论型论文是研究自然或社会现象的理论联系,研究方法主要采用推理、理论证明和综合考察等;实验型论文是对实验结果的分析,探讨客观事物的本质和规律,研究方法主要采用科学实验、观察记录、逻辑推理等;描述型论文是对客观事物进行描述和说明,研究方法主要采用描述和比较法。

学术论文的作用主要体现为以下若干方面:①记录科学成果。学术论文有条理地记录了人类认识和改造自然、社会及自身的科学创造成果。这是学术论文最直接最显著的作用,即使在学术会议上宣读的论文,最终大部分也是发表在会议刊物上。②促进学术交流。学术论文是进行学术交流和技术交流的工具。学术论文的公开发表,能够交流与推广科研成果,促进向现实生产力转化或推动科学技术的发展。正是因为学术论文的公开发表不受时间和空间的限制,所

---

❶ 王定祥主编. 研究方法与论文设计 [M], 北京: 高等教育出版社, 2013: 340.

以，它是国内和国际进行学术和技术交流的有力工具。③考核鉴定人才。学术论文是业务水平考核的重要标准之一，也是发现、培养、使用和鉴定人才的主要参考标准之一。学术论文写作技能是复合型、创造型人才的必备素质。论文的发表也是人才脱颖而出的渠道之一，因此各行业、部门、单位非常重视学术论文的写作，对有关专业技术人员的考核，一般也是以发表学术论文的篇数、论文水平的高低以及社会影响作为衡量的标准。同时学术论文的写作既是招聘单位招聘人才的条件之一，也是人事部门发现人才的渠道之一。例如，现在很多单位在招聘博士时都要求有若干篇文章被 SCI 或 CSSCI 等收录，甚至招聘硕士时也要求一定数量的文章发表在核心学术刊物上。

(2) 学术论文的结构

为了方便信息存储、检索、管理与利用，学术论文在结构上都应符合一定的标准与规范。一般而言，学术论文的核心结构包括几个必要的组成部分。即题名（含英文翻译）、署名（含英文翻译）、摘要（含英文翻译）、关键词（含英文翻译）、正文、致谢、参考文献、附录等。

题名。即题目或标题，是学术论文的有机组成部分。其作用主要有两点：一是能从总体的角度，用简明、精当的词语反映论文的主要内容和作者所要强调的思想，引导读者去发现并准确地把握论文的"要领"；二是在资料工作中可作为编制题录、索引和检索的主要依据。好的标题尤其是好的篇名，往往是一篇论文的灵魂，甚至成为一面旗帜。尤其处在当前信息爆炸的时代，它对学术研究成果的表述、传达、推广和应用，可产生重要作用。准确、简明、醒目、便于检索是学术论文标题的基本要求。准确，就是要求论文题目能准确表达论文内容，恰如其分地反映论文的研究范围与深度。简明，就是要求论文题目用最少的字数来表达论文主题。当然，具体多少字的论文题目才算符合要求，并没有统一的指标。GB7713—87 规定，题名不宜超过 20 个汉字，用做国际交流的论文应附外文题名（多为英文），外文题名一般不宜超过 10 个实词。题名所用词语必须有助于选定关键词和编制题录、索引等二次文献，以便为检索提供特定的实用信息。题名或标题的写作详见本章第二节研究成果主要结构要素的撰写中相应的部分。

署名。学术论文的署名一般包括作者与通信作者的署名。署名的作用在于：一是记录该项研究成果为作者所拥有；二是表明作者承担的责任；三是有助于读者与作者的联系。由于科研的交叉、综合等特点，从事一个研究课题的人员群体化趋势日益凸显，这就存在着各个参与者的界定问题。根据《中华人民共和国著作权法》（2001年10月27日）的有关条款规定和国家标准GB7713—87《科学技术报告、学位论文和学术论文的编写格式》规定，"学术论文署名的个人作者，只限于那些对于选定研究课题和制订研究方案、直接参加全部或主要部分研究工作并作出主要贡献，以及参加撰写论文并能对内容负责的人，按其贡献大小排列名次"；"至于参加部分工作的合作者、按研究计划分工负责具体小项的工作者、某一项测试的承担者，以及接受委托进行分析检验和观察的辅助人员等，均不列入。这些人可以作为参加工作的人员——列入致谢部分，或排于脚注"。据此，我们可以确定作者、通信作者与非作者以及署名的顺序和方法。署名必须使用真实姓名，不用笔名；署名时，还应标明作者工作单位、地址及邮政编码等信息，写在论文题目之下。还应在论文首页的底端以脚注形式标明第一作者的身份（如李XX，副教授，博士研究生）和电子邮箱、通信地址、邮政编码等；若有通信作者，应写明通信作者的名字、职务或职称，以及他的电子邮箱、通信地址、邮政编码等。

摘要。摘要是对论文内容不加注释和评论的简短陈述，是学术论文不可缺少的组成部分。为了国际交流的需要，绝大多数论文还要附英文摘要。学术论文摘要的主要作用在于：一是使读者不阅读全文就能获得必要的信息，从而决定是否继续阅读。所以摘要有很强的独立性，可以替代原文独立阅读；同时，摘要又存有与原文对应的信息内容，是原文的缩影。二是为科技情报人员和计算机检索提供方便。需要注意的是，现在很多期刊要求论文要附英文摘要，因此英文摘要的翻译或写作就非常重要。英文摘要既要反映汉语摘要本身的内容，又要符合英文的语言习惯，不能把汉语摘要生硬地译（写）成英语。英文摘要内容一般包括四个要素，即目的、方法、结果、结论等。英文摘要一般不宜超过250个实词。❶ 中文摘要的写作详见本章第二节研究成果主要结构要素的撰写中相应的部分。

关键词。关键词是从报告、论文中选取出来的，能够表达全文主题内容的单词或术语。国家标准规定：每篇报告、论文应选取3~8个词为关键词，以显著的字符另起一行，排在摘要的左下方。为便于国际交流，可以给出多文种的关键词。关键词实质上是为了方便报告、论文的存储、检索而标出的简单的词语。它的作用是简明提示报告、论文的内容，便于该报告或论文在检索系统中的组织和检索利用。随着现代科学技术的迅猛发展，科技文献信息量日益激

---

❶ 王定祥. 研究方法与论文设计［M］. 北京：高等教育出版社，2013：357.

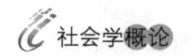

增。据报道，全世界每天有十几万篇的科技论文发表，学术界已约定利用主题概念去检索最新发表的论文。作者发表论文不标注关键词或叙词，读者就检索不到，文献数据库就不会收录此类文章。关键词选用是否恰当，关系到该文被检索的概率和该成果的利用率。关键词的选取要遵循如下原则：专指性原则。在选关键词时，一定要使所选的关键词在概念上与论文的主题内容相符，不能扩大，也不能缩小。专业性原则。在选择关键词时，应选用专业性强的词汇作为关键词，不要选用与专业内容关系不大的非专业词。通用性原则。在选关键词时，应选择为大家所熟知的词作为关键词。全面性原则。在选择关键词时，应尽量将论文的主题内容表达全面，即不要漏选。关键词的写作详见本章第二节研究成果主要结构要素的撰写中相应的部分。

正文。正文是学术论文的核心组成部分。但是，自然科学和社会科学在研究对象、研究的侧重点、研究方法、研究的特点上均存在较大的差异。因此，在学术论文正文的写作上，自然科学类论文与社会科学类论文也存在较大的区别。一般而言，社会科学类学术论文正文的写作不要求有华丽的词藻，但总体上要求做到：思路清晰，合乎逻辑，语言明快流畅，主题鲜明，新颖；段落清晰，层次分明，简练可读；论据充分、可靠，论证有力，尽量用事实和数据说话。资料的引用要标明出处，以示对原作者的尊重和对文章的负责。社会科学类学术论文的正文主要由引论、本论、结论三部分构成。第一，引论又称引言、前言或绪论等，是论文的开头，其目的是将读者引入主题。第二，本论是社会科学类学术论文的主体，是最重要的部分，整个论证过程在此展开。这部分必须根据论题的性质，设计研究内容，包括理论分析、实证设计、实证结果分析等，论述方法上或正面立论，或批驳不同的观点，或解决某些疑难问题。作者可以通过第一手资料、数据和充分的证据，详细地、多层次、多角度、多方面地进行分析、论证和阐释，并在对这些问题的分析、解剖中阐明中心论点。特别注意对新的观点、创新性内容应详细阐述。这部分内容是否充实，论证是否得体，论据是否充分，将决定全文质量的高低，是论文写作成败的关键。第三，结论是论文的结尾，是围绕本论所作的结束语。其基本要点是总括全文，加深题意。这一部分要对引论中提出的、本论中分析或讨论的问题加以综合概括，从而引出或强调得出的结论；或对论题研究未来发展趋势进行展望，或针对研究揭示的问题提出相应的对策建议。结论要简明扼要，具有高度的概括性，应该是对论文研究成果进行条理清楚的表述。如果说为了把论点表述得更加清楚，在论文的正文部分可以有少量的事实复述，而在结论部分，因为是总结性话语，所以就不可再采用叙述的方式，也不能再像正文那样采用分章的形式将正文中的内容再复述一遍。结论部分切忌草草收兵，虎头蛇尾，或画蛇添足，拖泥带水，务必要将本研究的创新点表述清楚。这三个部分的具体写作详见本章第二节研究成果主要结构要素的撰写中相应的部分。

致谢。现代的科学研究和技术创新，往往不是一个人或几个人的力量所能完成的，需要方方面面的人力、物力和财力帮助，或者有关单位和个人的指导和支援。致谢是根据实际情况，在研究和论文写作过程中对论文作者提供过帮助、指导或合作的人所表达的感谢。

致谢对象：凡对作者的研究工作提供过帮助和支援的任何单位和任何人都是致谢对象，具体的对象有以下几种：在研究工作中提供实验场所、实验动物试剂药品、仪器设备、帮助调查的单位和个人；给予财力支持的单位和个人；对本项研究及论文提出过指导意见者；指导教师、论文审阅者、提供资料的单位与个人、帮助进行数据处理或绘制图表的有关人员；对论文进行全面修改者；协助书写英文摘要者；等等。

致谢方式：一是在论文中专列"致谢"项，置于正文之后"参考文献"之前。二是在论文首页下加"脚注"，以简短的词句，对有关单位或个人表示感谢。三是对于国家和省部级的研究项目，一般都有项目编号，现行的方式是在论文首页的脚注中专门有一项写明受资助的基金名称、项目编号等内容即可，不用专门的"致谢"二字。

致谢要求：必须实事求是，并应征得被致谢者的（书面）同意。在致谢时，应提出被致谢者的工作内容和贡献，如"审修论文""现场指导""参加部分实验""技术指导""提供资料""提供实验场所和实验动物""协助调查"等。对被感谢者不要直书其姓名，应冠以敬称，如"×××教授""×××老师""×××博士"等。

下面论述的学位论文写作中的致谢部分的写作与这里讨论的基本一致，后面就不再赘述。

参考文献。参考文献的写作有不同的格式要求，需要根据实际情况进行安排。考虑到论文发表的园地不同要求，这里不便一一进行论述。

附录。附录是论文主体的补充部分，但并不是每篇论文所必需的。附录一般放在论文的末尾，与正文连续编页码。附录通常涉及以下几个方面的材料：比正文更详细的理论依据、研究方法等；由于篇幅过长而不宜写入正文的有关材料；某些重要的原始数据、数学推导、框图、照片或其他辅助资料如计算机

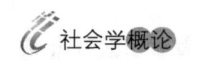

的框图和程序软件等；对一般读者并非有必要阅读，但对专业同行有参考价值的有关资料；等等。❶

3. 学位论文的撰写

（1）学位论文的含义

学位论文（dissertation）是大学生（尤其硕士和博士研究生）独自完成的科研成果。学位论文的撰写及其论文学术水平的高低，直接决定大学生能否顺利毕业和获得相应的学位。国务院学位委员会办公室制定的《学位论文编写规则》对学位论文给出定义为：学位论文是表明作者从事科学研究取得的创造性成果和创新见解，并以此为内容撰写的、作为提出申请授予相应的学位评审用的学术论文。依据学位的高低，学位论文可分为学士学位论文、硕士学位论文、博士学位论文。以上三种学位论文的主要区别和学术水平要求见下表：

学历 \ 学位	学士（本科毕业生）	硕士（研究生）	博士（研究生）
应达到的学术水平	较好地掌握本学科的基础理论知识和基本专业技能；具有从事科学研究或担任专门技术工作的初步能力。学术水平相对较低	掌握本学科坚实的基础理论和系统的专业知识；具有从事科学研究工作和独立担负专门技术工作的能力；研究成果有一定的创新性。学术水平相对较高	掌握本学科坚实而宽广的基础理论和系统深入的专业知识；具有独立从事科学研究工作的能力；在所研究领域做出了创造性的科研成果。学术水平相对高
学位授予单位	由国务院授权的高等学校授予	由国务院授权的高等学校和科学研究机构授予	
学位审批权	高等学校	由国务院批准公布的学位评定委员会审批	
字数（万字）	0.6~2.0	2.0~5.0	7.0~20.0

（2）学位论文的结构及写作要求

2006年12月5日，中华人民共和国国家质量监督检验检疫总局和中国国家标准化管理委员会发布了国务院学位委员会办公室提出的《学位论文编写规则》国家标准（GB/T 7713.1—2006）。该国家标准明确规定学位论文由前置部分、主体部分、参考文献、附录、结尾五个部分组成。前置部分包括封

---

❶ 王定祥. 研究方法与论文设计［M］. 北京：高等教育出版社，2013：366、410.

面、封二、题名页、英文题名页、勘误页、致谢、摘要页、序言或前言、目次页、图和附表清单、注释表。主体部分一般从引言或总论开始，以结论或讨论结束，另外还包括图、表、公式、引文标注、注释。除此以外，还有参考文献、附录，以及结尾或后置部分包括的分类索引、关键词索引、后记、致谢、作者简介等。具体结构内容见下表：

基本机构	主要内容
前置部分	封面 封二（包括论文使用说明和版权说明） 题名页 英文题名页 勘误页 致谢 摘要页 序言和前言 目次页 图和附表清单 注释表
主体部分	引言 正文 结论
参考文献	
附录	
结尾部分	分类索引 关键词索引 作者简介

根据《学位论文编写规则》国家标准（GB/T 7713.1—2006）的要求，上述的学位论文的前置部分、主体部分、参考文献、附录、结尾等所包括的各个具体组成部分的写作均有特定的要求。比如"题名页"是对学位论文进行著录的依据。题名页置于封二和衬页之后，另页起。题名页著录内容除包括封面上的中图分类号、学科分类号、论文编号、密级、授予学位单位、学位论文名称、论文题名、作者姓名、导师姓名、出版单位、出版印刷日期数据外，还包括资助基金项目、培养单位、学科名称、研究方向、学制、论文提交日期、申

467

请学位级别、导师职称、授予学位名称、工作单位等数据。再如,"作者简介"包括姓名、性别、出生年月日、民族、出生地、学位、职称、学历、工作经历(职务)、著作与成就、联系方式等。考虑到本书内容所限,此处不再一一叙述。❶

《学位论文编写规则》还对论文的编排格式提出了基本要求。具体包括以下几点:①学位论文的内容应完整、准确。②学位论文应采用国家正式公布实施的简化汉字和法定的计量单位。③学位论文中采用的术语、符号、代号全文必须统一,并符合规范化的要求。论文中使用新的专业术语、缩略语、习惯用语,应加以注释。国外新的专业术语、缩略语,必须在译文后用圆括号注明原文。④学位论文中文稿必须用白色稿纸撰写或打字,外文稿必须用打字。论文宜用 A4(210×197mm)标准大小的白纸,应便于阅读、复制和拍摄缩微制品。⑤学位论文稿纸四周应留足空白边缘,以便装订、复制和读者批注。每一面的上方(天头)和左侧(订口)应分别留边 25mm 以上,下方(地脚)和右侧(切口)应分别留边 20mm 以上。⑥学位论文的插图、照片必须确保能复制或缩微。⑦学位论文的页码,从"总论"数起(包括总论、正文、参考文献、附录、致谢等),用阿拉伯数字编连续码;文摘页、目次页、插图和附表清单、符号和缩略词说明等用罗马字符数字单独编连续码。

思考与研讨

1. 社会研究的概念及其特征。
2. 社会研究的方法体系。
3. 社会研究方法论的主要议题。
4. 实证主义与人文主义方法论。
5. 马克思主义社会学研究方法论的内容与特点。
6. 社会研究的一般过程。
7. 调查研究的含义、特点与操作。
8. 实地研究的含义、特征与操作。
9. 定性研究与定量研究的比较。
10. 定性研究资料收集和分析的方法。

---

❶ 有需要的读者一是可以参阅《学位论文编写规则》国家标准(GB/T 7713.1—2006);二是可参考王定祥主编:《研究方法与论文设计》(北京:高等教育出版社,2013 年)第 384–387 页的内容。

11. 定量研究资料收集和分析的方法。
12. 调查研究报告的撰写。
13. 学术论文的撰写与发表。
14. 学位论文的撰写与答辩。

推荐阅读书目

1. 《社会学概论》编写组：《社会学概论》（马工程重点教材），人民出版社、高等教育出版社，2011年版。
2. 王思斌：《社会学教程》（第四版），北京大学出版社，2016年版。
3. 王定祥：《研究方法与论文设计》，北京：高等教育出版社，2013年版。
4. K. D. 贝利：《现代社会研究方法》，上海人民出版社，1986年版。
5. 袁方：《社会研究方法教程》，北京大学出版社，1997年版。
6. 风笑天：《社会研究方法》（第四版），中国人民大学出版社，2013年版。
7. R·布东：《社会学方法》，上海人民出版社，1987年版。
8. A. R. 德拉克利夫—布朗：《社会人类学方法》，山东人民出版社，1988年版。
9. 陈向明：《质的研究方法与社会科学研究》，教育科学出版社，2000年版。
10. 迪尔凯姆：《社会学方法的准则》，商务印书馆，1995年版。
11. 马克斯·韦伯：《社会科学方法论》，中国人民大学出版社，1992年版。
12. 风笑天：《社会研究：设计与写作》，中国人民大学出版社，2014年版。
13. 艾尔·巴比：《社会研究方法》，四川人民出版社，1987年版。
14. 诺曼·K. 邓津 & 伊冯娜·S. 林肯：《定性研究》（第1卷：方法论基础；第2卷：策略与艺术；第3卷：经验资料收集与分析的方法；第4卷：评估、解释与描述的艺术及定性研究的未来），风笑天等译，重庆大学出版社，2007年版。
15. 编写组：《马克思主义与社会科学方法论》（研究生思想政治理论课教学大纲），高等教育出版社，2013年版。
16. 尹保华：《社会科学研究方法》，中国矿业大学出版社，2017年版。